2015

2015

# 2015
# 中国广播收听
# 年鉴
## CHINA RADIO RATING YEARBOOK

徐立军 主编

中国传媒大学出版社

# 《中国广播收听年鉴（2015）》
# 编写委员会

**主　　编**　徐立军

**副 主 编**　郑维东　肖建兵　肖海峰

**编写人员**　（排名不分先后）

梁　帆　解永利　王　平　张　嫣　肖青青　马　超
吴　东　周欣欣　杨金姝　张广彦　王建平　李忠毅
龙长缨　肖　珊　何庆金　吴玉莉　卢文钊　冯　波
曹金毅　韦　唯　胡旻琦　彭辰豪　包凌君　陈　明
陈　熙　李志斌　张　炎　张天莉

# 出版说明

为更好地服务于业界，尽可能地满足各方面对收听率数据的需要，作为我国视听率调查行业的领跑者，CSM 媒介研究自 2005 年起，每年编写出版一部《中国广播收听年鉴》。《中国广播收听年鉴（2015）》是 CSM 媒介研究编写出版的第十一部广播收听年鉴。

《中国广播收听年鉴（2015）》主要包括以下四部分内容：第一部分：综述。主要从收听环境、听众特征、听众收听行为、频率竞争格局、节目竞争格局以及广播广告投放与竞争格局等方面对 2014 年中国广播收听市场进行全景式描述与分析。第二部分：专题研究。本部分除了对 2014 年新闻综合、交通、音乐、文艺、都市生活几个主要频率的收听状况进行分析之外，还包括 2014 年巴西世界杯期间广播市场动态、早高峰时段广播收听市场浅析、女性听众收听行为特征浅析、广播娱乐脱口秀节目的发展策略、2014 年广播广告观察、收听率数据应用实践、新媒体时代广播受众测量之观察与思考、新时期广播发展对策探讨等内容。第三部分：收听数据。这部分是 CSM 媒介研究 2014 年进行收听率调查的各城市网及各省网的收听统计数据，主要内容涉及人均收听时间、全天收听走势、听众构成和频率竞争状况等。第四部分：附录。主要包括 CSM 媒介研究各城市收听率调查网和各省网的基本情况。

《中国广播收听年鉴（2015）》的出版具有非常重要的现实意义，它为广大媒介从业人员既可提供有关 2014 年中国广播收听市场的全面分析，又可提供 2014 年全国 36 个重点城市及 3 个省翔实的收听数据，是媒介从业人员必备的一本工具书。

编者

2015 年 8 月

# 目录

# CONTENTS

## 第一部分 综 述



## 第二部分 专 题

# 第三部分　数　据

## 第四部分 附 录

# 第一部分
# Part One

## 综 述 Overview

# 综　述

2014年是我国全面贯彻落实党的十八届三中全会精神、深化改革的开局之年，是实施“十二五”规划的关键之年，也是我国广播业在新的环境下全面实施进一步深化改革总体方案的改革之年。在党中央、国务院和中宣部的正确领导下，广播系统认真贯彻落实中央部署和总局要求，坚持正确方向，创新理念手段，全力推进广播事业产业的发展，顺利完成了各项重大既定任务，在各个方面都取得了显著成绩，保持了持续、健康、快速发展的良好态势。

2014年，我国广播事业体制改革进一步深化，取得了新的成效，实现了新常态下的创新发展；加快转变发展方式，坚持品质至上，大力推进节目创新创优，加强精品创作生产，广播节目质量得到进一步提高，广播内容产业再上一个新台阶；全力强化保障措施，播出保障体系进一步完善，传播秩序进一步规范；以弘扬中国梦为主题，坚持为民惠民，加快重点工程建设，城乡公共服务水平得到进一步提升；坚持科技创新，紧跟世界科技发展趋势，努力推进数字化、网络化和新媒体、新业态的发展，科技对广播事业产业发展的支撑和引领作用进一步加强；坚持国际视野，统筹国内国际发展，完善布局，加快走出去步伐和国际传播体系建设，国际传播能力进一步提升。

本部分将从收听环境、听众特征、听众收听行为、频率竞争格局、节目竞争格局、广播广告投放及竞争状况等方面对2014年我国广播收听市场进行全方位的分析。

## 一、收听环境

### 1. 全国共有广播电台149座，广播电视台2564座

根据《中国广播电视年鉴（2015）》的最新统计，截至2014年年底，全国共有广播电台149座、广播电视台2564座。国家级广播电台有中央人民广播电台和中国国际广播电台，每个省、自治区或直辖市，每个地级或以上城市都至少有1座广播电台或广播电视台。全国现有中、短波广播发射台856座、调频发射台9259座。全国广播在国内的人口综合覆盖率达到97.99%。2014年全年公共广播节目播出时间为1405.83万小时，其中，播出新闻资讯类节目283.71万小时、专题服务类节目316.74万小时、综艺益智类节目374.87万小时、广播剧类节目78.49万小时、广告类节目131.24万小时、其他类节目220.78万小时。

2014 年全年全国广电系统制作广播节目 764.73 万小时，其中，新闻资讯类节目 144.35 万小时、专题服务类节目 212.05 万小时、综艺类节目 202.05 万小时、广播剧类节目 18.54 万小时、广告类节目 80.81 万小时、其他类节目 106.93 万小时。

### 2. 在全国 36 个重点城市中，音乐类、新闻类和交通类频率数量最多

根据 CSM 媒介研究掌握的 2014 年全国 36 个重点城市可接收的广播频率数量分布资料，在不包括境外频率的 450 个广播频率中，音乐类（79 个）、新闻类（64 个）和交通类（61 个）频率的数量最多（表 1.1.1）。“跨领域”频率的现象比较普遍，在名称定位于“音乐”的 79 个频率中，有 20 个频率同时在名称中涉及了其他领域；在名称定位于“新闻”的 64 个频率中，有 19 个频率同时在名称中涉及了其他领域；在名称定位于“交通”的 61 个频率中，有 14 个频率同时在名称中涉及了其他领域；在名称定位于“综合”的 50 个频率中，有 14 个频率同时在名称中涉及了其他领域；在名称定位于“生活”的 29 个频率中，涉及其他领域的频率也高达 11 个。在各类频率中，以“音乐、交通”进行双重定位的频率数量最多，达到 6 个，以“新闻、资讯”和“音乐、资讯”进行双重定位的频率各有 3 个，以“音乐、文艺”、“音乐、城市”、“音乐、旅游”、“经济、交通”和“旅游、交通”进行双重定位的频率也都达到 2 个。城市中专门给有车族人群开办的频率发展态势良好，在 36 个调查城市中有 17 个针对有车族进行广播的休闲娱乐频率。与 2013 年情形类似，目标受众的细化仍然是广播频率发展的重要特征之一。

**表 1.1.1　2014 年 36 个重点城市各类频率的数量分布**

| 序号 | 频率类别 | 频率数量（个） | 涉及其他类别的频率数量（个） |
|---|---|---|---|
| 1 | 综合 | 50 | 14 |
| 2 | 音乐 | 79 | 20 |
| 3 | 新闻 | 64 | 19 |
| 4 | 交通 | 61 | 14 |
| 5 | 经济 | 45 | 6 |
| 6 | 文艺 | 41 | 7 |
| 7 | 娱乐 | 27 | 7 |
| 8 | 城市 | 23 | 8 |
| 9 | 生活 | 29 | 11 |
| 10 | 资讯 | 21 | 7 |
| 11 | 体育 | 7 | 2 |
| 12 | 外语 | 5 | 0 |
| 13 | 健康 | 3 | 1 |
| 14 | 教育 | 11 | 3 |
| 15 | 旅游 | 12 | 6 |
| 16 | 农村 | 16 | 1 |
| 17 | 其他 | 15 | 0 |
| 不重复合计 | | 450 | 66 |

资料来源：CSM 媒介研究

### 3. 全国拥有正在使用收听设备的家庭比例达到35.9%

根据CSM媒介研究全国网2014年基础调查数据，在全国范围内，有35.9%的家庭拥有正在使用的收听设备，比2013年下降了1.4个百分点；收听设备的百户拥有量达到47台，比2013年减少了4台。2014年，在全国城域拥有正在使用收听设备的家庭比例为43.1%，比2013年下降了2.7个百分点；在乡域，这个比例是30.8%，比2013年下降了0.6个百分点。在收听设备的百户拥有量方面，2014年城域为58台，比2013年减少了6台；乡域为39台，比2013年减少了3台。在拥有收听设备的家庭中，绝大多数家庭只拥有1台收听设备，拥有2台及以上收听设备的家庭比例还是比较小，全国平均只有7.5%，与2013年相比略微下降，为1.6个百分点。

表1.1.2 2010～2014年全国正在使用收听设备的拥有状况

| 年份 | 区域 | 1台(%) | 2台(%) | 3台及以上(%) | 无收听设备(%) | 百户拥有量(台) |
|---|---|---|---|---|---|---|
| 2010 | 全国 | 22.6 | 4.2 | 1.9 | 71.3 | 38 |
| | 城域 | 30.2 | 7.3 | 3.1 | 59.4 | 56 |
| | 乡域 | 18.3 | 2.4 | 1.2 | 78.1 | 27 |
| 2011 | 全国 | 25.0 | 4.2 | 1.6 | 69.2 | 39 |
| | 城域 | 32.7 | 6.6 | 2.8 | 57.9 | 56 |
| | 乡域 | 19.8 | 2.6 | 0.9 | 76.7 | 28 |
| 2012 | 全国 | 26.8 | 4.5 | 1.9 | 66.8 | 43 |
| | 城域 | 33.5 | 7.0 | 3.5 | 56.0 | 60 |
| | 乡域 | 22.1 | 2.8 | 0.8 | 74.2 | 31 |
| 2013 | 全国 | 28.3 | 5.8 | 3.3 | 62.7 | 51 |
| | 城域 | 33.9 | 7.6 | 4.3 | 54.2 | 64 |
| | 乡域 | 24.3 | 4.5 | 2.6 | 68.6 | 42 |
| 2014 | 全国 | 28.4 | 5.2 | 2.3 | 64.1 | 47 |
| | 城域 | 33.0 | 7.1 | 3.0 | 56.9 | 58 |
| | 乡域 | 25.2 | 3.8 | 1.8 | 69.2 | 39 |

数据来源：CSM媒介研究

根据CSM媒介研究全国网2014年基础调查数据，在全国七大行政区中，华北、西北、东北、华东和华南的收听设备拥有率较高，均达到30.0%以上，每百户均拥有收听设备也多达43台及以上；其中华北地区收听设备拥有率最高，达到54.2%，平均每百户收听设备拥有量也是最高，达到81台；西北地区收听设备拥有率也达到了46.0%，平均每百户收听设备拥有量为67台。而西南和华中地区仍然是七大行政区中收听设备拥有率最低的地区，拥有率不到30.0%，每百户均拥有收听设备也仅为34台和27台(表1.1.3)。

**表 1.1.3　2014 年全国各大行政区正在使用收听设备的拥有状况**

| 大行政区 | 1 台（%） | 2 台（%） | 3 台及以上（%） | 无收听设备（%） | 百户拥有量（台） |
|---|---|---|---|---|---|
| 东北 | 27.5 | 4.7 | 1.6 | 66.1 | 43 |
| 华北 | 37.5 | 10.1 | 6.6 | 45.8 | 81 |
| 华东 | 31.1 | 4.5 | 1.5 | 62.9 | 45 |
| 华南 | 25.7 | 5.8 | 2.1 | 66.3 | 45 |
| 华中 | 19.6 | 2.7 | 0.7 | 77.0 | 27 |
| 西北 | 31.9 | 9.1 | 4.9 | 54.0 | 67 |
| 西南 | 24.4 | 2.9 | 1.2 | 71.5 | 34 |

数据来源：CSM 媒介研究

## 二、听众特征

### 1. 全国 10 岁及以上听众规模达 497,901,000 人

根据《中国广播电视年鉴（2015）》的数据，截至 2014 年年底，全国广播人口覆盖率达到 97.99%。但是，在广播实际收听方面，由于部分家庭不购置收听设备，或者一些家庭的收听设备已经闲置，所以实际的广播听众规模要明显小于广播覆盖的人口规模。我们所说的广播听众，是指拥有正在使用的广播收听设备或家庭成员中有人在近 3 个月内收听过广播的家庭中 10 岁及以上人口。

根据 CSM 媒介研究 2014 年全国网基础调查数据，2014 年全国广播听众规模为 497,901,000人，占全国 10 岁及以上人口总数的 41.5%；其中城域的广播听众规模为 231,326,000人，占全国城市 10 岁及以上人口的 49.5%；乡域的广播听众规模为 266,575,000人，占全国农村 10 岁及以上人口的 36.4%。与 2013 年相比，2014 年全国、城域和乡域广播听众规模占人口总数的比例都有不同程度下滑。2013 年，全国广播听众规模占全国 10 岁及以上人口总数的 43.3%，这一比例在城域为 52.8%，在乡域为 37.2%。

### 2. 广播听众中男性占比略高于女性，与全国人口结构基本一致

根据 CSM 媒介研究 2014 年全国网基础调查数据，在全国广播听众中，男性比例略高于女性，男性占 51.5%，女性占 48.5%，这个构成与全国 10 岁及以上人口的性别构成基本一致。城域广播听众中男性占 51.4%，女性占 48.6%，男性所占比例略高于女性，并且与全国城域 10 岁及以上人口性别构成也基本一致；在乡域听众中，男性占 51.5%，女性占 48.5%，与全国乡域 10 岁及以上人口性别构成基本一致（图 1.2.1、图 1.2.2）。

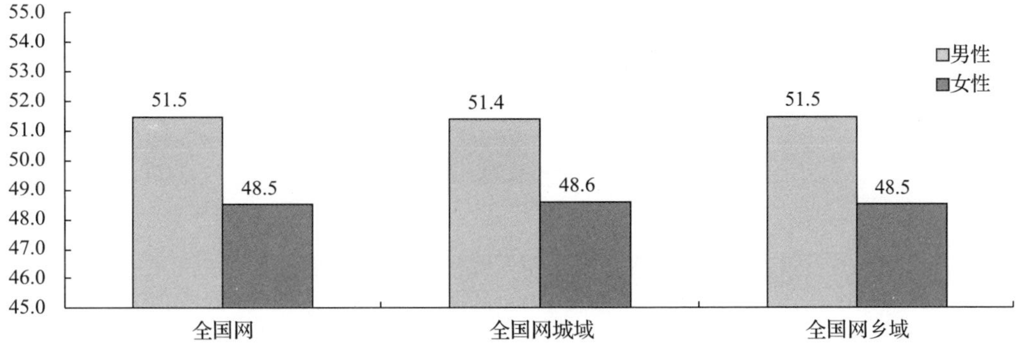


数据来源：CSM 媒介研究

**图 1. 2. 1　2014 年全国广播听众性别构成（%）**

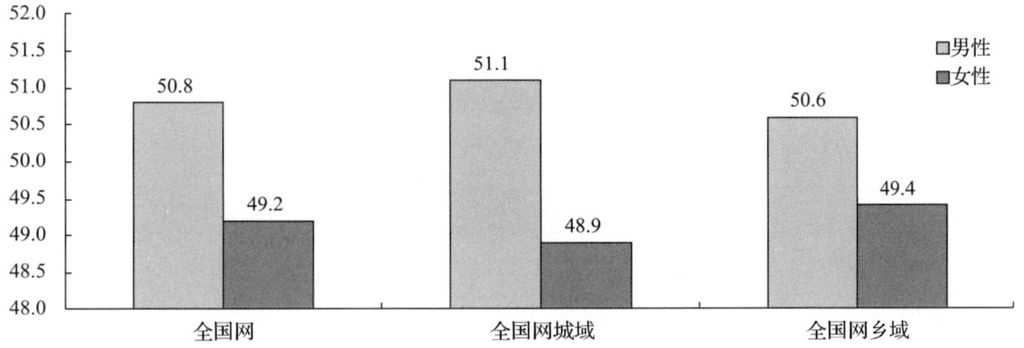


数据来源：CSM 媒介研究

**图 1. 2. 2　2014 年全国 10 岁及以上人口性别构成（%）**

### 3. 35～44 岁和 15～24 岁听众所占比例相对较高，城乡听众年龄结构具有一定差异

根据 2014 年 CSM 媒介研究全国网基础调查数据，35～44 岁和 15～24 岁年龄段听众是广播听众中所占比例相对较大的群体，其中 35～44 岁听众群体在全国、城域和乡域中所占比例都超过 20.0%，15～24 岁听众群体在全国和乡域均占到 20.0% 的比例，在城域所占比例为 19.9%，接近 20.0%，并且与各自的人口比例基本一致。从城乡各年龄段广播听众所占的比例来看，不同于以往，乡域广播听众中 15～24 岁、45 岁及以上群体所占的比例均超过了城域，城域广播听众中只有 25～34 岁这一个群体的比例超过了乡域，占到了 21.0%，反映出城乡听众年龄结构具有一定的差异（图 1. 2. 3、图 1. 2. 4）。

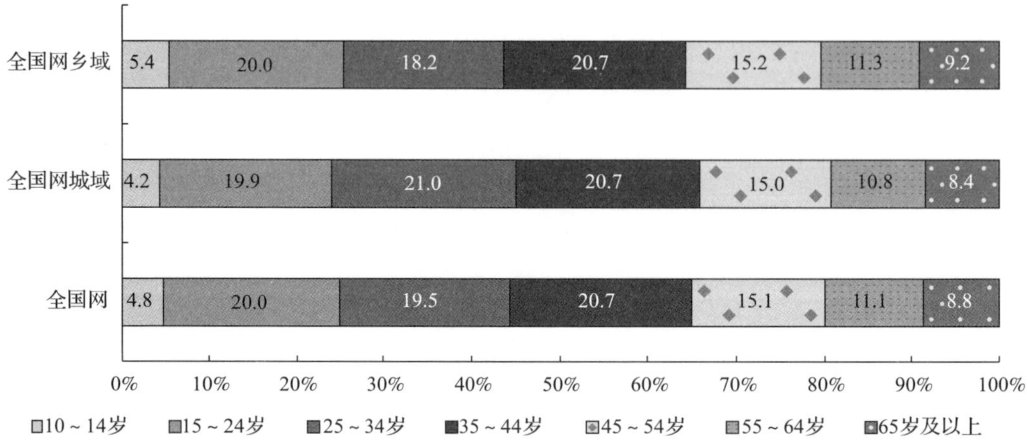


数据来源：CSM 媒介研究

**图 1.2.3　2014 年全国广播听众年龄构成（%）**

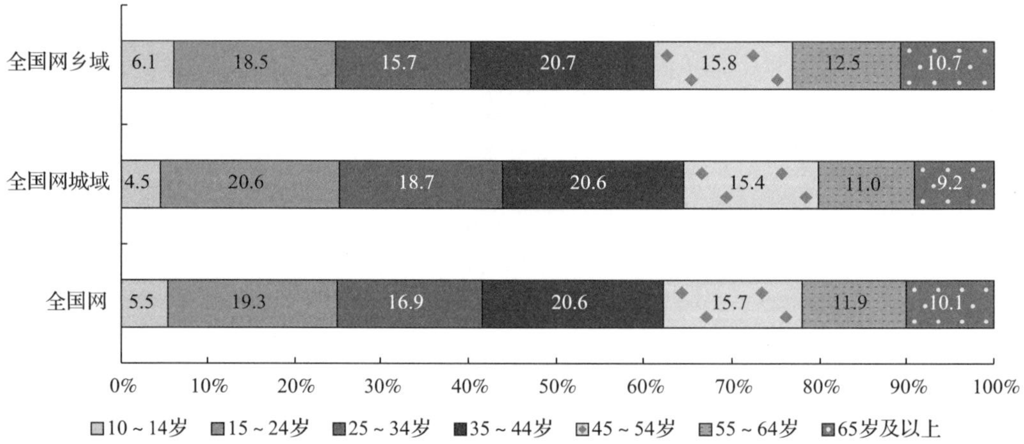


数据来源：CSM 媒介研究

**图 1.2.4　2014 年全国 10 岁及以上人口年龄构成（%）**

## 4. 城乡听众受教育程度差异明显，初中学历人群占比最高

从 2014 年 CSM 媒介研究全国网基础调查数据来看，广播听众的受教育程度城乡差异明显，这与全国城乡人口受教育程度差异较大相一致（图 1.2.5、图 1.2.6）。在城域听众中，具有高中/技术学校、大学及以上文化程度的听众比例分别为 27.8% 和 25.6%，远高于乡域听众中的 19.4% 和 9.0%。未受过正规教育、小学文化程度听众的比例在城域分别为 3.0% 和 12.7%，远低于乡域的 5.8% 和 22.4%。无论是在全国网还是在城域和乡域，具有初中文化程度的听众均是占比最高的一类听众，分别为 37.6%、30.9% 和 43.4%。

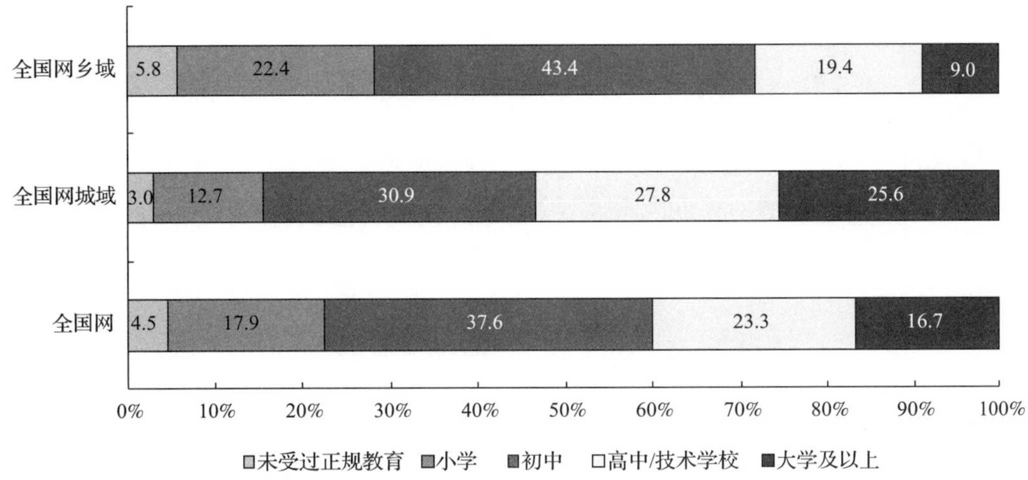


数据来源：CSM 媒介研究

**图 1.2.5　2014 年全国广播听众受教育程度构成（%）**

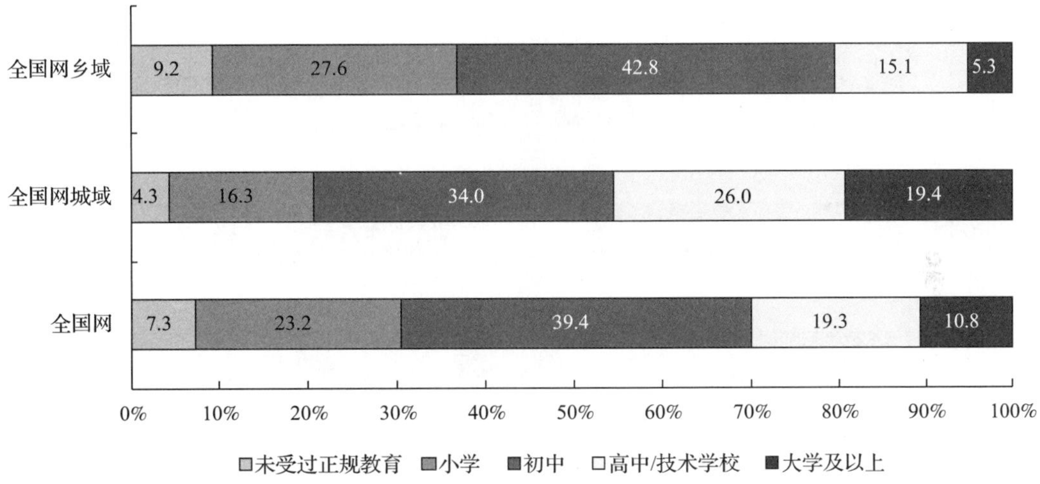


数据来源：CSM 媒介研究

**图 1.2.6　2014 年全国 10 岁及以上人口受教育程度构成（%）**

### 5. 城乡听众职业构成差异较大，无业和其他类别人群分别在城域和乡域占比最高

从 2014 年 CSM 媒介研究全国网基础调查数据来看，城乡听众职业构成的差异较大，这主要是由城乡居民职业构成的差异所决定的。在城域听众中，包含退休人员在内的无业人群占比最大，达到 21.6%，其次为初级公务员/雇员，所占比例也达到了 20.0%；在乡域听众中，以农、林、牧、渔为主的其他职业类别听众所占比例最大，达 33.8%，排在第二位的是个体/私营企业人员，所占比例为 18.2%（图 1.2.7、图 1.2.8）。

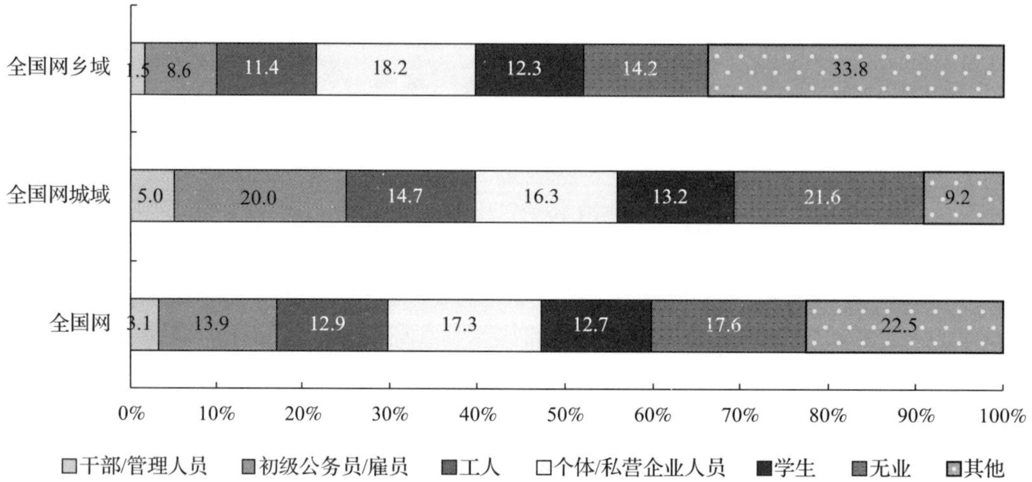


数据来源：CSM 媒介研究

**图 1.2.7　2014 年全国广播听众的职业构成（%）**

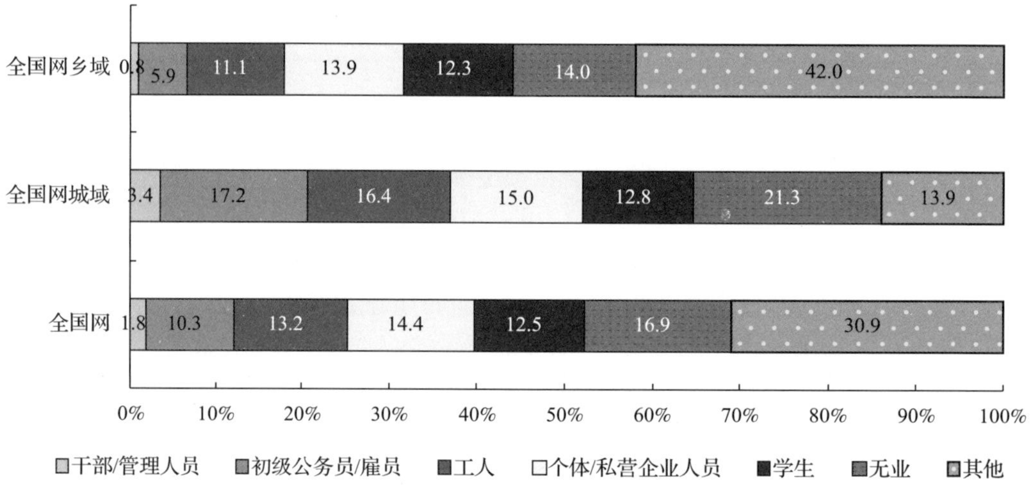


数据来源：CSM 媒介研究

**图 1.2.8　2014 年全国 10 岁及以上人口的职业构成（%）**

## 6. 个人月收入 2001 元及以上的听众占比较 2013 年有明显提升，这一趋势在乡域表现得更为明显

从 2014 年 CSM 媒介研究全国网基础调查数据来看，广播听众的收入构成城乡差异比较明显，这与我国目前城乡经济发展不平衡、城乡居民收入水平差异较大有直接关系（图 1.2.9、图 1.2.10）。从全国广播听众的收入构成来看，个人月收入在 2001 元及以上的中高收入听众占比为 46.6%，高于这一收入群体的人口构成比例 37.4%；从城域的情

况来看，个人月收入在2001元及以上的中高收入听众占比为57.5%，高于这一收入群体的人口构成比例51.7%；从乡域的情况来看，个人月收入在2001元及以上的中高收入听众占比为37.2%，也高于这一收入群体的人口构成比例28.4%。

对比2013年，2014年从城域的情况来看，个人月收入在2001元及以上的中高收入听众群体占比由2013年的52.3%上升为2014年的57.5%，上涨幅度为9.9%；从乡域的情况看，个人月收入在2001元及以上的中高收入听众占比由2013年的31.2%上升到了2014年的37.2%，上涨幅度为19.2%。2014年无论是城域还是乡域，听众中个人月收入2001元以上群体所占比例较2013年均有不同程度上涨，反映出城乡听众的整体收入水平均有不同程度提高，这一趋势在乡域表现得更为明显。

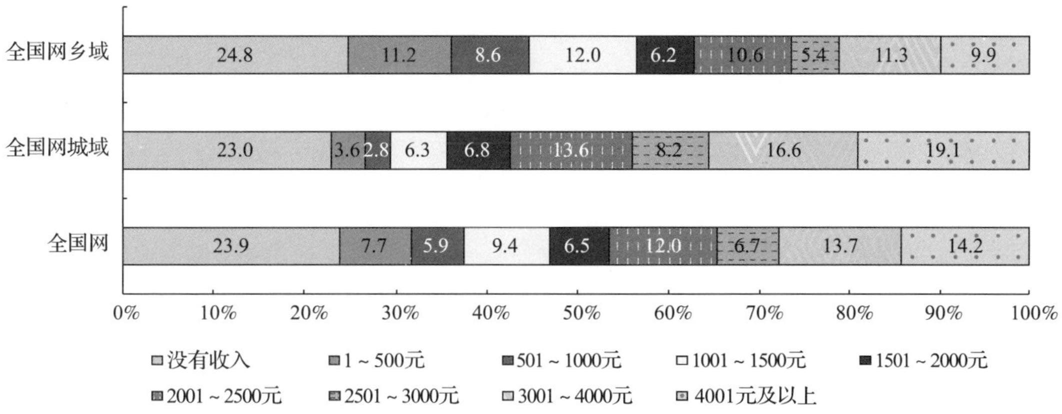


数据来源：CSM媒介研究

**图1.2.9　2014年全国广播听众的个人月收入构成（%）**

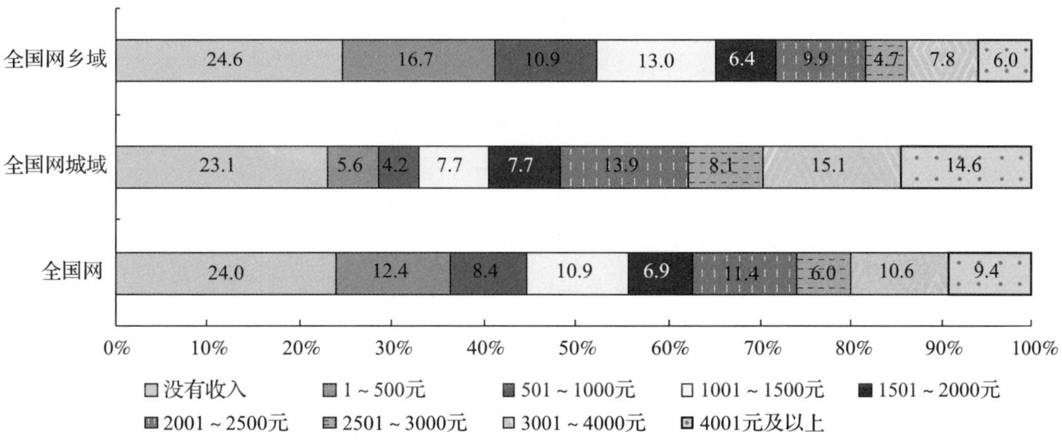


数据来源：CSM媒介研究

**图1.2.10　2014年全国10岁及以上人口的个人月收入构成（%）**

# 三、听众收听行为

## （一）收听地点[①]

### 1. 私家汽车首次超过家中，成为听众最经常收听广播地点选择比例最高的场所

不同于以往，2014 年听众选择私家汽车作为最经常收听广播地点的比例达到了 42.3%，首次超过家中，成为听众最经常收听广播地点选择比例最高的场所（图 1.3.1），在家位居第二位，所占比例为 41.4%，仍是听众最经常收听广播的场所之一。最经常在公共汽车/轨道交通工具上收听广播的比例也达到了 4.8%，然后依次为出租车、工作/学习场所、班车、其他和骑自行车/步行。听众最经常收听地点选择比例最高场所的变化，充分表明了随着国民生活水平的日益提升、私家汽车数量的逐渐增多，加之受众媒介接收途径和接收方式的变化，传统的收听模式正在逐步被打破，新的模式正在日渐形成。

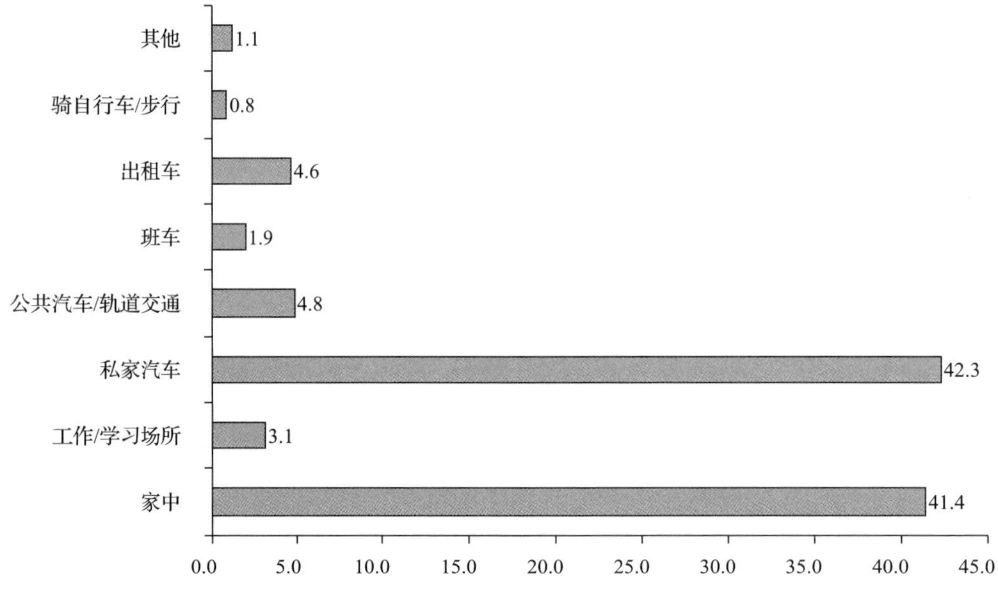


数据来源：CSM 媒介研究

**图 1.3.1　2014 年 36 城市 15 岁及以上听众最经常收听广播地点的选择比例（%）**

① 对听众收听地点及听众最喜欢收听节目的分析主要基于 2014 年 CSM 媒介研究进行收听率调查的 36 个城市的基础研究数据，这 36 个城市分别为：北京、长春、长沙、常州、成都、重庆、大连、佛山、福州、广州、邯郸、杭州、哈尔滨、合肥、济南、南昌、南京、南宁、宁波、青岛、清远、泉州、上海、汕头、沈阳、深圳、石家庄、苏州、太原、天津、乌鲁木齐、武汉、无锡、西安、厦门和郑州。

### 2. 多数城市私家汽车反超家中成为广播收听首选地点，但家中在其他城市家中仍是最主要的收听场所

随着国民生活水平的提高，私家汽车数量激增，同时受新媒体的冲击，受众对广播的接收方式和接收地点也发生了较大变化，因此2014年表现出来的最大特点就是多数城市私家汽车反超家中成为听众收听广播的首选地点，具体包括深圳、苏州、宁波、北京、杭州、常州、成都、泉州、厦门、长沙、无锡、南昌、太原、佛山、福州、重庆、石家庄、南宁和郑州19个城市。最经常选择在私家汽车上收听广播比例最高的是深圳，达到78.9%；其次是苏州，该比例也达到了76.4%；紧随其后的是宁波、北京、杭州、常州、成都、泉州、厦门、长沙、无锡、南昌和太原11个城市，最经常选择在私家汽车上收听广播的比例在50.0%～70.0%之间。2014年听众选择在私家汽车上最经常收听广播的比例较2013年有大幅度的提升。

**表1.3.1　2014年36城市15岁及以上听众最经常收听广播的地点选择比例（%）**

| 城市 | 家中 | 工作/学习场所 | 私家汽车 | 公共汽车/轨道交通 | 班车 | 出租车 | 骑自行车/步行 | 其他 |
|---|---|---|---|---|---|---|---|---|
| 北京 | 30.4 | 1.3 | 60.9 | 3.9 | 0.5 | 2.2 | 0.2 | 0.6 |
| 长春 | 33.0 | 3.7 | 25.6 | 15.2 | 3.0 | 18.0 | 0.7 | 0.8 |
| 长沙 | 17.8 | 1.2 | 55.4 | 7.5 | 2.1 | 13.9 | 1.0 | 1.1 |
| 常州 | 31.4 | 3.1 | 59.8 | 1.6 | 1.6 | 1.1 | 0.2 | 1.2 |
| 成都 | 27.7 | 1.0 | 58.5 | 2.4 | 3.5 | 3.7 | 1.3 | 1.9 |
| 重庆 | 31.8 | 3.6 | 46.5 | 8.7 | 4.5 | 4.2 | 0.7 | 0.0 |
| 大连 | 51.8 | 3.8 | 38.4 | 0.6 | 3.0 | 0.8 | 0.4 | 1.2 |
| 佛山 | 33.2 | 6.9 | 49.6 | 6.0 | 2.3 | 0.4 | 0.4 | 1.2 |
| 福州 | 29.2 | 1.6 | 49.0 | 1.0 | 3.2 | 15.1 | 0.6 | 0.3 |
| 广州 | 65.5 | 7.6 | 15.5 | 5.0 | 0.0 | 3.9 | 1.3 | 1.2 |
| 邯郸 | 60.6 | 9.1 | 17.6 | 3.2 | 2.9 | 4.3 | 0.0 | 2.3 |
| 杭州 | 33.6 | 1.2 | 60.2 | 1.5 | 0.6 | 0.9 | 0.3 | 1.7 |
| 哈尔滨 | 57.5 | 2.8 | 16.5 | 18.5 | 2.7 | 1.6 | 0.0 | 0.4 |
| 合肥 | 43.0 | 3.7 | 34.8 | 1.2 | 2.6 | 13.8 | 0.2 | 0.7 |
| 济南 | 51.6 | 4.8 | 35.2 | 2.2 | 3.7 | 1.8 | 0.0 | 0.7 |
| 南昌 | 38.7 | 2.0 | 50.9 | 1.0 | 2.0 | 2.7 | 1.4 | 1.3 |
| 南京 | 56.0 | 5.2 | 28.2 | 4.1 | 1.8 | 1.5 | 1.8 | 1.4 |
| 南宁 | 28.2 | 5.5 | 37.3 | 2.9 | 3.8 | 17.9 | 1.0 | 3.4 |
| 宁波 | 26.5 | 1.1 | 66.4 | 2.2 | 0.3 | 3.0 | 0.0 | 0.5 |
| 青岛 | 48.0 | 3.7 | 38.3 | 2.8 | 1.9 | 4.8 | 0.3 | 0.2 |
| 清远 | 65.0 | 9.0 | 23.5 | 1.3 | 0.6 | 0.0 | 0.0 | 0.6 |
| 泉州 | 28.0 | 2.7 | 56.1 | 3.6 | 2.3 | 7.3 | 0.0 | 0.0 |
| 上海 | 66.4 | 0.7 | 27.0 | 2.9 | 0.5 | 0.6 | 1.2 | 0.7 |
| 汕头 | 69.5 | 10.3 | 18.7 | 0.0 | 1.5 | 0.0 | 0.0 | 0.0 |
| 沈阳 | 51.5 | 4.9 | 26.6 | 4.0 | 2.7 | 9.3 | 0.4 | 0.6 |
| 深圳 | 12.6 | 1.5 | 78.9 | 3.7 | 0.9 | 1.2 | 0.2 | 1.0 |
| 石家庄 | 43.6 | 2.0 | 44.7 | 1.7 | 3.6 | 1.4 | 1.5 | 1.5 |
| 苏州 | 15.7 | 0.0 | 76.4 | 2.3 | 3.4 | 0.0 | 2.2 | 0.0 |

续表

| 城市 | 家中 | 工作/学习场所 | 私家汽车 | 公共汽车/轨道交通 | 班车 | 出租车 | 骑自行车/步行 | 其他 |
|---|---|---|---|---|---|---|---|---|
| 太原 | 36.8 | 2.2 | 50.5 | 0.8 | 2.8 | 4.2 | 0.6 | 2.1 |
| 天津 | 52.2 | 2.2 | 41.5 | 2.3 | 0.9 | 0.0 | 0.6 | 0.3 |
| 乌鲁木齐 | 46.1 | 1.4 | 41.0 | 2.9 | 2.2 | 3.9 | 0.4 | 2.1 |
| 武汉 | 32.8 | 3.0 | 26.5 | 5.6 | 2.5 | 23.6 | 3.8 | 2.2 |
| 无锡 | 36.6 | 3.9 | 51.3 | 0.6 | 3.9 | 1.7 | 0.3 | 1.7 |
| 西安 | 50.1 | 5.1 | 36.8 | 3.2 | 1.0 | 1.7 | 0.7 | 1.4 |
| 厦门 | 22.8 | 4.4 | 56.0 | 6.9 | 2.2 | 6.3 | 0.3 | 1.1 |
| 郑州 | 30.0 | 4.1 | 34.1 | 19.2 | 2.6 | 6.8 | 2.6 | 0.6 |

数据来源：CSM 媒介研究

但在其他城市，听众仍把家中作为最经常收听广播的地点，具体到各城市，听众选择的比例存在较大差异（表 1.3.1）。汕头、上海、广州、清远和邯郸 5 个城市有 60.0% 以上的听众最经常在家听广播；哈尔滨、南京、天津、大连、济南、沈阳和西安 7 个城市最经常选择在家里收听广播的听众比例也在 50.0% 以上；青岛、乌鲁木齐、石家庄、合肥 4 个城市有 40.0% 以上的听众选择家中为最经常收听广播的地方。

2014 年，听众最经常选择在公共汽车/轨道交通上收听广播比例最高的是郑州，为 19.2%；此外，该比例在 15.0% 以上的城市还有哈尔滨和长春，分别为 18.5% 和 15.2%；其余城市该比例均在 10.0% 以下。其中重庆、长沙、厦门、佛山、武汉和广州 6 个城市听众最经常选择在公共汽车/轨道交通上收听广播的比例在 5.0% ~10.0% 之间，处于中间水平；剩余南京、沈阳、北京、深圳、泉州、邯郸、西安、上海、乌鲁木齐、南宁、青岛、成都、天津、苏州、济南、宁波、石家庄、常州、杭州、清远、合肥、南昌、福州、太原、大连、无锡和汕头 27 个城市听众最经常选择在公共汽车/轨道交通上收听广播的比例较低，不足 5.0%，尤以汕头为最，该比例为 0，这可能与当地的道路交通状况以及听众习惯的出行方式有关。

出租车已经成为一个城市的标志物之一，也是广播媒体重点开拓的市场之一。由于各地出租车起步价、人们乘坐习惯等存在差异，选择在出租车上最经常收听广播的听众比例差异也较大。2014 年，武汉最经常选择在出租车上收听广播的听众比例最高，达 23.6%；随后依次为长春、南宁和福州，该比例在 15.0% ~20.0% 之间；长沙和合肥 2 个城市，该比例在 10.0% ~15.0% 之间；剩余沈阳、泉州和郑州等 30 个城市的听众最经常选择在出租车上收听广播的比例不高，均在 10.0% 以下，其中天津、苏州、清远和汕头最低，为 0，没有听众把出租车作为最经常选择收听广播的场所。

最经常在其余地点收听广播的听众选择比例相对以上地点较低，但也存在个别城市比例较高的地点。例如，重庆有 4.5% 的听众把班车作为最经常选择收听广播的场所；汕头有 10.3% 的听众把工作/学习场所作为最经常选择收听广播的场所，邯郸和清远的该比例达到了 9.1% 和 9.0%，广州和佛山的该比例也接近 7.0% 或高于此比例。这充分体现出广播的伴随性特征，听众可以边听广播边工作。

### 3. 各目标听众群体最经常收听广播地点的选择与其角色定位相关

按照目标听众来看，最经常收听广播地点的选择与其性别、年龄、教育水平及职业定位相关（表1.3.2）。相比女性，男性听众相对更多地选择在私家汽车上、工作/学习场所和班车上收听广播，这与他们日常的出行方式和生活习惯有关；而女性听众最经常选择收听广播的场所则相对更多地在家中、公共汽车/轨道交通和出租车等地方。

各个年龄群体最经常收听广播地点的选择也存在明显差异。在25岁及以上听众中，年龄越大，选择最经常在家中听广播的比例越高，选择最经常在私家汽车、公共汽车/轨道交通和出租车上收听广播的比例越低。随着年龄的增长、身体状况的下降，尤其是对于老年人而言，乘坐公共汽车/轨道交通、出租车的困难和不便也日益增多，导致他们选择在这些地点收听广播的比例也逐渐降低。25~34岁和35~44岁这两部分听众是社会的中流砥柱，因此也是选择最经常在私家汽车上收听广播比例最高的两个群体，所占比例分别高达59.7%和57.8%。15~24岁的青少年群体受经济状况和生活习惯的影响，选择最经常在公共汽车/轨道交通上收听广播的比例是各年龄组中最高的，选择比例为8.9%。

**表1.3.2 2014年36城市不同目标听众最经常收听广播的地点选择比例（%）**

| 目标听众 | 家中 | 工作/学习场所 | 私家汽车 | 公共汽车/轨道交通 | 班车 | 出租车 | 骑自行车/步行 | 其他 |
|---|---|---|---|---|---|---|---|---|
| 男 | 36.3 | 3.6 | 46.8 | 4.1 | 2.9 | 4.3 | 0.8 | 1.2 |
| 女 | 47.8 | 2.4 | 37.0 | 5.6 | 0.7 | 4.8 | 0.8 | 0.9 |
| 15~24岁 | 37.8 | 4.0 | 37.6 | 8.9 | 2.0 | 7.7 | 1.2 | 0.8 |
| 25~34岁 | 22.9 | 2.3 | 59.7 | 5.5 | 1.9 | 6.2 | 0.8 | 0.7 |
| 35~44岁 | 26.6 | 3.4 | 57.8 | 4.1 | 3.3 | 3.7 | 0.6 | 0.5 |
| 45~54岁 | 45.1 | 4.4 | 40.7 | 3.1 | 1.8 | 3.2 | 0.6 | 1.1 |
| 55岁及以上 | 80.9 | 1.8 | 10.3 | 2.1 | 0.3 | 1.4 | 0.8 | 2.4 |
| 未受过正规教育 | 83.4 | 4.5 | 4.2 | 1.3 | 0.0 | 1.6 | 0.0 | 5.0 |
| 小学 | 71.6 | 3.6 | 15.2 | 3.3 | 1.3 | 1.5 | 0.5 | 3.0 |
| 初中 | 54.8 | 4.7 | 28.7 | 4.1 | 1.7 | 3.8 | 0.7 | 1.5 |
| 高中 | 44.2 | 3.3 | 38.8 | 4.5 | 2.2 | 5.0 | 0.9 | 1.1 |
| 大学及以上 | 26.8 | 1.9 | 57.2 | 5.8 | 1.9 | 5.2 | 0.8 | 0.4 |
| 干部/管理人员 | 17.3 | 1.5 | 70.2 | 4.1 | 1.8 | 4.3 | 0.7 | 0.1 |
| 初级公务员/雇员 | 26.3 | 2.6 | 55.7 | 6.0 | 2.6 | 5.3 | 0.9 | 0.6 |
| 个体/私营企业人员 | 24.6 | 3.1 | 60.4 | 3.6 | 0.7 | 6.0 | 0.5 | 1.1 |
| 工人 | 42.9 | 9.0 | 31.5 | 4.8 | 5.7 | 4.4 | 1.0 | 0.7 |
| 学生 | 45.2 | 4.5 | 33.6 | 9.7 | 0.5 | 4.3 | 1.4 | 0.8 |
| 无业（含退休） | 72.8 | 0.1 | 18.0 | 3.0 | 0.1 | 3.2 | 0.7 | 2.1 |
| 其他 | 71.2 | 4.6 | 16.6 | 1.7 | 0.6 | 2.1 | 0.0 | 3.2 |

数据来源：CSM媒介研究

受教育程度对个人的工作和生活状况具有重要影响，也影响到其最经常收听广播地点的选择。沿袭以往的一贯特征，随着受教育程度的提高，选择在家中收听广播的比例逐渐降低，受教育程度低者，包括未受过正规教育和小学学历听众选择最经常在家中听广播的比例较高，分别为83.4%和71.6%；选择在私家汽车、公共汽车/轨道交通和出租车等各类交通工具上为最经常收听广播地点的比例则与家中相反，呈现出学历越高比例越高的态势，其中大学及以上学历听众群体最经常选择在私家汽车、公共汽车/轨道交通和出租车上收听广播的比例分别达到了57.2%、5.8%和5.2%，尤以在私家汽车上的比例为最高。这与该类人群属于社会中坚力量，乘坐和驾驶私家汽车比例较高有关。同时可以发现，选择在骑自行车/步行时收听广播的比例也基本呈现出学历越高比例越高的趋势。

听众对最经常收听地点的选择与其职业也有较强的关联性。职业层级低和赋闲在家的无业听众最经常选择在家中收听广播的比例较高，社会地位较高或者收入水平较高的从业者，最经常选择在私家汽车上收听广播的比例相对更高。无业人员及学生选择最经常在家中收听广播的比例较高，分别为72.8%和45.2%，干部/管理人员、个体/私营企业人员和初级公务员/雇员选择最经常在私家汽车上听广播的比例分别达到了70.2%、60.4%和55.7%，远高于其他职业类别。

各目标听众对最经常收听广播地点的选择特点在一定程度上可以为广播媒体进行对象化编排和节目定位提供依据。

## （二）人均收听时间

### 1.2014年全国35城市人均收听时间较2013年有所下降，且城市间差异显著

在全国35个城市[①]中，2014年人均每日收听广播的时间为73.5分钟，较2013年的77分钟有所下降。2014年各城市之间的人均日收听分钟数差距较大，天津、哈尔滨、杭州和乌鲁木齐等12个城市人均日收听分钟数高于35城市的平均水平。天津最高，达119.7分钟；其次是哈尔滨，为118.7分钟；杭州和乌鲁木齐2个城市也超过了100分钟。相反，南昌、长沙、宁波和重庆等8个城市较低，平均每人每天的收听量不足50分钟，特别是南昌，人均每日收听时间仅为28.1分钟，不足排名第一天津的1/4（表1.3.3）。

① 本年鉴在有关收听状况的分析中，主要采用2014年全年CSM媒介研究进行收听率调查的35个城市（包括四波调查城市和连续调查城市）的收听调查数据，这35个城市分别为：北京、长春、长沙、常州、成都、重庆、大连、佛山、福州、广州、邯郸、杭州、哈尔滨、合肥、济南、南昌、南京、南宁、宁波、青岛、清远、泉州、上海、沈阳、深圳、石家庄、苏州、太原、天津、乌鲁木齐、武汉、无锡、西安、厦门和郑州。汕头因从2014年第2波才开始有调查数据，因此未将该城市纳入计算范围。

表 1.3.3　2014 年各城市听众人均每日收听广播时间（分钟，四波调查数据）

| 城市 | 人均收听时间 | 城市 | 人均收听时间 |
|---|---|---|---|
| 天津 | 119.7 | 苏州 | 57.1 |
| 哈尔滨 | 118.7 | 无锡 | 56.8 |
| 杭州 | 104.4 | 泉州 | 56.6 |
| 乌鲁木齐 | 101.3 | 郑州 | 56.5 |
| 沈阳 | 96.6 | 合肥 | 55.6 |
| 西安 | 90.7 | 成都 | 52.5 |
| 济南 | 88.4 | 清远 | 50.9 |
| 青岛 | 83.2 | 武汉 | 50.6 |
| 佛山 | 79.9 | 南宁 | 50.0 |
| 石家庄 | 76.6 | 深圳 | 49.5 |
| 南京 | 76.3 | 福州 | 49.3 |
| 大连 | 74.5 | 广州 | 48.9 |
| 北京 | 73.4 | 厦门 | 47.4 |
| 太原 | 72.9 | 重庆 | 47.3 |
| 长春 | 72.1 | 宁波 | 46.7 |
| 邯郸 | 69.4 | 长沙 | 38.8 |
| 上海 | 69.3 | 南昌 | 28.1 |
| 常州 | 66.1 | | |
| 35 城市平均 | | 73.5 | |

数据来源：CSM 媒介研究

## 2. 春、秋两季人均收听时间高于其他季节，哈尔滨和天津两城季节收听表现突出

CSM 媒介研究实施的四波次收听率调查分别分布在 2～3 月、5～6 月、8～9 月和 11 月，基本能够代表春、夏、秋、冬四季。对 2014 年 35 城市在各个调查波次中的收听情况（其中，连续调查城市取各个调查波次时期的数据）进行分析发现，2014 年全国 35 城市春季和秋季的人均收听量整体高于其他两个季节，人均每天收听时间较其他两个季节多出约 1 分钟左右（表 1.3.4）。

具体到每个城市，季节差异不尽相同。哈尔滨春、夏两季（第 1 波和第 2 波）的人均收听时长在 35 个调查城市中均排名首位，春季更高。哈尔滨位于我国的最北方，是我国纬度最高、气温最低的大都市，哈尔滨的春季（第 1 波调查）仍然是非常寒冷的时期，听众在家的时间较长，因此人均收听量在各季节中最高。地处华北的天津在秋、冬两季（第 3 波和第 4 波）的人均收听时长在 35 个城市中排名居首，秋季更高。该城市的收听很有特色：由于地处华北，秋季属于该城市的雨季，冬季寒冷干燥，听众多居于室内，收听广播的几率增大，因此，秋、冬两季的人均收听量高于其他两个季节。可见，气候条件和生活习惯在一定程度上影响了听众的季节性收听行为（表 1.3.4）。

表 1.3.4　2014 年各城市听众在四波调查期间人均每日收听广播时间（分钟）

| 城市 | 第 1 波（2014.2.23~3.15） | 第 2 波（2014.5.25~6.14） | 第 3 波（2014.8.24~9.13） | 第 4 波（2014.11.2 ~11.22） |
|---|---|---|---|---|
| 北京 | 76.5 | 73.4 | 72.3 | 71.6 |
| 长春 | 72.1 | 67.9 | 74.4 | 73.8 |
| 长沙 | 34.4 | 37.3 | 42.7 | 40.8 |
| 常州 | 68.3 | 69.9 | 64.6 | 61.4 |
| 成都 | 51.5 | 50.4 | 55.0 | 53.0 |
| 重庆 | 46.9 | 44.1 | 46.4 | 51.8 |
| 大连 | 81.3 | 71.5 | 72.8 | 72.6 |
| 佛山 | 77.4 | 86.4 | 80.6 | 75.3 |
| 福州 | 51.3 | 51.6 | 47.5 | 46.9 |
| 广州 | 50.1 | 50.8 | 49.2 | 45.7 |
| 邯郸 | 67.7 | 72.7 | 70.1 | 67.2 |
| 杭州 | 104.9 | 106.2 | 101.9 | 104.6 |
| 哈尔滨 | 125.2 | 121.5 | 115.4 | 112.4 |
| 合肥 | 61.3 | 58.4 | 51.1 | 51.6 |
| 济南 | 93.7 | 88.1 | 86.0 | 85.7 |
| 南昌 | 29.2 | 29.4 | 26.2 | 27.5 |
| 南京 | 76.9 | 82.1 | 74.8 | 71.5 |
| 南宁 | 48.6 | 52.7 | 47.7 | 51.0 |
| 宁波 | 46.2 | 47.0 | 48.2 | 45.6 |
| 青岛 | 77.5 | 82.4 | 87.6 | 85.2 |
| 清远 | 48.4 | 50.7 | 55.0 | 49.5 |
| 泉州 | 54.8 | 59.3 | 55.6 | 56.7 |
| 上海 | 67.2 | 66.5 | 73.3 | 70.3 |
| 沈阳 | 97.9 | 99.9 | 92.2 | 96.4 |
| 深圳 | 53.9 | 46.7 | 48.2 | 49.1 |
| 石家庄 | 74.3 | 75.2 | 78.4 | 78.6 |
| 苏州 | 60.8 | 53.3 | 53.2 | 61.2 |
| 太原 | 70.3 | 74.1 | 73.9 | 73.4 |
| 天津 | 112.5 | 111.9 | 135.2 | 119.1 |
| 乌鲁木齐 | 96.5 | 99.3 | 99.5 | 110.0 |
| 武汉 | 49.9 | 48.0 | 53.2 | 51.1 |
| 无锡 | 61.5 | 55.3 | 56.3 | 53.9 |
| 西安 | 88.8 | 90.4 | 90.2 | 93.5 |
| 厦门 | 45.9 | 48.3 | 48.8 | 46.4 |
| 郑州 | 61.1 | 58.9 | 53.6 | 52.6 |
| 35 城市 | 73.9 | 73.2 | 74.1 | 72.7 |

数据来源：CSM 媒介研究

### 3. 各目标听众收听表现各异，男性、老年、初高中学历、中低收入听众人均收听时间较长

2014年各目标听众群体的人均收听时长特征与2013年相似。男性听众人均每日收听时间为75.9分钟，较女性听众收听时长多4.9分钟。各年龄段听众呈现出年龄越大人均收听量越大的特点，10~14岁的少年儿童听众人均每日收听时间仅为26.8分钟，不足55岁及以上群体人均收听时间的1/4，广播媒体受众老龄化的倾向仍然突出。

从受教育程度来看，初中学历人群人均每日收听广播时间最长，达到了82.5分钟，高中学历听众次之，人均每天收听广播时间为74.7分钟。在各类职业群体中，无业者人均收听广播时间最长，为106分钟，然后依次是其他、个体/私营企业人员、工人、干部/管理人员和初级公务员/雇员，平均每人每天收听时间均超过1小时，学生群体对广播的收听时长最短，仅为32.7分钟。

从不同收入水平来看，个人月收入在501~1000元听众人均日收听时间最长，为94.3分钟，其次是月收入1~500元和1501~2000元之间的听众，日均收听量均超过90分钟，月收入2001~2500元、1001~1500元和2501~3000元的听众人均日收听量超过80分钟，而月收入3001~4000元和4001元及以上群体的人均日收听量较少，均低于80分钟（表1.3.5）。

表1.3.5 2014年35城市不同目标听众人均每日收听广播时间（分钟）

| 目标听众 | 人均收听时间 | 目标听众 | 人均收听时间 |
|---|---|---|---|
| 男 | 75.9 | 干部/管理人员 | 72.3 |
| 女 | 71.0 | 初级公务员/雇员 | 63.9 |
| 10~14岁 | 26.8 | 个体/私营企业人员 | 78.3 |
| 15~24岁 | 41.0 | 工人 | 74.3 |
| 25~34岁 | 61.8 | 学生 | 32.7 |
| 35~44岁 | 75.3 | 无业 | 106.0 |
| 45~54岁 | 87.4 | 其他 | 80.2 |
| 55~64岁 | 110.8 | 无收入 | 42.6 |
| 65岁及以上 | 123.8 | 1~500元 | 90.9 |
| 未受过正规教育 | 59.8 | 501~1000元 | 94.3 |
| 小学 | 71.2 | 1001~1500元 | 86.3 |
| 初中 | 82.5 | 1501~2000元 | 90.6 |
| 高中/中专/职高/技校 | 74.7 | 2001~2500元 | 87.6 |
| 大学及以上 | 64.8 | 2501~3000元 | 81.8 |
| | | 3001~4000元 | 76.4 |
| | | 4001元及以上 | 72.0 |

数据来源：CSM媒介研究

## （三）全天收听走势

### 1. 早间创造全天收听最高峰，高峰时段收听率工作日明显高于周末

与电视观众收视率全天走势不同，广播的收听最高峰出现在早间。2014 年全国 35 个城市，工作日 7:00～7:30 时段正值上班高峰，开机率高，收听率超过 14.5%。其中 7:15 ～ 7:30 时段收听率最高，达 15.2%；早间 8:30 之后，收听率开始逐步走低；在 13:15～14:00 时段收听率跌至不足 4.0%；傍晚 17:30～18:30 下班时段，收听率回升至 9.0% 以上；随后到 20:00 左右又有明显的下跌；20:00～21:00 时段虽有所起色，但同早间、傍晚相比，收听率大幅降低（图 1.3.2）。

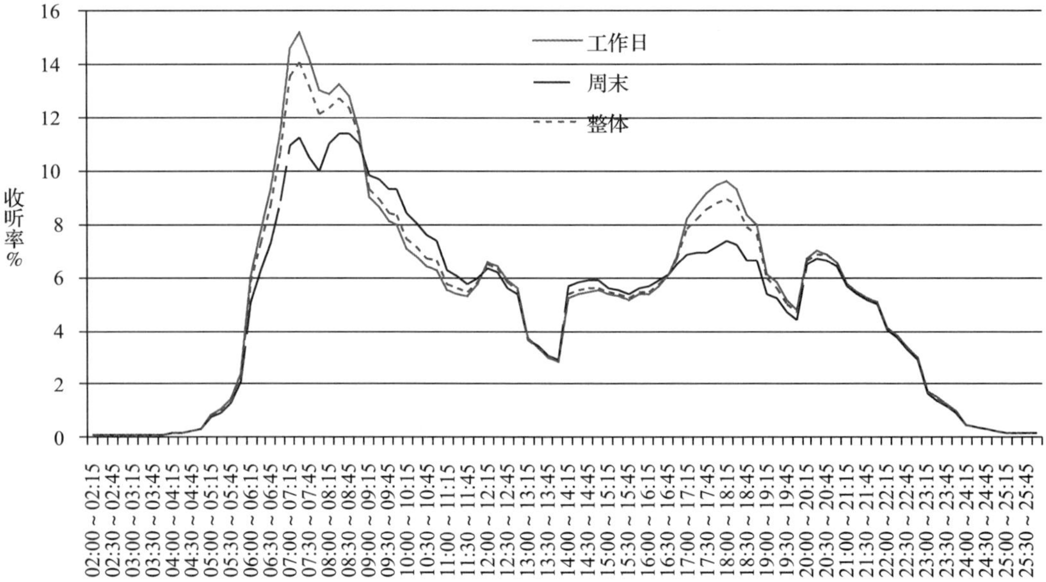


数据来源：CSM 媒介研究

图 1.3.2　2014 年 35 城市全天收听率走势

工作日和周末的收听率在高峰时段有较为显著的差别。工作日早间 6:00～9:00 和下午 16:30～19:30 的收听高峰时段，收听率明显高于周末同时段，其中在 7:00 左右，两者之间的收听率差距达到近 4 个百分点。周末上午 9:00～12:00 和下午 14:00～16:30 时段的收听率高于工作日。收听数据从一定程度上反映了听众的生活、工作作息规律：工作日早上通常会在洗漱、吃饭和上班途中收听广播，白天工作，而周末的上午和下午部分时段则拥有更多的闲暇时间收听广播。

### 2. 四季全天收听走势基本一致，不同季节收听水平略有差异

2014 年，全国 35 个城市听众在四波次调查中的全天收听率走势大体相同，均显示出早间的收听最高峰和午间以及傍晚的两个收听次高峰。相对而言，春季第 1 波调查期间，9:00～17:30 时段的收听率更占优势，高于其他 3 波调查同时段的收听率（图 1.3.3）。

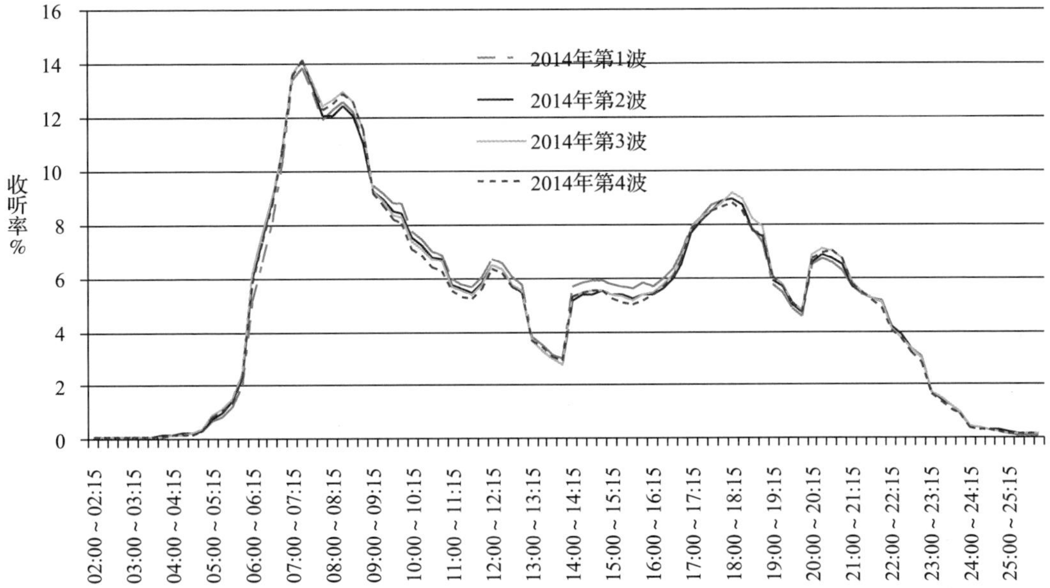


数据来源：CSM 媒介研究

**图 1.3.3　2014 年 35 城市四波调查全天收听率走势**

### 3. 北京、上海全天收听走势基本一致，广州收听高峰特色十足

北京听众的全天收听走势与全国 35 个城市的平均收听率走势基本一致。北京听众工作日早间 7:15～7:30 收听率最高峰值超过了 20.0%，远远高于周末水平。听众在傍晚 18:30 左右形成全天收听次高峰；另外随着听众夜生活时间的延伸，在 20:00 之后还形成了一个跨度较大的扁平状收听小高峰（图 1.3.4）。

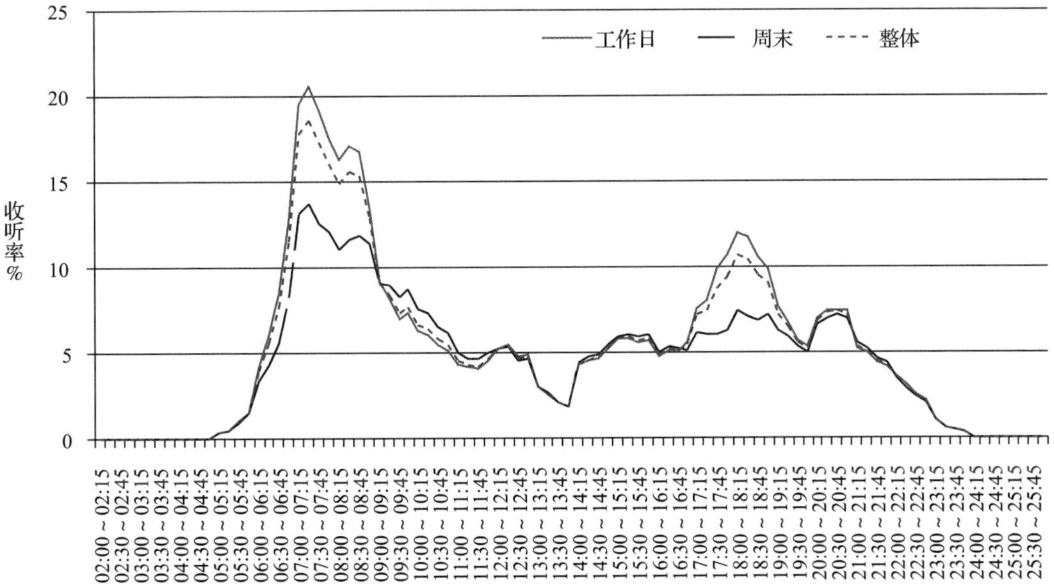


数据来源：CSM 媒介研究

**图 1.3.4　2014 年北京全天收听率走势**

上海听众的全天收听走势与全国35个城市的情况大体相同，在早间7:00~7:45和8:15~8:30两个时段出现了收听率超过16.0%的收听高峰带，其中在7:15~7:30时段达到全天收听峰值，为16.7%。与北京不同的是，在早间收听高峰之后，上海听众在9:00~14:00时段的收听基本上处于平缓下滑阶段，此后从14:00开始，收听水平缓慢爬升，至傍晚17:45左右出现全天收听的第2个高峰，峰值为7.9%，但与早间相比仍显得相对平淡。工作日6:00~9:00和17:00~20:30时段相较于周末同时段的收听优势明显，周末则在9:00~15:00时段收听率高于工作日（图1.3.5）。

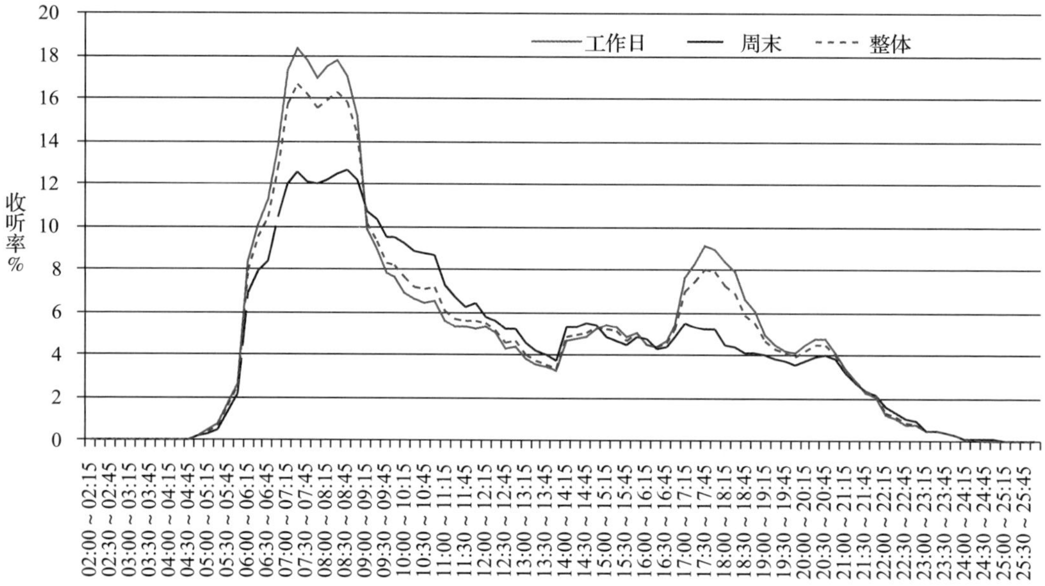


数据来源：CSM媒介研究

**图1.3.5　2014年上海全天收听率走势**

与北京、上海乃至全国35个城市全天收听率走势相比，广州听众的全天收听走势特色十足、差异巨大。最大的差别是广州听众的全天收听最高峰不是出现在早间，而是出现在午间12:00~13:00时段，孤峰突起，跨度为1个小时，收听峰值明显高于早间的峰值。除了8:00~9:00的早高峰时段外，在傍晚18:00~19:00时段也有一个较为显著而跨度较窄的次高峰，与早间收听高峰时段分庭抗礼。其他大部分时段收听率呈现扁平状分布，收听率都维持在2.0%~6.0%的水平。和其他城市一样，在早间7:00~9:00、下午14:15~20:15时段，广州的工作日收听表现好于周末的收听表现；周末午间12:00~13:00时段收听水平则明显优于工作日同时段的收听表现（图1.3.6）。

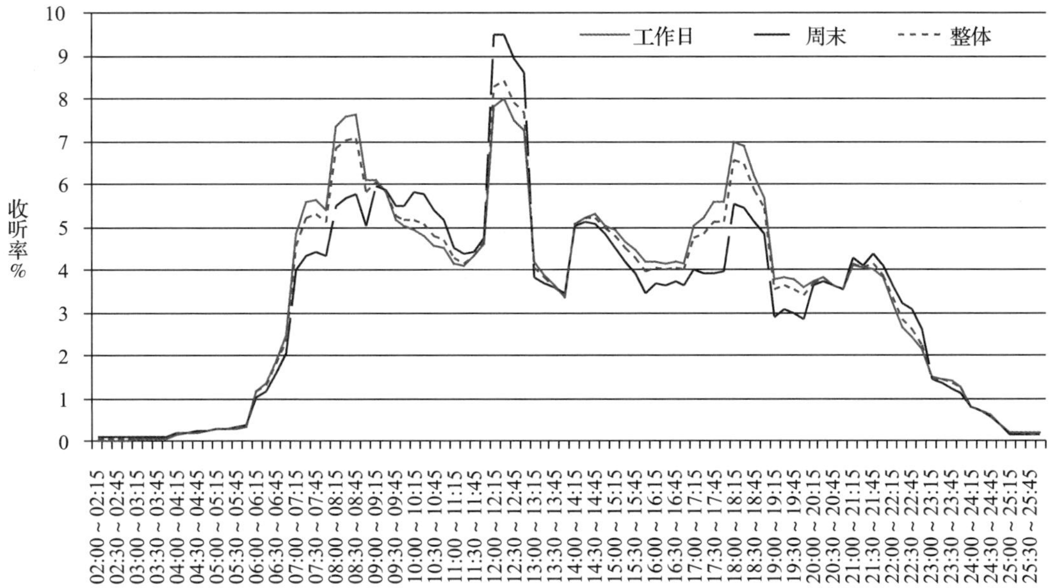


数据来源：CSM 媒介研究

**图 1.3.6　2014 年广州全天收听率走势**

### 4. 各类目标听众在全天不同时段收听特点不同

2014 年，全国 35 城市收听率数据显示，男性听众在全天大多数时段的收听率都要高于女性群体，尤其是在早间 7:00 ~ 9:30、晚间 17:00 ~ 20:00 和后晚间 20:00 ~ 21:00 时段，表现较为明显（图 1.3.7）。男性群体是移动收听的主力听众群体，在早晚上下班高峰时段较女性听众具有更明显的收听优势。

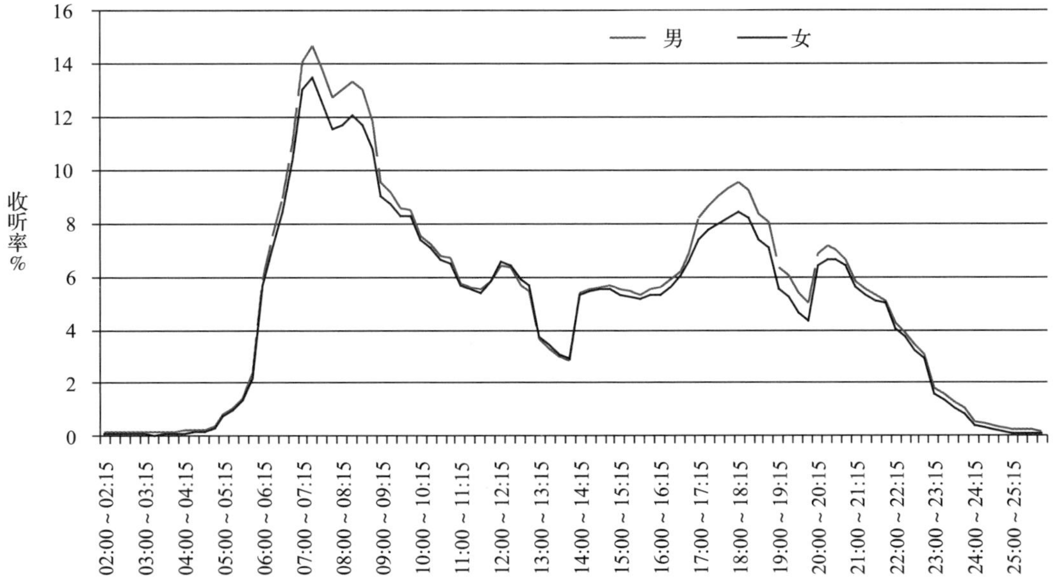


数据来源：CSM 媒介研究

**图 1.3.7　2014 年 35 城市不同性别听众全天收听率走势**

中老年听众群体构成了2014年我国广播媒体市场上的主力受众。数据显示，55岁及以上的中老年听众在全天大部分时段的收听水平都明显高于更年轻的听众，尤其是65岁及以上的听众，他们在4:00~13:00和14:00~18:00时段的收听率水平位于各年龄层之冠（图1.3.8）。

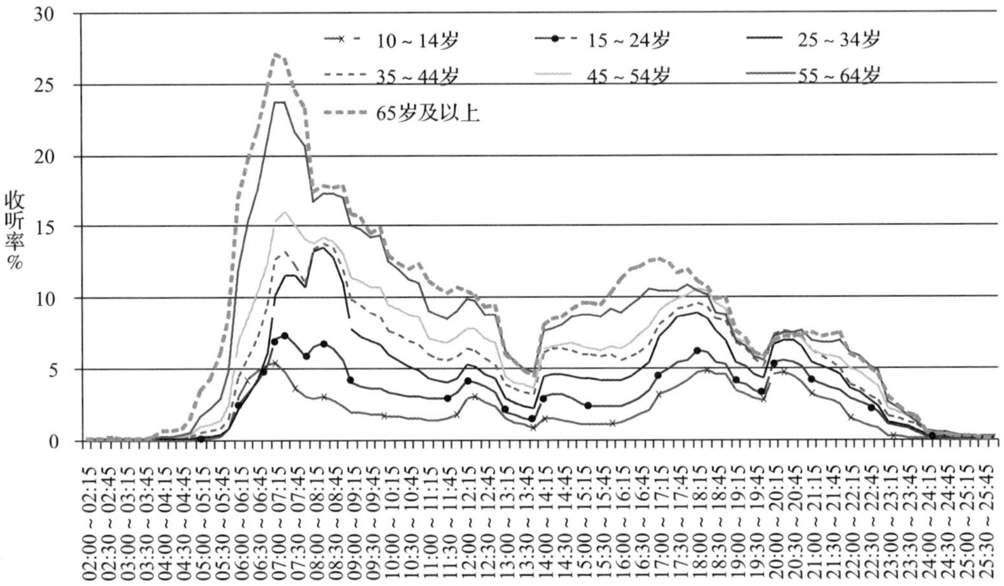


数据来源：CSM媒介研究

**图1.3.8　2014年35城市不同年龄听众全天收听率走势**

从受教育程度来看，大学及以上高学历群体，在早间7:00~8:45和下午17:00~19:00上下班时段，拥有高于其他听众群体的收听率，这在一定程度上和高学历者在上下班高峰有更多机会乘坐私家汽车和出租车有关，因此在这些时段针对高端群体进行内容编排和广告投放比较适宜。相比较而言，教育程度低的群体在9:00~12:00、14:00~17:00和20:00~22:30时段的收听水平较高，广播电台可以在这一时段适当安排与之相对应的节目内容（图1.3.9）。

从不同职业听众的全天收听走势来看，无业者（含退休人员）全天收听表现较好，4:30~17:15时段的收听水平明显高于其他群体，高居榜首；其他职业者在晚间20:45~22:45时段收听率高于其他群体，位居首位。此外，干部/管理人员在早晚上下班高峰时段也有明显收听高峰，其中傍晚17:30~18:45时段收听水平领先于其他职业类别的听众。个体/私营企业人员以及工人群体在上下午部分时段有较好表现，学生群体全天收听表现整体偏低（图1.3.10）。

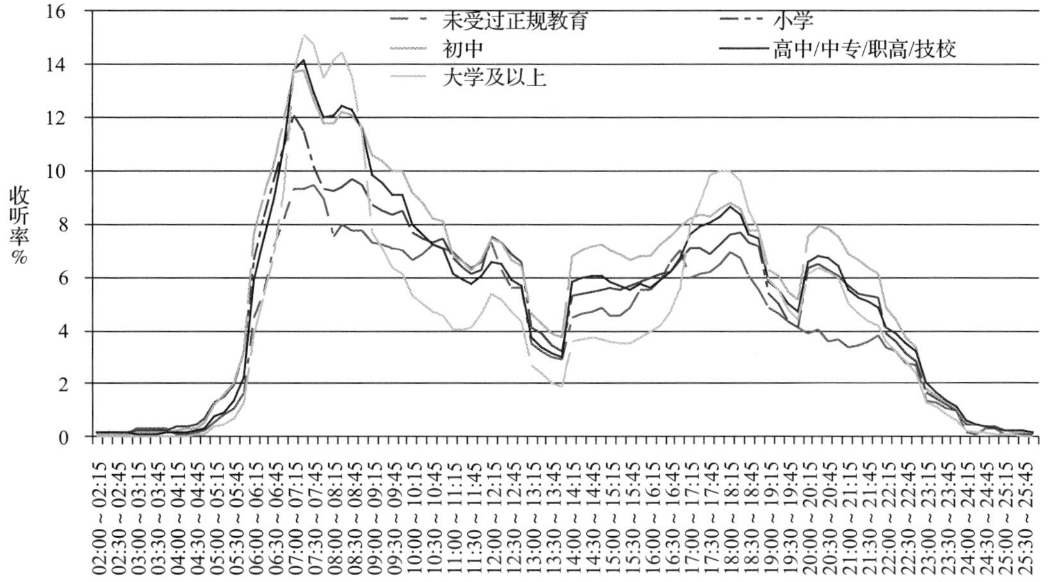


数据来源：CSM 媒介研究

**图 1.3.9　2014 年 35 城市不同受教育程度听众全天收听率走势**

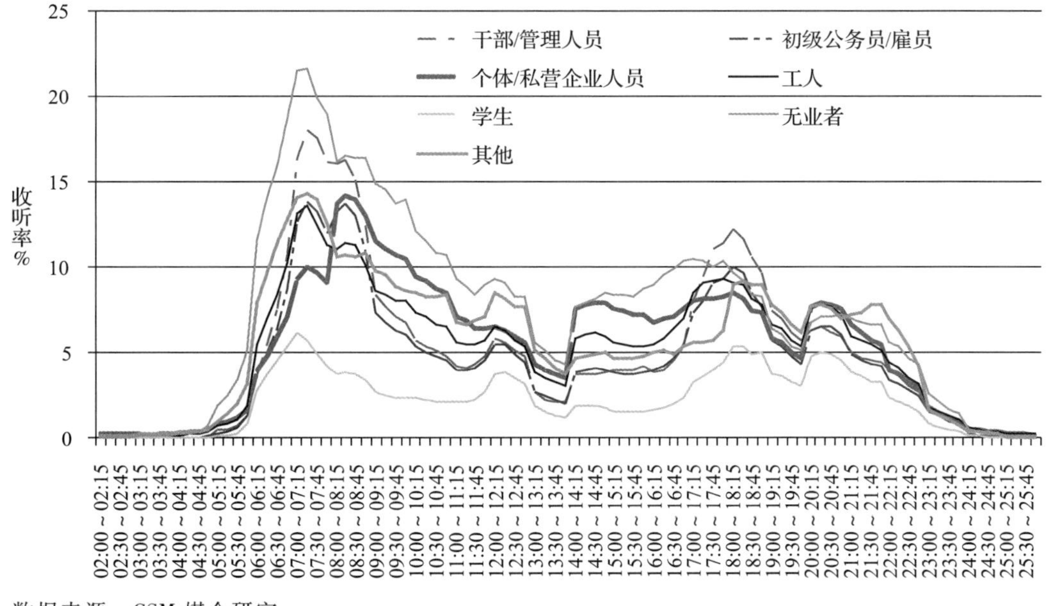


数据来源：CSM 媒介研究

**图 1.3.10　2014 年 35 城市不同职业听众全天收听率走势**

从个人月收入水平来看，中等收入群体在早晚交通高峰期具有收听优势，1～500 元收入人群在午间 11:00～12:30 和傍晚 17:45～19:00 时段收听水平居首，而 4001 元及以上高收入人群则在早间 8:00～9:00 时段收听率较高（图 1.3.11）。广播媒体可以针对各类听众在不同时段的收听水平特点进行内容编排和广告投放。

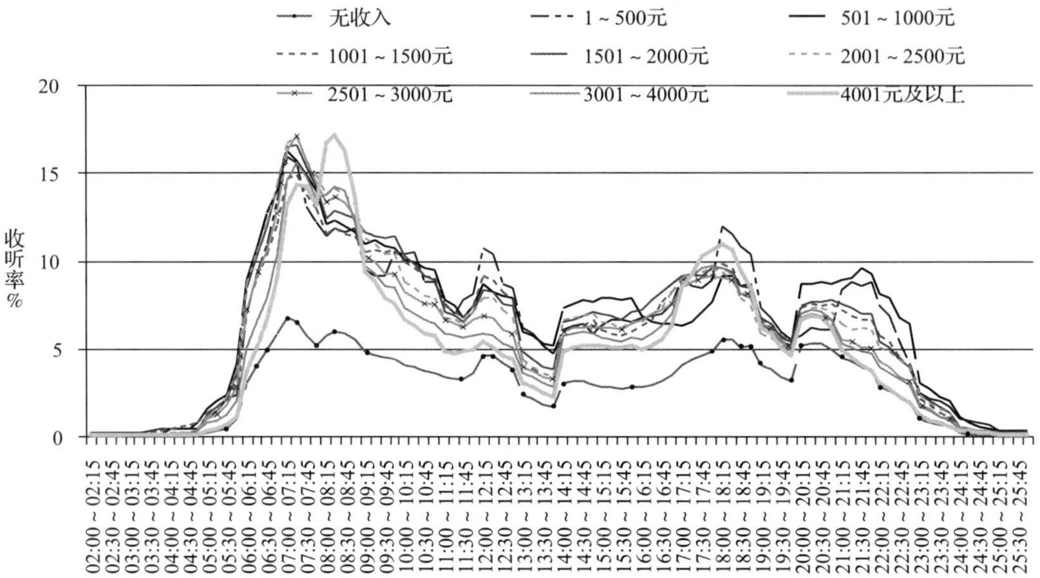


数据来源：CSM 媒介研究

**图 1.3.11 2014 年 35 城市不同收入水平听众全天收听率走势**

## （四）听众最喜欢收听的节目类型

### 1. 新闻/时事、音乐、生活服务类节目位列听众最喜欢收听节目类型选择比例前 3 位

CSM 媒介研究将广播节目共分为 10 个大类，涵盖了当今广播媒体的各个节目类型。CSM 媒介研究 2014 年 36 个收听率调查城市的基础研究数据显示，全国 36 城市 15 岁及以上听众最喜欢收听的广播节目类型比较集中。提供新闻资讯的新闻/时事类节目以 68.6% 的选择比例高居榜首，成为听众最为喜爱收听的节目类型；能够充分发挥广播“休闲放松、娱乐陪伴”功能的音乐类节目以 54.0% 的选择比例位列第二，竞争优势不容忽视；与百姓生活息息相关，兼具教育性、知识性、信息性和服务性功能于一体的生活服务类节目也获得了 47.6% 铁杆听众的青睐，具有一定的市场空间；排名第四位的是文艺类节目，把该类节目列为最喜欢收听的节目的听众占到了 23.9% 的比例；随后依次为法制类节目（6.2%）、体育类节目（5.7%）和财经类节目（5.1%），三者所占比例均超过了 5.0%；其他（1.5%）、社教类（1.3%）和外语类（0.8%）分列最后 3 位（表 1.3.6）。

表 1.3.6　2014 年 36 城市 15 岁及以上听众最喜欢收听的广播节目类型的选择比例（%，多选）

| 排名 | 节目类型 | 比例（%） |
| --- | --- | --- |
| 1 | 新闻/时事类 | 68.6 |
| 2 | 音乐类 | 54.0 |
| 3 | 生活服务类 | 47.6 |
| 4 | 文艺类 | 23.9 |
| 5 | 法制类 | 6.2 |
| 6 | 体育类 | 5.7 |
| 7 | 财经类 | 5.1 |
| 8 | 其他 | 1.5 |
| 9 | 社教类 | 1.3 |
| 10 | 外语类 | 0.8 |

数据来源：CSM 媒介研究

### 2. 新闻/时事、音乐、生活服务类节目在绝大多数城市受青睐，但排名在各地存在差异

CSM 媒介研究数据显示，在 2014 年全国 36 个重点城市 15 岁及以上的听众中，新闻/时事类节目普遍最受欢迎，其次是音乐和生活服务类节目。以传播信息、资讯为主，内容丰富的新闻/时事类节目最受听众青睐，占据了 25 个城市的榜首，显示出该类节目在满足听众广泛需求方面的强大优势。音乐类节目在长沙、济南、南宁、宁波、清远、武汉、西安、厦门和郑州 9 个城市独占首位。生活服务类节目则在沈阳和太原两个城市位居第一（表 1.3.7）。

除了新闻/时事类节目在多地通吃之外，最受听众欢迎排名前几位的节目类型也比较集中，显示出各地听众在收听偏好方面存在较强的共性。例如，在排名第二的梯队中，以音乐类节目为主，共有 16 个城市的听众喜欢该类节目；新闻/时事类节目和生活服务类节目平分秋色，这两类节目分别在 9 个城市排第二位；沈阳和天津则是文艺类节目更受听众的喜爱。在排名第三的梯队中，生活服务类节目占据主体，共有长沙、常州和成都等 23 个城市的听众较为青睐该类节目；北京、大连、杭州和青岛等 8 个城市的音乐类节目获得了听众的另眼相看；文艺类节目受到长春、哈尔滨和清远三地听众的喜爱；新闻/时事类节目则受到沈阳和太原两城市听众的偏爱（表 1.3.7）。

由此可见，各地听众基于自身的生活习惯和当地的媒体发展状况，在最喜欢收听的节目类型的选择上表现出了一定的差异性。重视本地听众收听内容偏好的差异，针对听众的收听喜好“对症下药”是提高频率竞争力的重要策略之一。

表 1.3.7　2014 年 36 城市 15 岁及以上听众最喜欢收听的广播节目类型排名前 6 位

| 城市 | 1 | 2 | 3 | 4 | 5 | 6 |
|---|---|---|---|---|---|---|
| 北京 | 新闻/时事类 | 生活服务类 | 音乐类 | 文艺类 | 体育类 | 法制类 |
| 长春 | 新闻/时事类 | 生活服务类 | 文艺类 | 音乐类 | 体育类 | 法制类 |
| 长沙 | 音乐类 | 新闻/时事类 | 生活服务类 | 文艺类 | 法制类 | 体育类 |
| 常州 | 新闻/时事类 | 音乐类 | 生活服务类 | 文艺类 | 法制类 | 体育类 |
| 成都 | 新闻/时事类 | 音乐类 | 生活服务类 | 文艺类 | 法制类 | 财经类 |
| 重庆 | 新闻/时事类 | 音乐类 | 生活服务类 | 文艺类 | 财经类 | 体育类 |
| 大连 | 新闻/时事类 | 生活服务类 | 音乐类 | 文艺类 | 体育类 | 法制类 |
| 佛山 | 新闻/时事类 | 音乐类 | 生活服务类 | 文艺类 | 体育类 | 财经类 |
| 福州 | 新闻/时事类 | 音乐类 | 生活服务类 | 文艺类 | 财经类 | 法制类 |
| 广州 | 新闻/时事类 | 音乐类 | 生活服务类 | 文艺类 | 财经类 | 体育类 |
| 邯郸 | 新闻/时事类 | 音乐类 | 生活服务类 | 文艺类 | 法制类 | 体育类 |
| 杭州 | 新闻/时事类 | 生活服务类 | 音乐类 | 文艺类 | 财经类 | 法制类 |
| 哈尔滨 | 新闻/时事类 | 生活服务类 | 文艺类 | 音乐类 | 法制类 | 体育类 |
| 合肥 | 新闻/时事类 | 音乐类 | 生活服务类 | 文艺类 | 法制类 | 财经类 |
| 济南 | 音乐类 | 新闻/时事类 | 生活服务类 | 文艺类 | 法制类 | 体育类 |
| 南昌 | 新闻/时事类 | 音乐类 | 生活服务类 | 法制类 | 文艺类 | 财经类 |
| 南京 | 新闻/时事类 | 音乐类 | 生活服务类 | 文艺类 | 其他类 | 法制类 |
| 南宁 | 音乐类 | 新闻/时事类 | 生活服务类 | 文艺类 | 体育类 | 法制类 |
| 宁波 | 音乐类 | 新闻/时事类 | 生活服务类 | 文艺类 | 体育类 | 财经类 |
| 青岛 | 新闻/时事类 | 生活服务类 | 音乐类 | 文艺类 | 法制类 | 体育类 |
| 清远 | 音乐类 | 新闻/时事类 | 文艺类 | 生活服务类 | 财经类 | 社教类 |
| 上海 | 新闻/时事类 | 音乐类 | 生活服务类 | 文艺类 | 财经类 | 体育类 |
| 汕头 | 新闻/时事类 | 音乐类 | 生活服务类 | 文艺类 | 财经类 | 法制类 |
| 泉州 | 新闻/时事类 | 音乐类 | 生活服务类 | 文艺类 | 财经类 | 法制类 |
| 沈阳 | 生活服务类 | 文艺类 | 新闻/时事类 | 音乐类 | 法制类 | 体育类 |
| 深圳 | 新闻/时事类 | 音乐类 | 生活服务类 | 法制类 | 财经类 | 文艺类 |
| 石家庄 | 新闻/时事类 | 音乐类 | 生活服务类 | 文艺类 | 法制类 | 体育类 |
| 苏州 | 新闻/时事类 | 生活服务类 | 音乐类 | 文艺类 | 体育类 | 财经类 |
| 太原 | 生活服务类 | 音乐类 | 新闻/时事类 | 文艺类 | 法制类 | 体育类 |
| 天津 | 新闻/时事类 | 文艺类 | 音乐类 | 生活服务类 | 财经类 | 法制类 |
| 乌鲁木齐 | 新闻/时事类 | 生活服务类 | 音乐类 | 文艺类 | 法制类 | 体育类 |
| 武汉 | 音乐类 | 新闻/时事类 | 生活服务类 | 文艺类 | 法制类 | 其他类 |
| 无锡 | 新闻/时事类 | 生活服务类 | 音乐类 | 文艺类 | 财经类 | 体育类 |
| 西安 | 音乐类 | 新闻/时事类 | 生活服务类 | 文艺类 | 法制类 | 财经类 |
| 厦门 | 音乐类 | 新闻/时事类 | 生活服务类 | 文艺类 | 体育类 | 财经类 |
| 郑州 | 音乐类 | 新闻/时事类 | 生活服务类 | 文艺类 | 财经类 | 体育类 |

数据来源：CSM 媒介研究

### 3. 新闻/时事类节目广受各类听众喜爱，对其他节目类型的偏好契合听众身份

2014 年，各类目标听众在广播节目内容的选择上仍然将新闻、音乐、生活服务类节目选为最爱。具体到每类节目受各类听众喜爱程度的排名，大体上符合各类听众各自的身份特征，这为广播媒体将细分听众群体与其节目偏好相结合提供了思路。

不考虑排名先后之分，36 城市的男女听众对新闻/时事类、音乐类和生活服务类这 3 个类型的节目都表现出了浓厚的兴趣。此外，在男女听众最喜欢的前 6 位节目类型中，女性听众选择了法制类节目，而男性听众对此不“感冒”；女性没有选择体育类节目，而男性听众对此则青睐有加（表 1.3.8）。

不同年龄听众对节目内容的选择显示出其受心理成熟度、社会阅历、生活经历的影响。听众年纪越小，越是喜欢收听音乐类节目，而年纪越大，则越对新闻类、生活服务类节目感兴趣。15～24 岁和 25～34 岁群体的收听偏好与其他听众群体明显不同，其最喜欢收听的前 3 类节目分别是音乐类、新闻/时事类和生活服务类，偏重于娱乐休闲类的节目；35～44 岁的听众对新闻/时事类、音乐类和生活服务类节目的关注度更高；45 岁及以上中老年听众群体则更偏好于对新闻/时事类节目的收听，其次是生活服务类节目。

**表 1.3.8　2014 年 36 城市不同听众群体最喜欢收听的广播节目类型排名前 6 位**

| 目标听众 | 1 | 2 | 3 | 4 | 5 | 6 |
|---|---|---|---|---|---|---|
| 男 | 新闻/时事类 | 音乐类 | 生活服务类 | 文艺类 | 体育类 | 财经类 |
| 女 | 新闻/时事类 | 音乐类 | 生活服务类 | 文艺类 | 法制类 | 财经类 |
| 15～24 岁 | 音乐类 | 新闻/时事类 | 生活服务类 | 文艺类 | 体育类 | 法制类 |
| 25～34 岁 | 音乐类 | 新闻/时事类 | 生活服务类 | 文艺类 | 体育类 | 法制类 |
| 35～44 岁 | 新闻/时事类 | 音乐类 | 生活服务类 | 文艺类 | 法制类 | 财经类 |
| 45～54 岁 | 新闻/时事类 | 生活服务类 | 音乐类 | 文艺类 | 法制类 | 财经类 |
| 55 岁及以上 | 新闻/时事类 | 生活服务类 | 文艺类 | 音乐类 | 法制类 | 财经类 |
| 未受过正规教育 | 生活服务类 | 新闻/时事类 | 文艺类 | 音乐类 | 法制类 | 其他类 |
| 小学 | 新闻/时事类 | 生活服务类 | 音乐类 | 文艺类 | 法制类 | 其他类 |
| 初中 | 新闻/时事类 | 音乐类 | 生活服务类 | 文艺类 | 法制类 | 体育类 |
| 高中 | 新闻/时事类 | 音乐类 | 生活服务类 | 文艺类 | 法制类 | 体育类 |
| 大学及以上 | 新闻/时事类 | 音乐类 | 生活服务类 | 文艺类 | 体育类 | 财经类 |
| 干部/管理人员 | 新闻/时事类 | 音乐类 | 生活服务类 | 文艺类 | 财经类 | 体育类 |
| 初级公务员/雇员 | 新闻/时事类 | 音乐类 | 生活服务类 | 文艺类 | 财经类 | 体育类 |
| 个体/私营企业人员 | 新闻/时事类 | 音乐类 | 生活服务类 | 文艺类 | 法制类 | 体育类 |
| 工人 | 新闻/时事类 | 音乐类 | 生活服务类 | 文艺类 | 法制类 | 体育类 |
| 学生 | 音乐类 | 新闻/时事类 | 生活服务类 | 文艺类 | 体育类 | 法制类 |
| 无业（含退休人员） | 新闻/时事类 | 生活服务类 | 音乐类 | 文艺类 | 法制类 | 财经类 |
| 其他 | 新闻/时事类 | 生活服务类 | 音乐类 | 文艺类 | 法制类 | 体育类 |

数据来源：CSM 媒介研究

从受教育水平来看，除未受过正规教育的听众外，小学及以上学历听众均最喜欢收听新闻/时事类节目；未受过正规教育的听众最爱听生活服务类节目，其次是新闻/时事类、文艺类和音乐类节目；小学学历的听众则最喜欢收听新闻/时事类节目，其次是生活服务类、音乐类和文艺类节目，两者的区别在于前者更喜欢文艺类节目，而后者更喜欢音乐类节目；初中及以上学历的听众将新闻/时事类节目列为第一名，然后依次为音乐类、生活服务类和文艺类节目；另外，初高中学历听众对法制类节目喜好度较高，而大学及以上学历听众则对财经类节目较为关注。

不同职业听众最喜欢收听的节目类型选择与教育水平不同的听众有一定的相似之处，排名前3位的都集中在新闻/时事类、音乐类和生活服务类节目上。职业层级较高的听众更多地喜好新闻/时事类和音乐类节目，相比较而言，职业层级较低的群体则表现出对生活服务类节目更强的关注度。总体可以分为3种类型，第1种类型是学生，此类人群对各类节目的喜好度特立独行，依喜好程度排在前3位的节目类型依次为音乐类、新闻/时事类和生活服务类；第2种类型包括干部/管理人员、初级公务员/雇员、个体私营企业人员和工人，按喜爱程度排在前3位的节目类型依次为新闻/时事类、音乐类和生活服务类；第3种类型包括无业者（含退休人员）和其他类人群，依据其对节目的喜爱度，排在前3位的节目类型依次为新闻/时事类、生活服务类和音乐类。

# 四、频率竞争格局

## （一）全国35个重点城市市场整体的频率竞争格局

### 1. 省级频率占据近六成市场份额，中央级和市级频率竞争力略降

2014全国35城市广播收听市场各级频率的竞争格局延续以往的态势，且强者愈强的马太效应进一步加剧。省级频率以57.2%的市场份额继续保持领跑之势，市场份额较2013年有1.3个百分点的增长。市级频率继续保持着三成以上的市场份额，但由2013年的32.0%略降至2014年的31.1%。中央级频率也仍然保持着一成左右的市场份额，但由2013年的10.2%略降至2014年的9.6%（图1.4.1）。

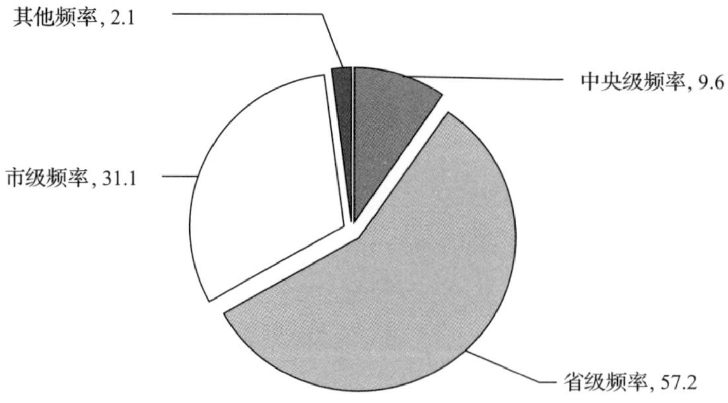


数据来源：CSM媒介研究

**图1.4.1　2014年35城市市场各类频率的市场份额（四波调查数据）**

### 2. 省级频率全天绝大多数时段领跑收听市场，中央级和市级频率在早晚时段获得相对优势

在整体市场占据绝对竞争优势的省级频率，在全天不同时段的收听竞争中，依然在绝大多数时段保持了领先之势，且在午间13:00~14:00时段以及傍晚17:00~18:00时段的竞争力更强，市场份额在60.0%以上。市级频率除了在凌晨3:00~5:00时段份额较高外，在早间的5:00~7:00时段以及晚间的21:00后时段竞争力也高于全天其他时段。中央级频率全天竞争力的高点同样集中在早间和晚间时段，其中凌晨3:00~早晨9:00时段高峰持续时间长且市场份额较高，晚间20:00~21:00时段市场份额也高于其他时段（图1.4.2）。

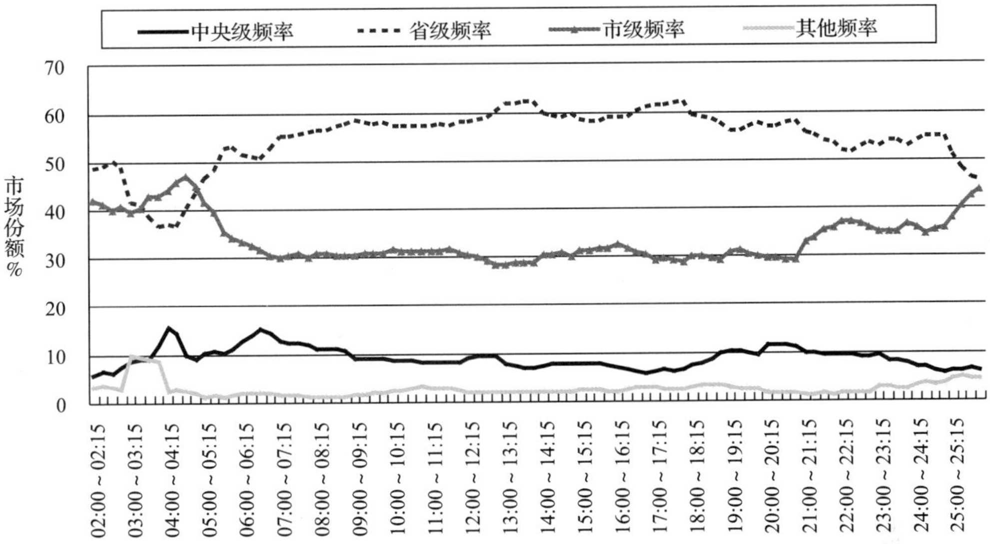


数据来源：CSM媒介研究

**图1.4.2　2014年35城市市场各类频率全天不同时段的市场份额（四波调查数据）**

### 3. 三级频率重度听众形成区隔，省级频率影响力渗透至更广泛的受众中

在细分广播收听市场上，2014年35城市中央、省、市三级频率的重度听众形成有层次的区隔，中央级频率在男性、老年、高学历、中等及高收入收听群体中的影响力更强；省级频率在女性、中年、中高学历、中高收入听众中有较强的影响力；市级频率在男性、中青年、中低学历、低收入听众中相对竞争优势更强（表1.4.1）。

具体来看，在以性别为细分标准的收听市场上，省级频率在女性听众中的市场份额略高于其在所有听众中的平均水平，而市级频率和中央级频率则依然保持了对男性听众的吸引力。

在以年龄为细分标准的收听市场上，中央级频率对55岁及以上中老年听众的吸引力明显更强，其中在65岁及以上的老年听众中的收听份额达到14.0%，较10岁及以上所有听众9.6%的平均水平有较大幅度的提升。省级频率对45~64岁的听众吸引力较强，收听份额达到59.0%以上，高于其在10岁及以上所有听众中57.2%的平均份额；市级频率对35~44岁的年轻听众吸引力最强，收听份额达到35.0%，较10岁及以上所有听众31.1%的平均水平高出近4个百分点。

**表 1.4.1　2014 年 35 城市市场各级频率在不同目标听众中的市场份额（四波调查数据）**

| 目标听众 | 中央级频率 | 省级频率 | 市级频率 | 其他频率 |
|---|---|---|---|---|
| 10 岁及以上所有人 | 9.6 | 57.2 | 31.1 | 2.1 |
| 男 | 9.7 | 56.8 | 31.5 | 2.1 |
| 女 | 9.5 | 57.7 | 30.7 | 2.1 |
| 10～14 岁 | 8.4 | 57.7 | 30.5 | 3.3 |
| 15～24 岁 | 8.8 | 56.2 | 32.8 | 2.3 |
| 25～34 岁 | 8.7 | 56.6 | 32.7 | 2.0 |
| 35～44 岁 | 7.9 | 54.9 | 35.0 | 2.3 |
| 45～54 岁 | 8.6 | 59.5 | 30.1 | 1.8 |
| 55～64 岁 | 10.7 | 59.3 | 27.9 | 2.2 |
| 65 岁及以上 | 14.0 | 56.8 | 27.3 | 1.9 |
| 未受过正规教育 | 7.2 | 48.5 | 37.6 | 6.8 |
| 小学 | 8.4 | 50.4 | 37.3 | 3.9 |
| 初中 | 8.9 | 54.8 | 33.8 | 2.4 |
| 高中/中专/职高/技校 | 9.6 | 58.7 | 30.1 | 1.7 |
| 大学及以上 | 10.8 | 60.1 | 27.5 | 1.7 |
| 干部/管理人员 | 9.7 | 59.8 | 29.1 | 1.5 |
| 初级公务员/雇员 | 9.9 | 59.0 | 29.0 | 2.1 |
| 个体/私营企业人员 | 7.4 | 55.3 | 35.2 | 2.1 |
| 工人 | 7.0 | 55.2 | 35.5 | 2.3 |
| 学生 | 9.5 | 57.5 | 30.5 | 2.5 |
| 无业（含退休人员） | 12.1 | 58.0 | 28.0 | 1.9 |
| 其他职业 | 5.1 | 47.8 | 42.4 | 4.8 |
| 无收入 | 9.3 | 55.8 | 32.5 | 2.4 |
| 1～500 元 | 11.5 | 43.5 | 41.6 | 3.4 |
| 501～1000 元 | 9.8 | 48.9 | 39.0 | 2.2 |
| 1001～1500 元 | 8.6 | 55.9 | 33.5 | 2.1 |
| 1501～2000 元 | 9.1 | 56.2 | 32.6 | 2.1 |
| 2001～2500 元 | 10.2 | 55.1 | 32.7 | 2.0 |
| 2501～3000 元 | 9.5 | 60.3 | 28.3 | 1.9 |
| 3001～4000 元 | 9.3 | 59.2 | 29.5 | 2.1 |
| 4001 元及以上 | 10.2 | 58.4 | 29.3 | 2.1 |

数据来源：CSM 媒介研究

在以学历为细分标准的收听市场上，大学及以上高学历听众的中央级频率收听份额达到10.8%，明显高于其在10岁及以上所有听众中9.6%的平均水平；高中及以上学历听众的省级频率收听份额超过58.0%，高于10岁及以上所有听众的平均水平；市级频率的收听份额则在小学及以下低学历听众中明显更高，在37.0%以上。三级频率的竞争优势群体各有侧重。

在以职业为细分标准的收听市场上，以离退休人员为主体的无业听众中央级频率的收听份额较10岁及以上所有听众的平均水平明显更高；而干部/管理人员和初级公务员/雇员中省级频率表现出更高的收听份额，达到59.0%以上；市级频率在个体/私营企业人员、工人和其他职业听众中吸引力更强，三类听众的收听份额均超过35.0%，明显高于市级频率所有听众31.1%的平均水平。

在以收入为细分标准的收听市场上，在个人月收入2001~2500元、4001元及以上以及1~500元听众中，中央级频率的收听份额高于10岁及以上所有听众中的平均水平，达到10.0%以上；而在个人月收入2501元及以上的听众中，省级频率的收听份额较高，在58.0%以上；市级频率相对更吸引个人月收入1000元及以下的低收入听众。

## （二）北京广播收听市场的频率竞争格局

### 1. 北京人民广播电台占据七成以上份额，中央人民广播电台竞争力略有下滑

北京广播收听市场的竞争格局既有一般区域市场的共性，也有作为首都的特殊性。首先，与其他区域市场一样，本土频率在竞争中占据主导地位，北京人民广播电台以超过七成（71.3%）的市场份额领跑收听市场，且这一数值较2013年的70.4%提升了近1个百分点。而从个性的角度，北京作为首都、作为中央级频率的大本营，中央人民广播电台和中国国际广播电台也占据了相对的竞争优势，尤其是中央人民广播电台，其2014年共获得超过二成的市场份额，远高于在上海和广州市场的份额，但与上一年比较，这一数值略有下降；中国国际广播电台在北京市场也获得了4.8%的份额，但较2013年的6.1%萎缩明显（图1.4.3）。

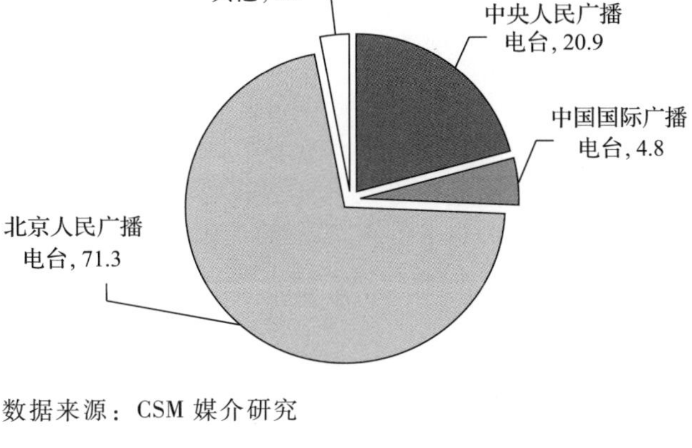


数据来源：CSM媒介研究

图1.4.3 2014年北京市场各类频率的市场份额（%）

### 2. 北京人民广播电台白天时段竞争优势更加明显，中央人民广播电台、中国国际广播电台早晚竞争力较强

中央级频率在北京市场相对较好的表现造就了北京广播收听市场全天不同时段丰富的市场竞争格局。在整体收听市场领先的北京人民广播电台，在全天绝大多数时段继续领跑收听市场，尤其是7:00～20:00之间的市场份额基本保持在70.0%以上。中央人民广播电台和中国国际广播电台则在早、晚时段取得突破，其中中央人民广播电台在清晨5:00～7:00时段的竞争力相对更强，中国国际广播电台在4:00～5:00时段甚至领先于北京人民广播电台频率，在晚间23:00后的整体竞争力也领先于中央人民广播电台（图1.4.4）。

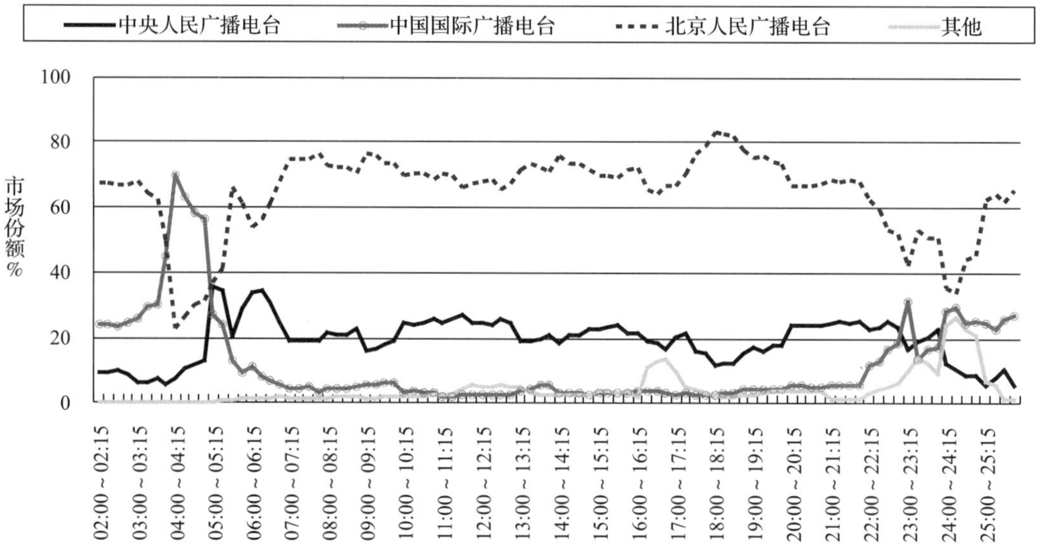


数据来源：CSM媒介研究

**图1.4.4　2014年北京市场各类频率全天不同时段的市场份额（%）**

### 3. 北京人民广播电台在细分受众市场竞争优势明显，中央人民广播电台和中国国际广播电台重度听众形成差异

北京广播收听市场的细分听众群体竞争同样体现出各级频率依托各自的特色品牌节目而在听众中形成差异化的影响力。北京人民广播电台不仅在整体收听市场上雄踞首位，在对细分听众的竞争中也表现出强大的影响力；而中央人民广播电台和中国国际广播电台则凭借各自的特色定位和传统优势在听众中形成了差异化的竞争力（表1.4.2）。

在以性别为细分标准的收听市场上，北京人民广播电台和中国国际广播电台在男性听众中的收听份额高于女性听众，中央人民广播电台则在女性听众中的收听份额明显高于男性听众。

在以年龄为细分标准的收听市场上，北京人民广播电台在10～14岁和25～54岁年龄段听众中的收听份额较高，达到74.0%以上，较其在10岁及以上所有听众中71.3%的份额明显提升。中央人民广播电台更受55岁及以上年龄段听众的喜爱，尤其是在65

表 1.4.2 2014 年北京市场各类频率在不同目标听众中的市场份额（%）

| 目标听众 | 中央人民广播电台 | 中国国际广播电台 | 北京人民广播电台 | 其他 |
|---|---|---|---|---|
| 10 岁及以上所有人 | 20.9 | 4.8 | 71.3 | 3.0 |
| 男 | 19.5 | 5.0 | 72.1 | 3.4 |
| 女 | 22.5 | 4.6 | 70.3 | 2.6 |
| 10~14 岁 | 11.5 | 2.8 | 75.6 | 10.1 |
| 15~24 岁 | 19.3 | 7.9 | 72.1 | 0.7 |
| 25~34 岁 | 16.1 | 7.5 | 75.1 | 1.3 |
| 35~44 岁 | 18.8 | 3.7 | 74.3 | 3.2 |
| 45~54 岁 | 19.1 | 4.0 | 75.2 | 1.7 |
| 55~64 岁 | 21.3 | 1.8 | 69.2 | 7.7 |
| 65 岁及以上 | 29.7 | 5.4 | 62.2 | 2.7 |
| 未受过正规教育 | 49.3 | 0.3 | 50.2 | 0.2 |
| 小学 | 21.4 | 1.2 | 74.7 | 2.7 |
| 初中 | 22.3 | 3.9 | 66.2 | 7.6 |
| 高中/中专/职高/技校 | 18.7 | 6.0 | 72.6 | 2.7 |
| 大学及以上 | 21.7 | 4.8 | 72.5 | 1.0 |
| 干部/管理人员 | 9.6 | 3.8 | 85.6 | 1.0 |
| 初级公务员/雇员 | 19.6 | 6.0 | 73.3 | 1.1 |
| 个体/私营企业人员 | 19.4 | 5.8 | 71.3 | 3.5 |
| 工人 | 15.2 | 1.5 | 77.6 | 5.7 |
| 学生 | 18.6 | 10.3 | 68.3 | 2.8 |
| 无业（含退休人员） | 26.9 | 4.0 | 64.7 | 4.4 |
| 其他职业 | * | * | * | * |
| 无收入 | 20.5 | 7.6 | 68.7 | 3.2 |
| 1~500 元 | 39.0 | 0.1 | 59.3 | 1.6 |
| 501~1000 元 | 32.5 | 36.8 | 25.6 | 5.1 |
| 1001~1500 元 | 23.1 | 0.1 | 76.6 | 0.2 |
| 1501~2000 元 | 18.5 | 1.2 | 78.3 | 2.0 |
| 2001~2500 元 | 21.6 | 4.2 | 67.9 | 6.3 |
| 2501~3000 元 | 20.2 | 3.2 | 73.0 | 3.6 |
| 3001~4000 元 | 19.7 | 5.7 | 71.0 | 3.6 |
| 4001 元及以上 | 21.2 | 5.1 | 72.3 | 1.4 |

注：“*”表示该目标听众样本量不足，无法进行统计推断。
数据来源：CSM 媒介研究

岁及以上的老年听众中，收听份额接近 30.0%，远高于其在 10 岁及以上所有听众中 20.9% 的平均水平。中国国际广播电台受到年轻听众的追捧，在 15~34 岁听众中的收听份额超过 7%，较 10 岁及以上听众的平均收听份额 4.8% 提高明显。

在以学历为细分标准的收听市场上，北京人民广播电台对小学学历水平的听众吸引力较强，收听份额达到 74.7%。中央人民广播电台对未受过正规教育的听众吸引力较强，收听份额达到 49.3%，远高于其在 10 岁及以上所有听众中 20.9% 的平均水平。中国国际广播电台显然更受中等学历听众的喜爱，在高中学历水平听众中的收听份额达到

6.0%，高于其在10岁及以上所有听众中4.8%的收听份额。

在以职业为细分标准的收听市场上，在干部/管理人员和工人中，北京人民广播电台的收听份额明显更高，达到77.0%以上。以离退休人员为主体的无业听众对中央人民广播电台表现出更高的收听份额，超过26.0%，高于10岁及以上所有听众的平均水平。中国国际广播电台对学生、初级公务员/雇员和个体/私营企业人员的吸引力更强，他们对中国国际广播电台的收听份额均达到5.0%以上，其中学生听众的份额高达10.3%，远高于中国国际广播电台在所有职业类别听众中4.8%的平均市场份额。

在以收入为细分标准的收听市场上，在个人月收入1001~2000元之间的听众中，北京人民广播电台的收听份额达到76.0%以上，高于所有听众的平均水平；在个人月收入1~1000元的低收入听众中，中央人民广播电台的收听份额较高，达到32.0%以上，高于其在10岁及以上所有听众中20.9%的平均水平；中国国际广播电台则对个人月收入在501~1000元的群体吸引力更强。

#### 4. 北京人民广播电台频率垄断收听份额排名前3位，北京新闻广播竞争力提升明显

2014年，在北京广播收听市场单个频率的竞争中，北京人民广播电台的频率仍在收听份额排名前5位中占据了4个席位，且前3位均为北京人民广播电台频率所垄断；中央人民广播电台第一套节目中国之声（FM106.1）排名仍进入前5位，但其收听份额排名由2013年的第3位降至2014年的第4位，竞争力略有下滑（表1.4.3）。具体来看，北京人民广播电台交通广播（FM103.9/CFM95.6）仍以绝对优势领跑北京收听市场，31.0%的收听份额较2013年略有提升。北京人民广播电台文艺广播（FM87.6/CFM93.8）以14.8%的份额排名第2位，份额较2013年略有下滑。北京人民广播电台新闻广播（FM100.6/AM828/CFM90.4）以10.6%的份额排名第3位，收听份额较2013年提升了2.3个百分点。

**表1.4.3　2014年北京市场收听份额排名前5位的频率**

| 排名 | 频率 | 收听份额% | 收听率% |
|---|---|---|---|
| 1 | 北京人民广播电台交通广播（FM103.9/CFM95.6） | 31.0 | 1.6 |
| 2 | 北京人民广播电台文艺广播（FM87.6/CFM93.8） | 14.8 | 0.8 |
| 3 | 北京人民广播电台新闻广播（FM100.6/AM828/CFM90.4） | 10.6 | 0.5 |
| 4 | 中央人民广播电台第一套节目中国之声（FM106.1） | 8.5 | 0.4 |
| 5 | 北京人民广播电台音乐广播（FM97.4/CFM94.6） | 6.8 | 0.3 |

数据来源：CSM媒介研究

### （三）上海广播收听市场的频率竞争格局

#### 1. SMG频率垄断优势进一步增强，中央级频率市场份额有所下滑

在上海广播收听市场，本土频率SMG集团占据绝对的垄断优势，远离北方大本营的中央级频率在上海市场处于夹缝中求生存的局面。2014年，SMG集团频率的垄断优势进

一步增强，其92.9%的市场份额较2013年增加了0.9个百分点，仅上海人民广播电台AM990/FM93.4这一个频率就几乎占据了三成的广播收听市场。中央人民广播电台仅占据4.3%的市场份额，且这一数值较2013年减少了1.5个百分点，萎缩明显。中国国际广播电台的市场份额仅为0.4%，较2013年也减少了0.3个百分点（图1.4.5）。

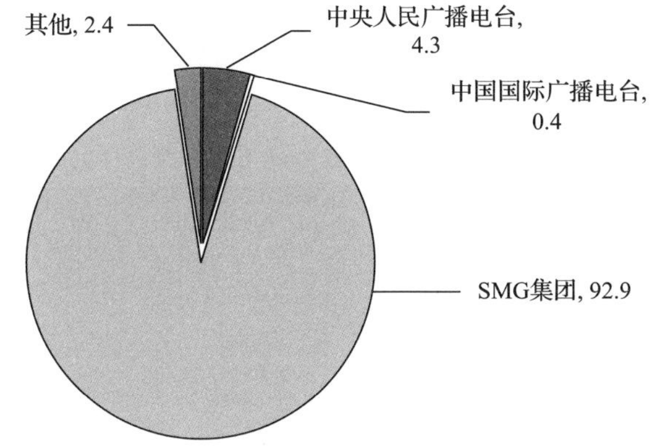


数据来源：CSM 媒介研究

**图 1.4.5　2014 年上海市场各类频率的市场份额（%）**

## 2. SMG 频率垄断优势遍布全天各时段，中央人民广播电台相对优势仅在晚间

具体到全天各个时段，SMG集团频率的垄断优势依然明显，在除晚间20:00～24:00之外的其他时段，市场份额均保持在93.0%以上，对整个市场形成了有力的掌控。中央人民广播电台虽然在上海收听市场的整体影响力不足，但在局部时段的广播收听市场上仍然凭借着特有的品牌优势和国家级媒体的公信力，形成了专属的相对优势，在20:00～24:00时段，尤其是在23:00～24:00时段，市场份额上扬，打造出了晚间的竞争力高峰。此外，中央人民广播电台在早间及上午时段的竞争力也略高于全天平均水平（图1.4.6）。

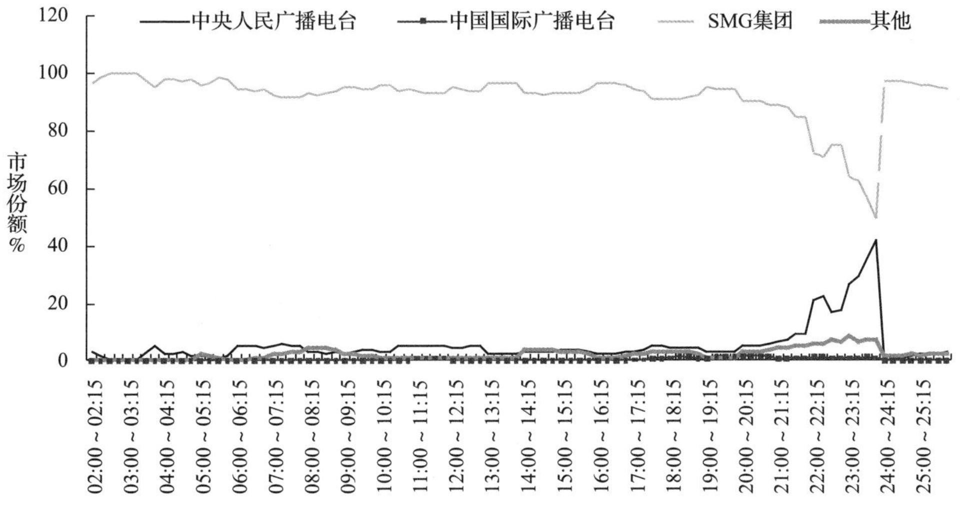


数据来源：CSM 媒介研究

**图 1.4.6　2014 年上海市场各类频率全天不同时段的市场份额（%）**

### 3. SMG 频率在细分听众群体中优势明显，中央级频率依托传统优势吸引特征人群

在上海广播收听市场细分听众群体的竞争中，SMG 集团频率继续保持领跑之势，且在女性、10~14 岁、35~44 岁、学生、低收入等群体中竞争力更强。中央人民广播电台和中国国际广播电台则凭借自身的传统优势，在局部广播收听市场上影响特定的收听人群，形成差异化的竞争力（表 1.4.4）。

**表 1.4.4　2014 年上海市场各类频率在不同目标听众中的市场份额（%）**

| 目标听众 | 中央人民广播电台 | 中国国际广播电台 | SMG 集团 | 其他 |
|---|---|---|---|---|
| 10 岁及以上所有人 | 4.3 | 0.4 | 92.9 | 2.4 |
| 男 | 4.5 | 0.4 | 92.7 | 2.4 |
| 女 | 4.2 | 0.3 | 93.1 | 2.4 |
| 10~14 岁 | 0.4 | 0.0 | 99.5 | 0.1 |
| 15~24 岁 | 1.2 | 0.4 | 93.5 | 4.9 |
| 25~34 岁 | 5.0 | 1.1 | 90.8 | 3.1 |
| 35~44 岁 | 1.3 | 0.4 | 96.9 | 1.4 |
| 45~54 岁 | 2.8 | 0.0 | 93.2 | 4.0 |
| 55~64 岁 | 5.0 | 0.1 | 93.8 | 1.1 |
| 65 岁及以上 | 8.3 | 0.2 | 89.8 | 1.7 |
| 未受过正规教育 | 0.0 | 0.0 | 100.0 | 0.0 |
| 小学 | 5.8 | 0.0 | 94.2 | 0.0 |
| 初中 | 6.8 | 0.2 | 91.2 | 1.8 |
| 高中/中专/职高/技校 | 3.9 | 0.2 | 94.2 | 1.7 |
| 大学及以上 | 3.3 | 0.6 | 92.3 | 3.8 |
| 干部/管理人员 | 5.8 | 0.2 | 89.1 | 4.9 |
| 初级公务员/雇员 | 2.8 | 0.8 | 92.8 | 3.6 |
| 个体/私营企业人员 | 8.2 | 0.1 | 90.5 | 1.2 |
| 工人 | 2.9 | 0.4 | 94.4 | 2.3 |
| 学生 | 0.3 | 0.0 | 96.2 | 3.5 |
| 无业（含退休人员） | 6.0 | 0.1 | 92.4 | 1.5 |
| 其他职业 | * | * | * | * |
| 无收入 | 0.7 | 0.0 | 96.1 | 3.2 |
| 1~500 元 | * | * | * | * |
| 501~1000 元 | * | * | * | * |
| 1001~1500 元 | * | * | * | * |
| 1501~2000 元 | 5.5 | 0.0 | 91.4 | 3.1 |
| 2001~2500 元 | 6.3 | 0.2 | 92.0 | 1.5 |
| 2501~3000 元 | 6.3 | 0.1 | 91.5 | 2.1 |
| 3001~4000 元 | 3.8 | 0.5 | 92.4 | 3.3 |
| 4001 元及以上 | 3.0 | 0.6 | 94.1 | 2.3 |

注：“*”表示该目标听众样本量不足，无法进行统计推断。

数据来源：CSM 媒介研究

在以性别为细分标准的收听市场上，中央人民广播电台和中国国际广播电台在男性听众中的收听份额略高于在女性听众中的收听份额；SMG 频率则是在女性听众中的收听份额略高于在男性听众中的收听份额。总体来看，各级频率在男性、女性听众中的收听份额差异不大。

在以年龄为细分标准的收听市场上，SMG 频率在 10~14 岁以及 35~44 岁听众中的收听份额明显更高，达到 96.0% 以上，对这些广播重度收听群体的把握能使其在整体收听市场的竞争中更胜一筹。中央人民广播电台在 65 岁及以上老年群体中的收听份额较其在 10 岁及以上所有听众中的平均水平更高，达到 8.3%。中国国际广播电台在 25~34 岁听众中的收听份额表现突出，是其在 10 岁及以上所有听众中收听份额的近 3 倍。

在以学历为细分标准的收听市场上，在未受过正规教育的听众中，SMG 频率的收听份额明显高于其在 10 岁及以上所有听众中的平均水平。中央人民广播电台则对小学和初中学历水平的听众吸引力相对更强。中国国际广播电台更受高学历听众的喜爱，在大学及以上学历听众中，其收听份额较 10 岁及以上所有听众高出一半。

在以职业为细分标准的收听市场上，工人和学生中的 SMG 频率收听份额明显更高，达到 94.0% 以上。中央人民广播电台受到干部/管理人员、个体/私营企业人员及无业听众的喜爱，他们对中央人民广播电台的收听份额达到 5.5% 以上。中国国际广播电台对初级公务员/雇员的吸引力相对更强，收听份额是 10 岁及以上所有听众平均水平的 2 倍。

在以收入为细分标准的收听市场上，无收入及高收入听众中的 SMG 频率收听份额较 10 岁及以上所有听众的平均水平更高；而在个人月收入 2001~3000 元的听众中，中央人民广播电台的收听份额明显较高，达到 6.0% 以上；中国国际广播电台对高收入群体的吸引力相对更强，在个人月收入 4001 元及以上的听众中，中国国际广播电台的收听份额达到 0.6%，高出其在 10 岁及以上所有听众中收听水平的一半。

### 4. SMG 频率垄断上海市场收听份额排名前 5 位，马太效应进一步加剧

在上海广播收听市场单个频率的竞争中，SMG 频率的垄断之势更加明显，收听份额排名的前 5 位均为 SMG 集团频率所占据，上海人民广播电台 AM990/FM93.4、上海流行音乐广播动感 101 FM101.7、上海流行音乐广播 Love Radio FM103.7 的收听份额之和逼近六成，其中排名首位的上海人民广播电台 AM990/FM93.4 收听份额更是高达 29.1%，且较 2013 年的 26.4% 增加明显，强者愈强的马太效应进一步加剧。2014 年，排名第 4 至第 5 位的第一财经广播 FM97.7 和上海交通广播 AM648/FM105.7 虽然在位次上发生了变化，但两者的实力非常接近，差距并不明显（表 1.4.5）。

**表 1.4.5 2014 年上海市场收听份额排名前 5 位的频率**

| 排名 | 频率 | 收听份额% | 收听率% |
|---|---|---|---|
| 1 | 上海人民广播电台 AM990/FM93.4 | 29.1 | 1.4 |
| 2 | 上海流行音乐广播动感 101 FM101.7 | 17.3 | 0.8 |
| 3 | 上海流行音乐广播 Love Radio FM103.7 | 11.2 | 0.5 |
| 4 | 第一财经广播 FM97.7 | 6.1 | 0.3 |
| 5 | 上海交通广播 AM648/FM105.7 | 6.0 | 0.3 |

数据来源：CSM 媒介研究

## (四) 广州广播收听市场的频率竞争格局

### 1. 广东电台市场份额超过六成，竞争力较上年略有下滑

多元文化的交汇和共同发展造就了广州市场频率竞争的丰富性，2014 年，广州市场各级频率竞争格局继续延续往年的态势，本土电台在市场中占据主导地位，广东电台、广州人民广播电台、佛山人民广播电台的市场份额合计达 92.0%。其中广东电台更是占据了超过六成的市场份额，但与 2013 年相比，广东电台的市场份额略有下滑。广州人民广播电台在本地市场的份额达到 26.8%，较 2013 年增长了 1.6 个百分点，佛山人民广播电台 4.3% 的份额较 2013 年也略有提升。中央人民广播电台在广州市场的份额不高，4.3% 的份额较 2013 年减少了 2 个百分点，下降幅度较大。中国国际广播电台在广州市场仅占据 1.0% 左右的份额，近两年基本保持稳定（图 1.4.7）。

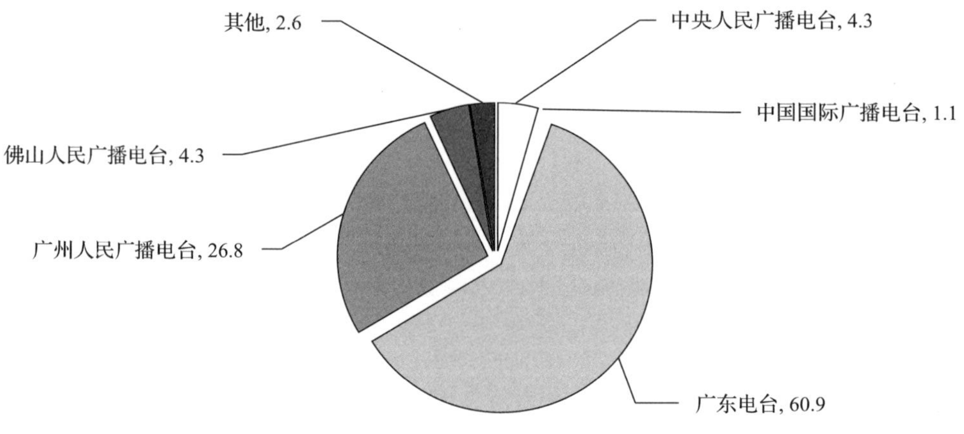


数据来源：CSM 媒介研究

**图 1.4.7　2014 年广州市场各类频率的市场份额（%）**

### 2. 广东电台优势时段遍布早、午、晚，广州人民广播电台竞争力与之呈消长态势

在全天不同时段的收听竞争中，整体市场上竞争力最强的广东电台依然在多数时段保持着领先优势，且在 4:00 ~ 5:00、13:00 ~ 14:00、21:00 ~ 22:00 早、午、晚 3 个时段的竞争中优势更强，市场份额达到 70% 以上。在整体市场竞争中处于第 2 位的广州人民广播电台，在全天时段的竞争中与广东电台形成此消彼长之势，在 6:00 ~ 8:00、17:00 ~ 18:00 以及晚间 23:30 之后时段的市场份额超过 30.0%，高于全天平均水平。中央人民广播电台虽然在整体市场竞争中不占据举足轻重的地位，但在 6:30 ~ 7:00 时段以及晚间 24:00 之后时段的市场份额明显提升，超过 10%，形成了自己的相对优势。佛山人民广播电台在午后 15:00 ~ 17:00 和深夜 23:00 ~ 24:00 时段的竞争力高于全天平均水平（图 1.4.8）。

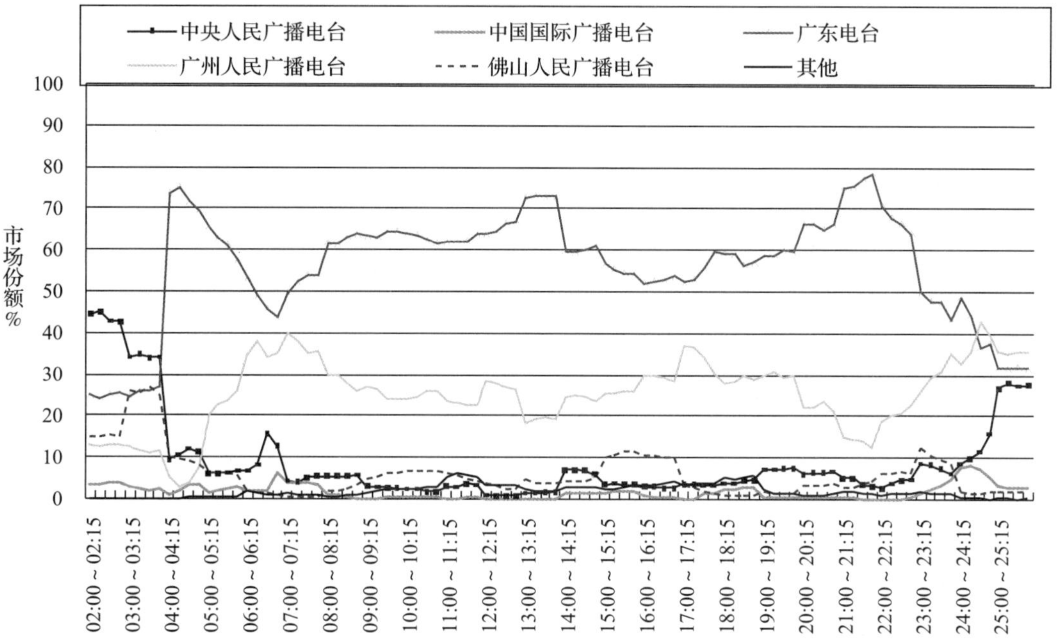


数据来源：CSM 媒介研究

**图 1.4.8　2014 年广州市场各类频率全天不同时段的市场份额（%）**

### 3. 细分收听市场各级频率差异化竞争，受众收听呈现丰富样态

在对细分听众群体的竞争中，广州市场各级频率依托自己长期以来在目标听众中形成的影响力和频率品牌，形成了差异化的竞争格局，本地台和中央台各显神通，形成了多样化的、丰富的市场竞争样态（表 1.4.6）。

在以性别为细分标准的收听市场上，中央人民广播电台和广州人民广播电台在男性听众中的收听份额略高于在女性听众中的收听份额，而中国国际广播电台、广东电台、佛山人民广播电台都是在女性听众中收听份额领先。

在以年龄为细分标准的收听市场上，中央人民广播电台对 55 岁及以上中老年听众影响力更大，其收听份额达到 5.5% 以上，中国国际广播电台在 15～24 岁以及 55 岁及以上听众中的收听份额更高。广东电台则更吸引 10～24 岁年轻听众。在 55 岁及以上听众中，广州人民广播电台的竞争力更强，佛山人民广播电台的重度听众是45～54 岁的中年收听群体。

在以学历为细分标准的收听市场上，中央人民广播电台受到初中学历听众的追捧，中国国际广播电台在初高中听众中的收听份额较高。广州人民广播电台和佛山人民广播电台的重度听众集中于未受过正规教育的群体，广东电台在小学学历的听众中市场份额更高。

在以职业为细分标准的收听市场上，中央人民广播电台更吸引干部/管理人员和无业听众（含退休人员），中国国际广播电台在学生和无业听众（含退休人员）中的市场份额更是明显高于其在 10 岁及以上听众中的平均收听份额。与之形成差异的是，初级公务员/雇员、个体/私营企业人员和其他职业群体对广东电台的收听份额更高；工人和无业听众（含退休人员）对广州人民广播电台的市场份额更高；佛山人民广播电台则更吸引职业类别为个体/私营企业的收听群体。

在以收入为细分标准的收听市场上，在个人月收入3001元及以上的听众中，中央人民广播电台的收听份额明显高于其在10岁及以上所有听众中的平均水平；而在个人月收入2501～4000元的听众中，中国国际广播电台的收听份额较10岁及以上听众的平均水平增加明显。广东电台对个人月收入501～1000元的听众吸引力相对更强；广州人民广播电台在个人月收入2001～2500元、4001元及以上的听众中收听份额最高，超过30.0%；佛山人民广播电台则更吸引个人月收入501～1500元的听众，份额超过9.0%。

**表1.4.6 2014年广州市场各类频率在不同目标听众中的市场份额（%）**

| 目标听众 | 中央人民广播电台 | 中国国际广播电台 | 广东电台 | 广州人民广播电台 | 佛山人民广播电台 | 其他 |
|---|---|---|---|---|---|---|
| 10岁及以上所有人 | 4.3 | 1.1 | 60.9 | 26.8 | 4.3 | 2.6 |
| 男 | 4.5 | 1.0 | 59.0 | 29.1 | 4.0 | 2.4 |
| 女 | 4.0 | 1.3 | 63.4 | 23.8 | 4.7 | 2.8 |
| 10～14岁 | 1.7 | 0.1 | 77.2 | 15.8 | 1.9 | 3.3 |
| 15～24岁 | 1.9 | 1.5 | 65.8 | 24.8 | 3.7 | 2.3 |
| 25～34岁 | 4.4 | 0.4 | 60.8 | 28.6 | 4.2 | 1.6 |
| 35～44岁 | 4.7 | 0.9 | 60.3 | 25.3 | 4.2 | 4.6 |
| 45～54岁 | 2.3 | 0.3 | 64.9 | 21.3 | 6.8 | 4.4 |
| 55～64岁 | 6.7 | 1.8 | 56.1 | 32.2 | 2.5 | 0.7 |
| 65岁及以上 | 5.8 | 2.0 | 57.0 | 30.1 | 4.2 | 0.9 |
| 未受过正规教育 | 0.3 | 0.3 | 60.5 | 32.1 | 6.6 | 0.2 |
| 小学 | 2.0 | 0.0 | 66.0 | 22.7 | 4.0 | 5.3 |
| 初中 | 5.4 | 1.4 | 58.6 | 28.7 | 4.6 | 1.3 |
| 高中/中专/职高/技校 | 3.9 | 1.4 | 61.8 | 25.3 | 4.6 | 3.0 |
| 大学及以上 | 4.6 | 0.6 | 60.9 | 27.8 | 3.1 | 3.0 |
| 干部/管理人员 | 7.3 | 0.3 | 66.5 | 20.1 | 0.8 | 5.0 |
| 初级公务员/雇员 | 2.9 | 0.5 | 68.7 | 22.0 | 3.4 | 2.5 |
| 个体/私营企业人员 | 1.9 | 0.2 | 70.2 | 21.8 | 5.5 | 0.4 |
| 工人 | 4.2 | 1.0 | 58.0 | 28.0 | 4.9 | 3.9 |
| 学生 | 2.7 | 2.0 | 65.0 | 23.3 | 4.2 | 2.8 |
| 无业（含退休人员） | 6.0 | 1.7 | 55.4 | 31.4 | 3.9 | 1.6 |
| 其他职业 | 3.0 | 0.0 | 76.0 | 10.2 | 0.1 | 10.7 |
| 无收入 | 4.4 | 0.8 | 62.1 | 24.5 | 5.6 | 2.6 |
| 1～500元 | * | * | * | * | * | * |
| 501～1000元 | 1.7 | 0.0 | 73.8 | 12.8 | 9.1 | 2.6 |
| 1001～1500元 | 1.7 | 0.0 | 61.4 | 19.9 | 10.5 | 6.5 |

续表

| 目标听众 | 中央人民广播电台 | 中国国际广播电台 | 广东电台 | 广州人民广播电台 | 佛山人民广播电台 | 其他 |
|---|---|---|---|---|---|---|
| 1501～2000 元 | 2.3 | 0.0 | 63.6 | 24.4 | 6.3 | 3.4 |
| 2001～2500 元 | 2.1 | 0.1 | 63.7 | 30.0 | 2.2 | 1.9 |
| 2501～3000 元 | 2.7 | 2.3 | 62.5 | 26.8 | 4.6 | 1.1 |
| 3001～4000 元 | 9.0 | 1.9 | 54.7 | 28.5 | 2.5 | 3.4 |
| 4001 元及以上 | 6.7 | 1.3 | 52.5 | 32.8 | 3.5 | 3.2 |

注："＊"表示该目标听众样本量不足，无法进行统计推断。
数据来源：CSM 媒介研究

### 4. 广东电台 3 频率占据近一半收听市场，珠江经济广播份额激增

2014 年，广州广播收听市场单个频率竞争力的前 5 位与 2013 年基本一致，广东电台的 3 个频率稳居收听竞争的前 3 位，合计市场份额接近 50%，对市场形成了有力的影响。但从具体频率的市场份额排名来看，2013 年排名第 3 位的广东广播电视台珠江经济广播电台（E FM 财富 974），2014 年竞争力突飞猛进，跃至市场排名首位，获得了 19.2% 的市场份额，较 2013 年增长了近 6 个百分点；广东广播电视台音乐之声 FM99.3、广东广播电视台羊城交通广播台 FM105.2 分别以 16.3% 和 12.4% 的份额排名第 2、第 3 位。广州人民广播电台的两个频率占据第 4 至第 5 位，广州新闻电台 FM96.2、广州交通电台 FM106.1 市场份额分别为 10.9% 和 9.1%，较 2013 年略有提升（表 1.4.7）。

**表 1.4.7　2014 年广州市场收听份额排名前 5 位的频率**

| 排名 | 频率 | 收听份额% | 收听率% |
|---|---|---|---|
| 1 | 广东广播电视台珠江经济广播电台（E FM 财富 974） | 19.2 | 0.7 |
| 2 | 广东广播电视台音乐之声 FM99.3 | 16.3 | 0.6 |
| 3 | 广东广播电视台羊城交通广播台 FM105.2 | 12.4 | 0.4 |
| 4 | 广州新闻电台 FM96.2 | 10.9 | 0.4 |
| 5 | 广州交通电台 FM106.1 | 9.1 | 0.3 |

数据来源：CSM 媒介研究

在媒介融合趋势之下，传统广播市场不仅内部竞争激烈，其收听模式也面临着来自移动收听、在线收听等方式的冲击，"跨界"、"跨媒"发展趋势渐显。在这样的背景之下，2014 年全国广播收听市场和重点城市广播收听市场的各级频率竞争格局基本保持稳定，"区域化"收听特征依然明显，本土频率在收听竞争中表现强势，跨区域覆盖的中央级频率的市场份额在各地出现不同程度的萎缩。尽管如此，媒介融合之势不可阻挡，各级广播媒体均需抓住机遇，立足现有资源，坚守优质内容，拓宽渠道适应性，在区域化收听的基础上，针对受众的收听需求进行节目研发和编排，为日后在全媒体大市场中参与竞争夯实根基。

# 五、节目竞争格局[①]

## (一) 北京广播收听市场的节目竞争格局

### 1. 北京节目收听格局总体稳定，新闻/时事节目持续微幅扩大份额

2014 年北京广播节目收听市场竞争格局基本稳定，整体变化不大。生活服务和新闻/时事类节目收听份额均超过 20.0%，是北京听众收听最多的两类广播节目（图 1.5.1）；文艺和音乐类节目收听份额都在 10.0% 以上；社教节目收听份额超过 5.0%，财经和体育节目收听份额不足 2.0%，法制和外语类节目收听份额不足 1.0%。相比 2013 年，新闻/时事类节目收听份额增幅最大，达到 2.7 个百分点，音乐类节目降幅较大，达 1.4 个百分点，其余类型节目收听份额的变化不超过 1 个百分点。

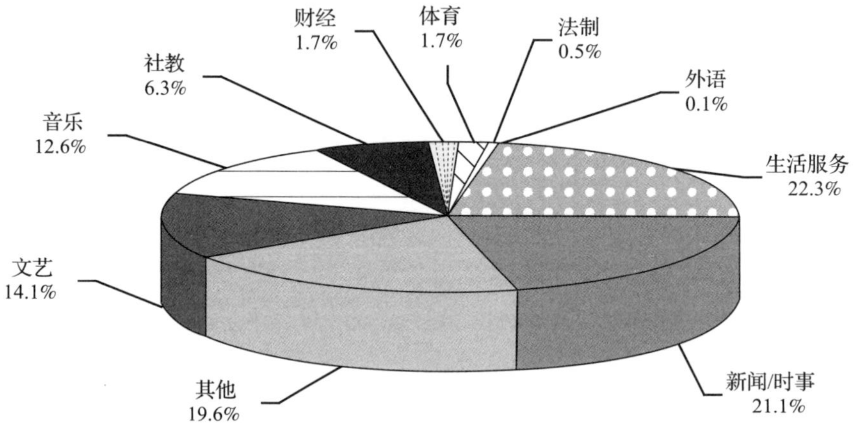


数据来源：CSM 媒介研究

**图 1.5.1　2014 年北京市场各类节目的收听份额（%）**

### 2. 北京多数类型节目市场竞争格局变化不大，中央人民广播电台多类节目市场份额增长

2014 年北京人民广播电台仍在本地的大多数类型节目市场中保持领先地位（图 1.5.2），相比 2013 年，北京人民广播电台在法制、体育、新闻/时事和音乐类节目市场中的收听份额有所增加。北京人民广播电台在法制、体育和生活服务节目市场保持绝对领先优势，收听份额超过 90.0%；在音乐、新闻/时事、文艺和社教类节目市场的收听份额都在 50.0% 以上，占主导位置。相比 2013 年的收听份额，北京人民广播电台在财经、文艺、社教和生活服务类节目中的市场份额有所下降，降幅分别为 8.2 个、5.6 个、4.1 个和 1.0 个百分点，在音乐、新闻/时事、法制和体育类节目市场的增幅分别为 10.3 个、4.3 个、1.6 个和 0.4 个百分点。

① 本部分对节目市场的分析，主要针对央视市场研究（CTR）所提供的具有节目监播数据的频率进行。

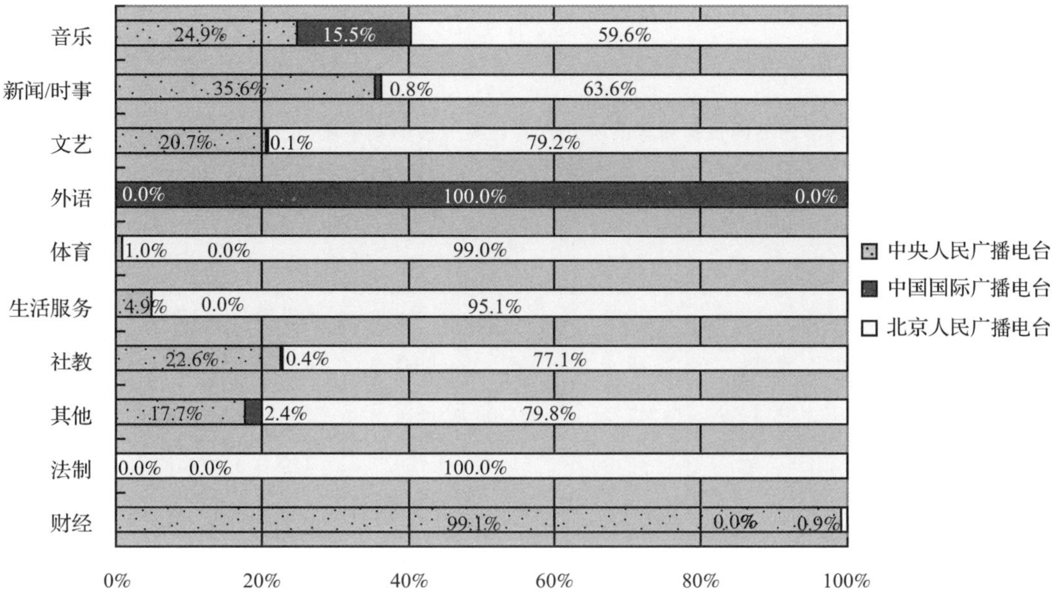


数据来源：CSM 媒介研究

**图 1.5.2 2014 年各级广播频率在北京市各类节目市场上的收听份额（%）**

在北京，2014 年中央人民广播电台在财经、文艺、社教和生活服务类等节目市场的收听份额获得增长，增幅分别达 8.2 个、6.2 个、4.2 个和 1.0 个百分点，在音乐、新闻/时事、法制和体育类节目市场，中央人民广播电台的收听份额分别下降了 7.7 个、3.9 个、1.6 个和 0.4 个百分点。从市场地位上看，中央人民广播电台仍然在财经节目市场占据绝对优势，收听份额超过 99.0%，在新闻/时事、音乐、社教和文艺类节目市场，中央人民广播电台均居亚军位置，收听份额超过 20.0%。

2014 年，中国国际广播电台在北京各类型节目收听市场中的竞争地位基本没变，仍然在外语节目市场占绝对领导地位，但在其余类型的节目市场中居劣势竞争地位。相比 2013 年，中国国际广播电台仅在北京音乐节目市场的收听份额有 2.6 个百分点的降幅，在其余类型节目市场的收听份额变化幅度均未超过 1 个百分点。

### 3. 不同听众群体收听兴趣各异，类型节目满足目标听众的收听需求

2014 年北京市场男性和女性听众对各类型节目的收听倾向差异明显。女性听众在外语、文艺和音乐类节目上的收听集中度超过 100%，男性听众在财经、法制、社教、生活服务、体育、新闻/时事类节目上的收听集中度更高（表 1.5.1）。

2014 年北京市场 10～24 岁听众对各类型广播节目的收听兴趣仍然不高，集中度均低于 100%。25～34 岁的青年听众对生活服务和音乐节目具有较浓厚的收听兴趣。北京市场 35～44 岁的中年听众对财经、社教、生活服务和音乐类节目的收听倾向明显。45～54 岁的听众对除外语、新闻/时事和音乐之外，各类节目的收听集中度都超过 100%。55～64 岁以上的听众除了对外语节目的收听兴趣较弱外，对其余类型节目都有较强的收

听偏好。65岁及以上北京听众对音乐节目以外的各类节目都具有较高的收听偏好，尤其是法制、体育、外语和新闻/时事节目，收听集中度都超过200%（表1.5.1）。

**表1.5.1 2014年北京市场不同性别和年龄听众收听各类节目的集中度（%）**

| 节目类别 | 性别 | | 年龄 | | | | | | |
|---|---|---|---|---|---|---|---|---|---|
| | 男 | 女 | 10~14岁 | 15~24岁 | 25~34岁 | 35~44岁 | 45~54岁 | 55~64岁 | 65岁及以上 |
| 财经 | 114.8 | 84.2 | 24.1 | 23.5 | 54.1 | 176.9 | 106.3 | 192.2 | 108.9 |
| 法制 | 111.0 | 88.3 | 13.0 | 27.6 | 48.3 | 89.8 | 159.0 | 178.1 | 230.9 |
| 社教 | 102.7 | 97.1 | 55.7 | 38.2 | 66.9 | 107.7 | 117.0 | 176.8 | 184.1 |
| 生活服务 | 117.6 | 81.2 | 31.7 | 47.2 | 102.0 | 126.6 | 132.1 | 100.8 | 108.2 |
| 体育 | 139.2 | 58.1 | 46.3 | 55.0 | 51.8 | 69.7 | 120.3 | 142.6 | 308.5 |
| 外语 | 88.3 | 112.6 | 52.9 | 7.8 | 87.0 | 25.1 | 3.2 | 30.5 | 736.5 |
| 文艺 | 99.2 | 100.8 | 58.6 | 44.6 | 64.4 | 90.8 | 131.2 | 171.5 | 195.0 |
| 新闻/时事 | 102.7 | 97.2 | 16.4 | 32.5 | 44.9 | 84.1 | 95.9 | 149.7 | 382.5 |
| 音乐 | 89.8 | 110.9 | 35.0 | 84.8 | 105.1 | 145.7 | 76.6 | 103.2 | 76.6 |
| 其他 | 106.1 | 93.5 | 28.4 | 47.7 | 81.2 | 117.0 | 114.6 | 128.9 | 178.2 |

数据来源：CSM媒介研究

2014年，未受过正规教育的北京听众对各类广播节目的收听兴趣均不高，集中度未超过100%。小学教育程度的北京听众仍然对法制、社教、文艺和新闻/时事节目具有浓厚的收听兴趣，集中度都超过100%，且明显高于其他教育程度的听众。初中教育程度的北京听众对法制、社教、体育、文艺和新闻/时事节目具有明显收听偏好。高中教育程度的听众收听爱好最广泛，对除新闻/时事以外的各类节目收听集中度均超过100%。大学及以上教育程度的北京听众仅对财经和生活服务类节目具有较浓厚的收听兴趣（表1.5.2）。

**表1.5.2 2014年北京市场不同受教育程度听众收听各类节目的集中度（%）**

| 节目类别 | 受教育程度 | | | | |
|---|---|---|---|---|---|
| | 未受过正规教育 | 小学 | 初中 | 高中 | 大学及以上 |
| 财经 | 13.5 | 10.5 | 68.6 | 115.1 | 111.5 |
| 法制 | 55.3 | 357.2 | 109.4 | 128.0 | 56.4 |
| 社教 | 81.9 | 160.4 | 123.1 | 128.0 | 68.1 |
| 生活服务 | 28.5 | 89.1 | 81.0 | 112.2 | 101.4 |
| 体育 | 0.0 | 20.6 | 121.3 | 141.4 | 73.7 |
| 外语 | 0.0 | 27.2 | 16.0 | 242.2 | 54.4 |
| 文艺 | 19.9 | 205.3 | 109.7 | 132.1 | 67.8 |
| 新闻/时事 | 25.0 | 230.9 | 113.5 | 99.7 | 83.5 |
| 音乐 | 31.1 | 72.8 | 92.4 | 115.3 | 96.4 |
| 其他 | 23.9 | 131.8 | 97.0 | 118.6 | 87.5 |

数据来源：CSM媒介研究

2014年的北京收听市场，无收入听众对各类广播节目的收听兴趣仍然低迷。个人月收入1～500元的低收入听众对法制、社教、新闻/时事和音乐类节目有较强的收听兴趣，尤其是对法制和新闻/时事节目的收听倾向突出，集中度超过300%。个人月收入1001～1500元的听众对外语和音乐类以外各类节目的集中度超过100%。个人月收入1501～2000元的听众收听兴趣也较广泛，对财经、体育、外语和音乐节目以外各类节目的收听集中度都超过100%。个人月收入2001～2500元的听众对财经、法制和生活服务类节目的收听倾向较弱，对其余各类节目都具有较强的收听兴趣，收听集中度均超过100%。个人月收入2501～3000元的听众对财经、生活服务和外语类以外的节目收听倾向明显。个人月收入3001～4000元的听众对法制、社教、体育和外语类以外的节目表现出一定的收听兴趣。个人月收入4001元及以上高收入群体的收听兴趣相对单一，仅对财经、生活服务和外语类节目有较大兴趣（表1.5.3）。

**表1.5.3　2014年北京市场不同个人月收入听众收听各类节目的集中度（%）**

| 节目类别 | 个人月收入 | | | | | | | | |
|---|---|---|---|---|---|---|---|---|---|
| | 无收入 | 1～500元 | 501～1000元 | 1001～1500元 | 1501～2000元 | 2001～2500元 | 2501～3000元 | 3001～4000元 | 4001元及以上 |
| 财经 | 37.7 | 1.7 | 792.9 | 228.1 | 25.0 | 88.6 | 48.0 | 126.2 | 142.2 |
| 法制 | 28.8 | 347.7 | 24.4 | 104.9 | 131.8 | 90.0 | 329.2 | 77.1 | 64.7 |
| 社教 | 49.5 | 143.0 | 135.5 | 181.9 | 218.8 | 166.9 | 103.8 | 98.9 | 84.8 |
| 生活服务 | 37.7 | 30.6 | 89.5 | 113.6 | 162.6 | 99.9 | 89.3 | 125.8 | 114.2 |
| 体育 | 73.6 | 0.0 | 5.2 | 202.6 | 12.3 | 137.5 | 174.3 | 86.0 | 90.0 |
| 外语 | 33.7 | 0.0 | 10.0 | 2.3 | 0.0 | 305.5 | 12.7 | 16.0 | 164.2 |
| 文艺 | 51.6 | 81.4 | 404.9 | 125.8 | 256.1 | 183.8 | 120.0 | 111.9 | 64.0 |
| 新闻/时事 | 31.7 | 303.3 | 192.7 | 178.0 | 121.9 | 108.9 | 167.8 | 108.0 | 91.3 |
| 音乐 | 75.7 | 110.6 | 37.5 | 88.5 | 91.9 | 135.9 | 113.7 | 128.6 | 82.8 |
| 其他 | 43.6 | 113.2 | 152.0 | 122.5 | 168.7 | 126.2 | 118.9 | 112.4 | 96.9 |

数据来源：CSM媒介研究

根据不同职业听众的收听集中度，2014年北京收听市场上，干部/管理人员仍然只对生活服务节目表现出浓厚的收听兴趣；初级公务员/雇员对财经、生活服务和音乐节目有较强的收听倾向；工人的收听兴趣较广泛，对体育、外语和音乐以外的各类节目收听集中度均超过100%；个体/私营企业人员的收听倾向较集中，仅对财经和社教节目的收听集中度超过100%；北京的学生听众仍然对任何类型节目的收听偏好都不明显；无业（含退休人员）听众的收听兴趣最广泛，对除生活服务和音乐之外的各类节目都表现出明显的收听偏好（表1.5.4）。

表 1.5.4　2014 年北京市场不同职业听众收听各类节目的集中度（%）

| 节目类别 | 职业 | | | | | |
| --- | --- | --- | --- | --- | --- | --- |
| | 干部/管理人员 | 初级公务员/雇员 | 工人 | 个体/私营企业人员 | 学生 | 无业（含退休人员） |
| 财经 | 81.6 | 101.9 | 100.6 | 117.1 | 25.4 | 142.1 |
| 法制 | 38.9 | 94.6 | 183.5 | 76.3 | 24.6 | 161.9 |
| 社教 | 60.7 | 84.3 | 143.3 | 114.8 | 34.3 | 159.9 |
| 生活服务 | 117.8 | 110.8 | 169.7 | 95.2 | 30.0 | 93.0 |
| 体育 | 23.5 | 90.1 | 75.0 | 70.2 | 76.4 | 187.6 |
| 外语 | 37.7 | 51.4 | 9.3 | 14.6 | 17.0 | 319.6 |
| 文艺 | 75.5 | 77.0 | 125.7 | 95.7 | 40.9 | 173.2 |
| 新闻/时事 | 54.9 | 66.6 | 101.7 | 66.7 | 29.5 | 225.8 |
| 音乐 | 70.9 | 133.2 | 98.6 | 97.3 | 63.2 | 85.8 |
| 其他 | 87.1 | 97.5 | 148.7 | 89.6 | 34.0 | 135.1 |

数据来源：CSM 媒介研究

## 4.《一路畅通》以超过 10% 的收听份额稳居榜首

2014 年北京市场收听份额排名前 10 位的节目中，半数为新闻/时事类节目，分别是《新闻纵横》《新闻和报纸摘要》《央广新闻》《新闻大视野》和《北京新闻》（表 1.5.5）。对比 2013 年北京市场收听份额排名前 10 位的节目，由北京人民广播电台播出的《新闻大视野》《北京新闻》和《1039 交通服务热线》是新上榜节目。2014 年北京人民广播电台交通广播的《一路畅通》继续稳居北京广播节目收听排行榜榜首且收听份额加速上升，2014 年同比增幅达 1.18 个百分点，较 2013 年的同比增幅增加了 0.46 个百分点。北京人民广播电台文艺广播的《空中笑林》和中央人民广播电台第一套节目中

表 1.5.5　2014 年北京市场收听份额排名前 10 位的节目

| 排名 | 节目名称 | 频　率 | 收听份额（%） |
| --- | --- | --- | --- |
| 1 | 一路畅通 | 北京人民广播电台交通广播（FM103.9/CFM95.6） | 10.72 |
| 2 | 空中笑林 | 北京人民广播电台文艺广播（FM87.6/CFM93.8） | 1.91 |
| 3 | 新闻纵横 | 中央人民广播电台第一套节目中国之声（FM106.1） | 1.81 |
| 4 | 路况信息 | 多频率 | 1.66 |
| 5 | 开心茶馆 | 北京人民广播电台文艺广播（FM87.6/CFM93.8） | 1.58 |
| 6 | 1039 交通服务热线 | 北京人民广播电台交通广播（FM103.9/CFM95.6） | 1.33 |
| 7 | 新闻和报纸摘要 | 多频率 | 1.32 |
| 8 | 央广新闻 | 中央人民广播电台第一套节目中国之声（FM106.1） | 1.31 |
| 9 | 新闻大视野 | 北京人民广播电台新闻广播（FM100.6/AM828/CFM90.4） | 1.17 |
| 10 | 北京新闻 | 北京人民广播电台新闻广播（FM100.6/AM828/CFM90.4） | 1.16 |

数据来源：CSM 媒介研究

国之声的《新闻纵横》分别排第2和第3名，其中《新闻纵横》保持季军位置，《空中笑林》则由上一年的第5名上升至2014年度的第2名。由多个频率联袂播出的《路况信息》由2013年的排名第10上升至2014年的第4，北京人民广播电台文艺广播的《开心茶馆》由2013年的排名第2跌至2014年的第5，两档节目的收听份额均超过1.5%。北京市场排名第6至第10的节目的收听份额均低于1.4%，《新闻和报纸摘要》由2013年的第4名下降至2014年的第7名，《央广新闻》则由第6位降至榜单的第8位。

## （二）上海广播收听市场的节目竞争格局

### 1. 上海广播节目收听格局持续稳定，各类节目收听份额变化不大

2014年上海广播节目收听市场持续稳定的态势，各类型节目收听份额排名与上一年一致，各类节目收听份额增减幅度均低于3个百分点。新闻/时事和音乐节目仍以较大优势领跑上海节目收听市场，收听份额均超过20.0%（图1.5.3），前者收听份额较2013年上升了2.7个百分点，后者则下降了2.6个百分点。2014年生活服务类节目收听份额较2013年下降了0.3个百分点，但收听份额仍超过10.0%。文艺类节目收听份额超过8.0%，较2013年上升了0.5个百分点。2014年财经、社教、体育和法制类节目在上海节目市场共获得9.8%的收听份额，其中财经和社教类节目的收听份额较2013年分别下降了0.2个和0.6个百分点，体育和法制节目则分别上升了0.7个和0.2个百分点。2014年外语类节目在上海收听市场改观不明显。

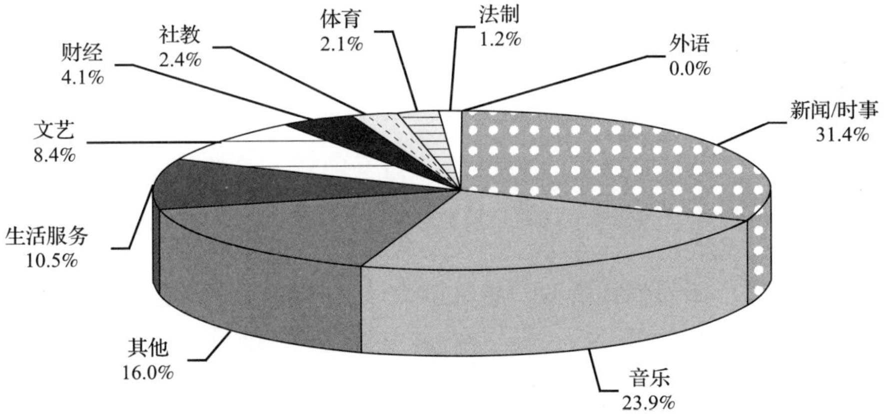


数据来源：CSM媒介研究

图1.5.3 2014年上海市场各类节目的收听份额（%）

### 2. 各级频率在上海节目市场各有进退，本地频率保持细分节目市场的竞争优势

2014年上海各类型节目市场仍由本地频率主控，中央人民广播电台在财经和社教节目市场的收听份额超过10.0%，中国国际广播电台仍仅在外语节目市场上竞争力明显（图1.5.4）。2014年中央人民广播电台在上海类型节目市场的竞争力仍然有限，在多数类型节目市场的收听份额未超过6.0%，在财经和社教类节目市场获得的收听份额稍大，

但也未超过20%；相比2013年，中央人民广播电台在财经节目市场的收听份额下降了15.8个百分点，降幅明显；在社教节目市场的收听份额上升了1.7个百分点，在其余类型节目市场，收听份额的变化均未超过1.5个百分点。2014年中国国际广播电台在上海外语节目市场的收听份额达24.2%，市场表现较前一年大幅下滑，收听份额下降了12.8个百分点。2014年上海本地频率在本地类型节目市场的领导地位仍不可动摇，并在多类节目市场获得收听份额的提升，其中在财经和外语节目市场的增幅较大，分别达15.8个和12.8个百分点，在生活服务、新闻/时事和音乐类节目市场也有所增长，但增幅未超过1.5个百分点。2014年上海SMG频率仅在社教和文艺类节目市场的收听份额有所下降，降幅分别为1.7个和0.7个百分点。

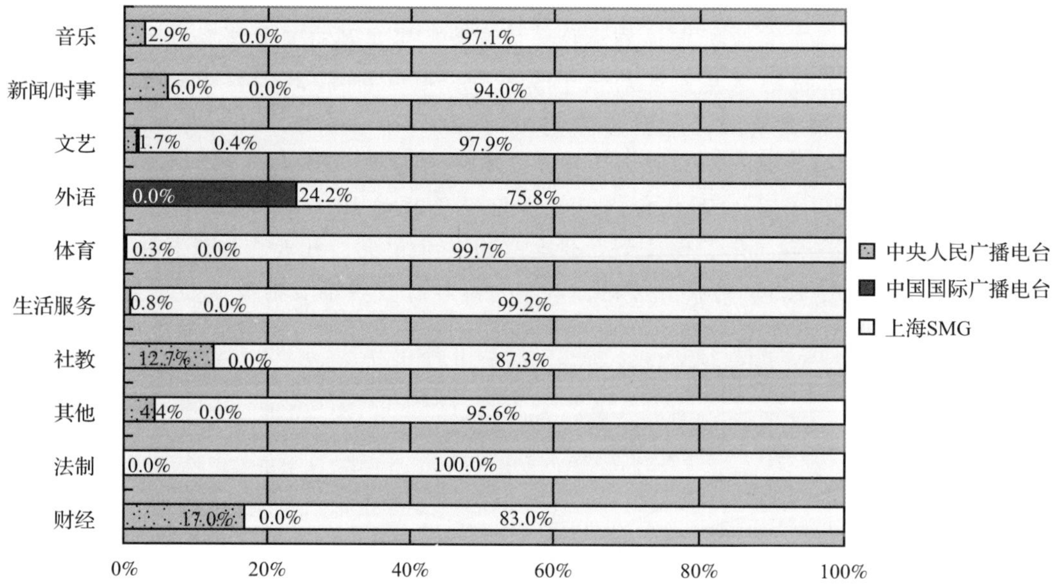


数据来源：CSM媒介研究

**图1.5.4　2014年各级广播频率在上海各类节目市场上的收听份额（%）**

### 3. 分类节目吸引不同特征听众，特征听众收听倾向差异明显

2014年的上海广播节目收听市场，男性听众在财经、生活服务、体育和新闻/时事类节目上的收听倾向突出，而女性听众则对法制、社教、外语、文艺和音乐节目更感兴趣（表1.5.6）。

2014年上海青少听众对广播节目的收听兴趣仍然不高，其中10~14岁听众对任何类型节目的收听集中度均未超过100%，15~24岁听众仅对音乐类节目表现出明显的收听偏好；25~44岁听众的节目收听兴趣也较有限，25~34岁听众收听体育和音乐类节目的集中度超过100%，35~44岁听众对外语和音乐类节目表现出明显的收听倾向；45岁及以上听众收听兴趣相对广泛，其中45~54岁的上海听众对财经、文艺和音乐之外各类型节目的收听集中度都超过了100%，55~64岁的上海听众对体育、文艺和音乐类之外的各类型节目表现出明显的收听倾向，65岁及以上的上海听众对财经和音乐类之外的各类节目都表现出强烈的收听兴趣（表1.5.6）。

表 1.5.6　2014 年上海市场不同性别和年龄听众收听各类节目的集中度（%）

| 节目类别 | 性别 | | 年龄 | | | | | | |
|---|---|---|---|---|---|---|---|---|---|
| | 男 | 女 | 10～14 岁 | 15～24 岁 | 25～34 岁 | 35～44 岁 | 45～54 岁 | 55～64 岁 | 65 岁及以上 |
| 财经 | 100.1 | 99.9 | 1.3 | 56.8 | 87.9 | 86.1 | 70.5 | 227.7 | 91.2 |
| 法制 | 95.5 | 104.7 | 11.2 | 54.3 | 26.2 | 78.7 | 206.0 | 122.5 | 145.9 |
| 社教 | 98.1 | 102.0 | 93.5 | 41.2 | 70.1 | 78.3 | 142.0 | 103.5 | 180.9 |
| 生活服务 | 110.7 | 89.0 | 32.7 | 37.7 | 72.4 | 99.5 | 120.8 | 132.9 | 158.7 |
| 体育 | 152.6 | 45.6 | 2.4 | 99.4 | 131.2 | 51.3 | 121.7 | 89.7 | 109.0 |
| 外语 | 75.0 | 125.8 | 0.0 | 11.2 | 31.9 | 136.0 | 114.7 | 130.7 | 226.3 |
| 文艺 | 98.9 | 101.1 | 86.6 | 48.6 | 68.2 | 72.3 | 68.3 | 91.3 | 299.7 |
| 新闻/时事 | 105.9 | 93.9 | 49.2 | 23.3 | 36.4 | 76.0 | 101.7 | 199.0 | 210.0 |
| 音乐 | 97.9 | 102.2 | 45.3 | 106.3 | 144.9 | 140.8 | 85.1 | 45.1 | 60.5 |
| 其他 | 105.2 | 94.7 | 40.6 | 62.9 | 88.9 | 99.5 | 96.8 | 132.5 | 135.5 |

数据来源：CSM 媒介研究

2014 年，小学及以下教育程度的上海听众收听偏好相对单一，未受过正规教育的听众仅对新闻/时事类节目表现出强烈的收听倾向，收听集中度在各教育程度听众中最高，小学教育程度听众对体育和文艺节目表现出较强的兴趣，收听集中度超过 100%；初中和高中教育程度的上海听众节目收听兴趣较为广泛，初中教育程度的听众对除体育和音乐类节目之外的各类型节目的收听集中度超过 100%，其中财经、法制、社教、生活服务、外语和文艺类节目的收听集中度在各教育程度听众中是最高的；高中教育程度的听众对除法制、体育、文艺和音乐类节目之外的所有类型节目表现出较高的收听偏好；大学及以上教育程度听众的节目偏好较集中，仅对体育和音乐类节目的收听集中度超过 100%（表 1.5.7）。

表 1.5.7　2014 年上海市场不同教育程度听众收听各类节目的集中度（%）

| 节目类别 | 教育程度 | | | | |
|---|---|---|---|---|---|
| | 未受过正规教育 | 小学 | 初中 | 高中 | 大学及以上 |
| 财经 | 0.0 | 10.3 | 121.5 | 104.8 | 95.3 |
| 法制 | 0.0 | 26.6 | 128.0 | 98.4 | 96.9 |
| 社教 | 1.9 | 87.9 | 147.8 | 105.6 | 75.0 |
| 生活服务 | 10.4 | 35.6 | 122.4 | 112.9 | 83.4 |
| 体育 | 13.2 | 114.7 | 76.5 | 90.2 | 120.0 |
| 外语 | 0.0 | 15.6 | 203.8 | 103.3 | 54.8 |
| 文艺 | 6.4 | 143.7 | 200.7 | 74.8 | 74.2 |
| 新闻/时事 | 257.2 | 84.4 | 151.8 | 109.2 | 66.7 |
| 音乐 | 6.7 | 50.6 | 74.8 | 99.3 | 118.1 |
| 其他 | 115.9 | 57.9 | 118.5 | 105.0 | 90.3 |

数据来源：CSM 媒介研究

2014年上海无收入听众对各类节目的收听集中度都未超过100%；个人月收入1501～2000元的听众对财经、生活服务、体育、文艺和新闻/时事类节目有较高的收听兴趣，收听集中度超过100%；个人月收入2001～2500元的听众节目收听兴趣相对广泛，对除体育和音乐类节目以外的各类型节目的收听集中度均超过100%；个人月收入2501～3000元的听众广播收听最广泛，对除音乐之外各类节目的收听倾向都较突出；个人月收入3001元以上的听众广播节目收听兴趣较为集中，个人月收入3001～4000元的听众对体育和音乐类节目的收听集中度超过100%，个人月收入4001元及以上的听众只对音乐节目表现出明显的收听兴趣（表1.5.8）。

**表1.5.8　2014年上海市场不同个人月收入听众收听各类节目的集中度（%）**

| 节目类别 | 个人月收入 | | | | | | | | |
|---|---|---|---|---|---|---|---|---|---|
| | 无收入 | 1～500元 | 501～1000元 | 1001～1500元 | 1501～2000元 | 2001～2500元 | 2501～3000元 | 3001～4000元 | 4001元及以上 |
| 财经 | 38.4 | * | * | * | 151.2 | 125.2 | 127.9 | 88.8 | 99.3 |
| 法制 | 40.9 | * | * | * | 37.2 | 203.5 | 127.5 | 98.2 | 81.7 |
| 社教 | 52.9 | * | * | * | 93.0 | 197.6 | 132.8 | 77.0 | 80.6 |
| 生活服务 | 30.8 | * | * | * | 123.0 | 165.5 | 111.8 | 89.9 | 99.5 |
| 体育 | 86.5 | * | * | * | 262.3 | 28.2 | 133.0 | 111.4 | 83.8 |
| 外语 | 0.0 | * | * | * | 92.2 | 205.8 | 187.5 | 94.1 | 48.5 |
| 文艺 | 63.9 | * | * | * | 141.2 | 187.3 | 142.1 | 72.2 | 75.0 |
| 新闻/时事 | 31.6 | * | * | * | 138.8 | 184.5 | 138.0 | 96.7 | 71.2 |
| 音乐 | 100.0 | * | * | * | 97.1 | 42.5 | 81.4 | 103.8 | 124.0 |
| 其他 | 58.4 | * | * | * | 130.3 | 108.8 | 115.4 | 101.0 | 96.3 |

注：“*”表示该目标听众样本量不足，无法进行统计推断。

数据来源：CSM媒介研究

2014年上海的干部/管理人员只对法制和音乐节目表现出强烈的收听兴趣；初级公务员/雇员和学生群体对广播节目收听兴趣不强，各类节目收听集中度都未超过100%；工人听众喜爱收听的节目类型较为广泛，对除财经和外语之外的各类节目的收听集中度都较高；个体/私营企业人员倾向于收听财经、体育和音乐类节目；无业群体的收听兴趣也较广泛，对除体育和音乐节目之外的所有节目收听集中度都较高（表1.5.9）。

**表1.5.9　2014年上海市场不同职业听众收听各类节目的集中度（%）**

| 节目类别 | 职　业 | | | | | |
|---|---|---|---|---|---|---|
| | 干部/管理人员 | 初级公务员/雇员 | 工人 | 个体/私营企业人员 | 学生 | 无业（含退休人员） |
| 财经 | 57.8 | 79.9 | 99.7 | 118.0 | 28.2 | 156.3 |
| 法制 | 130.3 | 78.9 | 132.9 | 22.9 | 45.2 | 142.7 |
| 社教 | 94.4 | 63.0 | 124.8 | 63.3 | 51.7 | 162.4 |
| 生活服务 | 93.6 | 73.0 | 136.6 | 90.9 | 25.9 | 143.6 |
| 体育 | 76.9 | 73.0 | 176.4 | 148.0 | 96.2 | 92.2 |

续表

| 节目类别 | 职业 | | | | | |
|---|---|---|---|---|---|---|
| | 干部/管理人员 | 初级公务员/雇员 | 工人 | 个体/私营企业人员 | 学生 | 无业（含退休人员） |
| 外语 | 44.5 | 72.1 | 52.3 | 0.0 | 0.0 | 223.5 |
| 文艺 | 60.0 | 44.2 | 126.4 | 75.0 | 57.3 | 185.7 |
| 新闻/时事 | 96.3 | 55.1 | 103.8 | 62.0 | 25.1 | 188.1 |
| 音乐 | 114.5 | 99.9 | 170.8 | 136.0 | 81.5 | 61.6 |
| 其他 | 99.4 | 76.4 | 135.9 | 100.5 | 48.2 | 128.4 |

数据来源：CSM 媒介研究

### 4. 本地节目持续垄断上海收听榜单前 10，《990 早新闻》扩大领先优势

2014 年上海收听份额排名前 10 的广播节目仍然集中在新闻/时事、音乐和文艺类节目上，其中 6 个为新闻/时事类节目，3 个为音乐类节目。对比 2013 年的上榜节目，2014 年上海市场收听份额排名前 10 位节目较为稳定，仅《娱乐正当前》为新上榜节目，其余 9 档均为上一年收听份额前 10 位的节目。由上海人民广播电台播出的《990 早新闻》稳居排名榜榜首，且收听份额较 2013 年上升了 0.64 个百分点；由多频率播出的《东广早新闻》和《直通 990》分别以 5.19%、3.64% 的收听份额分居亚军、季军；上海流行音乐广播动感 101 FM101.7 播出的音乐节目《维他奶音乐早餐》以 3.17% 的收听份额位居第四，收听份额较上一年略有下降；其余上榜节目的收听份额均低于 3.00%，由上海人民广播电台 AM990/FM93.4 播出的《转播中央人民广播电台新闻和报纸摘要节目》《990 八点新闻》和《990 清晨新闻》分列榜单第 5 位至第 7 位，第 8 位为上海流行音乐广播动感 101 FM101.7 播出的《101 娱乐在线》，第 9 位和第 10 位均为由上海流行音乐广播 Love Radio FM103.7 播出的音乐节目《早安新发现》和《娱乐正当时》（表 1.5.10）。

**表 1.5.10　2014 年上海市场收听份额排名前十位的节目**

| 排名 | 节目名称 | 频　率 | 收听份额（%） |
|---|---|---|---|
| 1 | 990 早新闻 | 上海人民广播电台 AM990/FM93.4 | 7.18 |
| 2 | 东广早新闻 | 多频率 | 5.19 |
| 3 | 直通 990 | 多频率 | 3.64 |
| 4 | 维他奶音乐早餐 | 上海流行音乐广播动感 101 FM101.7 | 3.17 |
| 5 | 转播中央人民广播电台新闻和报纸摘要节目 | 上海人民广播电台 AM990/FM93.4 | 2.64 |
| 6 | 990 八点新闻 | 上海人民广播电台 AM990/FM93.4 | 2.34 |
| 7 | 990 清晨新闻 | 上海人民广播电台 AM990/FM93.4 | 2.23 |
| 8 | 101 娱乐在线 | 上海流行音乐广播动感 101 FM101.7 | 1.70 |
| 9 | 早安新发现 | 上海流行音乐广播 Love Radio FM103.7 | 1.48 |
| 10 | 娱乐正当时 | 上海流行音乐广播 Love Radio FM103.7 | 1.40 |

数据来源：CSM 媒介研究

## (三) 广州广播收听市场的节目竞争格局

### 1. 广州节目收听格局保持相对均衡，主要类型节目收听份额排序变化明显

延续上一年的态势，2014 年广州广播市场各类节目收听的竞争格局继续保持相对均衡的状态，生活服务、音乐、新闻/时事和文艺类节目的收听份额均在 15.0% ~20.0% 之间，财经类节目的收听份额达 6.3%，体育、社教、法制和外语类节目的收听份额均不超过 4.0%。对比 2013 年的情况，生活服务类节目的收听份额上升了 0.9 个百分点，在广州市场的排名上升至第 1 位；音乐和新闻/时事类节目排名较上 2013 年均下降一位，收听份额分别较 2013 年下降了 1.6 个和 1.5 个百分点；文艺类节目稳居市场第 4 的位置，收听份额较上一年下降了 0.9 个百分点；财经类节目的收听份额较上一年下降了 0.4 个百分点，市场排位未发生变化；体育类节目的收听份额较上一年增加了 1.8 个百分点，在各类节目中增幅最大；社教节目下降了 0.4 个百分点，法制类节目的收听份额则增加了 0.4 个百分点，外语类节目的收听份额仍然微弱（图 1.5.5）。

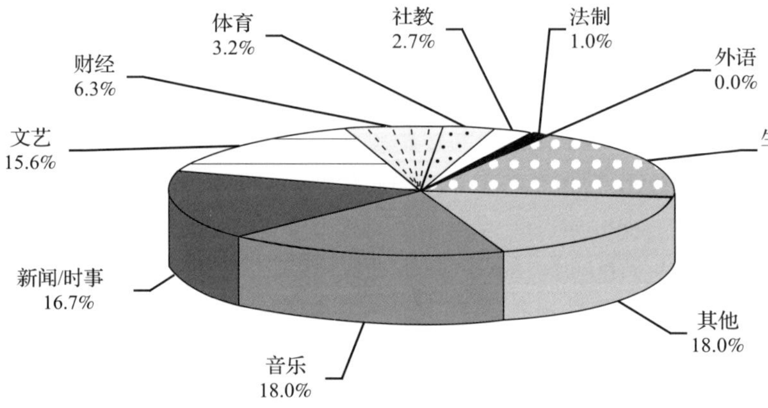


数据来源：CSM 媒介研究

**图 1.5.5　2014 年广州市场各类节目的收听份额（%）**

### 2. 本地电台保持竞争优势，广东省台继续引领分类节目市场

得益于地缘的优势，2014 年广东人民广播电台在广州继续保持非外语类节目市场的领导地位（图 1.5.6）。广东人民广播电台在财经类节目市场的收听份额接近 90.0%，在音乐和生活服务类节目市场的收听份额均超过 70.0%，在文艺和体育类节目市场的收听份额都超过 60.0%，在法制类节目市场占据的收听份额超过 50.0%；尽管在新闻/时事和社教类节目市场的收听份额低于 50.0%，但仍然在市场中保持领先状态。与上一年情况相比，2014 年广东人民广播电台在外语、体育、文艺、新闻/时事和财经类节目市场的收听份额均有增长，其中在外语和体育类节目市场中涨幅较大，增幅分别达到 20.4

个和13.5个百分点，在法制、社教、音乐和生活服务类节目市场的收听份额则有所下滑，其中在法制节目市场中降幅较大，达12.3个百分点。

广州人民广播电台是本地广播市场中又一强有力的竞争者，相比2013年，2014年广州人民广播电台在本地超过半数的类型节目市场的收听份额获得上升，在法制节目市场获得13.8个百分点的大幅上升，在社教节目市场的增幅也达到了9.3个百分点，在新闻/时事、音乐、生活服务和财经节目市场的增长在4个百分点及以下。但在文艺和体育类节目市场，广州人民广播电台的收听份额出现下滑，降幅分别为10.4个和3.8个百分点。在各类型节目市场的竞争中，广州人民广播电台在本地市场的收听份额均不超过50.0%，但其收听竞争力仍然超过国家级频率，在法制、社教、新闻/时事、体育、生活服务、文艺、体育和音乐类节目市场中居亚军位置。

2014年，中央人民广播电台和中国国际广播电台在广州细分节目市场的竞争地位改观不大。中央人民广播电台在细分节目市场的收听份额最高不超过15.0%，中国国际广播电台在非外语类节目市场的收听份额均不超过5.0%。相比上一年，2014年中央人民广播电台在法制、新闻/时事、生活服务、财经和体育类节目市场的收听份额均有所下滑，其中在新闻/时事节目市场降幅较大，达7.2个百分点；中国国际广播电台在社教、外语和体育类节目市场的收听份额也出现下滑，其中在外语类节目市场的降幅达20.4个百分点，发展趋势不容乐观。

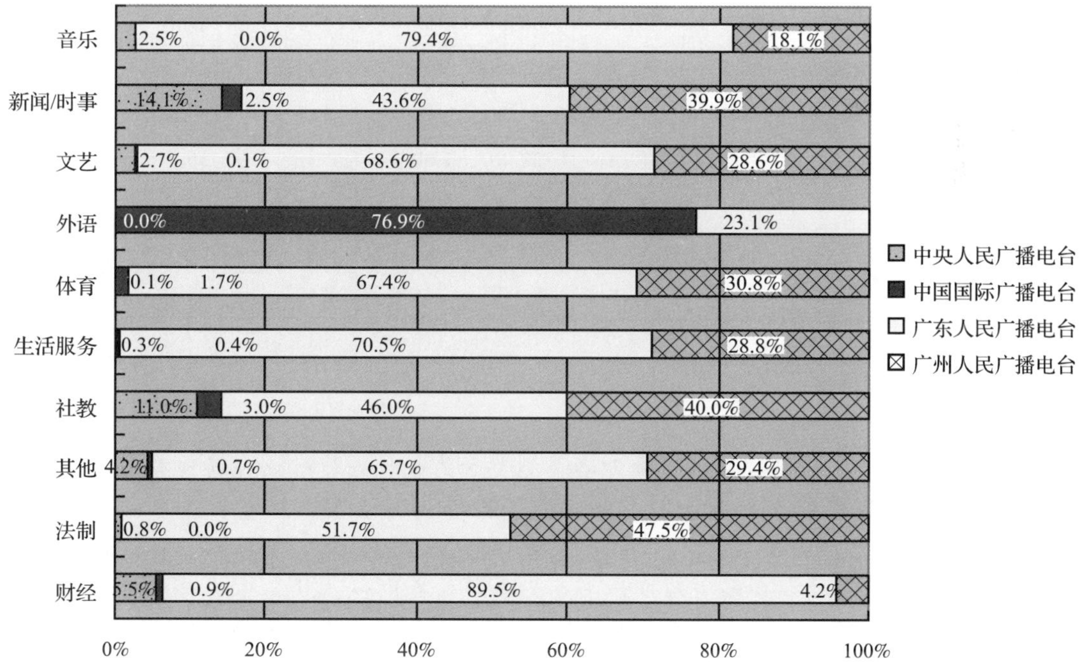


数据来源：CSM媒介研究

**图1.5.6 2014年各级广播频率在广州各类节目市场上的收听份额（%）**

### 3. 广州听众节目收听差异明显，特征听众倾向于不同类型节目

2014年广州市场上，男性听众对各类型节目的收听兴趣相对广泛，女性听众则较为集中。男性听众对除外语类之外的各类节目都表现出较高的收听倾向，而女性听众仅对外语类节目表现出较高的收听兴趣（表1.5.11）。

广州10~34岁的听众对广播节目的收听兴趣仍然不高，对各类节目的收听集中度都未超过100%；35~44岁广州听众的收听兴趣相对集中，对法制、生活服务、文艺和音乐类节目表现出较浓厚的收听兴趣；45~54岁广州听众的收听兴趣较为广泛，对除外语之外的各类型节目的收听集中度均超过了100%；55~64岁听众仍是广州听众中收听最活跃的群体，该听众群对所有类型节目的收听集中度均超过了100%，且其财经、法制、社教、生活服务、体育、文艺和新闻/时事节目的收听集中度为各年龄段听众中的最高；65岁以上群体的收听兴趣也较广泛，除财经之外的各类节目的集中度均超过100%。

表1.5.11　2014年广州市场不同性别和年龄听众收听各类节目的集中度（%）

| 节目类别 | 性别 | | 年龄 | | | | | | |
|---|---|---|---|---|---|---|---|---|---|
| | 男 | 女 | 10~14岁 | 15~24岁 | 25~34岁 | 35~44岁 | 45~54岁 | 55~64岁 | 65岁及以上 |
| 财经 | 109.0 | 90.4 | 9.8 | 46.0 | 44.9 | 98.5 | 156.9 | 340.0 | 81.0 |
| 法制 | 110.1 | 89.2 | 19.4 | 57.1 | 65.6 | 109.9 | 166.2 | 187.4 | 116.1 |
| 社教 | 111.4 | 87.7 | 25.7 | 76.0 | 68.5 | 95.7 | 134.0 | 167.6 | 160.6 |
| 生活服务 | 110.7 | 88.5 | 17.2 | 51.0 | 81.2 | 108.5 | 134.6 | 174.2 | 158.6 |
| 体育 | 100.9 | 99.1 | 32.4 | 63.1 | 64.0 | 96.4 | 117.2 | 258.5 | 130.7 |
| 外语 | 92.0 | 108.6 | 40.1 | 49.1 | 20.6 | 82.9 | 21.1 | 336.3 | 371.7 |
| 文艺 | 106.2 | 93.3 | 25.4 | 72.9 | 57.8 | 100.9 | 134.5 | 178.0 | 172.6 |
| 新闻/时事 | 104.4 | 95.3 | 15.9 | 56.6 | 57.8 | 83.9 | 127.4 | 253.2 | 189.2 |
| 音乐 | 101.4 | 98.5 | 33.5 | 76.6 | 81.4 | 116.9 | 110.9 | 127.7 | 152.1 |
| 其他 | 111.3 | 87.9 | 20.3 | 59.9 | 77.2 | 113.8 | 132.2 | 167.2 | 143.8 |

数据来源：CSM媒介研究

2014年广州初中教育程度的听众对各类型节目的收听兴趣广泛，其他教育程度听众的收听兴趣则较为集中。未受过正规教育的广州听众对法制、社教、体育、文艺和新闻/时事表现出明显的收听兴趣；小学教育程度的广州听众对生活服务、文艺和音乐类节目的收听倾向明显；初中教育程度的听众收听兴趣最广泛，其各类节目的收听集中度都超过100%，其中对财经、法制、外语和新闻/时事类节目的收听集中度在各教育程度的听众中最高；广州高中教育程度听众对财经和外语类节目的收听集中度超过100%；大学及以上教育程度的广州听众仅对音乐节目表现出一定的收听兴趣，收听兴趣最为单一（表1.5.12）。

表 1.5.12　2014 年广州市场不同教育程度听众收听各类节目的集中度（%）

| 节目类别 | 教育程度 | | | | |
|---|---|---|---|---|---|
| | 未受过正规教育 | 小学 | 初中 | 高中 | 大学及以上 |
| 财经 | 0.6 | 42.6 | 140.4 | 114.3 | 46.4 |
| 法制 | 129.7 | 56.3 | 145.6 | 93.6 | 64.3 |
| 社教 | 360.0 | 77.5 | 120.1 | 88.6 | 86.3 |
| 生活服务 | 94.5 | 123.2 | 119.2 | 89.8 | 80.6 |
| 体育 | 216.5 | 74.9 | 133.5 | 95.3 | 65.0 |
| 外语 | 44.8 | 49.8 | 150.6 | 121.7 | 12.9 |
| 文艺 | 301.7 | 119.3 | 115.7 | 85.4 | 84.3 |
| 新闻/时事 | 119.1 | 83.0 | 136.8 | 88.4 | 76.1 |
| 音乐 | 59.4 | 109.4 | 101.4 | 97.8 | 100.5 |
| 其他 | 141.5 | 99.9 | 117.1 | 92.6 | 86.8 |

数据来源：CSM 媒介研究

2014 年的广州收听市场，无收入的听众对各类节目的收听兴趣仍然不高；个人月收入 501 ~1000 元的广州听众对除财经和体育节目之外的各类型节目均感兴趣，其中对生活服务、文艺、新闻/时事和音乐类节目的收听集中度为各收入人群中最高的，收听倾向明显；个人月收入 1001 ~1500 元的广州听众对收听法制、生活服务、文艺和新闻/时事节目兴趣突出；个人月收入 1501 ~2000 元的听众收听兴趣较集中，对法制、社教和文艺类节目的收听集中度超过 100%；个人月收入 2001 ~4000 元的听众收听兴趣相对广泛，个人月收入 2001 ~2500 元的听众对除法制和外语类之外的各类节目的收听集中度都较高，个人月收入 2501 ~3000 元的听众对除文艺类节目之外的各类节目的收听集中度都超过了 100%，个人月收入 3001 ~4000 元的听众对除财经和体育之外的各类节目的收听兴趣较高；个人月收入 4001 元及以上的广州听众收听兴趣也比较广泛，对除财经、体育、外语和文艺之外的各类节目表现出突出的收听倾向（表 1.5.13）。

表 1.5.13　2014 年广州市场不同个人月收入听众收听各类节目的集中度（%）

| 节目类别 | 个人月收入 | | | | | | | | |
|---|---|---|---|---|---|---|---|---|---|
| | 无收入 | 1 ~500 元 | 501 ~ 1000 元 | 1001 ~ 1500 元 | 1501 ~ 2000 元 | 2001 ~ 2500 元 | 2501 ~ 3000 元 | 3001 ~ 4000 元 | 4001 元及以上 |
| 财经 | 74.2 | * | 42.1 | 59.3 | 95.0 | 115.9 | 154.7 | 81.8 | 96.1 |
| 法制 | 39.7 | * | 136.9 | 172.5 | 130.5 | 91.1 | 114.6 | 133.4 | 115.8 |
| 社教 | 74.7 | * | 101.5 | 93.6 | 102.6 | 104.1 | 108.1 | 117.7 | 102.4 |
| 生活服务 | 46.5 | * | 252.5 | 115.5 | 75.6 | 103.1 | 106.4 | 127.7 | 125.5 |
| 体育 | 62.7 | * | 88.0 | 77.4 | 82.2 | 112.2 | 165.8 | 92.2 | 80.4 |
| 外语 | 29.7 | * | 100.4 | 3.4 | 10.1 | 30.4 | 278.3 | 200.4 | 52.8 |
| 文艺 | 67.7 | * | 186.7 | 154.1 | 105.9 | 121.7 | 93.5 | 116.1 | 70.1 |
| 新闻/时事 | 68.9 | * | 153.3 | 139.1 | 87.2 | 113.9 | 121.0 | 101.3 | 102.1 |
| 音乐 | 84.1 | * | 217.6 | 83.2 | 91.1 | 103.3 | 104.1 | 100.8 | 100.1 |
| 其他 | 60.8 | * | 158.4 | 102.4 | 91.1 | 104.0 | 106.5 | 126.8 | 113.7 |

注：“＊”表示该目标听众样本量不足，无法进行统计推断。

数据来源：CSM 媒介研究

2014年，广州的干部/管理人员、初级公务员/雇员和学生听众的收听兴趣不高，其中干部/管理人员仅对财经类节目表现出强烈的收听兴趣，收听集中度为各职业听众中最高的，初级公务员/雇员和学生则对各类型节目的收听兴趣均不高；工人和个体私营企业人员的收听兴趣相对广泛，工人听众对法制、社教、生活服务、文艺和音乐类节目的收听集中超过100%，个体/私营企业人员对法制、生活服务、体育和音乐类节目的收听集中度超过100%；无业（含退休人员）听众的收听兴趣最广泛，对各类型节目均表现出较高的收听偏好，其中对社教、体育、外语、文艺、新闻/时事和音乐类节目的收听集中度在各职业听众中最高（表1.5.14）。

**表1.5.14　2014年广州市场不同职业听众收听各类节目的集中度（%）**

| 节目类别 | 职业 | | | | | |
|---|---|---|---|---|---|---|
| | 干部/管理人员 | 初级公务员/雇员 | 工人 | 个体/私营企业人员 | 学生 | 无业（含退休人员） |
| 财经 | 211.2 | 69.7 | 85.5 | 79.4 | 32.4 | 192.8 |
| 法制 | 57.9 | 52.8 | 127.3 | 136.6 | 26.1 | 122.9 |
| 社教 | 54.2 | 79.3 | 111.1 | 84.2 | 42.7 | 159.7 |
| 生活服务 | 66.2 | 70.2 | 126.2 | 115.7 | 28.1 | 125.0 |
| 体育 | 74.5 | 86.6 | 83.4 | 112.7 | 37.9 | 174.5 |
| 外语 | 12.4 | 38.7 | 81.9 | 56.9 | 31.5 | 262.6 |
| 文艺 | 53.2 | 71.0 | 115.0 | 72.7 | 44.5 | 159.3 |
| 新闻/时事 | 56.1 | 63.1 | 92.8 | 78.5 | 43.2 | 197.8 |
| 音乐 | 88.6 | 88.0 | 104.1 | 108.2 | 60.1 | 124.4 |
| 其他 | 81.5 | 76.9 | 118.8 | 99.5 | 38.1 | 135.8 |

数据来源：CSM媒介研究

### 4. 节目收听榜单前十节目有一定变化，《长篇小说》跃居榜首

2014年广州市场收听份额排名前10位的节目类型丰富，其中4档节目为新闻/时事类节目，音乐和文艺类各有2档节目上榜，生活服务和财经类各有1个节目上榜（表1.5.15）。与上一年不同，由多频率播出的《长篇小说》由2013年的第10位跃至2014年的首位，榜单亚军《歌曲欣赏》保持不变，广东电台珠江经济广播电台播出的《珠江第一线》由2013年的冠军跌至季军，收听份额下降了0.56个百分点。广州新闻电台的《广州早晨》位居第4，收听份额下降了0.33个百分点；广东广播电视台珠江经济广播电台播出的《今日关注》和《超越流行》分列第5位、第10位，两档节目2014年表现出色，均为新上榜节目。多频率播出的《交通信息》以1.37%的收听份额排名第6，广州新闻电台的《新闻在线》、广东广播电视台音乐之声的《天生快活人》和广东广播电视台股市广播的《股市第一线》分列第7位至第9位，其中《天生快活人》和《新闻在线》的收听份额分别下降了0.06个和0.21个百分点，《股市第一线》变化不大。

表 1.5.15　2014 年广州市场收听份额排名前十位的节目

| 排名 | 节目名称 | 频　　率 | 收听份额（%） |
|---|---|---|---|
| 1 | 长篇小说 | 多频率 | 3.33 |
| 2 | 歌曲欣赏 | 多频率 | 2.79 |
| 3 | 珠江第一线 | 广东广播电视台珠江经济广播电台（E FM 财富 974） | 1.70 |
| 4 | 广州早晨 | 广州新闻电台（FM96.2） | 1.47 |
| 5 | 今日关注 | 广东广播电视台珠江经济广播电台（E FM 财富 974） | 1.43 |
| 6 | 交通消息 | 多频率 | 1.37 |
| 7 | 新闻在线 | 广州新闻电台（FM96.2） | 1.08 |
| 8 | 天生快活人 | 广东广播电视台音乐之声（FM99.3） | 1.07 |
| 9 | 股市第一线 | 广东广播电视台股市广播（FM95.3 财经广播） | 1.06 |
| 10 | 超越流行 | 广东广播电视台珠江经济广播电台（E FM 财富 974） | 1.01 |

数据来源：CSM 媒介研究

## 六、广播广告投放与竞争格局

### 1. 2014 年中国广播广告投放额同比 2013 年增长 10.6%

根据央视市场研究（CTR）发布的广告监测数据[①]，2014 年中国广告投放额同比增长了 2.2%，其中传统媒体广告投放额同比下降了 1.7%。2014 年电视广告投放额为 6024 亿元人民币，同比 2013 年下降 0.5%；报纸和杂志广告投放额分别为 628 亿元人民币和 165 亿元人民币，同比 2013 年出现较大负增长，分别为 −18.3% 和 −10.2%；广播是四大传统媒体中唯一呈现广告正增长的媒体，广告投放额为 344 亿元人民币，同比 2013 年增长了 10.6%。

### 2. 京、沪、穗三地广播广告投放额保持正增长，同比增长 11.7%

2014 年京、沪、穗三地广播广告投放额合计为 90.3 亿元，同比 2013 年增长了 9.5 亿元，增幅为 11.7%。三地广播广告投放额最高的五大行业是商业及服务性行业、交通、房地产、金融和邮电通讯行业，五大行业的广告投放额合计占到了广播广告投放总额的 63.0%（图 1.6.1）。

① 广告投放额以媒体公开报价为统计标准，不含折扣。

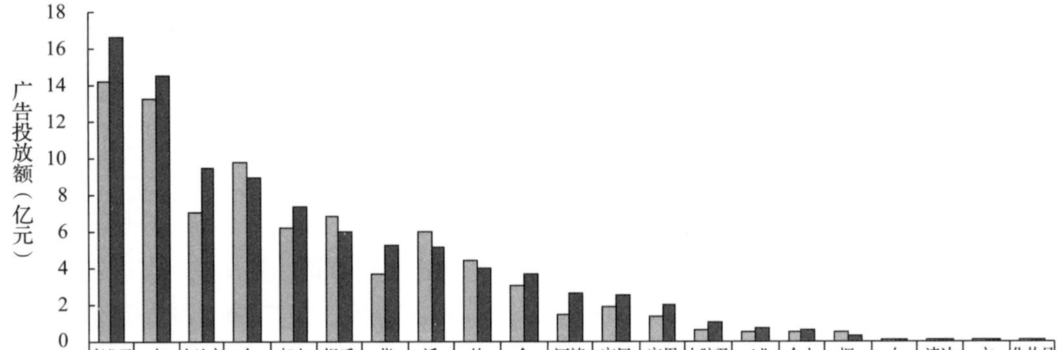


| | 商业及服务性行业 | 交通 | 房地产/建筑工程行业 | 金融业 | 邮电通讯 | 娱乐及休闲 | 药品 | 活动类 | 饮料 | 食品 | 酒精类饮品 | 家居用品 | 家用电器 | 电脑及办公自动化产品 | 工业用品 | 个人用品 | 烟草类 | 农业 | 清洁用品 | 衣着 | 化妆品/浴室用品 |
|---|---|---|---|---|---|---|---|---|---|---|---|---|---|---|---|---|---|---|---|---|---|
| 2013年 | 14.2 | 13.2 | 7.0 | 9.8 | 6.2 | 6.8 | 3.7 | 6.0 | 4.4 | 3.0 | 1.4 | 1.8 | 1.3 | 0.5 | 0.5 | 0.4 | 0.5 | 0.0 | 0.0 | 0.1 | 0.0 |
| 2014年 | 16.6 | 14.5 | 9.4 | 8.9 | 7.3 | 5.9 | 5.2 | 5.1 | 4.0 | 3.7 | 2.5 | 2.4 | 2.0 | 1.0 | 0.7 | 0.6 | 0.3 | 0.1 | 0.0 | 0.0 | 0.0 |

数据来源：央视市场研究媒介智讯（CTR MI）

**图 1.6.1　2013 年、2014 年京、沪、穗三地分行业广播广告投放额（亿元）**

2014 年北京广播广告投放额排名前 3 位的行业是商业及服务性行业、金融业和交通业，金融业由 2013 年的第 3 位上升为 2014 年的第 2 位。上海 2014 年广播广告投放额排名前 3 位的行业是交通、房地产/建筑工程行业和邮电通讯行业，2013 年排名第 2 位和第 3 位的金融业和商业服务性行业下降为第 5 位和第 4 位。2014 年广州广播广告投放额排名前 3 位的行业是商业及服务性行业、交通业和房地产/建筑工程行业，2013 年排名第 3 位的金融业降至第 5 位（表 1.6.1）。

**表 1.6.1　2013 年、2014 年京、沪、穗三地广播广告投放额排名前十位的行业**

| 排名 | 北京 | | 上海 | | 广州 | |
|---|---|---|---|---|---|---|
| | 2013 年 | 2014 年 | 2013 年 | 2014 年 | 2013 年 | 2014 年 |
| 1 | 商业及服务性行业 | 商业及服务性行业 | 交通 | 交通 | 商业及服务性行业 | 商业及服务性行业 |
| 2 | 交通 | 金融业 | 金融业 | 房地产/建筑工程行业 | 交通 | 交通 |
| 3 | 金融业 | 交通 | 商业及服务性行业 | 邮电通讯 | 金融业 | 房地产/建筑工程行业 |
| 4 | 娱乐及休闲 | 邮电通讯 | 活动类 | 商业及服务性行业 | 房地产/建筑工程行业 | 药品 |
| 5 | 活动类 | 酒精类饮品 | 邮电通讯 | 金融业 | 娱乐及休闲 | 金融业 |
| 6 | 邮电通讯 | 家居用品 | 房地产/建筑工程行业 | 活动类 | 药品 | 娱乐及休闲 |
| 7 | 酒精类饮品 | 娱乐及休闲 | 饮料 | 饮料 | 邮电通讯 | 食品 |
| 8 | 饮料 | 活动类 | 娱乐及休闲 | 娱乐及休闲 | 活动类 | 邮电通讯 |
| 9 | 家居用品 | 食品 | 食品 | 食品 | 饮料 | 活动类 |
| 10 | 食品 | 饮料 | 药品 | 电脑及办公自动化产品 | 食品 | 饮料 |

数据来源：央视市场研究媒介智讯（CTR MI）

### 3. 京、沪、穗三地广播广告投放中商业及服务性行业和房地产行业广告大涨

2014 年，京、沪、穗三地广播广告投放额呈现正增长的行业有 14 个、负增长的行业有 7 个。广播广告投放额同比增长额超过 2 个亿的有两个行业，包括商业及服务性行业和房地产行业，增长额均为 2.4 亿元；商业及服务性行业同比增长 17.0%，房地产行业同比增长 34.0%。在呈现负增长的 7 个行业中，金融业和娱乐及休闲行业的广告投放额分别减少了 0.9 亿元和 0.8 亿元，其中金融业同比下降了 9.2%，娱乐及休闲行业同比下降了 12.2%（图 1.6.2）。

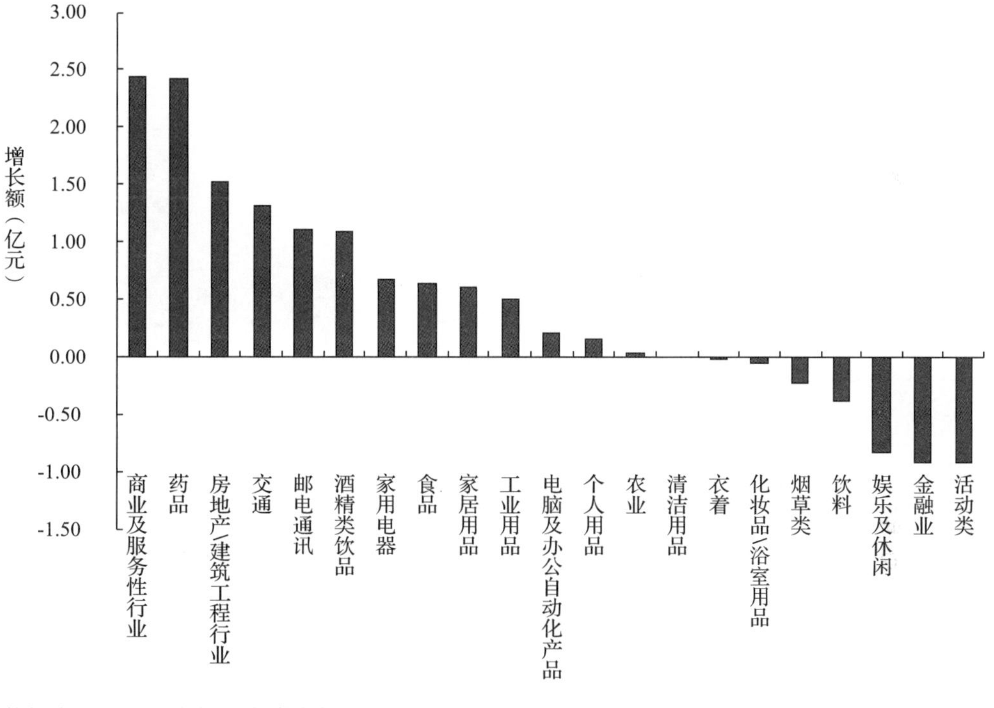


数据来源：央视市场研究媒介智讯（CTR MI）

**图 1.6.2 2013 年、2014 年京、沪、穗三地各行业广播广告投放额变化情况**

### 4. 京、沪、穗三地广播广告投放额排名前十位的品牌具有较大差异性

京、沪、穗三地广播广告投放额排名前 10 位的品牌具有较大差异性，这也体现出广播的区域性特点。2014 年北京广播广告投放额排名前 10 位的品牌来自酒类、金融、邮电通讯、商业及服务性行业等；排名前 3 位的是茅台、五粮液和中国人民财产保险；上海广播广告投放额排名前 10 位的品牌来自饮料、交通、邮电通讯、金融、房地产等行业，排名前 3 位的是光明、上海大众和中国平安保险；广州广播广告投放额排名前 10 位的品牌来自药品、商业及服务性行业、交通等行业，排名前 3 位的品牌是好视力、好运来和国美（表 1.6.2）。

表 1.6.2 2014 年京、沪、穗三地广播广告投放额排名前十位的品牌①

| 排名 | 北京 | | 上海 | | 广州 | |
|---|---|---|---|---|---|---|
| | 品牌名称 | 所属品类 | 品牌名称 | 所属品类 | 品牌名称 | 所属品类 |
| 1 | 茅台 | 酒精类饮品 | 光明 | 活动类、饮料、邮电通讯 | 好视力 | 个人用品、药品 |
| 2 | 五粮液 | 酒精类饮品 | 上海大众 | 活动类、交通 | 好运来 | 商业及服务性行业 |
| 3 | 中国人民财产保险 | 金融业 | 中国平安保险 | 金融业 | 国美 | 商业及服务性行业 |
| 4 | 中国移动通信 | 邮电通讯 | 阿基米德 | 电脑及办公自动化产品 | 吉盛伟邦 | 活动类、商业及服务性行业 |
| 5 | 中国联通 | 邮电通讯 | 上海通用别克 | 活动类、交通 | 雷克萨斯 | 交通 |
| 6 | 居然之家 | 商业及服务性行业 | 绿地 | 房地产/建筑工程行业 | 燕塘 | 饮料 |
| 7 | 同仁堂 | 个人用品、酒精类饮品、商业及服务性行业、食品、药品 | 好视力 | 个人用品、药品 | 三菱电机 | 家用电器 |
| 8 | 娃哈哈 | 食品、饮料 | 天喔 | 活动类、食品、饮料 | 南湖 & 西部假期 | 娱乐及休闲 |
| 9 | 新东郊 | 商业及服务性行业 | 万科 | 房地产/建筑工程行业 | 陈李济 | 药品 |
| 10 | 易贷 | 邮电通讯 | 中国移动通信 | 邮电通讯 | 台乌 | 药品 |

数据来源：央视市场研究媒介智讯（CTR MI）

### 5. 京、沪、穗三地广播广告投放额最高的频率是交通频率和音乐频率，这一格局多年未变

2014 年，京、沪、穗三地广播广告投放额排名前 3 位的频率除了北京人民广播电台文艺广播（FM87.6）外，其他 8 个全部来自交通频率、音乐频率或者汽车音乐频率。北京排名前 3 位的频率是北京人民广播电台交通广播（FM103.9）、音乐广播（FM97.4）和文艺广播（FM87.6）；上海排名前 3 位的频率是上海人民广播电台动感流行音乐广播（FM101.7）、交通广播（FM105.7）和魅力流行音乐广播（FM103.7）；广州排名前 3 位的频率是广东广播电视台羊城交通广播（FM105.2）、广州交通电台（FM106.1）和广州汽车音乐电台（FM102.7）（表 1.6.3）。

① 由于同一品牌有不同的产品线，根据央视市场研究（CTR）的分类标准，以广告当中的产品判定品牌所属行业类别；此处统计的是某一品牌的整体广告投放额，所以就可能出现某一品牌同时属于不同品类的情况。

表 1.6.3 2014 年京、沪、穗三地广播广告投放额排名前五位的频率

| 排名 | 北京 | 上海 | 广州 |
|---|---|---|---|
| 1 | 北京人民广播电台交通广播（FM103.9） | 上海人民广播电台动感流行音乐广播（FM101.7） | 广东广播电视台羊城交通广播（FM105.2） |
| 2 | 北京人民广播电台音乐广播（FM97.4） | 上海人民广播电台交通广播（FM105.7）（24） | 广州交通电台（FM106.1） |
| 3 | 北京人民广播电台文艺广播（FM87.6） | 上海人民广播电台魅力流行音乐广播（FM103.7）（24） | 广州汽车音乐电台（FM102.7） |
| 4 | 北京人民广播电台新闻广播（FM100.6） | 上海人民广播电台新闻广播（FM93.4）（24） | 广东广播电视台音乐之声（FM99.3） |
| 5 | 北京人民广播电台体育广播（FM102.5） | 上海人民广播电台东广新闻资讯广播（FM90.9）（24） | 广东广播电视台珠江经济广播电台（FM97.4） |

数据来源：央视市场研究媒介智讯（CTR MI）

北京广播广告投放额最高的频率是北京人民广播电台交通广播（FM103.9），其广告投放额排名前3位的行业是商业及服务性行业、交通和金融业；上海广播广告投放额最高的频率是上海人民广播电台动感流行音乐广播（FM101.7），其广告投放额排名前3位的行业是交通、房地产和邮电通讯行业；广州广播广告投放额最高的频率是广东电台羊城交通广播（FM105.2），其广告投放额排名前3位的行业是商业及服务性行业、交通和房地产行业（表1.6.4）。

表 1.6.4 2014 年京、沪、穗三地广播广告投放额最高的频率中投放额排名前十位的行业

| 排名 | 北京 | 上海 | 广州 |
|---|---|---|---|
| | 北京人民广播电台交通广播（FM103.9） | 上海人民广播电台动感流行音乐广播（FM101.7） | 广东电台羊城交通广播（FM105.2） |
| 1 | 商业及服务性行业 | 交通 | 商业及服务性行业 |
| 2 | 交通 | 房地产/建筑工程行业 | 交通 |
| 3 | 金融业 | 邮电通讯 | 房地产/建筑工程行业 |
| 4 | 家居用品 | 商业及服务性行业 | 金融业 |
| 5 | 邮电通讯 | 饮料 | 娱乐及休闲 |
| 6 | 娱乐及休闲 | 娱乐及休闲 | 药品 |
| 7 | 活动类 | 金融业 | 饮料 |
| 8 | 食品 | 活动类 | 邮电通讯 |
| 9 | 饮料 | 食品 | 家用电器 |
| 10 | 房地产/建筑工程行业 | 家居用品 | 家居用品 |

数据来源：央视市场研究媒介智讯（CTR MI）

北京人民广播电台交通广播（FM103.9）广告投放额最高的三大品牌是居然之家、中国人民财产保险和中国移动通信，它们分别来自商业及服务性行业、金融业和邮电通讯行业；上海人民广播电台动感流行音乐广播（FM101.7）广告投放额最高的三大品牌

是光明、万科和中国平安保险，它们分别来自饮料、房地产和金融行业；广东电台羊城交通广播（FM105.2）广告投放额最高的三大品牌是吉盛伟邦、燕塘和好视力，它们分别来自商业及服务性行业、饮料、个人用品和药品行业（表1.6.5）。

**表1.6.5　2014年京、沪、穗三地广播广告投放额最高的频率中投放额排名前十位的品牌**

| 排名 | 北京人民广播电台交通广播（FM103.9） | | 上海人民广播电台动感流行音乐广（FM101.7） | | 广东电台羊城交通广播（FM105.2） | |
|---|---|---|---|---|---|---|
| | 品牌名称 | 所属品类 | 品牌名称 | 所属品类 | 品牌名称 | 所属品类 |
| 1 | 居然之家 | 商业及服务性行业 | 光明 | 饮料、邮电通讯 | 吉盛伟邦 | 活动类、商业及服务性行业 |
| 2 | 中国人民财产保险 | 金融业 | 万科 | 房地产/建筑工程行业 | 燕塘 | 饮料 |
| 3 | 中国移动通信 | 邮电通讯 | 中国平安保险 | 金融业 | 好视力 | 个人用品、药品 |
| 4 | 中国联通 | 邮电通讯 | 绿地 | 房地产/建筑工程行业 | 大金 | 家用电器 |
| 5 | 北京现代 | 交通 | 天喔 | 活动类、食品饮料 | 明兴 | 药品 |
| 6 | 中国平安保险 | 电脑及办公自动化产品、金融业 | 上海大众 | 活动类、交通 | 南湖&西部假期 | 娱乐及休闲 |
| 7 | 牛栏山 | 酒精类饮品 | 开新 | 商业及服务性行业 | 好运来 | 商业及服务性行业 |
| 8 | 娃哈哈 | 饮料 | 上海通用别克 | 活动类、交通 | 广之旅 | 娱乐及休闲 |
| 9 | 强力 | 家居用品、商业及服务性行业 | 平安好车 | 邮电通讯 | 渔民新村 | 娱乐及休闲 |
| 10 | 晨阳 | 家居用品 | MG | 活动类、交通 | 中国建设银行 | 金融业 |

数据来源：央视市场研究媒介智讯（CTR MI）

# 第二部分
# Part Two

## 专 题 Analysis Report

# 2014 年新闻综合类频率收听状况分析

受新媒体的冲击，当今的媒介环境已经发生了翻天覆地的变化，使得传统媒体的发展态势也发生了很大改变，作为传统媒体之一的广播也难以幸免，而这种影响也直接延伸到了各类型的专业频率上。根据 CSM 媒介研究 2014 年 35 城市收听率调查数据（四波调查），在所有被调查的 528 个频率中，新闻综合类频率（按频率名称及内容为主要分类依据）有 134 个，占所有频率的 25.4%，是数量最多的一类专业性频率。新闻综合类频率作为各广播电台的“三大支柱”之一，在各广播电台历来发挥着举足轻重的作用。那么该类型频率在 2014 年的收听状况如何？本文基于 CSM 媒介研究 2014 年 35 城市四波收听调查的数据，对 2014 年新闻综合类频率的收听状况进行解析，以期找寻新闻综合类频率的收听特点及发展趋势，供业内人士参考。

## 一、近年来新闻综合类频率在各专业频率中的竞争地位[①]

### 1. 新闻综合类频率所占市场份额在各专业频率中保持首位

各类型专业频率在所有收听场所的市场份额数据表明，新闻综合类频率所占市场份额在 2012 ~ 2014 年连续三年稳居首位，交通类频率位居第 2，音乐类频率位列第 3，然后依次为文艺类、都市生活类、经济类、其他类、农村类、体育类和教育类频率（图 1）。从几个主要类型频率所占市场份额在 2012 ~ 2014 年的变化来看，新闻综合类和音乐类频率连续三年呈现持续上升态势；文艺类和都市生活类频率在 2013 年较 2012 年有短暂回落后，2014 年又逆势上扬，后者与前者的不同之处在于，前者 2014 所占市场份额仍低于 2012 年，而后者所占市场份额则高于 2012 年；交通类频率较为特殊，所占市场份额经过 2013 年的提升后，2014 年又出现明显的下滑，但仍高于 2012 年的水平。经济类频率所占市场份额则呈现持续下滑态势。

具体看新闻综合类频率历年所占的市场份额可以发现，2012 年新闻综合类频率所占市场份额为 27.18%，2013 年有明显提升，为 27.51%，较上一年的升幅为 1.21%，到 2014 年该类频率所占市场份额较前两年均有上升，达到 27.65%，高居各类频率的榜首（图 1）。

① 考虑到数据的可比性，图 1、图 2 采用 2012 ~ 2014 年能打通的 33 城市调查数据。

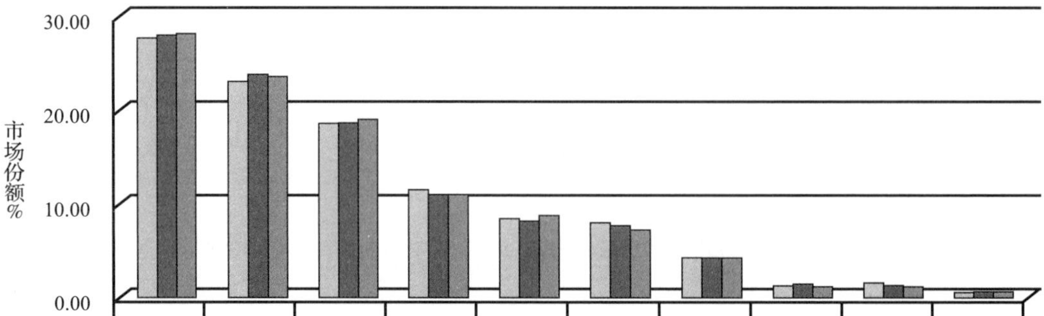


| | 新闻综合类 | 交通类 | 音乐类 | 文艺类 | 都市生活类 | 经济类 | 其他类 | 农村类 | 体育类 | 教育类 |
|---|---|---|---|---|---|---|---|---|---|---|
| 2012 年 | 27.18 | 22.56 | 18.10 | 11.03 | 7.96 | 7.50 | 3.76 | 0.77 | 1.06 | 0.08 |
| 2013 年 | 27.51 | 23.28 | 18.16 | 10.48 | 7.68 | 7.20 | 3.79 | 0.97 | 0.77 | 0.16 |
| 2014 年 | 27.65 | 23.08 | 18.51 | 10.49 | 8.28 | 6.72 | 3.79 | 0.65 | 0.65 | 0.18 |

数据来源：CSM 媒介研究

**图 1　2012～2014 年各专业频率的市场份额（%，所有场所）**

### 2. 与其他专业频率相比，新闻综合类频率在家中竞争优势更为明显

从 2012～2014 年各专业频率在家收听的市场份额可以看出，新闻综合类频率在家中的竞争优势更为明显，以超过33%的市场份额高居榜首，且呈逐年上升态势，2014 年所占市场份额较 2012 年和 2013 年的涨幅分别为 4.32% 和 1.47%，该类频率在家中的“霸主”地位尽显无疑（图 2）。紧随其后的是音乐类频率，在家所占市场份额在 15%～16%之间，不及新闻综合类频率的一半，同时该类频率在家所占市场份额经过2013 年的短暂下滑后，2014 年“逆势上扬”，所占市场份额一举超过 2012 年的水平。位列第 3、第 4 位的分别为交通类和文艺类频率，在家所占市场份额呈持续下滑态势；然后依次为

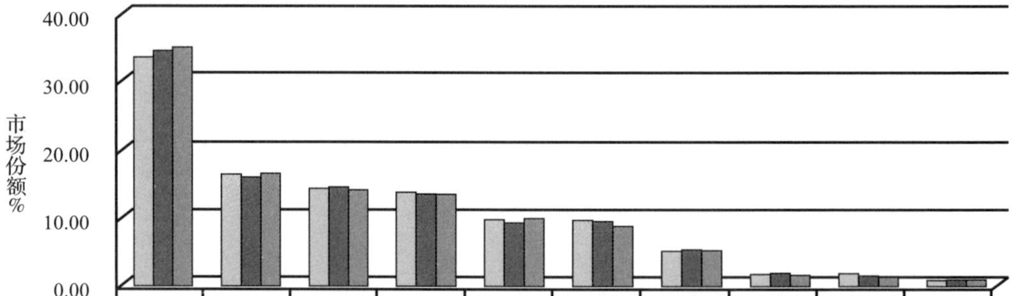


| | 新闻综合类 | 音乐类 | 交通类 | 文艺类 | 都市生活类 | 经济类 | 其他类 | 农村类 | 体育类 | 教育类 |
|---|---|---|---|---|---|---|---|---|---|---|
| 2012 年 | 33.07 | 15.68 | 13.65 | 13.10 | 9.03 | 8.94 | 4.39 | 0.97 | 1.08 | 0.10 |
| 2013 年 | 34.00 | 15.27 | 13.80 | 12.80 | 8.53 | 8.83 | 4.60 | 1.19 | 0.80 | 0.17 |
| 2014 年 | 34.50 | 15.83 | 13.41 | 12.76 | 9.25 | 8.09 | 4.44 | 0.83 | 0.70 | 0.17 |

数据来源：CSM 媒介研究

**图 2　2012～2014 年各专业频率的市场份额（%，在家）**

都市生活类和经济类频率，前者经过2013年的短暂下跌后，2014年在家所占市场份额反超前两年，后者则呈现持续下滑态势。

## 二、2014年新闻综合类频率整体收听状况

### 1. 新闻综合类频率引领早间收听高峰

对于不同类型的广播频率，其全天收听走势各有自身的特点。新闻综合类频率在早晨时段一枝独秀，引领早间收听高峰，早间07:00左右是全天收听的最高峰，收听峰值接近6%，远高于其他类型频率的收听率；在白天9:30~14:00、晚间19:00~20:00和21:00~24:00时段新闻综合类频率的收听表现也优于其他各类型频率，居各类频率收听的榜首。交通类和音乐类频率全天均有较好收听表现，其中交通类频率在早晚上下班高峰期间收听明显凸起。都市生活类、文艺类和经济类频率的收听表现则全天较为平稳（图3）。

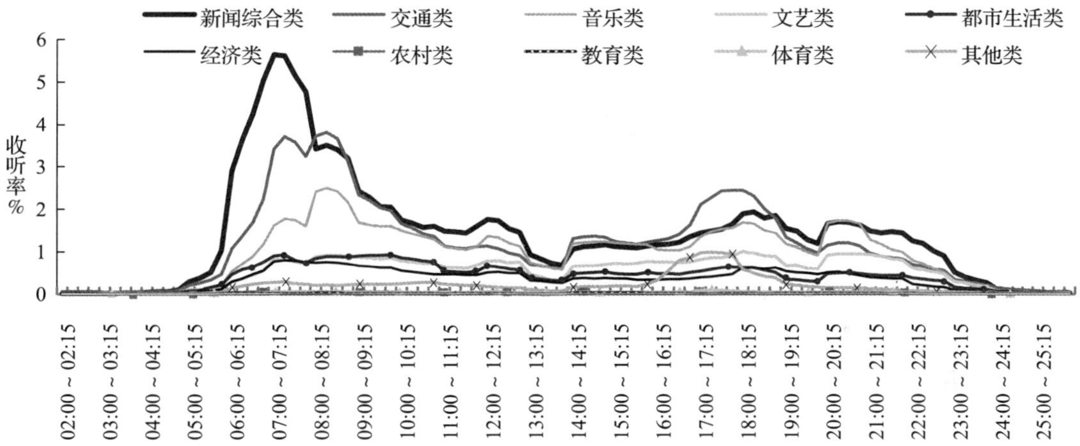


数据来源：CSM媒介研究

**图3　2014年各专业频率全天收听走势比较**

### 2. 在家是新闻综合类频率的主要收听地点

在家收听支撑起了新闻综合类频率的全天收听表现。从新闻综合类频率收听量的构成来看，在家中收听贡献了80%左右的收听量，其余20%左右的收听量来自在家以外的场所，包括车上、工作/学习场所和其他场所。

与在所有场所全天收听走势类似，新闻综合类频率在家收听也有早晚高峰突出、其余时段相对较为平稳的特点，全天收听表现大部分来自在家收听的贡献（图4）。

从全天收听走势来看，新闻综合类频率在所有场所的全天收听峰值为5.64%，出现在早间7:00~7:15；傍晚次高峰峰值为1.93%，出现在18:15~18:30。在家收听高峰与所有场所同步，早高峰出现在早晨的7:00~7:15，峰值为4.89%，占所有场所收听峰值的86.7%；傍晚次高峰出现于18:15~18:30，峰值为1.53%，占所有场所收听峰值的79.27%。

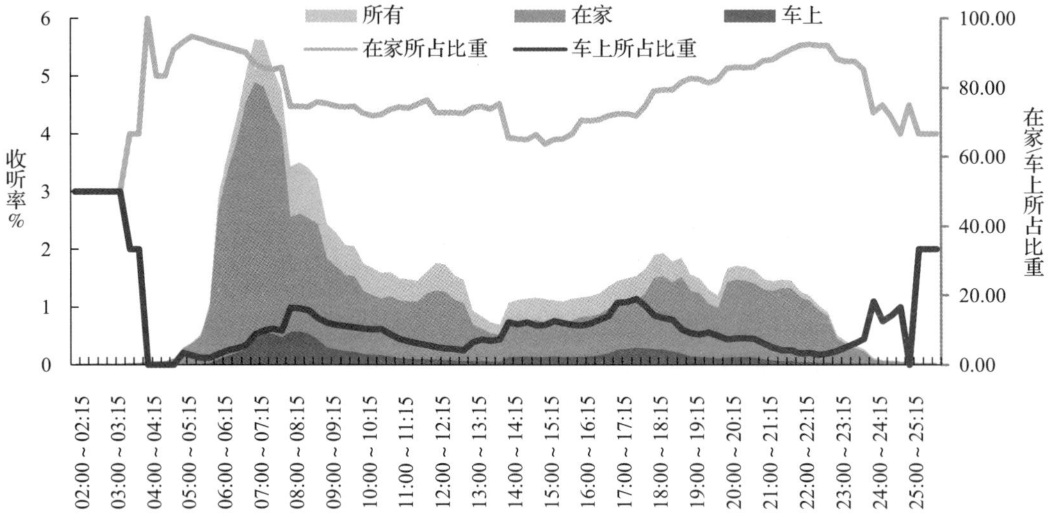


数据来源：CSM 媒介研究

**图 4　2014 年新闻综合类频率各场所全天收听率走势及主要场所所占比重**

### 3. 新闻综合类频率各周天收听差异不大

新闻综合类频率在一周的各天中，周日、周一、周三和周四的所有场所人均收听时长较长，为 21 分钟，其余三个周天均为 20 分钟。该类频率主要以在家收听为主，因此决定了它在各周天的收听表现与在家收听态势大致相同。略有差异的是：在家一周中人均收听时长最高的是周日，为 18 分钟；排在第 2 位的是周一，为 17 分钟；其他各周天的收听时长差异不大（图 5）。

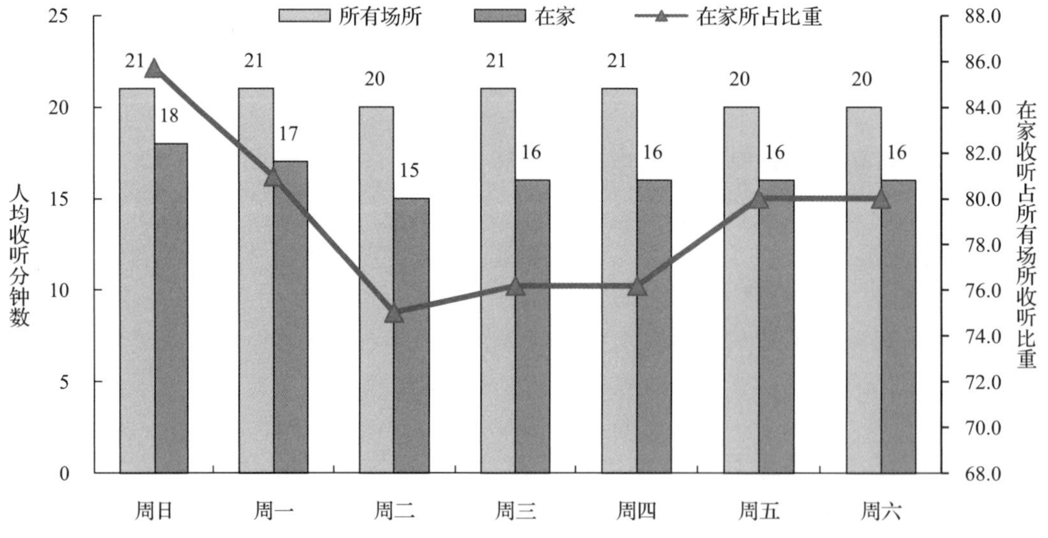


数据来源：CSM 媒介研究

**图 5　2014 年新闻综合类频率在不同周天的人均收听时长（分钟）**

# 三、2014年新闻综合类频率整体竞争实力

### 1. 新闻综合类频率的市场竞争力强劲

从2014年各类型频率所占市场份额可以看出，引领广播收听市场的“三驾马车”——新闻综合类、交通类和音乐类频率继续领跑广播收听市场，新闻综合类频率更是以27.8%的市场份额独占鳌头，比排名第2、第3位的交通类频率和音乐类频率分别多出了近5个和10个百分点，其强劲的市场竞争力可见一斑。这一数据表明，人们收听广播所花费的所有时间中，超过1/4的时间用来收听了新闻综合类频率，其“霸主”地位显而易见（图6）。

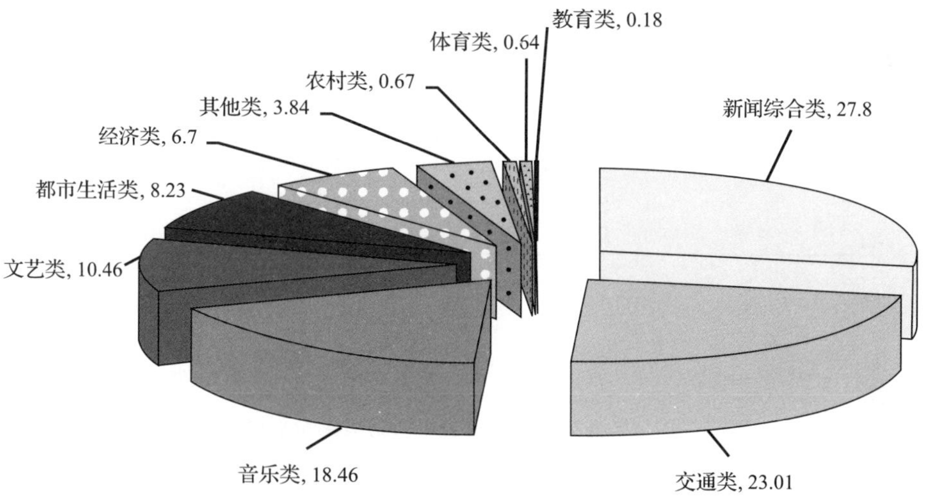


数据来源：CSM媒介研究

**图6　2014年各类专业频率的市场份额（%）**

### 2. 新闻综合类频率在听众规模和听众黏性方面优势明显

听众规模（平均到达率）和听众黏性（平均忠实度）是考量频率竞争力的两个重要维度，也是影响某一个或某一类频率竞争力的两个因素。比较各类别专业频率的平均到达率和平均忠实度可以发现，相较其他类型的频率，新闻综合类频率在这两个方面发展较为均衡。在10个主要类型频率中，新闻综合类频率的听众规模位居首位，听众的黏性居第2位，仅次于文艺类频率，远高于平均水平，优势明显，这也造就了新闻综合类频率具有强劲的市场竞争力（图7）。

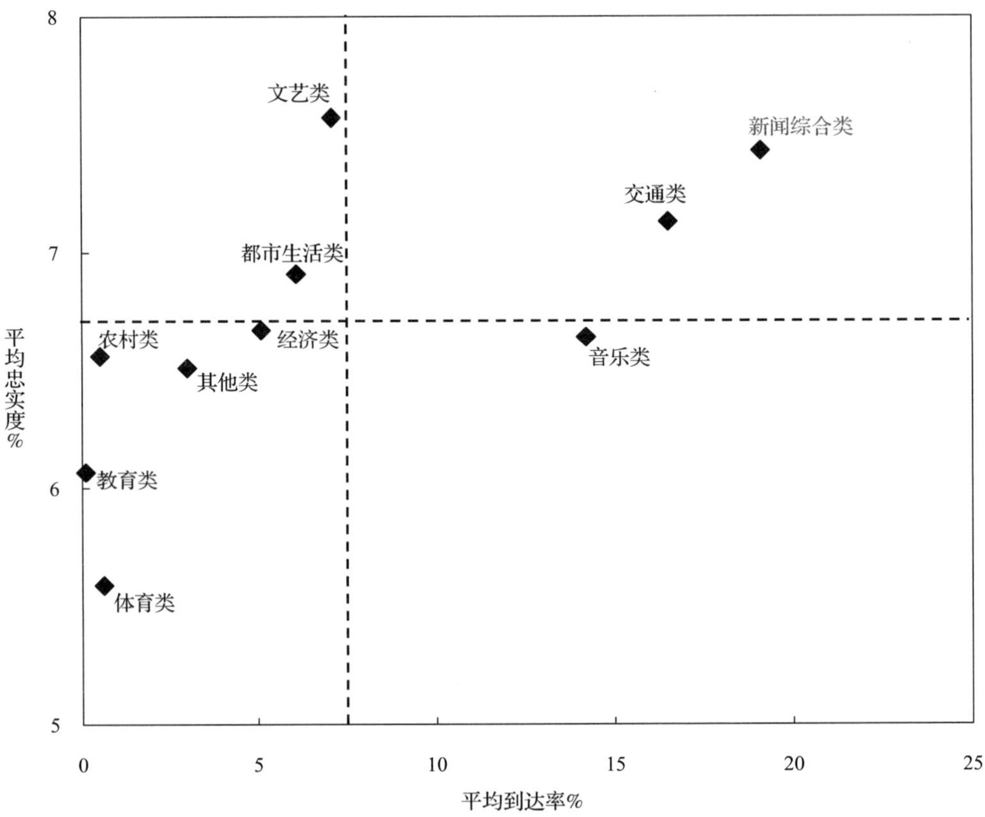


数据来源：CSM 媒介研究

**图 7　2014 年各类专业频率的平均到达率和平均忠实度**

# 四、2014 年新闻综合类频率听众特征

## 1. 主体受众群体偏老龄化和中等学历听众

新闻综合类频率在所有场所和在家的主体受众群体有很多共性，55 岁及以上、初高中学历和个人月收入 1501 元及以上的受众群体构成了两个场所中共同的主要听众群，其中 2501 元及以上听众的比例超过四成以上；45 岁及以上、初中及以下学历和个人月收入 1～2500 元之间的听众群对新闻综合类频率的喜好度较高，更倾向于收听新闻综合类广播。两个场所听众特征的不同之处在于：在所有场所，男性的比例高且更喜欢收听新闻综合类频率；在家则是女性的比例较高且对新闻综合类频率的喜好度较高，这与此类人群有较多闲暇时间待在家里有很大的关系（图 8）。

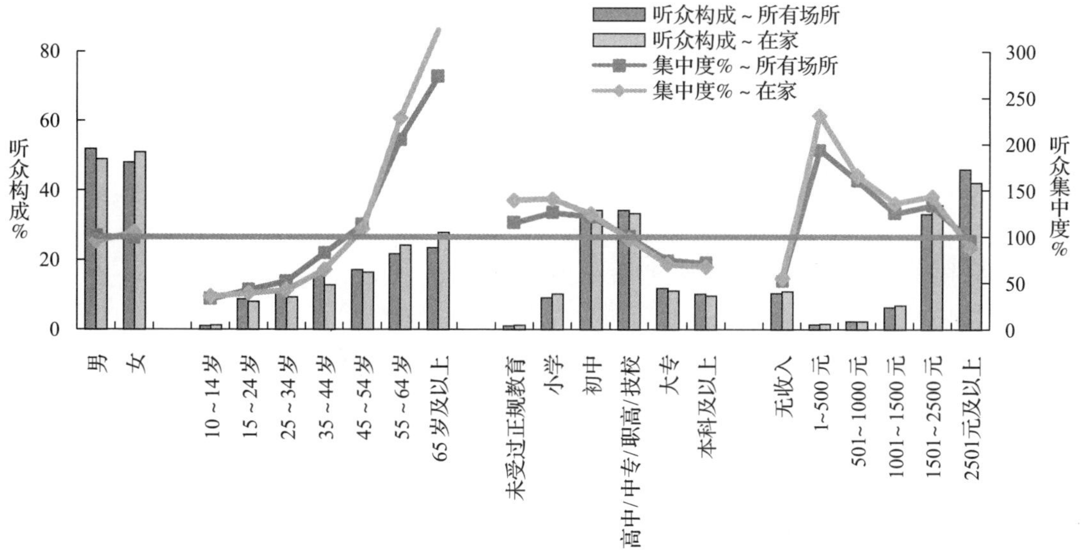


数据来源：CSM媒介研究

**图8 2014年新闻综合类频率听众构成和集中度（所有场所/在家）**

## 2. 老年人和低收入者收听时间较长

了解了新闻综合类频率的听众构成后，我们再来看一下不同目标听众人均每天收听新闻综合类频率的时长情况。从性别来看，男性听众人均每天收听新闻综合类频率21分钟，高于女性听众的20分钟，也略高于平均值；从年龄来看，55岁及以上的听众人均每天收听新闻综合类频率的时长都在40分钟以上，65岁及以上的听众人均收听时长

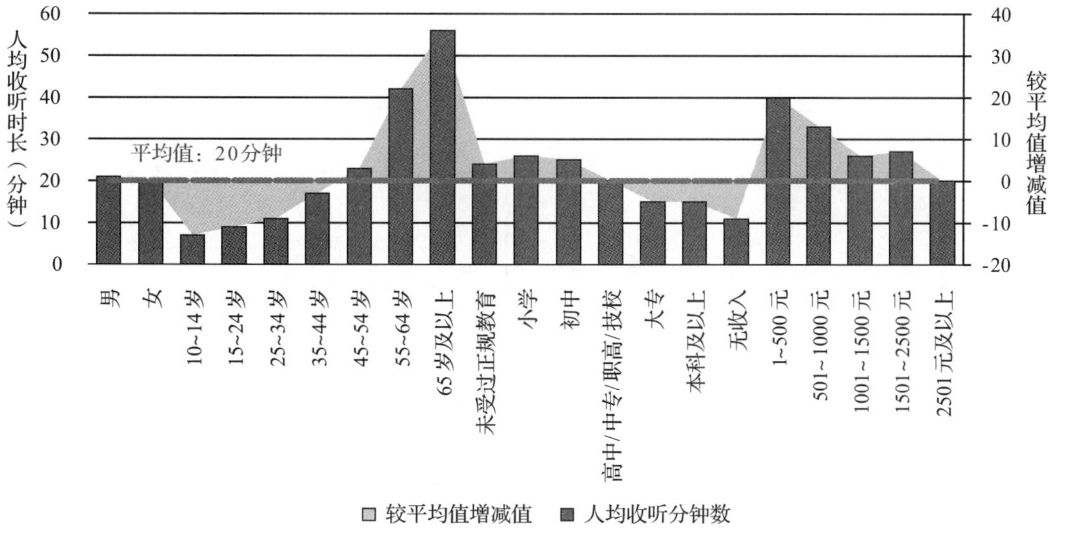


数据来源：CSM媒介研究

**图9 2014年不同目标听众人均每天收听新闻综合类频率的时长增减值**

达到了56分钟，显著高于其他年龄段的听众；从受教育程度来看，初中及以下学历的听众人均每天收听新闻综合类频率的时长较多，高于平均水平；从收入水平看，个人月收入1～2500元的听众对新闻综合类频率的收听时长均较高，高于平均水平，其中个人月收入1～500元的听众人均收听时长最长，达到40分钟，比平均水平多出了20分钟。总体而言，老年人和低收入者收听新闻综合类频率的人均时间较长（图9）。

### 3. 收听场所偏好与听众属性的契合度较好

通过分析不同目标听众更偏好在哪个场所收听新闻综合类频率（图10），可以看出，听众收听该类频率的场所与他们的身份和工作生活习惯有较好的契合。喜欢在家中收听新闻综合类频率的主要是低收入、低教育程度和老年人群体，这部分人群有更多的闲暇时间待在家里，因此更偏好于在家中收听新闻综合类频率；偏好于在工作/学习场所收听新闻综合类频率的人群主要是中等收入、中等学历和女性人群，他们白天的大部分时间都在工作，因此更偏向于在工作/学习场所收听广播；偏好于在车上收听新闻综合类频率的主要是高学历、高收入及中青年群体，这部分人群拥有私家汽车的比例较高，每天有更多的时间在车上度过，这决定了该类人群更偏好于在车上收听广播。

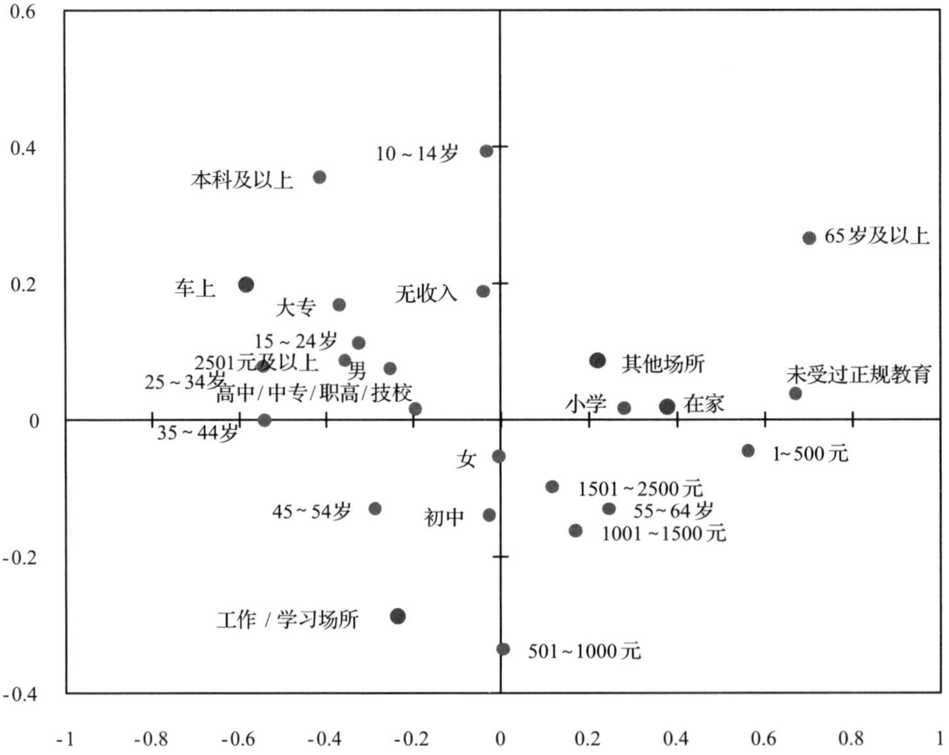


数据来源：CSM媒介研究

**图10　2014年新闻综合类频率不同场所重点听众群比较**

# 五、2014 年各城市新闻综合类频率收听表现

## 1. 新闻综合类频率在多数城市的收听比重较大

从各城市受众收听新闻综合类频率的时长占收听所有频率时长的比重（收听比重）可以看出，在绝大部分城市，新闻综合类频率的收听比重都较大（图 11）。35 个城市中，邯郸的新闻综合类频率的收听比重在 50% 以上，高居首位；佛山、清远、厦门和泉州 4 个城市的该比重占到了 40% ~50%，属第二集团；常州、福州、无锡和上海等 14 个城市的该比重占到了 30% ~40%，属第三梯队；另外有石家庄、济南、乌鲁木齐和苏州等 11 个城市的该比重为 20% ~30%；西安、广州、长沙、太原和哈尔滨 5 个城市的新闻综合类频率的收听比重相对较低，在 20% 以下。总体而言，各城市受众收听新闻综合类频率的时长所占比重较大，反映出新闻综合类频率在一个广播电台中发挥着举足轻重的作用。

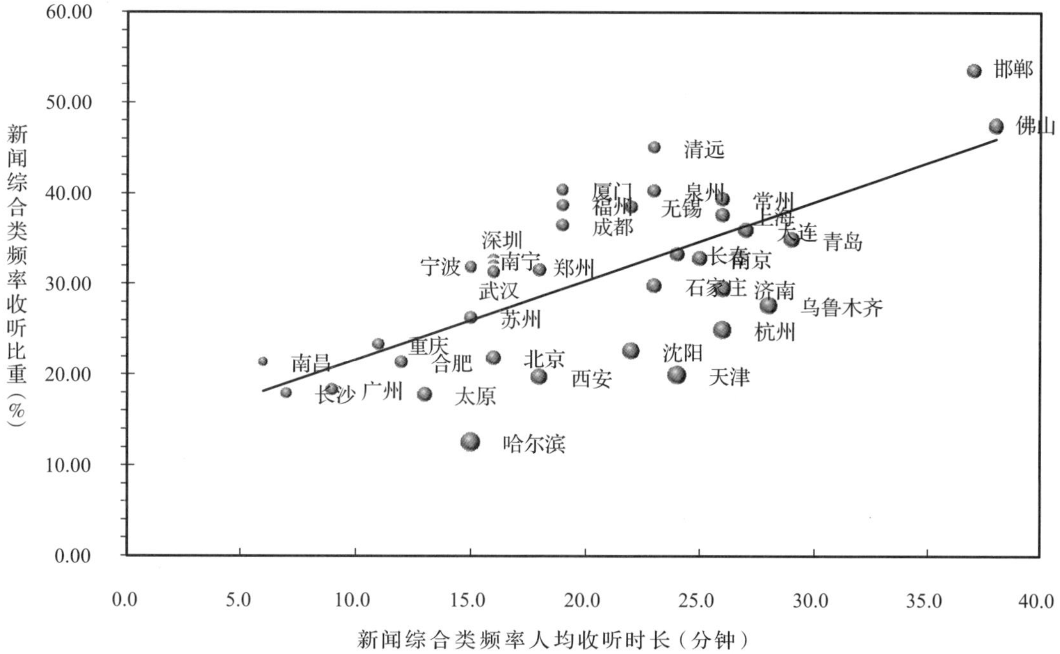


数据来源：CSM 媒介研究

**图 11　2014 年各城市新闻综合类频率人均收听时长及所占比重**

## 2. 新闻综合类频率竞争力的构成要素在各地差异较大

平均到达率与平均忠实度是影响频率竞争力的两个维度，也是频率竞争力的两个构成要素。从各地新闻综合类频率的平均到达率和平均忠实度可以看出，该类频率竞争力的这两个构成要素在各地存在较大差异（图 12）。处于第Ⅰ象限的佛山、邯郸、乌鲁木齐、青岛和常州等城市，新闻综合类频率竞争实力较为强劲，拥有众多拥泵且黏性较

大；处于第Ⅱ象限的泉州、长春、福州和哈尔滨等城市，该类频率拥有一批忠实的“粉丝”，但听众规模略逊一筹；处于第Ⅳ象限的大连、上海、成都和石家庄等城市，新闻综合类频率拥有众多的听众，但听众黏性较差；处于第Ⅲ象限的南昌、长沙、重庆等城市，新闻综合类频率竞争力稍弱，听众规模较小且忠实度也较低。

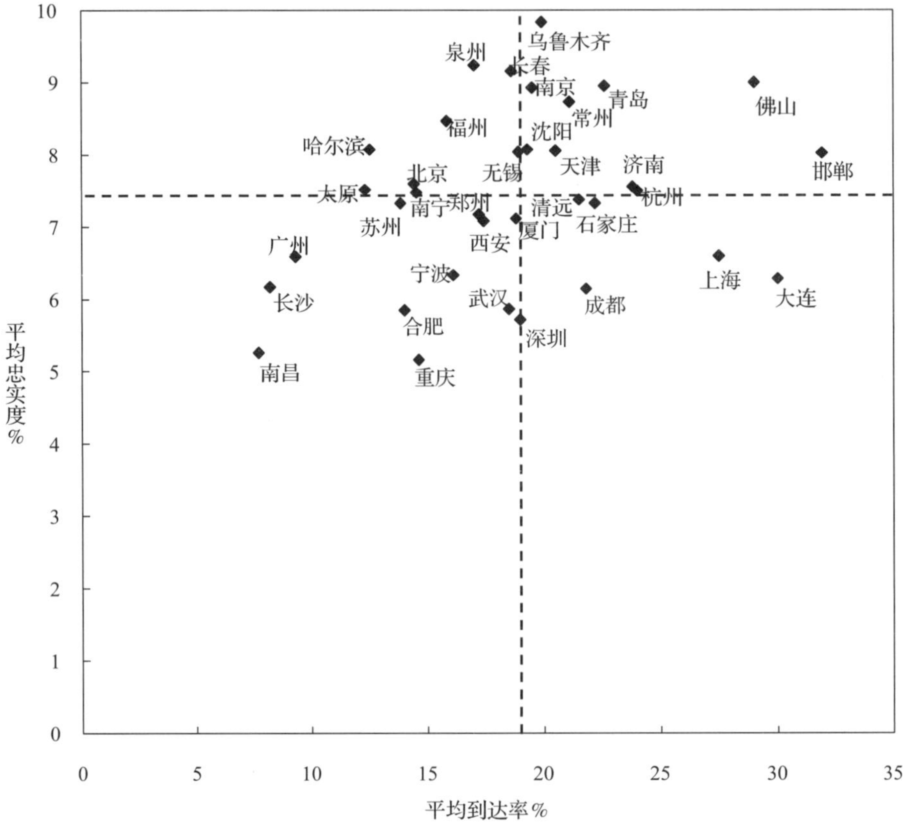


数据来源：CSM 媒介研究

**图 12　2014 年新闻综合类频率在不同城市的平均到达率与平均忠实度**

### 3. 新闻综合类频率在大多数城市的收听排名榜中名列前茅

收听数据显示，新闻综合类广播频率在大多数城市的收听率排名榜中名列前茅（表1）。其中佛山人民广播电台 FM94.6、中央人民广播电台第一套节目中国之声、邯郸人民广播电台新闻综合广播 AM963/FM96.4、浙江之声 FM88/FM101.6/AM810、济南新闻广播 FM106.6、江苏新闻广播 FM93.7、宁波电台新闻综合广播宁波之声 FM92.0 AM1323、清远综合广播 FM88.7、上海人民广播电台 AM990/FM93.4、石家庄广播电视台新闻广播 AM882/FM88.2 和郑州人民广播电台新闻广播 AM549/FM98.6 分别在佛山、福州、邯郸、杭州、济南、南昌、南京、宁波、清远、上海、石家庄和郑州 12 个城市的收听率排名榜中名列首位，且大多数为本地新闻综合类广播频率。

清远综合广播 FM88.7 的市场份额高达 35.06%，上海人民广播电台 AM990/FM93.4 的市场份额为 29.27%，佛山人民广播电台 FM94.6 的市场份额为 26.69%，位居 35 城市收听率排名前 10 位所有新闻类频率中的前 3 位。在 35 个城市市场份额排名第 3 及以上的新闻综合类广播频率中，只有邯郸、武汉、福州、南昌、南宁和青岛 6 个城市包含有中央级广播频率，均为中央人民广播电台第一套节目中国之声。可见本地新闻综合类广播频率引领了新闻综合类广播的竞争市场，本地新闻综合类广播频率的属地性和贴近性在收听市场的竞争中发挥了重要的作用。

**表 1 各城市主要新闻综合类频率在当地市场的市场份额（收听率进入前十位的频率）**

| 城市 | 排名 | 频 率 | 收听率（%） | 市场份额（%） |
|---|---|---|---|---|
| 北京 | 3 | 北京广播电台新闻广播 FM100.6/AM828/CFM90.4 | 0.55 | 10.75 |
| | 4 | 中央人民广播电台第一套节目中国之声 | 0.43 | 8.43 |
| | 10 | 中国国际广播电台环球资讯广播 FM90.5/AM900 | 0.10 | 2.03 |
| 长春 | 3 | 吉林人民广播电台新闻综合广播 FM91.6/AM738 | 0.59 | 11.72 |
| | 4 | 中央人民广播电台第一套节目中国之声 | 0.42 | 8.43 |
| | 6 | 长春新闻广播 FM88.9/AM900 | 0.35 | 6.90 |
| | 7 | 吉林人民广播电台资讯广播 FM100.1 | 0.34 | 6.85 |
| 长沙 | 4 | 湖南人民广播电台综合广播 FM102.8/FM93.0 | 0.19 | 6.93 |
| | 8 | 中央人民广播电台第一套节目中国之声 | 0.12 | 4.43 |
| | 9 | 长沙人民广播电台新闻广播 FM105 | 0.10 | 3.87 |
| 常州 | 2 | 常州人民广播电台新闻综合广播 FM103.4 | 0.68 | 14.90 |
| | 3 | 常州人民广播电台新闻综合广播 AM846 | 0.66 | 14.42 |
| | 5 | 中央人民广播电台第一套节目中国之声 | 0.35 | 7.60 |
| 成都 | 2 | 四川人民广播电台新闻频率 FM98.1/AM1116 | 0.50 | 13.83 |
| | 4 | 中央人民广播电台第一套节目中国之声 | 0.30 | 8.21 |
| | 5 | 四川人民广播电台新闻频率 FM106.1 | 0.23 | 6.36 |
| | 8 | 成都人民广播电台新闻广播 FM99.8/AM792 | 0.22 | 6.07 |
| 重庆 | 3 | 重庆人民广播电台重庆之声 FM96.8/AM1314 | 0.57 | 17.27 |
| | 6 | 中央人民广播电台第一套节目中国之声 | 0.11 | 3.28 |
| | 9 | 四川人民广播电台新闻频率 FM98.1/AM1116 | 0.05 | 1.47 |
| | 10 | 中国国际广播电台环球资讯广播 FM91.7 | 0.03 | 0.93 |
| 大连 | 2 | 大连广播电台第一套广播新闻广播 FM103.3/AM882 | 1.08 | 20.82 |
| | 4 | 辽宁广播电视台资讯广播 FM90.6 | 0.36 | 6.89 |
| | 5 | 中央人民广播电台第一套节目中国之声 | 0.32 | 6.23 |
| | 10 | 辽宁广播电视台综合广播 AM1089/FM102.9 | 0.13 | 2.48 |
| 佛山 | 1 | 佛山人民广播电台 FM94.6 | 1.48 | 26.69 |
| | 3 | 佛山人民广播电台 FM90.1 | 0.72 | 12.92 |
| | 9 | 鹤山人民广播电台 FM104.7 | 0.16 | 2.86 |
| | 10 | 广州新闻电台 FM96.2 | 0.13 | 2.29 |

续表

| 城市 | 排名 | 频　　率 | 收听率（%） | 市场份额（%） |
|---|---|---|---|---|
| 福州 | 1 | 中央人民广播电台第一套节目中国之声 | 0.46 | 13.57 |
| | 3 | 福建新闻广播 FM103.6/AM882 | 0.34 | 9.94 |
| | 7 | 福州人民广播电台左海之声 FM90.1 | 0.24 | 6.92 |
| | 9 | 福州人民广播电台新闻广播调频 FM94.4 | 0.19 | 5.48 |
| 广州 | 4 | 广州新闻电台 FM96.2 | 0.36 | 10.63 |
| | 9 | 中央人民广播电台第一套节目中国之声 | 0.09 | 2.73 |
| | 10 | 佛山人民广播电台 FM94.6 | 0.09 | 2.65 |
| 邯郸 | 1 | 邯郸人民广播电台新闻综合广播 AM963/FM96.4 | 1.19 | 24.70 |
| | 2 | 中央人民广播电台第一套节目中国之声 | 1.09 | 22.60 |
| | 7 | 河北人民广播电台新闻广播 FM104.3 | 0.24 | 4.99 |
| 杭州 | 1 | 浙江之声 FM88/FM101.6/AM810 | 0.91 | 12.53 |
| | 9 | 浙江电台 FM99.6 WiFi Radio | 0.31 | 4.27 |
| | 10 | 杭州新闻广播 FM89 | 0.27 | 3.71 |
| 哈尔滨 | 5 | 黑龙江新闻广播 AM621/FM94.6 | 0.68 | 8.28 |
| | 10 | 哈尔滨人民广播电台新闻综合广播 AM837/FM106.2 | 0.18 | 2.24 |
| 合肥 | 5 | 中央人民广播电台第一套节目中国之声 | 0.27 | 6.94 |
| | 7 | 合肥新闻综合广播 AM666/FM91.5 | 0.22 | 5.76 |
| | 9 | 安徽新闻综合广播 AM936/FM103.6 | 0.18 | 4.77 |
| 济南 | 1 | 济南新闻广播 FM106.6 | 1.47 | 23.95 |
| | 8 | 中央人民广播电台第一套节目中国之声 | 0.17 | 2.74 |
| 南昌 | 1 | 中央人民广播电台第一套节目中国之声 | 0.25 | 13.06 |
| | 10 | 江西新闻广播 FM104.4/AM729 | 0.08 | 3.94 |
| 南京 | 1 | 江苏新闻广播 FM93.7 | 0.80 | 15.16 |
| | 3 | 南京新闻台 AM1008 | 0.46 | 8.62 |
| | 9 | 南京新闻广播 FM106.9 | 0.21 | 3.88 |
| 南宁 | 3 | 中央人民广播电台第一套节目中国之声 | 0.43 | 12.26 |
| | 4 | 广西电台新闻综合广播 AM792/FM91.0 | 0.37 | 10.57 |
| | 7 | 南宁人民广播电台新闻综合广播 FM101.4 | 0.27 | 7.75 |
| 宁波 | 1 | 宁波电台新闻综合广播宁波之声 FM92.0 AM1323 | 0.34 | 10.58 |
| | 5 | 中央人民广播电台第一套节目中国之声 | 0.31 | 9.40 |
| | 6 | 浙江之声 FM88/FM101.6/AM810 | 0.19 | 5.97 |
| | 9 | 浙江电台 FM99.6 WiFi Radio | 0.10 | 3.12 |
| 青岛 | 2 | 青岛新闻广播 FM107.6/AM1377 | 0.87 | 15.14 |
| | 3 | 中央人民广播电台第一套节目中国之声 | 0.60 | 10.33 |
| | 4 | 青岛新闻生活广播 AM819/FM97.3 | 0.41 | 7.07 |
| | 10 | 山东广播新闻频道 AM918/FM95 | 0.14 | 2.46 |
| 清远 | 1 | 清远综合广播 FM88.7 | 1.24 | 35.06 |
| | 5 | 广州新闻电台 FM96.2 | 0.12 | 3.52 |
| | 7 | 佛山人民广播电台 FM94.6 | 0.08 | 2.22 |
| | 8 | 广东广播电视台新闻广播 FM91.4/AM648 | 0.08 | 2.14 |

续表

| 城市 | 排名 | 频　　率 | 收听率（%） | 市场份额（%） |
|---|---|---|---|---|
| 泉州 | 2 | 泉州人民广播电台 1059 刺桐之声 FM105.9 | 0.56 | 14.22 |
| | 3 | 泉州人民广播电台 889 新闻频道 FM88.9/AM576 | 0.48 | 12.10 |
| | 4 | 中央人民广播电台第一套节目中国之声 | 0.36 | 9.08 |
| | 7 | 福建新闻广播 FM103.6/AM882 | 0.16 | 4.05 |
| 上海 | 1 | 上海人民广播电台 AM990/FM93.4 | 1.41 | 29.27 |
| | 7 | 东广新闻台 AM1296/FM90.9 | 0.27 | 5.63 |
| | 9 | 中央人民广播电台第一套节目中国之声 | 0.11 | 2.34 |
| 沈阳 | 4 | 沈阳广播电视台新闻广播 FM104.5/AM792/FM107 | 0.91 | 13.54 |
| | 7 | 辽宁广播电视台综合广播 AM1089/FM102.9 | 0.33 | 4.97 |
| | 8 | 中央人民广播电台第一套节目中国之声 | 0.32 | 4.73 |
| 深圳 | 3 | 深圳广播电台新闻频率 FM89.8 | 0.51 | 14.87 |
| | 5 | 广东广播电视台新闻广播 FM91.4/AM648 | 0.22 | 6.35 |
| | 7 | 中央人民广播电台第一套节目中国之声 | 0.17 | 4.83 |
| | 10 | 中国国际广播电台环球资讯广播 FM107.1 | 0.10 | 2.98 |
| 石家庄 | 1 | 石家庄广播电视台新闻广播 AM882/FM88.2 | 0.66 | 12.41 |
| | 4 | 中央人民广播电台第一套节目中国之声 | 0.51 | 9.53 |
| | 9 | 河北人民广播电台新闻广播 FM104.3 | 0.25 | 4.62 |
| | 10 | 河北人民广播电台新闻广播 AM1278/FM92.7 | 0.20 | 3.83 |
| 苏州 | 3 | 苏州广播电视总台新闻综合频率 AM1080 | 0.37 | 9.25 |
| | 4 | 苏州广电总台新闻频率 FM91.1 | 0.33 | 8.42 |
| | 5 | 中央人民广播电台第一套节目中国之声 | 0.22 | 5.57 |
| 太原 | 6 | 中央人民广播电台第一套节目中国之声 | 0.33 | 6.44 |
| | 9 | 山西广播电视台综合广播 FM90.4 | 0.27 | 5.30 |
| 天津 | 4 | 天津人民广播电台新闻广播 FM97.2/AM909 | 0.93 | 11.23 |
| | 7 | 中央人民广播电台第一套节目中国之声 | 0.42 | 5.04 |
| | 10 | 天津人民广播电台滨海广播 FM87.8/AM747 | 0.28 | 3.34 |
| 乌鲁木齐 | 5 | 中央人民广播电台第一套节目中国之声 | 0.52 | 7.37 |
| | 6 | 中央人民广播电台维吾尔语广播 FM90.6 | 0.33 | 4.74 |
| | 7 | 新疆人民广播电台 961 新闻广播 FM96.1 | 0.32 | 4.51 |
| | 10 | 新疆人民广播电台 924 民生广播 FM92.4 | 0.26 | 3.64 |
| 武汉 | 2 | 中央人民广播电台第一套节目中国之声 | 0.49 | 13.93 |
| | 5 | 武汉广播电视台新闻综合广播 AM873/FM88.4 | 0.34 | 9.64 |
| | 7 | 湖北之声 AM774/FM104.6 | 0.24 | 6.78 |
| 无锡 | 3 | 无锡广播电视台新闻广播 FM93.7 | 0.42 | 10.66 |
| | 5 | 无锡广播电视台梁溪之声广播 FM92.6 | 0.41 | 10.42 |
| | 6 | 无锡广播电视台新闻综合广播 AM1161 | 0.33 | 8.44 |
| | 8 | 江苏新闻广播 FM93.7 | 0.15 | 3.90 |
| | 10 | 中央人民广播电台第一套节目中国之声 | 0.12 | 2.98 |
| 西安 | 2 | 西安广播电视台新闻广播 AM810/FM95.0 | 0.56 | 8.87 |

续表

| 城市 | 排名 | 频　　率 | 收听率（%） | 市场份额（%） |
|---|---|---|---|---|
| 厦门 | 3 | 厦门新闻广播 AM1107/FM99.6 | 0.52 | 15.80 |
| | 4 | 闽南之声广播 AM801/FM101.2 | 0.35 | 10.72 |
| | 5 | 中央人民广播电台第一套节目中国之声 | 0.24 | 7.18 |
| | 8 | 福建新闻广播 FM103.6/AM882 | 0.08 | 2.33 |
| 郑州 | 1 | 郑州人民广播电台新闻广播 AM549/FM98.6 | 0.75 | 19.11 |
| | 5 | 河南人民广播电台新闻广播 AM657/FM95.4/FM102.3 | 0.27 | 6.79 |
| | 10 | 中央人民广播电台第一套节目中国之声 | 0.13 | 3.24 |

数据来源：CSM 媒介研究

## 六、结语

2014 年新闻综合类频率收听状况显示，该类频率在所有类别频率中的竞争优势地位仍不可撼动，这种优势在家中更是尽显无疑。无论是从传播广度（听众规模），还是从传播深度（听众黏性）而言，该类频率都是远高于平均水平的优势频率类别。新闻综合类频率在 35 个城市传统广播收听市场中的竞争力构成要素差异较大，总体来看本地新闻综合类频率在当地竞争实力强劲，不可否认，广播的属地性和贴近性在市场竞争中发挥着重要的作用。

但“捷报”中也有“忧虑”，我们不可忽视新闻综合类频率乃至整个传统广播媒体在发展过程中所表现出的“颓势”。互联网等新媒体的快速发展使得受众对媒介的消费方式发生了日新月异的变化，这样的变化倒逼传统广播要做出反应和变化，否则就会有“灭顶之灾”。目前很多新闻综合类频率也在做各种各样的尝试，积极拥抱互联网，纷纷试水新媒体，但这并不是一条坦途，也没有现成的经验可用。“路漫漫其修远兮，吾将上下而求索”，广大传统广播新闻人任重而道远！

（作者：解永利）

# 2014年交通类频率收听状况分析

随着社会经济的快速发展，我国汽车保有量持续呈快速增长的趋势。根据公安部交管局公布数据，截至2014年年底，我国汽车保有量为1.54亿辆，其中北京、成都、深圳、天津、上海、苏州、重庆、广州、杭州、郑州10个城市超过200万辆；全国私家汽车保有量也达到1.05亿辆。越来越多的家庭拥有汽车，汽车已成为人们每日生活出行的必要交通工具，人们在移动场所对交通路况、新闻资讯、综艺娱乐信息的需求随之大大提升，也给专业的交通类频率提供了蓬勃发展的空间。本文将主要依据CSM媒介研究2014年四波收听率调查数据，对交通类频率的竞争力、听众特点和城市差异进行剖析，从中观察、回顾2014年全国交通类频率的整体收听特征。

## 一、近年来交通类频率收听概况

分析2012年至2014年交通类频率的收听情况①，我们可以看到，在“所有场所”，听众每日收听交通类频率的人均时长呈现逐年递减的趋势，从2012年的18.3分钟下降到2013年的17.9分钟，2014年又略降至17.1分钟（图1）。通过比较不同场所交通类频率的人均收听时长我们可以看到：在“车上”的人均收听时长相较“在家”、“工作/学习场所”和“其他场所”更长，是交通类频率重点发展的平台。2014年听众每日人均收听时长为9.2分钟，相比2013年的9.4分钟减少了0.2分钟，与2012年相比则是持平；“在家”、在工作/学习场所的收听表现与总体趋势相同，其中“在家”2012年听众的每日人均收听时长为7.4分钟，2013年为6.8分钟，2014年下降到6.4分钟；在“工作/学习场所”的人均收听时长则从2012年的1.4分钟下降至2014年的1.2分钟；在“其他场所”，听众较少选择收听交通类频率，收听量变化不大（图1）。

① 本文中涉及2012年至2014年历年数据比较时使用的是全国打通的33城市组，仅涉及2014年数据时使用的是全国35城市组，时间段为全天。

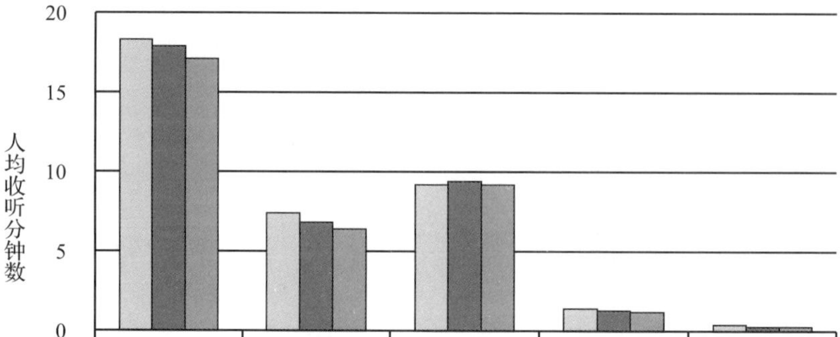


| | 所有 | 在家 | 车上 | 工作/学习场所 | 其他场所 |
|---|---|---|---|---|---|
| 2012年 | 18.3 | 7.4 | 9.2 | 1.4 | 0.4 |
| 2013年 | 17.9 | 6.8 | 9.4 | 1.3 | 0.3 |
| 2014年 | 17.1 | 6.4 | 9.2 | 1.2 | 0.3 |

数据来源：CSM媒介研究

**图1　2012～2014年交通类频率各场所人均每日收听分钟数比较**

比较2012～2014年交通类频率的全天收听率走势我们可以看出：在“所有场所”，收听率全天走势变化不大，在早间07:00～09:00和傍晚17:00～18:30人们出行高峰时段呈现两个收听率高峰，2014年早间和傍晚收听率最高峰值分别为3.85%和2.47%。其中早间07:00～09:00收听高峰与前两年相差无几，而傍晚17:00～18:30收听高峰则略有后移，2014年09:00～17:30的收听率曲线明显低于2012年和2013年同时段（图2）。

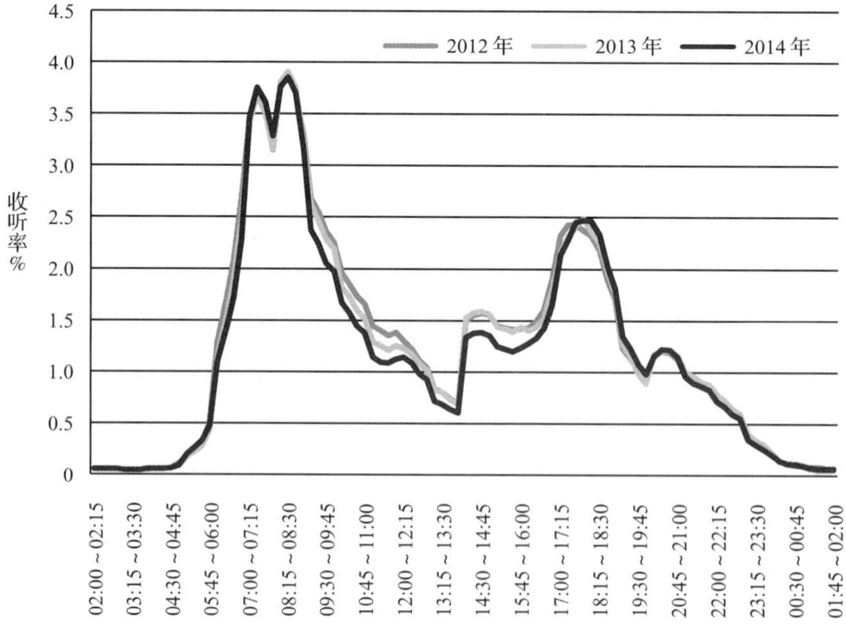


数据来源：CSM媒介研究

**图2　2012～2014年交通类频率全天收听率走势比较（所有场所）**

当收听场所转移到“车上”时，交通类频率早间和傍晚出行高峰的峰值表现得更为突出，且两个收听高峰均呈现逐年递增的趋势（图3）。早间07:00~09:00最高峰值，2012年为2.49%，2013年为2.65%，2014年继续上升到2.74%。傍晚17:00~18:30时段，2012年至2014年的最高峰值分别为1.65%、1.67%和1.8%。而在09:00~17:00时段，2014年的收听表现较2012年与2013年下滑得也较为明显。

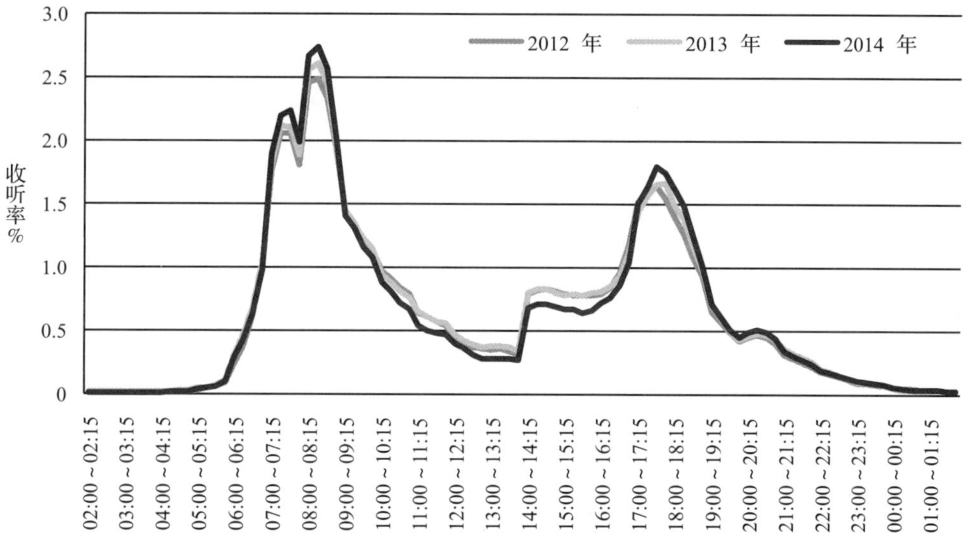


数据来源：CSM媒介研究

**图3　2012~2014年交通类频率全天收听率走势比较（车上）**

由以上分析可知，2014年，交通类频率不论是在“所有场所”的收听表现下降，还是在“车上”的收听表现减弱，均不是由早间与傍晚出行高峰的收听状况所致，而主要是受09:00~17:00期间交通类频率收听表现不佳的影响所致。

## 二、2014年交通类频率整体收听表现

### 1. 交通类频率听众规模位居各专业频率第一，“车上”优势更为显著

在广播收听市场各专业频率的竞争中，听众规模的大小是各类专业频率竞争力强弱的基本要素之一，到达率（%）是体现各专业频率听众规模的重要指标之一。图4显示，2014年交通类、新闻类和音乐类频率听众规模较大，到达率均在45%以上。交通类频率以播报内容多元化见长，除了全天滚动播出最新路况信息、实时新闻外，还有丰富的汽车资讯、综艺娱乐、音乐等内容，同时也伴有奖项鼓励听众参与互动等，越来越受到广大听众的关注和喜爱，到达率高达48.74%，排名也由2013年的第2位跃升至2014年的首位。新闻类频率紧随其后，到达率为48.29%。音乐类频率位居第3，到达率为46.37%。都市生活类、经济类和文艺类频率略逊一筹，到达率均在20%~30%之间。而农村类、体育类和教育类频率等较为窄众的频率，听众到达的数量也相对较少(图4)。

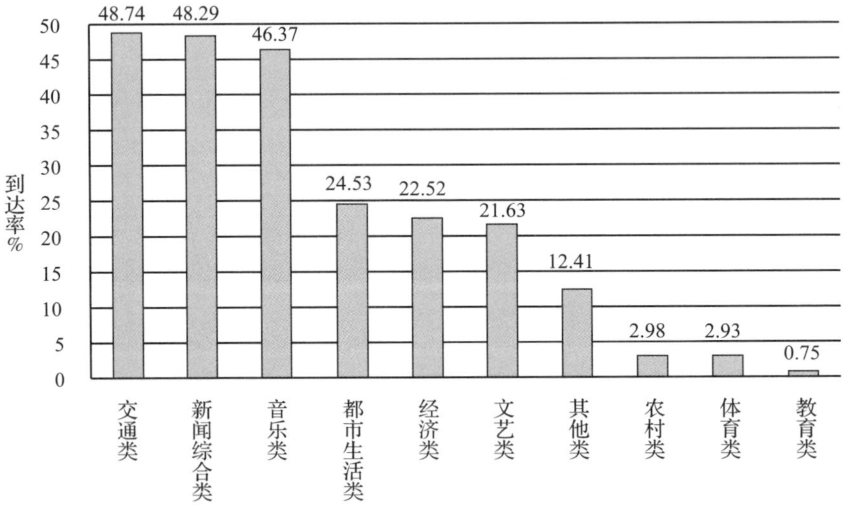


数据来源：CSM 媒介研究

**图 4　2014 年广播收听市场各类专业频率的到达率%（所有场所）**

交通类频率的听众规模在“车上”更是独占鳌头，遥遥领先于其他专业频率，到达率为 32.85%，较位居第 2 的音乐类频率高出 10.47 个百分点（图 5）。与“所有场所”情况不同的是，新闻综合类频率在“车上”的到达率下降至第 3 位，为 16.99%。上述情况反映出听众在“车上”把更多的关注分配给了交通类和音乐类频率。而汽车保有量的持续增长则在一定程度上对交通类频率的发展起着推波助澜的作用。

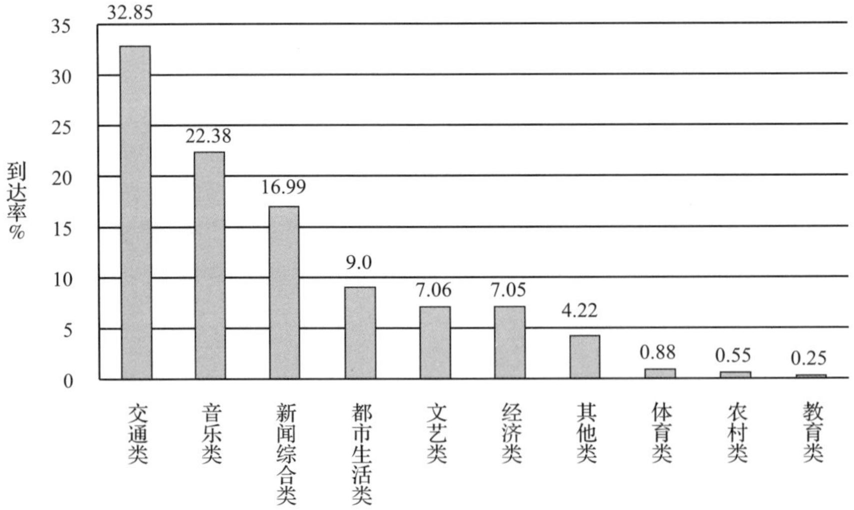


数据来源：CSM 媒介研究

**图 5　2014 年广播收听市场各类专业频率的到达率%（车上）**

### 2. 交通类频率在不同场所收听高峰时段不一，工作日收听表现佳

按不同收听场所来观察交通类频率全天的收听特点可以发现，在“车上”的收听优势最为突出，全天在早晚出行高峰呈现两座收听高峰。而“在家”的收听主要集中在早间06:00~09:00时段，收听率峰值为1.88%。随着07:00人们出行高峰的到来，“在家”的收听率逐渐下滑，“车上”收听率急速上升，达到了全天最高峰，峰值为2.65%。19:30之后的时段，随着出行高峰的结束，“在家”的收听量开始增加，收听水平高于在“车上”。在工作/学习场所，08:00~17:00时段交通类频率有明显的收听表现，走势平稳（图6）。

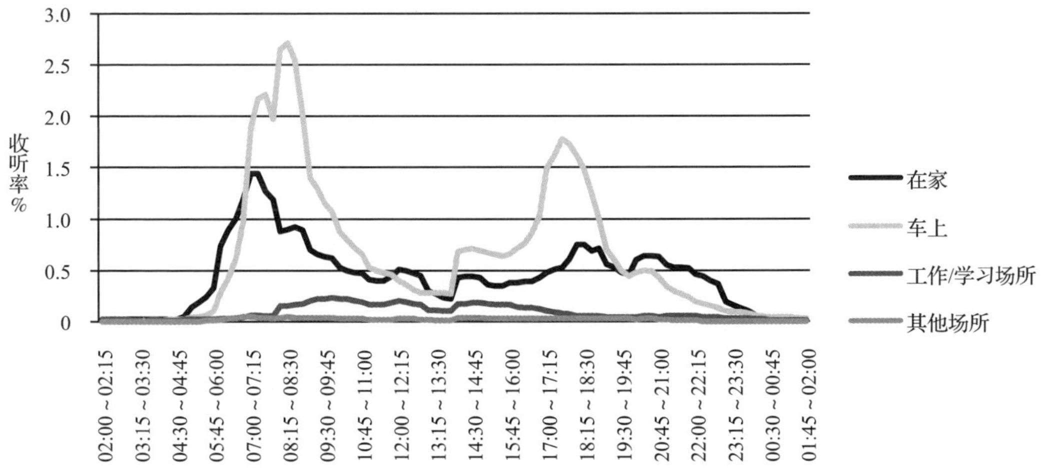


数据来源：CSM媒介研究

**图6 2014年交通类频率不同收听场所全天收听率走势比较**

分析不同周天交通类频率的收听表现可以发现，人们的生活习惯、工作学习作息时间影响着交通类频率的收听表现。不论是在“所有场所”还是在“车上”，工作日的收听率均高于周末，这与周末多数人们不用工作、上学、早起具有一定的关系。分周天来看，周一的收听率最高，在“所有场所”为1.3%，在“车上”为0.73%，周二的收听率有所下降，随后周三回升。周三至周五“所有场所”的收听率稳定在1.24%左右，在“车上”稳定在0.7%。周六、周日收听率明显下降，在“所有场所”周六为0.98%、周日为1.05%；在“车上”周六为0.46%、周日为0.48%（图7）。

## 三、2014年交通类频率的竞争力

### 1. 交通类频率在“所有场所”竞争力位居第二，在“车上”全面领先

通过对2014年“所有场所”各专业频率市场份额的比较，我们可以清楚地看出，新闻综合类、交通类和音乐类频率领跑收听市场，排名居前3位，市场份额分别为27.8%、23.0%和18.5%，文艺类、都市生活类和经济类频率竞争力明显较弱，市场份额分别为10.5%、8.2%和6.7%，而非大众化的频率如体育类、农村类和教育类频率，所占的市场份额则很低（图8）。

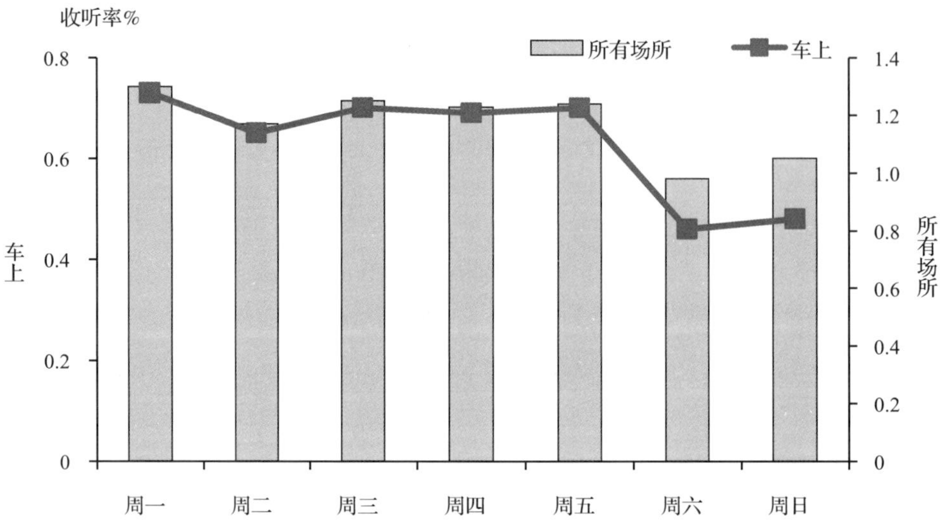


数据来源：CSM媒介研究

**图7　2014年交通类频率不同周天的收听率比较**

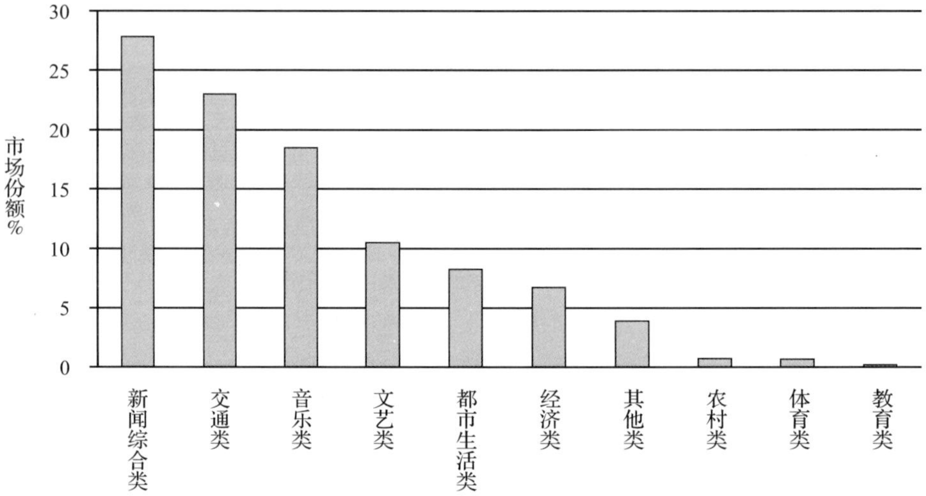


数据来源：CSM媒介研究

**图8　2014年广播收听市场各专业频率的市场份额（所有场所）**

从各专业频率在“车上”所占市场份额的全天走势可以看到：交通类频率在全天各个时段的竞争力均较为强势，市场份额基本稳定在50%左右，遥遥领先于其他类别的频率（图9）；音乐类频率排在其次，全天不同时段的市场份额维持在20%以上；新闻综合类频率在“车上”的竞争力稍稍逊色，名列第3。交通类频率在“车上”的市场份额高达50%左右，反映出听众在“车上”收听广播时有一半左右的时间收听了交通类频率，所以交通类频率在“车上”收听市场各专业频率的竞争中轻松夺魁，具有较高的广告投放价值。

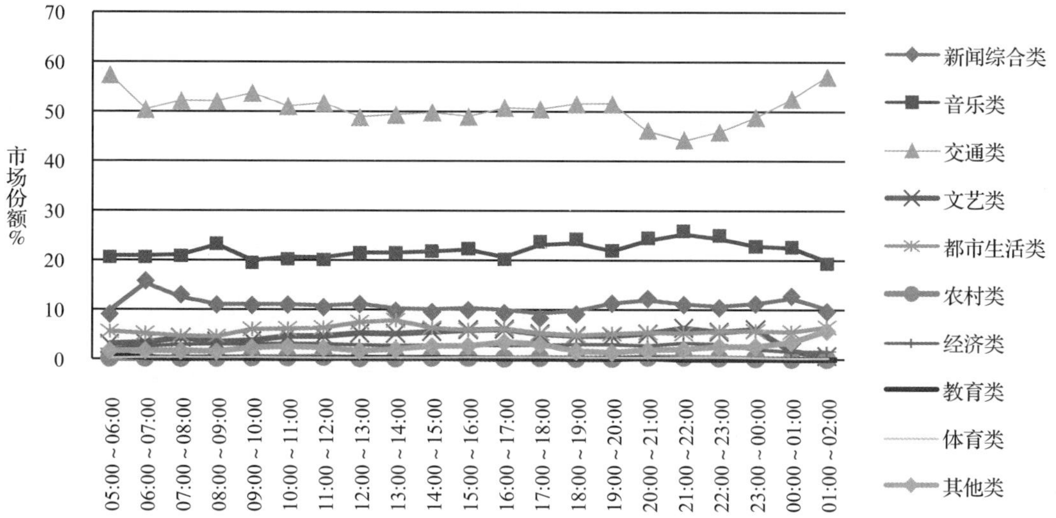


数据来源：CSM 媒介研究

**图 9　2014 年广播收听市场各专业频率市场份额全天走势（车上）**

## 2. 交通类频率为强势媒体平台，听众收听广度与深度发展均衡

我们再从平均到达率和平均忠实度两个维度来考量各专业频率的竞争力。平均到达率反映了听众的收听广度，即有多少不同的听众收听该频率；平均忠实度反映了听众的收听深度，即有多少听众长时间地收听该频率。新闻综合类、交通类和音乐类频率的平均到达率和平均忠实度均较高，为强势媒体平台，文艺类、都市生活类和经济类频率的平均忠实度均较高，但听众达到数量相对少一些，所以落在了优势媒体平台区域（图 10）。

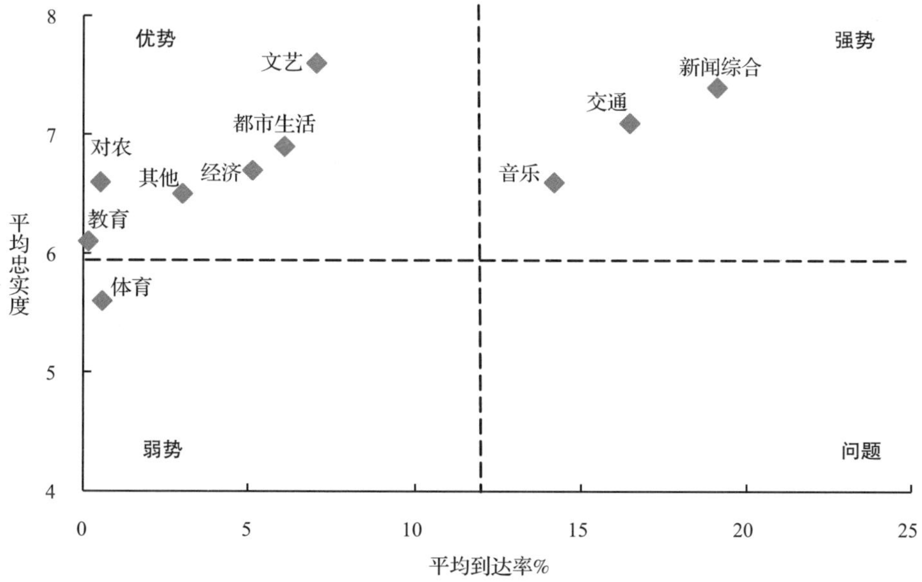


数据来源：CSM 媒介研究

**图 10　2014 年广播收听市场各专业频率竞争力比较（所有场所）**

当收听场所转移至“车上”时，交通类频率以高平均到达率和高平均忠实度，稳稳地落在强势媒体平台区域内，而音乐类、新闻综合类和都市生活类频率的竞争力均落在其后。高而稳定的听众收听深度和听众收听广度，是交通类频率竞争实力保持强劲的重要因素（图11）

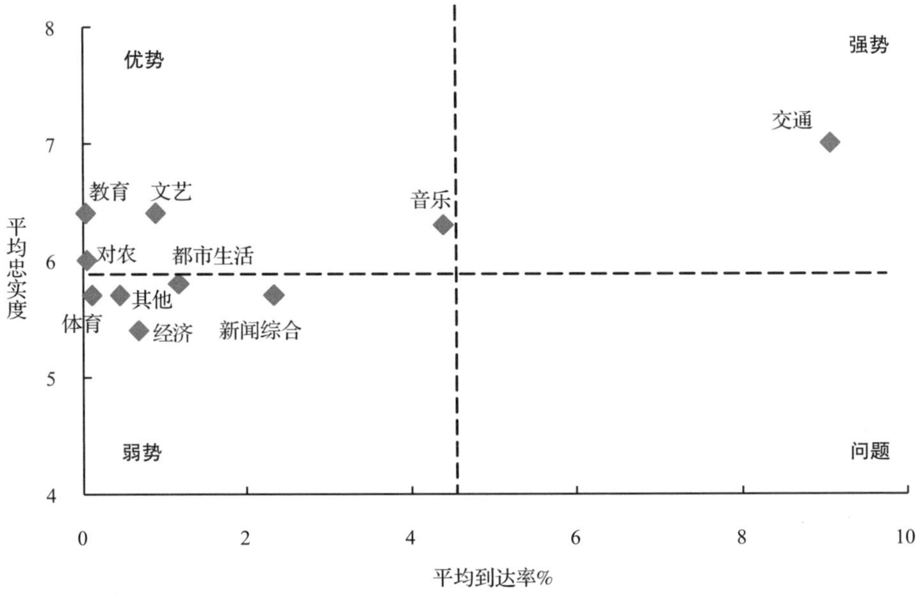


数据来源：CSM 媒介研究

**图11　2014年广播收听市场各专业频率竞争力比较（车上）**

## 四、2014年交通类频率的听众特征

### 1. 男性、35~54岁、干部/管理人员、个体/私营企业人员、较高收入人群人均收听时间长

现在按不同类别听众来看一下交通类频率的人均收听时长差异。从性别来看，男性听众人均每天收听时长为20.5分钟，女性听众人均每天收听时长为13.1分钟；从年龄来看，35~44岁、45~54岁中年人群人均每天收听时间最长，分别为22.8分钟和22.7分钟；从受教育程度来看，高中/中专等、大学及以上人群每天收听量最高，均为17.8分钟；从不同职业来看，干部/管理人员、个体/私营企业人员偏好交通类频率，每天收听时长分别为22.3分钟和24.4分钟；从收入水平来看，较高收入人群（2501元及以上）对交通类频率的关注度更高（图12）。

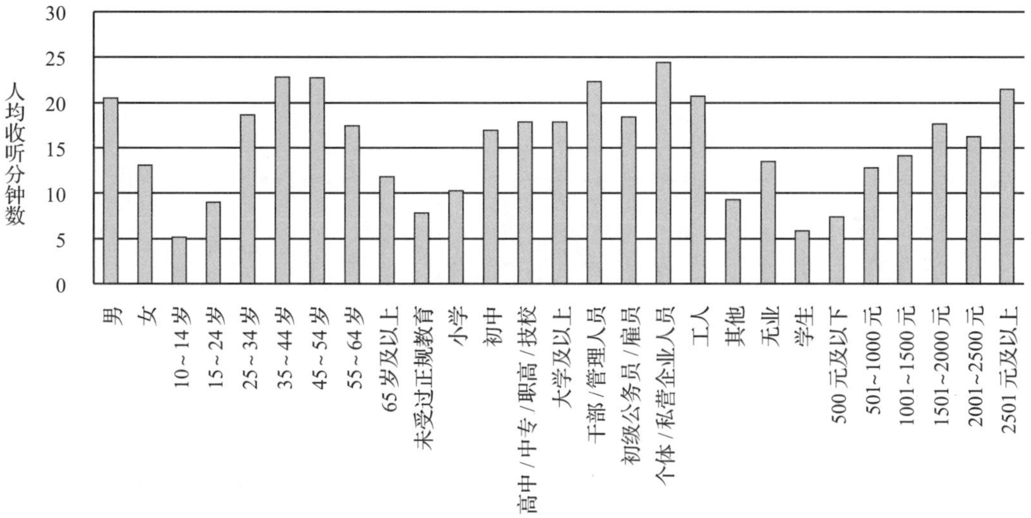


数据来源：CSM 媒介研究

**图 12　2014 年交通类频率不同目标听众人均收听分钟数**

## 2. 男性、25~44 岁、高学历、较高收入人群聚集

通过听众构成和集中度两个指标来进一步考察交通类频率的听众特征可以发现，交通类频率在“所有场所”和“车上”的听众特点基本相似，男性、25~44 岁、高学历、较高收入听众是两个场所相同的受众群体，且该特点在“车上”体现得更为淋漓尽致。其中在“所有场所”，男性听众比例达到 62.51%；而在“车上”，男性听众比例更是高达 71.67%，并且在“车上”大学及以上学历、干部/管理人员、初级公务员/雇员、个体/私营企业人员、较高收入（2501 元及以上）听众的比例和收听倾向（听众集中度）均高于在“所有场所”，交通类频率的“车上”听众群更为优质（图 13、图 14）。

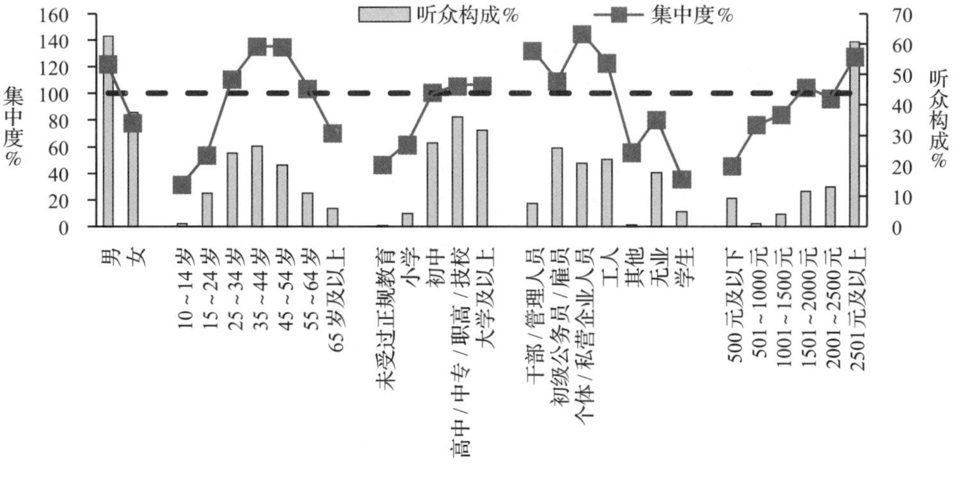


数据来源：CSM 媒介研究

**图 13　2014 年交通类频率的听众构成与集中度（所有场所）**

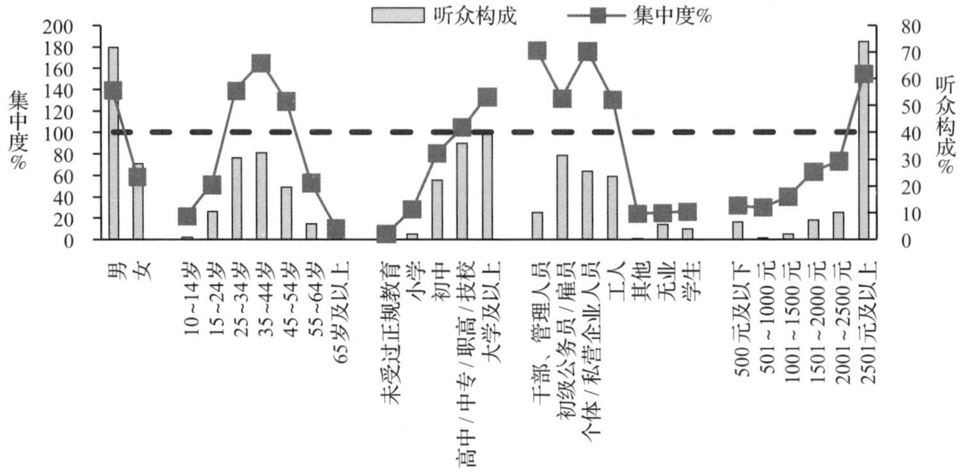


数据来源：CSM 媒介研究

**图 14　2014 年交通类频率的听众构成与集中度（车上）**

## 五、交通类频率在各城市的收听概况

### 1. 交通类频率收听表现在各城市间存在较大差异

观察全国 35 个城市交通类频率的人均收听量和听众规模，各城市间存在着较大差异。2014 年 35 城市组交通类频率的人均收听分钟数为 16.9 分钟，而 35 城市中有 12 个城市的交通类频率的人均收听分钟数超过 16.9 分钟的平均值。其中乌鲁木齐为 37.4 分钟，排在首位；杭州 32.4 分钟，青岛 30.1 分钟，分别排在第 2、第 3 位；宁波、上海、清远听众相对较少选择收听交通类频率，人均收听分钟数低。从各城市交通类频率的听众规模来看，杭州、长沙、青岛等地区的交通类频率吸引的听众规模最大，而清远、上海等地的交通类频率的听众规模则相对较小（图 15）。

### 2. 交通类频率在本地市场竞争力普遍强劲

从全国 35 个城市能接收到的 76 个主要交通类频率在本地市场的竞争表现来看，在“所有场所”，有 32 个交通类频率在当地市场的市场份额排名进入前 3 位。其中北京人民广播电台交通广播（FM103.9/CFM95.6）、长春交通之声广播电台 FM96.8、青岛交通广播 FM89.7/AM900、泉州人民广播电台 904 交通之声 FM90.4、苏州交通广播 FM104.8 在本地市场所占的市场份额均在 30% 以上。而在“车上”，交通类频率更是独占鳌头，有 53 个交通类频率的市场份额排名进入当地前 3 位，其中 32 个交通类频率占据第 1 位，北京人民广播电台交通广播 FM103.9/CFM95.6 市场份额达到 67.37%，青岛交通广播 FM89.7/AM900 市场份额达到 70.28%，其竞争力的王者地位难以撼动（表 1）。

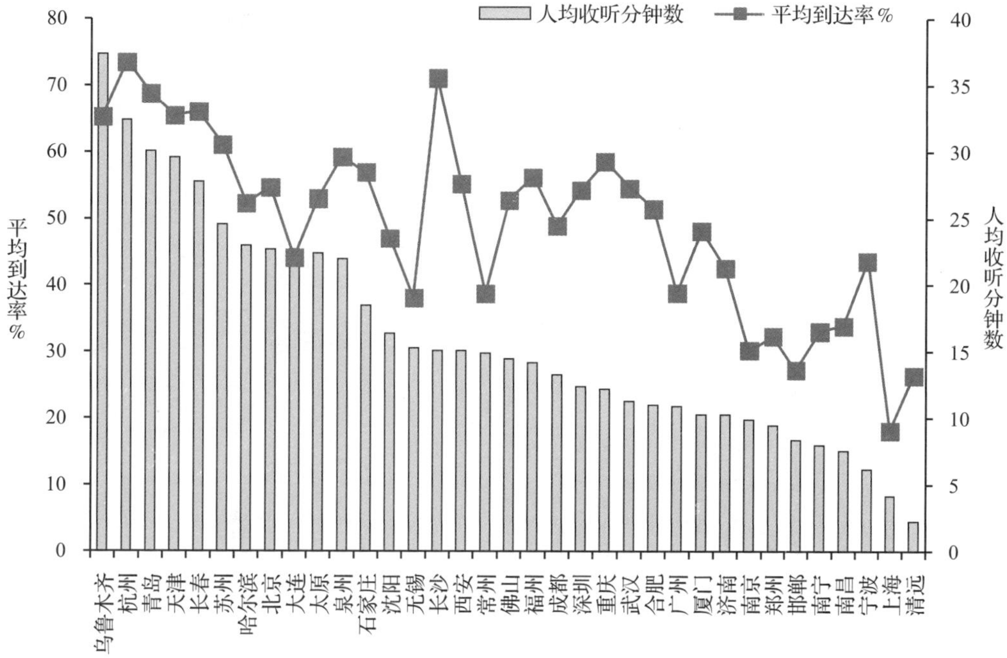


数据来源：CSM 媒介研究

**图 15　2014 年各城市交通类频率的人均收听时长和平均到达率比较（所有场所）**

**表 1　2014 年主要交通类频率在本地市场的竞争地位**

| 城市 | 频率 | 所有场所 | | 车上 | |
|---|---|---|---|---|---|
| | | 市场份额% | 排名 | 市场份额% | 排名 |
| 北京 | 北京人民广播电台交通广播 FM103. 9/CFM95. 6 | 30. 89 | 1 | 67. 37 | 1 |
| 长春 | 长春交通之声广播电台 FM96. 8 | 31. 41 | 1 | 54. 47 | 1 |
| | 吉林人民广播电台交通广播 FM103. 8 | 7. 17 | 4 | 13. 80 | 2 |
| 长沙 | 湖南人民广播电台交通频道 FM91. 8/FM100. 3 | 27. 42 | 1 | 41. 09 | 1 |
| | 长沙人民广播电台交通音乐广播 FM106. 1 | 10. 94 | 2 | 12. 73 | 2 |
| 常州 | 常州人民广播电台交通广播 FM90 | 17. 33 | 1 | 39. 62 | 1 |
| | 常州人民广播电台交通广播 AM747 | 5. 37 | 6 | 1. 21 | 10 |
| | 江苏交通广播网 FM101. 1 | 5. 16 | 7 | 6. 45 | 5 |
| 成都 | 四川人民广播电台交通广播 FM101. 7 | 16. 81 | 1 | 33. 78 | 1 |
| | 成都人民广播电台交通文艺广播 FM91. 4 | 8. 40 | 3 | 18. 71 | 2 |
| 重庆 | 重庆人民广播电台交通频率 FM95. 5 | 25. 89 | 2 | 56. 09 | 1 |
| 大连 | 大连人民广播电台第四套广播交通广播 FM100. 8 | 28. 49 | 1 | 63. 72 | 1 |
| | 辽宁广播电视台交通广播 FM97. 5 | 1. 95 | 11 | 1. 08 | 11 |
| 佛山 | 佛山人民广播电台 FM92. 4 | 16. 37 | 2 | 34. 86 | 1 |
| | 广东广播电视台羊城交通广播台 FM105. 2 | 1. 21 | 13 | 2. 64 | 8 |
| | 广州交通电台 FM106. 1 | 0. 61 | 16 | 1. 22 | 11 |

续表

| 城市 | 频率 | 所有场所 | | 车上 | |
|---|---|---|---|---|---|
| | | 市场份额% | 排名 | 市场份额% | 排名 |
| 福州 | 福建987私家汽车广播FM98.7 | 13.05 | 2 | 28.45 | 1 |
| | 福州交通之声FM87.6 | 7.24 | 4 | 12.87 | 2 |
| | 福建交通广播FM100.7 | 4.47 | 10 | 10.31 | 3 |
| 广州 | 广东广播电视台羊城交通广播台FM105.2 | 12.53 | 3 | 35.25 | 1 |
| | 广州交通电台FM106.1 | 9.37 | 5 | 20.12 | 2 |
| 邯郸 | 邯郸人民广播电台交通广播AM1008/FM106.8 | 6.37 | 5 | 21.92 | 1 |
| | 河北人民广播电台交通广播FM99.2 | 5.67 | 6 | 13.11 | 4 |
| 杭州 | 杭州交通经济广播FM91.8 | 11.70 | 2 | 28.33 | 1 |
| | 浙江人民广播电台交通之声FM93 | 10.65 | 4 | 14.38 | 3 |
| 哈尔滨 | 黑龙江交通广播FM99.8 | 11.42 | 4 | 32.81 | 1 |
| | 哈尔滨交通广播FM92.5 | 7.97 | 6 | 29.97 | 2 |
| 合肥 | 安徽交通广播FM90.8 | 10.46 | 2 | 22.89 | 2 |
| | 合肥交通广播AM1053/FM102.6 | 9.28 | 3 | 23.34 | 1 |
| 济南 | 济南交通广播FM103.1 | 8.99 | 5 | 27.66 | 1 |
| | 山东广播交通音乐之声FM101.1 | 2.68 | 10 | 7.17 | 4 |
| 南昌 | 江西交通广播FM105.4 | 13.01 | 2 | 24.60 | 1 |
| | 南昌交通音乐广播FM95.1 | 10.52 | 3 | 17.00 | 2 |
| 南京 | 江苏交通广播网FM101.1 | 7.58 | 5 | 18.46 | 3 |
| | 南京交通台交通FM102.4 | 5.45 | 7 | 20.08 | 1 |
| 南宁 | 广西电台交通广播FM100.3 | 8.75 | 6 | 16.20 | 2 |
| | 南宁人民广播电台交通音乐广播FM107.4 | 7.34 | 8 | 6.53 | 6 |
| 宁波 | 宁波电台交通广播FM93.9 AM603 | 10.35 | 3 | 17.21 | 1 |
| | 浙江人民广播电台交通之声FM93 | 3.00 | 10 | 3.90 | 7 |
| 青岛 | 青岛交通广播FM89.7/AM900 | 31.80 | 1 | 70.28 | 1 |
| | 青岛私家汽车电台FM96.4 | 3.30 | 8 | 3.60 | 4 |
| | 山东广播交通音乐之声FM101.1 | 1.14 | 15 | 1.58 | 9 |
| 清远 | 广东广播电视台羊城交通广播台FM105.2 | 1.86 | 9 | 2.12 | 11 |
| | 佛山人民广播电台FM92.4 | 1.70 | 10 | 3.42 | 7 |
| | 广州交通电台FM106.1 | 0.98 | 14 | 5.27 | 4 |
| 泉州 | 泉州人民广播电台904交通之声FM90.4 | 32.73 | 1 | 49.47 | 1 |
| | 福建交通广播FM100.7 | 3.06 | 8 | 5.78 | 5 |
| 上海 | 上海交通广播AM648/FM105.7 | 6.13 | 4 | 18.19 | 3 |
| 沈阳 | 辽宁广播电视台交通广播FM97.5 | 16.98 | 2 | 49.52 | 1 |
| 深圳 | 深圳广播电台交通频率FM106.2 | 21.01 | 1 | 41.88 | 1 |
| | 深圳私家汽车广播I Radio FM94.2 | 3.06 | 8 | 3.92 | 7 |
| 石家庄 | 河北人民广播电台交通广播FM99.2 | 11.82 | 3 | 25.03 | 1 |
| | 石家庄广播电视台交通广播FM94.6 | 9.11 | 5 | 20.28 | 2 |
| | 河北人民广播电台私家汽车广播AM900/FM90.7 | 3.21 | 11 | 4.46 | 6 |

续表

| 城市 | 频率 | 所有场所 | | 车上 | |
|---|---|---|---|---|---|
| | | 市场份额% | 排名 | 市场份额% | 排名 |
| 苏州 | 苏州交通广播 FM104.8 | 34.86 | 1 | 59.62 | 1 |
| | 江苏交通广播网 FM101.1 | 4.93 | 8 | 8.07 | 3 |
| | 苏州交通经济频率汽车广播 FM102.8/AM603 | 3.11 | 9 | 3.13 | 4 |
| 太原 | 太原人民广播电台交通频率 FM107 | 19.33 | 1 | 47.99 | 1 |
| | 山西广播电视台交通广播 FM88 | 11.38 | 2 | 20.96 | 2 |
| 天津 | 天津人民广播电台交通广播 FM106.8 | 24.64 | 1 | 51.46 | 1 |
| 乌鲁木齐 | 新疆人民广播电台 949 交通广播 FM94.9 | 25.60 | 1 | 49.60 | 1 |
| | 新疆人民广播电台 FM107.4 维吾尔语交通文艺广播 | 12.97 | 2 | 7.81 | 3 |
| | 乌鲁木齐人民广播电台交通文艺广播维语 FM104.6 | 7.54 | 4 | 7.46 | 4 |
| | 乌鲁木齐人民广播电台交通广播 FM97.4 | 3.78 | 9 | 3.50 | 7 |
| 武汉 | 楚天交通广播 FM92.7 | 15.10 | 1 | 39.48 | 1 |
| | 武汉广播电视台交通广播 FM89.6/AM603 | 5.36 | 8 | 9.27 | 3 |
| | 湖北私家汽车广播 FM107.8 | 1.84 | 13 | 4.61 | 6 |
| 无锡 | 无锡广播电视台交通广播 FM106.9 | 22.98 | 1 | 52.35 | 1 |
| | 江苏交通广播网 FM101.1 | 3.23 | 9 | 8.59 | 3 |
| 西安 | 陕西广播电视台 896 汽车调频 FM89.6 | 6.77 | 7 | 10.61 | 3 |
| | 陕西广播电视台交通广播 AM1323/FM91.6 | 6.11 | 9 | 20.63 | 1 |
| | 西安广播电视台交通旅游广播 FM104.3 | 3.74 | 14 | 8.90 | 5 |
| 厦门 | 厦门经济交通广播 FM107/AM1278 | 16.91 | 2 | 30.82 | 1 |
| | 福建交通广播 FM100.7 | 4.90 | 6 | 8.59 | 4 |
| 郑州 | 河南人民广播电台交通广播 FM104.1 | 8.66 | 3 | 27.28 | 1 |
| | 郑州广播电台都市广播汽车调频 FM91.2 | 6.76 | 6 | 15.87 | 3 |

数据来源：CSM 媒介研究

## 六、结语

2012 年至 2014 年，在“所有场所”，交通类频率的人均收听时长呈现出逐年递减的趋势，2014 年人均每日收听分钟数降至 17.1 分钟。而在“车上”，交通类频率早间和傍晚出行高峰的收听率则呈现逐年递增的态势，在全天各时段中，主要是 09:00 ~ 17:00 时段收听率下滑明显，从而影响了交通类频率的整体收听表现。作为强势媒体平台的交通类频率，在“所有场所”各专业频率的市场份额排名中位居第 2，在“车上”更是独占鳌头，霸主地位稳固，且聚集了男性、25 ~ 44 岁、高学历、较高收入的优质人群，具有非常高的广告投放价值。

从全国 35 个城市的广播收听市场可以观察到，交通类频率普遍在本地市场有较强的竞争力，是当地市场的翘楚。汽车保有量多年持续不断的上涨，人们在出行途中对各类信息需求的扩大，给专业交通类频率的大力发展提供了宽广的舞台。

（作者：肖青青）

# 2014年音乐类频率收听状况分析

网络电台的出现改变了许多年轻人收听、参与节目的习惯，甚至让更多的年轻人成为节目的创作者、播出者。虽然网络电台的兴起抢占了一部分传统电台的受众，但传统音乐电台仍占据着较大的市场份额。面对新媒体的蓬勃发展和媒体融合的时代巨潮，目前音乐广播迎来了融合发展的新阶段，而准确把握音乐类频率的收听状况，对于音乐类频率抓住机遇，实现融合发展，打造富有时代特质、更富竞争力的新型音乐类频率具有十分重要的意义。

本文根据CSM媒介研究2014年广播收听的四波调查数据①，对35个城市音乐类频率的整体收听情况、主要听众特征以及区域市场音乐类频率收听表现进行分析，并选取部分收听表现突出的音乐频率，对其节目播出和收听模式进行简要分析，以期给业界提供有益的借鉴。

## 一、音乐类频率整体收听状况

### (一) 音乐类频率整体竞争力

#### 1. 音乐类频率收听量略有下降，竞争力强劲

观察近三年音乐类频率及所有频率的人均收听量可以看出，在广播市场存量竞争激烈、增长面临瓶颈的背景下，广播的人均收听总量呈阶梯下降之势，但就音乐类频率而言，人均收听量仅是略有下降（图1）。可见，音乐类频率作为传统的类型化广播频率，吸引听众的能力并未大幅下降。通过对新闻、交通、音乐、文艺、都市生活、经济、农村、教育和体育等各大专业频率2014年市场份额的比较，可以看出十大频率大致分为三个梯队：新闻综合类频率、交通类频率及音乐类频率属于市场份额最高的梯队；文艺类、都市生活类和经济类频率属于位居中游的第二梯队；而农村、体育和教育类频率由于频率数量有限，市场份额之和不足2%，位居第三梯队。音乐类频率占据了18.46%的市场份额，虽然与新闻综合类和交通类频率之间有一定的差距，但强于其他类型的广播频率，竞争力不容小觑（图2）。

① 除非另有说明，文中所用数据中的目标听众为10岁及以上所有人，时间段为全天。

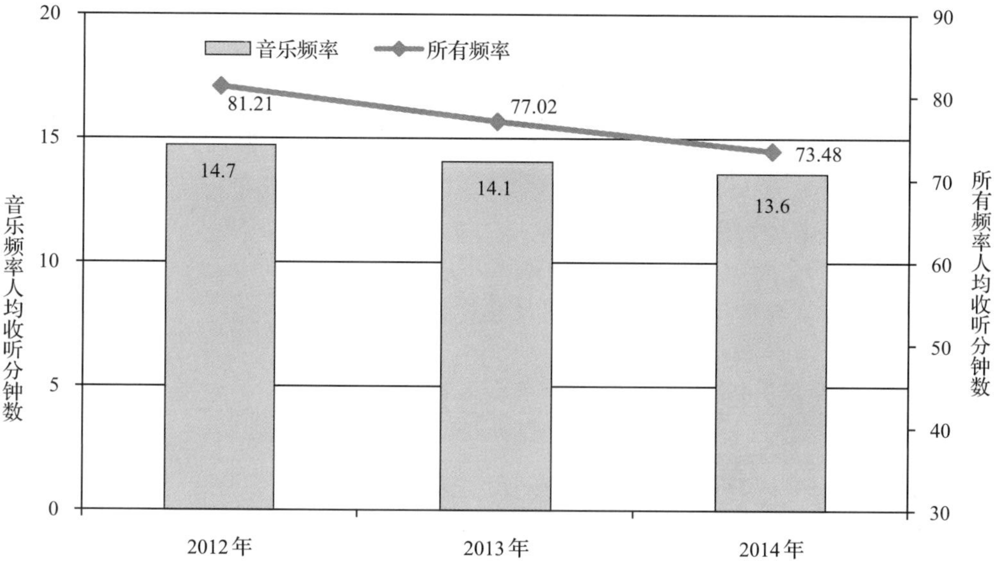


数据来源：CSM 媒介研究

**图 1　2012～2014 年广播市场音乐频率及所有频率人均收听量变化①**

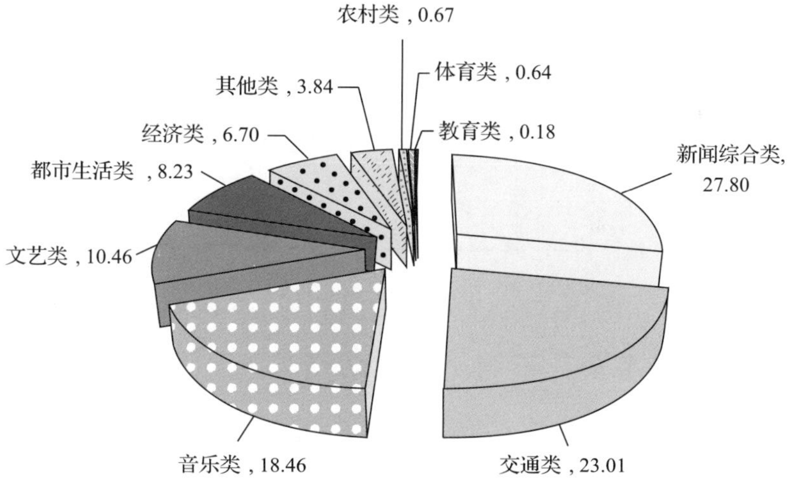


数据来源：CSM 媒介研究

**图 2　2014 年各专业频率的市场份额（%）**

## 2. 音乐类频率在不同场所的市场份额均较高，且相对较为均衡

在所有场所中，音乐类频率有强大的竞争力；细分到各收听场所，音乐类频率也显示出了自身的独特优势（表 1）。从“在家”收听情况来看，市场份额排在首位的是新

① 本图中数据是各年四波调查城市组数据，而非三年能打通城市组合数据。

闻综合类频率，市场份额超过1/3，音乐类频率的市场份额为15.80%，排名第2；从"车上"的收听情况来看，由于交通出行的特质，交通类频率的市场份额居首，占据总体收听量的一半以上，音乐类频率位居第2，所占份额达到22.22%，是新闻综合类频率市场份额的2倍；从"工作/学习场所"收听情况来看，音乐类频率的市场份额位居首位，达到25.42%；在其他场所中，音乐类频率的市场份额也有25.26%。不难看出，交通类频率由于播出的节目内容往往和交通路况、出行信息紧密相关，决定了其在"车上"所占市场份额较大。新闻类频率在家中和其他场所的市场份额较大，在"车上"和在"工作/学习场所"表现一般。而音乐类频率在各个场所的市场份额均较高，且相对均衡，体现出音乐类频率无处不在、伴随性强的特征。

**表1　2014年不同收听场所中各类广播频率的市场份额（%）**

| 频率类别 | 在家 | 车上 | 工作/学习场所 | 其他场所 |
|---|---|---|---|---|
| 新闻综合类 | 34.68 | 10.79 | 23.73 | 29.70 |
| 交通类 | 13.38 | 50.90 | 19.69 | 12.92 |
| 音乐类 | 15.80 | 22.22 | 25.42 | 25.26 |
| 文艺类 | 12.71 | 4.62 | 10.06 | 10.92 |
| 都市生活类 | 9.20 | 5.50 | 8.63 | 8.50 |
| 经济类 | 8.07 | 2.97 | 6.88 | 7.24 |
| 农村类 | 0.86 | 0.22 | 0.53 | 0.70 |
| 教育类 | 0.17 | 0.16 | 0.32 | 0.16 |
| 体育类 | 0.70 | 0.48 | 0.71 | 0.48 |
| 其他类 | 4.46 | 2.12 | 4.02 | 4.11 |

数据来源：CSM媒介研究

## （二）音乐类频率全天不同时段收听情况

### 1. 音乐类频率早高峰延后，晚高峰突出

音乐类频率作为一种专业的广播频率，其听众收听模式在一定程度上区别于其他类型的广播频率。时间段贡献指标可以很好地描述特定广播频率的分时段收听模式。时间段贡献指的是特定广播频率特定时段的人均收听分钟数与该广播频率所有时段人均收听分钟数的比值，比值越高，说明该时段收听量在全天收听量中所占比例越大，对于全天的时段贡献也就越大。在早间5:00～8:00时段，非音乐类广播频率的时间段贡献明显高于音乐类广播频率，其中，早间7:15～7:30达到全天峰值3%。出现这一现象的原因是：非音乐类广播频率中所包含的新闻综合类和交通类广播频率通常会表现出非常明显的早高峰特征，从而提升了整体的时段贡献水平。早8:00之后，新闻频率的早新闻大多结束，而面对拥堵的路况，好听的音乐便成了舒解压力、放松心情的良伴，此时非音

乐类广播频率的收听迅速回落，而音乐类广播频率则在8:00~9:00时段表现突出。早高峰结束后，音乐类广播频率继续保持稳定的收听表现，9:15~16:30收听时段的贡献均高于非音乐类广播。在10:00~11:15时段、12:00~13:00时段和14:00~16:00时段，音乐类广播频率的时段贡献优势较明显，这也体现出了音乐广播频率伴随性强的特点。傍晚时段，由于晚高峰交通类广播频率的提升，非音乐类广播频率和音乐类广播频率的收听贡献比较均衡。晚间时段，由于电视等传统媒体的分流，非音乐类广播频率的时段贡献大幅下降，而音乐类广播频率则在20:00~21:00时段贡献逼近2%，明显高于非音乐类广播频率。22:00之后，音乐类和非音乐类广播频率同样一路走低。这样的收听模式数据可以为音乐类专业广播频率的节目和广告资源在不同时间段的配置提供参考（图3）。

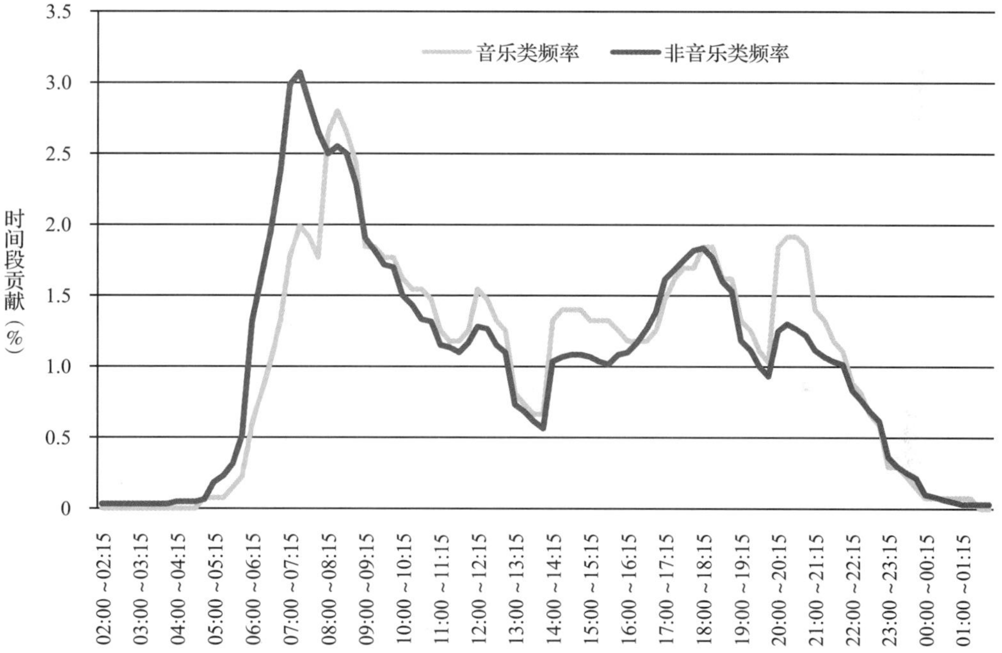


数据来源：CSM 媒介研究

**图3　2014年音乐类和非音乐类频率全天时间段贡献走势**

## 2. 多数时段市场份额较上年提高，夜间时段提升明显

观察2014年与2013年音乐类频率市场份额的全天走势可以发现，与2013年相比，2014年全天多数时段的市场份额有所提升（图4）。2014年夜间时段、早间5:45~7:00时段、午后12:00~15:00时段及傍晚18:00之后的时段均有程度不一的提升，其中夜间时段的提升幅度较大；而上午8:30~12:00时段及下午15:45~18:00时段的市场份额则稍逊于2013年同时段。

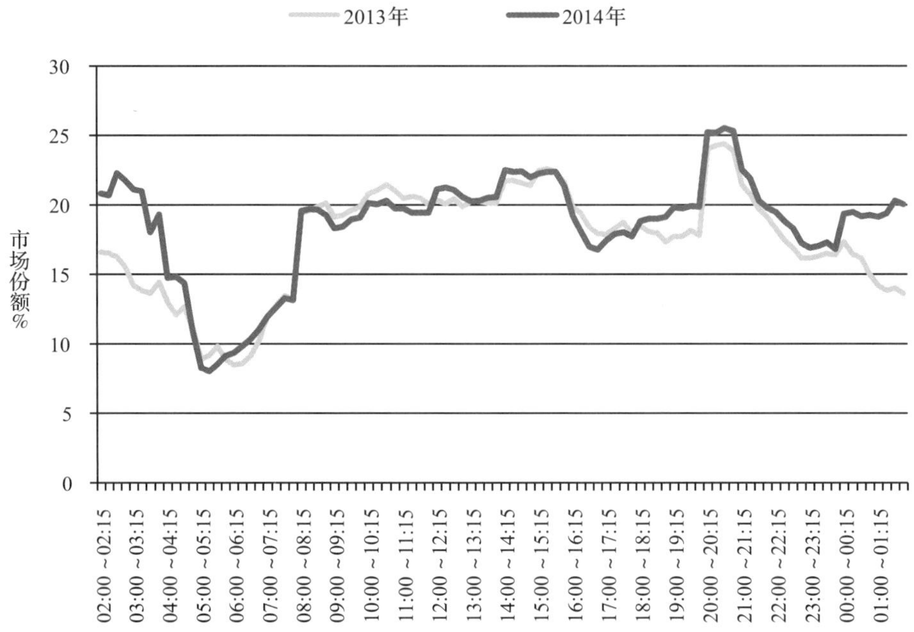


数据来源：CSM 媒介研究

**图 4　2013 年、2014 年音乐类频率市场份额全天走势对比**

## 二、音乐类频率的听众特征

传播学创始人施拉姆有一个十分经典的比喻：受众使用媒介如同到自助餐厅就餐，吃什么、吃多少都由受众的口味和食欲来决定。听众的本位意识强了，媒介不可能强迫受众接受自己单方面传送的信息，只能在充分了解受众的需求和特点后尽可能地满足他们。音乐类频率的听众构成中，女性听众、10～44 岁听众、高中、大学本科及以上受教育程度听众及各类在职人员听众所占比例均略高于所有频率的平均水平，而无业听众的比例则明显低于所有频率的平均水平；从个人收入来看，个人月收入 2501 元及以上群体在音乐类广播频率中所占比重较高，无收入和月收入在 2501 元及以上的听众比例明显高于所有频率的听众水平。音乐类频率拥有更多的女性、中青年听众和学生群体，他们大多受过良好的教育并且收入水平较高，这与音乐类广播频率的特质和现代社会快速的生活节奏是吻合的。

从听众集中度来看，女性、25～44 岁的年轻听众特别是 25～34 岁的年轻群体，中高学历群体及较高收入群体更偏爱音乐类频率。基于音乐频率所拥有的年轻态、学历高和收入高的受众特点，音乐类广播频率应该能够成为时尚和奢侈品广告投放的一个重要选择（图 5）。

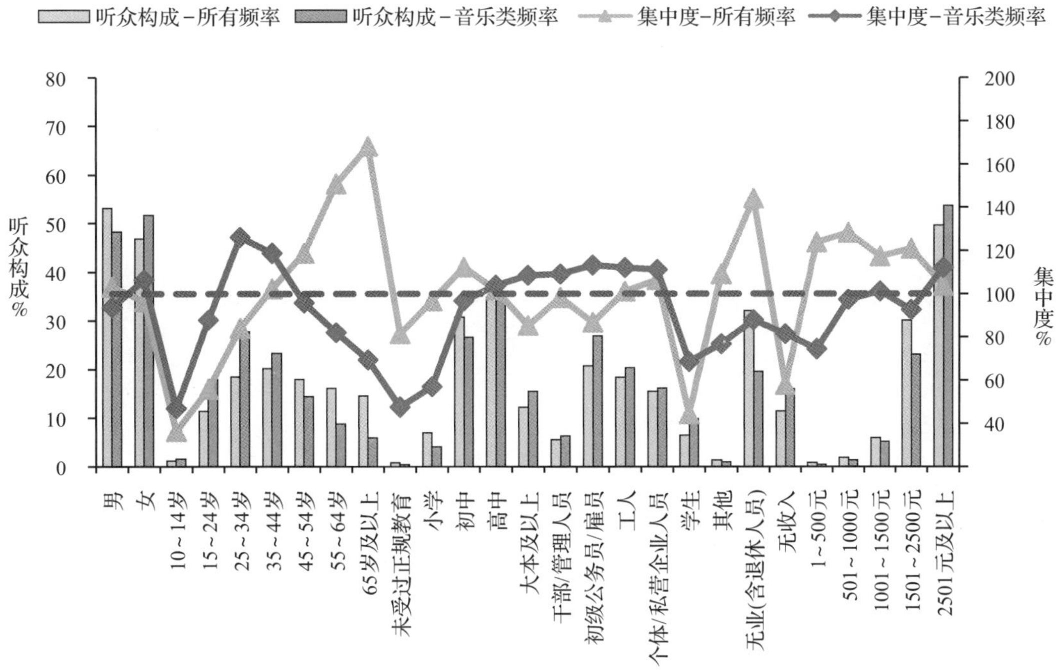


数据来源：CSM 媒介研究

**图 5　2014 年音乐类广播频率及所有频率的听众构成、集中度**

## 三、音乐类频率在各城市市场的收听表现

### 1. 音乐类频率在各城市竞争力差异较大

不同城市市场音乐类广播频率的收听表现有所区别，这与各地受众的媒介使用习惯、广播收听习惯、收听选择行为密切相关，也与当地媒介市场的竞争状况以及音乐类广播频率的竞争力尤为相关。本文通过2014 年四波收听调查数据简要分析各城市音乐类广播频率的收听情况，以及各地收听表现较好的音乐广播频率。

2014 年，全国35 个城市的音乐类频率平均市场份额为18.46%，以这一水平为基准线，35 个城市的音乐类频率可以分为两个阵营。深圳、上海、南宁等12 个城市的音乐类频率竞争水平高于平均值，而南昌、苏州、沈阳等23 城市的音乐类频率所占市场份额则处于平均水平以下。在竞争力较强的城市中，深圳地区的音乐类频率市场份额最高，达到33.78%；上海、南宁、武汉、厦门等城市的音乐类频率市场份额也都超过或接近30%；而泉州等部分城市的音乐类频率所占份额尚不足10%（图6）。

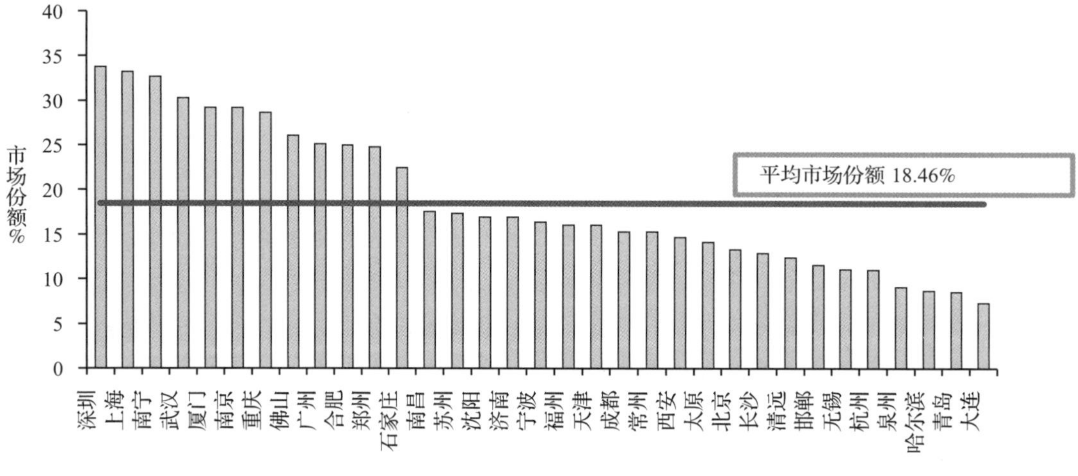


数据来源：CSM 媒介研究

**图 6　2014 年 35 城市音乐类频率市场份额（%）比较**

## 2. 音乐类频率市场份额高的城市最经常使用车载、手机等移动收听途径所占比重更高

从选择媒介的角度看，接收终端的多元化也是影响广播发展的一个重要因素。音乐类广播频率使广播移动收听的优势得到了彰显。数据表明，音乐类频率市场份额较高的城市，收听广播的途径更加多元化，凸显了广播伴随收听、移动收听的特征。

从音乐类频率市场份额较高的深圳、南宁和重庆这 3 个市场来看，最经常选择车载收听方式的比重最高，分别达到了 82.7%、61.6% 和 54.4%，而最经常选择传统的收音机收听方式的占比较低，分别仅为 4.60%、17.20% 和 11.60%。此外，我们还可以发现，在这 3 个市场，手机这一新的接收终端亦占有举足轻重的地位。其中，重庆市场最经常选择手机收听的占比接近 1/4，其他几个市场最经常使用手机收听方式的比例也均逾 10%。由此可见，在以车载广播为代表的移动收听成为主流收听形式的今天，把关注点更多地投在车载听众及手机听众上，对频率市场份额的提升至关重要（图 7）。

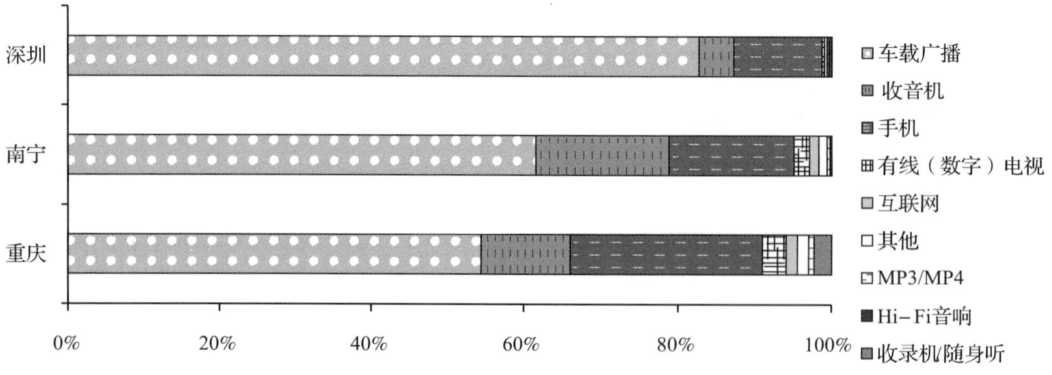


数据来源：CSM 媒介研究基础调查报告

**图 7　市场份额较高的城市音乐类广播频率最经常使用的收听途径选择比例（%）**

### 3. 单个音乐频率在不同城市的竞争地位不同

在35个城市中，几乎每个城市都能收听到2个及以上的音乐频率。各地音乐频率的竞争地位有所不同，在所有场所音乐广播频率市场份额均进入前3位的有重庆人民广播电台音乐频率FM88.1、广东广播电视台音乐之声FM99.3、安徽音乐广播、济南电台音乐调频88.7 FM88.7、江苏经典流行音乐广播FM97.5、广西电台经济广播（970女主播）FM97.0、宁波电台音乐广播私家汽车986FM98.6、上海流行音乐广播动感101 FM101.7、上海流行音乐广播Love Radio FM103.7、辽宁广播电视台音乐广播FM98.6、深圳广播电台音乐频率FM97.1、石家庄广播电视台音乐广播FM106.7、苏州广播电视总台都市音乐频率FM94.8、天津人民广播电台音乐广播FM99、武汉广播电视台音乐广播FM101.8、厦门音乐广播FM90.9和河南人民广播电台音乐广播FM88.1这17个频率。由于音乐频率伴随性突出，其在车上的竞争地位更为突出，音乐频率在31个城市的车上收听市场份额排名进入了前3位。

从不同级别音乐广播频率的竞争地位来看，在大连，中央级音乐广播频率的市场份额相对较高；在长春、成都、福州、广州、杭州、哈尔滨、合肥、南昌、南京、清远、沈阳、石家庄、太原、乌鲁木齐、西安和郑州，省级音乐类频率的市场份额较高；在其他18个城市，市级音乐类频率的市场份额均高于中央级、省级音乐频率（表2）。

**表2　2014年主要音乐频率在当地的市场份额及排名（进入车上排名前十位的频率）**

| 城市 | 频率 | 所有场所 | | 车上 | |
|---|---|---|---|---|---|
| | | 排名 | 市场份额% | 排名 | 市场份额% |
| 北京 | 北京人民广播电台音乐广播FM97.4/CFM94.6 | 5 | 6.61 | 3 | 5.12 |
| | 中国国际广播电台劲曲调频CRI HIT FM | 11 | 1.97 | 4 | 3.15 |
| | 中央人民广播电台第三套节目音乐之声 | 7 | 3.16 | 6 | 2.71 |
| 长春 | 吉林人民广播电台音乐广播FM92.7 | 12 | 2.81 | 6 | 3.14 |
| 长沙 | 长沙人民广播电台城市之声广播FM101.7 | 5 | 6.42 | 4 | 8.76 |
| | 湖南电台893汽车音乐电台FM89.3 | 6 | 5.42 | 5 | 7.34 |
| | 中央人民广播电台第三套节目音乐之声 | 15 | 1.10 | 10 | 1.70 |
| 常州 | 常州人民广播电台音乐广播FM93.5 | 4 | 11.56 | 2 | 19.77 |
| | 江苏经典流行音乐广播FM97.5 | 10 | 3.60 | 4 | 7.06 |
| 成都 | 四川人民广播电台城市之音FM102.6 | 9 | 5.63 | 3 | 8.71 |
| | 四川人民广播电台岷江音乐iRadio FM95.5 | 6 | 6.21 | 5 | 4.64 |
| 重庆 | 重庆人民广播电台音乐频率FM88.1 | 1 | 27.80 | 2 | 19.80 |
| | 中央人民广播电台第三套节目音乐之声 | 11 | 0.52 | 10 | 0.39 |
| 大连 | 中央人民广播电台第三套节目音乐之声 | 8 | 3.84 | 3 | 3.99 |
| | 大连人民广播电台第五套广播音乐广播FM106.7 | 9 | 3.46 | 5 | 3.16 |
| 佛山 | 佛山人民广播电台FM98.5 | 4 | 10.64 | 3 | 10.86 |
| | 广东广播电视台音乐之声FM99.3 | 5 | 4.67 | 5 | 4.94 |
| | 佛山人民广播电台FM90.6 | 6 | 4.23 | 6 | 4.03 |
| | 佛山人民广播电台FM88.3 | 7 | 4.06 | 7 | 3.55 |
| | 广州电台金曲1027汽车音乐广播FM102.7 | 12 | 1.40 | 10 | 1.38 |

续表

| 城市 | 频率 | 所有场所 | | 车上 | |
|---|---|---|---|---|---|
| | | 排名 | 市场份额% | 排名 | 市场份额% |
| 福州 | 福建汽车音乐调频 FM91.3 | 13 | 3.41 | 6 | 5.98 |
| | 福州 music radio FM893 女主播电台 | 8 | 5.61 | 7 | 5.69 |
| | 中央人民广播电台第三套节目音乐之声 | 6 | 6.92 | 8 | 4.87 |
| 广州 | 广东广播电视台音乐之声 FM99.3 | 2 | 16.12 | 3 | 16.24 |
| | 广州电台金曲 1027 汽车音乐广播 FM102.7 | 7 | 5.25 | 5 | 6.41 |
| | 广州电台青少年广播 MY FM88 | 11 | 1.53 | 8 | 1.65 |
| 邯郸 | 邯郸人民广播电台音乐广播 AM1206/FM102.8 | 4 | 7.46 | 2 | 15.85 |
| | 中央人民广播电台第三套节目音乐之声 | 8 | 4.08 | 6 | 4.19 |
| 杭州 | 动听 968 音乐调频 FM96.8 | 5 | 10.53 | 6 | 6.93 |
| 哈尔滨 | 黑龙江音乐广播 FM95.8 | 7 | 4.60 | 4 | 5.21 |
| | 哈尔滨音乐广播 FM90.9 | 8 | 4.06 | 7 | 3.86 |
| 合肥 | 安徽音乐广播 FM89.5 | 1 | 11.97 | 3 | 10.49 |
| | 合肥汽车音乐广播 AM747/FM87.6 | 10 | 4.70 | 4 | 8.00 |
| | 安徽 MY FM96.1 | 12 | 3.51 | 5 | 4.76 |
| | 中央人民广播电台第三套节目音乐之声 | 13 | 2.95 | 8 | 3.04 |
| | 安徽交通广播汽车 980 FM98.0 | 20 | 1.27 | 9 | 3.02 |
| 济南 | 济南电台音乐调频 88.7 FM88.7 | 3 | 11.97 | 2 | 25.35 |
| | 济南文艺广播私家汽车 936FM93.6 | 12 | 2.65 | 7 | 4.43 |
| | 山东广播电视台音乐频道 city FM 城市之音 FM99.1 | 13 | 2.18 | 8 | 4.34 |
| 南昌 | 江西音乐广播 FM103.4 | 4 | 10.26 | 5 | 8.60 |
| | 南昌精英 906 音乐故事广播 FM90.6 | 8 | 4.64 | 7 | 4.66 |
| 南京 | 江苏经典流行音乐广播 FM97.5 | 2 | 13.59 | 2 | 18.75 |
| | 江苏音乐广播 FM89.7 | 4 | 7.92 | 4 | 9.76 |
| | 南京音乐台 FM105.8 | 6 | 6.75 | 6 | 5.93 |
| | MY FM103.5 | 20 | 0.70 | 9 | 2.12 |
| 南宁 | 广西电台经济广播(970 女主播)FM97.0 | 2 | 13.77 | 3 | 13.66 |
| | 广西电台文艺广播(Music Radio)FM95.0 | 5 | 10.36 | 4 | 11.81 |
| | 南宁人民广播电台乡村生活广播(经典 1049)FM104.9 | 9 | 7.18 | 5 | 7.41 |
| 宁波 | 宁波电台音乐广播私家汽车 986FM98.6 | 2 | 10.52 | 2 | 13.53 |
| | 镇海台(私家汽车音乐台)FM104.7 | 8 | 4.87 | 3 | 8.74 |
| 青岛 | 青岛音乐体育广播 FM91.5 | 5 | 6.39 | 2 | 5.37 |
| | 山东广播电视台音乐频道 city FM 城市之音 FM99.1 | 13 | 1.88 | 3 | 4.00 |
| 清远 | 广东广播电视台音乐之声 FM99.3 | 4 | 4.85 | 3 | 5.33 |
| | 佛山人民广播电台 FM90.6 | 6 | 3.32 | 8 | 2.88 |
| | 佛山人民广播电台 FM98.5 | 12 | 1.55 | 10 | 2.64 |
| 泉州 | 泉州人民广播电台 923 私家汽车音乐广播 FM92.3 | 5 | 7.48 | 2 | 11.15 |
| | 泉州人民广播电台 881 音乐之声 FM88.1 | 11 | 0.88 | 9 | 1.66 |

续表

| 城市 | 频率 | 所有场所 | | 车上 | |
|---|---|---|---|---|---|
| | | 排名 | 市场份额% | 排名 | 市场份额% |
| 上海 | 上海流行音乐广播动感 101 FM101.7 | 2 | 17.18 | 1 | 32.29 |
| | 上海流行音乐广播 Love Radio FM103.7 | 3 | 11.17 | 2 | 20.19 |
| | 上海爱乐数字音乐广播 KFM981 | 13 | 1.75 | 5 | 5.70 |
| | 上海经典音乐广播 经典 947 FM94.7 | 12 | 1.81 | 9 | 1.30 |
| | 中国国际广播电台劲曲调频（CRI HIT FM）FM87.9 | 16 | 0.41 | 10 | 1.29 |
| 沈阳 | 辽宁广播电视台音乐广播 FM98.6 | 3 | 14.44 | 2 | 22.30 |
| | 中央人民广播电台第三套节目音乐之声 | 10 | 2.52 | 6 | 3.38 |
| 深圳 | 深圳广播电台音乐频率 FM97.1 | 2 | 16.83 | 3 | 12.14 |
| | 中央人民广播电台第三套节目音乐之声 | 6 | 5.02 | 4 | 4.21 |
| | 深圳飞扬 971 数字音乐台 FM102.0 | 9 | 3.05 | 6 | 4.07 |
| | 广东广播电视台音乐之声 FM99.3 | 4 | 8.55 | 8 | 3.55 |
| 石家庄 | 河北人民广播电台音乐广播 FM102.4 | 6 | 8.54 | 3 | 13.33 |
| | 石家庄广播电视台音乐广播 FM106.7 | 2 | 11.85 | 4 | 13.32 |
| 苏州 | 苏州广播电视总台都市音乐频率 FM94.8 | 2 | 13.29 | 2 | 14.75 |
| | 江苏经典流行音乐广播 FM97.5 | 10 | 2.66 | 6 | 2.76 |
| | 上海流行音乐广播 动感 101 FM101.7 | 19 | 0.32 | 10 | 0.74 |
| 太原 | 山西广播电视台音乐广播 FM94.0 | 8 | 6.21 | 3 | 7.84 |
| | 太原人民广播电台音乐频率 FM102.6 | 10 | 5.10 | 5 | 5.05 |
| | 中央人民广播电台第三套节目音乐之声 | 12 | 2.85 | 8 | 1.49 |
| 天津 | 天津人民广播电台音乐广播 FM99 | 3 | 11.95 | 2 | 19.36 |
| | 中央人民广播电台第三套节目音乐之声 | 11 | 2.65 | 5 | 3.18 |
| | 天津人民广播电台音乐广播 AM1008 | 13 | 1.22 | 9 | 1.13 |
| 乌鲁木齐 | 新疆人民广播电台音乐广播 FM103.9 | 11 | 3.40 | 5 | 5.89 |
| | 乌鲁木齐人民广播电台旅游音乐广播 FM106.5 | 15 | 1.38 | 9 | 2.15 |
| 武汉 | 武汉广播电视台音乐广播 FM101.8 | 3 | 11.71 | 2 | 9.46 |
| | 湖北省广播电视总台经典音乐广播频道 FM103.8 | 4 | 9.82 | 4 | 8.64 |
| | 湖北省广播电视总台楚天音乐广播频道 FM105.8 | 6 | 6.98 | 7 | 3.62 |
| 无锡 | 无锡广播电视台汽车音乐广播 FM91.4/AM900 | 4 | 10.63 | 2 | 16.53 |
| 西安 | 陕西广播电视台音乐广播 FM98.8 | 5 | 7.57 | 2 | 11.15 |
| | 西安广播电视台音乐广播 FM93.1 | 6 | 7.02 | 7 | 6.46 |
| 厦门 | 厦门音乐广播 FM90.9 | 1 | 25.96 | 2 | 26.95 |
| | 中国国际广播电台轻松调频（CRI EASY FM） | 7 | 2.55 | 7 | 3.22 |
| 郑州 | 河南人民广播电台音乐广播 FM88.1 | 2 | 14.53 | 2 | 16.05 |
| | 郑州人民广播电台音乐广播 FM94.4 | 9 | 4.46 | 5 | 5.63 |
| | 郑州经典音乐广播 FM107.9 | 8 | 5.78 | 7 | 4.23 |

数据来源：CSM 媒介研究

## 四、音乐类频率案例分析

下文以收听表现突出的中央人民广播电台第三套节目音乐之声、上海流行音乐广播动感101 FM101.7和深圳广播电台音乐频率FM97.1为例，对其收听表现及节目编排进行简要分析，以期给业界提供借鉴。

### 1. 中央人民广播电台第三套节目音乐之声

音乐之声依托中央人民广播电台这一国家级广播电台，将目标牢牢锁定在给目标受众提供完整的流行音乐听觉享受上，符合其纯流行音乐专业频率的特点。2014年，音乐之声在11个城市进入市场份额排名前10名，而且在大连、深圳和天津3个城市跻身前5名，影响力可见一斑。

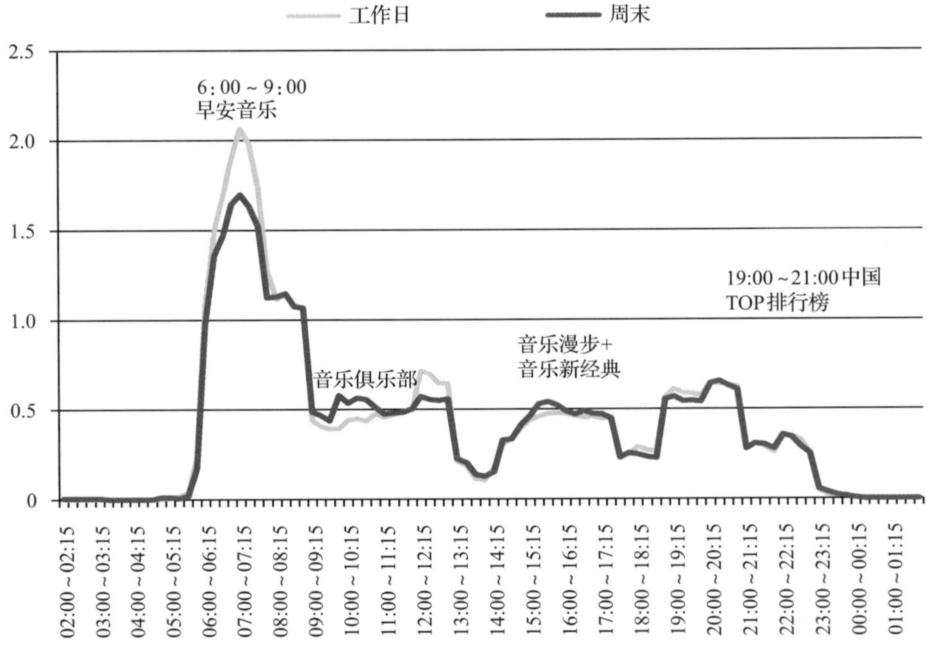


数据来源：CSM媒介研究

**图8　2014年音乐之声分时段收听率走势（10+，北京）**

音乐之声采取周末和工作日分开编排的方式。在工作日，早间6:00~9:00播出的《早安音乐》拉起了早高峰并创造了全天的收听峰值；12:00~13:00时段播出的《全球流行音乐金榜》在午间时段亦有突出的收听表现；晚间19:00~21:00时段则编排了音乐之声的旗帜性栏目，被称为华语流行音乐风向标的《中国TOP排行榜》，该节目将晚间的收听推至高潮。在周末，编排方式较工作日有所区别，周末版试图通过较平日更为轻松的节目来达到愉悦受众、放松心情的效果。周六、日上午播出的《音乐俱乐部》、午后播出的《音乐新经典》都在周末有不俗的收听表现，周末晚间同样编排了金牌栏目《中国 TOP 排行榜》，并赢得了可以与工作日比肩的不俗的收听表现（图 8）。综观音乐之声的节目形态，其节目名称几乎都冠有“音乐”二字，版式的整体设计一致，追求完整、规范的区块划分；其内容都带有明显的时尚、轻松的味道，符合中青年受众的品位，而且播出的全是主流音乐，体现了其流行音乐专业频率的突出特色。

### 2. 上海流行音乐广播动感 101 FM101.7

上海流行音乐广播动感 101 FM101.7 是当地一个非常有影响力的频率。该频率是隶属于上海广播电视台的一个以播送华语流行音乐为主的广播频率，2014 年在上海车上市场份额位居第一，深受移动人群的喜爱（表 3）。动感 101 FM101.7 同样采取周末和工作日分开编排的方式。工作日早间 7:00～9:00 播出的《音乐早餐》是动感 101 FM101.7 的一档老牌晨间直播节目，面向晨间收听广播的不同人群，以年轻上班族为主要目标，节目形式、内容丰富多样，歌曲清新明快①。该节目不仅拉起了早间的收听高峰，而且还造就了全天逼近 5% 的收听峰值。白天时段工作日的收听比较平稳，相比之下，由于作息习惯不同等原因，周末从早间 8:45 始直至午间时段均有较为突出的收听表现。工作日晚高峰 17:00～19:00 时段播出的《101 娱乐在线》为听众带来娱乐最新资讯和动态，是傍晚回家途中不可错过的听觉饕餮大餐，在傍晚时段赢得了良好的收听效果。晚间时段凭借工作日播出的《音乐万花筒》和周末播出的《流行音乐 1 小时》，也有力地提升了收听水平（图 9）。

**表 3　2014 年上海地区市场份额排名前五位的频率（按车上排名）**

| 排名 | 频率 | 市场份额% | |
|---|---|---|---|
| | | 车上 | 所有场所 |
| 1 | 上海流行音乐广播动感 101 FM101.7 | 32.29 | 17.18 |
| 2 | 上海流行音乐广播 Love Radio FM103.7 | 20.19 | 11.17 |
| 3 | 上海交通广播 AM648/FM105.7 | 18.19 | 6.13 |
| 4 | 上海人民广播电台 AM990/FM93.4 | 9.06 | 29.27 |
| 5 | 上海爱乐数字音乐广播 KFM981 | 5.70 | 1.75 |

数据来源：CSM 媒介研究

① 百度百科：http://baike.baidu.com/view/1224665.htm。

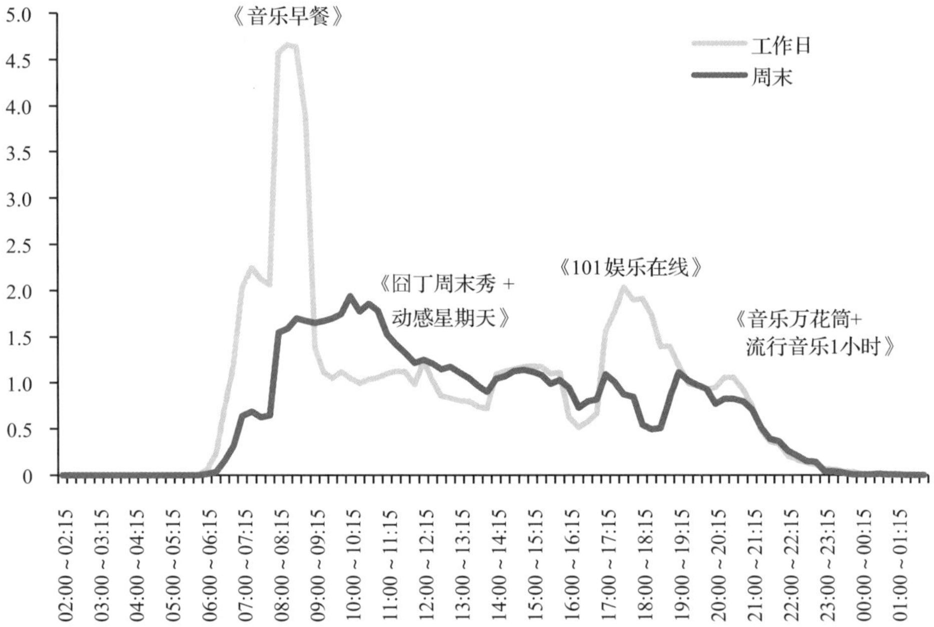


数据来源：CSM 媒介研究

**图 9　2014 年上海流行音乐广播动感 101 FM101.7 分时段收听率走势（10+，上海）**

### 3. 深圳广播电台音乐频率 FM97.1

深圳广播电台音乐频率 FM97.1 以音乐娱乐为主，全天 24 小时不间断播出，秉承“飞扬 971，神州乐逍遥”的节目理念，定位于做中国南部最欢乐的音乐广播。2014 年，深圳广播电台音乐频率 FM97.1 在深圳市场的份额位列前三甲，市场份额超过 10%。深圳广播电台音乐频率 FM97.1 晚间竞争优势突出，年轻有活力，引领时尚潮流，充分体现了深圳的都市特色。深圳广播电台音乐频率 FM97.1 采取工作日、周六、周日分开编排的方式，在周末部分时段收听更胜一筹。工作日早高峰时段，该频率安排了一档以轻松的播报方式解读民生动态的新闻资讯类节目《一路飞扬》，拉起了收听的早高峰。而在同时段，周六编排了《丫丫姐姐的魔法屋》，周日编排了《神游世界》，其中周日的《神游世界》收听峰值逼近 2%，与工作日早高峰不相上下。工作日午后时段收听比较平稳，而周末则形成了突出的收听高峰，周日更是凭借《华语原创音乐风》和《电影时光》两档音乐节目，将收听推向高潮，收听峰值甚至超越了早高峰的峰值。傍晚时段，工作日编排的热线问答节目《快乐反斗星》，以独特的视角选出当日新闻最焦点，以幽默的风格关注并点评，赢得了较好的收听效果。综览深圳广播电台音乐频率的全天收听走势可以看出，全天最引人注目的莫过于周日晚间时段崛起的收听高峰。该时段播出的《闪闪的红星》是一档集娱乐资讯、明星访谈、新作品首播、娱乐专题、明星见面会于一体的综合性娱乐节目，节目中以明星为主导融入听众互动，并结合了大量的娱乐、演出资讯。节目内容丰富，信息量大，且有观点和评论。节目通过网络平台采集了大量有明星声音素材的新鲜娱乐新闻，并融入专业娱记和全球华语联盟的娱乐 DJ 的热辣评论，还通过幽默互动的方式采访抵深的各大明星，通过与各大唱片和演出公司的互动来保证节目中的明星连线量。节目每天制作一个娱乐专题，深度解读娱乐圈最热的娱乐事件，运用网络充分收集明星的声音素材。此外，节目中还不定期加入由明星声音介绍和推荐的新歌首播单元，积极拓展与移动、KTV 等商家合作的明星户外见面会等线下活动，让节目更加丰富立体，更具有商业价值①。

2014 年，该节目播出时段赢得了超过 2.5% 的收听率，成为全天最为耀眼的收听明星。观察该节目的特色可以发现，节目之所以脱颖而出，除内容丰富、质量上乘外，积极融入全媒体，运用网络造势并开展丰富多彩的线下活动也是推高收听水平的重要力量（图 10）。

**表 4　2014 年深圳市场份额排名前五位的频率（按车上排名）**

| 排名 | 频率 | 市场份额% | |
|---|---|---|---|
| | | 车上 | 所有场所 |
| 1 | 深圳广播电台交通频率 FM106.2 | 41.88 | 21.01 |
| 2 | 深圳广播电台新闻频率 FM89.8 | 15.27 | 14.87 |
| 3 | 深圳广播电台音乐频率 FM97.1 | 12.14 | 16.83 |
| 4 | 中央人民广播电台第三套节目音乐之声 | 4.21 | 5.02 |
| 5 | 广东广播电视台新闻广播 FM91.4/AM648 | 4.08 | 6.35 |

数据来源：CSM 媒介研究

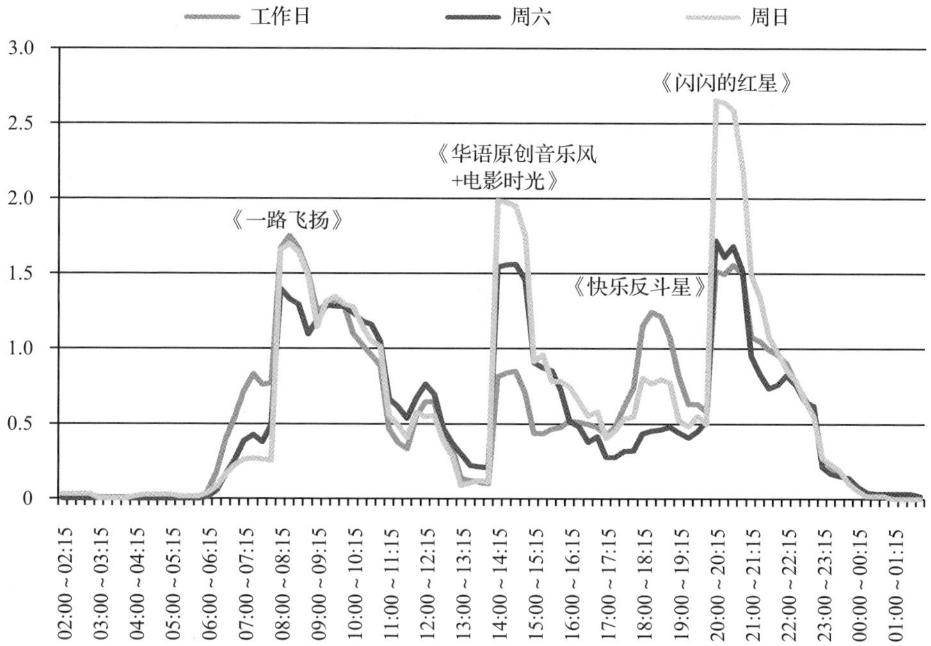


数据来源：CSM 媒介研究

**图 10　2014 年深圳广播电台音乐频率 FM97.1 分时段收听率走势（10+，深圳）**

---

① http://www.gstad.cn/szdtjm/szdtyyjm/528.html

## 五、结语

在过去的广播改革发展大潮中，音乐类广播频率始终走在前列。2014年，音乐类广播频率虽然依旧在广播收听市场中占据着举足轻重的地位，但面对日新月异的新媒体，面对正在分流音乐类广播频率受众和广告份额的网络电台、微电台、客户端，音乐广播人要敢于自我革新，加快媒体融合，做更加符合时代潮流的音乐广播频率，最大限度地满足听众对音乐类广播频率专业化、个性化、多样化、互动化的需求，只有这样才能保证音乐类广播频率在未来日益激烈和多样化的竞争中保有一席之地。

（作者：张广彦）

# 2014 年文艺类频率收听状况分析

广播频率的专业化是对听众市场进行细分，为广播听众提供专业化服务，满足广播听众个性化收听需求的过程，经过多年发展，已细分出新闻类、交通类、音乐类和文艺类频率等类型化频率。频率的类型化将受众从一般模糊的“大众”缩小为特定明确的“小众”。受众范围的“缩小”带来了受众忠诚度的提高，能更好地发挥出广播快捷性、伴随性的优势，为广播赢得更大的生存空间，文艺类频率在受众忠实度提升方面则表现得更为明显。

本文基于 CSM 媒介研究 2014 年全国 35 个城市的四波次收听调查数据，从市场竞争地位、收听特征及在各城市的收听表现等方面简析文艺类频率的收听状况。

## 一、文艺类频率在收听市场竞争中的地位

### 1. 收听市场整体收听率持续下跌①

2014 年，广播收听市场的整体收听率为 5.1%，对比 2013 年有 4.67% 的跌幅，近三年来以比较接近的跌幅呈持续下跌之势（图 1）。从听众年龄段来看，随着年龄的增长，收听率不断提升，2014 年 65 岁及以上听众的收听率为 8.6%，远高于 10 ~ 14 岁听众的 1.9%，相对于 2013 年有所上升，接近 2012 年的水平。2014 年，15 ~ 64 岁听众的收听率则以不同幅度的下跌趋势继续下跌。

### 2. 文艺类频率竞争力稳守第四位

虽然不同类型频率的发展趋势各不相同，但从市场竞争的情况来看，近年竞争格局变化不大，新闻综合类、交通类和音乐类频率继续稳守市场份额前三甲的位置，其中新闻综合类频率和音乐类频率的市场份额连年攀升，进一步拉大了与文艺类频率之间的差距。2014 年文艺类频率以 10.46% 的市场份额稳居第 4 位，市场份额与 2013 年持平，但较 2012 年下跌了 9.2%。而位居第 5 位的都市生活类频率的市场份额较 2013 年上升了 5.92%，逐渐拉近了与文艺类频率之间的距离（图 2）。

① 文中所涉及的历年对比数据是各年四波调查所有城市组合的数据。

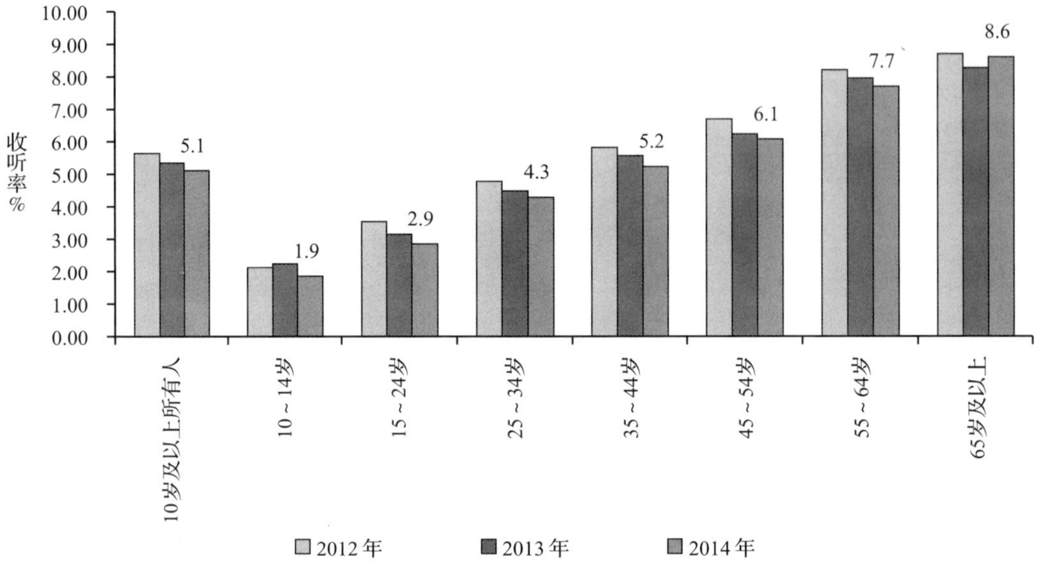


数据来源：CSM 媒介研究

**图 1　2012～2014 年所有频率不同年龄段听众收听率比较**

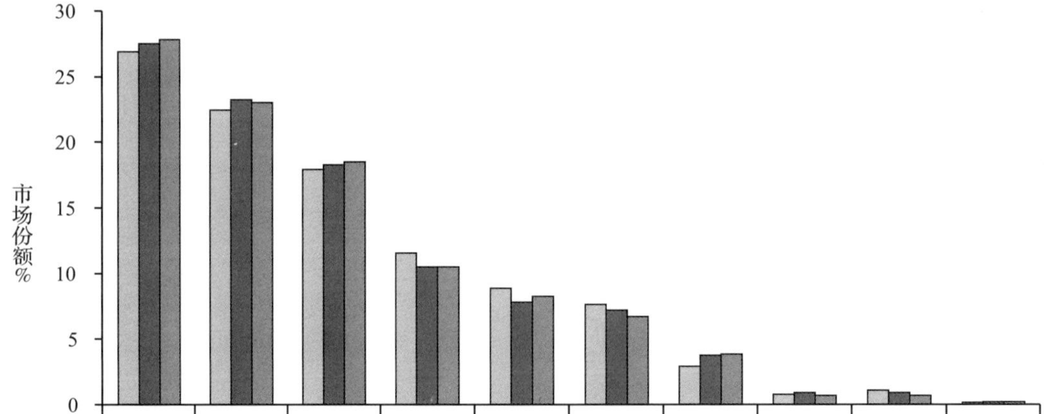


| | 新闻综合类 | 交通类 | 音乐类 | 文艺类 | 都市生活类 | 经济类 | 其他类 | 农村类 | 体育类 | 教育类 |
|---|---|---|---|---|---|---|---|---|---|---|
| 2012年 | 26.87 | 22.44 | 17.90 | 11.52 | 8.83 | 7.59 | 2.92 | 0.76 | 1.06 | 0.11 |
| 2013年 | 27.50 | 23.24 | 18.24 | 10.46 | 7.77 | 7.15 | 3.75 | 0.86 | 0.87 | 0.16 |
| 2014年 | 27.80 | 23.01 | 18.46 | 10.46 | 8.23 | 6.70 | 3.84 | 0.67 | 0.64 | 0.18 |

数据来源：CSM 媒介研究

**图 2　2012～2014 年各类型频率的市场份额（%）**

从听众规模和人均收听时长来看，新闻综合类频率的平均到达率和人均收听分钟数均居首位。2014 年，在整体收听率下跌的影响下，除都市生活类频率的人均收听分钟数稍有上升外，其他各类型频率的听众规模和收听时长均有不同程度的下跌（表 1）。2014

年文艺类频率平均到达率为7.05%，人均收听分钟数为7.69分钟，均较2013年有所下跌，而且与位居第三位的音乐类频率的14.18%和13.57分钟差距较大，与排名其后的都市生活类频率则较为接近。2014年，实际听众对文艺类频率的人均收听分钟数达到了109.02分钟，高于其他各类型频率，而且对比2013年有轻微升幅，其平均忠实度也排在所有频率类型之首（表1）。

**表1 2013年、2014年各类型频率平均到达率和人均收听时长**

| 频率 | 平均到达率% | | 人均收听分钟数 | | 人均收听分钟数（听众） | | 平均忠实度% | |
|---|---|---|---|---|---|---|---|---|
| | 2013年 | 2014年 | 2013年 | 2014年 | 2013年 | 2014年 | 2013年 | 2014年 |
| 新闻综合类频率 | 19.98 | 19.09 | 21.18 | 20.43 | 106.00 | 107.00 | 7.36 | 7.43 |
| 交通类频率 | 16.88 | 16.47 | 17.90 | 16.91 | 106.10 | 102.70 | 7.36 | 7.13 |
| 音乐类频率 | 14.67 | 14.18 | 14.05 | 13.57 | 95.80 | 95.68 | 6.65 | 6.64 |
| **文艺类频率** | **7.44** | **7.05** | **8.06** | **7.69** | **108.30** | **109.02** | **7.52** | **7.57** |
| 都市生活类频率 | 6.11 | 6.08 | 5.99 | 6.05 | 98.00 | 99.45 | 6.81 | 6.91 |
| 经济类频率 | 5.56 | 5.13 | 5.51 | 4.93 | 99.00 | 96.02 | 6.88 | 6.67 |
| 其他类频率 | 3.06 | 3.01 | 2.89 | 2.82 | 94.60 | 93.72 | 6.57 | 6.51 |
| 农村类频率 | 0.66 | 0.52 | 0.66 | 0.49 | 99.50 | 94.51 | 6.91 | 6.56 |
| 体育类频率 | 0.72 | 0.58 | 0.67 | 0.47 | 92.90 | 80.55 | 6.45 | 5.59 |
| 教育类频率 | 0.17 | 0.15 | 0.13 | 0.13 | 75.40 | 87.46 | 5.23 | 6.07 |

数据来源：CSM媒介研究

### 3. 文艺类频率在10～14岁、65岁及以上和低学历听众中竞争力较强

不同类型的频率以其差异化的节目类型吸引特定的人群收听，因而在不同目标听众群中的竞争力也有所不同。文艺类频率在女性人群中的竞争力高于在男性人群中的竞争力；在年龄段上，继续呈现“两头大”的格局，在10～14岁和65岁及以上听众人群中的市场份额均高于14%，其中在65岁及以上听众中位居所有类型频率的第2位；在教育程度方面，文艺类频率在小学学历听众中的竞争力高于高学历人群，但相互间差距较小；在职业类别上，在干部/管理人员、学生、无业和其他职业群体中的市场份额均超过一成（图3）。

### 4. 文艺类频率在“车上”竞争力较弱

文艺类频率的节目内容与收听场所关系不大，因而不像交通类频率那样有着明显的收听场所特征。文艺类频率“在家”的竞争表现较好，市场份额为12.71%，但远低于第1位的新闻综合类频率；文艺类频率在“工作/学习场所”和“其他场所”的竞争表现则较为接近。在“车上”是交通类频率的优势所在，占据五成的市场份额，文艺类频率则相对较弱，市场份额只有4.62%，还低于整体实力第5位的都市生活类频率（表2）。

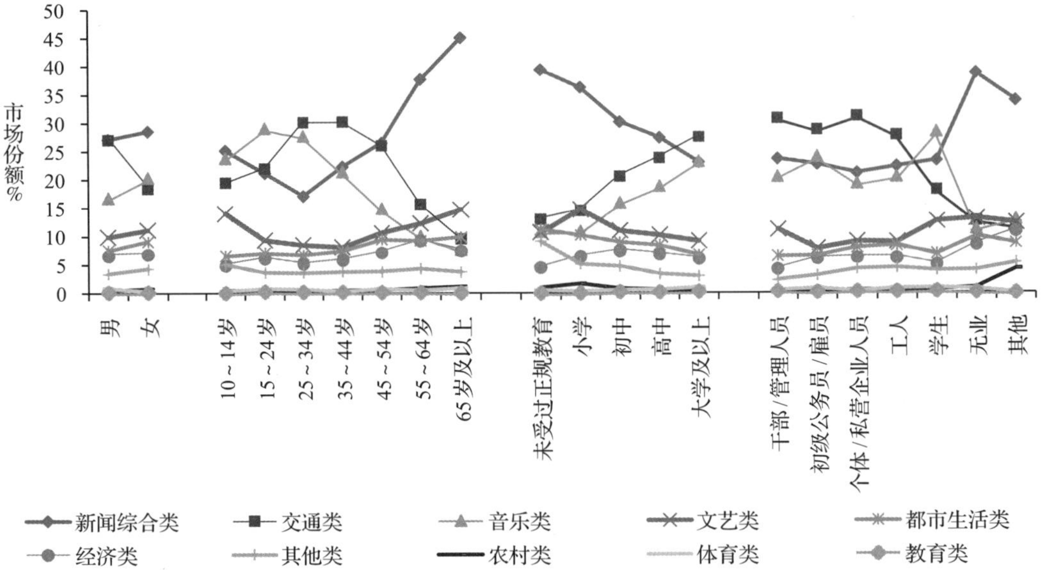


数据来源：CSM 媒介研究

**图 3　2014 年各类型频率在不同目标听众中的市场份额（%）**

**表 2　2014 年各类型频率在不同收听场所的市场份额（%）**

| 频率 | 在家 | 车上 | 工作/学习场所 | 其他场所 |
|---|---|---|---|---|
| 新闻综合类频率 | 34.68 | 10.79 | 23.73 | 29.70 |
| 交通类频率 | 13.38 | 50.90 | 19.69 | 12.92 |
| 音乐类频率 | 15.80 | 22.22 | 25.42 | 25.26 |
| 文艺类频率 | 12.71 | 4.62 | 10.06 | 10.92 |
| 都市生活类频率 | 9.20 | 5.50 | 8.63 | 8.50 |
| 经济类频率 | 8.07 | 2.97 | 6.88 | 7.24 |
| 其他类频率 | 4.46 | 2.12 | 4.02 | 4.11 |
| 农村类频率 | 0.86 | 0.22 | 0.53 | 0.70 |
| 体育类频率 | 0.70 | 0.48 | 0.71 | 0.48 |
| 教育类频率 | 0.17 | 0.16 | 0.32 | 0.16 |

数据来源：CSM 媒介研究

### 5. 文艺类频率晚间时段竞争力提升

各类型频率在不同时段所展现出的竞争力也有所不同。文艺类频率在 04:15～05:30 时段的市场份额超过 10%，形成了收听小高峰，在 06:15～06:30 则处于低谷的位置，然后随着时间的推移，竞争力持续缓慢提升，从 09:45 开始，市场份额基本处于 10% 以上，20:45～24:00 则是全天最高峰的时段，市场份额在 14% 以上，之后大幅回落。在大部分时段，文艺类频率的市场份额排名处于第 4 位，但在凌晨 00:00～02:00 和 02:00～04:15 时段竞争力弱于排名第 5 位的都市生活类频率（图 4）。

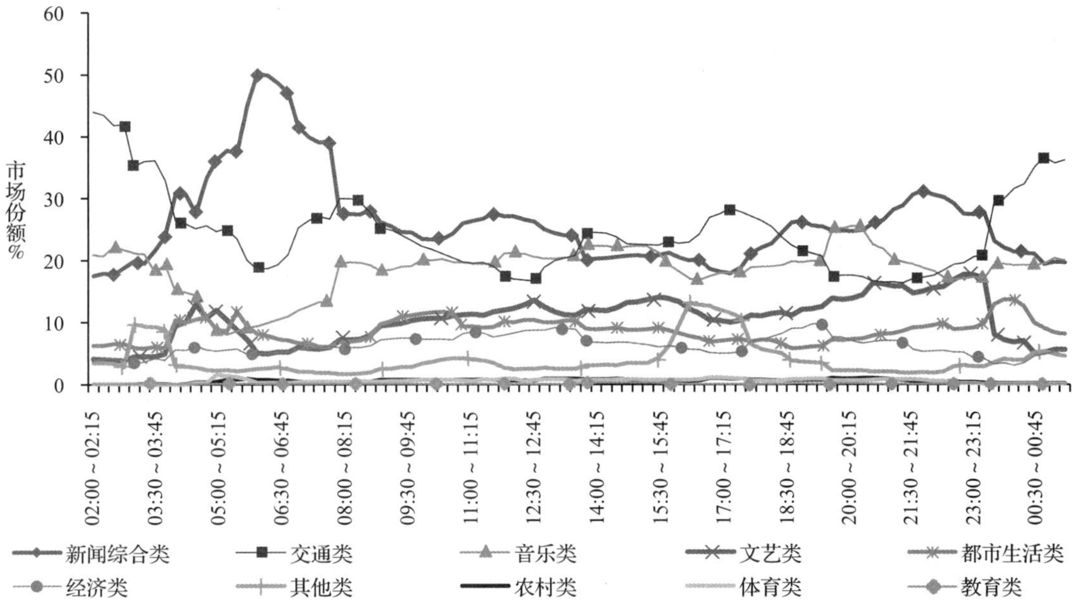


数据来源：CSM 媒介研究

**图 4　2014 年各类型频率市场份额（%）全天走势**

对比 2013 年，文艺类频率主要在凌晨 00:00～02:00、02:00～04:30 时段和中午 12:00～16:00 时段市场份额出现下跌，但同时在 04:30～05:30，19:15～20:45 时段和 22:15～00:00 时段有不同程度的上升，因而在整体上保持了 2013 年的竞争力水平（图 5）。

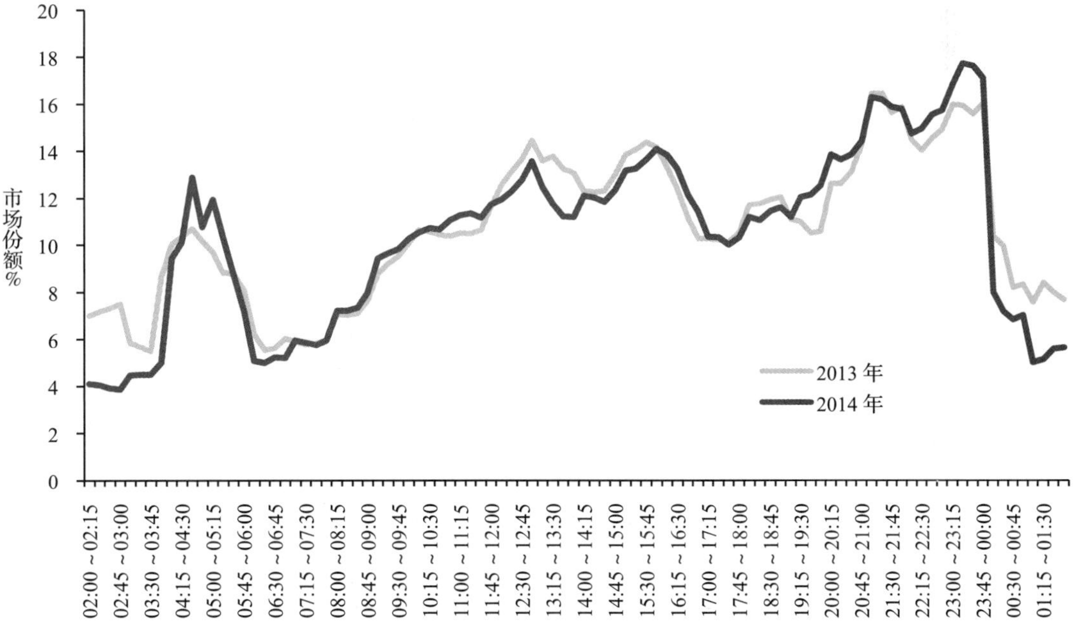


数据来源：CSM 媒介研究

**图 5　2013 年、2014 年文艺类频率全天各时段市场份额（%）对比**

## 二、文艺类频率的收听特征

### 1. 不同周天人均收听时长各有差异，且近年呈持续下跌态势

2014年，文艺类频率的人均收听时长为7.69分钟，对比2013年的8.06分钟下跌了4.6%，跌幅有所收窄。从各周天走势来看，周一的人均收听分钟数最高，为8分钟，周二下跌至最低，只有7.27分钟，随后回升，与前两年相似，呈波浪式发展走势。与前两年相比，2014年各周天的人均收听时长均有所下跌，但下跌幅度有所缓和（图6）。

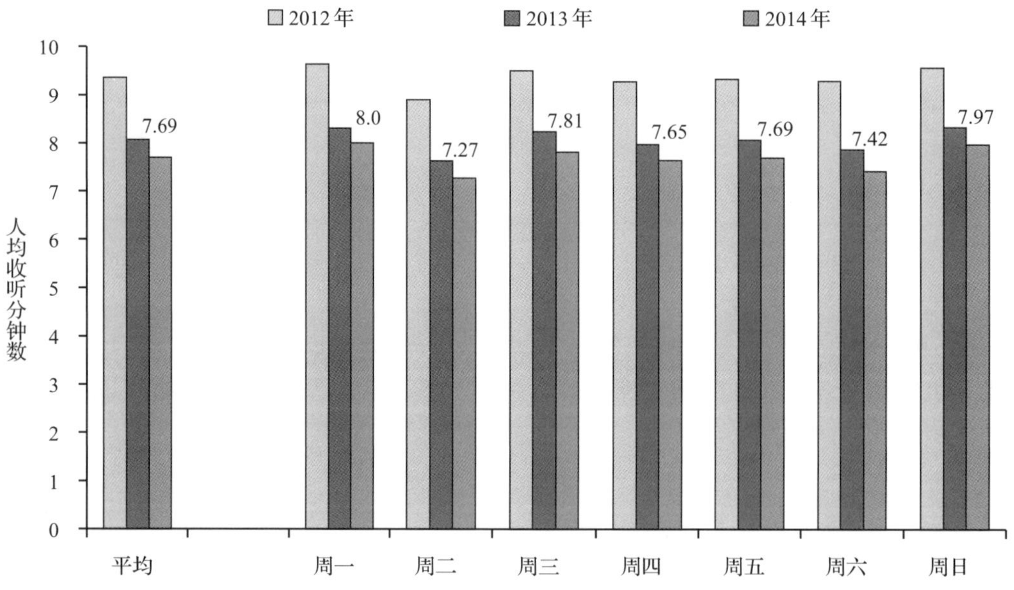


数据来源：CSM媒介研究

**图6　2012～2014年文艺类频率不同周天人均收听时长比较**

### 2. “在家”为主要收听场所，人均收听时长近年持续下滑

2014年听众“在家”收听文艺类频率的人均收听时长为5.99分钟，占整体的3/4，远高于其他场所，但近三年来呈现持续走低的态势，是整体下跌的主要原因。“其他场所”的人均收听时长在2014年也开始下跌，但跌幅较小。“工作/学习场所”的人均收听时长则保持上一年的水平。“车上”的人均收听时长为0.83分钟，较上一年微升（图7）。

### 3. “在家”收听全天优势明显，“车上”早晚高峰突出

由于听众主要“在家”收听文艺类频率，因而从全天走势上看，“在家”各时段的收听率均远高于其他场所，其收听高峰也比较明显，分别出现在08:00～10:00，

17:15～19:00时段和20:00～22:00时段。“车上”收听主要在上下班高峰的07:00～09:15时段和16:00～19:00时段优势较大，“工作/学习场所”是中午时段11:45～13:00的收听率较高，“其他场所”则无明显的收听高峰（图8）。

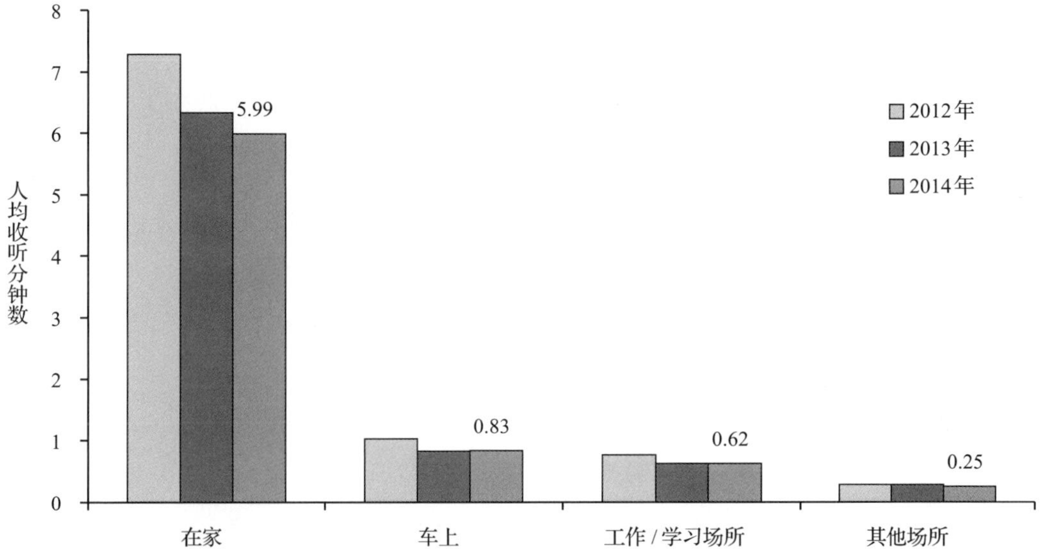


数据来源：CSM媒介研究

图7 2012～2014年文艺类频率在不同场所的人均收听时长比较

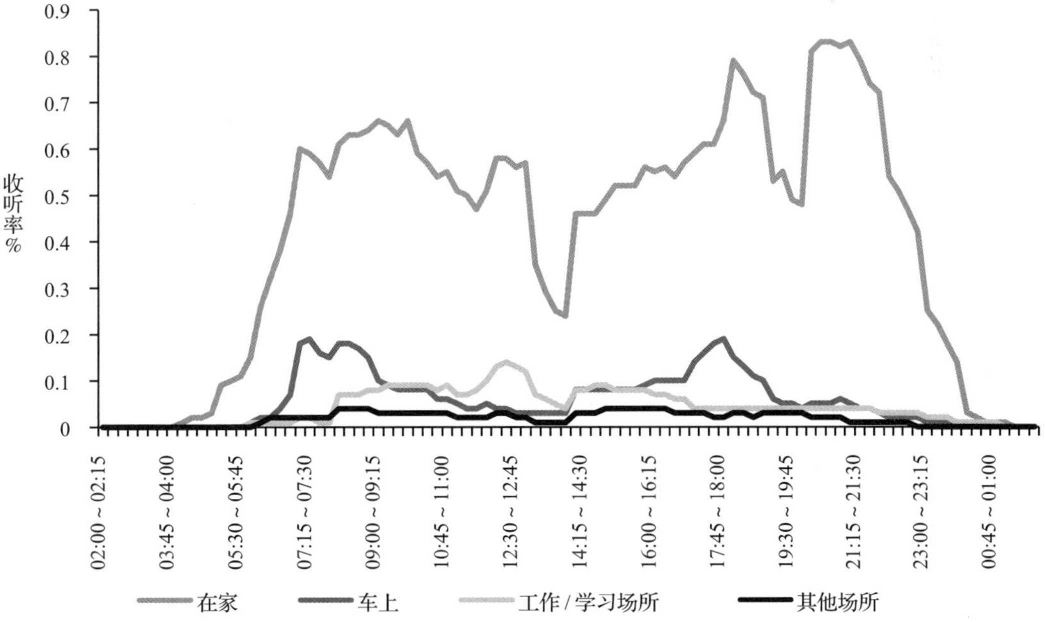


数据来源：CSM媒介研究

图8 2014年文艺类频率在不同场所全天收听率（%）走势

### 4. 中老年人群占比偏高，与所有频率听众特征存在差异

文艺类频率听众中，45岁及以上、初中/高中、无业人群所占比例较大；对比所有频率，55岁及以上听众比例偏高。

文艺类频率的重度听众为45岁及以上、小学/初中教育程度、无业和其他职业、中等收入群体；与所有频率整体相比，听众集中度在性别上有差异，年龄段上则缺少35～44岁人群的关注，学历上更为偏向中低学历听众，听众个人月收入方面吻合度较高（图9）。

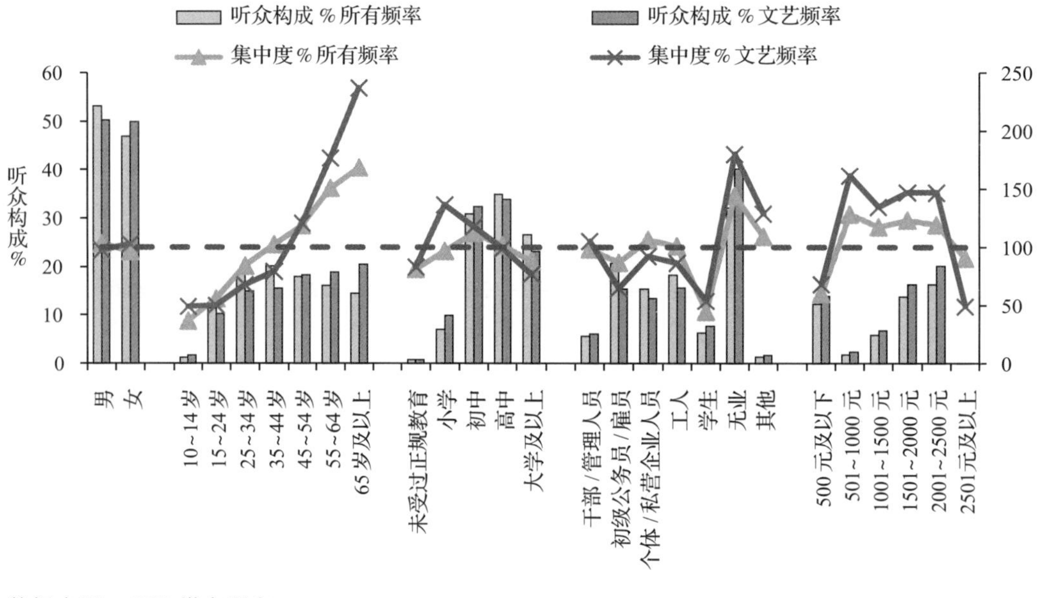


数据来源：CSM媒介研究

图9　2014年文艺类频率的听众构成及集中度

### 5. 不同目标听众对各类文艺节目的取向存在差异

文艺类节目类型较为丰富，既有传统的地方戏曲和小说/评书，也有充满时尚流行元素的综艺娱乐报道。在2014年有节目监播的频率中，“文艺其他”为文艺类节目的主要播出节目类型，约占六成的比重；其次为小说/评书，占15.46%的比例；地方戏曲和情感故事也分别占到了接近一成的比重。听众对“文艺其他”节目的收听量较高，小说/评书、地方戏曲、综艺娱乐报道和综艺晚会的节目收听需求也较大，情感故事和广播剧则呈现供过于求的状态。

分目标听众来看，男性听众收听小说/评书、广播剧和综艺娱乐报道的时长比例高于女性，女性投入地方戏曲、情感故事和综艺晚会的时间比例则高于男性。在年龄段上，随着年龄的增加，听众收听小说/评书和地方戏曲的时间比重逐渐提高，收听情感故事节目的比重逐渐下降，25～34岁受众群用于收听“文艺其他”节目的时长比例明显高于其他年龄段的听众，10～14岁听众收听广播剧和综艺娱乐报道的比重较大。教育程

度方面，随着学历的提高，受众收听“文艺其他”类节目的比重不断提升，而小说/评书则逐渐下降，高中学历听众收听综艺娱乐报道的时长比例相对较高（表3）。

表3 不同目标听众对各类文艺节目的收听比重（%）

| 目标听众 | 文艺其他 | 小说/评书 | 地方戏曲 | 情感故事 | 广播剧 | 综艺娱乐报道 | 综艺晚会 | 电影/电视剧录音剪辑 |
|---|---|---|---|---|---|---|---|---|
| 播出比重% | 60.38 | 15.46 | 9.88 | 9.57 | 1.84 | 2.13 | 0.67 | 0.07 |
| 收听比重%（10岁及以上所有人） | 62.62 | 16.67 | 11.50 | 3.04 | 1.58 | 3.45 | 1.14 | 0.00 |
| 男 | 62.15 | 17.59 | 10.99 | 2.97 | 1.80 | 3.57 | 0.93 | 0.01 |
| 女 | 63.12 | 15.69 | 12.04 | 3.12 | 1.34 | 3.32 | 1.37 | 0.00 |
| 10~14岁 | 68.57 | 13.15 | 2.07 | 4.77 | 4.72 | 6.72 | 0.00 | 0.00 |
| 15~24岁 | 70.21 | 13.40 | 4.92 | 5.82 | 0.69 | 4.70 | 0.25 | 0.00 |
| 25~34岁 | 75.92 | 10.84 | 3.51 | 4.08 | 0.57 | 4.96 | 0.11 | 0.01 |
| 35~44岁 | 71.90 | 15.46 | 3.19 | 4.27 | 1.19 | 3.62 | 0.36 | 0.01 |
| 45~54岁 | 59.87 | 23.27 | 8.77 | 2.64 | 2.09 | 3.04 | 0.31 | 0.01 |
| 55~64岁 | 60.30 | 19.00 | 13.27 | 0.76 | 2.23 | 3.60 | 0.85 | 0.00 |
| 65岁及以上 | 42.11 | 18.05 | 31.00 | 1.23 | 2.19 | 1.24 | 4.18 | 0.00 |
| 未受过正规教育 | 27.72 | 56.33 | 1.39 | 0.75 | 0.39 | 13.25 | 0.16 | 0.01 |
| 小学 | 49.50 | 27.48 | 15.85 | 2.63 | 1.26 | 2.91 | 0.37 | 0.01 |
| 初中 | 53.38 | 18.01 | 18.25 | 3.32 | 1.92 | 2.93 | 2.19 | 0.01 |
| 高中 | 66.20 | 15.85 | 8.22 | 3.08 | 1.34 | 4.48 | 0.83 | 0.00 |
| 大学及以上 | 72.56 | 12.29 | 7.41 | 2.88 | 1.62 | 2.60 | 0.64 | 0.00 |
| 干部/管理人员 | 77.39 | 11.01 | 2.04 | 4.13 | 2.01 | 3.34 | 0.08 | 0.01 |
| 初级公务员/雇员 | 74.51 | 12.88 | 3.82 | 3.47 | 0.90 | 4.21 | 0.21 | 0.01 |
| 个体/私营企业人员 | 67.31 | 16.42 | 5.45 | 4.22 | 1.96 | 4.16 | 0.47 | 0.01 |
| 工人 | 61.29 | 21.06 | 8.44 | 3.77 | 1.08 | 4.18 | 0.16 | 0.00 |
| 学生 | 72.21 | 11.51 | 5.53 | 5.10 | 1.49 | 3.95 | 0.20 | 0.00 |
| 无业 | 52.45 | 17.76 | 20.99 | 1.66 | 2.05 | 2.44 | 2.66 | 0.00 |
| 其他 | 27.18 | 45.21 | 23.17 | 1.26 | 0.65 | 2.52 | 0.00 | 0.00 |

数据来源：CSM媒介研究

## 三、文艺类频率在各城市的收听表现

### 1. 文艺类频率整体竞争力在各城市差异较大

2014年，文艺类频率在35个城市的平均市场份额为10.46%，但地区差异较大（图10）。其中15个城市没有文艺类专业频率或竞争力较低，该类频率在10个城市的市场份额超过平均水平，尤其在西安表现较好，在当地占据34.15%的份额，在无锡只有2.96%，不及其1/10。另外，从地域上看，市场份额超过平均水平10.46%的10个城市大部分分布在北方地区。

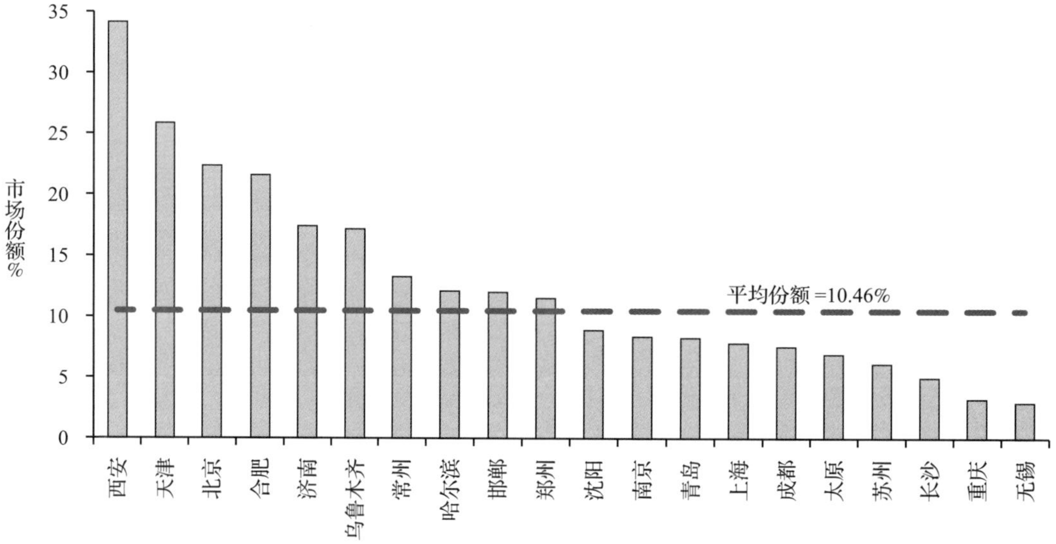


数据来源：CSM媒介研究

**图10　2014年文艺类频率在各城市的市场份额（%）**

市场竞争力大小受两个因素的影响：听众规模和忠实度。文艺类频率在西安和天津的听众规模较大，平均每天约有25%的听众收听文艺类频率，济南、北京和哈尔滨比较接近，约有15%的平均到达率；而在乌鲁木齐，该类频率的优势主要体现在听众忠实度上，即听众收听文艺类频率的时长较长，从而形成了较强的整体竞争力（图11）。

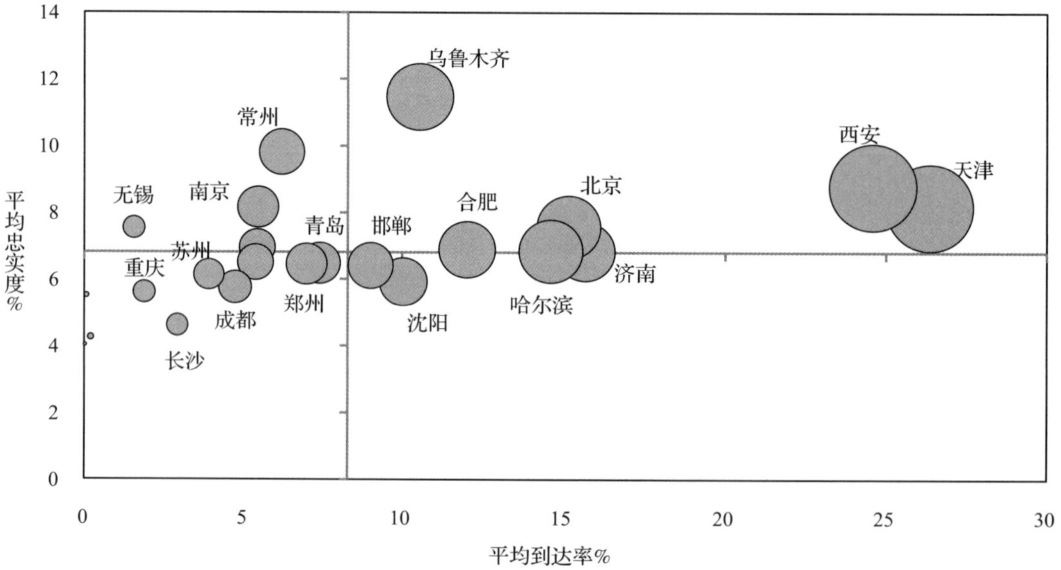


数据来源：CSM媒介研究

**图11　2014年文艺类频率在各城市的平均到达率和平均忠实度**

### 2. 文艺类频率在多个城市竞争力排名靠前

文艺类频率在多个城市的所有频率竞争力排名中跻身前三甲之列，包括西安、天津、北京、乌鲁木齐、哈尔滨、邯郸等地（表4）。

在有着深厚传统文艺文化特色的地区，文艺专业频率更显繁荣，例如在西安，除西安综艺广播FM102.4和陕西青春广播FM105.5等综合性文艺频率外，还有陕西秦腔广播FM101.1西安乱弹、陕西故事广播AM603和陕西戏曲广播AM747/FM107.8这类更为分众化的文艺频率；天津的天津相声广播AM567/FM92.1在当地取得榜眼之位，而在合肥市场，省级电台和市级电台均设有专业故事广播同场竞技（表4）。

表4 2014年文艺类频率在各城市的收听状况及排名

| 城市 | 排名 | 频率 | 收听率% | 市场份额% |
|---|---|---|---|---|
| 西安 | 3 | 西安广播电视台综艺广播FM102.4 | 0.54 | 8.63 |
| | 4 | 陕西广播电视台秦腔广播FM101.1西安乱弹 | 0.50 | 7.99 |
| | 8 | 陕西广播电视台青春广播FM105.5 | 0.42 | 6.72 |
| | 10 | 陕西广播电视台故事广播AM603 | 0.37 | 5.92 |
| | 13 | 陕西广播电视台戏曲广播AM747/FM107.8 | 0.31 | 4.89 |
| 天津 | 2 | 天津人民广播电台相声广播AM567/FM92.1 | 1.13 | 13.57 |
| | 5 | 天津人民广播电台文艺广播AM1098/FM104.6 | 0.68 | 8.14 |
| | 9 | 天津人民广播电台小说广播AM666 | 0.34 | 4.13 |
| 北京 | 2 | 北京人民广播电台文艺广播FM87.6/CFM93.8 | 0.78 | 15.21 |
| | 6 | 中央人民广播电台第九套节目文艺之声 | 0.18 | 3.63 |
| | 13 | 北京人民广播电台戏曲曲艺广播有线105.1 | 0.06 | 1.11 |
| | 14 | 北京人民广播电台长书广播有线104.3 | 0.05 | 0.94 |
| | 15 | 北京人民广播电台故事广播AM603/CFM89.1 | 0.04 | 0.85 |
| | 20 | 北京人民广播电台欢乐时光广播有线106.5 | 0.02 | 0.34 |
| | 23 | 中央人民广播电台娱乐广播AM747 | 0.02 | 0.30 |
| 合肥 | 4 | 合肥故事广播FM98.8 | 0.33 | 8.67 |
| | 6 | 安徽小说评书广播FM107.4 | 0.23 | 5.95 |
| | 11 | 合肥故事广播AM1170 | 0.16 | 4.06 |
| | 14 | 安徽戏曲广播FM99.5 | 0.11 | 2.89 |
| 济南 | 4 | 济南故事广播FM104.3 | 0.65 | 10.57 |
| | 6 | 济南电台文艺广播幸福调频FM100.5 | 0.30 | 4.91 |
| | 14 | 山东广播电视台iradio女主播电台FM97.5 | 0.12 | 1.95 |
| 乌鲁木齐 | 2 | 新疆人民广播电台FM107.4维吾尔语交通文艺广播 | 0.91 | 12.97 |
| | 8 | 新疆人民广播电台102.8故事广播FM102.8 | 0.30 | 4.22 |
| 常州 | 6 | 常州人民广播电台交通广播AM747 | 0.25 | 5.37 |
| | 9 | 常州人民广播电台音乐广播AM927 | 0.20 | 4.35 |
| | 11 | 常州人民广播电台经济广播AM1143 | 0.16 | 3.53 |

续表

| 城市 | 排名 | 频率 | 收听率% | 市场份额% |
|---|---|---|---|---|
| 哈尔滨 | 3 | 哈尔滨文艺广播 FM98.4 | 1.00 | 12.09 |
| 邯郸 | 3 | 邯郸人民广播电台娱乐广播 AM846/FM100.3 | 0.40 | 8.29 |
| | 9 | 邯郸人民广播电台故事广播 AM1098 | 0.17 | 3.46 |
| | 15 | 中央人民广播电台第九套节目文艺之声 | 0.01 | 0.24 |
| 郑州 | 7 | 河南人民广播电台娱乐 976 AM1143/FM97.6 | 0.26 | 6.65 |
| | 11 | 河南电台影视广播 My Radio FM90.0 | 0.12 | 3.09 |
| | 14 | 郑州文化娱乐广播私家汽车调频 FM91.8 | 0.07 | 1.76 |
| 沈阳 | 5 | 辽宁广播电视台文艺广播 FM95.9/FM101.8/AM1053 | 0.60 | 8.90 |
| 南京 | 12 | 江苏故事广播 AM1206 | 0.17 | 3.14 |
| | 14 | 南京故事广播 AM801/FM101.7 | 0.13 | 2.49 |
| | 16 | 江苏文艺广播 AM1053 | 0.09 | 1.67 |
| | 19 | 江苏文艺广播 FM91.4 | 0.05 | 1.04 |
| | 24 | 中央人民广播电台第九套节目文艺之声 | 0.00 | 0.05 |
| 青岛 | 6 | 青岛故事广播 FM95.2/AM1008 | 0.25 | 4.29 |
| | 9 | 青岛快乐 603 长书频率 AM603/FM100.7/FM99.5 | 0.18 | 3.13 |
| | 15 | 山东广播电视台 iradio 女主播电台 FM97.5 | 0.05 | 0.85 |
| 上海 | 5 | 上海戏剧曲艺广播 AM1197/FM97.2 | 0.29 | 5.95 |
| | 11 | 上海故事广播 FM107.2 | 0.09 | 1.90 |
| 成都 | 7 | 成都人民广播电台文化休闲频道 FM94.6/AM1485 | 0.22 | 6.09 |
| | 15 | 四川人民广播电台文艺广播快乐 900 FM90.0 | 0.05 | 1.38 |
| | 29 | 中央人民广播电台第九套节目文艺之声 | 0.00 | 0.06 |
| 太原 | 4 | 山西文艺广播 FM101.5 | 0.35 | 6.90 |
| 苏州 | 7 | 苏州戏曲广播 AM846 | 0.20 | 4.95 |
| | 15 | 上海戏剧曲艺广播 AM1197/FM97.2 | 0.02 | 0.54 |
| | 16 | 江苏故事广播 AM1206 | 0.02 | 0.40 |
| | 23 | 上海故事广播 FM107.2 | 0.01 | 0.17 |
| | 27 | 无锡广播电视台故事戏曲广播 AM1008 | 0.00 | 0.08 |
| 长沙 | 7 | 湖南人民广播电台文艺频道 FM97.5/FM96.9 | 0.13 | 5.00 |
| 重庆 | 7 | 重庆人民广播电台文艺广播 FM103.5 | 0.11 | 3.24 |
| 无锡 | 11 | 无锡广播电视台故事戏曲广播 AM1008 | 0.10 | 2.43 |
| | 16 | 江苏文艺广播 AM1053 | 0.01 | 0.23 |
| | 17 | 苏州戏曲广播 AM846 | 0.01 | 0.14 |
| | 18 | 上海戏剧曲艺广播 AM1197/FM97.2 | 0.00 | 0.12 |
| | 26 | 常州人民广播电台交通广播 AM747 | 0.00 | 0.02 |
| | 28 | 上海故事广播 FM107.2 | 0.00 | 0.01 |

数据来源：CSM 媒介研究

## 四、结语

综上所述，文艺类频率2014年的整体市场份额为10.46%，基本保持了上一年的水平，稳守第四位；但在市场整体收听率走低的影响下，文艺类频率的听众规模和人均收听时长均有下跌，逐渐被前3位拉大了差距；听众忠实度逆势上扬，仍居市场首位。听众主要在家收听文艺类频率，人均收听时长远高于其他场所，因而广播听众“在家”收听时长的下跌对文艺类频率影响较大。从听众特点来看，文艺类频率相比所有频率，整体更偏向于中低学历和老年听众人群。从节目内容上看，综艺娱乐报道和其他类型文艺节目对年轻听众有着较大的吸引力，因而可以在节目内容和结构上进行优化，以进一步开发年轻听众市场，在稳固听众忠实度的基础上扩展听众数量规模，从而加强文艺类频率的整体竞争力和影响力。

（作者：何庆金）

# 2014年都市生活类频率收听状况分析

随着社会经济的飞速发展，听众对与生活日益相关的资讯信息的需求也在日益增长，这为都市生活类频率的发展提供了新的机遇。本文依据CSM媒介研究2012年至2014年能打通的33个城市的收听调查数据，简要分析都市生活类频率在专业广播频率中的竞争地位，同时使用2014年全国35个城市的收听调查数据，剖析2014年都市生活类频率的收听特点、听众特征及都市生活类频率在不同城市的收听表现。①

## 一、都市生活类频率在专业广播频率中的竞争地位

### 1. 广播收听市场整体呈下滑态势

2014年广播收听市场整体收听率持续走低，较上一年同期下降幅度达到了3.9%，收听率仅为5.1%。从不同年龄层听众的收听率来看，广播收听市场仍然以中老年听众为主体，随着年龄的降低，其收听率也逐步下降。2014年，65岁及以上老年人群的收听率为8.7%，较2013年略有回升，但仍未追平2012年的同期水平；其余各年龄层听众的收听率同比前两年均有不同程度的下跌（图1）。

### 2. 都市生活类频率市场份额略有回升，仍位列第五

通过比较各类专业频率在2012年至2014年的市场份额，可以看出各类专业频率的竞争地位。由2014年广播收听市场各专业频率的市场份额可见，都市生活类频率的市场份额为8.3%，略高于2013年的8.1%，但仍略低于2012年的水平；2014年新闻综合类频率继续稳居各类频率之首，市场份额持续稳步提升，达到27.7%；交通类频率的市场份额首次出现下降现象，2014年市场份额略低于上一年，为23.1%；音乐类频率以其良好的伴随收听特征，在2012年至2014年间均呈现持续稳步增长的趋势；文艺类频率与经济类频率相似，市场份额均呈下降态势。近三年来，各类型频率发展趋势各异，但从竞争格局来看，都市生活类频率的竞争地位相对稳定，市场份额仍排名第5位（图2）。

---

① 如无特殊说明，本文涉及的历年对比的数据范围为2012年至2014年四个调查波次能打通的33城市组合数据，仅涉及2014年的数据为当年35城市组合数据，目标听众为10岁及以上所有推及人口，时间段为全天。

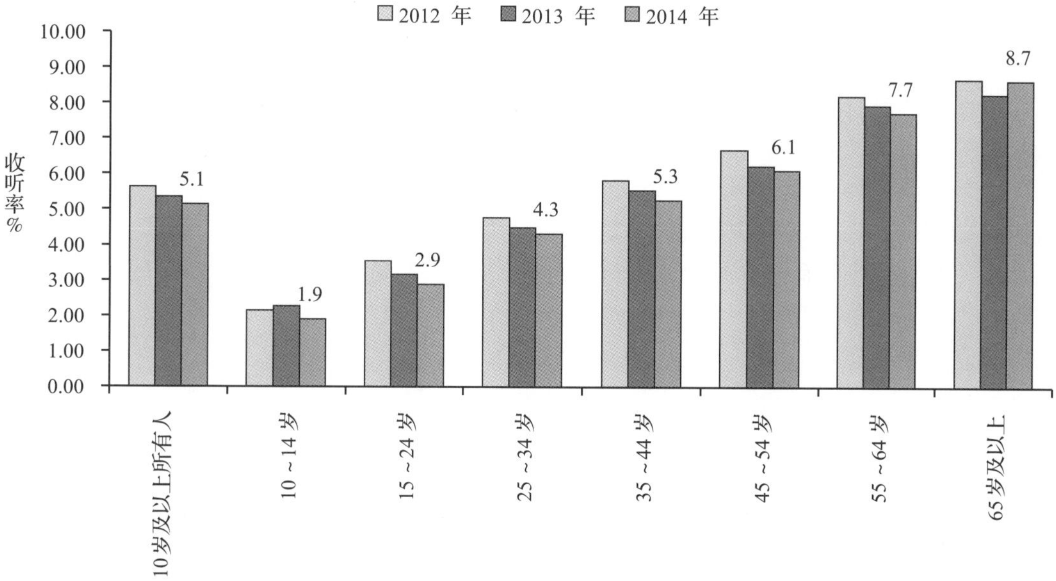


数据来源：CSM 媒介研究

**图 1　2012～2014 年广播收听市场所有频率不同年龄听众的收听率（%）**

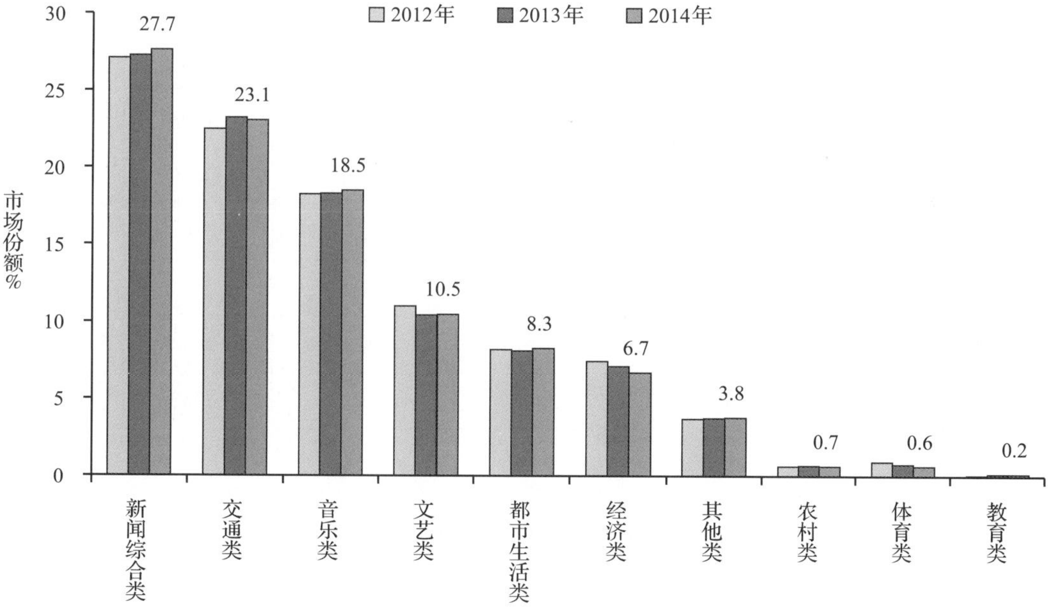


数据来源：CSM 媒介研究

**图 2　2012～2014 年广播收听市场各专业频率的市场份额（%）**

### 3. 都市生活类频率听众规模略有缩减，忠实程度稳步提升

听众规模和忠实度是衡量广播频率竞争力强弱的两个重要表现因素，我们通常用到达率来体现各专业频率的听众规模，反映听众收听的广度；用忠实度来反映听众收听的

深度，反映在发生收听行为的听众中有多大比例是从始至终收听的。

2014年，都市生活类频率的到达率为24.70%，较2013年略有下降，但在各类型频率中的排名仍保持位列第4。随着汽车保有量的不断增加，听众在车上较多地收听交通类频率，交通类频率在2014年超越新闻综合类频率而居各类型频率到达率排名之首。新闻综合类和音乐类频率的听众规模也遥遥领先于其他各类型频率。分析各类型频率的听众忠实度可以发现，都市生活类频率2014年的听众规模虽有所缩减，但听众忠实度较2013年则有所增长，说明收听该类型频率的听众规模虽然有所减少，但忠实听众收听的时间反而在稳步增长，这说明都市生活类频率对其核心收听群体的吸引力正在逐步提升（表1）。

**表1　2012～2014年各类型频率的听众到达率（%）和忠实度（%）**

| 频率 | 到达率% | | | 忠实度% | | |
|---|---|---|---|---|---|---|
| | 2012年 | 2013年 | 2014年 | 2012年 | 2013年 | 2014年 |
| 交通类 | 51.94 | 50.70 | 49.06 | 2.44 | 2.45 | 2.42 |
| 新闻综合类 | 52.22 | 51.00 | 48.41 | 2.93 | 2.86 | 2.93 |
| 音乐类 | 49.87 | 48.58 | 46.62 | 2.07 | 2.02 | 2.04 |
| **都市生活类** | 27.62 | 25.79 | 24.70 | 1.68 | 1.68 | 1.72 |
| 经济类 | 26.03 | 23.78 | 22.60 | 1.62 | 1.61 | 1.53 |
| 文艺类 | 24.27 | 22.70 | 21.80 | 2.56 | 2.46 | 2.47 |
| 其他类 | 12.42 | 11.98 | 12.25 | 1.69 | 1.68 | 1.59 |
| 体育类 | 3.99 | 3.08 | 2.98 | 1.36 | 1.34 | 1.11 |
| 农村类 | 3.47 | 3.30 | 2.86 | 1.08 | 1.16 | 1.17 |
| 教育类 | 0.47 | 0.75 | 0.77 | 0.96 | 1.13 | 1.20 |

数据来源：CSM媒介研究

### 4. 都市生活类频率在家收听的竞争优势明显

实际听众的收听量也是影响频率竞争力的重要指标之一。2014年，广播收听市场各类型频率的人均收听时长（听众）显示，听众在所有场所收听都市生活类频率的人均收听时长为99.5分钟，排在各类型频率的第4位，收听时长略低于交通类频率，略高于经济类、音乐类和农村类频率。从不同收听场所的收听情况来看，听众在工作/学习场所收听都市生活类频率的时间相对最长，达到101.0分钟，其次是在家收听。从各类型频率间的竞争关系来看，都市生活类频率在家收听的表现相对于其他场所更突出，仅低于文艺类和新闻综合类频率，排在第3位（表2）。

表2　2014年各类型频率在不同收听场所的人均收听分钟数（听众）

| 频率 | 所有场所 | 在家 | 车上 | 工作/学习场所 | 其他场所 |
|---|---|---|---|---|---|
| 文艺类 | 109.0 | 107.2 | 91.8 | 114.9 | 91.7 |
| 新闻综合类 | 107.0 | 106.4 | 82.4 | 107.3 | 86.7 |
| 交通类 | 102.7 | 95.0 | 100.4 | 125.0 | 77.5 |
| **都市生活类** | 99.5 | 100.3 | 83.2 | 101.0 | 81.5 |
| 经济类 | 96.0 | 96.4 | 77.4 | 101.9 | 81.6 |
| 音乐类 | 95.7 | 90.0 | 90.5 | 106.9 | 85.4 |
| 农村类 | 94.5 | 95.7 | 86.8 | 90.9 | 70.8 |
| 其他类 | 93.7 | 92.9 | 82.0 | 115.9 | 74.2 |
| 教育类 | 87.5 | 83.4 | 92.7 | 85.1 | 56.0 |
| 体育类 | 80.6 | 78.0 | 81.5 | 88.1 | 82.3 |

数据来源：CSM媒介研究

## 5. 都市生活类频率全天收听走势较为平稳，无明显优势时段

比较不同类型的广播频率，全天的收听走势都具有各自鲜明的特点。都市生活类频率全天收听走势相比其他频率较为平稳，没有出现特别明显的波峰。新闻综合类广播频率在早间时段收听率一枝独秀，引领全天收听；交通类和音乐类频率在早晚上下班时段均有较突出的收听表现；其余类型频率与都市生活类广播频率的全天走势基本趋同，均没有出现较明显的收听高峰（图3）。

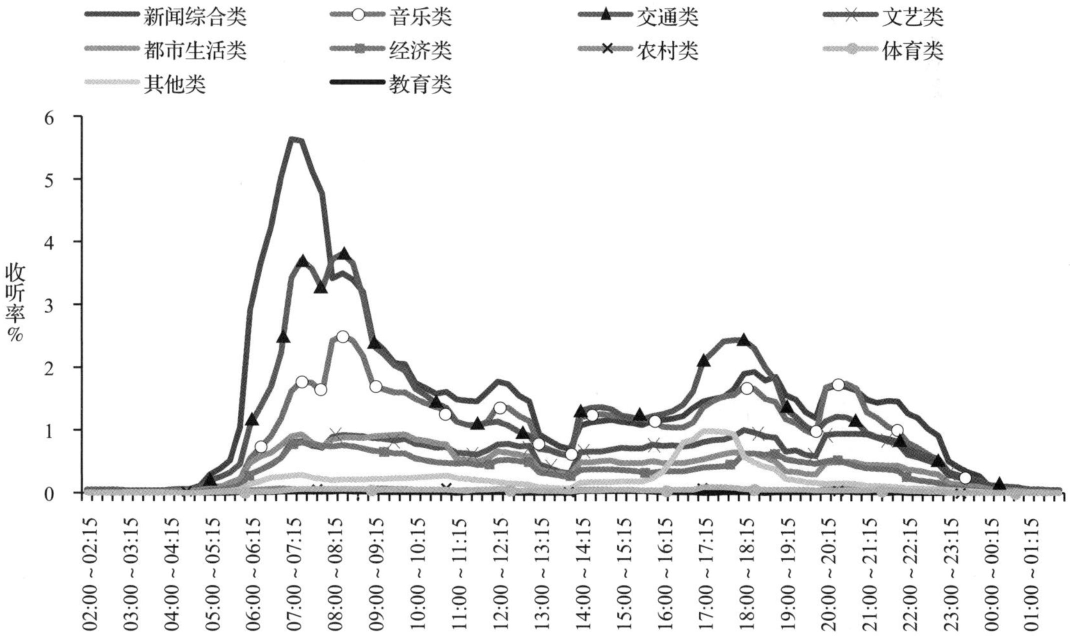


数据来源：CSM媒介研究

图3　2014年广播收听市场各专业频率全天收听率走势

## 二、都市生活类频率的收听特点

### 1. 都市生活类频率工作日与周末全天收听走势趋同

2014 年，都市生活类频率工作日与周末全天收听率走势基本相似，全天呈现早间、午间、傍晚和晚间 4 个收听小高峰。工作日的收听水平在早间 6:00～8:15 时段、午间 12:00～14:00 时段和傍晚 17:00～19:00 时段均明显高于休息日；而在上午 8:00～11:00 时段，休息日的收听水平则较工作日有一定提升，下午时段工作日和周末的收听曲线基本重合，听众在周末的作息安排使得收听时间的选择更为灵活，不仅仅局限于早、晚上下班的时段（图 4）。

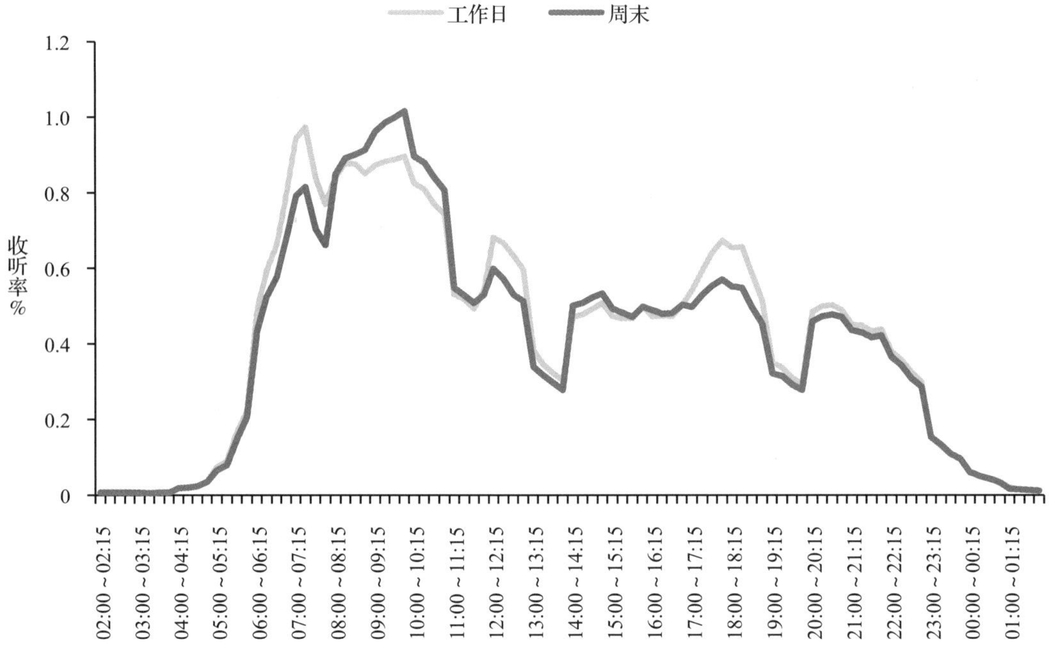


数据来源：CSM 媒介研究

**图 4　2014 年都市生活类频率工作日与周末全天收听率走势比较**

### 2. 都市生活类频率各周天收听量相差不大

从 2014 年都市生活类频率与所有频率在所有场所不同周天的收听量中我们可以发现，所有频率在周一的收听量最大，人均收听时间为 77.7 分钟；受部分广播电台停机检修的影响，周二的收听量出现明显下降，人均收听时间仅为 70.7 分钟；周三至周五所有频率的收听量较周二均有一定回升，所有频率在工作日的平均收听量均高于休息日。都市生活类频率的收听情况与所有频率相似，周二是全周工作日中人均收听量最低的，仅有 5.8 分钟；周六的收听量相对也较低。整体来看，都市生活类频率在工作日和周末的人均收听量差别不大（图 5）。

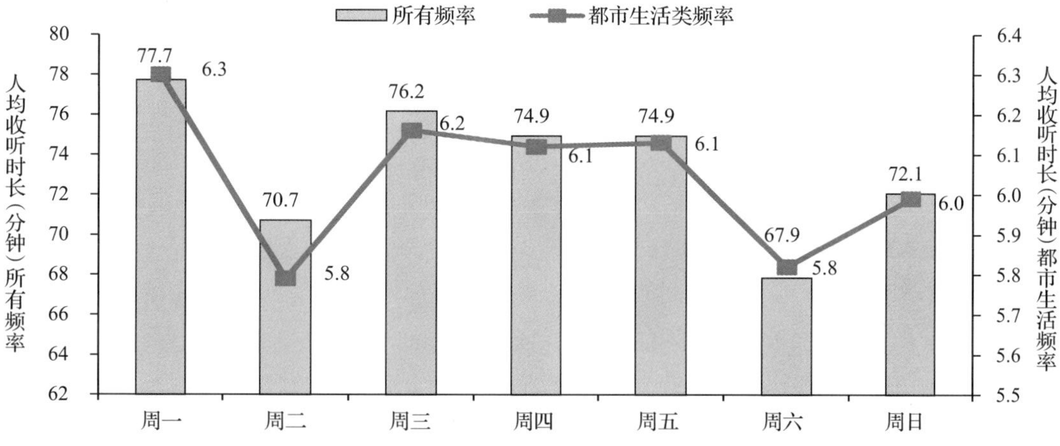


数据来源：CSM 媒介研究

**图 5　2014 年都市生活类频率与所有频率在不同周天的人均收听分钟数**

### 3. 在家是都市生活类频率的主要收听场所

在家收听撑起了都市生活类频率全天的收听表现（图 6），早高峰出现在早间6:30～7:30,收听率峰值为 0.7%；随着一天的工作、学习拉开帷幕，在家的收听量从10:30后出现下滑，直到午间 12:00 左右收听率才小幅回升；下午时段的收听率较午间时段也有较明显的下滑，傍晚 18:00～19:00 形成全天收听的次高峰，同时拉动夜晚时段的收听率。

都市生活类频率在车上和工作/学习场所也有较好的收听表现且在全天分时段收听表现上呈现出一定程度的互补性。早间上班时段和傍晚下班时段的车上收听率相对较高，午间 11:00～14:00 时段在工作/学习场所的收听表现较为突出(图 6)。

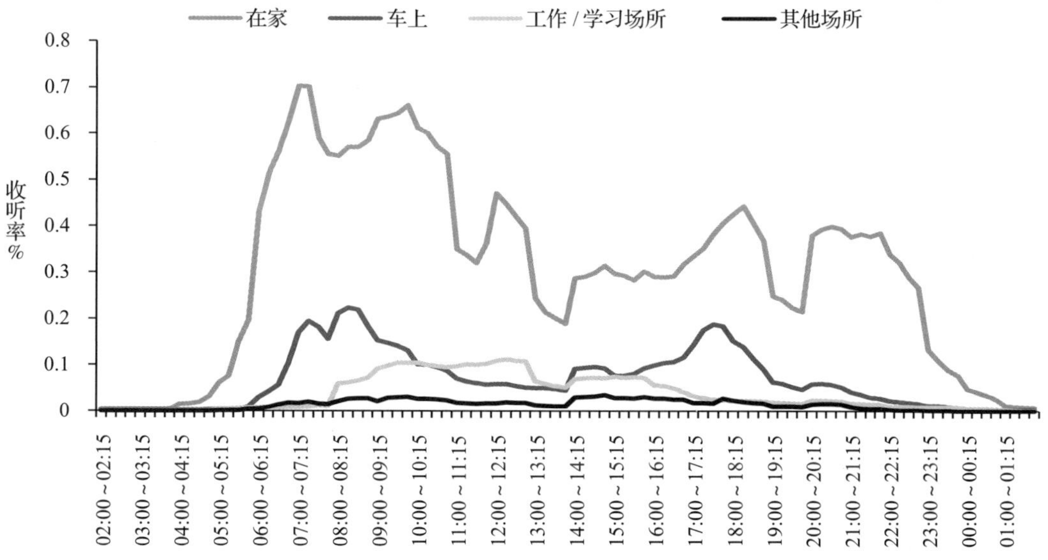


数据来源：CSM 媒介研究

**图 6　2014 年都市生活类频率在不同场所的全天收听率走势**

## 三、都市生活类频率的听众特征

### 1. 女性、45岁及以上、高中及以下学历、月收入2500元及以下的听众更偏爱收听都市生活类频率

2014年，都市生活类频率的听众构成与所有类型广播频率的听众构成具有相似之处，35～54岁、初高中学历、个人月收入2501元及以上的听众所占比例较高；女性、45岁及以上、高中以下学历、个人月收入2500元及以下的听众更偏爱收听都市生活类频率（图7）。

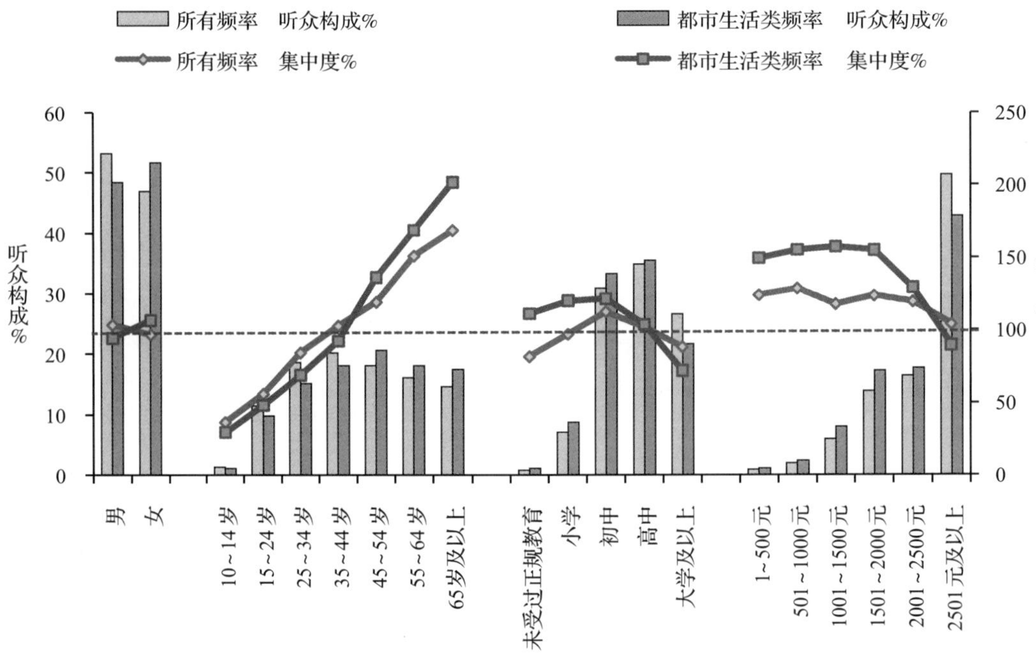


数据来源：CSM媒介研究

图7　2014年都市生活类频率的听众构成（%）和集中度（%）

### 2. 不同收听场所都市生活类频率听众特征差异较大

从不同场所都市生活类频率的听众特征来看，在家的听众中，女性、45岁及以上、初高中学历、个人月收入2501元及以上的听众占有较大比例；在车上听众中，男性、25～44岁、高中以上学历、个人月收入2501元及以上的听众相对较多；在工作/学习场所，女性、35～54岁、初高中受教育程度、个人月收入2501元及以上的听

众占比较大。而从集中度的角度来看，女性、45岁及以上、高中以下学历、个人月收入2500元及以下的听众更偏爱在家收听都市生活类频率；男性、25～54岁中青年、高中以上教育程度、个人月收入2501元及以上的听众更倾向于在车上收听；而女性、35～54岁、中等受教育程度，个人月收入1001元及以上的听众则更偏向于选择在工作/学习场所收听该类频率（图8）。

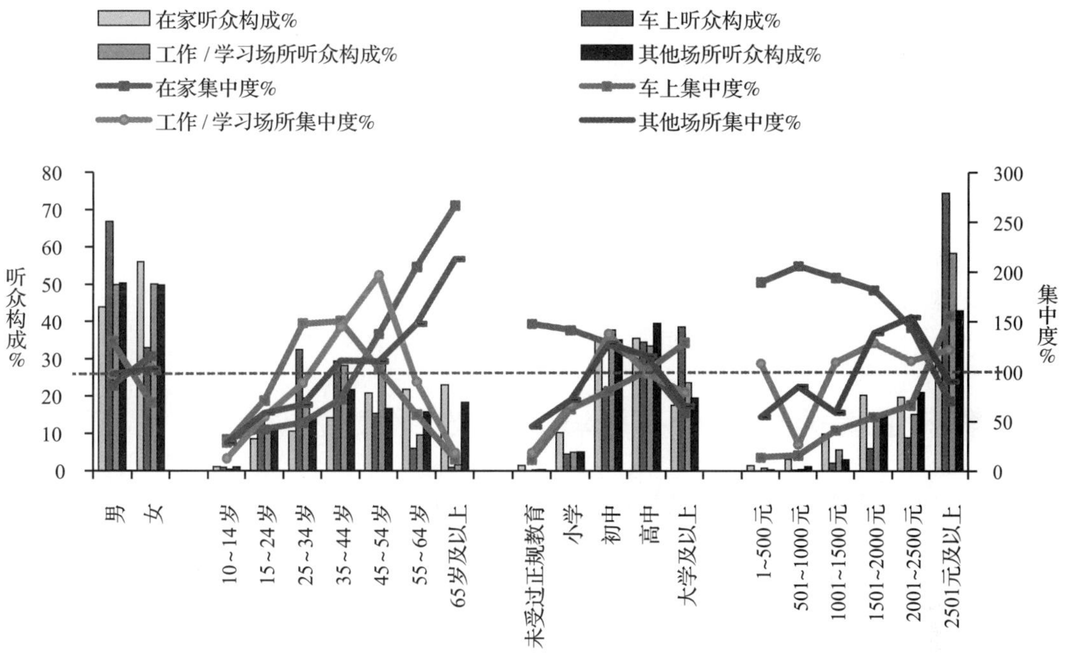


数据来源：CSM媒介研究

**图8　2014年不同收听场所都市生活类频率的听众构成（%）和集中度（%）**

## 3. 女性、45～54岁、中低受教育程度、中低月收入听众收听时间较长

从2014年不同目标听众收听都市生活类频率的人均收听时长来看，女性听众人均收听的时长为6.4分钟、男性听众为5.7分钟，女性收听时长略高于平均值；从不同年龄层来看，45岁及以上听众人均收听的时长均超过8分钟，明显高于其他年龄层的听众；从受教育背景来看，中低受教育程度的听众收听该类频率的时长略高于较高受教育程度的听众；从收入水平来看，个人月收入2500元及以下的听众普遍收听时间较长。总体而言，女性、中老年人、中低教育背景和中低收入者收听都市生活类频率的时间相对更长(图9)。

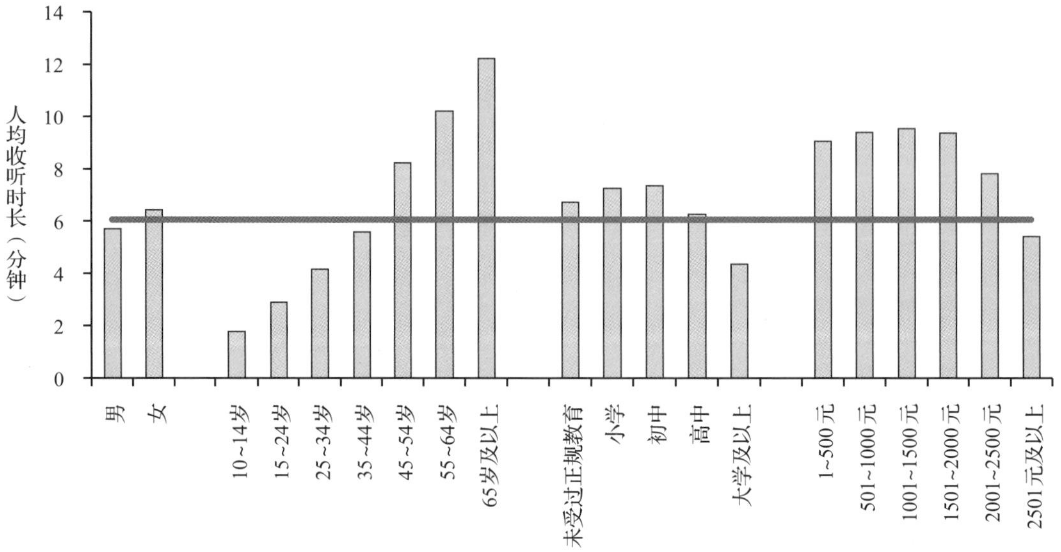


数据来源：CSM 媒介研究

**图 9　2014 年都市生活类频率各目标听众人均收听时长对比**

# 四、都市生活类频率在不同城市的收听表现

## 1. 都市生活类频率在不同城市的收听率差异明显

从 2014 年都市生活类频率在不同城市的收听率不难发现，都市生活类频率在不同城市的收听率差异明显（图 10）。2014 年在全国 35 个调查城市，该类频率的平均收听率为 0.4%，

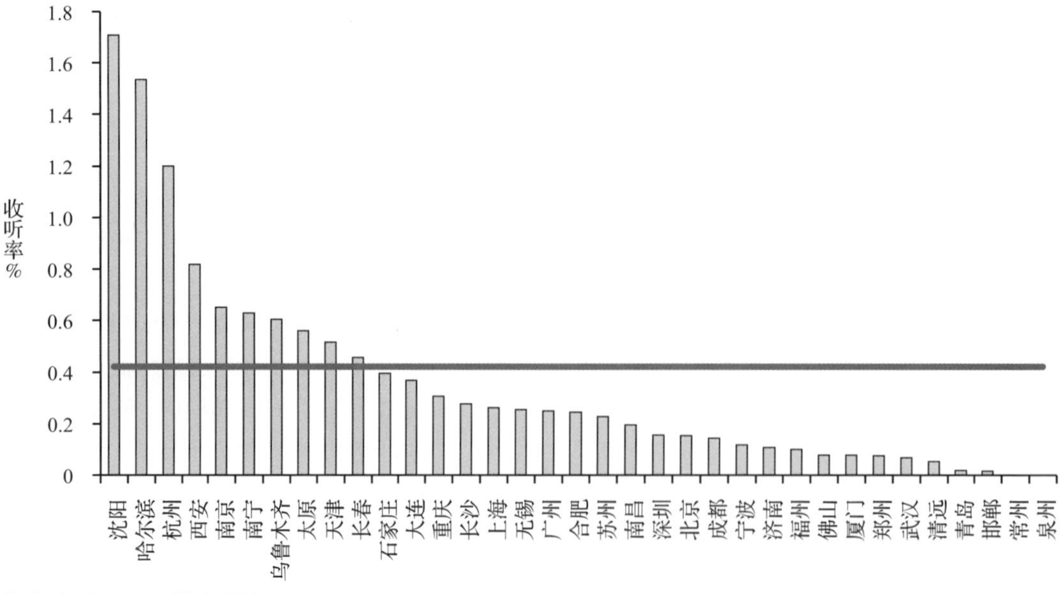


数据来源：CSM 媒介研究

**图 10　2014 年都市生活类频率在不同城市的收听率（%）**

在这35个城市中仅有10个城市的收听率高于平均值，占不足1/3的比例。其中，在沈阳的收听率最高，达到1.7%；在哈尔滨的收听效果也较好，收听率排名第2，为1.5%；在杭州的收听率也超过1%，略高于其他城市。西安、南京、南宁、乌鲁木齐、太原、天津和长春7个城市的收听率也高于平均水平，排名后几位的城市收听率相对较低。

### 2. 都市生活类频率在大多数城市的市场份额排名比较靠后

2014年，都市生活类频率在大多数城市的市场份额排名都比较靠后，只有在长沙、大连、哈尔滨、杭州、南宁、沈阳、太原、乌鲁木齐、西安和重庆10个城市进入了当地频率排名的前5位。其中，广西电台教育广播（私家汽车930）FM93.0在南宁地区、辽宁广播电视台都市广播FM92.1/AM1341在沈阳地区和陕西广播电视台都市广播FM101.8/AM1008在西安地区均具有较强的竞争力，稳居当地市场份额排名的第1位。黑龙江广播97频道（爱家频道）FM97.0在哈尔滨地区的收听效果也较好，位居市场份额排名的第2位（表3）。

**表3　2014年都市生活类频率在各城市的市场份额及排名**

| 城市 | 频率 | 市场份额% | 当地排名 |
|---|---|---|---|
| 北京 | 中央人民广播电台第四套节目都市之声 | 1.93 | 12 |
| | 北京城市广播FM107.3/AM1026/CFM91.9 | 0.76 | 17 |
| | 北京人民广播电台爱家广播AM927/CFM92.7 | 0.32 | 21 |
| 长春 | 吉林人民广播电台健康娱乐广播FM101.9 | 4.14 | 7 |
| | 长春人民广播电台城市精英广播FM99.6/AM585 | 2.87 | 11 |
| | 吉林人民广播电台旅游广播FM103.3 | 2.08 | 14 |
| 长沙 | 湖南金鹰955 FM95.5 | 9.51 | 3 |
| | 湖南旅游频道FM106.9 | 0.69 | 16 |
| 常州 | 江苏人民广播电台金陵之声FM99.7 | 0.00 | 21 |
| 成都 | 四川人民广播电台旅游生活广播FM97.0 | 2.61 | 11 |
| | 四川人民广播电台天府之声私家汽车广播FM92.5 | 1.19 | 17 |
| 大连 | 大连人民广播电台第六套广播都市广播FM99.1 | 7.11 | 3 |
| 佛山 | 广东广播电视台南方生活广播FM93.6/AM999 | 1.04 | 14 |
| | 广东广播电视台城市之声FM103.6 | 0.33 | 20 |
| 福州 | 海峡之声汽车生活广播FM90.6 | 2.89 | 14 |
| 广州 | 广东广播电视台南方生活广播FM93.6/AM999 | 5.82 | 6 |
| | 广东广播电视台城市之声FM103.6 | 1.48 | 12 |
| 哈尔滨 | 黑龙江广播97频道（爱家频道）FM97.0 | 15.09 | 2 |
| | 黑龙江生活广播（私家汽车频道）FM104.5 | 3.57 | 9 |
| 杭州 | 私家汽车107快乐广播城市之声FM107/AM1530 | 10.82 | 3 |
| | FM104.5女主播电台（旅游之声）FM104.5/AM603 | 5.68 | 8 |
| | 杭州丽人广播FM102.1 | 0.06 | 17 |
| 合肥 | 安徽生活广播FM105.5 | 5.09 | 8 |
| | 安徽旅游广播FM106.5 | 1.22 | 21 |

续表

| 城市 | 频率 | 市场份额% | 当地排名 |
|---|---|---|---|
| 济南 | 山东广播电视台广播生活频道 FM105 | 1.75 | 15 |
| 南昌 | 江西民生广播 FM101.9 | 4.06 | 9 |
| | 江西都市广播 FM106.5 | 3.46 | 12 |
| | 江西旅游广播 FM97.4 | 2.48 | 17 |
| 南京 | 南京经济台 AM900/FM98.1 | 4.72 | 8 |
| | 江苏人民广播电台金陵之声 FM99.7 | 3.79 | 10 |
| | 江苏健康广播 AM846/FM100.5 | 3.08 | 13 |
| | 南京城市管理广播 FM96.6/AM1170 | 0.67 | 21 |
| 南宁 | 广西电台教育广播（私家汽车 930）FM93.0 | 16.69 | 1 |
| | 南宁人民广播电台成功 895 FM89.5 | 1.44 | 10 |
| 宁波 | 上海东方都市广播 AM792/FM89.9 | 0.68 | 16 |
| 青岛 | 山东广播电视台广播生活频道 FM105 | 0.30 | 19 |
| 清远 | 广东广播电视台南方生活广播 FM93.6/AM999 | 0.97 | 15 |
| | 广东广播电视台城市之声 FM103.6 | 0.50 | 18 |
| 厦门 | 厦门旅游广播 AM1008/FM94 | 2.33 | 9 |
| 上海 | 上海东方都市广播 AM792/FM89.9 | 5.45 | 8 |
| 深圳 | 广东广播电视台南粤之声（汽车优悦广播）FM105.7 | 1.93 | 13 |
| | 宝安广播频率缤纷 FM104.3 | 1.76 | 14 |
| | 龙岗区广播电台星光 FM99.1 | 0.58 | 17 |
| | 广东广播电视台城市之声 FM103.6 | 0.26 | 19 |
| 沈阳 | 辽宁广播电视台都市广播 FM92.1/AM1341 | 18.44 | 1 |
| | 辽宁广播电视台生活广播 FM103.4/FM90.4/AM882 | 7.03 | 6 |
| 石家庄 | 河北人民广播电台生活广播 AM747/FM89 | 4.72 | 8 |
| | 河北电台旅游文化广播 AM603/AM1521/FM100.3 | 2.31 | 13 |
| 苏州 | 苏州广播电视总台生活广播 FM96.5 | 5.45 | 6 |
| | 上海东方都市广播 AM792/FM89.9 | 0.19 | 21 |
| | 无锡广播电视台都市生活广播 FM88.1 | 0.09 | 26 |
| 太原 | 山西广播电视台健康之声广播 FM105.9 | 11.04 | 3 |
| 天津 | 天津人民广播电台生活广播 FM91.1/AM1386 | 5.87 | 6 |
| | 河北人民广播电台生活广播 AM747/FM89 | 0.33 | 14 |
| 乌鲁木齐 | 新疆人民广播电台城市广播私家汽车调频 FM92.9 | 8.60 | 3 |
| 无锡 | 无锡广播电视台都市生活广播 FM88.1 | 6.36 | 7 |
| 武汉 | 湖北省广播电视总台生活广播 auto radio FM96.6 | 1.87 | 12 |
| 西安 | 陕西广播电视台都市广播 FM101.8/AM1008 | 10.21 | 1 |
| | 陕西都市快报广播版 FM99.9 | 2.79 | 15 |
| 郑州 | 郑州人民广播电台 FM88.9/AM1008 | 1.06 | 17 |
| | 河南电台城市之声 AM1332/FM106.6 | 0.84 | 19 |
| 重庆 | 重庆人民广播电台都市频率 FM93.8 | 9.31 | 4 |

数据来源：CSM 媒介研究

## 五、结语

纵观都市生活类频率近年的收听数据不难发现，该类频率整体竞争实力稳定，听众规模虽略有缩减，但听众忠实度稳步增长，说明都市生活类频率对听众的吸引力正在逐步提升。面对逐渐萎靡的广播收听市场以及其他类型广播频率的竞争，都市生活类频率只有继续提高节目质量，优化节目编排，实行差异化竞争，不断提升自身竞争力，才能更有效地吸引更多听众的注意力。

（作者：张嫣）

# 2014 年巴西世界杯期间广播市场动态

北京时间2014年6月13日凌晨4:00，足球世界杯在“足球王国”巴西拉开帷幕，大力神杯在南美洲延续它的传承，又一次点燃世界人民对足球运动的热情。广播媒体也由此为听众呈现了一场世界杯盛宴。体育广播频率当仁不让，其他频率也纷纷报道了世界杯相关节目，争夺听众收听市场。本文利用CSM媒介研究全国连续调查城市①的收听调查数据，简要回顾2014年巴西世界杯期间②全国广播的收听情况。

## 一、世界杯期间广播整体表现

### 1. 世界杯期间广播媒体不温不火

2014年巴西世界杯期间，广播媒体的人均每日收听时长为72分钟，相比2014年1~5月略有增长。与2010年南非世界杯期间③相比，虽然人均收听时长下降，但与世界杯开始前月份相比，增幅基本相同（图1）。

相比电视媒体能够通过图像和声音直击赛场的点滴，广播媒体只能通过声音向听众传达赛事的情况，点评运动员的表现，其表现力远不如电视媒体。而本届世界杯赛程主要集中在北京时间的深夜及凌晨，听众往往在家或在外面有氛围的场所直接在电视上收看比赛④，因而，广播媒体在巴西世界杯期间的表现不温不火（图1）。

① 2014年CSM媒介研究收听率连续调查城市包括北京、长春、常州、成都、重庆、大连、广州、邯郸、杭州、哈尔滨、合肥、济南、南昌、南京、南宁、宁波、上海、沈阳、深圳、石家庄、苏州、太原、乌鲁木齐、无锡和郑州25个城市。

② 如无特殊说明，本文中的“世界杯期间”指2014年6月13日~7月14日。

③ “南非世界杯期间”指2010年6月11日~7月12日。

④ 如无特殊说明，收视数据为基于71城市组数据，目标观众为4岁及以上所有电视人口。

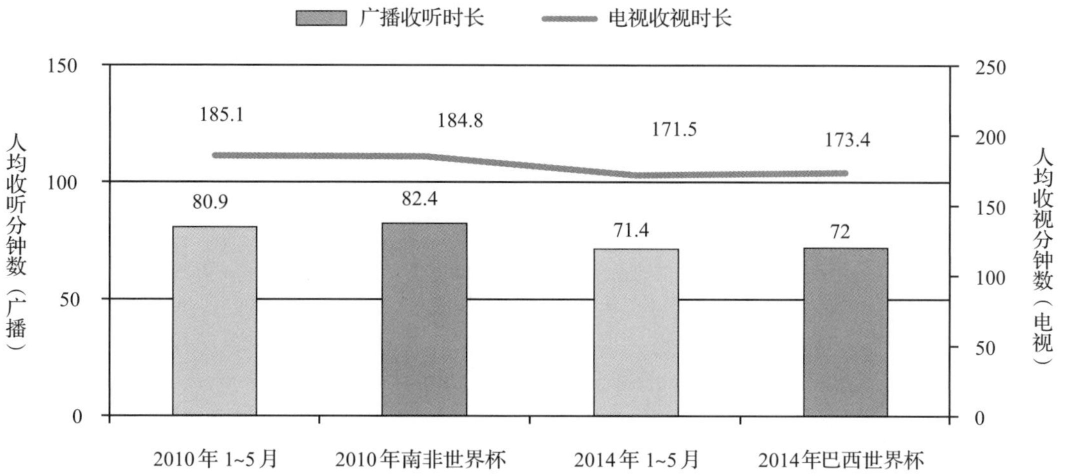


数据来源：CSM媒介研究

**图1　世界杯期间与前5个月广播人均收听时长/电视人均收视时长对比**

## 2. 世界杯播出时段电视收视增量较为明显，广播收听变化不大

由于时差关系，本届世界杯播出时间集中在深夜至凌晨时段。相较2014年的1~5月，世界杯期间电视收视率的提升主要集中在深夜24:00至早晨08:00。而在该时段，广播媒体收听率也同样有一定的增长，但变化并不大，与常态走势基本吻合。

无论是对广播媒体还是对电视媒体来讲，世界杯赛事并没有颠覆人们的日常收听/收视习惯，略微的差异体现为深夜至凌晨时段收听率/收视率略有提升，而在直播赛事前的晚间黄金时段18:00~21:30，电视收视率有较为明显的下降（图2）。

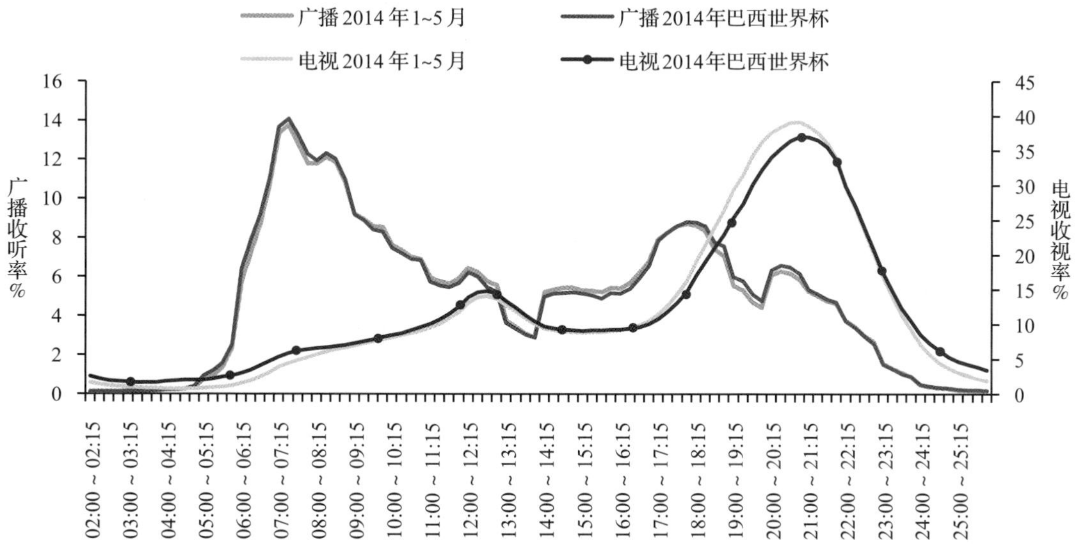


数据来源：CSM媒介研究

**图2　2014年巴西世界杯期间与前5个月广播全天收听率走势/电视全天收视率走势对比**

## 二、体育广播节目及频率收听情况

### 1. 几个主要城市广播体育节目播出量上升，收听量基本同步增长

万众瞩目的2014年巴西世界杯赛事期间，在北京、上海、广州、深圳四地的广播节目播出中，体育节目的播出量上升较为明显，占全天节目播出总量比重的增长幅度都超过10.00%，其中以广州、深圳地区播出比重的增幅最明显，广州全天体育节目播出比重超过4.00%，涨幅达到92.00%，深圳的体育节目播出比重也从原来的1.33%上升至2.64%，涨幅达到98.00%。北京、上海的体育节目播出量同样也有所上升，播出比重的增幅均超过10.00%（图3）。

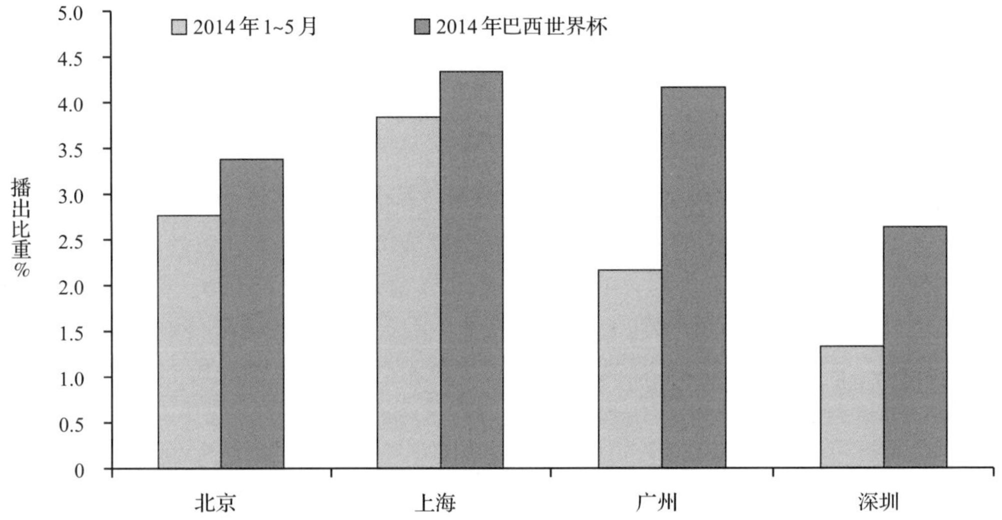


数据来源：CSM媒介研究

**图3　2014年巴西世界杯期间与前5个月北京、上海、广州、深圳四地体育节目播出比重对比**

2014年巴西世界杯期间，随着体育节目播出比重的上升，体育节目的收听比重在上海、广州、深圳也呈现出不同程度的上升态势，而在北京，收听比重则略有下降（图4）。北京体育节目的收听比重从世界杯之前的2.10%下降到了世界杯期间的1.81%，降幅为13.80%。与此相反，广州地区的体育节目收听比重与骤升的播出比重呈正比例上扬，全天体育节目的收听比重由世界杯前的2.90%上升到世界杯期间的5.37%，上涨幅度为85.00%（图4）。

### 2. 体育类频率市场份额略有上升，但增幅较小

在巴西世界杯赛事期间，体育类频率自然是球迷们关注的焦点，其市场份额也从世界杯之前的0.86%上升至1.02%，但激烈的赛事并未打破听众的收听格局。同样份额有所上升的还有都市生活类频率、交通类频率和新闻类频率；而农村类频率、文艺类频率和经济类频率等则有不同程度的下滑（图5）。

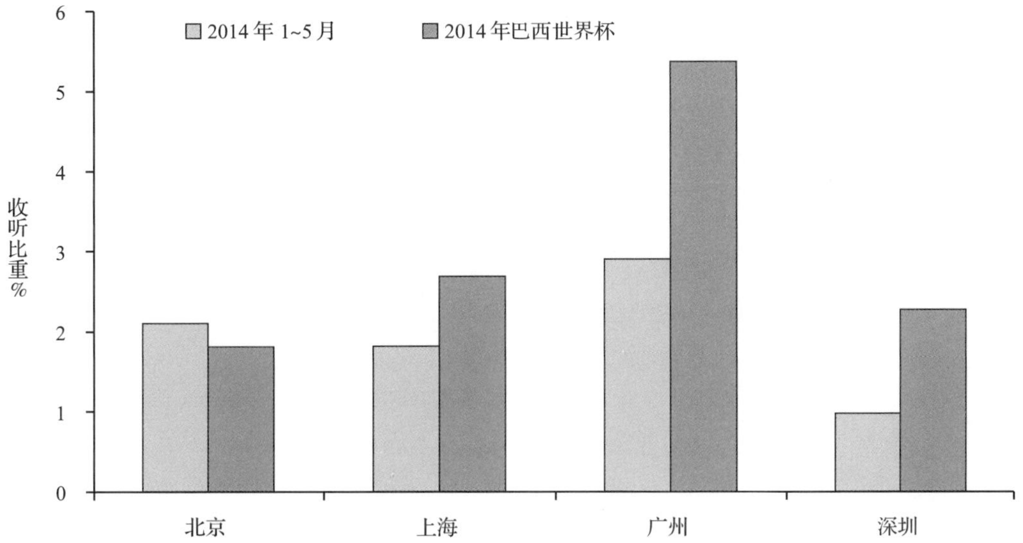


数据来源：CSM 媒介研究

图 4 2014 年巴西世界杯期间与前 5 个月北京、上海、广州、深圳四地体育节目收听比重对比

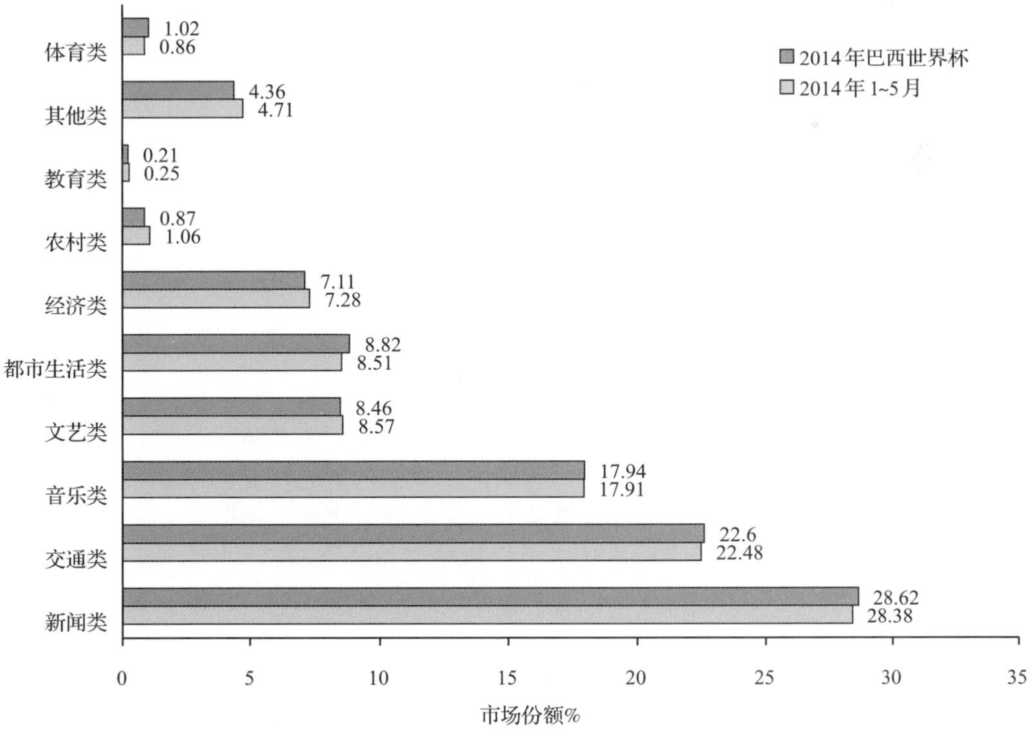


数据来源：CSM 媒介研究

图 5 2014 年巴西世界杯期间与前 5 个月全国连续调查城市各类别频率市场份额对比

### 3. 体育类频率火力全开，但整体影响较小

世界杯期间，体育类频率是向广大听众传播赛事的主力军，各主要城市体育类频率的市场份额也有所提升。上海五星体育广播的市场份额从2014年1~5月的1.54%上升到了世界杯期间的2.73%，上升幅度最为明显，达到77.27%，在当地的排名也上升了2位，跃进前10名。山东体育休闲频道在济南地区也有较大的增长幅度，市场份额从1.07%上升至1.27%，上升幅度为18.69%，在当地排名保持不变。北京人民广播电台体育广播的市场份额也有小幅上升，世界杯期间达到了3.03%，排名也从第9位提升到了第7位。大连人民广播电台第三套广播体育广播在当地排名保持不变，市场份额从4.79%小幅上升至4.91%，增幅也达到了2.51%（表1）。

世界杯是最受瞩目的赛事之一，体育类频率也在此期间火力全开，积极报道赛事，与听众分享赛况，不过市场份额的增长和排名的上升并未改变原来各类广播频率间的市场竞争格局。综观全国，在世界杯期间，新闻、交通和音乐三大类频率仍然占有超过70.00%的市场份额，而在各地市场，体育类频率的排名变化相对较小。

表1　几个主要城市主要体育类频率的市场份额及排名

| 城市 | 频率 | 市场份额 | | | 当地排名 | |
|---|---|---|---|---|---|---|
| | | 2014年1~5月 | 2014年巴西世界杯 | 增幅 | 2014年1~5月 | 2014年巴西世界杯 |
| 北京 | 北京人民广播电台体育广播 FM102.5 | 2.87 | 3.03 | 5.57% | 9 | 7 |
| 上海 | 上海五星体育广播 FM94 | 1.54 | 2.73 | 77.27% | 12 | 10 |
| 大连 | 大连人民广播电台第三套广播体育广播 FM105.7 | 4.79 | 4.91 | 2.51% | 7 | 7 |
| 济南 | 山东广播体育休闲频道 FM102.1 | 1.07 | 1.27 | 18.69% | 16 | 16 |

数据来源：CSM媒介研究

### 4. 听众构成变化不大，高学历、男性是主力军

足球赛事的饕餮盛宴——足球世界杯，在一定程度上吸引着各类听众，可谓是“男性球迷迷球赛，女性球迷迷球员”。然而在世界杯赛事期间，广播的天然短板——缺乏画面感——也表现得淋漓尽致，听众结构并未有突破性的改变。男性听众一如既往地是体育广播的忠实粉丝，世界杯期间男性听众比例略有增长，占到76.00%以上；由于没有球员的画面，女性听众比例则降至两成多一点，相比常态，听众构成变化不大。

从年龄来看，年轻听众比例有所上升，老年听众比例有所下滑。较前5个月相比，2014年巴西世界杯赛事期间25~34岁和55~64岁听众比例均有不同程度的上升。从学历来看，世界杯赛事期间大学及以上学历的听众比例有较大幅度的提升，所占比例超过四成。就职业而言，世界杯期间，工人、干部/管理人员以及个体/私营企业听众的比例有所上升（图6）。

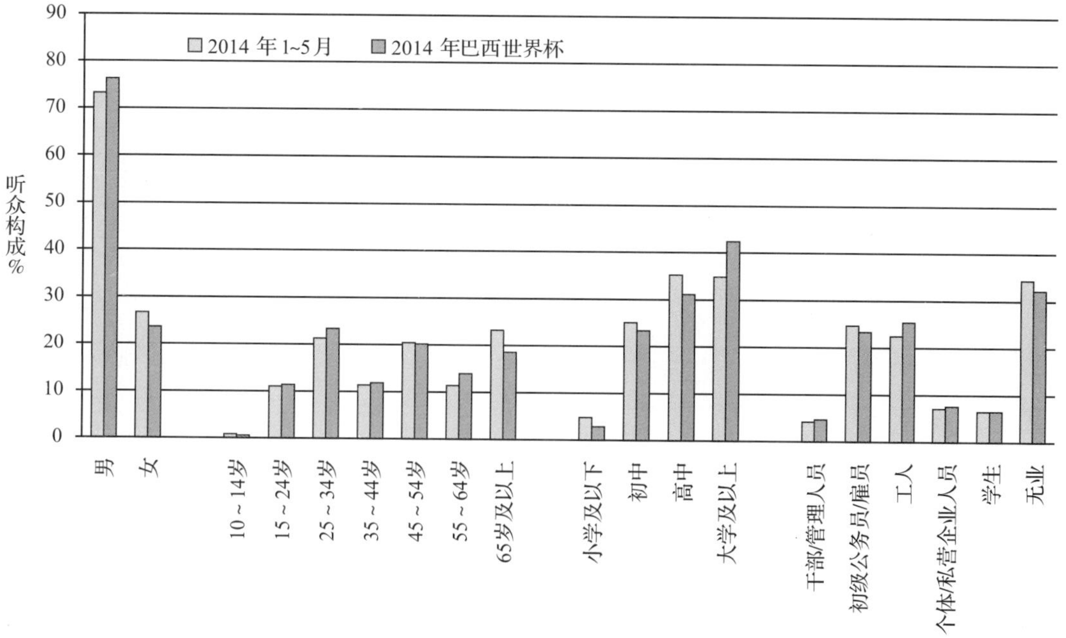


数据来源：CSM媒介研究

**图6 2014年巴西世界杯期间与前5个月全国连续调查城市体育广播的听众构成（%）**

# 三、主要城市世界杯期间广播收听表现

世界杯是全民的体育盛会，也是媒体的盛会，特别是体育专业频率、频道。体育类电视频道由于赛事转播权等版权因素，相比其他频道更具有优势，而广播体育频率的优势却并不明显。本文以下将对北京、上海、广州、深圳4个主要城市广播在世界杯期间的收听表现做简要分析。

## 1. 体育频率之外的多频率也推出世界杯特别报道，但赛事转播较少

在世界杯赛事播出期间，除了体育频率的赛事报道外，新闻频率、音乐频率、交通频率等也纷纷推出了与世界杯相关的特别节目，除了赛事转播较少外，快讯、英雄榜等节目大量涌现，以争夺受众市场的宠爱。

除此之外，也有许多在常规栏目中播报世界杯的特别节目。例如北京交通广播《一路畅通》节目，在赛事期间加入了《说进世界杯》特别节目；《新闻12点》栏目也同时推出《舌尖上的世界杯》，为听众介绍和推荐世界杯参赛国的美食。在广州，世界杯成为人们茶余饭后的热议话题，广播媒体也借此推出了大量世界杯特别节目，且播出平台涉及新闻、生活、音乐等各类型频率。在上海，五星体育广播是主要的播出平台，拥有较多的赛事转播资源。深圳新闻频率在赛事期间也发力推出了赛事相关的节目（表2）。

**表2　北京、上海、广州、深圳四地世界杯相关节目**

| 节目名称 | 播出频率 | 属性 |
|---|---|---|
| 世界杯特别策划 | 北京广播电台新闻广播 FM100.6/AM828/CFM90.4 | 体育其他 |
| 热舞世界杯 | 北京人民广播电台体育广播 FM102.5 | 体育其他 |
| 1036 世界杯快讯 | 广东广播电视台城市之声 FM103.6 | 体育其他 |
| 936 畅享世界杯 | 广东广播电视台南方生活广播 FM93.6/AM999 | 体育其他 |
| 反斗世界杯 | 广东广播电视台南方生活广播 FM93.6/AM999 | 体育其他 |
| 歌中世界杯 | 广东广播电视台文体广播（经典 1077） | 音乐其他 |
| 世界杯大预测 | 广东广播电视台文体广播（经典 1077） | 体育其他 |
| 2014 狂欢世界杯特别节目 | 广东广播电视台新闻广播 FM91.4/AM648 | 体育其他 |
| 铮说世界杯 | 广东广播电视台新闻广播 FM91.4/AM648 | 体育其他 |
| 零点直击狂欢世界杯 | 广东广播电视台新闻广播 FM91.4/AM648 | 体育其他 |
| 巴西世界杯主题时间 | 广东广播电视台音乐之声 FM99.3 | 体育其他 |
| 畅享世界杯 | 广东广播电视台音乐之声 FM99.3 | 体育其他 |
| 世界杯大预测 | 广东广播电视台音乐之声 FM99.3 | 体育其他 |
| 世界杯英雄榜 | 广东广播电视台音乐之声 FM99.3 | 体育其他 |
| 我爱世界杯 | 广东广播电视台音乐之声 FM99.3 | 体育专题 |
| 全民世界杯/世界杯速递 | 广东广播电视台珠江经济广播电台（E FM 财富 974） | 体育其他 |
| 全民世界杯早安桑巴 | 广东广播电视台珠江经济广播电台（E FM 财富 974） | 体育其他 |
| 世界杯小提点 | 广东广播电视台珠江经济广播电台（E FM 财富 974） | 体育其他 |
| 1027 世界杯最 TALK 得 | 广州电台金曲 1027 汽车音乐广播 FM102.7 | 体育其他 |
| 世界杯快讯 | 广州交通电台 FM106.1 | 赛事转播/特别报道 |
| 世界杯消息 | 广州交通电台 FM106.1 | 体育其他 |
| 新闻直通世界杯 | 广州交通电台 FM106.1 | 体育其他 |
| 962 世界杯超级攻略 | 广州新闻电台 FM96.2 | 体育其他 |
| 哎呀奔放世界杯 | 广州新闻电台 FM96.2 | 体育其他 |
| 2014 年巴西世界杯特别节目 | 东广新闻台 AM1296/FM90.9 | 体育专题 |
| 2014 年巴西世界杯庆典音乐会 | 上海经典音乐广播 经典 947 FM94.7 | 音乐会 |
| 2014 年巴西世界杯 1/4 决赛 | 上海五星体育广播 FM94 | 赛事转播/特别报道 |
| 2014 年巴西世界杯 1/8 决赛 | 上海五星体育广播 FM94 | 赛事转播/特别报道 |
| 2014 年巴西世界杯季军赛 | 上海五星体育广播 FM94 | 赛事转播/特别报道 |
| 2014 年巴西世界杯赛事直播 | 上海五星体育广播 FM94 | 赛事转播/特别报道 |
| 940 世界杯射手榜 | 上海五星体育广播 FM94 | 体育其他 |
| 非常猜猜世界杯 | 上海五星体育广播 FM94 | 体育其他 |
| 非常世界杯 | 上海五星体育广播 FM94 | 体育其他 |
| 舌战世界杯 | 深圳广播电台交通频率 FM106.2 | 体育专题 |
| 舌战世界杯 | 深圳广播电台新闻频率 FM89.8 | 体育专题 |
| 世界杯尖峰时刻 | 深圳广播电台新闻频率 FM89.8 | 体育新闻 |
| 世界杯看点 | 深圳广播电台新闻频率 FM89.8 | 体育其他 |
| 世界杯先锋时刻 | 深圳广播电台新闻频率 FM89.8 | 体育其他 |
| 世界杯英雄 | 深圳广播电台新闻频率 FM89.8 | 体育其他 |
| 2014 年巴西世界杯赛事直播 | 中国国际广播电台环球资讯广播 FM107.1 | 赛事转播/特别报道 |
| 世界杯随身听 | 中央人民广播电台第三套节目音乐之声 | 体育其他 |
| 世界杯最前线 | 中央人民广播电台第三套节目音乐之声 | 赛事转播/特别报道 |
| 激情世界杯 | 中央人民广播电台第一套节目中国之声 | 体育其他 |

数据来源：北京、上海、广州、深圳广播节目监测数据

### 2. 北京世界杯节目抢占先机，市场表现整体稳定

在北京，体育广播和体育频道在世界杯期间都推出了强档节目抢占先机，收效与之前相比差异较小。广播方面，巴西世界杯足球赛开幕前夜，北京人民广播电台体育广播世界杯特别节目《热舞世界杯》正式播出。每天21:00大板块直播世界杯报道，主要内容是转播和点评赛事，节目时间长达9个小时，一直到第二天早上结束。北京人民广播电台体育广播关于本届世界杯足球赛的节目实际在本届世界杯足球赛开幕倒计时100天的时候就已经播出了。前期陆续开播的节目有《世界杯倒计时》《百人寄语世界杯》《世界杯亲历十人谈》和《足购精彩》等。北京人民广播电台体育广播的相关节目按照巴西世界杯的时间运行。电视方面，北京电视台体育频道联手北京体彩打造的世界杯特别节目《最强战队》也在每天晚间与广大球迷及彩民朋友见面，吸引各界市民参与世界杯盛事。由于本届世界杯举办地巴西与北京有11个小时的时差，大多数球赛都在半夜进行，为了丰富世界杯期间的娱乐生活，北京电视台体育频道每晚19:35~21:20推出世界杯特别节目《最强战队》，其内容既没有枯燥的战术分析，也没有冗长的赛事消息，只有北京电视台主持人战队和体育文艺明星战队的激战游戏，观众可以在游戏间轻松度过难熬的夜间，等待赛事来临。

从北京体育广播和体育频道的收听和收视情况来看，不论是广播还是电视，世界杯期间晚间时段18:00~23:00与2014年前5个月相比均呈现了下降，北京人民广播电台体育广播在早晨及上午时段06:00~12:00时段及午间14:00~18:00时段的收听率有一定的上升。北京电视台体育频道晚间时段的收视率下降较为明显，与此相反，赛事播出期间的深夜时段及凌晨时段反而成为全天的收视高峰（图7、图8）。

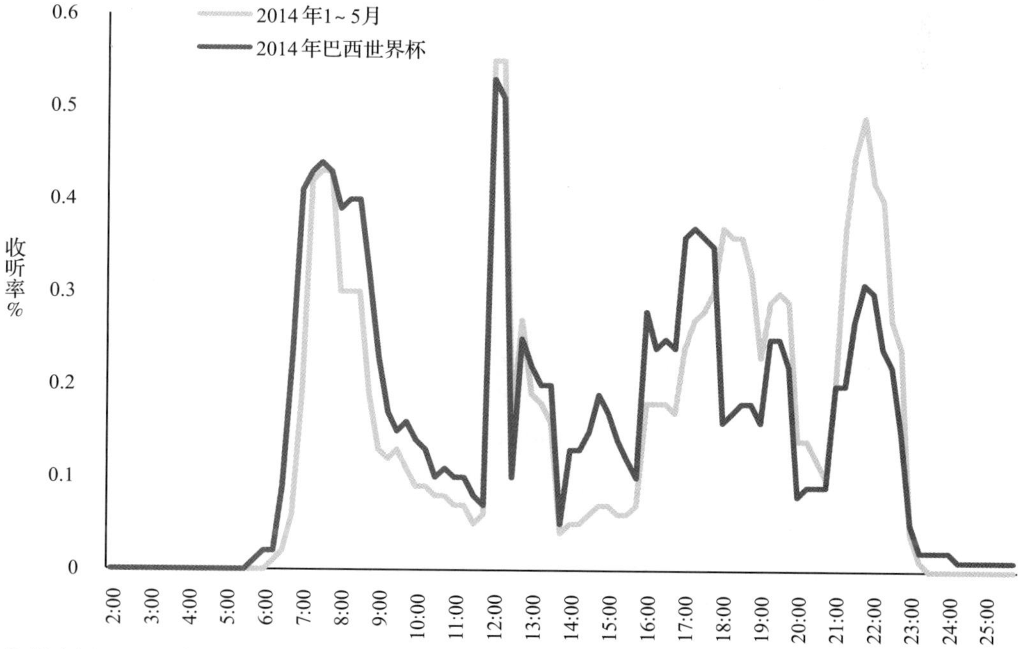


数据来源：CSM媒介研究

**图7　2014年巴西世界杯期间与前5个月北京人民广播电台体育广播全天收听率走势对比**

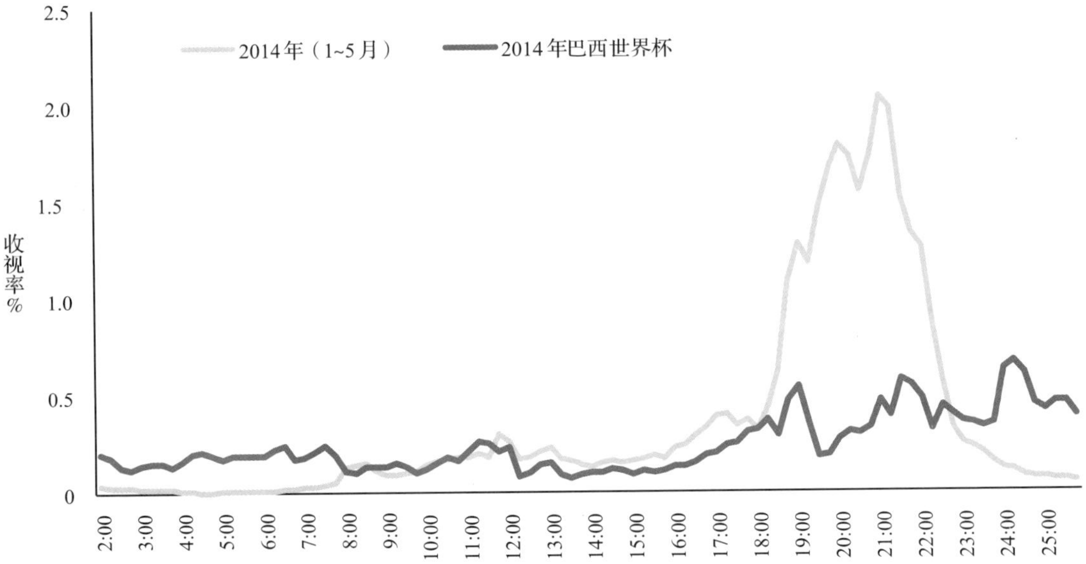


数据来源：CSM 媒介研究

**图 8　2014 年巴西世界杯期间与前 5 个月北京电视台体育频道全天收视率走势对比**

### 3. 上海五星体育双平台互补，视听节节高

上海五星体育拥有广播和电视两个平台，集中优势资源，聚合各方力量，全力以赴，全程关注，通过广播、电视和新媒体等传播平台全面出击，倾力呈现本届世界杯的盛况。五星体育派出 12 位编辑、记者组成了前方报道团，现场采访世界杯最重要比赛场次的对决以及球场内外的最新动态和焦点事件。

值得一提的是，五星体育首次采用高清和标清频道同播电视节目的方式对世界杯盛况进行全程报道，观众通过每天早晨 8:00 的《早安巴西》新闻节目第一时间了解世界杯的最新战报，并在 12:00、19:00 和 22:00 三个准点的《体育速递》《体育新闻》和《体育夜线》2014 年巴西世界杯特别报道中获悉大赛的信息。每晚 9:00 热推的《精选@世界杯》专题节目，通过足球专家对赛场技术数据的详细解读、关键球战术赏析以及定期策划的十佳球、搞笑集锦等精彩内容，让观众不用熬夜也能充分领略巴西世界杯的魅力。午夜 23:00 至次日凌晨，观众在《决战@世界杯》特别节目大直播中与巴西世界杯赛场的球迷同步感受国际足坛诸多巨星的精彩表现。

本届巴西世界杯，五星体育广播（FM94.0）带来了 64 场精彩比赛的全程直播。广播的特派记者通过现场报道带给听众世界杯的第一手资讯。另外，五星体育广播结合新媒体平台，推出了巴西见闻：舌尖上的巴西、巴西迷人的海滩、人文景观等等。五星体育广播早高峰的《940 体坛风云》和中午时分的《空中体坛午间直播》关注最新赛事消息与前方动态；《强强三人组》携手“看看新闻网”进行网络直播，指点世界杯江山；晚高峰的《体坛 1+1》和晚间的《非常世界杯》还与球迷互动，晚间的《辣椒 Sports》则关注世界杯的场外花絮。

从五星体育的收听和收视情况来看，广播与电视不同的是：广播在世界杯赛事期间收听率明显上升的时段分别是早间07:00～12:00和晚间17:00～23:00，而电视在世界杯赛事期间收视率上升幅度最显著的时段则是赛事直播的深夜和凌晨。广播与电视有一定的互补作用，双平台使五星体育的整体价值获得了更大的提升（图9、图10）。

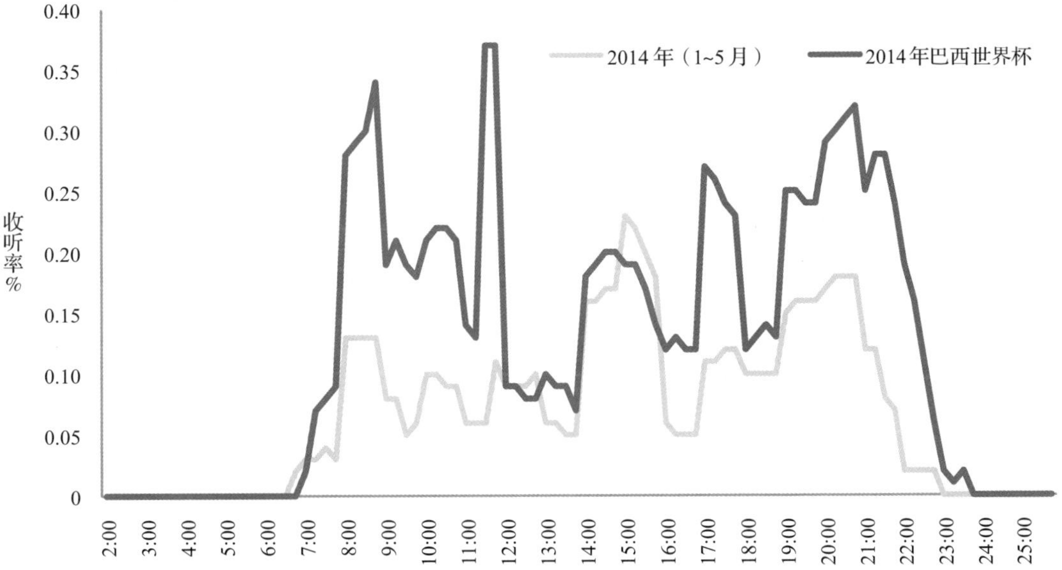


数据来源：CSM媒介研究

**图9　2014年巴西世界杯期间与前5个月上海五星体育广播全天收听率走势对比**

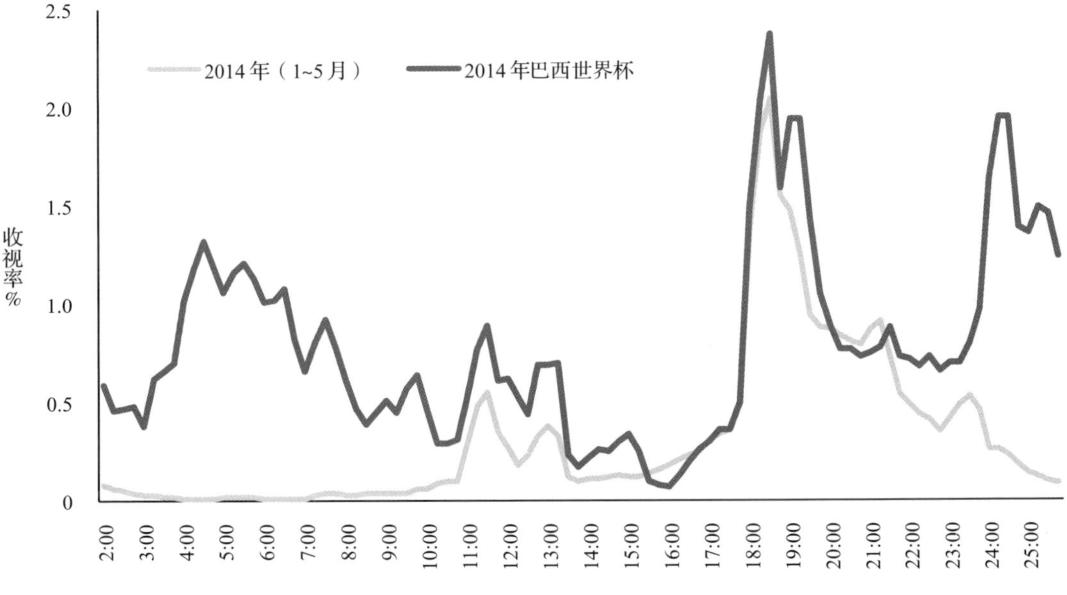


数据来源：CSM媒介研究

**图10　2014年巴西世界杯期间与前5个月上海五星体育频道全天收视对比**

### 4. 广东电台联合作战，多频率多节目

在本届世界杯期间，广东电台多个频率均推出了与世界杯相关的节目，全方位电波覆盖，使听众随时随地与世界杯亲密接触。在世界杯期间，广东电台多位资深体育记者、主持人、专业评论员报道、解读赛事，以不同时段、个性化内容征服广大听众。

在广州，广东电台世界杯期间的人均收听时长较2014年1~5月有所上升；而在深圳，与世界杯之前相比，人均收听时长则稍有下降。广东电台各频率收听率起伏变化不大，世界杯赛事期间收听表现最好的是珠江经济频率（图11、表3）。

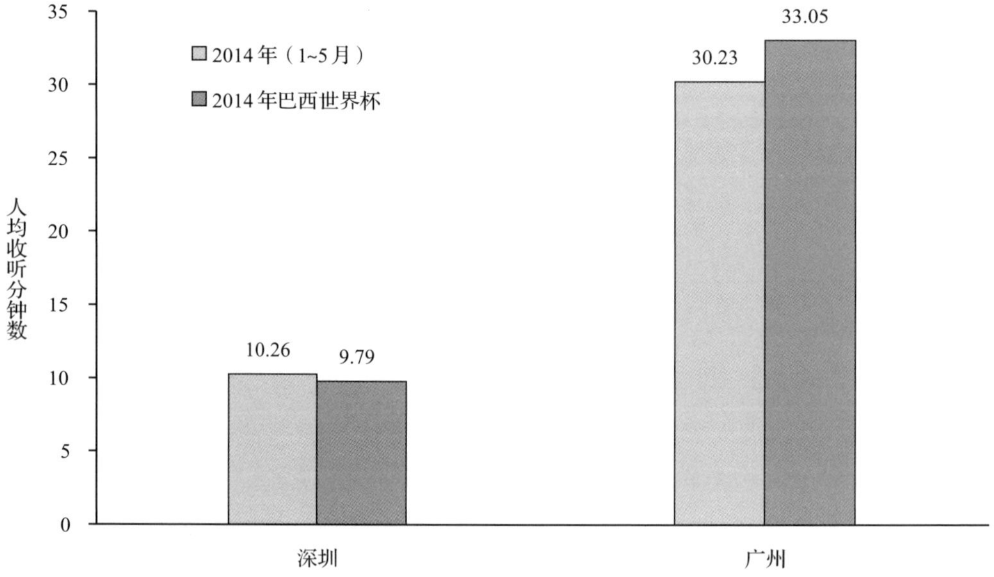


数据来源：CSM媒介研究

**图11　2014年巴西世界杯期间与前5个月广东电台在广州、深圳的人均收听时长对比**

**表3　2014年巴西世界杯期间与前5个月广州市场广东电台各频率收听情况对比**

| 频率 | 收听率% | |
|---|---|---|
| | 2014年1~5月 | 2014年巴西世界杯 |
| 广东广播电视台文体广播（经典1077） | 0.02 | 0 |
| 广东广播电视台音乐之声FM99.3 | 0.56 | 0.59 |
| 广东广播电视台新闻广播FM91.4/AM648 | 0.03 | 0.02 |
| 广东广播电视台珠江经济广播电台（E FM财富974） | 0.64 | 0.76 |
| 广东广播电视台南方生活广播FM93.6/AM999 | 0.19 | 0.21 |
| 广东广播电视台股市广播（FM95.3财经广播） | 0.15 | 0.19 |
| 广东广播电视台城市之声FM103.6 | 0.06 | 0.06 |
| 广东广播电视台羊城交通广播台FM105.2 | 0.45 | 0.46 |

数据来源：CSM媒介研究

## 四、小结

2014 年巴西世界杯期间，广播媒体整体表现不温不火，人均收听时长增长幅度不大。听众结构仍然以男性为主，与常规听众结构相比变化不大，也并未打破听众平时的收听习惯，赛事集中的深夜和凌晨收听量未有特别明显的增长。几个主要城市中多数城市体育节目的播出比重、收听比重有较明显的上升。

从各频率来看，加入世界杯收听份额争夺战的频率除了体育频率外，新闻类频率、交通类频率、音乐类频率也在赛事期间纷纷推出了相关节目，但参与赛事直播的频率较少。体育频率是世界杯期间收听表现较好的专业频率，不过也未能改变市场的整体竞争格局。

激烈的体育赛事是视觉的盛宴，在紧张刺激、赏心悦目中度过直播时段是非常令人愉快的事情。广播媒体天然存在画面传播的缺憾。视听率调查数据显示，与电视相比，同一场赛事，广播的播出效果难起大的涟漪，收听率的历史数据也反映出广播收听市场的这一缺憾性特征。

除此之外，新媒体的踪迹也在世界杯节目中处处可见，一些广播节目或借助网络在线平台，或参与微博、微信公众平台以此壮大节目的影响力。可见，新媒体的传播方式已然渗入了广播媒体的方方面面。

（作者：吴玉莉）

# 这边风景独好
## ——早高峰时段广播收听市场浅析

在网络、手机等新媒体与报纸、广播、电视等传统媒体相互借鉴、融合的多媒体时代，广播作为以声音为主的传统媒体代表，不可避免地受到了较大冲击，整体表现出颓势。但不可否认的是，绝大多数城市早间6:00~9:00的早高峰时段却是黑暗境地中的一缕光明，也是各频率争夺最激烈的时段。那么早高峰时段广播收听市场到底如何？本文主要基于CSM媒介研究2014年35个城市前两个波次的收听调查数据，对早高峰时段广播收听市场进行梳理，以解析早高峰时段广播收听市场的特征。如无特别说明，本文所引用数据均为早间6:00~9:00时段的数据。

## 一、早高峰时段广播市场的基本收听特点

### 1.“在家”和“车上”是主要收听场所，近年来“车上”收听时长先升后稳，“在家”收听持续下滑

数据显示，2014年前两波调查早高峰时段人均日收听时长为20分钟，较2013年减少了1分钟，较2012年减少了2分钟，较2011年和2010年均减少了3分钟（表1）。人均收听量的降低，主要源于“在家”收听量的减少。人均“在家”收听时长呈现逐年递减的态势，从2010年的18分钟减少至2011年的17分钟，到2012年的15分钟，直至2014年的13分钟。反观“车上”人均收听时长，2010~2012年呈逐年递增之势，2012~2014年则保持稳定，维持在6分钟的水平。“在家”收听时长则出现持续下滑，导致整体收听水平节节下滑。这不仅是早间高峰时段的收听发展状况，同时也是整个广播市场的发展态势。

观察早高峰时段不同收听场所的收听量与总体收听量的比值，可以发现，5年来，“在家”收听的比重已从2010年的77.0%降低到2014年的65.1%，“车上”收听比重则从2010年的17.8%增加到2014年的28.9%。广播听众的收听地点选择已经发生了较为明显的变化，尽管“在家”收听的比重较高，但已经明显走低，而“车上”收听比重则出现了明显的增长（图1）。

表 1　历年不同场所人均收听分钟数（06:00～09:00）①

| 收听场所 | 2010 年 1～2 波 | 2011 年 1～2 波 | 2012 年 1～2 波 | 2013 年 1～2 波 | 2014 年 1～2 波 |
|---|---|---|---|---|---|
| 在家 | 18 | 17 | 15 | 14 | 13 |
| 车上 | 4 | 5 | 6 | 6 | 6 |
| 工作/学习场所 | 1 | 1 | 1 | 1 | 1 |
| 其他场所 | 0 | 0 | 0 | 0 | 1 |
| 所有 | 23 | 23 | 22 | 21 | 20 |

数据来源：CSM 媒介研究

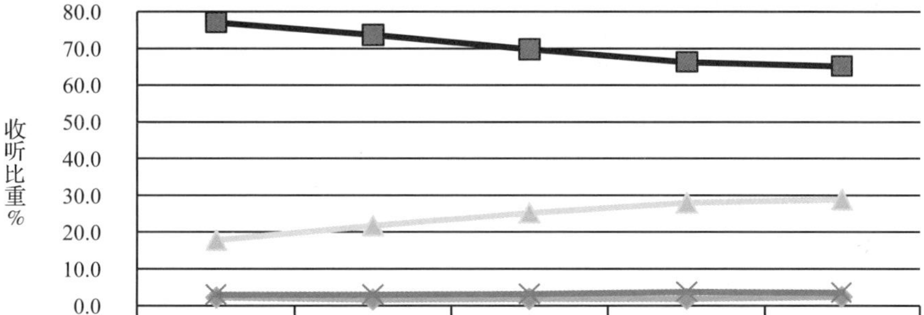


| | 2010 年1~2波 | 2011 年1~2波 | 2012 年1~2波 | 2013 年1~2波 | 2014 年1~2波 |
|---|---|---|---|---|---|
| 其他场所 | 2.2 | 1.7 | 1.8 | 1.9 | 2.5 |
| 在家 | 77.0 | 73.6 | 69.7 | 66.3 | 65.1 |
| 车上 | 17.8 | 21.7 | 25.3 | 28.0 | 28.9 |
| 工作/学习场所 | 3.0 | 3.0 | 3.2 | 3.8 | 3.5 |

数据来源：CSM 媒介研究

图 1　历年不同场所收听比重比较（06:00～09:00）

### 2. 早晨 07:00～07:45 时段车上收听率上升明显

2014 年前两波调查早高峰时段所有场所的收听表现较优，收听率的最高峰值一度超过 14%。相比 2013 年同时段的数据，“在家”整个早高峰时段的收听率均有下滑，06:45～07:00 时段降低得最为明显。“车上”收听率则在 07:00～08:00 时段有所提升，以 07:00～07:15 最为明显；其余时段则均有不同程度的下降，08:00～09:00 时段下降幅度较为明显，但较之“在家”则相对缓和。显然，“车上”已经成为市场价值日益重要的广播收听市场（图 2）。

### 3. 早高峰时段主体受众群较为稳定，非“主流”人群车上收听率有所提升

与 2013 年同期类似，男性、25 岁及以上、初中及以上学历和个人月收入 1501～5000 元的人群是 2014 年前两波调查早高峰时段占比较高的群体；男性、45 岁及以上、初中和大学及以上学历、个人月收入 501 元及以上人群在早高峰时段对广播的喜好度更

① 考虑到数据的可比性，文中涉及的历年对比的数据使用的城市组合为 2010～2014 年前两波调查能打通的 31 城市组合，涉及 2014 年的数据为当年 35 城市组合，其他有特殊数据来源之处均有标注。

高。相比2013年同期，男性、15～34岁和55～64岁、大学及以上学历和个人月收入2501元及以上的人群构成比例有所增长。总体而言，早高峰时段的主体受众群没有太大变化，较为稳定（图3)。

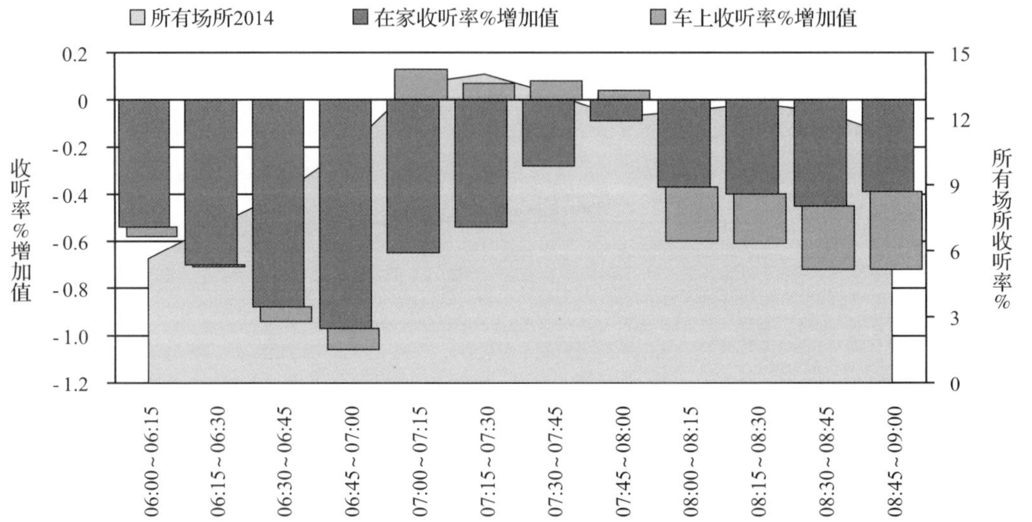


数据来源：CSM媒介研究

图2 2014年前两波调查早高峰时段总体收听率分时段走势及主要场所收听率同比增加值（06:00～09:00)

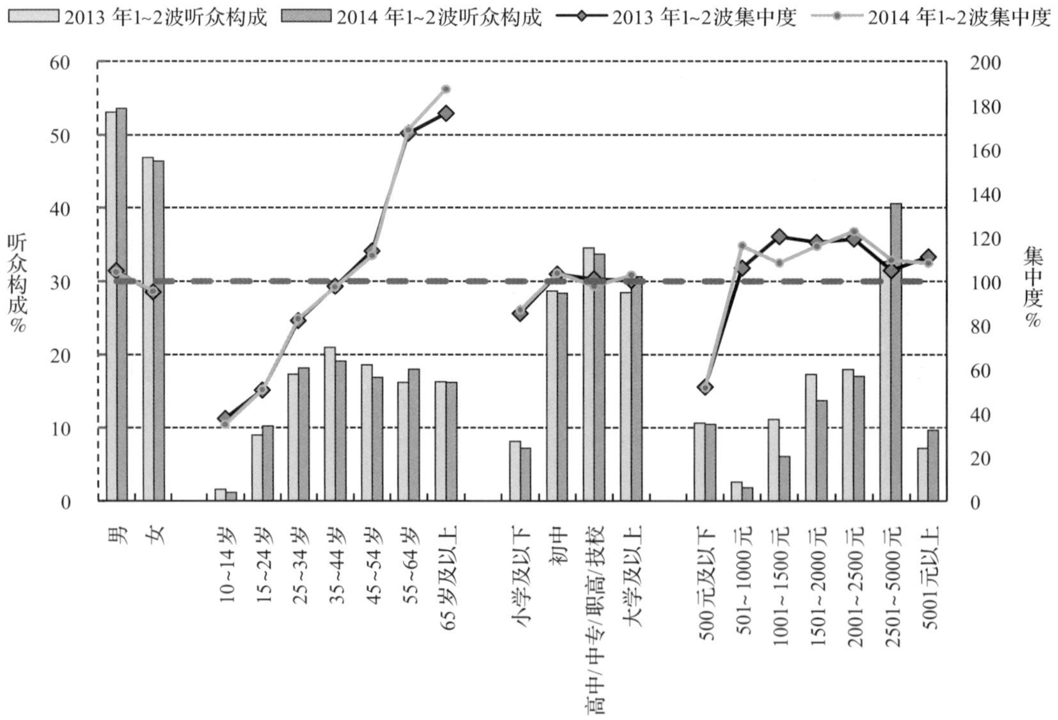


数据来源：CSM媒介研究

图3 2013年、2014年早高峰时段听众构成和集中度对比（06:00～09:00)

对比2013年和2014年两年同时段各目标人群的收听数据可以看到，绝大多数目标听众在各场所的收听率均有所降低，10~14岁、55~64岁、小学及以下学历、个人月收入500元及以下和1001~1500元这些原本在车上的非“主流”人群，其“车上”的收听率都有所提升，个人月收入501~1000元和2001~5000元的人群“在家”的收听率也有不同程度的提升（图4）。

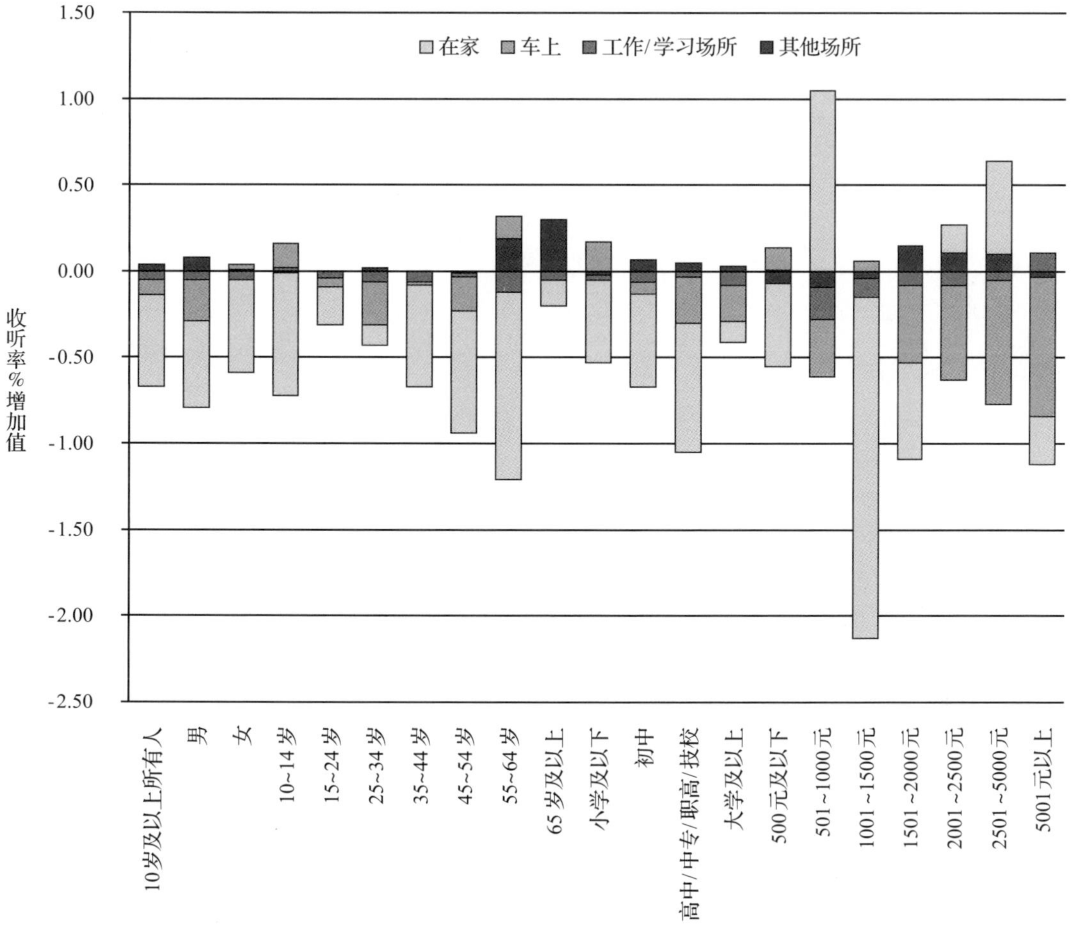


数据来源：CSM媒介研究

**图4　2014年早高峰时段主要目标听众在不同收听场所收听率较2013年增加值（06:00~09:00）**

## 二、早高峰时段广播收听市场电台竞争格局

### 1. 早高峰时段省市级电台在竞争中占据主导地位

按照现有广播电台的层级结构，广播收听市场上的电台主要有中央级广播电台（中央人民广播电台、中国国际广播电台）、各省级广播电台以及市级广播电台。中央级频率在全国各地的落地情况极不均匀，实际参与当地广播收听市场竞争的频率极为有限，而本地电台区域性特征明显，节目内容更贴近听众的实际生活，所以，广播收听市场的

竞争格局主要表现为省、市两级本地电台之间的竞争，两者占据主导地位。对比2013年前两波调查和2014年前两波调查早高峰时段各级频率组所占的市场份额可以看出，两年趋同，省市两级电台所占市场份额之和超过85%，市级电台的竞争优势较省级电台更为明显（表2）。

表2　早高峰时段各级电台的市场份额及收听率（06:00～09:00，31城市）

| 电台 | 市场份额% | | 收听率% | |
|---|---|---|---|---|
| | 2013年1～2波 | 2014年1～2波 | 2013年1～2波 | 2014年1～2波 |
| 中央级 | 11.84 | 12.06 | 1.31 | 1.23 |
| 省级 | 39.84 | 40.35 | 4.39 | 4.13 |
| 市级 | 46.12 | 45.47 | 5.08 | 4.65 |
| 其他 | 2.20 | 2.13 | 0.24 | 0.22 |

数据来源：CSM媒介研究

## 2. 省级电台竞争优势主要体现于直辖市及省会城市

分城市来看，早高峰时段省级电台的竞争优势主要体现于直辖市及省会城市，如在北京、重庆、上海、天津、沈阳、哈尔滨、长沙、南京、广州、成都、乌鲁木齐、西宁和南宁13个城市，该类电台所占的市场份额均在50%以上；而市级电台则在苏州、大

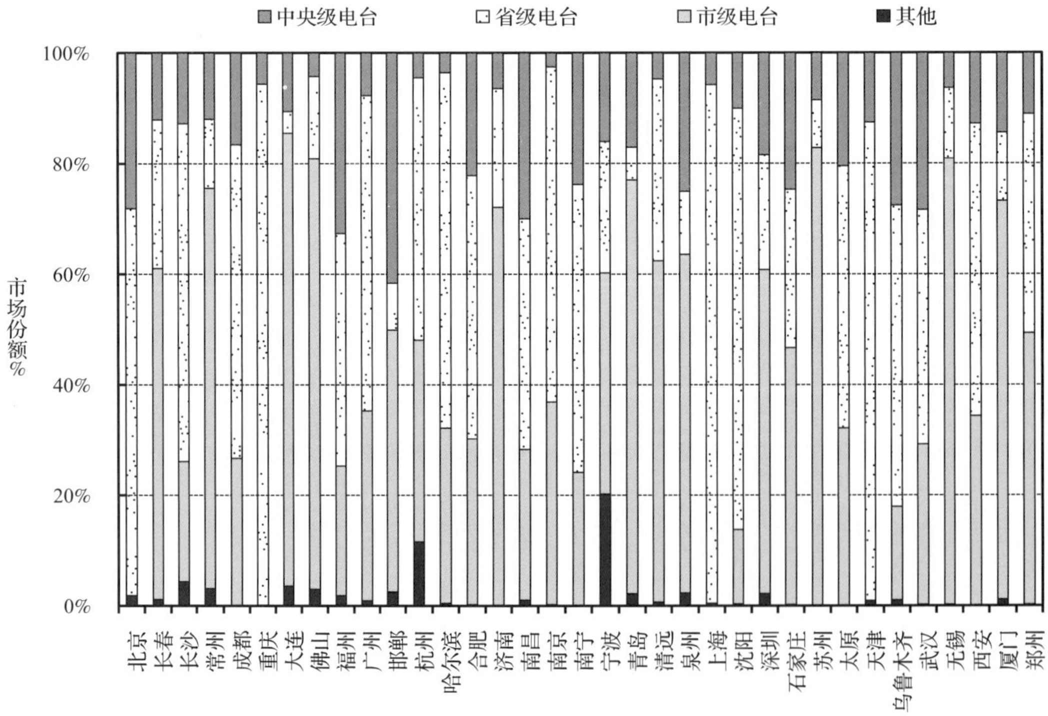


数据来源：CSM媒介研究

图5　2014年前两波调查早高峰时段不同城市中各级电台竞争格局（06:00～09:00）

连、无锡、佛山、青岛、常州、厦门、济南、清远、泉州、长春和深圳12个城市所占的市场份额超过50%，在苏州、大连、无锡、佛山、青岛、常州、厦门和济南所占的市场份额更是超过70%；中央级广播电台则仅在邯郸、福州、南昌、武汉、北京、乌鲁木齐、泉州、石家庄、南宁、合肥和太原获得了超过20%的市场份额（图5）。

### 3. 市级电台在主要收听场所的竞争力较强

分收听场所来看，在不包括4个直辖市的31个城市市场，早高峰时段省、市两级电台在“在家”和“车上”两个主要收听场所的市场份额均远高于中央级电台；市级电台在“在家”、“车上”和“工作/学习场所”的市场份额优于省级电台，竞争力较强(图6)。

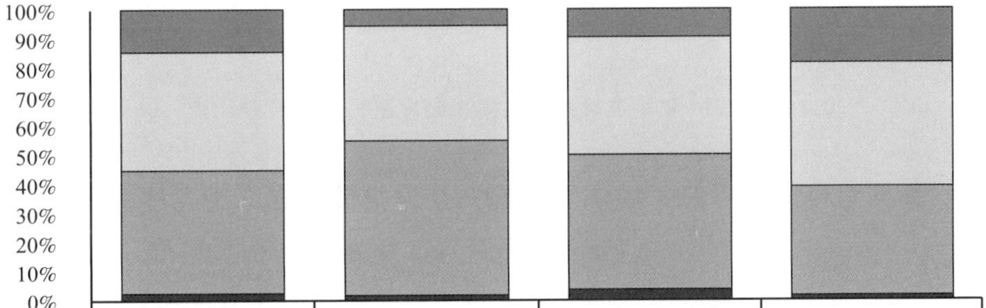


| | 在家 | 车上 | 工作/学习场所 | 其他场所 |
|---|---|---|---|---|
| ■中央级电台 | 14.59 | 5.60 | 9.64 | 18.51 |
| □省级电台 | 40.57 | 39.53 | 40.48 | 42.66 |
| ■市级电台 | 42.54 | 53.24 | 46.47 | 37.51 |
| ■其他 | 2.30 | 1.63 | 3.41 | 1.32 |

数据来源：CSM媒介研究

**图6 2014年早高峰时段主要电台类别在不同收听场所的市场份额**
**（06:00～09:00，不包括4个直辖市，31城市）**

## 三、早高峰时段广播收听市场频率竞争格局

### 1. 新闻、交通和音乐类频率仍为引领收听市场的“三驾马车”

依据频率名称及内容为主要分类依据，CSM媒介研究将广播频率分为新闻类、交通类和音乐类等10个类别。2014年早高峰时段，新闻、交通和音乐类频率仍为引领收听市场的“三驾马车”，三者所占市场份额累计接近78%，较2013年同期增加了0.29个百分点。新闻类频率所占市场份额高居首位，交通类频率位居第2，音乐类频率位列第3，然后依次为都市生活类、经济类、文艺类等其他类别频率；其中新闻类、交通类和都市生活类频率早高峰时段较去年同时段所占市场份额均有所上升，其余各类别频率则均有不同程度的下滑（图7）。

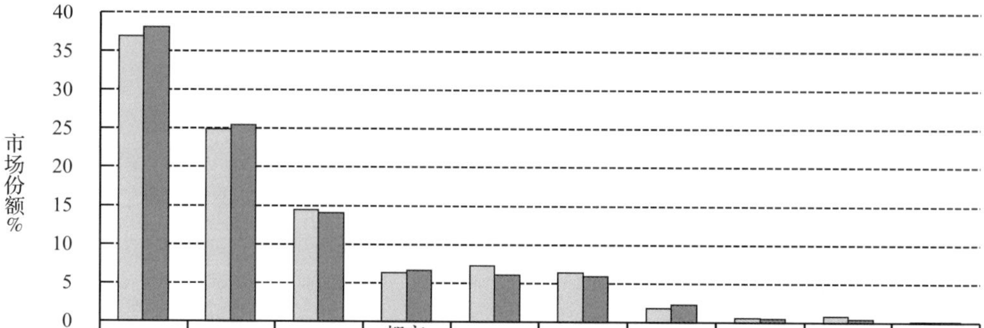


| | 新闻类 | 交通类 | 音乐类 | 都市生活类 | 经济类 | 文艺类 | 其他类 | 农村类 | 体育类 | 教育类 |
|---|---|---|---|---|---|---|---|---|---|---|
| □2013年1~2波 | 36.93 | 24.95 | 14.52 | 6.42 | 7.32 | 6.44 | 1.88 | 0.59 | 0.83 | 0.12 |
| ■2014年1~2波 | 38.09 | 25.52 | 14.08 | 6.71 | 6.15 | 6.01 | 2.32 | 0.52 | 0.44 | 0.16 |

数据来源：CSM 媒介研究

**图 7　2013 年、2014 年早高峰时段各类别频率所占市场份额比较（06:00~09:00）**

### 2. 新闻综合类频率在家中优势明显，交通类频率在车上竞争力较强

对于广播频率而言，所占市场份额是频率竞争力强弱的直观体现。从2014年前两波早高峰时段广播收听市场各专业频率在不同场所所占市场份额来看，在所有场所，新闻综合类频率所占市场份额为38.08%，以明显优势领先于交通类频率而位居榜首，交通类频率和音乐类频率紧随其后，都市生活类、经济类和文艺类频率分居第4、第5、第6位。从“在家”来看，新闻综合类频率所占份额仍位列第1，交通类和音乐类频率分居后两位，然后依次为都市生活类、经济类和文艺类频率。在“车上”，各类别频率所占市场份额则表现出与前两个场所不同的特征，交通类频率以绝对优势占据车上市场份额第1的位置，音乐类频率位居第2，新闻综合类频率则居于第3位的位置（图8）。

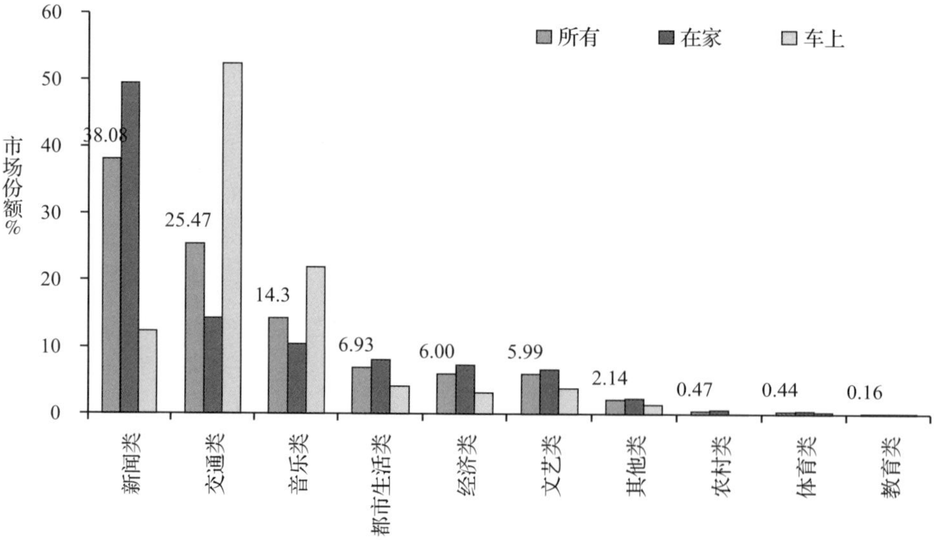


数据来源：CSM 媒介研究

**图 8　2014 年前两波调查早高峰时段广播收听市场各专业频率市场份额（06:00~09:00）**

### 3. 不同目标人群对各类频率的收听特征明显

考察早高峰时段各类频率在不同目标人群中所占的市场份额可以看出，不同目标人群对各类频率的关注度不同，新闻类、交通类和音乐类这三类频率的市场份额均较高。分性别来看，男女的收听差异主要体现在交通类频率上，交通类频率在男性听众中所占的市场份额较高，为28.91%，明显高于女性听众。这与早高峰时段路况复杂，而男性相对驾车时间更多，有更多机会接触到广播有很大的关系。

分不同年龄段来看，早高峰时段各年龄段人群在各类型频率的收听上表现出明显的年龄差异。55岁及以上人群更青睐于新闻类频率，新闻类频率在此类人群中所占的市场份额在50%以上，比例较高。这类人群多数一般赋闲在家，会利用早间时段收听新闻，以了解发生在国内外以及身边的大事小情；25～44岁的社会中坚力量在早高峰时段一般都在上班途中，该类人群拥有私家汽车的比例较高，对交通路况等信息需求度更高，因此在此时段更偏重于收听交通类频率，交通类频率在该类人群中所占的市场份额在34%以上；15～34岁的人群对能放松和娱乐身心的音乐类频率情有独钟，听音乐可以舒缓上班途中的无聊和堵车带来的烦躁，音乐类频率在这类人群中所占的市场份额均在23%以上。

从受教育程度来看，初中及以下低教育程度人群在早高峰时段对新闻类频率的关注度较高，新闻类频率在该类人群中所占的市场份额在40%以上；高学历人群在早高峰时段则对交通类和音乐类频率的关注度更高；这两类频率在大学及以上人群中所占的市场份额分别为32%和18.54%。

从个人月收入水平来看，各收入阶层对新闻类频率的关注度差异不是很大，交通类和音乐类频率的特征较为明显，交通类频率所占市场份额与受众收入基本成正向关系，高收入人群在早高峰时段对交通类频率的收听远高于低收入人群；音乐类频率在早高峰时段则呈现出两端高、中间低的特征，该类频率在个人月收入500元及以下和5001元及以上人群中所占的市场份额分别为19.52%和18.93%（表3）。

表3　2014年前两波调查早高峰时段各类频率在不同目标人群中的市场份额（06:00～09:00）

| 目标听众 | 新闻类 | 交通类 | 音乐类 | 文艺类 | 都市生活类 | 经济类 | 其他类 |
|---|---|---|---|---|---|---|---|
| 10岁及以上所有人 | 38.09 | 25.52 | 14.08 | 6.01 | 6.71 | 6.15 | 2.32 |
| 男 | 37.42 | 28.91 | 12.71 | 5.44 | 6.19 | 5.97 | 2.27 |
| 女 | 38.87 | 21.60 | 15.68 | 6.66 | 7.30 | 6.37 | 2.38 |
| 10～14岁 | 40.00 | 22.07 | 18.51 | 8.05 | 4.92 | 2.00 | 3.77 |
| 15～24岁 | 27.53 | 27.97 | 23.29 | 6.26 | 5.79 | 4.42 | 3.51 |
| 25～34岁 | 21.36 | 36.90 | 23.18 | 5.52 | 5.57 | 4.82 | 1.84 |
| 35～44岁 | 28.96 | 34.20 | 17.04 | 5.50 | 5.46 | 5.43 | 2.37 |

续表

| 目标听众 | 新闻类 | 交通类 | 音乐类 | 文艺类 | 都市生活类 | 经济类 | 其他类 |
|---|---|---|---|---|---|---|---|
| 45~54岁 | 37.66 | 27.12 | 11.27 | 5.49 | 7.74 | 6.85 | 2.88 |
| 55~64岁 | 51.08 | 17.57 | 6.62 | 6.60 | 6.96 | 8.08 | 2.08 |
| 65岁及以上 | 60.33 | 8.29 | 5.40 | 6.72 | 8.80 | 7.04 | 1.64 |
| 小学及以下 | 47.55 | 14.04 | 8.87 | 7.70 | 9.23 | 5.69 | 5.11 |
| 初中 | 42.46 | 22.17 | 10.65 | 6.18 | 8.10 | 6.72 | 2.58 |
| 高中/中专/职高/技校 | 39.01 | 24.90 | 14.04 | 6.22 | 6.70 | 6.22 | 1.98 |
| 大学及以上 | 30.81 | 32.00 | 18.54 | 5.21 | 4.83 | 5.66 | 1.80 |
| 500元及以下 | 35.94 | 20.53 | 19.52 | 6.97 | 7.99 | 4.67 | 3.15 |
| 501~1000元 | 42.54 | 18.04 | 7.73 | 9.82 | 10.15 | 5.76 | 3.59 |
| 1001~1500元 | 41.53 | 16.21 | 12.68 | 6.32 | 11.56 | 7.71 | 2.68 |
| 1501~2000元 | 43.74 | 21.17 | 9.34 | 6.13 | 8.68 | 6.76 | 2.82 |
| 2001~2500元 | 43.36 | 18.47 | 12.39 | 7.82 | 6.65 | 8.97 | 1.61 |
| 2501~5000元 | 36.58 | 30.14 | 14.36 | 5.00 | 5.29 | 5.20 | 2.24 |
| 5001元以上 | 26.35 | 37.54 | 18.93 | 4.79 | 4.81 | 5.01 | 1.93 |

数据来源：CSM媒介研究

### 4. 新闻和交通类频率竞争力强劲，中国之声表现突出

在2014年35城市前两波调查早高峰时段各城市收听率排名第一的广播频率中，新闻类广播频率有17个，交通类广播频率有15个，音乐类、都市生活类和经济类广播频率各有1个。总体而言，新闻类和交通类频率在早高峰时段各城市的广播市场中竞争力强劲，新闻类频率略胜一筹。此外，音乐类、都市生活类和经济类广播频率在个别市场也有突出表现，体现出专业化广播频率在不同市场差异化的发展态势（表4）。

**表4　2014年前两波调查各城市早高峰时段收听率排名第一的频率**（06:00~09:00）

| 城市 | 频率 | 类别 | 级别 | 收听率% | 市场份额% |
|---|---|---|---|---|---|
| 大连 | 大连广播电台第一套广播新闻广播 FM103.3/AM882 | 新闻 | 市级 | 6.80 | 43.94 |
| 上海 | 上海人民广播电台 AM990/FM93.4 | 新闻 | 省级 | 5.69 | 43.39 |
| 青岛 | 青岛交通广播 FM89.7/AM900 | 交通 | 市级 | 5.47 | 35.04 |
| 天津 | 天津人民广播电台交通广播 FM106.8 | 交通 | 省级 | 5.01 | 30.73 |

续表

| 城市 | 频率 | 类别 | 级别 | 收听率% | 市场份额% |
|---|---|---|---|---|---|
| 北京 | 北京人民广播电台交通广播 FM103. 9/CFM95. 6 | 交通 | 省级 | 4. 38 | 33. 95 |
| 邯郸 | 中央人民广播电台第一套节目中国之声 | 新闻 | 中央级 | 4. 06 | 34. 04 |
| 沈阳 | 辽宁广播电视台都市广播 FM92. 1/AM1341 | 都市生活 | 省级 | 4. 02 | 23. 94 |
| 长春 | 长春交通之声广播电台 FM96. 8 | 交通 | 市级 | 3. 74 | 39. 27 |
| 苏州 | 苏州交通广播 FM104. 8 | 交通 | 市级 | 3. 72 | 40. 70 |
| 济南 | 济南新闻广播 FM106. 6 | 新闻 | 市级 | 3. 19 | 27. 01 |
| 哈尔滨 | 黑龙江交通广播 FM99. 8 | 交通 | 省级 | 3. 02 | 18. 15 |
| 南京 | 江苏新闻广播 FM93. 7 | 新闻 | 省级 | 2. 59 | 17. 21 |
| 石家庄 | 中央人民广播电台第一套节目中国之声 | 新闻 | 中央级 | 2. 43 | 20. 85 |
| 杭州 | 汽车电台 105. 4 西湖之声 FM105. 4 | 交通 | 市级 | 2. 42 | 16. 77 |
| 无锡 | 无锡广播电视台交通广播 FM106. 9 | 交通 | 市级 | 2. 29 | 23. 19 |
| 常州 | 常州人民广播电台交通广播 FM90 | 交通 | 市级 | 2. 24 | 21. 90 |
| 太原 | 太原人民广播电台交通频率 FM107 | 交通 | 市级 | 2. 15 | 19. 90 |
| 西安 | 西安广播电视台新闻广播 AM810/FM90. 4 | 新闻 | 市级 | 2. 11 | 20. 12 |
| 厦门 | 厦门音乐广播 FM90. 9 | 音乐 | 市级 | 2. 10 | 23. 96 |
| 乌鲁木齐 | 中央人民广播电台第一套节目中国之声 | 新闻 | 中央级 | 2. 05 | 26. 85 |
| 佛山 | 佛山人民广播电台 FM94. 6 | 新闻 | 市级 | 1. 90 | 25. 93 |
| 重庆 | 重庆人民广播电台交通频率 FM95. 5 | 交通 | 省级 | 1. 87 | 34. 18 |
| 武汉 | 中央人民广播电台第一套节目中国之声 | 新闻 | 中央级 | 1. 82 | 22. 32 |
| 成都 | 四川人民广播电台交通广播 FM101. 7 | 交通 | 省级 | 1. 79 | 19. 96 |
| 郑州 | 郑州人民广播电台新闻广播 AM549/FM98. 6 | 新闻 | 市级 | 1. 77 | 19. 62 |
| 深圳 | 深圳广播电台交通频率 FM106. 2 | 交通 | 市级 | 1. 63 | 25. 99 |
| 泉州 | 泉州人民广播电台 904 交通之声 FM90. 4 | 交通 | 市级 | 1. 43 | 25. 77 |
| 长沙 | 湖南人民广播电台交通频道 FM91. 8/FM100. 3 | 交通 | 省级 | 1. 42 | 30. 02 |
| 福州 | 中央人民广播电台第一套节目中国之声 | 新闻 | 中央级 | 1. 37 | 19. 30 |
| 南宁 | 中央人民广播电台第一套节目中国之声 | 新闻 | 中央级 | 1. 30 | 20. 89 |
| 合肥 | 中央人民广播电台第一套节目中国之声 | 新闻 | 中央级 | 1. 20 | 16. 46 |
| 清远 | 清远新闻资讯广播 FM88. 7 | 新闻 | 市级 | 1. 19 | 27. 54 |
| 宁波 | 中央人民广播电台第一套节目中国之声 | 新闻 | 中央级 | 1. 15 | 13. 81 |
| 南昌 | 中央人民广播电台第一套节目中国之声 | 新闻 | 中央级 | 0. 95 | 23. 02 |
| 广州 | 广东广播电视台珠江经济广播电台（E FM 财富 974） | 经济 | 省级 | 0. 87 | 19. 22 |

数据来源：CSM 媒介研究

## 四、省级市场早高峰时段广播收听特征

2014 年 CSM 媒介研究提供安徽、福建和辽宁 3 省的收听调查数据，省级市场收听调查数据包括城市和乡村的收听数据，在此我们对省级市场早高峰时段的收听特征做一个简要分析，以供读者参考。

### 1. 城市人均收听时长远高于乡村，“在家”和“车上”为主要收听场所

与 35 个城市的收听市场几乎一致，3 个省级市场的收听模式也是早高峰突出，而且早高峰时段城市的人均收听时长远高于乡村，城市为 19 分钟，乡村为 8 分钟，城市人均收听时长约为乡村的 2.4 倍；分场所来看，也表现为城市高于乡村的态势。无论是城市还是乡村，主要收听场所均为“在家”和“车上”，其中城市“在家”收听的比重为 73.68%，乡村略高，为 75%（表 5）。

**表 5　2014 年前两波调查早高峰时段省级市场不同场所人均收听时长及收听比重对比（06:00～09:00）**

| 收听场所 | 人均收听分钟数 | | | 收听比重（%） | | |
|---|---|---|---|---|---|---|
| | 10 岁及以上所有人 | 城市 | 乡村 | 10 岁及以上所有人 | 城市 | 乡村 |
| 所有场所 | 14 | 19 | 8 | 100.00 | 100.00 | 100.00 |
| 在家 | 10 | 14 | 6 | 71.43 | 73.68 | 75.00 |
| 车上 | 3 | 4 | 2 | 21.43 | 21.05 | 25.00 |
| 工作/学习场所 | 1 | 1 | 0 | 7.14 | 5.26 | 0.00 |
| 其他场所 | 0 | 0 | 0 | 0.00 | 0.00 | 0.00 |

数据来源：CSM 媒介研究

### 2. 新闻类频率最受关注，受关注频率类别有明显的城乡特征

考察省级市场早高峰时段几类主要受关注的频率类别可以看出，新闻类频率受到城乡听众的一致追捧，乡村听众对新闻类频率更是情有独钟，该类频率在乡村所占的市场份额接近 40%（图 9）。同时我们还可以看出，受关注的频率类别表现出明显的城乡特征，城市听众对定位于服务都市生活资讯的都市生活类频率关注度更高，而乡村听众则更青睐于以娱乐休闲为主的音乐和文艺类频率，同时，乡村听众对农村类频率的关注度也远远高于城市听众。从不同类别频率的市场份额可以看出，城市听众和乡村听众受生活和作息习惯的影响，对广播频率的关注度表现出较大的差异（图 9）。

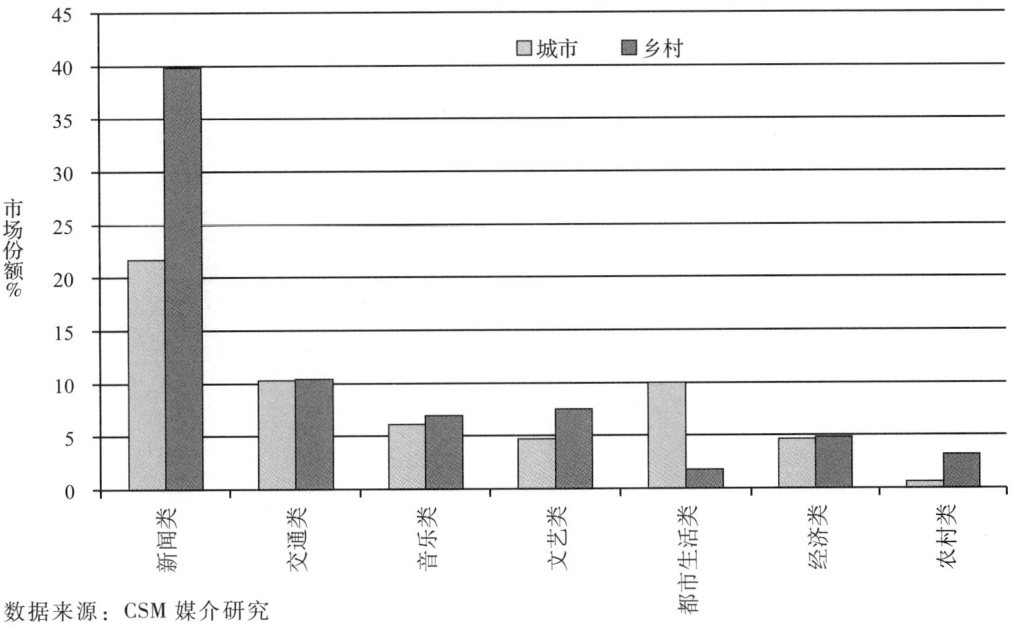


数据来源：CSM 媒介研究

图 9　2014 年前两波调查不同类别频率在城乡两个市场所占市场份额比较

### 3. 城乡听众特征同中有异

对比 2014 年前两波调查早高峰时段 3 个省级市场城市和乡村听众的构成和集中度可以发现，城乡听众特征同中有异（图 10）。从听众构成来看，相同之处在于，男性、中青年和受过中等教育的人群是城乡二元市场的主体听众群，在听众构成中所占比例较大。不同之处在于，相较于城市听众，乡村听众中男性、35～44 岁和 65 岁及以上、中低学历人群所占比例远高于城市中同类别目标人群所占比例，城市听众中女性、15～34 岁和高中及以上高学历人群所占比例明显高于乡村中同类别目标人群所占比例。

城市和乡村中，男性、45 岁及以上中老年人群对广播的偏好度均较高。从受教育程度来看，城市和乡村则存在明显差别，乡村表现为中间低两头高的态势，小学及以下和高中及以上人群对广播的收听偏好更高；城市则正好相反，表现为中间高而两头低，初中学历人群更喜欢收听广播（图 10）。

### 4. 省级电台竞争优势明显，各省各具特色

从各省早高峰时段不同级别电台所占市场份额来看，省级电台所占市场份额均明显高于中央级电台。细分到各省，省级电台所占市场份额又各具特色。安徽和福建表现出相同的趋势，即省级电台在乡村所占市场份额均高于其在城市所占市场份额，且后者的这种差异更为明显，省级电台在乡村所占的市场份额是城市的 1.3 倍多；辽宁则恰恰相反，省级电台在城市所占市场份额明显高于其在乡村所占市场份额。这与频率信号覆盖、当地经济发展水平、私家汽车保有量及受众的收听习惯等有密切的关系（表 6）。

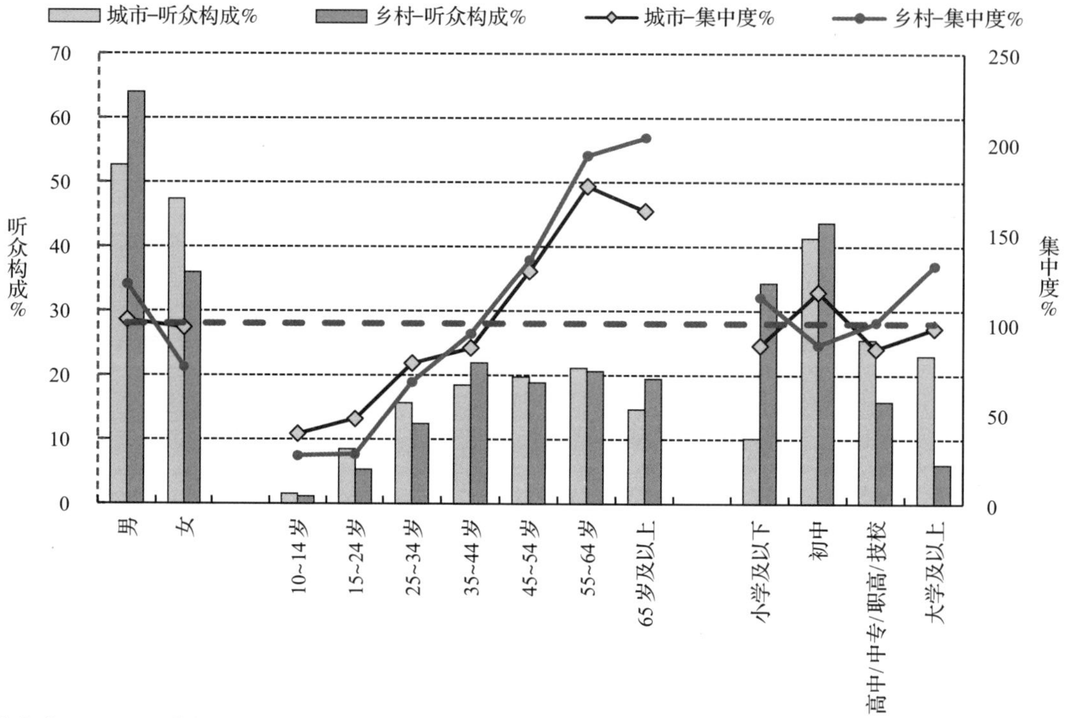


数据来源：CSM 媒介研究

**图 10　2014 年前两波调查早高峰时段三个省级市场城市和乡村的听众构成和集中度对比（06:00～09:00）**

**表 6　2014 年前两波调查早高峰时段不同级别电台在各省城市和乡村所占市场份额比较（06:00～09:00）**

| 省份 | 中央级电台 | | | 省级电台 | | |
|---|---|---|---|---|---|---|
| | 10 岁及以上所有人 | 城市 | 乡村 | 10 岁及以上所有人 | 城市 | 乡村 |
| 安徽 | 25.21 | 29.85 | 20.81 | 48.63 | 40.66 | 56.17 |
| 辽宁 | 18.29 | 16.13 | 34.48 | 39.85 | 41.29 | 29.05 |
| 福建 | 29.13 | 28.01 | 31.25 | 30.17 | 20.78 | 47.86 |

数据来源：CSM 媒介研究

# 四、小结

早高峰时段历来是广播收听市场的“黄金时段”，其竞争的激烈程度不言而喻。分析早高峰时段广播市场的收听状况可以看出，广播的地域性特征在早高峰时段表露无遗，省、市级频率各自优势尽显，且新闻、交通和音乐 3 类频率仍为引领收听市场的“三驾马车”，不同目标人群的收听表现和对频率类别的关注度也有各自鲜明的特点。无论是在 35 个城市市场还是 3 个省级市场，“在家”和“车上”均为主要收听场所。近年来“车上”收听的增幅低于“在家”的降幅，导致广播市场整体出现下滑，这也为传统广播敲响了警钟。在目前竞争环境复杂、新媒体大行其道、传统媒体屡受冲击的形势下，传统广播如何抓住机遇，实现转型、发展与价值重塑，是当下广播人应该重点考虑并尽快解决的课题。

（作者：解永利）

# 女性听众收听行为特征浅析

女性社会地位的不断提高，已成为人类文明进步的重要体现。当代女性主张独立的生活态度和时尚的消费方式，因而受到广告商的青睐并使女性成为媒体关注的重点，广播媒体也不例外。在受众细分的大趋势下，许多广播电台开办了以女性为目标听众的广播频率，如黑龙江都市女性广播、杭州丽人广播等，同时还涌现出一大批专门服务于女性的优秀节目。本文依据CSM媒介研究的收听率波次调查数据，对女性听众的基本收听特点、频率偏好、节目偏好及专业女性频率的收听状况进行分析，以期厘清女性听众的收听行为特征，为制作更多符合女性听众需求的节目提供借鉴。

如无特殊说明，本文所用数据中的听众为10岁及以上所有广播人口，时间段为全天，数据日期范围为2014年第1和第2波次调查数据，地区组合为35城市组合。

## 一、女性听众的基本收听特点

### 1. 广播听众规模逐年缩小，女性听众规模降幅更大

平均到达率可以反映某一频率的听众规模，即平均每天有多大比例的不同受众“接触过”该频率，是考量听众收听行为的一个重要指标。从2011年上半年至2014年上半年的数据变化可以看到，不论是整体广播听众还是女性听众，平均每天收听过广播的人群的比例均呈现出逐年下降的趋势，而且女性听众规模的下降幅度相较总体广播收听人群而言更大（图1）。出现这种状况的原因主要是由于广播节目受到电视和不断涌现的新媒体的冲击，特别是近几年电视播出的大量优秀娱乐节目和电视剧吸引了女性听众的关注，因而对广播受众形成了较为显著的分流。

### 2. 女性听众人均收听时长下降，“在家”下降幅度最大

人均收听时长是描述收听行为的另一项重要指标。从2011年上半年至2014年上半年的数据可以看出，女性听众的广播人均收听时长在逐年缩短，收听黏性持续减弱（图2）。2011年上半年，女性的人均收听时长为82.5分钟，而2014年上半年女性的人均收听时长已经递减至71.58分钟，缩减速度可谓惊人。观察各场所的收听情况，女性听众广播人均收听时长的减少主要源于“在家”收听的减少。在家中，除电视这一传统媒体一如既往地对广播听众进行分流外，随着网络和移动新媒体的迅猛发展，

电脑、手机、iPad 这 3 块屏幕也对在家的广播听众进行了有力的争夺。随着汽车保有量的增加，虽然女性听众相对于男性听众较少在车上收听，但“车上”的人均收听时长也稳中有升。

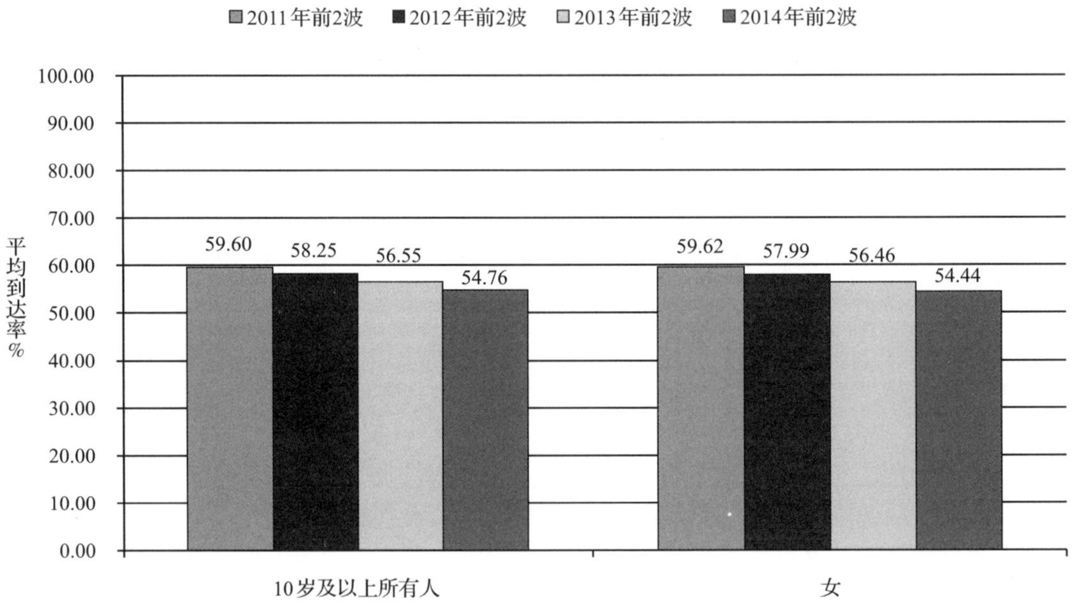


数据来源：CSM 媒介研究

**图 1　历年听众平均到达率（%）变化**

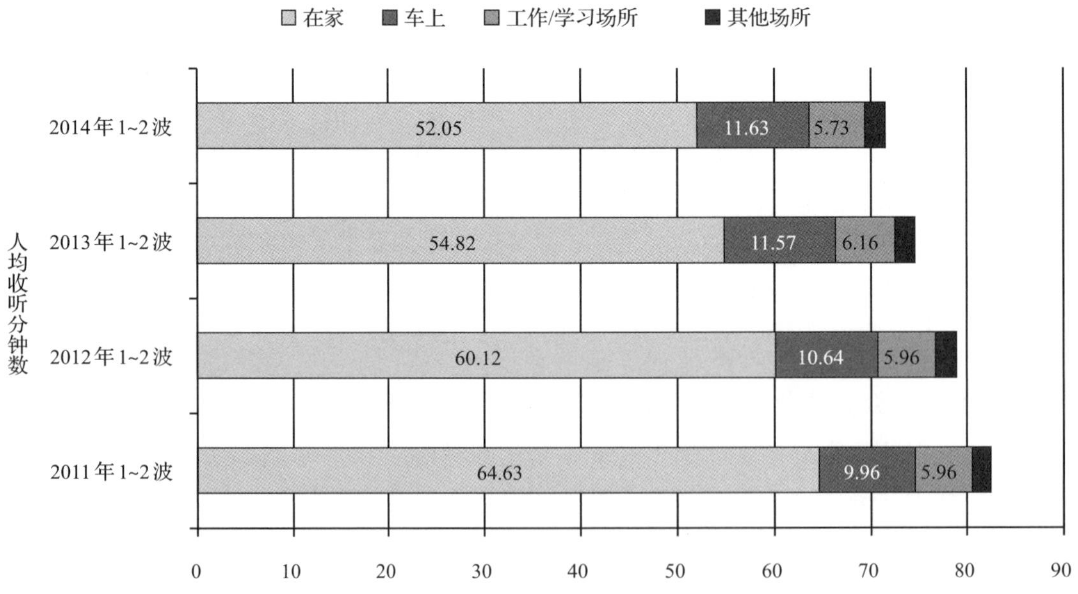


数据来源：CSM 媒介研究

**图 2　历年女性听众在不同场所人均收听时长及其合计值比较**

### 3. 女性听众全天收听走势与听众整体相符，午后凸显开发价值

2014 年全国 35 个城市中，女性听众和 10 岁及以上所有人的全天收听率走势基本一致，全天呈现出早间、傍晚两个高峰和午间、晚间两个次高峰，其中全天收听率最高的时段集中在早间 7:00 左右，傍晚高峰出现在 17:45 左右（图 3）。但与 10 岁及以上所有人的收听率走势曲线比较可以发现，女性在早晚高峰时段的收听率明显低于听众整体；而在午后 12:00～14:00 时段，听众整体收听水平有所下滑，女性听众却较为坚挺，超过整体收听水平。因此，在午后这一非黄金时段多安排一些女性喜闻乐见的节目对提高整体收听水平应该是有所裨益的。

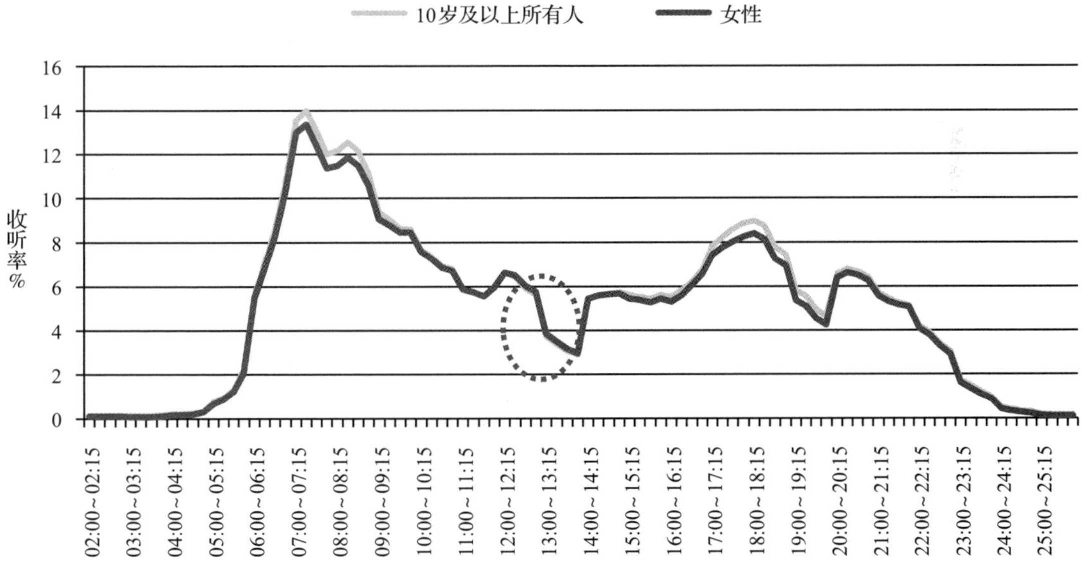


数据来源：CSM 媒介研究

**图 3　2014 年上半年女性听众及十岁及以上所有人全天收听率走势比较**

## 二、女性听众收听频率偏好

### 1. 音乐类频率是女性听众第二重点关注的频率

在频率日益专业化的今天，各类频率都有自身鲜明的特点，这也给了听众依据自己的偏好做出选择的空间。2014 年上半年的收听数据表明，女性听众对各专业频率的偏好与 10 岁及以上所有人的偏好有所差异。10 岁及以上所有人的人均收听时长以新闻综合类频率居首位，其次是交通类频率，音乐类频率排在第 3 位。而女性听众收听时间最多的是新闻综合类频率，其次是音乐类频率，交通类频率位列第 3。女性听众人均收听音乐类频率的时长为 14.06 分钟，高于 10 岁及以上所有人的收听水平。与 10 岁及以上所有人相比，女性听众除了对音乐类频率更喜欢外，对文艺类频率、都市生活类频率也更为青睐（图 4）。

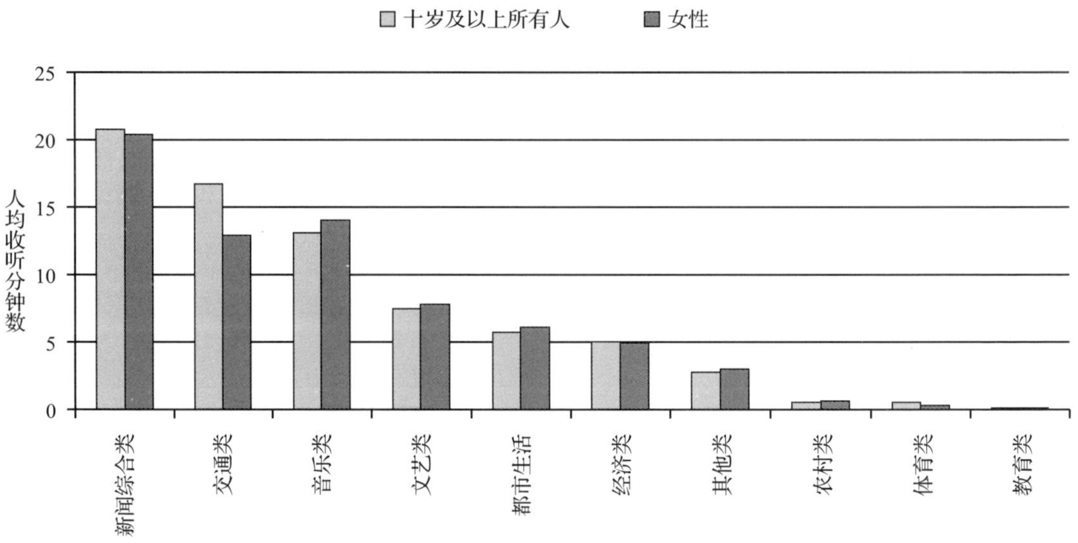


数据来源：CSM 媒介研究

**图 4　2014 年上半年十岁及以上所有人和女性人群人均收听各主要专业频率的时长**

单独分析女性听众收听最多的新闻综合类频率、音乐类频率和交通类频率可以发现，在全天收听行为最为旺盛的早晨，新闻综合类频率在早高峰时段收听表现突出，遥遥领先于音乐类和交通类频率，其中在 7:00～7:15 时段达到了全天的峰值，为 5.5%。可见女性听众早晨获取新闻资讯的需求也非常迫切。交通类频率同样是具有明显早高峰特征的频率，早间时段也较受女性听众的关注。早间 8:00 之后，新闻频率播出的早新闻和交通频率播出的交通资讯大多已经结束，而面对拥堵的路况，好听的音乐便成为女性舒缓压力放松心情的良伴，此时新闻和交通类频率的收听迅速回落，而音乐类广播则在8:00～9:00时段迎来了收听的小高峰。早高峰结束后，音乐类频率继续保持稳定的收听表现；午后 14:00～16:00 时段和晚间 20:00～21:00 时段，音乐类频率收听表现独占鳌头；晚间 21:00 之后，女性听众更多地选择收听新闻类频率来了解一天发生的大事小情（图 5）。

### 2. 女性听众收听广播频率呈现地域性差异

广播频率的专业化发展在不同市场呈现出不同的发展态势，广播媒体的消费也呈现出差异化的地域特征，女性听众同样表现出了收听广播的地域性差异。2014 年上半年，全国 35 个城市女性听众人均收听时长的平均值为 70.99 分钟，以这一水平为基准线，又可以将 35 个城市分为两个阵营。哈尔滨、天津等 12 个城市女性听众的人均收听时长高于平均值，而石家庄、邯郸等 23 个城市女性听众的人均收听分钟数则处于平均水平以下。其中，在人均收听时长较长的城市中，哈尔滨女性听众的人均收听时间最长，达到 125.91 分钟，天津、杭州、沈阳和乌鲁木齐女性听众的人均收听时长也都超过了 35 个城市平均收听水平的 1/3（图 6）。

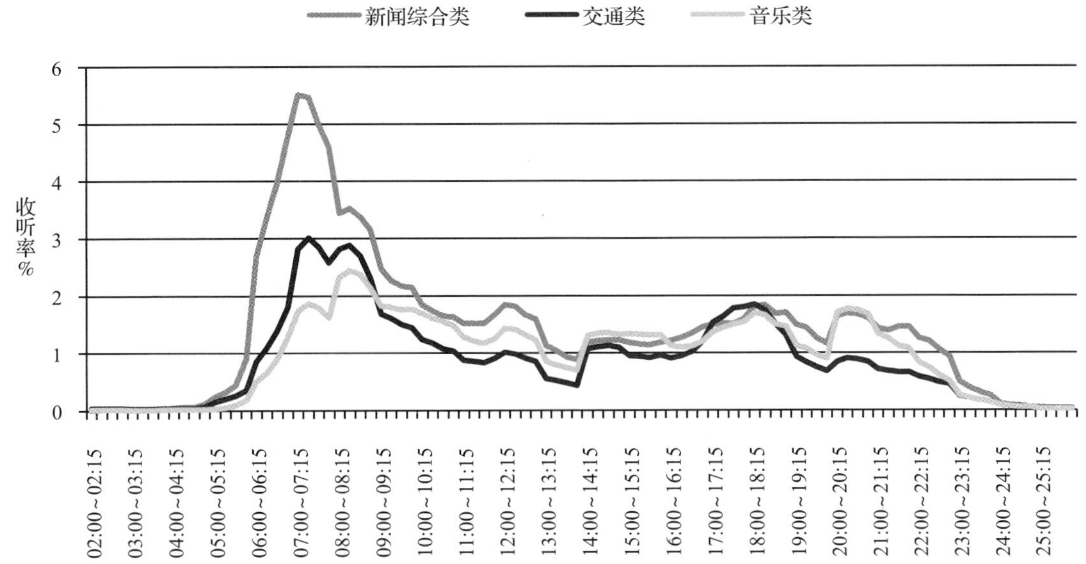


数据来源：CSM 媒介研究

**图 5　2014 年上半年女性听众对新闻综合、交通和音乐频率的全天收听走势**

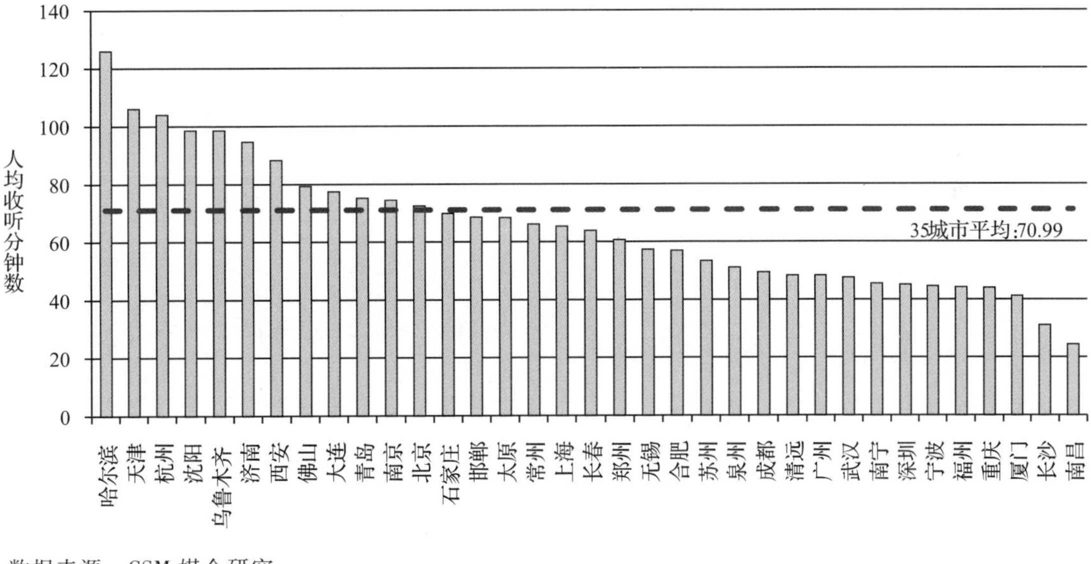


数据来源：CSM 媒介研究

**图 6　2014 年上半年女性听众在不同城市的人均收听时长**

地域性差异在女性听众对频率的收听选择上也有所体现。虽然从全国来看，新闻类频率是女性听众收听最多的专业频率，但在各个城市的女性听众市场上，市场份额排名第 1 的频率类型并不千篇一律。在 2014 年上半年的 35 城市中，实力强劲的新闻类频率是多数城市中女性听众的首选，而在重庆、合肥、南京、南宁、石家庄、武汉等地则是音乐类频率拔得头筹。此外，在北京、长春、长沙、青岛、泉州、苏州等地，交通类频率更受女性听众的青睐（表1）。

**表1　2014上半年各城市女性听众中全天市场份额排名第一的广播频率**

| 城市 | 频率 | 城市 | 频率 |
|---|---|---|---|
| 北京 | 北京人民广播电台交通广播 FM103.9/CFM95.6 | 宁波 | 宁波电台宁波之声（新闻广播） FM92.0 AM1323 |
| 长春 | 长春交通之声广播电台 FM96.8 | 青岛 | 青岛交通广播 FM89.7/AM900 |
| 长沙 | 湖南人民广播电台交通频道 FM91.8/FM100.3 | 清远 | 清远新闻资讯广播 FM88.7 |
| 常州 | 常州人民广播电台新闻综合广播 FM103.4 | 泉州 | 泉州人民广播电台904交通之声 FM90.4 |
| 成都 | 四川人民广播电台新闻频率 FM98.1/AM1116 | 上海 | 上海人民广播电台 AM990/FM93.4 |
| 重庆 | 重庆人民广播电台音乐频率 FM88.1 | 沈阳 | 辽宁广播电视台都市广播 FM92.1/AM1341 |
| 大连 | 大连广播电台第一套广播新闻广播 FM103.3/AM882 | 深圳 | 深圳广播电台音乐频率 FM97.1 |
| 佛山 | 佛山人民广播电台 FM94.6 | 石家庄 | 石家庄广播电视台音乐广播 FM106.7 |
| 福州 | 福建987私家汽车广播 FM98.7 | 苏州 | 苏州交通广播 FM104.8 |
| 广州 | 广东广播电视台珠江经济广播电台（E FM 财富974） | 太原 | 太原人民广播电台交通频率 FM107 |
| 邯郸 | 邯郸人民广播电台新闻综合广播 AM963/FM96.4 | 天津 | 天津人民广播电台交通广播 FM106.8 |
| 杭州 | 浙江之声 FM88/FM101.6/AM810 | 乌鲁木齐 | 新疆人民广播电台949交通广播 FM94.9 |
| 哈尔滨 | 黑龙江都市女性广播 FM102.1 | 武汉 | 武汉广播电视台音乐广播 FM101.8 |
| 合肥 | 安徽音乐广播 FM89.5 | 无锡 | 无锡广播电视台交通广播 FM106.9 |
| 济南 | 济南新闻广播 FM106.6 | 西安 | 西安广播电视台新闻广播 AM810/FM90.4 |
| 南昌 | 中央人民广播电台第一套节目 中国之声 | 厦门 | 厦门音乐广播 FM90.9 |
| 南京 | 江苏经典流行音乐广播 FM97.5 | 郑州 | 郑州人民广播电台新闻广播 AM549/FM98.6 |
| 南宁 | 广西电台经济广播（970女主播）FM97.0 | | |

数据来源：CSM媒介研究

## 三、女性听众收听节目的偏好

### 1. 女性听众更偏好收听音乐类和文艺类节目，不同时段节目偏好重点不同

通过比较男性、女性听众对不同类型节目的人均收听时长，可以看出女性听众比较偏爱的节目类型。2014年上半年的数据①表明，女性听众与男性听众对各类型节目的人均收听时长差异不是很大，人均收听时长相对较高的节目类型均为新闻/时事类、音乐类和生活服务类节目。从男、女听众的对比来看，男性对生活服务类节目青睐有加，而女性则对音乐类和文艺类节目收听得更多（图7）。

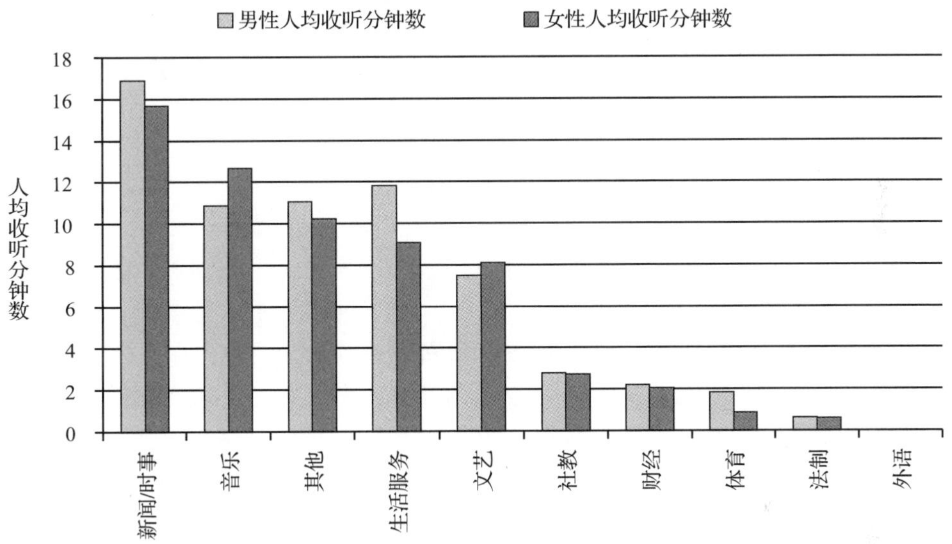


数据来源：CSM媒介研究

**图7　2014上半年不同性别听众对各类节目的人均收听分钟数比较**

我们再来看一下不同时段女性听众收听节目的偏好。广播的全天收听走势呈现出早、晚收听高峰时段，还有两个次黄金时段可以理解为中午和晚间八九点钟②。我们选取早上6:00～9:00、傍晚17:00～19:00这两个广播黄金时段和午间11:00～13:00、晚间20:00～21:00这两个广播次黄金时段着手进行分析。

2014年上半年，主、次高峰时段各类节目在女性听众中的市场份额数据显示，新闻/时事类节目在早高峰时段的市场份额最高，说明女性听众在早间时段更偏好选择收听新闻类节目；在傍晚高峰时段，生活服务类节目一枝独秀，女性听众偏好收听生活服务类节目；在午间时段，女性听众最为青睐文艺、音乐及新闻时事类节目；晚间时段同样没有出现类似于早间、傍晚时段那种一枝独秀的局面，新闻/时事类、社教类、文艺类和音乐类节目都较受女性听众的欢迎（图8）。

① 本小部分中所用节目收听数据是指北京、上海、广州三地的节目收听数据。

② 郑维东：《广播发展现状思辨》，《收听研究》2013年第4期。

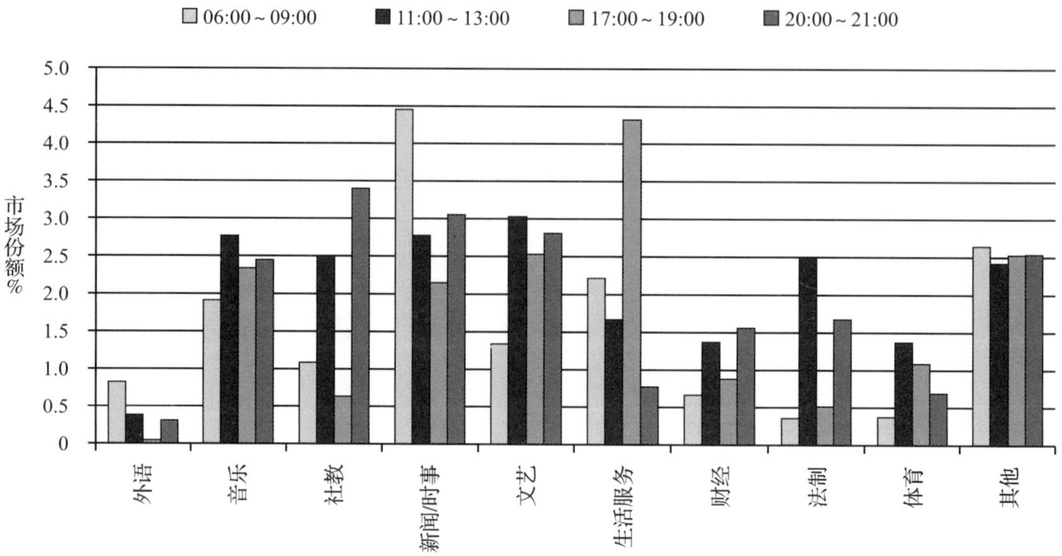


数据来源：CSM媒介研究

**图8　2014上半年主、次高峰时段各主要类型节目在女性听众中的市场份额（%）**

## 2. 专业女性频率的节目深受欢迎，但仍有改良空间

近年来，一些广播媒体纷纷设立栏目（节目），专门服务于女性这个群体，目前，我国各级广播电台创办的女性节目为数众多。女性节目之所以有如此蓬勃发展的态势，主要基于两方面的原因：一是女性自主意识不断提高，有自身发展的需要；二是节目市场的需要，女性白领阶层主张独立的生活态度和个性时尚的消费方式，这个群体为广告商所青睐。

女性广播频率诞生于2000年，兴起于2003年后，多家省、市电台纷纷开设女性广播（或称妇女广播）。其中，黑龙江都市女性频率是全国首家以妇女、儿童为主要受众的专业媒体。下文以黑龙江都市女性频率为代表，对女性节目的收听情况进行简要分析。

作为一家专业媒体，黑龙江都市女性频率从开播伊始，就以其鲜明的定位、特色的节目关心女性生活，关注女性命运，为女性听众朋友提供周到、细致、温馨的服务。经过十多年的发展，目前黑龙江都市女性频率的整体收听率和市场份额位居哈尔滨市所有频率的首位，2014年上半年占据近1/4的市场份额，达到23.09%，已经成为女性专业频率领域中较有影响力和权威性的媒体。

从黑龙江都市女性频率节目的全天收听率排名来看，全天收听表现最为突出的莫过于傍晚时段播出的明星品牌栏目《叶文有话要说》。该节目于2005年1月1日创办至今，备受广大听众朋友的喜爱，节目以关注女性情感、婚姻生活为宗旨，集新闻性、思辨性、参与性于一体。主持人叶文睿智辛辣，快言快语，无情地批判那些在婚姻和爱情中出现的不道德的人与事，主张用家庭的和谐构建社会的和谐，主张女性要用自尊、自爱、自强的态度面对婚姻和家庭中出现的问题。2014年上半年，《叶文有话要说》节目在10岁及以上所有人中的收听率接近20%，市场份额接近七成，《叶文有话要说》已成为哈尔滨上空中最为耀眼的明星节目。此外，关注女性生活和命运的《女性小说坊》《叶文故事会》《母爱时光》等一系列女性节目都赢得了收听率和市场份额的双丰收。而如果将女性听众与10岁及以上所有人对女性节目的收听效果进行比较，就会发现女性对专业节目的偏好非常明显。2014年上半年，女性听众中收听率排名前10位节目的收听数值均高于总体，个别节目领先优势明显，如前者收听《叶文有话要说》节目的收听率要比后者高出近4.21个百分点，可见专业女性节目深受女性听众的欢迎（表2）。

**表2　2014年上半年黑龙江都市女性频率收听率排名前十位的节目（全天，不区分首重播）①**

| 排名 | 节目名称 | 播出时间 | 播出周天 | 收听率% | | 市场份额% | |
|---|---|---|---|---|---|---|---|
| | | | | 10岁及以上所有人 | 女性 | 10岁及以上所有人 | 女性 |
| 1 | 叶文有话要说 | 16:30:00~18:00:00 | 周日~周六 | 19.89 | 24.10 | 67.66 | 73.98 |
| 2 | 女性小说坊 | 16:00:00~16:30:00 | 周日~周六 | 8.11 | 9.36 | 52.33 | 58.31 |
| 3 | 叶文故事会 | 18:00:00~19:30:00 | 周日~周六 | 3.93 | 4.85 | 33.58 | 39.92 |
| 4 | 看医生（合作） | 15:00:00~16:00:00 | 周日~周六 | 1.59 | 1.84 | 18.71 | 23.47 |
| 5 | 我爱我家（新闻版）早报早知道 | 07:00:00~07:30:00 | 周日~周六 | 1.47 | 1.83 | 7.09 | 9.25 |
| 6 | 我爱我家（资讯版）向幸福说早安 | 06:30:00~07:00:00 | 周日~周六 | 1.40 | 1.69 | 6.94 | 8.33 |
| 7 | 母爱好时光 | 09:00:00~11:00:00 | 周日~周六 | 1.18 | 1.59 | 6.44 | 8.11 |
| 8 | 健康家园 | 11:00:00~12:00:00 | 周日~周六 | 0.87 | 1.06 | 9.48 | 11.21 |
| 9 | 我爱我家（家装版） | 07:30:00~08:30:00 | 周日~周六 | 0.83 | 0.98 | 5.36 | 6.65 |
| 10 | 健康总动员 | 06:00:00~06:30:00<br>08:30:00~09:00:00 | 周日~周六 | 0.62 | 0.80 | 4.26 | 5.45 |

数据来源：CSM媒介研究

专业女性频率细致入微地关注女性的心理、生活等方面，深受女性听众的喜爱，然而，当前专业女性频率的节目内容仍有进一步改进之处。首先，传统的女性广播节目有情感、烹调、饮食消费、美容健身、服饰化妆、时尚信息等，也采访明星，以满足媒介

① 节目单由黑龙江人民广播电台提供。

设想的女性需要，而对于女性关注的一些社会性问题，却涉及较少，如青少年犯罪、女性参政议政、家庭暴力、夫妻离婚、财产分割等。女性节目应特别关注女性的社会地位、贡献和独特诉求，提供一套不同于男性听众的观察角度和对问题的解读与关注点，建构不同于男性文化的女性文化。其次，女性广播一方面把女性听众作为受尊重的目标听众，另一方面将女性听众作为向广告主极力推销的对象。有的节目传递出的信息给听者以似乎女人天生就是购物狂之感，似乎女人除了消费就没有更重要的事情了，这种价值观将会给女性广播带来不良的影响。再次是目前的女性广播大多将关注的视角集中在都市女性群体身上，而对农村女性、残疾女性、老年女性等弱势人群关注较少。女性广播要发展，必须要勇于承担起自己的社会责任，对女性群体给予多视角的关注。

## 四、结语

伴随着时代的不断进步，女性拥有了越来越多的话语权，相信未来她们将真正撑起属于自己的“半边天”。在广播收听总量不断缩小、发展空间遭遇“天花板”的关键时期，珍视女性独特的经验和想法，倾听和记录女性的声音，一定能让广播这一传统媒体吸纳更多的女性听众，进而实现营造没有歧视与偏见的文化环境与广播收听提升的双赢。

（作者：张广彦）

# 广播娱乐脱口秀节目的发展策略

## ——以《海阳现场秀》为例

“相声”曾经是传统广播最主要的语言类娱乐节目，至今也是多平台传播中最受欢迎的音频节目之一。随着对外开放和时代的发展，脱口秀（talk show）这种起源于18世纪英格兰、风靡于欧美的谈话类节目，自上世纪90年代传入中国内地以来，在广播电视领域有了长足的发展，经过本土化融合，娱乐类脱口秀逐渐形成了近似于“相声”的新型脱口秀节目。广播电视之所以热衷于脱口秀节目，是因为其总体来说制作费用低廉，优秀的脱口秀节目在视听市场的表现光彩照人。然而，脱口秀节目的成功与否在很大程度上取决于主持人的个性，也正是这一点使主持人甚至成了节目的价值符号，成为市场炙手可热的宠儿。在广播领域，娱乐脱口秀节目近几年发展不俗，中央人民广播电台文艺之声的《海阳现场秀》脱胎于最早的《给力十七点》，主持人海阳以其独有的特点和个性将节目打造成了北京傍晚收听市场上一道亮丽的风景。

本文基于CSM媒介研究的收听率调查数据，以“看娱乐、聊文化、探明星、说八卦”的《海阳现场秀》节目为例，梳理一下广播娱乐脱口秀节目的发展策略。

## 一、《海阳现场秀》节目的发展特色

### 1. 定位傍晚高峰，服务目标人群

《海阳现场秀》（原《给力十七点》）是中央人民广播电台文艺之声于2011年1月12日上线的一档直播新闻娱乐脱口秀节目。节目播出时间为周一至周日傍晚17:00～18:00时段。该节目以下班前的时段入场，从预热开始做起，逐渐培育市场。节目以“下班路上的快乐陪驾”为口号，由“大家一起来说笑”、“海阳的快乐生活”和“时事乱侃”三大板块组成。节目选取近期的新闻热点话题，配以主持人娱乐化的幽默讽刺点评，穿插相关音乐、影视、小品片段烘托氛围，辅之以微信、微博互动话题讨论等环节，丰富了节目内容，加强了与听众的沟通，提升了人气。节目以小人物的视角关怀民生，主持人通过模仿与演绎等手法，将人文元素融入新闻点评中，制造出“情理之中、意料之外”的幽默效果。随着节目的声名鹊起，该节目不但在北京收听市场的收听份额逐年递增（图1），而且将传统的收听晚高峰段提前了半小时（图2）。

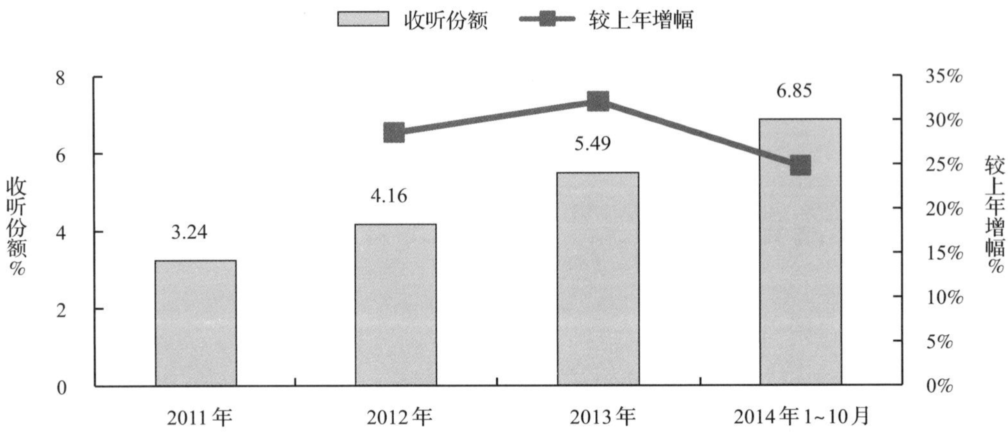


数据来源：CSM 媒介研究

**图1　2011～2014年北京地区《海阳现场秀》收听份额及较上年增幅**

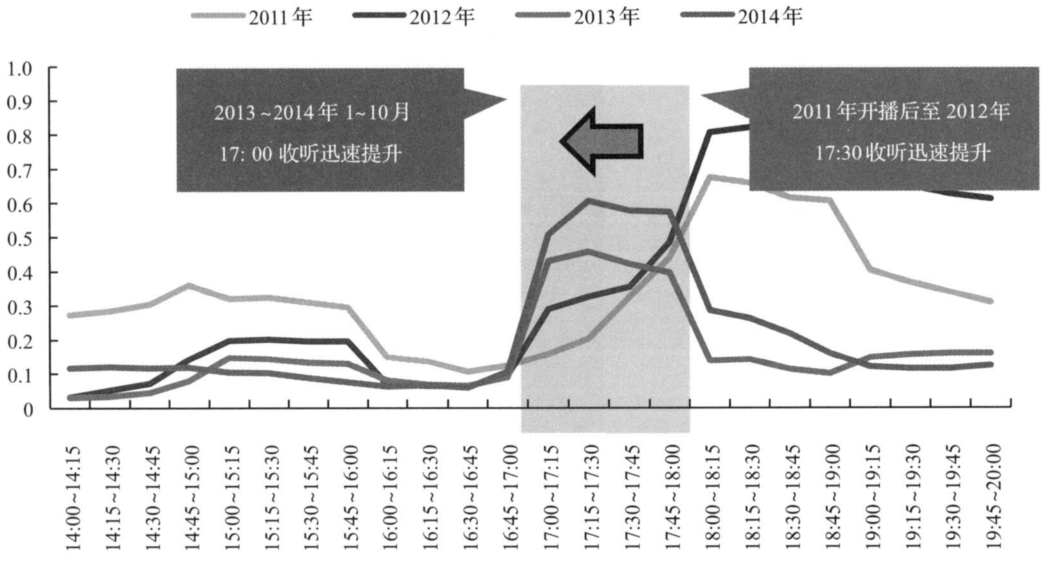


数据来源：CSM 媒介研究

**图2　2011～2014年北京地区《海阳现场秀》14:00～20:00收听率走势**

较高的市场份额增幅来源于节目对目标受众的精准定位。据统计，其广播听众里，主流人群在25～54岁之间。其中，由潜在听众转化为现实听众的人群以25～34岁之间的人群为主。《海阳现场秀》作为一档直播娱乐脱口秀节目，精准定位于25～34岁人群，播出时间锁定晚间下班高峰时段，通过耳目一新的笑料、匪夷所思的观点、雷倒众生的表演来诠释一个个富有深意的主题，使忙碌一天的学生和上班族通过节目在幽默快乐中学习道理、了解事实，可谓一拍即合，因而在这类目标人群中的市场表现节节高升。从2013年至2014年10月北京地区《海阳现场秀》不同类型听众的市场份额对比中可以看出，2014 年 1～10 月，15～44 岁中青年听众的收听份额均有所提升，其中 25～34岁听众的收听份额提升非常明显，成为 2014 年 1～10 月各年龄段听众中收听份额最高的年龄段；从收入层面上来看，1501 元及以上月收入水平的听众收听份额均较高（图 3）。

通过对比不同类型听众的收听份额可以看出，青年听众、中高收入听众不容小觑，这些人年富力强，购买力强，是最为理想的广播潜在听众。针对这些目标听众，《海阳现场秀》无论是在主题选择上还是节目的表现形式上都做到了紧贴他们的生活。例如，在“双 11”到来之际，《海阳现场秀》推出了“双 11 让钱包带你飞”主题，针对如今最火的“双 11”活动，从不同性别的视角进行分析，加以调侃评论。此外，在形式上，节目是如何引出“双 11”这一话题的呢？海阳说：“今天是 11 月 9 号，119；明天是 11 月 10 号，110；后天是 11 月 11 号，简称‘双 11’。这就是告诫我们最近要‘防火、防盗、防败家媳妇’。”此外，他还会调侃什么是钱：“钱，稀有金属，易挥发，遇‘双 11’，燃点降低，遇到某宝（淘宝）和某东（京东）可迅速转化为快递，请妥善保管。”这些看似荒诞实则内涵极高的方式极大地迎合了目标受众的口味。

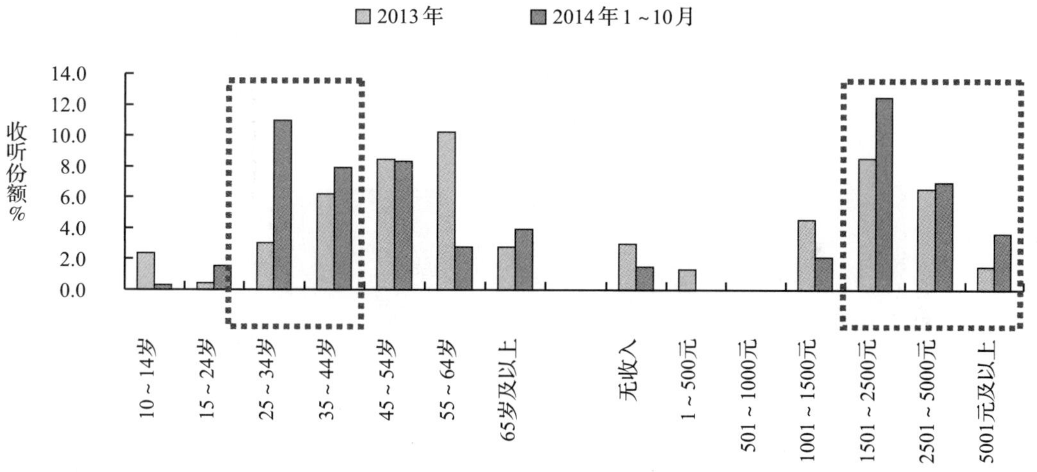


数据来源：CSM 媒介研究

**图 3 2013 年、2014 年北京地区《海阳现场秀》不同年龄及收入听众收听份额对比**

## 2. 看似荒诞不经，内容观点制胜

《海阳现场秀》通过对各种语言的模仿，比如小沈阳、王宝强、南方骗子、电视购物口音等，夸大喜剧效果，增强即视感。

不过，“金玉其外，败絮其中”只会见光死。一档好的节目，不仅要有好的包装，更要有好的内容。中国广播电视协会专家组成员胡妙德曾说：“《海阳现场秀》作为一档新闻娱乐脱口秀直播节目，做到了不仅有意思，而且有意义，内容新，话题热，贴近实际，贴近生活。主持人海阳发挥了新闻评论和模仿表演的天赋，以新闻资讯为由头，趣说新闻，即兴点评，笑谈世事，调侃人生，‘以小人物视角，在嬉笑中传递主流价值观，关怀社会民生’，善于运用独特的方式，带出具有喜剧效果的观点，用善意的幽默，讽刺嘲谑社会不良现象，令人会心一笑，为劳累一天的上班族解压，既‘葛’，又不出格，十分难得，是近年来少有的广播精品脱口秀节目。”

以《海阳现场秀》时事乱侃为例：2013 年 12 月 16 日之时事乱侃。最近，上海工商外国语学院附属小学发生数十名小学生集体呕吐、低烧的情况。家长称，学生集体出现相似症状，疑似前天中午在学校食堂用餐时发生集体食物中毒。但是，校方对此却坚决否认，表示我们食堂的菜绝对没问题，可能是雾霾或者空气污染的原因。海阳语录：没想到才一年时间，雾霾就从人人喊打，变成有人喜爱的“万能解药”！

再看另外一个例子：2013 年 11 月 29 日之时事乱侃。住建部曾明确要求，严禁在公园内设立为少数人服务的会所、高档餐馆等，但《经济参考报》记者近日暗访却发现，一家名为“乙十六商务会所”（以下简称乙十六会所）的餐饮企业，以私密、高端作为卖点，将会所开到了北海和地坛公园。地坛公园管理处工作人员对记者说：“这事儿媒体以前报道过，不也没咋地吗？别报道了，曝光也没用。这点事没新闻价值。”海阳语录：现在这条新闻很有新闻价值。大家还记得爱因斯坦那句名言吗？只有两种东西是无限的：宇宙、人类的愚蠢①。

这种犀利中遍布真相的内容和风格，成就了这档最快乐、最真实的节目。我们以北京地区 2014 年 9 月的各期节目为例，看不同主题风格对节目收听的拉动作用。“早熟的孩子会赚钱”、“让媳妇开心才是好男人”等家庭生活话题，“隔空喊话王思聪”等社会热点话题对收听率的提升起到了明显的拉动作用（图 4）。

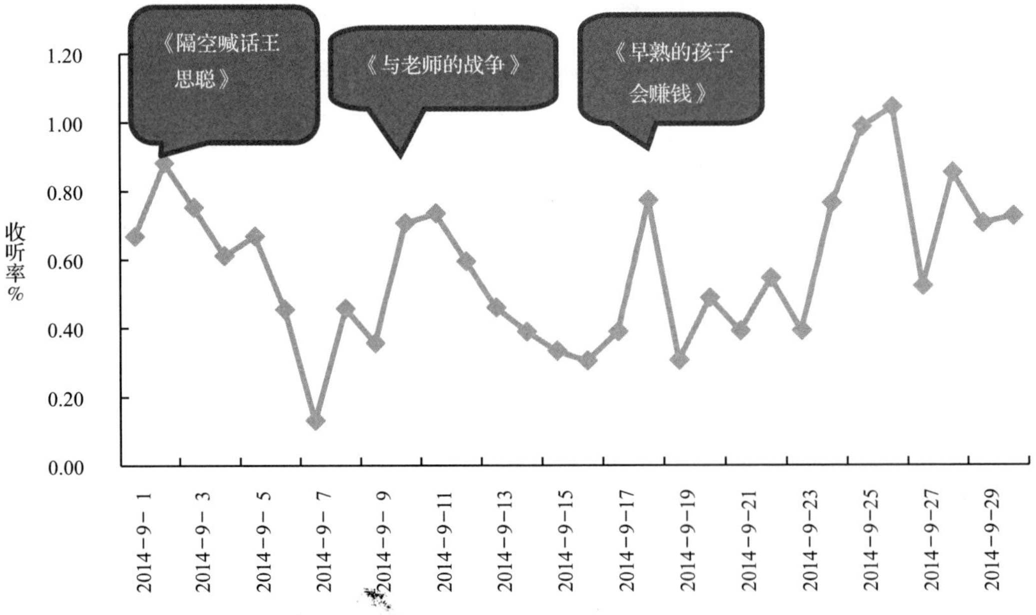


数据来源：CSM 媒介研究

**图 4　2014 年 9 月北京地区《海阳现场秀》分期收听率走势**

① 石杨雪：“新形势下对广播媒体发展的创新分析研究——以《海阳现场秀》为例”，（《科技视界》，2014 年第 3 期。

### 3. 主持定位百姓，注重人文元素

广播中，主持人能否用自己的语言魅力征服听众的耳朵，触动听众的心理至关重要。此外，主持人的现场创造力也可以增强对听众的吸引力，丰富节目内容。纵观优秀的广播节目我们不难发现，其主持人必须具备以下几点：良好的现场控制能力；随机应变的快速反应能力；雄厚渊博的文字语言功底；富有文采却又不卖弄的语言风格；对节目的全面了解和对信息的敏感度。只有富有语言魅力的主持人，才会真正实现吸引听众、传递信息的目的，才会让节目富有生机、经久不衰。

海阳在《海阳现场秀》节目中自诩为“服务老百姓的草根主持人”，以幽默的口吻和睿智独到的观点，分享每天的大事小情。节目里的海阳总用小人物的方式自嘲：大龄、单身、没车、没房……“我会把自己定位为一个小人物，用小人物的视角去看这个世界。小人物可以赢得大家的共鸣，小人物是大多数，小人物不会麻木，小人物对这个世界有着切肤之痛，有一种疼痛感、危机感。”在繁杂的工作、生活中，正襟危坐、字正腔圆的陈述往往没有平等的自嘲让人更舒服。只有“接地气”，与社会生活和大众真正接轨的平常人、平常心才会引发听众的共鸣。例如，海阳在节目里讽刺房价，说自己在微博上发一个哭的表情，引来无数网友回复“楼主你怎么了？”“楼主你干什么呢？”“楼主哥哥怎么哭了？”他带着哭腔说：“我就是想试一试当楼主的感觉。”通过自嘲的方式博大家一乐，又对“买房难”的现状予以讽刺，一举两得。

此外，主持人海阳还注重运用文学作品中的经典桥段、人物形象以及成语、俗语等元素点评时事新闻，回答听众的留言，以借古讽今来制造脑筋急转弯式的幽默效果。以下是两个范例：

**范例一：**

新闻背景：游客旅行过程中，因骑马价格未与马夫谈妥，在协调中产生摩擦，进而被群殴。

海阳语录：马夫你不能跟他斗气，否则后果很严重。你想当年啊，玉皇大帝官儿大不大？就是跟一个马夫斗气引发了尖锐矛盾，最后发生的故事就拍成了电视连续剧嘛。

**范例二：**

听众留言：我发现我自己特别怕热，只要温度超过25度，就烦躁得不行了，我在想啊，从古到今我应该是最怕热的人了。

海阳语录：不可能。我古代的时候有个好朋友，他比你怕热，就是“三国”时的诸葛亮，我这朋友怕热到什么程度？一年四季，哪天手里离开过那把破扇子？

以上两例中，新闻背景或听众留言与主持人点评中的文学人物形象并无逻辑上的关联，如新闻中的打人者“马夫”与孙悟空的“弼马温”形象，诸葛亮手中的白羽扇与今人解暑之蒲扇，但他通过借古语论时事，增加了“包袱”的新奇性和幽默度①。

对比文艺之声在北京市场整体的忠实度与《海阳现场秀》的忠实度可以看出，《海阳现场秀》听众的忠实程度远高于北京整体市场。由此可见，该节目对于听众的黏度较强，吸引力较高（图5）。

---

① 华树凯：《试论新闻娱乐脱口秀中人文历史元素的植入——以〈海阳现场秀〉为例》，《中国广播》2014年第1期。

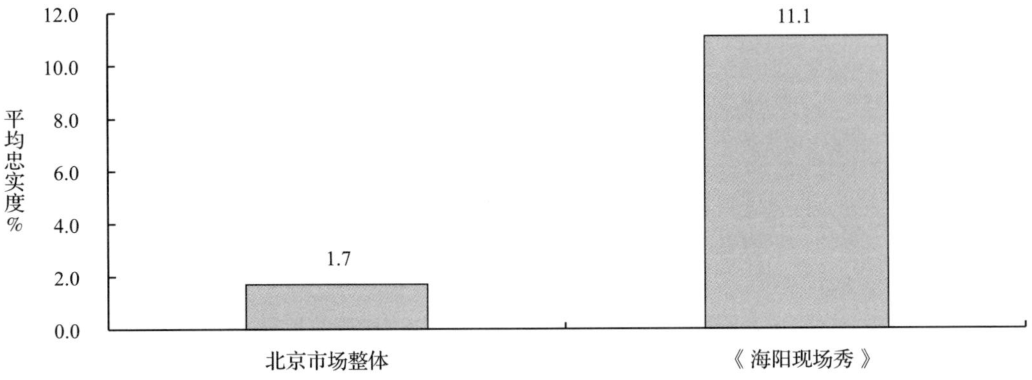


数据来源：CSM 媒介研究

**图 5　2014 年 1～10 月北京地区《海阳现场秀》平均忠实度与整体水平对比**

### 4. 融入网络竞争，紧抓市场机遇

随着移动互联时代的到来，智能终端设备的普及已成为当今现状。在广播领域，移动互联时代与手机终端的发展也进一步推动了收听的移动化、听众的网民化及广播的网络融合。传统收听终端、车载终端、智能手机终端和电脑在线终端已经形成了广播收听市场中几个不同收听终端的细分市场，其受众结构及收听偏好存在显著差异。这种差异为广播的多平台、多渠道发展提供了广阔的空间，广播收听终端的智能化、受众收听行为的自主化、受众的移动化也将成为广播在未来发展中新的增量契机。紧抓这一契机，《海阳现场秀》可谓走在了前端。

首先来看一下近年来受众对《海阳现场秀》收听地点的变化，以及《海阳现场秀》在不同收听场所中听众规模与收听时长的差异。从 2011 年开播至 2014 年北京市场《海阳现场秀》不同场所的听众到达率可以看出，其"在家"的听众规模大致呈逐年下降的趋势，而在"户外"的听众规模则呈逐年上升的趋势，平均到达率 2014 年 1～10 月份较 2013 年全年增幅为 113.6%（图 6）。从 2011 年开播至 2014 年《海阳现场秀》不同

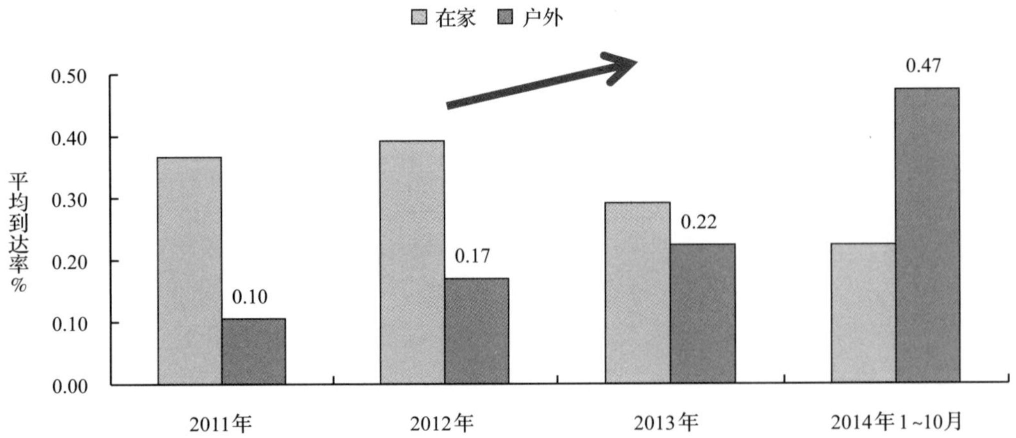


数据来源：CSM 媒介研究

**图 6　2011～2014 年北京地区《海阳现场秀》在家及户外的听众平均到达率（%）**

场所的听众人均收听时长可以看出，在北京地区，听众“在家”收听该节目的时间2014年1~10月较上一年呈现出明显的下降趋势，而在“户外”收听该节目的时间则呈现出逐年上涨的趋势（图7）。无论是从听众规模还是从人均收听时长上看，2014年“户外”收听均超过“在家”收听，《海阳现场秀》的收听趋势正在向“户外”转移。数据显示，《海阳现场秀》在移动收听市场中发展壮大，斩获颇丰，完美地实现其“下班路上的快乐陪驾”的口号。

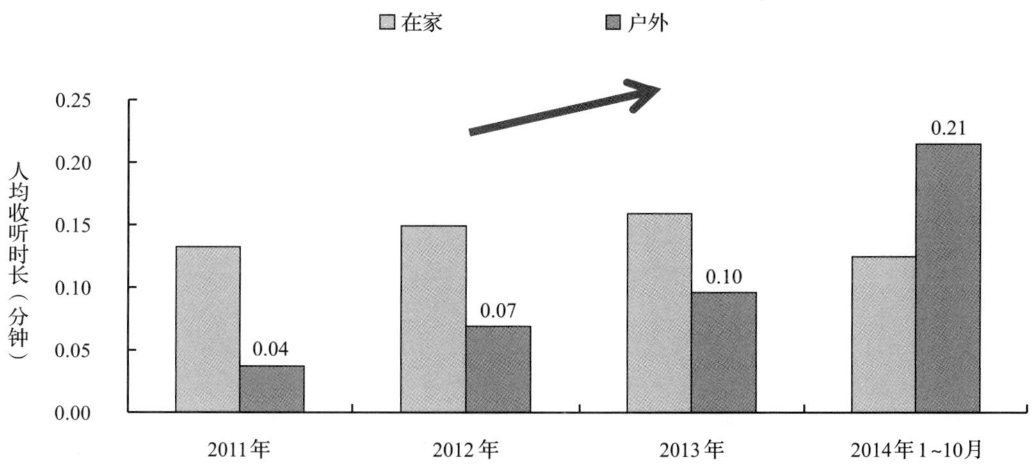


数据来源：CSM媒介研究

**图7　2011~2014年北京地区《海阳现场秀》“在家”及“户外”听众人均收听时长**

声音介质天生具有移动的特性，户外收听市场必将进一步发展。作为更加便捷、易于携带且几乎成为人人必备物品的手机，将会被更多的人作为移动广播的收听终端来使用。很多广播节目意识到了这一点，纷纷将自己直接移植到“喜马拉雅”、“懒人听书”等知名广播App中，而《海阳现场秀》并没有做简单的复制，而是在原有节目的基础上进行了重新编排。以“喜马拉雅”为例，《海阳现场秀》推出了《海阳现场秀彩蛋版》：每集1~3分钟，通过爆笑的演绎方式诠释“为什么鱼不闭眼睛”、“为什么狮子仰着睡觉”等新的“十万个为什么”主题；《海阳现场秀吐槽版》则甄选每日的热门新闻，海阳、小艾幽默讽刺点评，乱侃时事，为听众提供茶余饭后的谈资，如针对马拉松的起源，结合北京的雾霾天气，吐槽北京国际马拉松才是真正的马拉松，真正做到了马拉松不畏艰难险阻的大无畏精神；《海阳现场秀神经病版》则以听众发来的段子、听众互动信息为主要内容，回答“男科、女科、财务科等各种雷人的问题”，如回答提问“如何解决耳根子软”的问题，答复“多去理发店，坚决回绝理发师办卡的要求”。通过重新分类编排，压缩了每个段子的时间，将包袱批量呈现给听众，避免了移动听众因段子过长而产生的腻烦感，符合这部分听众的收听心理。

## 二、新形势下广播娱乐脱口秀节目的发展策略

当今的多传播平台和渠道也使得附着在这些平台上的用户群体不尽相同，这些用户群体就是广播的潜在听众，一档音频节目是否能在浩瀚的节目资源中脱颖而出，被用户选取、消费，基本取决于其主持人和内容。所以“主持人号召力”和“内容为王”是新形势下广播娱乐脱口秀节目发展策略的两个基本点。

### 1. 提升主持功力，发挥品牌效应

在我国，广播脱口秀节目的娱乐性与严肃性之间常常划分不清晰。其实，广播娱乐脱口秀不像其他娱乐节目那样受到多方的制约，而更多地要依靠主持人的现场随机应变来应对，它会因为某个主持人的技能高而大幅提升节目的质量。主持人的技能是此类节目能否达到目的的首要因素，主持人的素质与风格也会变成此类节目十分重要的特点。久而久之，主持人的品牌效应便日益凸显。提升主持人的功力，发挥品牌效应，是新形势下推动广播娱乐脱口秀节目进一步发展的重要策略之一。

曾经被温州广电集团和业界视为一种现象而进行讨论的温州广播电视传媒集团交通频率节目主持人“大铭”，其主持的几档脱口秀节目《大铭的快乐时间》《大铭的幸福生活》等，都因主持人信手拈来的知识和独树一帜的风格而取得了不俗的收听成绩。“大铭”最可贵的地方，不是草根的愤青，而是草根的智慧。比如其主持的《大话房价》一期，他说自己是买不起房的，只能望房兴叹，可是节目的落点却是只要睡得香，哪里都是床；《大话皮鞋》一期，从皮鞋谈到食品安全问题，甚至幽默地总结为“上得厅堂、下得厨房、吃得酸奶、咽得胶囊”……从2013年3月18日起，“大铭”在中央人民广播电台FM106.6文艺之声每日7:00～9:00播出的《快乐早点到》中与听众见面，将“大铭”这一品牌形象加以延续。根据CSM媒介研究的收听调查数据，节目播出以后，频率的收听率由播出前的0.09%提升至0.18%，提升幅度达100.0%；市场份额由原来的0.66%提升至1.33%，提升幅度达101.5%。由此可见优秀主持人对于收听率水平的带动作用。优秀主持人培养起来的一群忠实的拥趸、粉丝，使得主持人在公益活动中更有号召力、影响力，可以发挥更大的效用，从而为其服务的平台带来更加正面的影响力和公信力。

### 2. 把握程度，深入挖掘

在节目选题方面，鉴于广播娱乐脱口秀节目具有某些特定的需求，轻松的选题比深沉的选题更能够激发人们的兴趣。但恰恰因为其具有轻松的表现方式以及“表演化”的节目氛围，因此即使对于一些深沉的选题也可以进行深层次的挖掘，只要掌握好度，就不会引起听众的反感，反而更容易引起听众的共鸣，从而加深节目本身的深度。

《阿拉上海人》是上海东方都市广播的一档男女主持人聊天式的娱乐脱口秀节目，每周一至周五晚18:00～20:00播出。节目以男女主持人调侃、聊天的方式呈现，在为听众搜集最新资讯、新鲜八卦、奇闻逸事、微博精选的同时，睿智、幽默地表现上海人生

活的色彩斑斓。这档节目的话题选择颇为广泛，包括了电影评论、图书评论、股市行情、职场趣闻、生活资讯等各个方面，同时，节目也会就某些社会敏感话题加以评论和深入挖掘。如2014年8月，上海地铁2号线上一老外乘客在座位上晕倒，周围乘客无一相助，大家竟仓皇逃窜，结果引起前后3节车厢的乘客惊慌，蜂拥冲出车门，甚至摔倒……节目就此严肃的新闻话题加以讨论，从上海地铁方披露的两起典型乘客惊慌案例入手，调侃乘客对突发情况反应过度，对盲目跟风的现象孰是孰非展开讨论。

## 三、结语

娱乐脱口秀节目是一种新颖的语言类节目，不同于相声的是，它由主持人来传播。《海阳现场秀》的成功在一定程度上造就了广播娱乐脱口秀节目的标志性“现象”。通过主持人个性特质的展现，结合社会热点话题，幽默地反映众生百态，评述世间万象，感悟人生真谛，让听众身心愉悦，缓解疲劳和压力，从而给传统广播带来了一缕清新之风，拓展了广播节目的发展空间。在目前的新形势下，坚持“内容为王”，千方百计提高节目质量；同时作为脱口秀节目的主持人也需要不断加强自身的修养和锤炼，为听众带来精彩的表述，使脱口秀节目更好地发展，不断创新，取得更多的进步。

（作者：马超）

# 老媒体的生命活力
## ——2014年广播广告观察

新媒体高歌猛进了好几年，在吸引眼球和吸纳广告上确实身手不凡，带来的最直接影响就是传统纸媒的大幅衰落。但纸媒的衰落并不等同于所有传统媒体的塌方。CSM媒介研究的视听率调查数据显示，虽然2014年全国35城市组广播市场人均日收听量同比下降了4分钟，全国城市电视市场的人均日收视量变化亦然，但是传统电波媒体仍旧牢牢占据着受众传播的主流阵地，仍旧发挥着巨大的作用。广告是经济的风向标，在新旧媒体融合共生的阶段，更能反映市场对各类媒体的选择和投票。根据央视市场研究公司（CTR）的统计数据，在传统媒体中，广播电台是2014年唯一一个广告年度同比上涨两位数的媒体。传统广播媒体虽然经过2013年的低谷，但是广播人及时做出了调整、经营转型，发挥了广播自身的独特优势，充分拥抱、利用互联网，实现了逆市上扬，成就了2014年的广告业绩。本文基于CSM、CTR的收听率和广告监测数据，重点对几个一线城市2014年的广播广告市场进行分析，以期发现并分享一些有价值的信息。

## 一、医疗专题类广告改变生存方式，转型发展

广播广告市场多年来一直充斥着屡禁不止、泛滥成灾的虚假医疗专题广告节目，不但严重影响了真正健康类产品的推广和服务，也对广播媒体的公信力造成了巨大的损害。为解决这一问题，除了政府相关部门要对虚假医疗专题广告进行严厉管控和打击外，广播电台本身也要加强自律性，平衡好节目与医疗专题广告之间的关系，做到有媒体责任和担当。有些频率改变专题广告，将其设计成短小的硬广告形式多频次播出，同时配以少量的专题讲座；还有些电台加强、增多线下地面活动，而且有些已经形成了品牌系列活动，在当地颇具影响力，通过活动创收，使得频率与商家“适销对路”，实现双赢；也有不少电台利用新媒体进行有益的尝试，如发展会员制、团购等。这一系列的方式转变，为替代医疗专题类节目提供了有益的探索并获得了不错的回报。当然也不乏电台将同一频率的中波和调频分开经营，目的就是在有一套频率可以保证节目质量、播出比重的同时，另一套频率给专题广告搭建播出平台，兼顾效益，做到节目、创收两不误。但分出来的频率大块时间给了专题广告，就难免出现涉嫌违法违规的广告。

## 二、仍旧坚挺的收听市场是广告营收的重要保障

新媒体连续几年攻城略地，造成传统媒体步步退缩。2014 年城市广播收听市场仍旧保持这种态势，但是降幅明显减缓。往年，“家中”的收听总量下降幅度最大，而 2014 年的降幅只相当于 2013 年的一半；往年蓬勃发展的“车载”收听市场，2014 年首次出现滞涨情况，听众规模有所增加但人均收听时间却有所下降，这与许多城市机动车限购、限行政策的出台有一定的相关性。除此之外，其余场所的收听率也都呈现下降的态势。比较收听市场中最主要的两个市场——“家中”和“车载”，2013 年、2014 年两年的月度收听率走势表明，“家中”收听率的下降趋势十分明显，但是到了 2014 年下半年，局势有所缓解，呈现回升的态势；“车载”收听市场则一直相对比较稳定。从年度比较来看，2014 年市场整体同比降幅明显减缓。“家中”收听回升的原因不排除对违法医疗专题节目的打击和管控，从而使得听众的流失速度减缓，甚至年底还有少量的听众回流（图 1）。

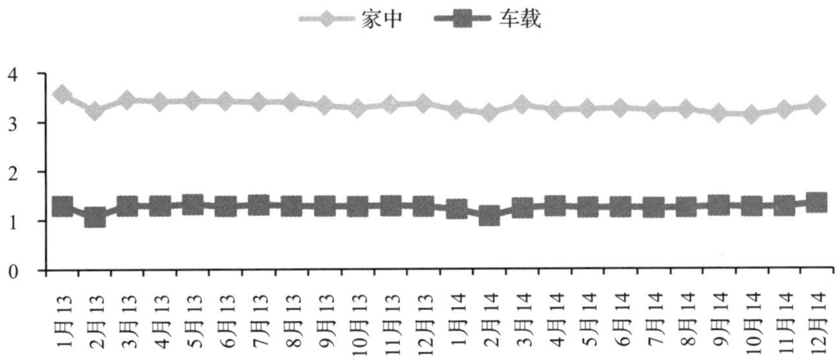


数据来源：CSM 媒介研究

1　2013 年、2014 年“家中”和“车载”收听率走势（全国 23 连续调查城市组）

## 三、品牌广告仍旧青睐城市移动收听人群

除了收听总量的变化，受众的结构分化更加显著。在家户内收听的听众基本上以中老年、女性、受教育程度低、收入较少的退休人员为主；而“车载”、“工作/学习场所”中则是以男性、中青年、受教育程度高和收入较高的职业人群为主（图 2）。不同场所的听众清晰地反映出差异化的特点，区隔明显。“家中”及“车载”两个市场差异明显的听众群体吸引不同的广告，大量品牌硬广告更多地流向含金量更高的车载收听市场，而家户内收听市场则基本上是医疗专题的天下，其影响的对象以中老年群体为主。部分城市的医疗专题有了转型和替代，但是还有些电台在分频的频率中大量开辟医药专题节目，但其收听率不高，影响面有限。

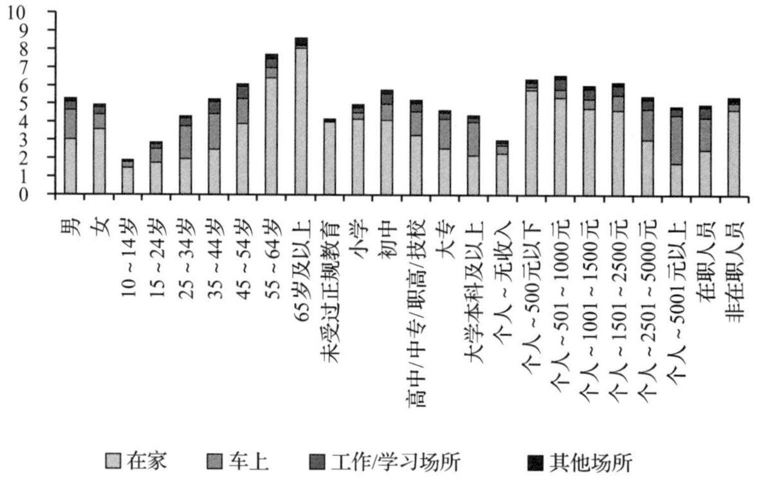


数据来源：CSM 媒介研究

**图 2　2014 年全国 35 城市组各目标听众在不同地点的收听率**

## 四、广告经营转型、拥抱互联网、提升服务品质成绩斐然

在经历了 2013 年的发展瓶颈后，广播人难免对传统广播的未来持悲观和怀疑态度，但他们并没有就此“坐以待毙”。有些城市电台痛定思痛，启动广告经营的转型，以专业的知识和姿态提升服务力度和水平，经过近一年的努力，已经取得显著成效。除了传统业务保持稳步增长外，因转型调整而带来的新业务增量成为亮点，促进了全台广告经营生态系统的健康发展，发展态势良好，成果喜人。

有些城市的私家汽车保有量增速迅猛，客观上为车载收听市场的发展提供了得天独厚的优越条件，城市台充分利用地域优势，抓住机遇，大力抢占飞速发展的车载收听市场，组织大型车展活动，展开营销攻势，在内部创造充分竞争的格局。有压力更有动力，成长速度惊人也喜人。不但交通广播收获多多，音乐和新闻广播也不甘落后，同比增长幅度巨大。得趋势者得天下！

有些电台在转型发展的同时，狠抓落实品牌广告的增长，以此替代专题广告节目，为品牌价值做加法，运用互联网思维实现与受众的零距离广接触，将产品延伸到节目以外，不仅做到了理解客户的要求，更做到了理解消费者的诉求。

总之，广播人主动出击，转变经营理念和思维，注重服务本身和服务质量。积极拥抱互联网，充分利用互联网，审时度势，抓住历史机遇就能斩获令人瞩目的广告业绩。

## 五、广告流向彰显频率听众定位

广告对于产品目标消费群体的追逐具有天生的敏感性，近年来广播移动收听市场飞速发展，有活力的年轻人、有车一族、含金量高的听众成为广播电台和广告商争相追逐的目标群体。在“车载”收听市场上斩获颇丰的交通类、音乐类频率在广告市场上同样成为广播电台广告额贡献最大的频率，大量品牌硬广告流向这两类频率；而在“家中”收听市场占据优势的频率，如新闻类频率，则以嘉宾节目、健康保健品类节目等软性广告为主，也获得了不错的广告收益。

CSM媒介研究2014年35城市组合的收听率数据显示，交通类频率在“车载”收听市场中占有一半以上的份额，另一类伴随特征较强的音乐类频率的“车载”收听市场份额也达到了22.22%（图3），二者之和超过70.00%。这一特征无疑对广告商具有巨大的吸引力，结果便是硬广告的吸纳量也随之水涨船高。

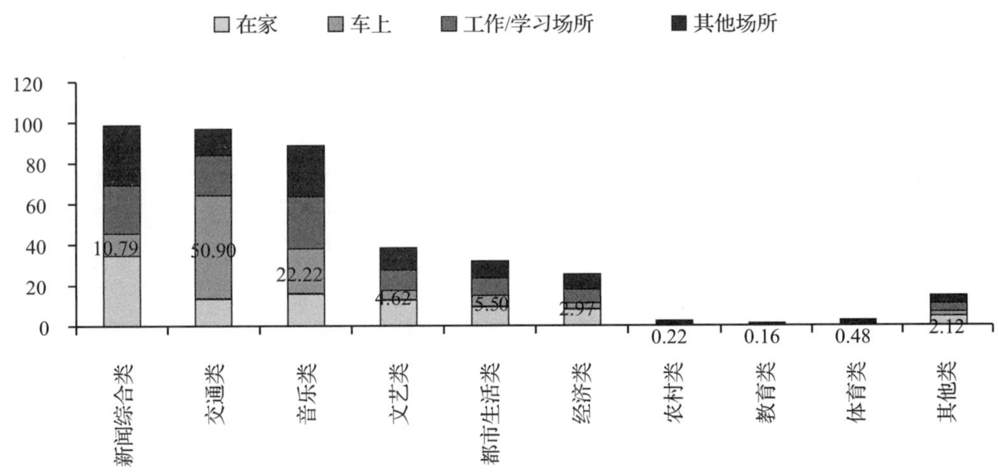


数据来源：CSM媒介研究，35城市数据

**图3　2014年各类频率在不同收听场所的市场份额（%）**

北京、上海、广州、深圳4个一线城市中，各类频率广告投放量在当地市场硬广告投放总量中所占的比重清楚地表明了交通和音乐频率对硬广告的吸纳能力。数据显示：北京的交通和音乐类频率数量占当地频率总量（已有广告监测）的28.70%，它们的广告投放量比重合计达30.54%，广告收入（按刊例价）占到39.70%，收听比重更是高达63.69%；上海的交通和音乐类频率占频率总量（已有广告监测）的33.30%，其广告投放量比重达38.77%，广告收入（按刊例价）达40.74%，收听比重高达52.41%；广州的这两类频率占频率总量（已有广告监测）的33.30%，其广告投放量比重达41.64%，广告收入（按刊例价）达49.72%，收听比重更是高达70.05%；深圳的这两类频率占频率总量（已有广告监测）的35.30%，其广告投放量比重达43.96%，广告收入（按刊例价）达43.31%，收听比重更是高达71.53%。综合来看，在4个一线城市中，交通和音乐类频率占据已有广告监测频率总量的30.00%左右，但其广告吸纳量却占据当地硬广告总量的30.00%～44.00%，广告收入比重占到总量的40.00%及以上，收听效果更是惊人，比重达到50.00%～72.00%的水平。以车载收听市场为要目标市场的频率，凭借其在收听市场斩获的收听份额所建立起的优势竞争地位，成为其吸引更多品牌广告、获得更多广告投放的核心因素。

进一步洞察4个城市中交通类和音乐类频率所吸纳的广告品类，我们不难发现：除杂类外，4个城市既有趋同的特征，又有差别。在交通类频率中，趋同的特征是在4城市中，商业及服务性行业、交通类广告都进入了投放量的前3位；不同的是上海、广州、深圳3市的房地产/建筑工程行业投放量比例较突出，而北京则是家居用品较突出。在音乐类频率中，北京、广州和深圳的共同特征是交通类、商业及服务性行业类、娱乐及休闲类广告处于前3位，而上海则是交通类、房地产/建筑工程和邮电通讯类广告所占比例进入了前3位（表1）。在4个一线城市中，无论是交通类频率还是音乐类频率，投放量比重较大的广告类型均具有高度的趋同性，说明这些品类的广告主对这两类广播频率高度认同；同时，四大城市也具有各自的特点，反映了不同城市同类频率吸纳广告的差异，也彰显了地域特征和频率重度听众特征的差异。

**表1　2014年不同品类广告在四个一线城市交通、音乐类频率的投放量比重（%）**

| 品类 | 交通类频率 | | | | 音乐类频率 | | | |
|---|---|---|---|---|---|---|---|---|
| | 北京 | 广州 | 上海 | 深圳 | 北京 | 广州 | 上海 | 深圳 |
| 电脑及办公自动化产品 | 0.41 | 0.07 | 1.08 | 0.07 | 2.24 | 1.49 | 2.10 | 1.93 |
| 房地产/建筑工程行业 | 2.35 | 11.99 | 8.47 | 11.43 | 0.92 | 2.13 | 9.09 | 0.91 |
| 个人用品 | 0.07 | 0.20 | 0.05 | 0.09 | 1.04 | 0.20 | 0.51 | 0.31 |
| 工业用品 | 1.10 | 0.47 | 1.51 | 0.40 | 0.02 | 0.18 | 0.10 | 0.23 |
| 活动类 | 6.18 | 1.26 | 5.46 | 1.79 | 5.07 | 5.95 | 6.46 | 5.35 |
| 家居用品 | 7.38 | 1.45 | 2.77 | 1.05 | 0.65 | 0.57 | 0.79 | 0.49 |
| 家用电器 | 0.50 | 3.40 | 1.92 | 1.32 | 0.34 | 0.83 | 1.07 | 0.58 |
| 交通 | 9.35 | 10.91 | 11.44 | 8.38 | 13.95 | 11.87 | 11.36 | 12.09 |
| 金融业 | 6.57 | 5.89 | 5.80 | 6.93 | 4.37 | 3.15 | 3.87 | 5.31 |
| 酒精类饮品 | 1.19 | 0.42 | 2.14 | 0.52 | 2.83 | 0.34 | 0.96 | 1.16 |
| 农业 | 0.12 | 0.14 | 0.00 | 0.12 | 0.00 | 0.01 | 0.00 | 0.01 |
| 清洁用品 | 0.18 | 0.00 | 0.00 | 0.00 | 0.00 | 0.00 | 0.00 | 0.00 |
| 商业及服务性行业 | 15.63 | 18.73 | 7.17 | 10.11 | 10.54 | 12.95 | 7.10 | 9.36 |
| 食品 | 2.78 | 1.71 | 0.78 | 0.90 | 1.37 | 1.79 | 1.75 | 1.71 |
| 烟草 | 0.00 | 0.22 | 0.00 | 0.00 | 0.00 | 0.26 | 0.00 | 0.00 |
| 药品 | 0.40 | 3.42 | 0.05 | 2.92 | 0.25 | 2.91 | 0.19 | 0.53 |
| 衣着 | 0.07 | 0.00 | 0.00 | 0.00 | 0.00 | 0.00 | 0.01 | 0.00 |
| 饮料 | 2.08 | 2.96 | 3.22 | 1.97 | 0.78 | 0.70 | 3.47 | 1.19 |
| 邮电通讯 | 5.80 | 2.46 | 5.63 | 2.99 | 5.52 | 3.91 | 7.19 | 3.95 |
| 娱乐及休闲 | 5.00 | 6.50 | 1.97 | 4.31 | 14.90 | 9.52 | 7.12 | 6.43 |
| 杂类 | 32.83 | 27.81 | 40.52 | 44.71 | 34.80 | 40.95 | 36.53 | 48.06 |
| 化妆品/浴室用品 | | | | | 0.41 | 0.27 | 0.31 | 0.40 |

数据来源：央视市场研究（CTR），CSM媒介研究

品牌广告主把移动收听人群（主要是私家车车主）作为主要目标，而数量庞大的以“家中”收听为主的听众则成为大量嘉宾节目、医疗健康节目等软性广告瞄准的目标听

众群体。这些以“家中”收听为主的频率类别主要有：新闻综合类、文艺类（小说、故事、评书、相声、戏曲等）、经济类、农村类等，这些频率一直也是广播电台广告创收的重要平台。但2014年由于持续性政策的强力管控、监督与整治，大量医疗广告节目退出广播广告市场，这虽然对电台的经营造成了一定程度的影响，但不少电台因此而转变了经营思路，获益匪浅。

硬广告并未远离以“家中”收听为主的频率，我们通过分析投放到四大一线城市新闻综合类频率的硬广告便可窥一斑。在四大城市的新闻综合类频率中，投放比重最大的杂类，在四大一线城市中的投放量占比超过一半，在广州和深圳甚至高达65%以上，这与新闻综合类频率听众规模比较庞大、听众类型比较宽泛密切相关。金融业、药品在多个城市中也跻身于投放前3位之列。除了具有共性外，每个市场还各具特色。北京市场中，投放新闻综合类频率的广告类别比较突出的还有酒精类饮品，比例高达两位数，而饮料类与药品类相差无几；食品和酒精类饮品类在广州市场的投放比例也不低；上海的邮电通讯和酒精类饮品名列前茅；深圳广播市场的酒精类饮品也步入了三甲之列(表2)。

**表2　2014年不同品类广告在四大一线城市新闻综合类频率的投放量比重（%）**

| 品类 | 北京 | 广州 | 上海 | 深圳 |
|---|---|---|---|---|
| 电脑及办公自动化产品 | 0.04 | 0.34 | 1.17 | 0.34 |
| 房地产/建筑工程行业 | 0.21 | 0.77 | 2.80 | 0.93 |
| 个人用品 | 1.04 | 0.71 | 0.89 | 0.68 |
| 工业用品 | 0.97 | 0.52 | 0.58 | 0.44 |
| 化妆品/浴室用品 | 0.04 | 0.08 | 0.04 | 0.07 |
| 活动类 | 1.57 | 0.59 | 1.22 | 0.63 |
| 家居用品 | 4.25 | 2.66 | 3.54 | 2.70 |
| 家用电器 | 2.69 | 1.81 | 2.11 | 1.68 |
| 交通 | 3.44 | 2.12 | 3.68 | 2.94 |
| 金融业 | 6.41 | 3.85 | 7.16 | 6.76 |
| 酒精类饮品 | 11.82 | 3.43 | 4.33 | 3.35 |
| 农业 | 0.10 | 0.07 | 0.08 | 0.06 |
| 清洁用品 | 0.29 | 0.00 | 0.00 | 0.00 |
| 商业及服务性行业 | 1.33 | 2.23 | 3.91 | 1.90 |
| 食品 | 1.63 | 3.96 | 1.85 | 2.73 |
| 烟草 | 0.00 | 0.00 | 0.00 | 0.00 |
| 药品 | 4.24 | 7.19 | 5.69 | 5.60 |
| 衣着 | 0.00 | 0.00 | 0.04 | 0.00 |
| 饮料 | 4.27 | 1.61 | 3.62 | 1.54 |
| 邮电通讯 | 2.78 | 1.55 | 5.50 | 1.98 |
| 娱乐及休闲 | 1.42 | 0.60 | 1.40 | 0.52 |
| 杂类 | 51.45 | 65.92 | 50.40 | 65.16 |

数据来源：央视市场研究（CTR）、CSM媒介研究

## 六、不同品类广告投放额的此消彼长彰显行业发展风向

一线城市中不同类别广告投放额的变化彰显了广播的特性和当年的行业发展风向。数据显示，在北京、上海、广州、深圳4个一线城市中，有普遍上涨的行业，也有普遍下降的行业，不同的城市还有各自的特征。

首先，2014年四大城市的广播广告投放花费（刊例价，下同）同比都有增长，其中广州的增幅比例最大，达38.42%。四大城市中普遍上涨的品类包括电脑及办公自动化产品、房地产/建筑工程行业、家居用品、家用电器、交通、酒精类饮品等。在广州，房地产/建筑工程行业、家居用品、家用电器、交通品类涨幅最大；在北京，酒精类饮品涨幅最大；在上海，电脑及办公自动化产品涨幅最大 。

其次，有些品类的投放花费在四大城市中普遍降低，主要有个人用品、工业用品、化妆品/浴室用品、农业、烟草和衣着等。

最后，其余品类在各个城市有不同表现，有升有降，冰火两重天。往年在广播中投放花费较多的金融业产品除在北京外，在上海、广州、深圳都有不同程度的下滑；清洁类用品在上海、广州、深圳也都有大幅度的下降（表3）。

**表3　2014年四城市不同类别广告花费（刊例价）同比涨跌幅度（%）**

| 品类 | 北京 | 广州 | 上海 | 深圳 |
|---|---|---|---|---|
| 总体 | 8.67 | 38.42 | 11.81 | 9.21 |
| 电脑及办公自动化产品 | 30.15 | 24.01 | 110.68 | 26.94 |
| 房地产/建筑工程行业 | 8.67 | 89.05 | 49.09 | 0.76 |
| 个人用品 | -40.80 | -34.01 | -24.30 | -40.62 |
| 工业用品 | -35.25 | -27.17 | -32.95 | -35.69 |
| 化妆品/浴室用品 | -15.55 | -17.82 | -20.89 | -16.11 |
| 活动类 | -1.95 | 3.89 | -16.70 | -19.59 |
| 家居用品 | 32.82 | 40.48 | 33.91 | 30.52 |
| 家用电器 | 52.73 | 90.64 | 60.68 | 40.52 |
| 交通 | 21.11 | 53.50 | 11.92 | 13.47 |
| 金融业 | 2.13 | -1.47 | -16.16 | -13.88 |
| 酒精类饮品 | 32.89 | 22.89 | 24.23 | 15.32 |
| 农业 | -67.83 | -60.18 | -73.21 | -62.11 |
| 清洁用品 | 6.06 | -83.38 | -78.55 | -83.42 |
| 商业及服务性行业 | 2.38 | 129.39 | -11.82 | 18.37 |
| 食品 | -4.81 | 32.07 | 13.57 | 13.56 |
| 烟草 | -100.00 | -27.07 | -100.00 | -99.86 |
| 药品 | -10.25 | 48.98 | -13.19 | 28.22 |
| 衣着 | -84.59 | -90.53 | -87.03 | -91.04 |
| 饮料 | -8.72 | 5.67 | 14.68 | -5.76 |
| 邮电通讯 | 28.61 | 4.00 | 23.56 | -5.37 |
| 娱乐及休闲 | 5.28 | 15.05 | 14.61 | -1.11 |
| 杂类 | 8.20 | 46.67 | 19.46 | 18.48 |

数据来源：央视市场研究（CTR），CSM媒介研究

## 七、传统广播与新媒体共生环境下的共融探索是未来广告发展的路径

传统广播与新媒体在当前尚处于一种互相碰撞、相互渗透、你中有我、我中有你，但各自还保持完整的状态。不管广播今后的形态如何变化，其以声音为主的节目或者音频节目将在不同的媒介传播平台上各自发挥作用，平台用户也将成为各个平台音频节目的消费者。作为传统广播的经营者和以技术见长的新媒体运营商，谁都难有一家通吃的本领，各自都有自己的优势和短板。在传统线性播出的广播领域，广告一直附着在母体节目或频率身上，难以独立存在，广告经营者也基本以售卖广告时段或者节目冠名为主，广告效果和营收几乎完全依赖于频率或节目在收听市场的表现。内容生产一直是媒介产业链的顶端，牢牢占据着价值高地的位置，一方面广告的附着性和逐利性使其紧紧盯住节目，另一方面传统广播的线性播出属性也使其无法独立、自由地与消费者产生接触，“内容为王”成为业界的普遍共识。但是在网络时代，以技术优势发展起来的全新产品形态对传统行业的颠覆案例比比皆是。新媒体平台和用户终端的层出不穷，使得广告与消费者之间的勾连变得多元化。省略中间环节、淡化母体变得日益常态化，没有母体，脱离节目，也可以有广告，广告变得更加独立，而广告的内容也愈发变得更加适应这样的存在。这样的结果势必使广告在新渠道中不以节目或频率的目标听众为潜在消费对象，自由度更高，可以远离节目内容而自成体系，从而有更多的机会直接与消费者联动。就像微信朋友圈转发的广告，不是因为广告内容是什么而更多考虑的是哪个朋友转发的，反倒更容易赢得信任。可见“渠道”或是“内容”都是媒体产业链中的重要环节，在未来的共融与发展中缺一不可。

## 结语

在经历过2014年广告经营的转型后，广播广告刚见起色，增长喜人。利好的消息在于目前传统收听市场仍旧坚挺，“车载”市场虽然暂时裹足不前，但基于国内城市化进程的稳步推进，城市机动车保有量的增长和交通状况改善滞后的背景，“车载”收听的前景仍然被市场看好。广播媒体主动出击、拥抱网络也做得有声有色，向全媒体进军拉开了序幕。在这个过程中，基于传统播出为主的平台贡献了大部分的广告收益，同时新媒体平台进行的同步、二次甚至多次传播则使得广播的传播实现了增值，广告在这些方面的获利还有待提高。但市场环境往往瞬息万变，面对层出不穷的新技术、千变万化的新市场，新的广告形态也会不断涌现，传统广播媒体广告经营者将面临广告市场质的变化，传统经营的路子、招数和经验可能统统失效。对于新的传播平台，新的盈利模式是什么？是否还是做广告？广告如何去做？随着广播业可能发生翻天覆地变化的时点越来越近，这些问题也变得越来越紧迫和现实。“生于忧患，死于安乐”，广播人应该未雨绸缪，为未来做好准备。

（作者：梁帆）

# 广播媒体的优势
## ——西方媒介研究人员视野中的广播媒体

广播媒体是一个历史悠久的传统媒体，近几年以来，尽管其广告收入总量不及传统媒体中的电视媒体和平面媒体，广告收入增速不及新兴的互联网媒体，但其仍然能够在激烈竞争的环境中生存和发展。之所以如此，与其特定的媒体属性有着密切的关系。英美市场上许多媒介研究机构利用定量数据和定性资料，多次阐述了广播媒体的优势所在。纵观这些研究成果可以发现，广播媒体不同于电视、平面等媒体，其具有贴近性、亲密性和传播的高效性，经营电台可以获得较经营电视台更高的毛利率。这些结论，对于国内电台和电台的经营人员来说，无不具有极大的鼓舞作用。

## 一、广播媒体是一种具有正面影响力的媒体

西方研究人员认为，广播媒体是在生活中能够产生正面影响的媒体。过去二十年里，人们对媒体的认知发生了明显的变化，正如人们对知名品牌的认知发生了变化一样。越来越多的事实表明，在消费者眼中，媒体运营是一种近乎完全市场导向的经营活动，其最大的目的就是开发和利用其受众价值，增加经营收入，提高运营利润。在这种市场化的媒体运营环境下，有人甚至认为，电视媒体已经开始变为一种有时具有潜在负面影响的媒体：观众经常因为自己过多地收看电视而感到不安和愧疚，或者不得不为过度收看电视而寻找托词。许多人认为，人们应该阻止少年儿童坐在那个“傻瓜盒子”前长时间地收看电视。人们同样知道，报纸媒体通常会利用耸人听闻的大标题来吸引读者的眼球，提升其发行量并为广告公司服务，而忽视由此产生的负面影响。

而这种负面认知的消极影响，还没有对广播媒体形成冲击。在人们的心目中，广播电台对人们的日常生活具有正面、积极和向上的影响——广播是一种伴侣式的媒体，能够给人们提供信息，排遣听众的孤独，使听众不再觉得与世隔绝。简单地说，就是“人们不觉得广播电台利用了听众，而是听众自己利用了广播电台”。正是因为听众的信任，各电台开办的五花八门的倾诉型热线电话节目不断获得成功。对于那些敢于打电话给电台的听众来说，他们肯定从心底里信任电台和电台节目主持人，而且听众也不会担心电台滥用他们的信任。英国广播广告研究所（Radio Advertising Bureau，简称RAB）发布

的“Using Radio With Television”研究报告①显示，针对“我并不相信电视、报纸或广播广告的宣传内容”的回答结果显示，人们对广播广告的信任度远远高于对电视和报纸广告的信任度（图1），可见广播媒体比之于电视和报纸，更为受众所信赖。

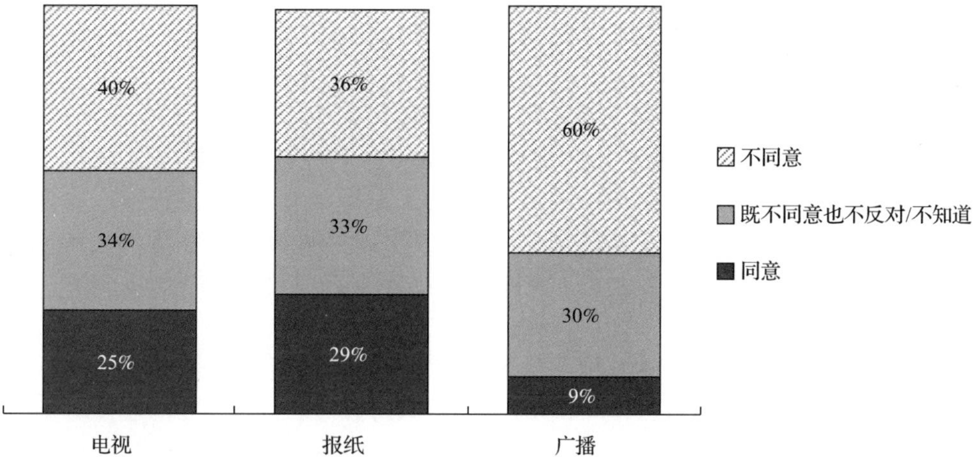


资料来源：Radio Advertising Bureau

**图1 同意“我不相信电视、报纸或广播广告宣传内容”的占比（%）**

“Using Radio With Television”研究报告显示，比之于电视媒介的消费，广播媒介的消费更为个性化。即使有其他人在收听现场，听众听到广播内容后，其内心反应也是个性化的。许多广播节目主持人努力学会并做到了似乎是与单个听众的交流而非对所有听众进行说教。所以，尽管广播媒体是一个大众媒体，但其与听众的亲近特征为广告商提供了类似于一对一的交流平台。广播的亲近性在受众媒体关系图中得到了形象的解释，广播媒体成为离受众最近、最让受众感到自信的媒体（图2）。

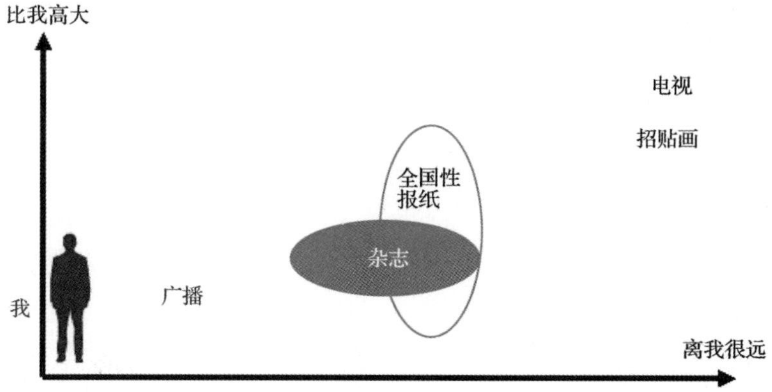


数据来源：Radio Advertising Bureau

**图2 受众媒体关系图**

① http://www.bauermedia.co.uk/uploads/radiotv.pdf

## 二、广播媒体是一种互动性良好的媒体

听众之所以能够与电台建立密切的情感关系，原因较为复杂，但有一点是显而易见的，即听众觉得，电台是一种具有良性影响力的媒体，在与电台互动时，听众不会感到尴尬，互动时面临的风险也相对较小。另外，广播媒体是一种主要以语音和音乐形式出现的媒体，这两种媒介形式相对来讲也非常人性化、情感化。广播广告研究所（Radio Advertising Bureau）对参与电台举办活动的人群的一项调查显示，在与电台互动的人群中，女性听众占比高于男性听众，16～34 岁听众的占比相对较高（图 3）。基于广播媒体的互动性，听众易于对广播媒体作出响应，这是广播媒体的又一特征。这种特征对广告商来说具有巨大的价值，广告商可以借此在广告或推广活动中获得消费者的响应。更为重要的是，对于品牌的响应不仅仅体现为看得见摸得着的响应，如打进来的电话、对店面的光顾以及访问网站的流量，而且还会有更多无声的响应，如对所宣传的品牌产生记忆和好感等。这一点非平面媒体能相比。平面媒体的广告极易被忽略，而广播广告却不容易被受众忽略。

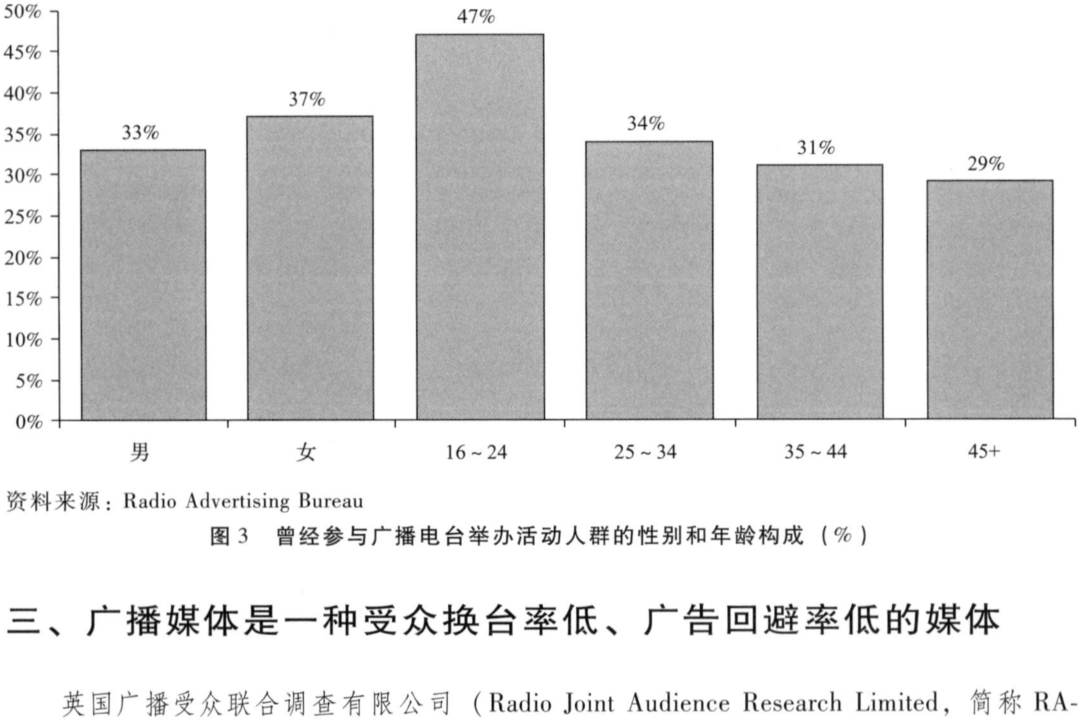


资料来源：Radio Advertising Bureau

**图 3　曾经参与广播电台举办活动人群的性别和年龄构成（%）**

## 三、广播媒体是一种受众换台率低、广告回避率低的媒体

英国广播受众联合调查有限公司（Radio Joint Audience Research Limited，简称 RAJAR）发布的“RAJAR DATA RELEASE（QUARTER 3，2013）”[①] 报告显示，车上广播收听时间占据总体广播收听时间的比例达到 21%，因此车上收听是非常值得研究的广播

① http://www.rajar.co.uk/docs/news/RAJAR_ DataRelease_ InfographicQ32013.pdf

收听行为。车上收听的听众构成不同于总体收听的听众构成，在车上收听的听众中，男性、中青年和较高购买力的听众的比例更高。RAJAR 委托 NOP 媒介研究公司所做的一项车上收听个案研究显示，车上收听量的高低，与驾驶旅程的特点和远近有关：听众在日常反复固定的驾驶旅程和长途驾驶旅程期间的收听量相对较高；90%的小轿车收音机有预设的电台，驾乘人员会选择收听这些预设的电台；每辆小轿车上平均有7个预设的电台；2/3的驾驶员曾经收听过其中绝大多数甚至所有这些预设电台。尽管外部原因可能会导致听众频繁换台，但在现实生活中，车上听众换台比例之低出人意料（图4）。绝大多数（85%）驾驶员受访者表示不同意这样一种说法，即“我是那种开车时频繁换台的人”。不同的驾驶行程，也会有不同的换台模式：长途驾驶的换台率最高，上下班行程的换台率相对较低。

由于广播听众在收听过程中较少换台，所以广播媒体播出的广告也面临较低的回避率。研究表明，对于电视、广播等6种媒介播出的广告，受众都会有不同程度的主动回避：报纸广告的回避比例最高，为68%；电影广告的回避比例最低，为8%；而广播广告的回避率之低，仅次于电影广告（图5）。[①] 可见广播媒介是广告回避比例较低的媒介之一，相应地，其广告的有效到达率也会相对较高，是快速消费品等产品促销广告投放的重要媒介之一。[②]

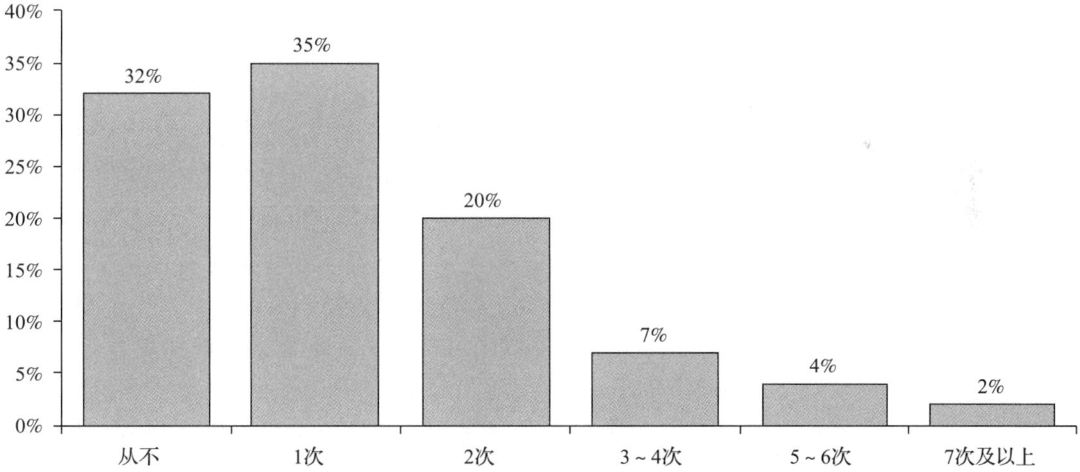


资料来源：Radio Joint Audience Research Limited

**图4　驾车上下班途中收听广播期间换台人数比例**

① http://www.bauermedia.co.uk/uploads/radiotv.pdf

② http://www.rab.co.uk/rab-studies/radio-sales-multiplier/

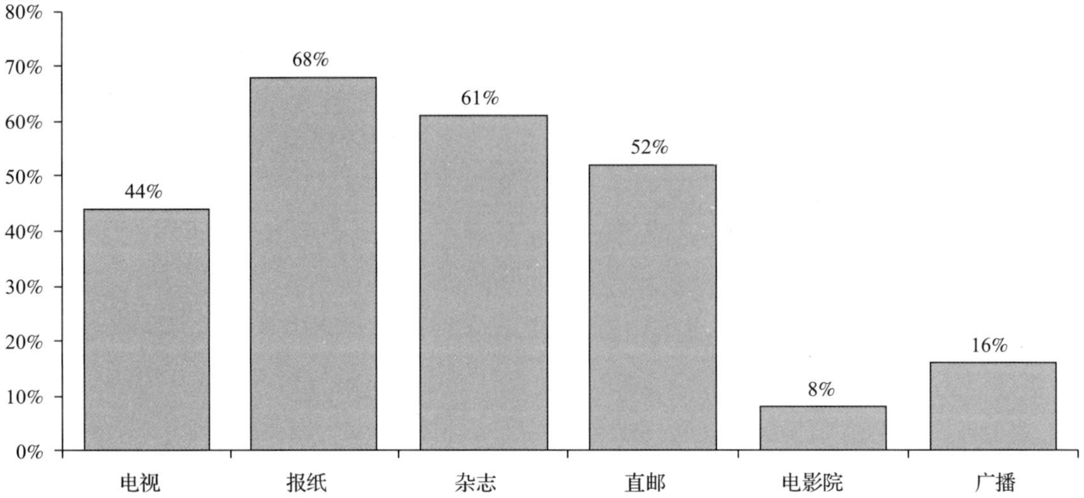


数据来源：Initiative Media

**图 5 不同媒体广告受众回避比例**

## 四、广播媒体是传统媒体中性价比相对较高的媒体

广播广告研究所发布的“Radio's ROI Advantage”研究结果①显示，广播广告的投资回报率比全国性电视台的广告投资回报率高出49%②。该研究涉及了4个市场为期6个月的广告计划和评估数据，涉及的产品有食品类日用品、非食品类日用品和另外两个不同类别的非处方（OTC）药品。这4个市场分别是缅因州的Pittsfield、威斯康星州的Eau Claire、得克萨斯州的Midland和爱荷华州的Cedar Rapids。为了测量不同广告计划的效果，研究人员对通过扫描计价销售的商品销售量做了统计，并且还做了电话访问。为了增强广播和电视广告效果数据的可比性，研究人员还对相关数据做了科学的加权，并对电视广告插播做了事前测试，以避免电视广告的促销数据被低估。

研究发现，广播广告对4种商品的销售额有4.1%的提升幅度，而电视广告对相同4种商品促销的提升幅度为7.5%。RAEL研究顾问Jim Peacock指出，广播广告的价格通常比一般电视广告的价格低80%。如果将广告促销效果与广告花费综合计算并得到不同媒体的广告投资回报指数，则不难发现，广播广告的投资回报指数明显优于电视广告的投资回报指数。本次研究中，电视广告投资回报指数为100，电视广告投资回报指数的历史数据的平均值为128；而广播广告的投资回报指数是149，广播广告的投资回报指数比电视广告的投资回报指数高49%。

进一步分析广播广告和电视广告投入的单位利润指数，也能发现广播广告在一定程度上优于电视广告。广播广告辅以电视广告的利润指数是180，而电视广告辅以广播广告的利润指数是82。广播广告在跨媒体媒介组合中也表现出了较好的性价比（图6）。

---

① http://www.rab.com/public/ral/studyDocs/roiFull.pdf

② http://www.rab.com/public/ral/studyDocs/roiSummary.pdf

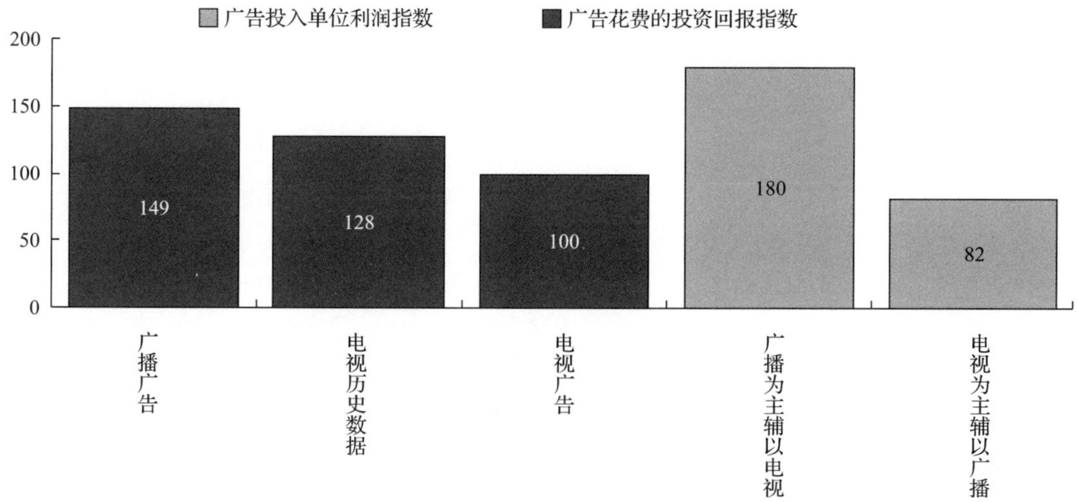


数据来源：Radio Ad Lab，Inc.

**图 6　广播媒体的广告投资回报指数**

## 五、广播媒体是一种运营毛利率较高的媒体

美国统计数据显示，相比于电视媒体，广播媒体还是一种运营毛利率较高的媒体。从运营收入构成来看，电台和电视台运营收入的主要来源均为广告收入。2009 年，电台的广告收入占其总收入的 84%，而电视台的广告收入占比则为 76%。两大媒体的广告收入占比逐年降低，电台广告收入占比从 2007 年的 88% 降低到 2009 年的 84%，电视台广告收入占比从 2007 年的 80% 降低到 2009 年的 76%；相应地，两大媒体非广告收入的占比逐年增加。电台运营收入对于广告收入的依赖程度比电视台更为明显。

从 2009 年两大媒体广告收入的市场来源来看，电台广告收入的 75% 来自本地市场，仅 25% 来自全国性或区域性市场；而电视台的广告收入中，64% 来自全国性或区域性市场，仅 36% 来自本地市场。可见，电视媒体的跨区域经营能力较广播媒体更为突出，而广播媒体则是一个更为本地化的媒体。

从 2009 年的运营支出构成来看，电台的人工成本占比为 51%，电视台的人工成本占比仅为 30%。2009 年，电台和电视台两大媒体的一次性外包服务投入分别为 10% 和 6%，占比均较低。其他运营支出占比数据显示，电台的其他运营支出占比为 38%，电视台的这一数据则高达 63%。

其他运营支出中，版权/许可费用是一项占比较大的费用。2009 年，电台用于“版权/许可费用”的支出占其运营总支出的比例为 8%，而电视台用于这项费用的支出占比则达到了 39%，可见，电台无需像电视台那样在“版权/许可费用”方面支付巨大的费用（表 1）。

表1　美国电台和电视台运营收入和支出统计数据（单位:百万美元）

| 项目 | 广播电台 | | | 电视台 | | |
|---|---|---|---|---|---|---|
| | 2007 | 2008 | 2009 | 2007 | 2008 | 2009 |
| **运营收入 合计** | 14871 | 13958 | 11693 | 35998 | 35976 | 31415 |
| 播出广告收入 | 13026 | 12029 | 9823 | 28892 | 28117 | 23796 |
| 全国性/区域性广告收入 | 3223 | 3143 | 2482 | 17618 | 17438 | 15319 |
| 本地广告收入 | 9803 | 8886 | 7341 | 11274 | 10679 | 8477 |
| 其他运营收入 | 1845 | 1929 | 1870 | 7106 | 7859 | 7619 |
| 网络收入 | 303 | 357 | 351 | 1473 | 1390 | 1311 |
| 公益节目收入 | (S)① | (S) | (S) | 2042 | 2154 | 1922 |
| 其他所有运营收入 | 889 | 900 | 888 | 3591 | 4315 | 4386 |
| | | | | | | |
| **运营支出 合计** | 11065 | 10723 | 9536 | 28969 | 28742 | 26719 |
| 人工成本 | 5824 | 5584 | 4857 | 8608 | 8677 | 7935 |
| 工资支出 | 4926 | 4739 | 4075 | 7227 | 7322 | 6761 |
| 福利支出 | 709 | 667 | 641 | 1224 | 1225 | 1073 |
| 临时员工和外包员工费用 | 189 | 178 | 141 | 157 | 130 | 101 |
| 一次性材料、零配件和物资投入(不能用于再销售) | 115 | 99 | 99 | 203 | 251 | 219 |
| 一次性外包服务投入 | 1254 | 1129 | 979 | 1967 | 1980 | 1668 |
| 一次性计算机软件采买费用 | 45 | 46 | 44 | 86 | 158 | 116 |
| 一次性电力和燃料投入(机动车燃料除外) | 177 | 189 | 192 | 297 | 292 | 259 |
| 租赁费用 | 395 | 406 | 416 | 489 | 505 | 428 |
| 维护维修费用 | 99 | 79 | 76 | 203 | 211 | 190 |
| 推广宣传费用 | 538 | 409 | 251 | 892 | 814 | 675 |
| 其他运营支出 | 3872 | 3911 | 3601 | 18191 | 17834 | 16897 |
| 版权/许可费用 | 865 | 847 | 747 | 10964 | 10401 | 10389 |
| 网络使用费 | 69 | 74 | 75 | 335 | 389 | 317 |
| 折旧及摊销费用 | 516 | 612 | 663 | 1590 | 1800 | 1658 |
| 税费支出 | 94 | 91 | 83 | 125 | 150 | 164 |
| 其余所有其他运营支出 | 2328 | 2287 | 2033 | 5177 | 5094 | 4369 |

数据来源:http://www.census.gov

如果将两大媒体的运营总收入减去运营总支出视作其毛利润，将毛利润额除以运营总支出得到的百分比视作其毛利率，则可以发现，2009年，美国广播媒体的运营毛利率是23%，电视媒体的运营毛利率是18%（图7）；另外，2007年和2008年也均是电台的运营毛利率高于电视台，可见广播媒体的运营毛利率明显高于电视媒体。

① “S”表示此处数据未能达到可公开发布的标准,因而没有提供。

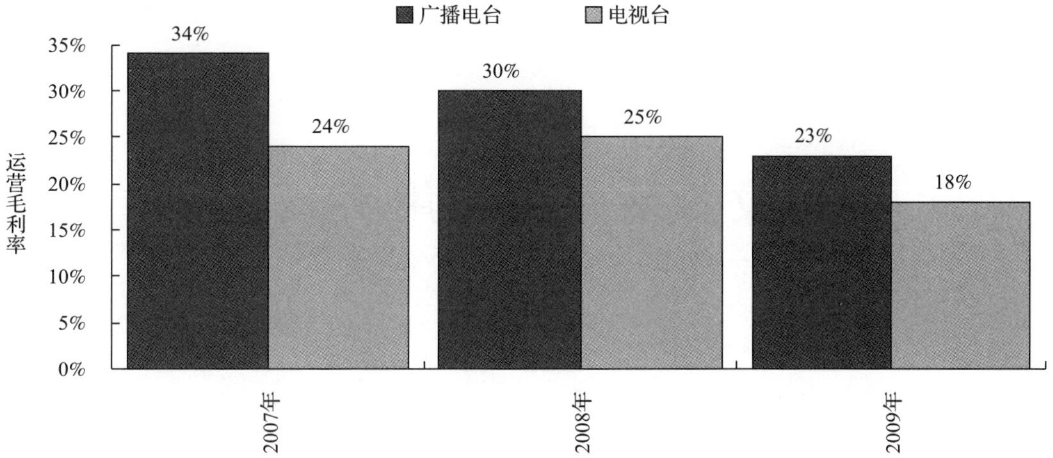


数据来源:http://www.census.gov

图 7 广播电台和电视台的运营毛利率

## 六、结语

综上所述，广播媒体作为一个特殊的传统媒体，具有独特的受众贴近性、传播的高效性和较好的经营盈利性。在传播内容方面，广播媒体可以做到推陈出新，竭诚为听众服务；在传播渠道方面，其可以充分利用无线电波和互联网资源拓展自己的传播时空，进而在当今纷繁复杂、一日千里的媒介市场，保持良好的生存和发展态势，在竞争中“独善其身”、脱颖而出。广播媒体的发展及其运营形式的演进，将有助于媒介市场整体生态环境的改善，实现多媒体的共赢，进而启动让广播这种无线电音频媒体向横跨音频、视频和图文介质的全媒体升级的进程。

（作者：王平）

# 收听率数据应用实践
## ——基于客户访谈的分析

在新媒体大行其道、传统媒体深受影响的市场大环境下，广播也不可避免地受到了冲击，因此了解听众特点，掌握收听市场的变化对于广播媒体的经营尤为重要。收听率数据是对听众收听行为的详细记录和描述，理论上在广播节目编排、节目评估以及广告运营等方面应该发挥重要的导向性作用，应该成为广播从业人员进行受众需求分析、市场竞争分析、内容编排分析、节目评估和广告经营的重要基础。

那么实际情况如何？客户在工作中是如何运用收听率数据的？收听率数据在节目编排、节目评估和广告经营过程中扮演着什么样的角色，能够发挥多大的作用？客户对目前已有的收听率数据还存在哪些期望和建议？为回答这些问题，我们对北京人民广播电台、上海人民广播电台、江苏人民广播电台、南京人民广播电台、广州人民广播电台、广东人民广播电台、深圳人民广播电台、佛山人民广播电台、江西人民广播电台和郑州人民广播电台10个广播电台进行了深度访谈，主要针对客户目前对收听率数据的使用状况进行了深入了解。

访谈主要就各台对收听率数据在节目编排、节目评估和广告运营三个方面的应用展开，有关节目编排部分的内容主要针对各广播电台的频率总监进行了访谈，涉及节目评估和广告运营部分的内容则分别主要面向各台总编室负责人和广告中心负责人进行访谈。

从整体使用情况来看，广播市场对数据的使用不像电视市场那样成熟，各台对收听率数据的使用水平参差不齐，还处于发展过程当中。一部分台/频率的收听率数据运用水平相对较高，可以很好地使用收听率数据来指导自己的实际工作，而另一部分对收听率数据运用水平较低的台/频率则很少甚至不把收听率数据作为自己日常工作中的参考指标。从应用领域来看，各台更多的是把收听率数据应用于节目评估中，收听率指标是节目评估体系中必不可少甚至唯一的指标。在节目编排和广告运营领域，收听率数据的应用水平有限，各台使用的程度也各有差异。下面本文分别从节目编排、节目评估和广告运营三个方面来详细阐述客户对收听率数据的应用情况。

## 一、收听率数据在节目编排中的应用

收听率数据在节目编排中的使用主动权基本掌握在频率手里，从目前的实际情况来看，客户在进行节目编排时对收听率数据参考使用的程度较低。

相比电视，广播的发展变化相对平稳，广播频率经过多年的发展，也已经积累了自己成熟而稳定的核心受众群。因此，在进行节目编排时一般也是围绕自己的主体受众群来安排节目，在考虑频率和节目定位的时候，收听率数据起到的导向作用目前来看并不大。

从时段编排来看，开机率较高的早晚高峰时段通常是频率重点关注的时段，收听率数据的指导作用也基本体现在这两个时段，这两个时段的节目对收听率数据的依赖程度相对较高。频率一般会密切关注这两个时段收听率数值的高低起伏变化，从而对节目做出相应的调整，但这种调整也仅限于对节目或节目内容的前后顺序、环节等进行阶段性的微调，并不会涉及整个版面的调整。对于开机率低的其他时段的节目，调整频率则较低，收听率数据起到的作用也微乎其微。一些频率会通过不定期举办听众满意度调查来获得第一手信息，然后对节目做出相应的调整。总体而言，电台/频率在进行节目编排时更多的还是依靠经验和直观感受。

从节目规划来看，为了培养听众的收听习惯，本着节目不宜调太多的原则，各频率节目的版面基本会保持稳定，有些台甚至对节目调整和改版有一套非常严格的流程，需要经过层层审批方可进行。有些频率建立了一套优胜劣汰机制，每年实施一次，即每年年初把上一年所有的节目按收听率或市场份额排名，把排在后几位的节目淘汰掉，用新的节目代替。在这个过程中会参考专家打分、听众满意度调查等其他因素，但收听率指标起到了决定性的作用，可以占到60%~80%的比重，各频率视自身情况不同在具体实施过程中会各有差异。如遇特殊情况，如收听率下滑太明显，则会及时查找原因做出整改，具体下滑幅度各台、各频率也各有不同。

总体而言，收听率数据在节目编排过程中所起的作用更多地体现为事后的佐证，编排和调整目前来看主要还是依靠节目制作和编排人员的经验和直观感受，收听率数据起到的指导作用非常有限。

## 二、收听率数据在节目评估中的应用

从目前的情况来看，收听率数据被广泛应用于节目评估当中，各台基本都已经初步建立起了一套考评体系并投入使用。一部分电台由总编室统一执行考评管理，还有一部分电台由统一的部门出台和下发考核方案，具体实施细则由各频率自己掌控。收听率数据在节目评估中的应用主要分为两种模式：一种模式是把收听率数据作为唯一的考评指标来使用；另一种模式是建立一套综合考评体系，将收听率数据作为其中的一个重要指标。下面我们就分别详细介绍两种使用模式。

### （一）收听率作为唯一考评指标

具体实施方法如下：

首先是定目标。这个目标一般依据收听率指标中的市场份额来设定，各台基本思路趋同，都是在上一年目标任务的基础上增加一定的百分比来确定本年度的目标任务值，用公式表示就是：

今年目标任务值 = 上年度目标任务值 × a% + 上年度目标任务值

或者另外一种算法，就是采用上年度目标任务值与实际完成值的加权平均计算：

今年目标任务值 = 上年度目标任务值 × b% + 上年度实际完成值 × （1 - b%）

公式中的百分比值各台各有不同。通过这种方式确定一个全台的总目标，然后用相同的办法确定每一个频率本年度的目标值，这一目标值各频率根据自身实际情况会有数值上的差异。

然后依据这一目标值建立一套评估体系，与员工工资奖金挂钩。简单而言，就是完成任务奖励，完不成则惩罚。

以某台为例，依据目标任务值每月进行一次考评，当月完成值较目标任务值提升幅度大于等于10%时，全频率人员均获得奖励；当完成值较目标任务值下滑幅度达到20%及以上时，全频率上自总监下至普通员工都会受到不同程度的惩罚；浮动幅度在 -20% ~ 10%范围内时不奖不罚。这种体系较为简单直接。

## （二）收听率作为综合评估体系中的一个重要指标

这种评估体系是把考评指标分为定性和定量两种指标，建立起一套综合评估体系，收听率数据作为定量指标的主要构成成分。这个考评体系中还纳入了专家听评打分、频率创收能力评价、听众满意度评价、社会导向和在新媒体的表现等其他因素，以此对频率和节目进行全方位的考评，各台在实际操作过程中会略有差异。但无论纳入多少指标，收听率指标在整个评估体系中几乎都占到了1/3的权重，因此收听率指标在整个评价体系中发挥着举足轻重的作用。

以某台为例来阐述具体的实施办法：

### 1. 定性指标得分

该得分主要来自专家打分，占到总得分1/2的权重。每月组织专家从节目管理流程、节目定位、内容水平、制作水平、安全播出、播音主持和宣传推广表现等方面进行听评打分；

### 2. 定量指标得分

该得分主要考评收听率和市场份额两个指标，其中市场份额所占比重更大，收听率和市场份额两项指标加总总分占总得分1/3的权重。具体实施方法是：以当月本地区节目收听率和市场份额总排名为依据，1 ~ 5名得到相应的分值，6 ~ 10名得到对应的分值，依次类推。

### 3. 将各节目以上两项的得分分别乘以不同系数求出最终得分

该系数主要根据技术部门认定的各频率在当地发射功率及信号质量参数来确定，覆盖越好，功率越大，系数越低。

### 4. 纳入其他指标

随着新媒体技术的日益发展，听众的收听习惯也发生了明显变化，因此在整个考评体系中还会把节目在新媒体平台的表现纳入进来，按节目各自在新媒体平台的总点击率排名，按1~10名、11~20名依次类推分为不同的档次，得到相应的分值。同时也会把节目满意度评价指标纳入整个考评体系中，这两项计总得分占总得分1/6的权重。

综合以上各项得分，计算出每档节目当月总得分，按照节目所属频率计算出该频率当月节目的平均分，以此作为该频率当月考核的依据，对频率相关人员做出奖罚，奖罚力度因节目所处时段、播出频次及播出平台的不同等因素而互有差异。

无论是将收听率作为单一指标还是综合评估体系中的一个指标，各台在奖惩程度上也存在两种情形：第一种较为严苛，达标则奖金工资全发，反之则惩罚，且额度较大；第二种相对宽松，也会有惩罚奖励机制，但金额较小，更主要的是起到一种提醒作用，对员工的实际收入不会有太大影响。

## 三、收听率数据在广告经营中的应用

对于广播广告经营，各广播电台都成立了自己的广告运营中心，但具体的广告业务基本都是外包给广告代理公司来运作。分为两种情况：第一种是完全委托给代理公司具体操作，广播电台内部的广告运营中心或广告部仅起管理作用，不参与具体工作；第二种是广播电台的广告运营中心为广告代理公司提供一些收听率数据和报告供其参考。第一种情况整个过程中基本没有使用收听率数据，后一种情况则会参考收听率数据或相关的指标来作为广告经营的依据之一。

从目前广播客户在广告经营过程中对收听率数据的整体使用情况来看，水平较低，对收听率数据的依赖度很低。更多的电台是把收听率数据当作一个促进的因素，仅作为一个参考因素，在广告定价、效果评估和市场推广时收听率数据并不会起到决定性作用。但不起决定作用并不代表做决策时不会考虑收听率指标，下文便根据各台的具体使用情况，详细介绍收听率数据在广播电台广告经营中的应用。

首先是收听率数据在广播广告定价方面的应用。目前来看，决定广告定价的主要参考因素是电台或频率，本身的广告实际收入情况，电台或频率的广告收入高，决定了其市场地位就高；相应地，广告定价也高。收听率数据在这个过程中并不起决定性作用，仅仅起到一个参考的作用。电台一般会参考收听率和市场份额两个指标，例如收听率高的时段（如早晚高峰时段是黄金时段），定价必然会高，其他时段则相对会低。在这其中，收听率会起到多大的指导作用很难量化，但却是一个必不可少的因素。

其次是收听率数据在广告投放决策中的应用。进行广告投放的客户归纳起来分为两种类型。第一种是本地市场的广告客户或与电台长期合作的老客户，他们对当地市场较为熟悉，对自己要投放的目标频率、目标节目和目标时段有一套很清晰的思路，因此他们会参照电台每年年初提供的各频率收听状况报告，其中一般会涉及各频率的收听表现、市场份额、重度人群分析以及详细的分时段和分节目分析等内容，但更多的是依靠经验值来对广告投放的量、投放的时段、节目等作出决策；第二种广告客户是面向全国市场投放的广告公司，他们因为不了解当地市场的实际情况，因此对收听率数据的依赖度要高于本地市场的广告客户或老客户，他们会把广播电台出具的收听率分析报告中涉及的各频率收听率/市场份额排名、黄金时段以及重度人群的分析作为投放的参考依据之一，但真正起到了多大的指导作用目前还无法很好地量化。实际上，能够真正影响广告客户作出投放决策的因素是节目的定位、节目本身的适合度和配合度、实际能带来的收效、主持人的影响力等其他因素。还有客户提到，个人喜好有时也会成为影响其作出广告投放决策的一个关键因素。

再次是收听率数据在广告投放效果评估方面的应用。目前来看，这是应用比较广泛的一个层面。从一般广告投放的角度来看，基本上是靠收听率和收听率体系的一系列指标来进行评估，包括毛评点、千人成本、听众构成、收听率等指标，这些指标都会作为广告投放后进行效果评估的主要参考因素。如果与客户合作度较高的话，事后会得到一些更真实的数据，如市场转化率即听众的购买情况等资料，也会补充到整个评估体系中。但很多时候，广告客户只是做一个品牌推广性质的广告投放，这时电台就只是根据广告排期为其做一个相关收听率的反馈报告。也会通过投放前后对比来做出评估，如对比投放前后收听率涨跌程度、重度人群是否有变化等，同时也会参考其他的评估因素，如广告播出期间咨询电话量是否增多，客户的投放量是否有增长等。总体来看，收听率数据指标体系在广告投放效果评估中发挥着非常重要的参考作用，但实际能带来多大的影响力目前还没有量化的指标。

最后是收听率数据在频率或节目市场推广方面的应用。综合各电台反馈情况，我们发现目前收听率数据在市场推广方面发挥的作用很小，各频率或节目在做市场推广时会参考收听率指标，但并不将其作为一个重要的指标，不像电视那样对收视率的依赖度很高。但从长远来看，收听率数据在市场推广过程中的意义会越来越大，能发挥的作用也会越来越大。从“口说无凭”，到“有理有据”，收听率数据在与广告客户沟通、开拓市场的过程中发挥的作用会越来越明显。

## 四、客户的期望与建议

从客户对收听率数据的应用实践中可以看出，尽管目前应用的领域不广，但在实际使用过程中也遇到了很多问题。基于这些问题他们也提出了一些中肯的期望和建议，归纳为以下三点：

### 1. 希望改进调查方式

客户在实际使用过程中一致反映，数据能起到的指导作用有限，很大程度上是因为传统的日记卡调查方式生产出来的数据在准确性和时效性上存在很大的短板，因此客户亟须一种更及时、更精准的数据来代替原有的数据。因此，改变测量方式是客户目前的最大诉求。

### 2. 希望增加节目在新媒体平台表现的考核指标

受新媒体技术的冲击，再加上广播本身就是伴随性很强的一种媒介形式，现在的受众对广播的收听习惯已经发生了很大的变化，通过手机、网络收听的受众越来越多，而目前对节目在新媒体平台上的表现并没有一个比较有效的考评指标。因此，客户希望增加节目在新媒体平台表现的考核指标，如微博点击量、网上收听量等，也希望能够引进一些大数据的伙伴，基于网络数据分析得出一些结论，使数据更有针对性，而不是宽泛的一个概念，以方便提供更多有意义、有价值的数据，从而更好地指导实际工作。这是新的媒介环境催生的新的需求。

新的媒介环境必然会造就一个全新的竞争格局，作为传统媒体的广播也正在积极应对，并没有坐以待毙。很多广播电台为了应对挑战，主动拥抱互联网，积极与新媒体融合，也有的广播电台已经试水直接做互联网的产品。新的挑战、新的环境下亟须出现一种新的收听率调查方式和更及时、准确、全面的数据来满足客户新的需求，这是市场做出的选择。

总之，作为广播市场的“通用货币”，收听率数据在整个行业中扮演着重要甚至无可替代的角色，但是世上从来没有完美的数据，也没有完美的认知。因此，如何科学合理地使用好收听率数据，让数据与人的认知相辅相成、互为补充、弥补缺陷，使之臻于完美，才是我们的最终目的。

（作者：解永利）

# 新媒体时代广播受众测量之观察与思考

人类文明发展史上正在经历的浪潮——互联网、移动互联网技术，正在时时刻刻改变着我们的生活。其迅猛的发展给诸多领域，包括传媒业，带来了翻天覆地的变化，未来是那么地令人期待而又充满变数，传统的思维和行为方式正在被颠覆、被解构、被重新格式化。当今的传统媒体就面临着渠道多元化、终端多元化的现实。在新旧媒介融合的滚滚洪流中，传播方和接收方的角色和地位也在不断变化之中，过去传统的“听众”，现在及未来可能就是“用户”，就是“产消者”（Prosumer，生产和消费者是一个整体）。作为测量广播听众收听行为的收听率调查，在新媒体背景下也同样面临着全新的挑战。

## 一、目前收听率调查的基本状况

传统的广播听众调查经过漫长的八十多年，无论是收听习惯调查还是收听行为调查，基本都经历过几个调查阶段：电话调查法、人员面对面访问法、日记卡记录法、人员测量仪法（PPM）等。现如今的收听率调查基本上是建立在对沿时间轴线性播出方式收听的测量。目前在国际上，日记卡法和测量仪方法并存，且以日记卡方法为主；在中国内地应用最广泛、最主流的方法还是日记卡法。日记卡法的优势和劣势都十分明显。主要优势是调查成本较低，被调查人员在培训后容易完成填涂工作，日记卡的设计科学合理，不会干扰样本人员的正常工作和生活，不会对被调查者带来负担等；但是劣势也十分明显：调查时间一久，被调查者合作度会下降，记忆力失真会导致人为误差率的上升；数据结果提供周期较长、时效性差；数据颗粒度粗、精细度差等。随着广播用户越来越依赖于用数据进行内部精细化管理、节目生产和广告营销，尤其是在互联网和移动互联网平台对传统广播产生听众分化、节目分享、广告分流的态势下，现存的日记卡调查方法明显已跟不上时代的节奏。在这种背景下，应对未来的、物美价廉的新型测量技术就成为市场的迫切需求。

## 二、新媒体背景下收听率调查新技术的探索

为应对广播受众市场的需求和时代发展的要求，目前中国内地的主要几家收听率调查公司都各自采取相应的措施，积极探索新型收听测量技术，力图在收听测量技术上有

所突破，以满足现在及未来对受众测量的需求。

赛立信媒介研究公司率先在国内推出了自主研发的 BSM 一体机频率识别测量仪。这种技术采用植入式方法采集数据，即在收音设备里安装探测和记录广播频率的专用仪器或者芯片，记录广播频率的开启、关闭和转换等信息。2009 年年底研制成功并推向市场，目前已有十几个城市在应用。这种技术存在一定的局限性，植入式方法只能针对传统收听终端，由于这类设备微小，采集广播信号的仪器或者芯片难以或者无法安装，所以采用一体机的方式采集，这样就无法避免地会对样本人员的收听行为产生影响；对于车载收听行为的测量只能是用一体机置换车载收音机，这样会受到车载收音头本身的限制及车辆保全因素的影响①。

2013 年年末，尼尔森网联正式发布了基于智能音频识别系统的 Listen Box 收听率测量仪。这种测量仪分为两种：一种是针对家庭及便携收听环境，通过对收音机本机频率的探测记录家中不同成员的收听行为；另一种是针对车载收听环境，通过实时音频比对的方法记录车载听众的收听行为。两款仪器形成综合化的收听率数据，可以实时、自动发回中心处理器。该技术同时可采集频率信号强度、收听设备位置的信息，监测传输信号的覆盖状况②。但是，它的这项技术针对同一位样本人员需配备两种测量设备，同时，无论是便携版也好，车载版也罢，都是直接介入到样本人员的日常生活中的，势必会干扰其生活常态。另外，通过非收音机设备收听广播，比如网络上的微电台、智能端 App 上的线性播出和点播，这种技术就无法处理了，而这些收听行为有可能成为未来的主流。

CSM 一直密切关注着收听市场和全球测量新技术的发展，致力于为市场提供一套完整解决传统测量和新媒体测量的一揽子方案。2013 年年底，在比较了全球测量技术特点后，CSM 媒介研究从以色列 MRL（Mobile Research Labs）引进了目前世界上最为先进的音频测量技术——MRL 虚拟测量仪（图 1）。该技术已经在世界一些发达国家和地区实现商用。其原理是模仿人的耳朵，利用手持智能移动设备，用 App 插件的模式将虚拟测量仪安装到样本人员的智能手持终端机中，只要开机，就能自行运行并开始测量工作，不受样本人员生活习惯的影响，时时测量样本人员的收听行为，不管听众在何时、何地收听任何载体播出的广播声音，都能够被精准地监测到并转换成数字音频特征码及时回传数据中心，与录制好的频率数字音频特征码库进行识别、匹配，过滤掉冗余信息，高效精确地生成用户收听记录。该特征码是单向转换（one way conversion），不可还原成原始声音信号，从而可以有效地保护样本人员的隐私、保证数据安全。处理完的数据隔夜向市场提供，数据颗粒度精确到每分钟（可以精确到秒）。样本人员在更换收听场所及收听设备时，只需要轻触滑动 CSM 媒介研究测量仪（图 2）上的选项即可。该技术是目前较为完美的整合多终端收听测量的技术解决方案，目前该项技术已经在北京开始了测试工作，不久就可以推向市场。

---

① 牛存有：《广播收听率调查技术的应用探讨》，《中国广播》2014 年第 8 期。

② 吕海媛：《新时代测量：电波媒体的精细化发展进程》，《中国广播》2014 年第 8 期。

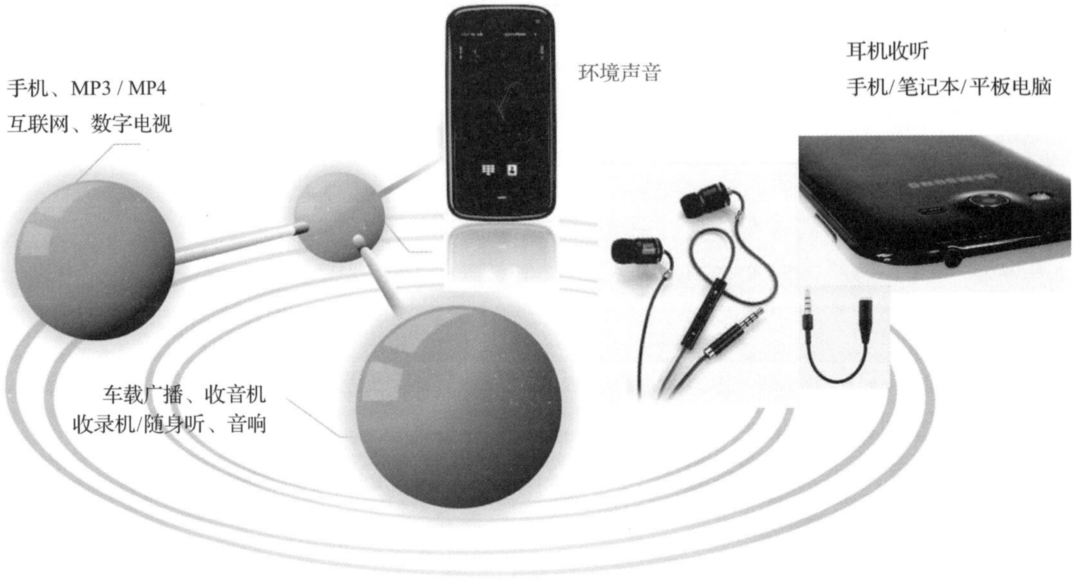


图 1　MRL 虚拟测量仪技术示意

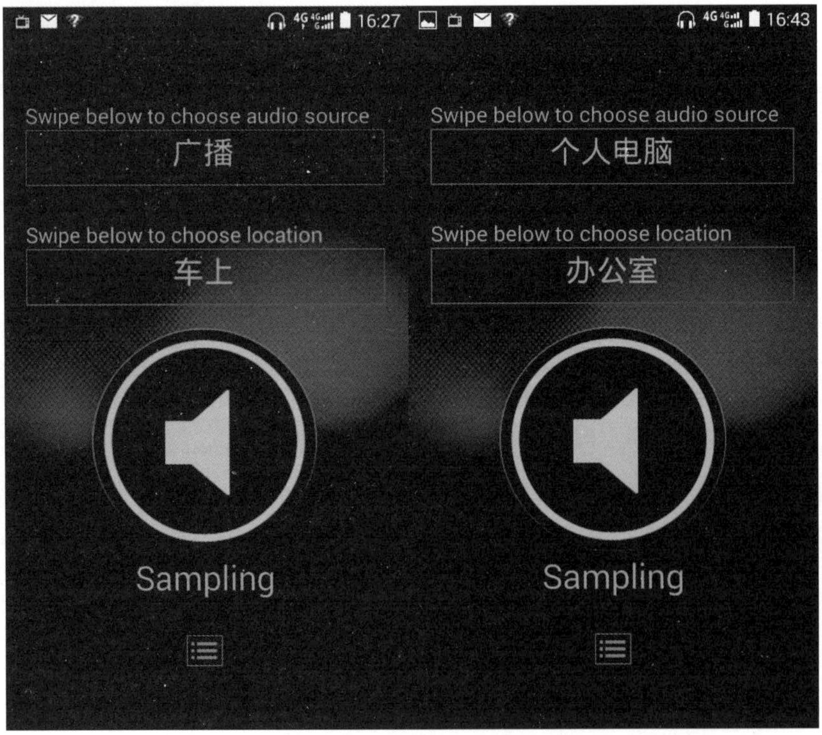


图 2　CSM 媒介研究 MRL 虚拟测量仪

## 三、对广播与受众测量未来发展趋势的几点思考

伴随着新兴媒体的强势推进和不俗表现，传统媒体显得有些措手不及。理论观点、应对措施虽层出不穷，但传导至实际应用上又是那么的苍白无力。2014 年上半年，CSM 媒介研究全国三十多个城市的收听率数据显示，无论是家中收听市场还是车载收听市场，总收听率都有所下滑。在传统收听市场萎缩的同时，新兴市场却在崛起，但是目前尚未有合适的测量方法能够将这一部分听众的价值完整呈现出来，这一领域仍旧是广播音频节目在新媒体时代的盲区。

现实情况是，借助于互联网和移动互联网新技术的不断涌现，媒体也出现了更多的新形式、新面孔甚至新种类，跨界“打劫”或者颠覆性改造，甚至完全脱离传统行业基因的例子屡见不鲜。面对新媒体时代未来的很多不确定性，寄生于媒体行业的收听率测量的存活前景或者调查方法与技术应对变得难以把控。未来会怎样变化呢？

首先是传统听众的角色转转换。受众从最初的“听众”，到“用户”，再到“产消者”（prosumer）的角色转变，其接触、使用音频媒体的行为也会发生深刻的变化，跟踪这些变化、真实反映这些变化为未来广播的测量带来了极大的难度和挑战。在互联网和移动互联网时代，每个人都可能成为多个角色并随时在角色间转换，微博、微信提供了自媒体、社交媒体的平台，人与人的沟通变得多极、多元。对于音频产品，人既可以是听众，也可以是开发者、制作人，既可以自我欣赏也可以传播、分享，而且无边界。

其次是广播传输方式的多样化。广播电台除了传统的调频、中波等手段外，还会借助于互联网、移动互联网、车联网，打造微电台、电台（节目）App 等方式传播，同时也利用微博、微信等社交平台进行多极化传播与营销，提供更接地气和个性化的服务，以多种方式分享积累多年的成千上万小时的音频节目资源。这种传播多元化势必会使听众的碎片化收听行为加重，极有可能丧失原有线性收听的主战场，从而改写听众收听广播的传统模式。

再次是广播的属性可能发生本质变化。广播在现在和今后的新技术浪潮中会变成什么呢？传统的线性播出和收听被碎片化了，听众被分化、分解，变异成用户、产消者或者别的什么了；地域性被无边界取代了；广播独占的车载收听今后一定会被车联网消解得无影无踪；广播原来独有的移动性、便捷性、伴随性特征也会随着移动互联网的快速普及而分崩离析；广播的声音产品在网络上可以被改造得面目全非，更可能被视觉化、图片化、文字化……如果广播经营者的传播主导权被肢解，那么最可怕的局面就是：广播赖以生存的饭碗——广告——被摧毁！那时的广播还叫广播吗？会不会变成一个历史名词呢？广播的功能除了充当国家、政府主导的救灾应急广播系统外，还能留下多少传统广播的基因和痕迹呢？

最后，内容仍旧是价值高地，也可能是唯一能够拯救传统广播的利器。无论今后广播如何发展，内容永远是消费的核心。平台再好，没有优质内容的填充，就像豪华的宅邸，没有和谐一家人的其乐融融，永远是冰冷而缺乏生气的。而内容制作恰恰是我们传统广播的优势。经过几十年的积累，各家广播电台都有数万、数十万小时的广播音频资

料，这些是未来发展的基础和宝贵的资源。广播的内容离不开主持人的个人气质、特点、风格等。CSM媒介研究收听率数据显示，传统线性播出往往反映出收听率高峰时段的节目，多数有优秀主持人的功劳，一名优秀主持人所在的节目对频率、对电台甚至对当地收听市场的贡献巨大，他们在听谜或粉丝中的影响力、号召力同样巨大，不管通过哪个平台，他们都可以把自己及其节目（不限于音频节目）很好地勾连起来。新媒体平台往往具有更大的自由度、更高的黏性、更丰富的交流和互动方式。但是传统广播平台是稀缺资源，是政府管控资源，基于网络的自媒体是开放性资源，是分享性资源。这样的媒介环境将更为嘈杂和混乱。那么优质的、有人气的、有公信力的、有媒体责任的产消者（包括主持人）的节目就会脱颖而出。内容强大方能占据传媒制高点，而这背后需要有强大的广播电台的支撑。

但是真正的融合是观念的融合。全国有广播电台153家①，天下广播是一家。本文认为，广播作为“古老”的媒体之一，其国内生存环境、喉舌功能、政策管控、运营机制、管理模式、广告运营等基本相同，面临的问题也相似。面对于新媒体的融合，要解放思想，倒空自我，打碎旧有的思维定势，勇于自我革命，拥抱互联网。当然传统的阵地不但不能丢，而且要夯实、做强，将新媒体的功能嫁接到传统广播上，实现传统牵动新媒，互相交融并能够借助新媒体延伸广播服务，弥补广播一听而过的天生缺陷，推广节目及主持人的品牌，最终通过以传统广播为龙头的多元传播平台服务于产消者。

面对这样一个纷繁复杂的未来，如何能够有效并及时地掌握听众动向，呈现广播音频节目在多元传播环境下的价值真相，就成为收听率调查公司的新命题、新挑战。

从目前的技术来看，CSM媒介研究引进的MRL虚拟测量仪技术可以解决多平台、多终端线性收听的问题，对于延时收听、回放式收听、点播式、碎片式收听也可以测量到并通过技术处理归并于原节目上。但无论是否是线性收听，该方案毕竟测量的是听众收听不同平台的音频行为，未来的广播平台在保存、夯实现有线性播出特点的同时，还具有个性化、互动性及分享性特征，如何测量这部分用户的行为特征也是CSM媒介研究在不断考虑并致力完善的追求。

2014年1月，CSM媒介研究与新浪微博进行战略合作，推出了微博收视指数。该指数参照国际通行标准，对新浪微博上关于电视节目的讨论量及用户规模等进行规范化统计分析，为电视节目在微博上的传播、营销与评估提供更有效、系统化、标准化的数据支持。同理，在成功推出电视节目微博收视指数的经验下，不妨尝试推出广播节目微博收听指数（或者微信收听指数等），对广播节目收听率形成有益的补充，以弥补用户收听态度方面的测量、用户互动方面的测量、用户个性化服务方面的测量，丰富未来的收听率产品和服务，这对广播电台的工作具有极强的指导意义。

2014年5月，借助于世界杯，CSM媒介研究成功地向业界提供了完整的多屏收视率数据，包括电视直播收视率、电视重播收视率、网络直播收视率和网络点播收视率。通过一系列的技术解决方案，完整、完美地在电视收视市场呈现出了一幅世界杯的收视图景，诠释了不同平台各自的传播价值和单独节目跨媒体的传播总价值。

---

① 陈若愚主编：《中国广播收听年鉴（2014）》，中国传媒大学出版社2014年版。

基于成功的经验、对未来测量的需求和对新旧媒体产品的分析，本文认为单一维度的技术测量手段已难以实现完整、立体的节目价值还原。目前的MRL虚拟测量仪技术只能解决绝大部分的测量，即用户在跨平台、多终端的线性和非线性收听行为测量；对于用户态度方面和互动性、个性化的测量，则必须通过与基于移动互联网的、能够测量用户态度的App插件提供方合作，打造新的测量标准和指标，然后与MRL虚拟测量仪的收听率一起，构建出一套完整的广播音频节目的评估体系，从而实现对未来“产消者”的行为与态度的测量，为行业提供全价值链的测量产品和真正意义上的“通用货币”。

更远的未来将是全数据时代。随着测量技术的发展，“产消者”对音频产品的全方位消费都会被记录在案。那个时代，数据作为公共资源，也将是共享的时代，音频节目的传播价值也将时时刻刻一目了然。

（作者：梁帆）

# 市场、变革、突破
## ——新时期广播发展对策探讨

在新媒体大行其道、传统媒体深受影响的市场大环境下，广播面临的形势如何？受到的挑战来自哪些方面？今后发展的出路何在？本文主要从市场、变革、突破三个方面来阐释这些问题。

市场是指当前广播自身的市场状况，特别是通过收听数据和广告数据所反映的市场变化情况；变革则侧重于新媒体对传统广播的影响，以及传统广播如何通过新技术的融合完成自身的蜕变；突破要从多方面着手，既包括从电台自身出发进行的突破，也包括通过改进收听市场价值评测体系，从而帮助电台实现价值和市场的新突破。

## 一、传统媒体市场疲软

从2013年开始，传统媒体市场趋向疲软。从收视率和收听率监测数据来看，不论是电视还是广播，其受众规模并没有进一步扩大，而且受众结构特点更趋向于低端化和分散化，传统媒体吸引受众的能力受到挑战，更多的碎片时间被新媒体占有。同时节目制作成本越来越高，好的节目资源非常有限。

调查数据显示，2014年上半年和2013年同期相比，人均收听时间减少了4分钟，降幅达5.13%，这对广播而言是一个不小的比例（图1）。

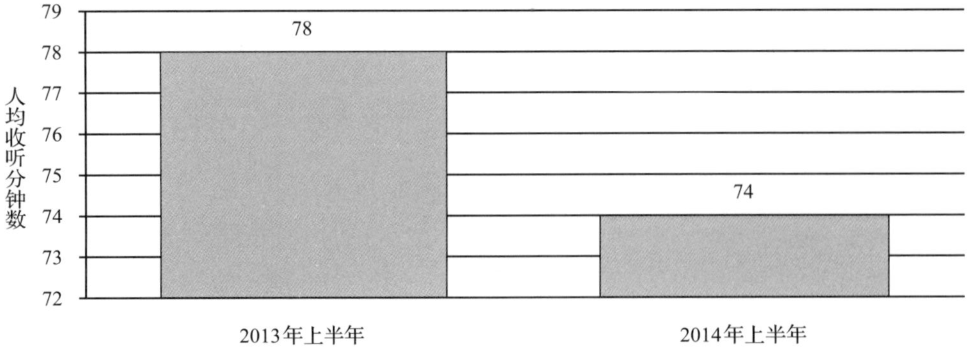


数据来源：CSM媒介研究，33城市收听数据

**图1　2013年上半年和2014年上半年33城市人均收听时长比较**

因为广播的收听率较低，可能只是个位数甚至零点几，所以广播电台在进行考核时一般都用市场份额。市场份额反映的是蛋糕如何分，但目前从收听时间来看蛋糕并没有做大，属于存量竞争，没有增量。在存量竞争的情况下，相对增量来自竞争对手，这样广播要实现快速增长就必须实现价值的扩容。在收听总量没有增加的情况下，价值的扩容更多的是通过内部结构调整来获得的，所以内部结构调整是当前广播发展的主旋律。这种调整主要是指频率资源的重新配置，既包括不同频率内部资源的重新排列组合，也包括营销方面的一些探索。

从听众在不同收听地点的收听比重可以看出，移动收听所占比重这两年呈现缓慢滞胀的态势（图2），原来希望出现的移动收听增加的态势有所减缓，在一些城市甚至出现了饱和。以北京为例，前几年堵车情况非常严重，大家在车上待的时间长，所以交通频率的收听率非常高，同时另外一些广播频率，如文艺广播、音乐广播，为了获取听众更多的车上收听时间，也在不断增加与“车载”听众相适应的节目播出量。但自从限号和错时出行措施推出之后，北京的拥堵情况得到了缓解，广播移动收听市场随之趋于基本稳定。在一些二线城市，随着汽车保有量的增加，“车载”收听还有上涨空间；但在一线城市，这个市场已基本趋于饱和。这个过程表明，内在的结构调整是广播增长的动力源，但在当下，做出调整时要根据市场的发展状况来考虑。

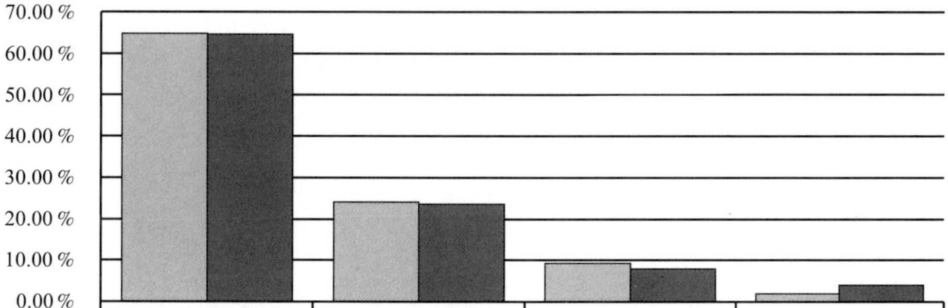


| | 在家 | 车上 | 工作/学习场所 | 其他场所 |
|---|---|---|---|---|
| 2013 年上半年 | 64.81 % | 24.07 % | 9.26 % | 1.85 % |
| 2014 年上半年 | 64.71 % | 23.53 % | 7.84 % | 3.92 % |

数据来源：CSM 媒介研究，33 城市收听数据

**图 2　2013 年上半年和 2014 年上半年听众在不同场所的收听比重（%）**

国家工商总局广告业统计数据显示，2013 年广播广告较 2012 年略有增长，电视和报纸广告同比均下降，期刊广告同比小幅增长。与其他媒体相比，广播的广告体量只有 140 多个亿，这个体量在五大媒体里相对较小（图 3）。反观新媒体，其广告增长速度则较快，这引起了国家广电主管部门的高度重视，从而推出了一系列调控措施，目前主要针对视频内容进行调控，对音频内容的调控措施暂时还没有出台。这些调控措施的出台会为广电争取一定的时间重新做出调整，但大趋势仍然不可回避。

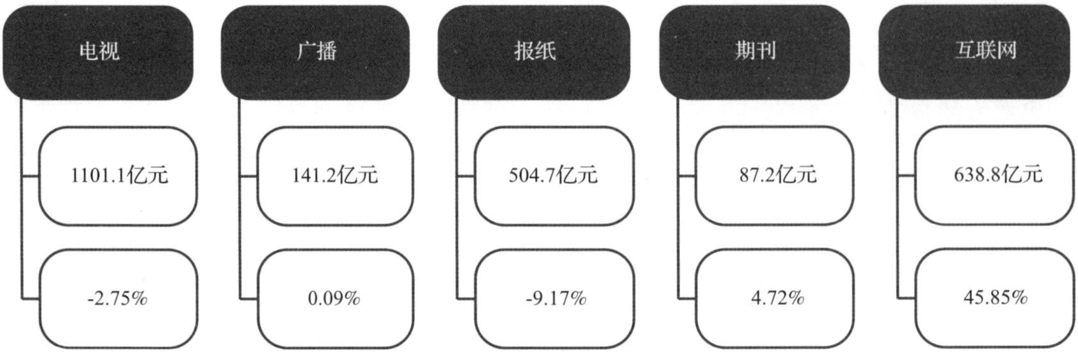


数据来源：2013 年中国广告业统计数据

**图 3　2013 年各媒体广告额及同比变化**

目前来看，广播继续增长的动力来源主要有以下几方面：一是车载和移动收听的增长，二是价值人群放量。这两个方面目前在大城市存在天花板，价值人群放量尤其是车载人群的增加目前出现了滞胀。三是活动化营销，利用广播广告与电视相比的性价比优势实现广播电视的整合和广告溢价。四是消费经济的区域化支撑。广播电台可以尝试把这四个方面与自身的情况相结合，挖掘出广播发展新的增长点。

## 二、移动互联从改变听众开始

移动互联时代广播如何发展？如何解决进一步扩大“车载”人群和价值人群放量的问题？要解决这些问题，首先要从改变听众开始。

目前对广播形成巨大压力的是什么？实际上是听众广播收听习惯的改变。这种改变来自于新媒体技术的冲击，来自于收听终端多元化之后收听行为的变化，也来自于以互联网为代表的新媒体对时间更强有力的占有。这就要求广播要及时实现转型，把挑战更多地转化为机会。

从 2006 年起，中国的智能手机持有量逐年稳步上升，至 2013 年，年均增长率达到了 47%。智能手机的持有数量远远超过电脑，成为国内第一大上网终端。2009 年，3G 用户只占总体手机用户的 11%，到 2013 年底，3G、4G 手机用户已上升到总体用户的 28%，3G 资费相比 2009 年却下降了 75%，同时 4G 资费也在下调，这些都会进一步扩大以 4G 为代表的用户终端的占有，促进用户使用终端媒体的更加多元化。更快的速度、更低的价格给手机网络市场提供了一个更加有利的使用环境。

这部分移动互联的网民尤其是手机网民把大量的碎片化时间用来看新闻、看视频，而不是听广播。所以这里虽然留了空间给广播，比如说音频，但现在更多的音频是音乐 App 的占有而不是广播 App 的占有。因此，对于广播而言，如何在融入视频和音乐 App 的过程中实现很好的衔接，借助 App 的应用提升广播的触达率，也是一个很大的问题。

也就是说做广播频率自身的App可能不是好的选择，更好的选择应该是提供广播节目和其他音乐内容库的接入。实际上这有点像搜狐或者优酷视频集成，现在移动网络市场也需要强大的集成商去占有更多的终端。

大量手机网民的出现导致的一个收听趋势就是向户外转移，但这部分听众并没有转移到车上。因为受众并不是通过传统的收听模式来听，而更多的是采用移动手持终端的收听方式，这种模式正在改变人们的生活习惯。户外收听的增长更多的不是来自车载，而是来源于户外一些不确定的地点在碎片化的时间里产生的收听行为。

多终端的收听体现了广播传播的优势，但多终端的收听也对传统广播的节目生产、技术架构带来了挑战。App的广告应用规模不断增长，新增的App都是百万量级的应用数量，而且这里面有很多与广播相关。无论是在安卓系统还是在苹果系统，在不同的市场都可以搜索到很多类似的应用，包括通过社交媒体的平台、微电台的平台，还有一些内容集成的平台，如喜马拉雅、红蚂蚁等，还有主持人实名微博平台。这些平台都会形成聚合效应，而聚合效应中很重要的一点就是要实现内容和产业的融合。内容播出了，听众占有了，如何把这种效应变为真正的收益，而不仅仅是到达量和影响力，这对传统广播电台的经营模式是一个极大的挑战。

广播在微信上有公众账号，主持人有自己的朋友圈和粉丝，在这个过程中节目与主持人及听众之间就重构了一种新的关系，这种新的关系用Facebook的用户关系透视图表现出来就是一团一团的（图4）。例如以主持人为核心形成一个团，以节目为核心形成一个团，或者以某个事件，比如说广播经常举办的一些公益活动形成一个团，以某个突发事件为轴心的跨平台传播效果也会在整个媒体空间里面聚合成很大的一团，这些都是对受众的重构，而这种重构往往具有一过性的特点。什么是一过性？简而言之就是突然发生、突然聚合，然后等事情结束后就突然解散。对广播媒体而言，如何捕捉这样的媒体，让它们在聚合空间里面尽量形成对广播的回报，或者广播能延续它们的存在，让这些聚合的受众群体能够长期存在下去，非常重要，但难度也很大。

目前广播市场正在向移动互联及融合平台升级，移动互联是一个技术上的趋势，它正在改变听众的行为，也在改变媒体与听众的沟通方式。但是作为媒体本身，它们一方面要适应这种技术的发展，努力与新技术接轨；另一方面，它们也要善于或者能够在传统媒体和新媒体之间建立一个融合平台。如果不能建立起融合平台，就会面临与电视同样的问题，即内容已经在新媒体上传播了，但无论是版权还是广告收益都与电视无关，相当于把内容无偿地给了新媒体平台，电视并没有获得任何收益回报。这种模式并不是融合，而是资源被别人剥夺了，因此是不可持续的。所以至关重要的一点，是要解决利益链的问题，利益链的问题一旦解决了，广播电台就多了一个获益的渠道，也才能实现价值的增值。没有这种融合性的平台，就没有增值的空间，因此广播电台也要思考：在向新的App接入时如何创造新的融合平台？这个融合平台可以实现多元化的经营，从而实现整个产业链的打通。

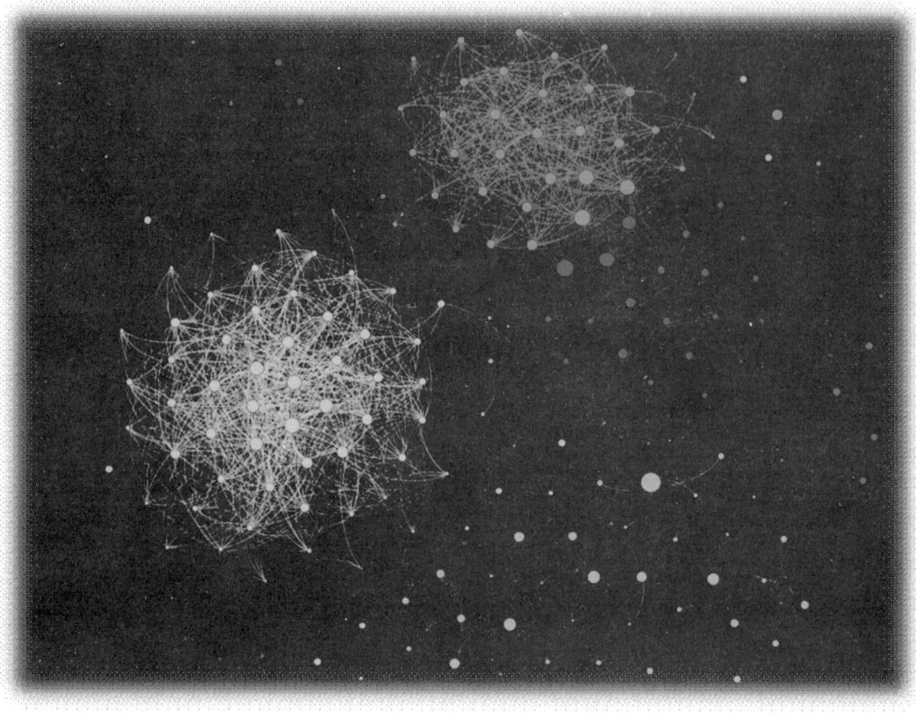

图 4　Facebook 用户关系透视

# 三、变现新广播价值

要变现新广播的价值，就要始终坚守内容为王、终端制胜的理念；做到听众即广播，终端即广播；听众在哪儿，广播就要在哪儿；终端在哪儿，广播就要在哪儿；通过终端数量和听众数量来获取收益。听众和终端的结合，在时间轴上是碎片化的，在地点的选择上是多元化、多空间的，捕捉起来很困难。但只要内容好就能占领终端，凭借好的内容与终端建立起新的连接，继而建立起新的产业链。新的产业链中很重要的是内容库，音/视频的内容库非常重要，广播电台拥有大量的资源，因此应该考虑在做好内容库方面多下功夫。

另外一个途径就是发挥群体聚合效应，把群体聚合之后就可以做很好的价值延伸。现在全国的强势地面电视频道有一些做法值得广播电台借鉴。其中一个就是摇摇乐的App，该 App 实际上是电视台的节目宣传平台，用户下载安装注册后，就可以与电视台之间形成一种互动关系，对应的用户也可以获得节目中附带的推销广告信息。用户可以关注主持人，也可以关注周围其他有这个 App 的人，整个运作过程中会有一些奖励、积分，甚至有一些超市打折、优惠活动，用户可以用二维码变现消费。摇摇乐 App 平台对广告客户实现了套售，这样的群体聚合方式对广播也是一个启发。

至关重要的一点是内容库，内容是聚合群体的基础。内容库里面可以像英国的

SKY·FM一样分出很多类型化的内容，不同的类型化内容分成菜单让不同的听众进来，根据这种聚合群体的特征，再向客户推荐，这个过程中可以应用充分融合架构的新平台。任何一档广播节目在实时播出之后多长时间可以变成 App 供离线收听和回放，这就是一个融合平台的打造。广播是线性播出，播完以后再回去就找不到了，但在这个互动平台上完全可以实现回放，那么多长时间后可以回放？这个非常重要。电视节目由于版权问题，要求电视台播出之后第二天才可以上互联网，互联网一般认为过了午夜24:00就是第二天，所以如果电视台是晚上22:00播完，那么过一两个小时在互联网上就可以看到同样的节目了，这个节奏已经非常快了。通过这种模式就可以实现价值的增长，重构盈利模式（图5）。

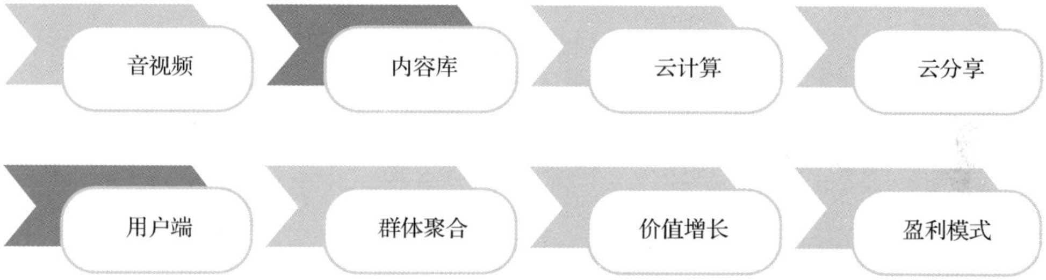


**图5 广播新产业链模式**

价值只有通过测量才能体现，没有被测量，再有价值也不能被发现，买方和卖方都需要为产品评估一个价格以方便交易。因此顺应市场需求，多媒体终端的跨平台测量就势在必行。

CSM 媒介研究正在测试的新技术是基于手机 App 对广播听众进行被动测量，我们称之为测量仪的方法。通俗地讲，就是将 App 作为一个插件安装在智能手机或智能终端上，模拟人的耳朵，把“听”到的声音实时转换为不可解读的数字音频码，传送到远程后台并与广播节目数字音频码资源库进行匹配，最终准确识别出听众收听的频率与节目。匹配环节的技术实现逻辑与 CSM 媒介研究现有的电视声音匹配技术类似，只是采集方法更突出了数字化技术特征。在计算环节，已获得专利技术的算法保证了高精准度的有效匹配（图6）。这种方法为利用智能手机实现广播收听测量提供了有力的技术支持，并有望补充或部分代替传统的日记卡测量方法。

从目前的测试情况来看，测试中的 App 广播听众测量方案可无缝、全面、综合地测量到受众在不同时空中通过各种介质发生的收听行为，可涵盖的终端包括但不限于手机、PC 电脑、数字电视、车载广播媒体，同时还可通过界面提示来确定收听场所的范围。

新的测量方式把 Radio 测量变成了 Audio 测量，把传统意义上的广播音频拓展到了更广泛意义上的声音媒体。只有更多地把广播当成音频媒体、融合媒体、终端媒体和定制媒体来看，从不同的角度拓展广播的市场，广播才会有更广阔的未来。

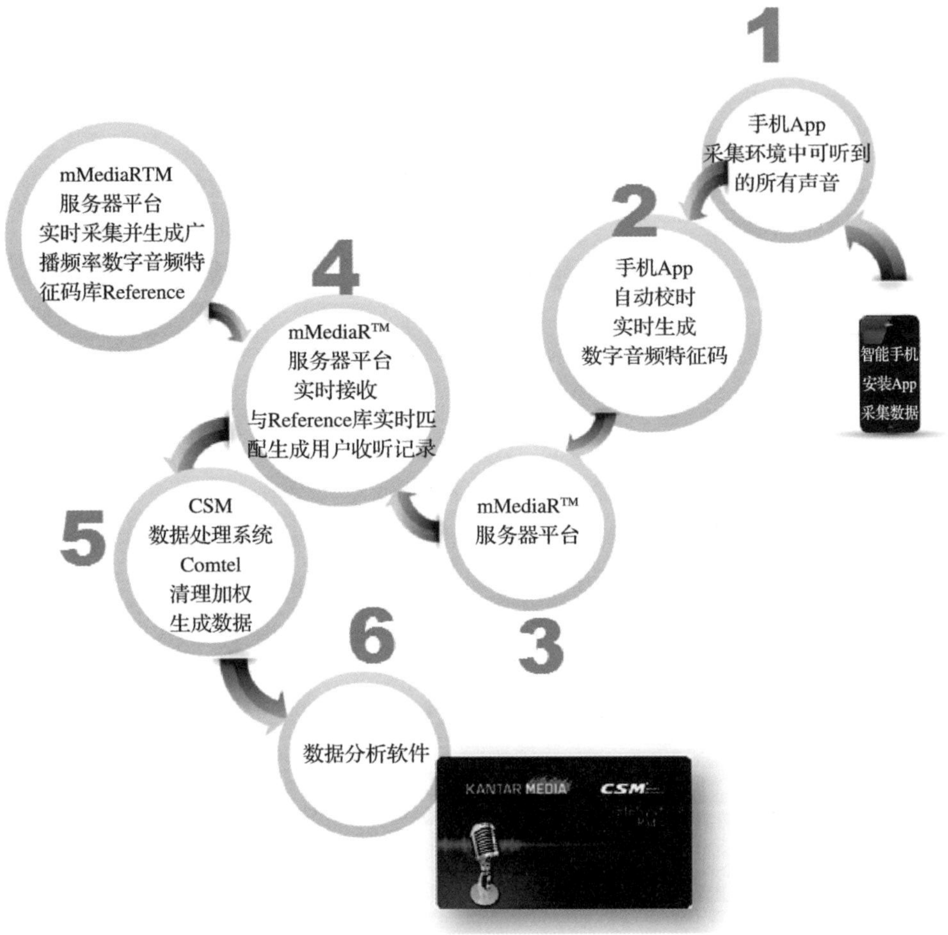


图 6 CSM 媒介研究收听新测量方法技术流程

（作者：郑维东）

# 第三部分
# Part Three

## 数 据 Rating Data

# 一、北京收听数据

**表 3.1.1 2012～2014 年北京各目标听众人均收听时间（分钟）**

| 目标听众 | | 2012 年 | 2013 年 | 2014 年 |
|---|---|---|---|---|
| 10 岁及以上所有人 | | 83 | 72 | 74 |
| 性别 | 男 | 88 | 76 | 78 |
| | 女 | 77 | 67 | 70 |
| 年龄 | 10～14 岁 | 22 | 29 | 25 |
| | 15～24 岁 | 65 | 44 | 35 |
| | 25～34 岁 | 70 | 54 | 54 |
| | 35～44 岁 | 80 | 71 | 78 |
| | 45～54 岁 | 98 | 87 | 81 |
| | 55～64 岁 | 104 | 102 | 107 |
| | 65 岁及以上 | 126 | 119 | 154 |
| 文化程度 | 未受过正规教育 | * | * | 24 |
| | 小学 | 55 | 77 | 116 |
| | 初中 | 93 | 69 | 80 |
| | 高中 | 90 | 87 | 85 |
| | 大学及以上 | 77 | 62 | 61 |
| 职业类别 | 干部/管理人员 | 84 | 61 | 57 |
| | 初级公务员/雇员 | 69 | 66 | 66 |
| | 个体/私营企业人员 | 85 | 70 | 67 |
| | 工人 | 103 | 82 | 93 |
| | 学生 | 53 | 35 | 28 |
| | 无业（含退休人员） | 107 | 103 | 116 |
| | 其他 | 54 | * | * |
| 个人月收入 | 无收入 | 57 | 38 | 34 |
| | 1～500 元 | 104 | 85 | 90 |
| | 501～1000 元 | 137 | * | 199 |
| | 1001～1500 元 | 80 | 85 | 115 |
| | 1501～2000 元 | 106 | 86 | 113 |
| | 2001～2500 元 | 112 | 90 | 100 |
| | 2501～3000 元 | 84 | 83 | 97 |
| | 3001～4000 元 | 81 | 81 | 83 |
| | 4001 元及以上 | 68 | 62 | 65 |

注：北京为全年连续调查城市。“*”表示目标听众样本量不足，无法进行统计推断。

**表 3.1.2 2012～2014 年北京听众在不同地点的人均收听时间（分钟）**

| 地　　点 | 2012 年 | 2013 年 | 2014 年 |
|---|---|---|---|
| 家中 | 48 | 42 | 44 |
| 车上 | 29 | 24 | 26 |
| 工作或学习场所 | 5 | 4 | 3 |
| 其他场所 | 2 | 2 | 2 |

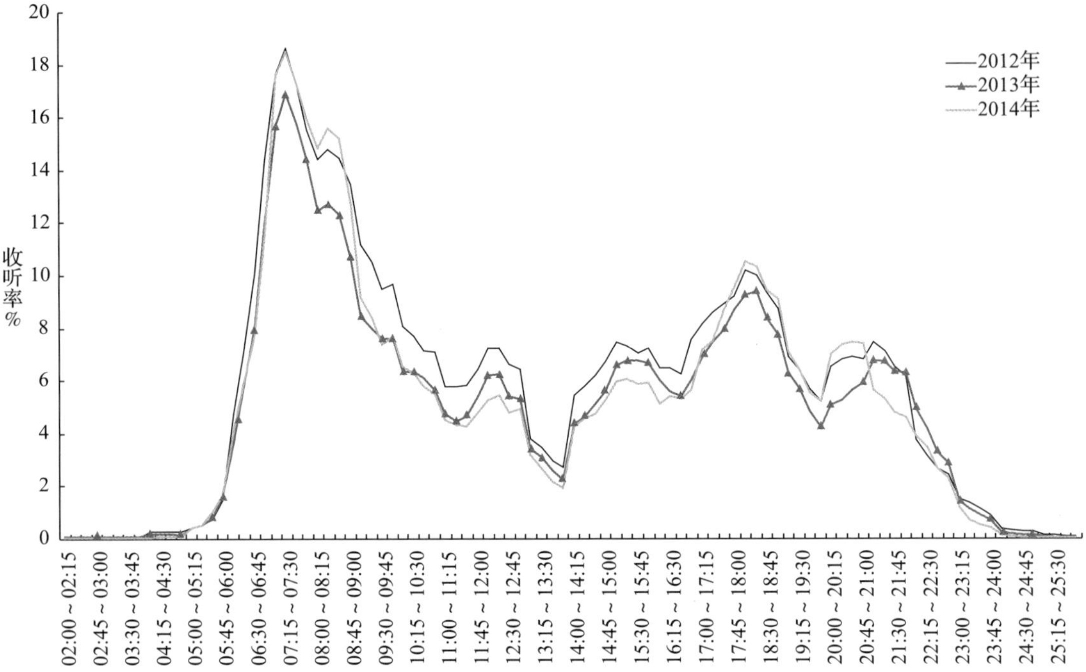


图 3.1.1　2012~2014 年北京听众全天收听率走势

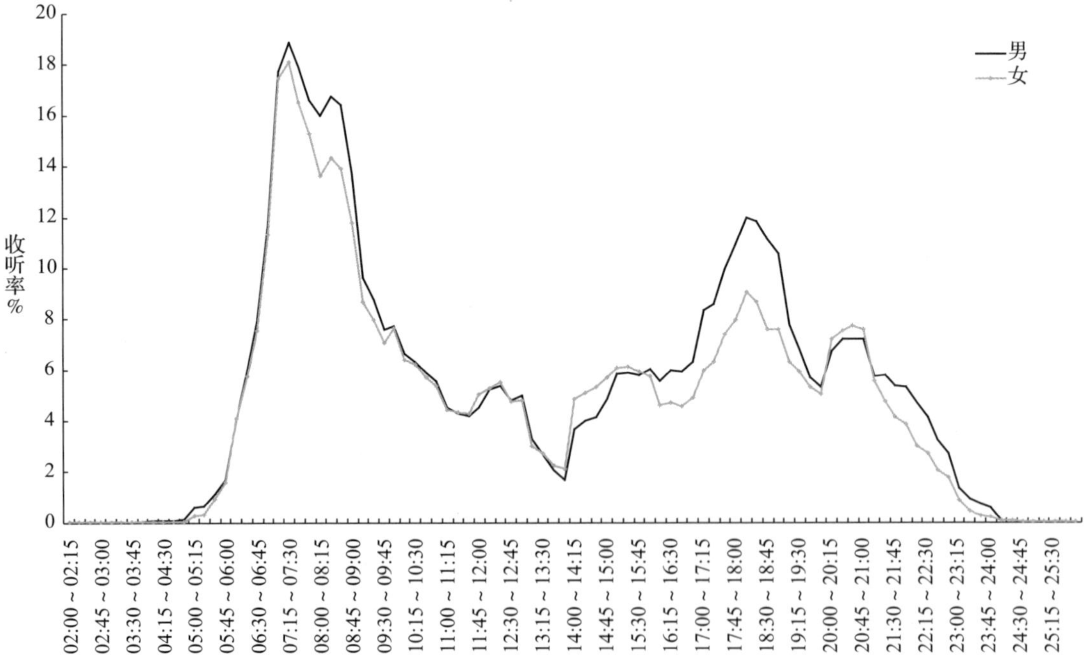


图 3.1.2　2014 年北京不同性别听众全天收听率走势

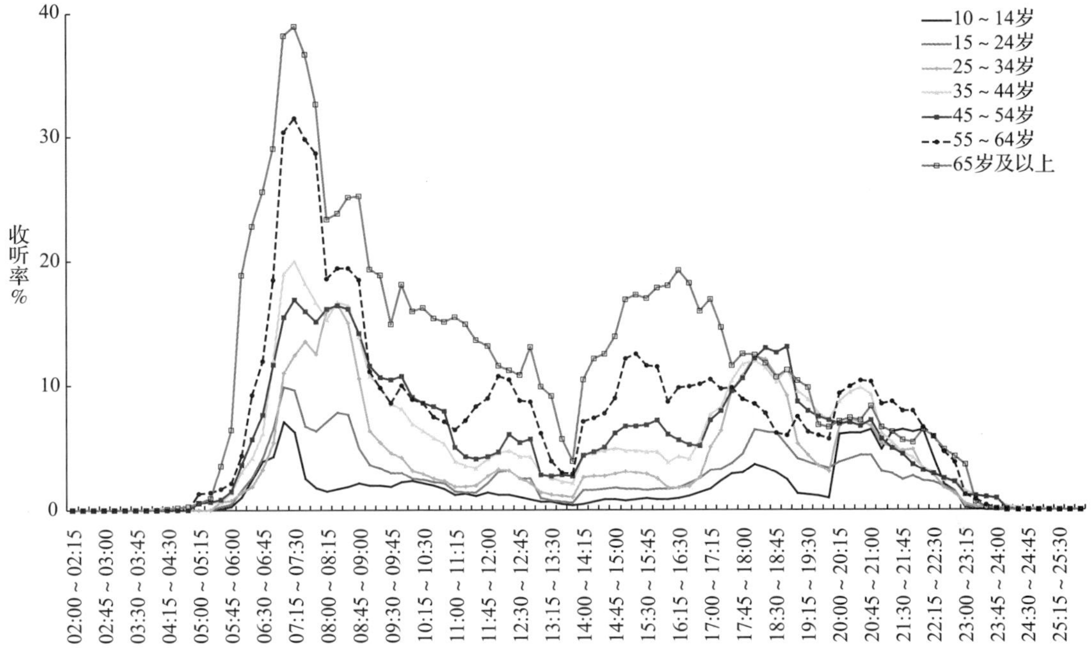


图 3.1.3 2014 年北京不同年龄听众全天收听率走势

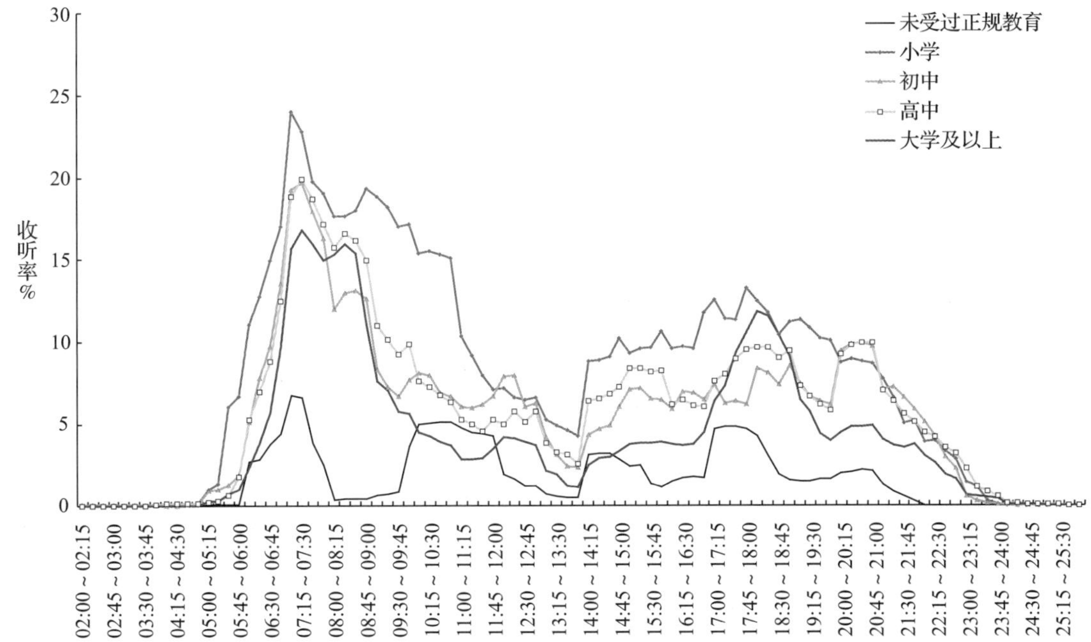


图 3.1.4 2014 年北京不同文化程度听众全天收听率走势

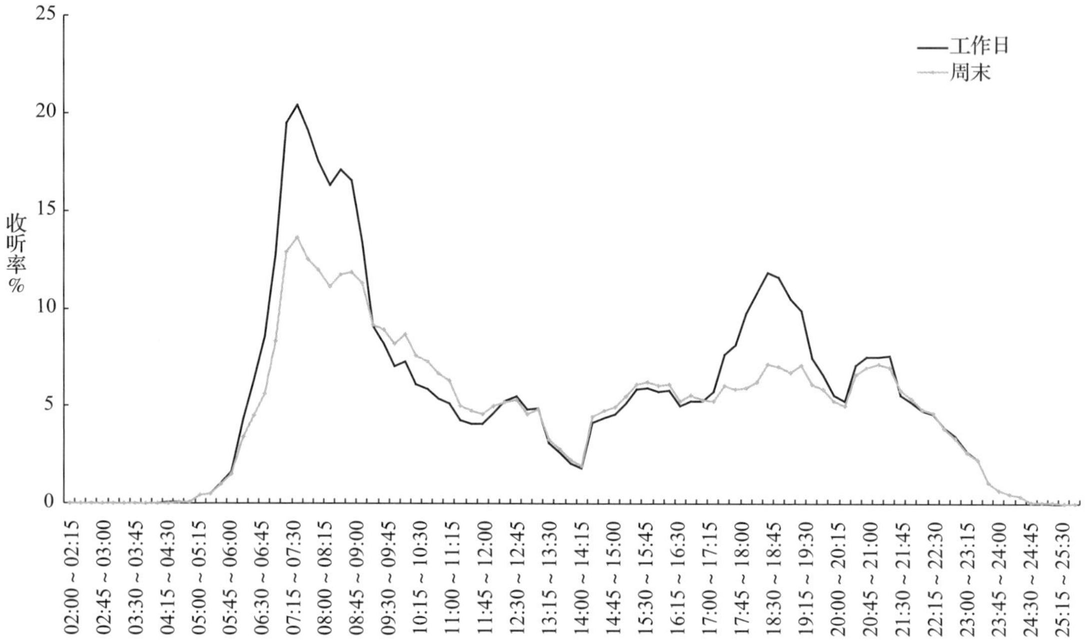


图 3.1.5　2014 年北京听众工作日与周末全天收听率走势

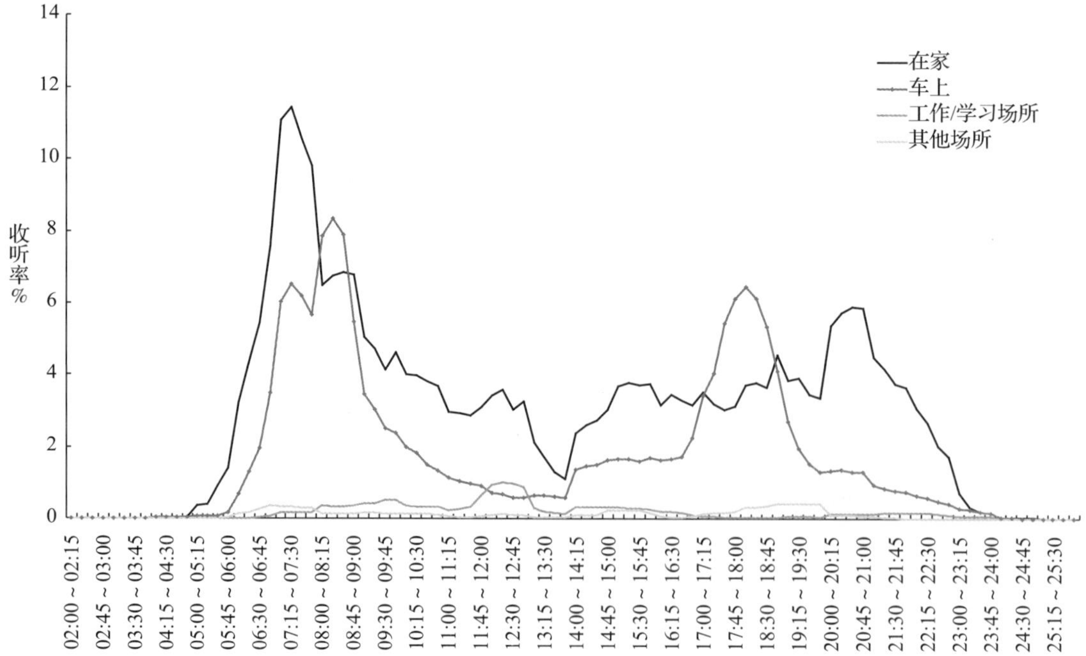


图 3.1.6　2014 年北京听众在不同收听地点全天收听率走势

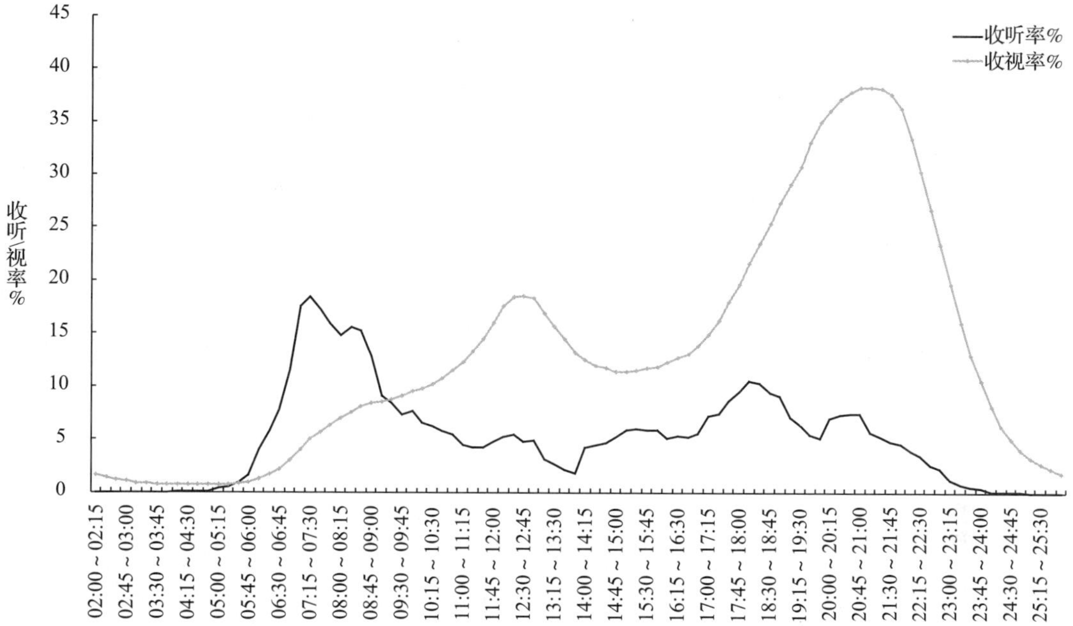


**图 3.1.7　2014 年北京受众全天收听率、收视率走势比较(目标受众为 10 岁及以上)**

表 3.1.3　2014 年北京市场听众构成(%)

| 目标听众 | | 听众构成(%) |
|---|---|---|
| 10 岁及以上所有人 | | 100.0 |
| 性别 | 男 | 54.3 |
| | 女 | 45.7 |
| 年龄 | 10～14 岁 | 1.0 |
| | 15～24 岁 | 8.6 |
| | 25～34 岁 | 17.4 |
| | 35～44 岁 | 20.7 |
| | 45～54 岁 | 17.3 |
| | 55～64 岁 | 15.8 |
| | 65 岁及以上 | 19.3 |
| 文化程度 | 未受过正规教育 | 0.2 |
| | 小学 | 6.6 |
| | 初中 | 20.6 |
| | 高中 | 33.2 |
| | 大学及以上 | 39.4 |
| 职业类别 | 干部/管理人员 | 8.6 |
| | 初级公务员/雇员 | 30.9 |
| | 个体/私营企业人员 | 8.3 |
| | 工人 | 10.6 |
| | 学生 | 5.1 |
| | 无业(含退休人员) | 36.4 |
| | 其他 | * |
| 个人月收入 | 无收入 | 7.8 |
| | 1～500 元 | 1.2 |
| | 501～1000 元 | 0.7 |
| | 1001～1500 元 | 2.2 |
| | 1501～2000 元 | 6.4 |
| | 2001～2500 元 | 14.8 |
| | 2501～3000 元 | 15.5 |
| | 3001～4000 元 | 21.2 |
| | 4001 元及以上 | 30.3 |

“*”表示目标听众样本量不足,无法进行统计推断。

表 3.1.4　2012～2014 年北京市场各广播电台的市场份额(%)

| 广播电台 | 2012 年 | 2013 年 | 2014 年 |
|---|---|---|---|
| 中央人民广播电台 | 19.0 | 21.7 | 20.9 |
| 中国国际广播电台 | 6.8 | 6.1 | 4.8 |
| 北京人民广播电台 | 72.4 | 70.4 | 71.3 |
| 其他广播电台 | 1.9 | 1.8 | 3.0 |

**表 3.1.5　2014 年北京市场各广播电台在不同目标听众中的市场份额(%)**

| 目标听众 | | 中央人民广播电台 | 中国国际广播电台 | 北京人民广播电台 | 其他广播电台 |
|---|---|---|---|---|---|
| 10 岁及以上所有人 | | 20.9 | 4.8 | 71.3 | 3.0 |
| 性别 | 男 | 19.5 | 5.0 | 72.1 | 3.4 |
| | 女 | 22.5 | 4.6 | 70.3 | 2.6 |
| 年龄 | 10~14 岁 | 11.5 | 2.8 | 75.6 | 10.1 |
| | 15~24 岁 | 19.3 | 7.9 | 72.1 | 0.7 |
| | 25~34 岁 | 16.1 | 7.5 | 75.1 | 1.3 |
| | 35~44 岁 | 18.8 | 3.7 | 74.3 | 3.2 |
| | 45~54 岁 | 19.1 | 4.0 | 75.2 | 1.7 |
| | 55~64 岁 | 21.3 | 1.8 | 69.2 | 7.7 |
| | 65 岁及以上 | 29.7 | 5.4 | 62.2 | 2.7 |
| 文化程度 | 未受过正规教育 | 49.3 | 0.3 | 50.2 | 0.2 |
| | 小学 | 21.4 | 1.2 | 74.7 | 2.7 |
| | 初中 | 22.3 | 3.9 | 66.2 | 7.6 |
| | 高中 | 18.7 | 6.0 | 72.6 | 2.7 |
| | 大学及以上 | 21.7 | 4.8 | 72.5 | 1.1 |
| 职业类别 | 干部/管理人员 | 9.6 | 3.8 | 85.6 | 1.1 |
| | 初级公务员/雇员 | 19.6 | 6.0 | 73.3 | 1.1 |
| | 个体/私营企业人员 | 15.2 | 5.8 | 71.3 | 7.7 |
| | 工人 | 19.4 | 1.5 | 77.6 | 1.5 |
| | 学生 | 18.6 | 10.3 | 68.3 | 2.8 |
| | 无业(含退休人员) | 26.9 | 4.0 | 64.7 | 4.4 |
| | 其他 | * | * | * | * |
| 个人月收入 | 无收入 | 20.5 | 7.6 | 68.7 | 3.2 |
| | 1~500 元 | 39.0 | 0.1 | 59.3 | 1.6 |
| | 501~1000 元 | 32.5 | 36.8 | 25.6 | 5.2 |
| | 1001~1500 元 | 23.1 | 0.1 | 76.6 | 0.2 |
| | 1501~2000 元 | 18.5 | 1.2 | 78.3 | 2.0 |
| | 2001~2500 元 | 21.6 | 4.2 | 67.9 | 6.3 |
| | 2501~3000 元 | 20.2 | 3.2 | 73.0 | 3.6 |
| | 3001~4000 元 | 19.7 | 5.7 | 71.0 | 3.6 |
| | 4001 元及以上 | 21.2 | 5.1 | 72.3 | 1.4 |

注:“*”表示目标听众样本量不足,无法进行统计推断。

**表 3.1.6　2014 年北京市场份额排名前五位的频率**

| 名　次 | 频率名称 | 市场份额(%) |
|---|---|---|
| 1 | 北京人民广播电台交通广播(FM103.9/CFM95.6) | 31.0 |
| 2 | 北京人民广播电台文艺广播(FM87.6/CFM93.8) | 14.8 |
| 3 | 北京人民广播电台新闻广播(FM100.6/AM828/CFM90.4) | 10.6 |
| 4 | 中央人民广播电台第一套节目中国之声 | 8.5 |
| 5 | 北京人民广播电台音乐广播(FM97.4/CFM94.6) | 6.8 |

# 二、长春收听数据

表 3.2.1 2012~2014 年长春各目标听众人均收听时间(分钟)

| 目标听众 | | 2012 年 | 2013 年 | 2014 年 |
|---|---|---|---|---|
| 10 岁及以上所有人 | | 69 | 67 | 72 |
| 性别 | 男 | 74 | 70 | 79 |
| | 女 | 64 | 63 | 66 |
| 年龄 | 10~14 岁 | 25 | 29 | 25 |
| | 15~24 岁 | 43 | 38 | 39 |
| | 25~34 岁 | 59 | 56 | 55 |
| | 35~44 岁 | 70 | 81 | 96 |
| | 45~54 岁 | 93 | 80 | 75 |
| | 55~64 岁 | 94 | 95 | 102 |
| | 65 岁及以上 | 95 | 83 | 119 |
| 文化程度 | 未受过正规教育 | 39 | 55 | * |
| | 小学 | 45 | 31 | 41 |
| | 初中 | 78 | 79 | 93 |
| | 高中 | 68 | 67 | 70 |
| | 大学及以上 | 69 | 60 | 59 |
| 职业类别 | 干部/管理人员 | 57 | 57 | 69 |
| | 初级公务员/雇员 | 71 | 63 | 53 |
| | 个体/私营企业人员 | 65 | 77 | 84 |
| | 工人 | 83 | 73 | 77 |
| | 学生 | 33 | 30 | 26 |
| | 无业(含退休人员) | 81 | 84 | 104 |
| | 其他 | * | * | * |
| 个人月收入 | 无收入 | 39 | 42 | 45 |
| | 1~500 元 | * | * | * |
| | 501~1000 元 | 78 | 101 | * |
| | 1001~1500 元 | 91 | 87 | 71 |
| | 1501~2000 元 | 75 | 77 | 97 |
| | 2001~2500 元 | 66 | 65 | 83 |
| | 2501~3000 元 | 76 | 72 | 72 |
| | 3001~4000 元 | 80 | 72 | 69 |
| | 4001 元及以上 | 70 | 70 | 89 |

注:长春为全年连续调查城市。“*”表示该目标听众样本量不足,无法进行统计推断。

表 3.2.2 2012~2014 年长春听众在不同地点的人均收听时间(分钟)

| 地点 | 2012 年 | 2013 年 | 2014 年 |
|---|---|---|---|
| 在家 | 44 | 41 | 45 |
| 车上 | 19 | 19 | 18 |
| 工作/学习场所 | 5 | 5 | 8 |
| 其他场所 | 2 | 2 | 2 |

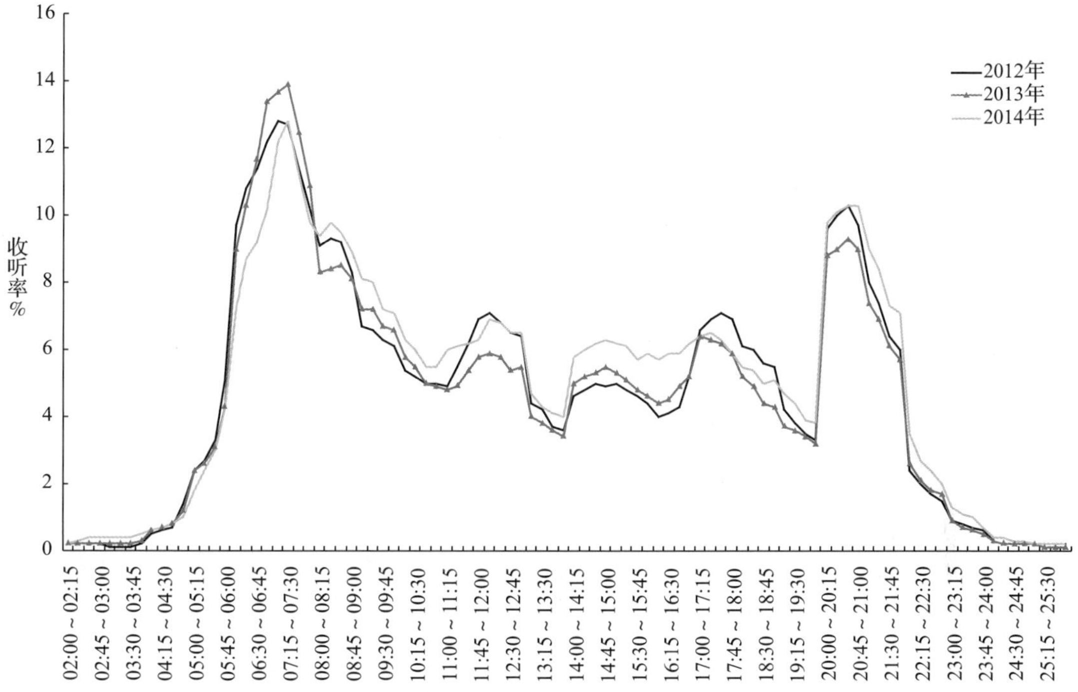


图 3.2.1　2012~2014 年长春听众全天收听率走势

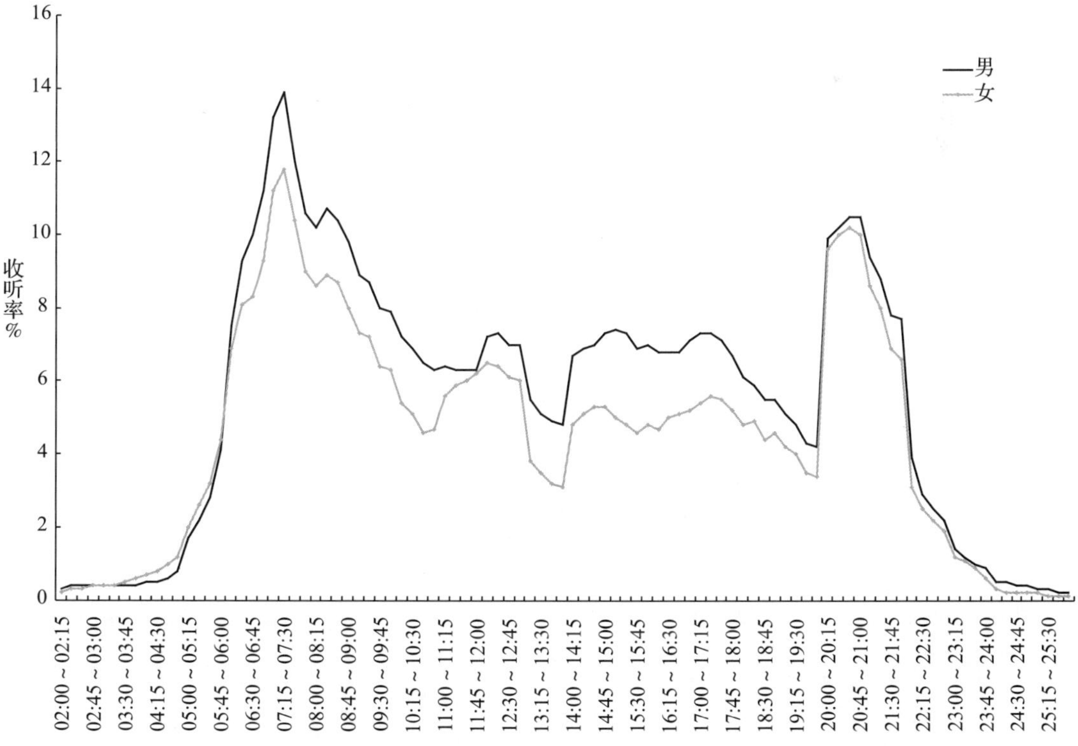


图 3.2.2　2014 年长春不同性别听众全天收听率走势

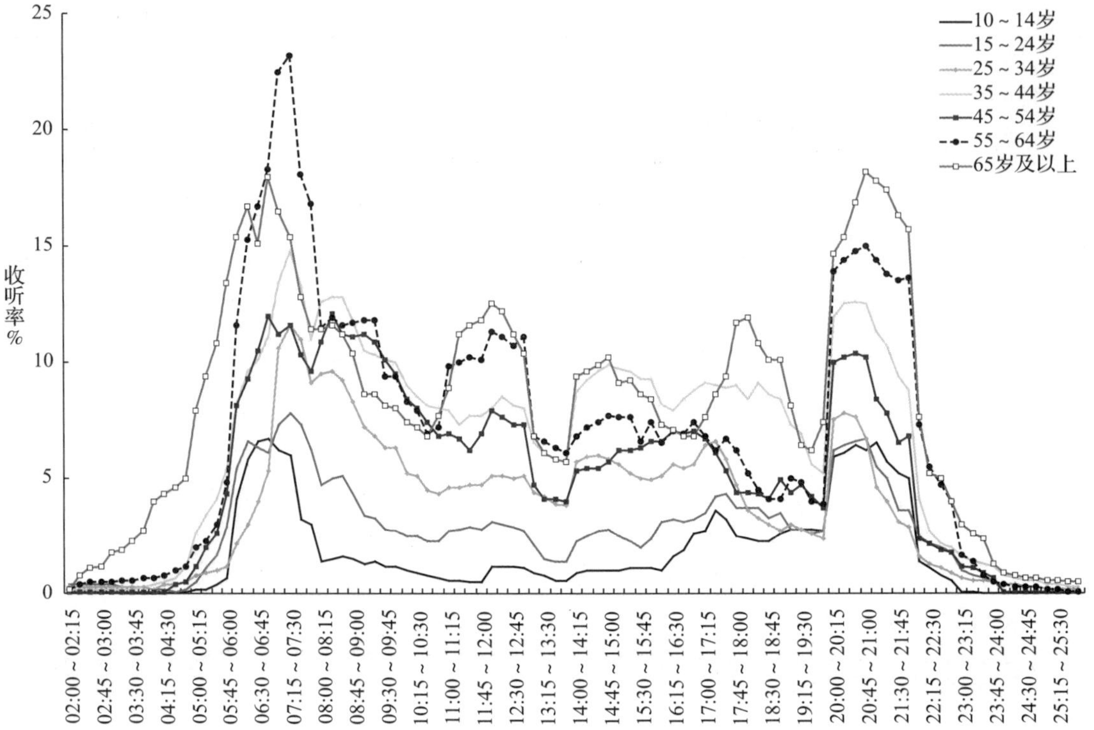


图 3.2.3 2014 年长春不同年龄听众全天收听率走势

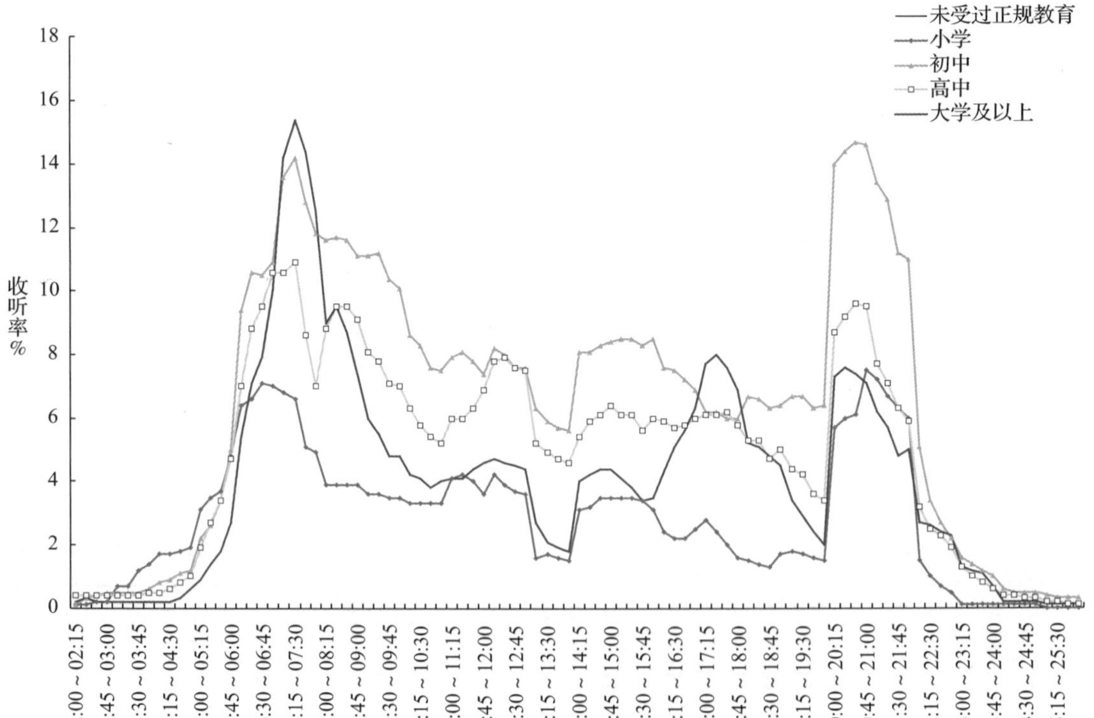


图 3.2.4 2014 年长春不同文化程度听众全天收听率走势

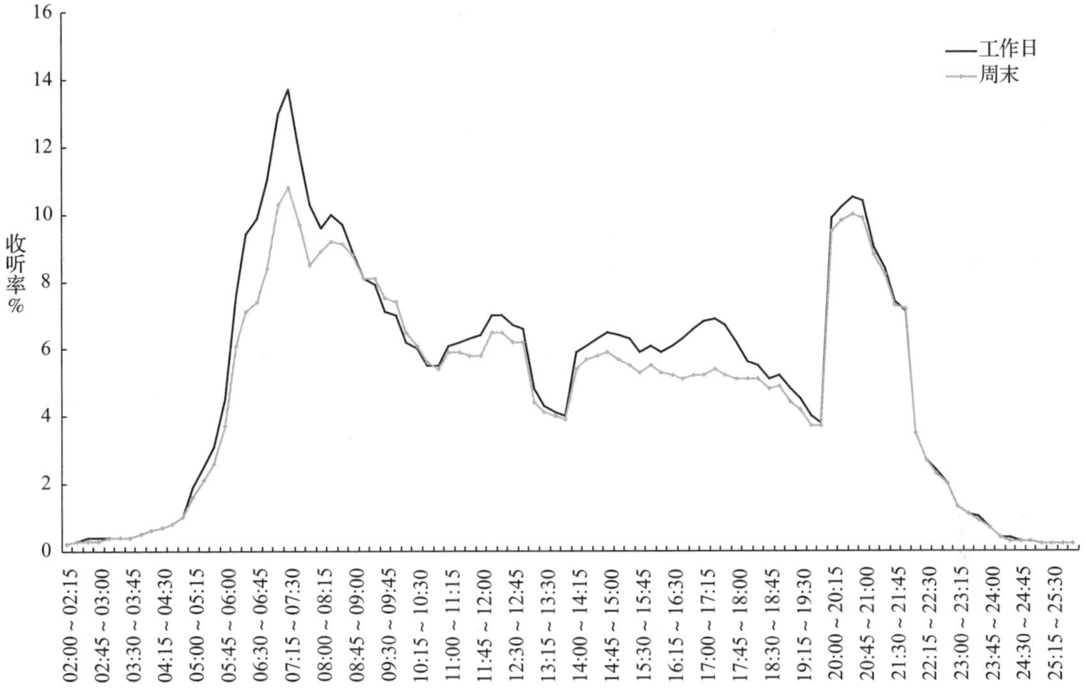


图 3.2.5 2014 年长春听众工作日与周末全天收听率走势

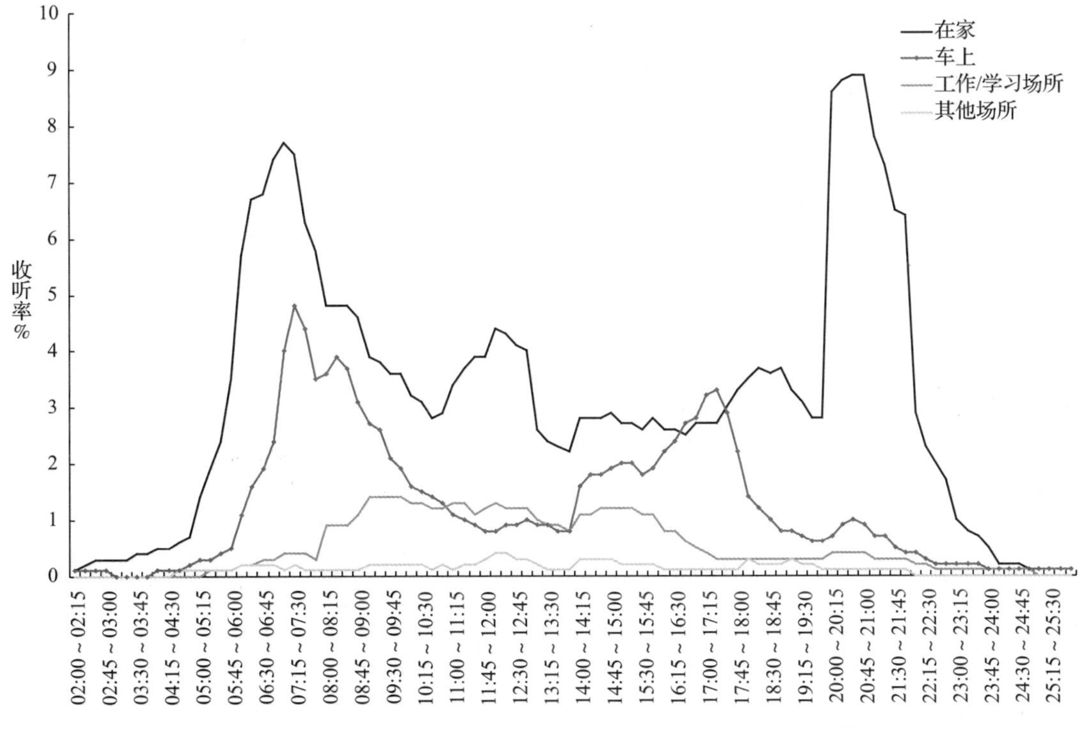


图 3.2.6 2014 年长春听众在不同收听地点全天收听率走势

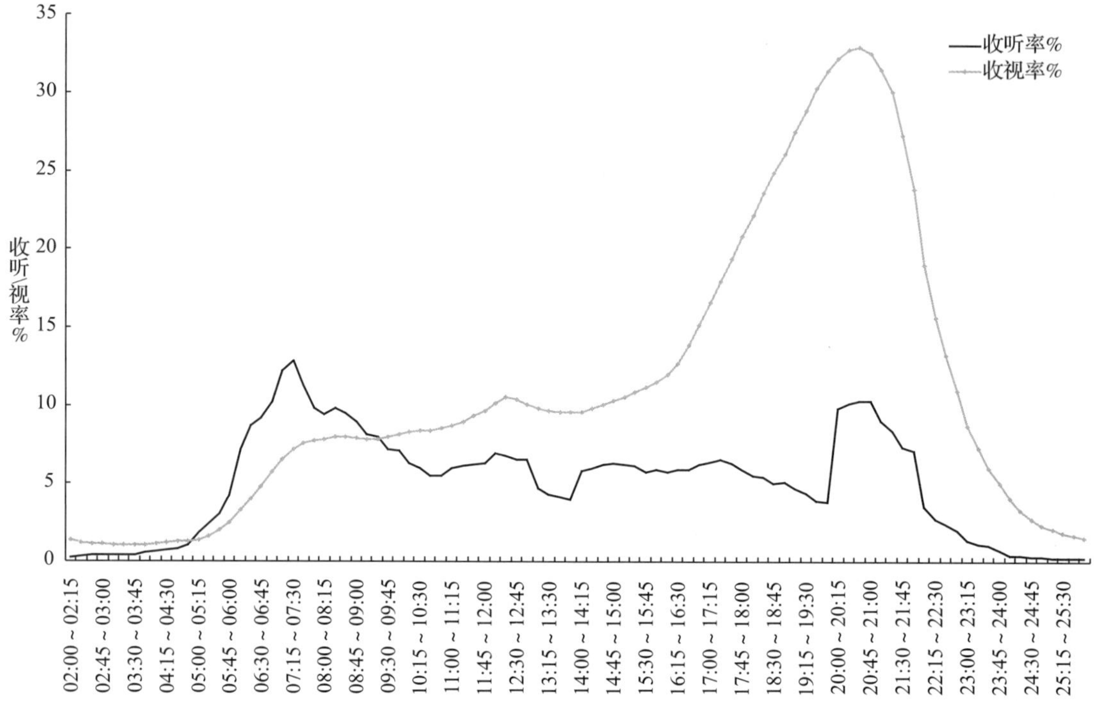


图 3.2.7　2014 年长春受众全天收听率、收视率走势比较(目标受众为 10 岁及以上)

**表 3.2.3　2014 年长春市场听众构成(%)**

| 目标听众 | | 听众构成(%) |
|---|---|---|
| 10 岁及以上所有人 | | 100.0 |
| 性别 | 男 | 54.6 |
| | 女 | 45.4 |
| 年龄 | 10～14 岁 | 1.2 |
| | 15～24 岁 | 11.6 |
| | 25～34 岁 | 15.0 |
| | 35～44 岁 | 25.9 |
| | 45～54 岁 | 17.3 |
| | 55～64 岁 | 16.2 |
| | 65 岁及以上 | 12.8 |
| 文化程度 | 未受过正规教育 | * |
| | 小学 | 3.6 |
| | 初中 | 39.0 |
| | 高中 | 35.0 |
| | 大学及以上 | 22.4 |
| 职业类别 | 干部/管理人员 | 4.6 |
| | 初级公务员/雇员 | 10.2 |
| | 个体/私营企业人员 | 16.3 |
| | 工人 | 26.9 |
| | 学生 | 6.0 |
| | 无业(含退休人员) | 36.0 |
| | 其他 | * |
| 个人月收入 | 无收入 | 15.7 |
| | 1～500 元 | * |
| | 501～1000 元 | * |
| | 1001～1500 元 | 4.9 |
| | 1501～2000 元 | 19.7 |
| | 2001～2500 元 | 17.2 |
| | 2501～3000 元 | 11.2 |
| | 3001～4000 元 | 17.4 |
| | 4001 元及以上 | 13.9 |

注:“*”表示该目标听众样本量不足,无法进行统计推断。

**表 3.2.4　2012～2014 年长春市场各广播电台的市场份额(%)**

| 广播电台 | 2012 年 | 2013 年 | 2014 年 |
|---|---|---|---|
| 中央人民广播电台 | 5.5 | 8.2 | 9.2 |
| 中国国际广播电台 | 0.0 | 0.0 | 0.0 |
| 吉林人民广播电台 | 41.3 | 36.8 | 38.8 |
| 长春人民广播电台 | 52.2 | 54.4 | 51.0 |
| 其他广播电台 | 1.0 | 0.6 | 1.0 |

**表 3.2.5　2014 年长春市场各广播电台在不同目标听众中的市场份额(%)**

| 目标听众 | | 中央人民广播电台 | 中国国际广播电台 | 吉林人民广播电台 | 长春人民广播电台 | 其他广播电台 |
|---|---|---|---|---|---|---|
| 10 岁及以上所有人 | | 9.2 | 0.0 | 38.8 | 51.0 | 1.0 |
| 性别 | 男 | 8.8 | 0.0 | 38.0 | 52.3 | 0.9 |
| | 女 | 9.6 | 0.0 | 39.8 | 49.5 | 1.1 |
| 年龄 | 10~14 岁 | 6.0 | 0.0 | 28.9 | 64.7 | 0.4 |
| | 15~24 岁 | 7.7 | 0.0 | 34.5 | 55.1 | 2.7 |
| | 25~34 岁 | 5.0 | 0.0 | 31.7 | 62.7 | 0.6 |
| | 35~44 岁 | 6.8 | 0.0 | 39.3 | 53.4 | 0.5 |
| | 45~54 岁 | 9.9 | 0.0 | 35.6 | 53.3 | 1.2 |
| | 55~64 岁 | 7.8 | 0.0 | 50.5 | 40.8 | 0.9 |
| | 65 岁及以上 | 21.2 | 0.0 | 40.5 | 37.4 | 0.9 |
| 文化程度 | 未受过正规教育 | * | * | * | * | * |
| | 小学 | 8.7 | 0.0 | 35.6 | 52.4 | 3.3 |
| | 初中 | 6.9 | 0.0 | 41.5 | 50.8 | 0.8 |
| | 高中 | 10.8 | 0.0 | 38.1 | 49.8 | 1.3 |
| | 大学及以上 | 10.3 | 0.0 | 36.3 | 52.7 | 0.7 |
| 职业类别 | 干部/管理人员 | 15.1 | 0.0 | 24.8 | 59.9 | 0.2 |
| | 初级公务员/雇员 | 5.8 | 0.0 | 39.3 | 54.0 | 0.9 |
| | 个体/私营企业人员 | 7.3 | 0.0 | 40.8 | 51.3 | 0.6 |
| | 工人 | 6.0 | 0.0 | 33.7 | 58.8 | 1.5 |
| | 学生 | 10.4 | 0.0 | 32.9 | 54.1 | 2.6 |
| | 无业(含退休人员) | 12.7 | 0.0 | 44.4 | 42.2 | 0.7 |
| | 其他 | * | * | * | * | * |
| 个人月收入 | 无收入 | 8.9 | 0.0 | 35.6 | 54.0 | 1.5 |
| | 1~500 元 | * | * | * | * | * |
| | 501~1000 元 | * | * | * | * | * |
| | 1001~1500 元 | 18.2 | 0.0 | 43.7 | 36.9 | 1.2 |
| | 1501~2000 元 | 10.7 | 0.0 | 44.7 | 43.7 | 0.9 |
| | 2001~2500 元 | 11.1 | 0.0 | 37.5 | 50.5 | 0.9 |
| | 2501~3000 元 | 7.1 | 0.0 | 33.9 | 57.2 | 1.8 |
| | 3001~4000 元 | 7.4 | 0.0 | 38.9 | 52.9 | 0.8 |
| | 4001 元及以上 | 7.2 | 0.0 | 36.1 | 56.1 | 0.6 |

注:“*”表示该目标听众样本量不足,无法进行统计推断。

**表 3.2.6　2014 年长春市场份额排名前五位的频率**

| 名　次 | 频率名称 | 市场份额(%) |
|---|---|---|
| 1 | 长春交通之声广播电台 FM96.8 | 32.0 |
| 2 | 吉林人民广播电台新闻综合广播 FM91.6/AM738 | 11.9 |
| 3 | 中央人民广播电台第一套节目中国之声 | 8.5 |
| 4 | 长春新闻广播 FM88.9/AM900 | 7.0 |
| 5 | 吉林人民广播电台资讯广播 FM100.1 | 6.8 |

# 三、长沙收听数据

**表 3.3.1 2012~2014 年长沙各目标听众人均收听时间(分钟)**

| 目标听众 | | 2012 年 | 2013 年 | 2014 年 | | | |
|---|---|---|---|---|---|---|---|
| | | | | 第 1 波 | 第 2 波 | 第 3 波 | 第 4 波 |
| 10 岁及以上所有人 | | 50 | 41 | 34 | 37 | 43 | 41 |
| 性别 | 男 | 56 | 48 | 38 | 43 | 49 | 48 |
| | 女 | 43 | 35 | 31 | 32 | 36 | 34 |
| 年龄 | 10~14 岁 | 19 | 14 | 19 | 11 | 14 | 12 |
| | 15~24 岁 | 32 | 27 | 22 | 26 | 32 | 22 |
| | 25~34 岁 | 50 | 40 | 30 | 41 | 46 | 48 |
| | 35~44 岁 | 58 | 47 | 40 | 37 | 42 | 44 |
| | 45~54 岁 | 47 | 42 | 39 | 48 | 51 | 44 |
| | 55~64 岁 | 64 | 47 | 37 | 37 | 46 | 49 |
| | 65 岁及以上 | 69 | 68 | 75 | 63 | 70 | 76 |
| 文化程度 | 未受过正规教育 | 16 | 13 | 1 | 0 | 0 | 7 |
| | 小学 | 39 | 32 | 25 | 22 | 27 | 26 |
| | 初中 | 49 | 38 | 28 | 34 | 41 | 40 |
| | 高中 | 57 | 50 | 43 | 42 | 46 | 43 |
| | 大学及以上 | 47 | 39 | 33 | 38 | 44 | 43 |
| 职业类别 | 干部/管理人员 | 49 | 40 | 27 | 33 | 44 | 62 |
| | 初级公务员/雇员 | 47 | 34 | 39 | 35 | 38 | 31 |
| | 个体/私营企业人员 | 52 | 51 | 37 | 43 | 56 | 48 |
| | 工人 | 61 | 45 | 34 | 47 | 44 | 45 |
| | 学生 | 22 | 21 | 21 | 19 | 27 | 20 |
| | 无业(含退休人员) | 54 | 49 | 42 | 41 | 46 | 51 |
| | 其他 | 49 | 32 | 24 | 22 | 23 | 33 |
| 个人月收入 | 无收入 | 28 | 22 | 19 | 22 | 27 | 25 |
| | 1~500 元 | 81 | 67 | 57 | 63 | 63 | 55 |
| | 501~1000 元 | 42 | 24 | 20 | 22 | 31 | 35 |
| | 1001~1500 元 | 52 | 48 | 42 | 39 | 39 | 37 |
| | 1501~2000 元 | 56 | 44 | 38 | 38 | 49 | 43 |
| | 2001~2500 元 | 52 | 47 | 39 | 39 | 47 | 46 |
| | 2501~3000 元 | 47 | 43 | 41 | 47 | 44 | 45 |
| | 3001~4000 元 | 46 | 41 | 43 | 41 | 40 | 38 |
| | 4001 元及以上 | 76 | 59 | 33 | 52 | 56 | 55 |

注:长沙为四波调查城市。2014 年四波调查时间分别为:第 1 波 2 月 23 日至 3 月 15 日,第 2 波 5 月 25 日至 6 月 14 日,第 3 波 8 月 24 日至 9 月 13 日,第 4 波 11 月 2 日至 11 月 22 日。

**表 3.3.2 2012~2014 年长沙听众在不同地点的人均收听时间(分钟)**

| 地 点 | 2012 年 | 2013 年 | 2014 年 |
|---|---|---|---|
| 在家 | 23 | 19 | 15 |
| 车上 | 22 | 18 | 19 |
| 工作/学习场所 | 3 | 2 | 3 |
| 其他场所 | 2 | 2 | 2 |

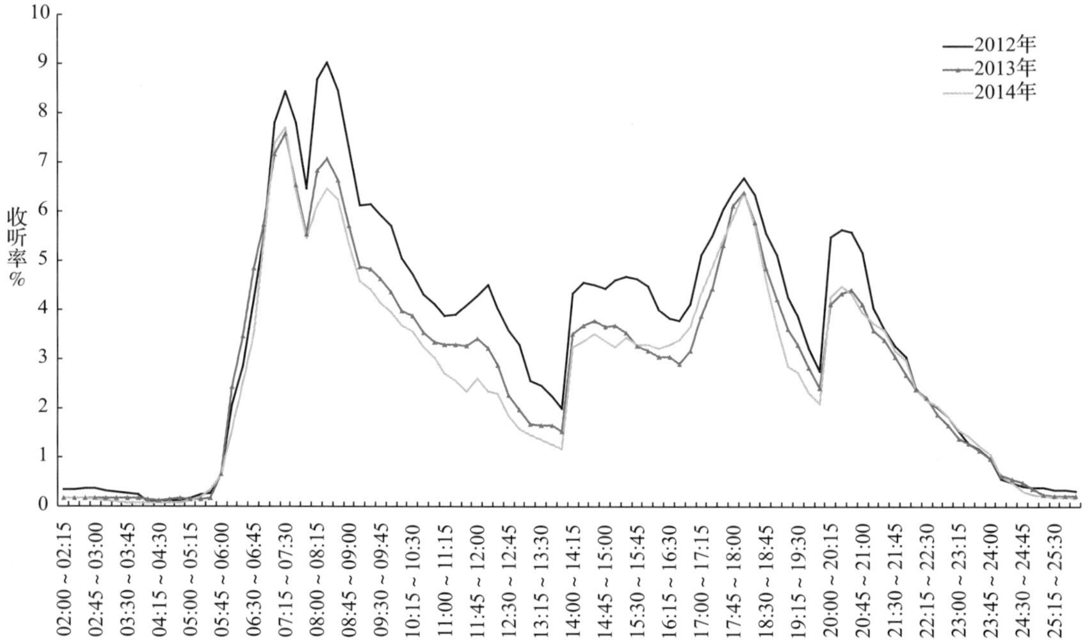


图 3.3.1　2012～2014 年长沙听众全天收听率走势

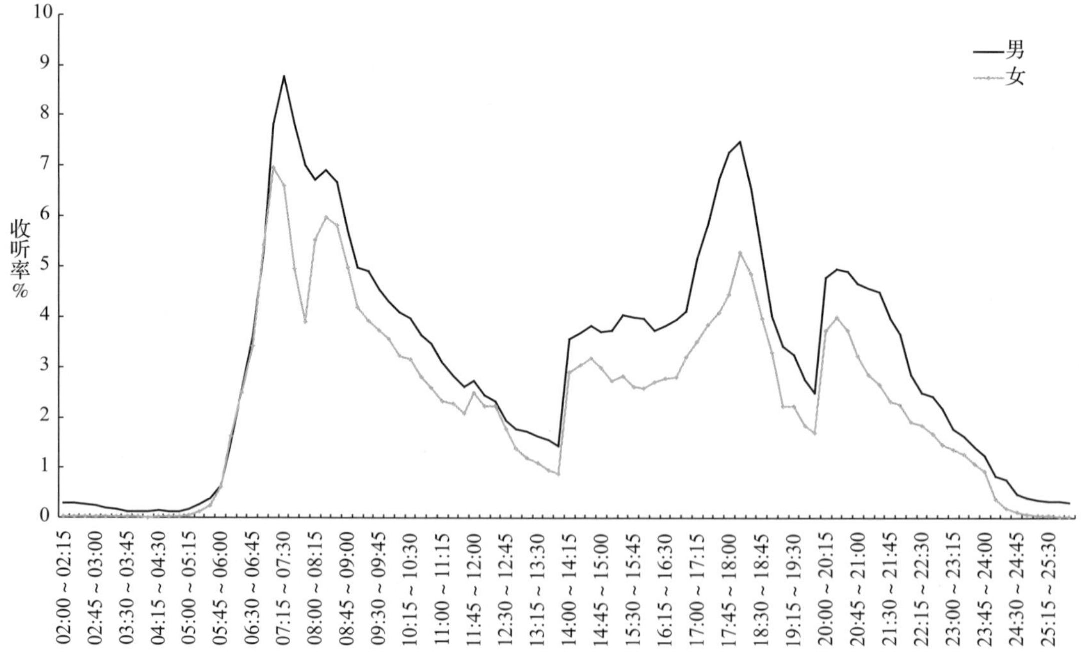


图 3.3.2　2014 年长沙不同性别听众全天收听率走势

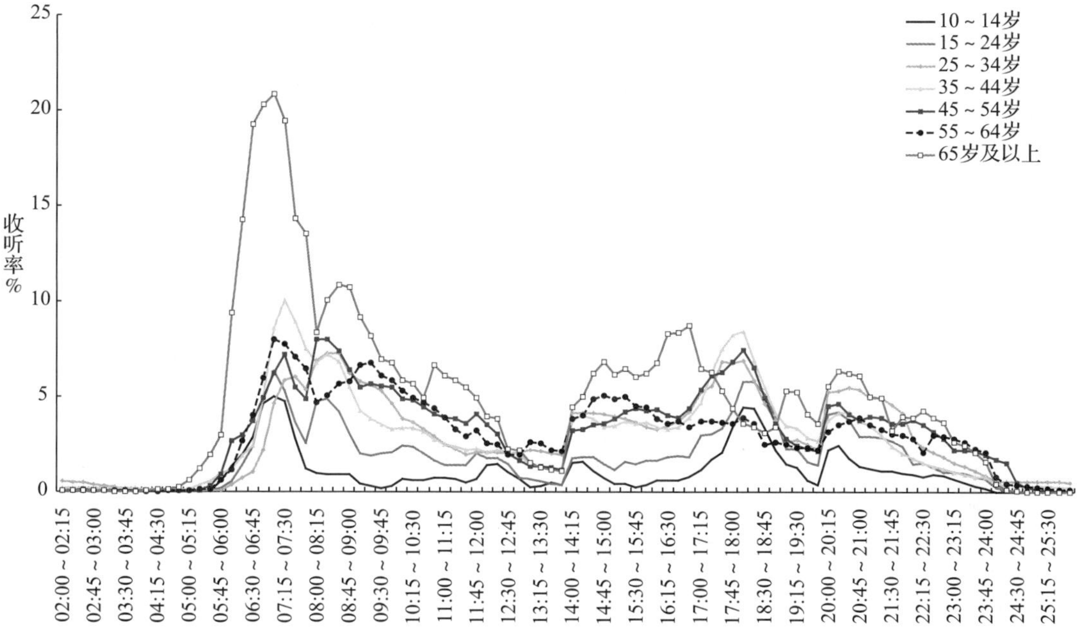


图 3.3.3　2014 年长沙不同年龄听众全天收听率走势

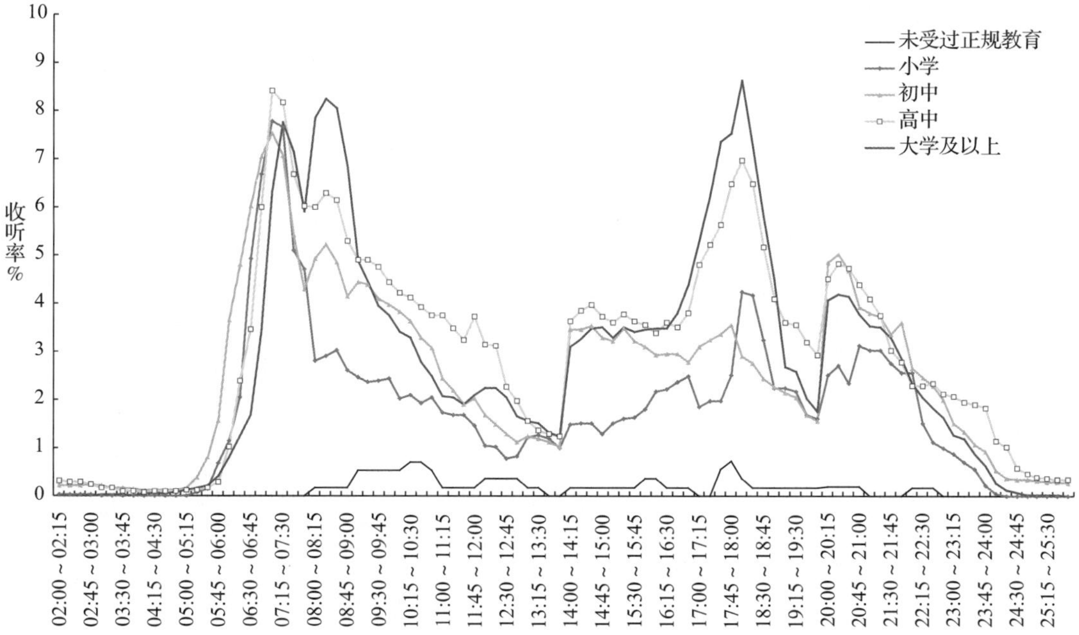


图 3.3.4　2014 年长沙不同文化程度听众全天收听率走势

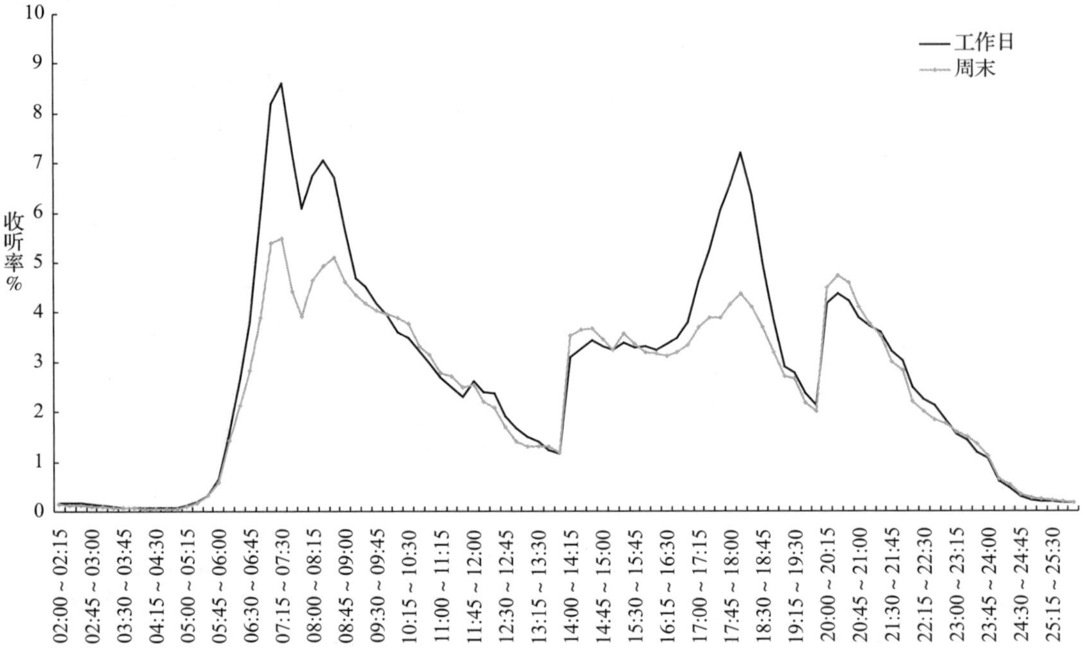


图 3.3.5　2014 年长沙听众工作日与周末全天收听率走势

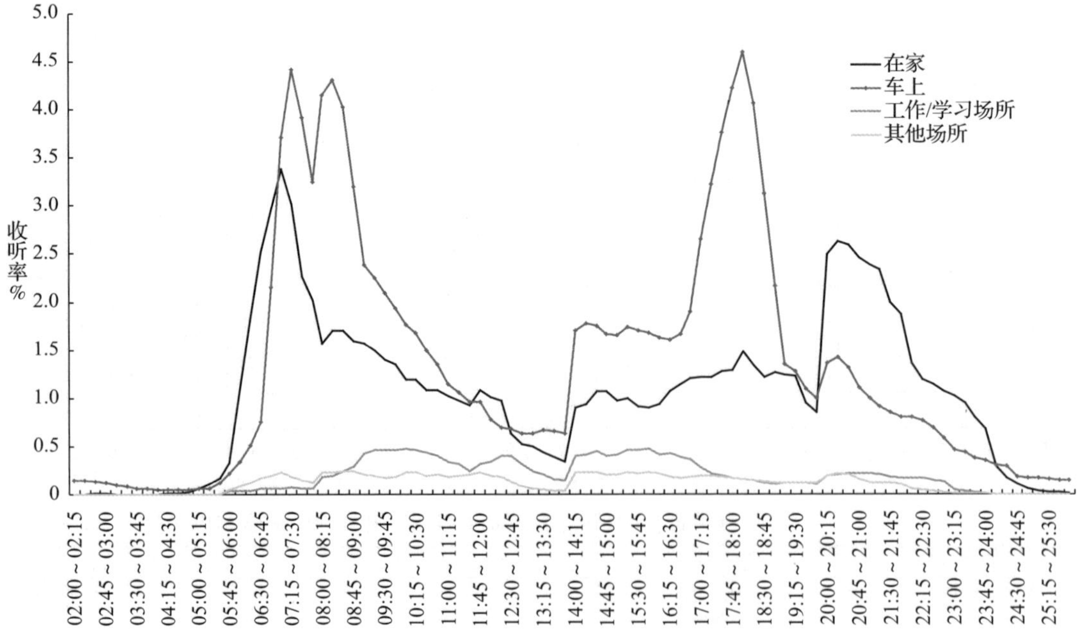


图 3.3.6　2014 年长沙听众在不同收听地点全天收听率走势

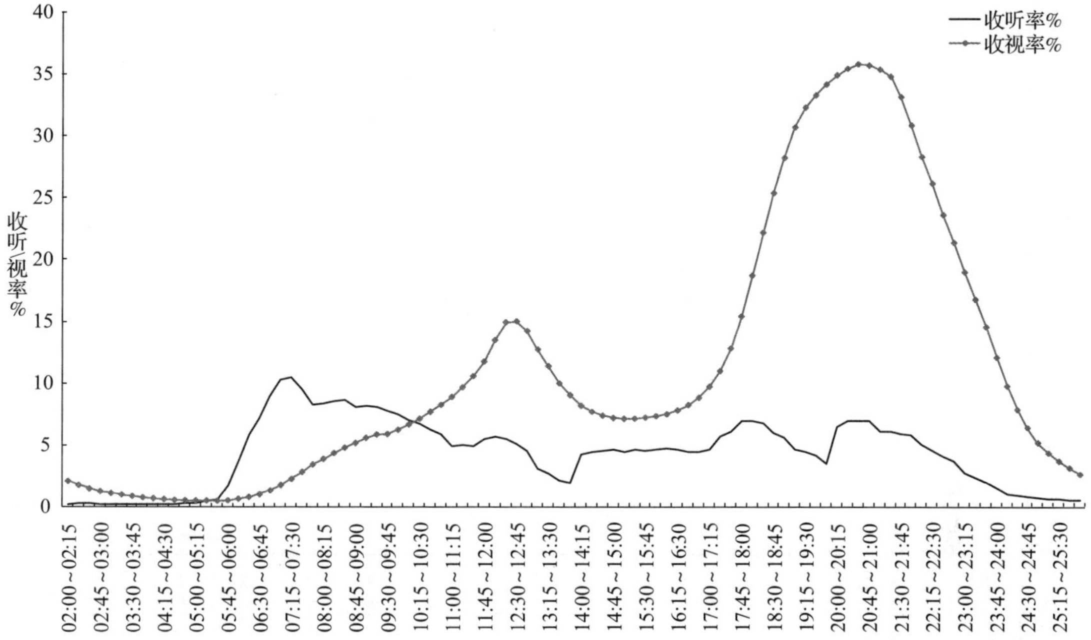


**图 3.3.7　2014 年长沙受众全天收听率、收视率走势比较（目标受众为 10 岁及以上）**

表 3.3.3　2014 年长沙市场听众构成(%)

| 目标听众 | | 听众构成(%) |
|---|---|---|
| 10 岁及以上所有人 | | 100.0 |
| 性别 | 男 | 57.7 |
| | 女 | 42.3 |
| 年龄 | 10~14 岁 | 1.5 |
| | 15~24 岁 | 16.2 |
| | 25~34 岁 | 23.4 |
| | 35~44 岁 | 20.3 |
| | 45~54 岁 | 16.9 |
| | 55~64 岁 | 10.4 |
| | 65 岁及以上 | 11.3 |
| 文化程度 | 未受过正规教育 | 0.0 |
| | 小学 | 4.6 |
| | 初中 | 21.4 |
| | 高中 | 38.7 |
| | 大学及以上 | 35.2 |
| 职业类别 | 干部/管理人员 | 5.4 |
| | 初级公务员/雇员 | 18.3 |
| | 个体/私营企业人员 | 23.5 |
| | 工人 | 19.8 |
| | 学生 | 8.3 |
| | 无业(含退休人员) | 24.0 |
| | 其他 | 0.8 |
| 个人月收入 | 无收入 | 13.1 |
| | 1~500 元 | 1.2 |
| | 501~1000 元 | 1.4 |
| | 1001~1500 元 | 6.8 |
| | 1501~2000 元 | 17.0 |
| | 2001~2500 元 | 15.0 |
| | 2501~3000 元 | 11.0 |
| | 3001~4000 元 | 15.3 |
| | 4001 元及以上 | 19.3 |

表 3.3.4　2012~2014 年长沙市场各广播电台的市场份额(%)

| 广播电台 | 2012 年 | 2013 年 | 2014 年 | | | |
|---|---|---|---|---|---|---|
| | | | 第 1 波 | 第 2 波 | 第 3 波 | 第 4 波 |
| 中央人民广播电台 | 7.7 | 6.5 | 8.2 | 7.9 | 9.2 | 8.8 |
| 中国国际广播电台 | 0.0 | 0.0 | 0.0 | 0.0 | 0.1 | 0.2 |
| 湖南人民广播电台 | 53.5 | 48.2 | 45.9 | 50.6 | 48.9 | 49.5 |
| 湖南金鹰之声 | 7.4 | 6.9 | 9.0 | 7.4 | 10.8 | 10.5 |
| 长沙人民广播电台 | 28.7 | 30.2 | 29.3 | 24.8 | 22.0 | 23.1 |
| 其他广播电台 | 2.7 | 8.2 | 7.6 | 9.3 | 9.0 | 7.9 |

表 3.3.5 2014 年长沙市场各广播电台在不同目标听众中的市场份额(%)

| 目标听众 | | 中央人民广播电台 | 中国国际广播电台 | 湖南人民广播电台 | 湖南金鹰之声 | 长沙人民广播电台 | 其他广播电台 |
|---|---|---|---|---|---|---|---|
| 10 岁及以上所有人 | | 8.6 | 0.1 | 48.8 | 9.5 | 24.6 | 8.4 |
| 性别 | 男 | 9.0 | 0.0 | 51.6 | 8.5 | 22.6 | 8.3 |
| | 女 | 7.9 | 0.1 | 45.1 | 10.9 | 27.3 | 8.7 |
| 年龄 | 10~14 岁 | 0.9 | 0.0 | 46.2 | 8.8 | 32.6 | 11.5 |
| | 15~24 岁 | 5.2 | 0.2 | 44.3 | 12.7 | 27.9 | 9.7 |
| | 25~34 岁 | 8.2 | 0.1 | 43.8 | 9.9 | 29.4 | 8.6 |
| | 35~44 岁 | 6.3 | 0.0 | 51.8 | 9.3 | 26.2 | 6.4 |
| | 45~54 岁 | 10.5 | 0.1 | 53.4 | 8.6 | 17.9 | 9.5 |
| | 55~64 岁 | 10.6 | 0.0 | 46.2 | 9.9 | 24.1 | 9.2 |
| | 65 岁及以上 | 14.4 | 0.0 | 56.1 | 5.6 | 16.3 | 7.6 |
| 文化程度 | 未受过正规教育 | 0.0 | 0.0 | 5.3 | 59.1 | 35.6 | 0.0 |
| | 小学 | 4.0 | 0.0 | 44.4 | 7.0 | 34.1 | 10.5 |
| | 初中 | 8.6 | 0.0 | 51.6 | 7.3 | 20.3 | 12.2 |
| | 高中 | 10.0 | 0.0 | 51.5 | 9.4 | 23.0 | 6.1 |
| | 大学及以上 | 7.7 | 0.2 | 44.9 | 11.1 | 27.7 | 8.4 |
| 职业类别 | 干部/管理人员 | 7.4 | 0.0 | 56.1 | 5.6 | 20.4 | 10.5 |
| | 初级公务员/雇员 | 8.8 | 0.3 | 42.9 | 12.3 | 26.3 | 9.4 |
| | 个体/私营企业人员 | 10.3 | 0.0 | 53.6 | 7.7 | 22.2 | 6.2 |
| | 工人 | 6.1 | 0.0 | 52.6 | 8.0 | 24.0 | 9.3 |
| | 学生 | 2.3 | 0.0 | 40.4 | 16.1 | 34.1 | 7.1 |
| | 无业(含退休人员) | 11.4 | 0.0 | 46.7 | 8.9 | 24.1 | 8.9 |
| | 其他 | 8.5 | 0.0 | 39.0 | 9.2 | 27.0 | 16.3 |
| 个人月收入 | 无收入 | 3.5 | 0.0 | 39.6 | 16.0 | 33.7 | 7.2 |
| | 1~500 元 | 14.2 | 0.0 | 77.6 | 2.4 | 4.4 | 1.4 |
| | 501~1000 元 | 3.8 | 0.0 | 39.2 | 7.2 | 39.7 | 10.1 |
| | 1001~1500 元 | 11.6 | 0.1 | 44.0 | 7.2 | 25.7 | 11.4 |
| | 1501~2000 元 | 12.7 | 0.2 | 48.8 | 8.7 | 18.4 | 11.2 |
| | 2001~2500 元 | 10.7 | 0.1 | 49.8 | 3.6 | 27.4 | 8.4 |
| | 2501~3000 元 | 7.2 | 0.1 | 56.2 | 8.3 | 22.2 | 6.0 |
| | 3001~4000 元 | 7.4 | 0.0 | 50.8 | 9.0 | 24.1 | 8.7 |
| | 4001 元及以上 | 7.0 | 0.0 | 50.8 | 12.8 | 22.4 | 7.0 |

表 3.3.6 2014 年长沙市场份额排名前五位的频率

| 名次 | 频率 | 市场份额(%) |
|---|---|---|
| 1 | 湖南人民广播电台交通频道 FM91.8/FM100.3 | 27.4 |
| 2 | 长沙人民广播电台交通音乐广播 FM106.1 | 10.9 |
| 3 | 湖南金鹰 955 FM95.5 | 9.5 |
| 4 | 湖南人民广播电台综合广播 FM102.8/FM93.0 | 6.9 |
| 5 | 长沙人民广播电台城市之声广播 FM101.7 | 6.4 |

# 四、常州收听数据

表 3.4.1　2012～2014 年常州各目标听众人均收听时间(分钟)

| 目标听众 | | 2012 年 | 2013 年 | 2014 年 |
|---|---|---|---|---|
| 10 岁及以上所有人 | | 98 | 79 | 66 |
| 性别 | 男 | 104 | 82 | 68 |
| | 女 | 92 | 77 | 63 |
| 年龄 | 10～14 岁 | 40 | 29 | 19 |
| | 15～24 岁 | 51 | 33 | 35 |
| | 25～34 岁 | 86 | 74 | 48 |
| | 35～44 岁 | 89 | 67 | 62 |
| | 45～54 岁 | 116 | 102 | 71 |
| | 55～64 岁 | 145 | 133 | 109 |
| | 65 岁及以上 | 191 | 139 | 133 |
| 文化程度 | 未受过正规教育 | 202 | 135 | 55 |
| | 小学 | 103 | 76 | 79 |
| | 初中 | 107 | 96 | 75 |
| | 高中 | 104 | 80 | 65 |
| | 大学及以上 | 83 | 67 | 49 |
| 职业类别 | 干部/管理人员 | 74 | 83 | 63 |
| | 初级公务员/雇员 | 89 | 60 | 55 |
| | 个体/私营企业人员 | 89 | 79 | 64 |
| | 工人 | 97 | 78 | 56 |
| | 学生 | 37 | 30 | 26 |
| | 无业(含退休人员) | 159 | 125 | 101 |
| | 其他 | 105 | 110 | 102 |
| 个人月收入 | 无收入 | 51 | 40 | 41 |
| | 1～500 元 | 92 | * | 108 |
| | 501～1000 元 | 144 | 92 | 88 |
| | 1001～1500 元 | 109 | 93 | 103 |
| | 1501～2000 元 | 128 | 111 | 83 |
| | 2001～2500 元 | 107 | 91 | 66 |
| | 2501～3000 元 | 98 | 80 | 66 |
| | 3001～4000 元 | 97 | 85 | 64 |
| | 4001 元及以上 | 82 | 64 | 59 |

注:常州为全年连续调查城市。“*”表示该目标听众样本量不足,无法进行统计推断。

表 3.4.2　2012～2014 年常州听众在不同地点的人均收听时间(分钟)

| 地　点 | 2012 年 | 2013 年 | 2014 年 |
|---|---|---|---|
| 在家 | 71 | 54 | 42 |
| 车上 | 19 | 17 | 18 |
| 工作/学习场所 | 7 | 7 | 4 |
| 其他场所 | 2 | 1 | 1 |

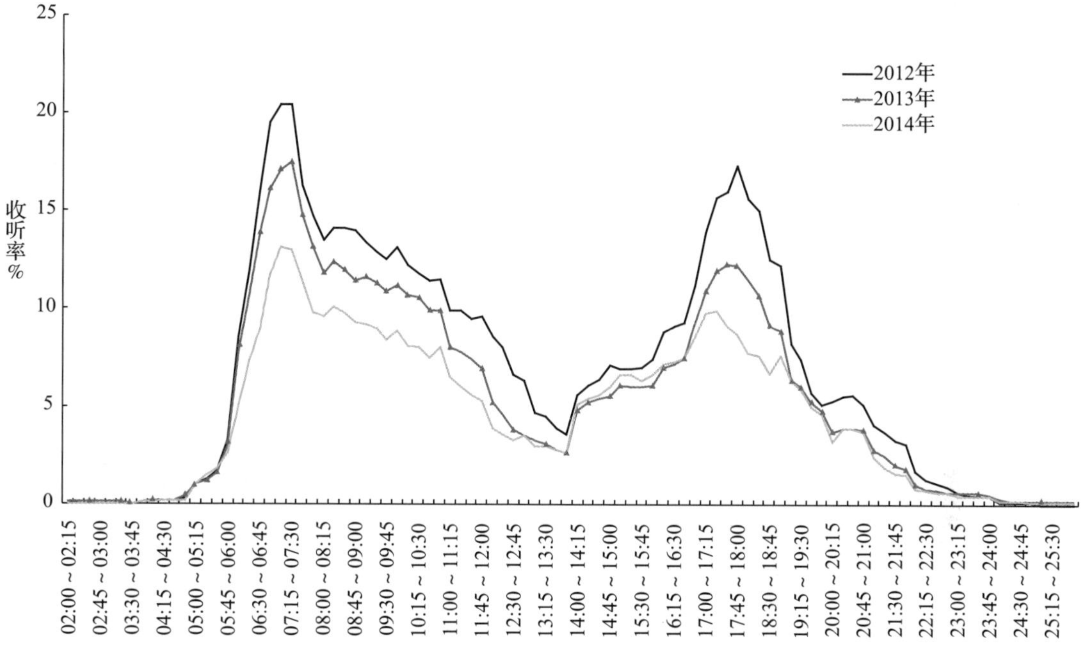


图 3.4.1　2012 ~ 2014 年常州听众全天收听率走势

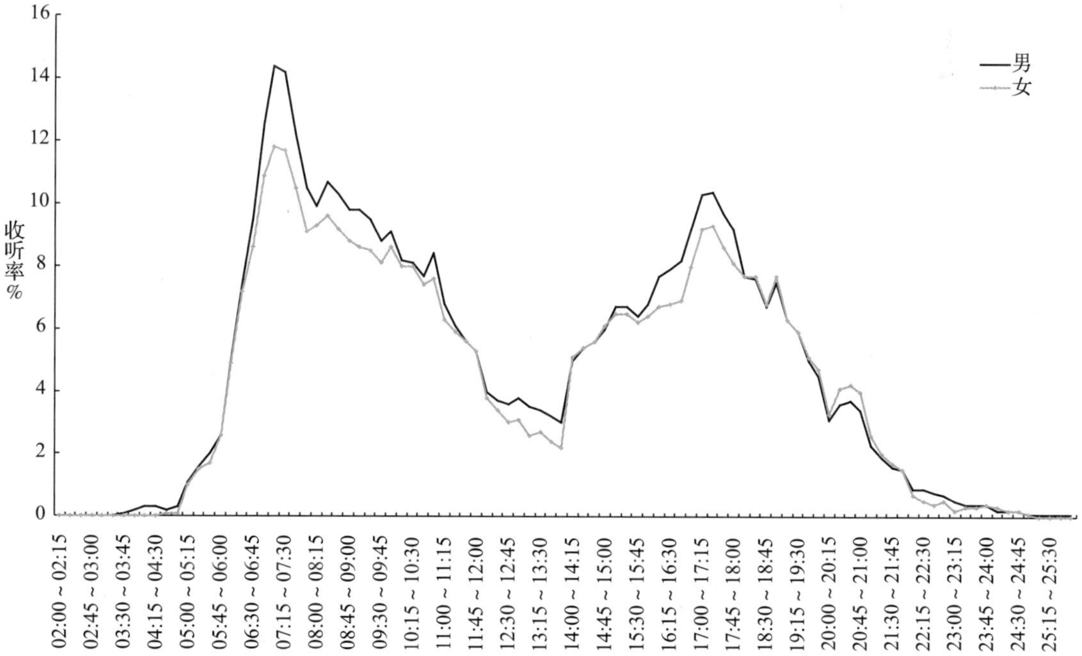


图 3.4.2　2014 年常州不同性别听众全天收听率走势

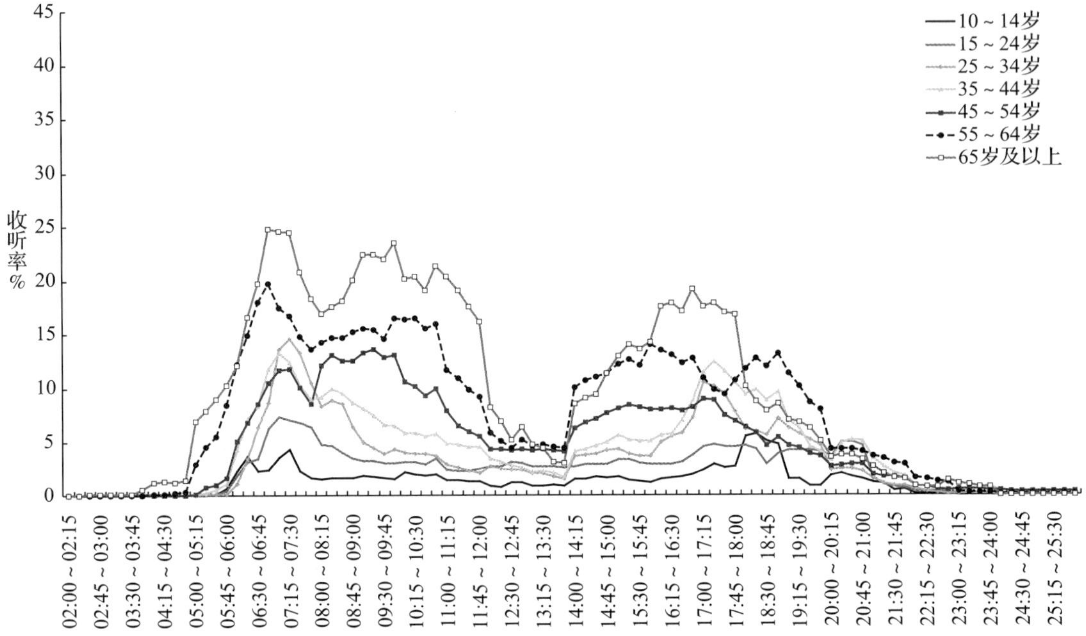


图 3.4.3　2014 年常州不同年龄听众全天收听率走势

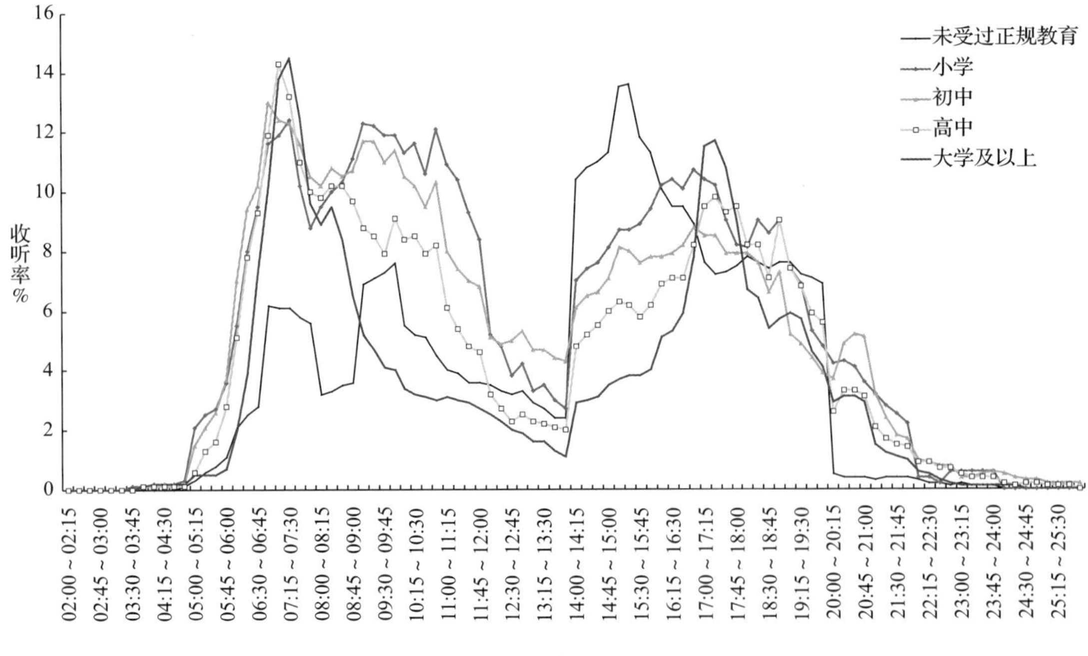


图 3.4.4　2014 年常州不同文化程度听众全天收听率走势

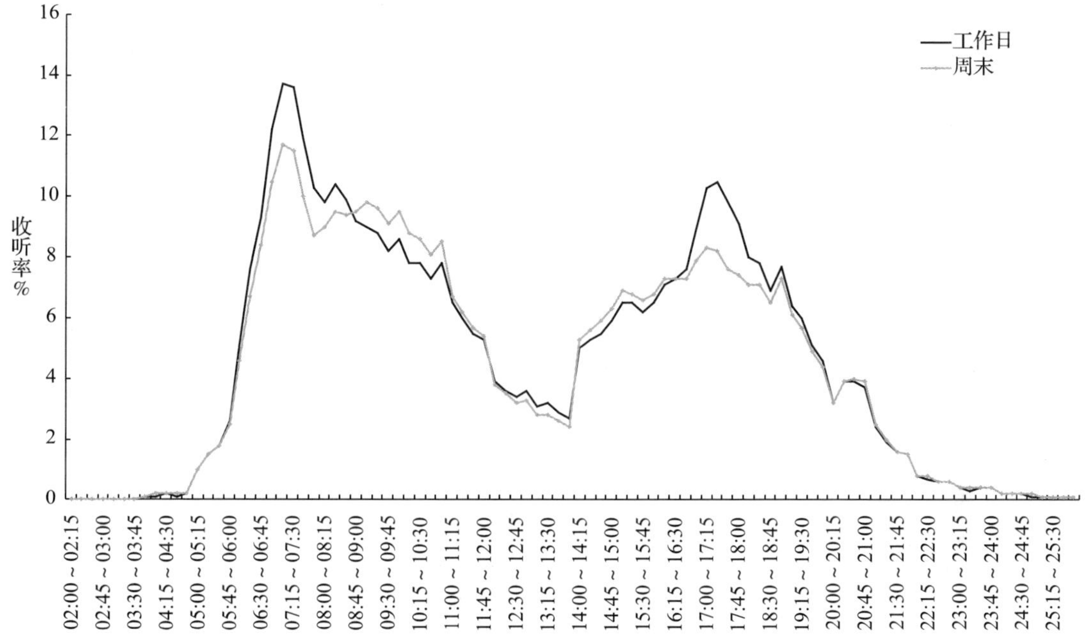


图 3.4.5　2014 年常州听众工作日与周末全天收听率走势

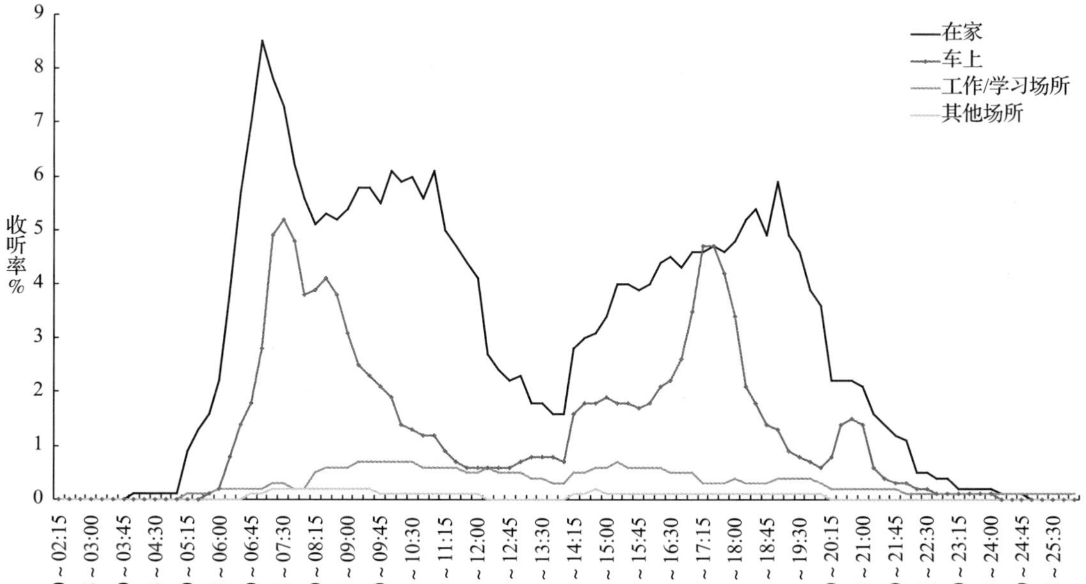


图 3.4.6　2014 年常州听众在不同收听地点全天收听率走势

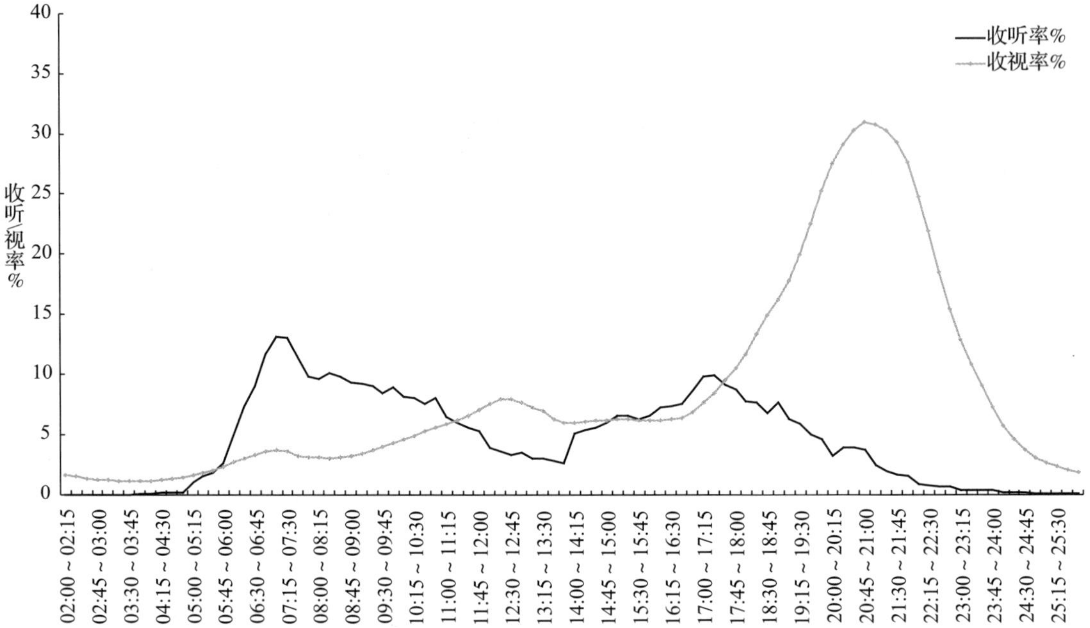


图 3.4.7　2014 年常州受众全天收听率、收视率走势比较(目标受众为 10 岁及以上)

表 3.4.3 2014 年常州市场听众构成(%)

| 目标听众 | | 听众构成(%) |
|---|---|---|
| 10 岁及以上所有人 | | 100.0 |
| 性别 | 男 | 53.3 |
| | 女 | 46.7 |
| 年龄 | 10~14 岁 | 1.4 |
| | 15~24 岁 | 9.3 |
| | 25~34 岁 | 14.6 |
| | 35~44 岁 | 21.4 |
| | 45~54 岁 | 14.5 |
| | 55~64 岁 | 20.8 |
| | 65 岁及以上 | 18.0 |
| 文化程度 | 未受过正规教育 | 1.1 |
| | 小学 | 14.2 |
| | 初中 | 37.6 |
| | 高中 | 28.2 |
| | 大学及以上 | 18.9 |
| 职业类别 | 干部/管理人员 | 5.9 |
| | 初级公务员/雇员 | 12.6 |
| | 个体/私营企业人员 | 14.2 |
| | 工人 | 24.3 |
| | 学生 | 4.3 |
| | 无业(含退休人员) | 31.4 |
| | 其他 | 7.3 |
| 个人月收入 | 无收入 | 11.1 |
| | 1~500 元 | 5.0 |
| | 501~1000 元 | 2.8 |
| | 1001~1500 元 | 7.9 |
| | 1501~2000 元 | 13.4 |
| | 2001~2500 元 | 17.6 |
| | 2501~3000 元 | 10.3 |
| | 3001~4000 元 | 20.0 |
| | 4001 元及以上 | 11.9 |

表 3.4.4 2012~2014 年常州市场各广播电台的市场份额(%)

| 广播电台 | 2012 年 | 2013 年 | 2014 年 |
|---|---|---|---|
| 中央人民广播电台 | 15.8 | 7.4 | 7.5 |
| 中国国际广播电台 | 0.1 | 0.1 | 0.0 |
| 江苏广播电视总台 | 7.9 | 8.2 | 12.0 |
| 常州广播电视台 | 73.2 | 80.5 | 76.8 |
| 其他广播电台 | 3.0 | 3.8 | 3.7 |

**表 3.4.5　2014 年常州市场各广播电台在不同目标听众中的市场份额(%)**

| 目标听众 | | 中央人民广播电台 | 中国国际广播电台 | 江苏广播电视总台 | 常州广播电视台 | 其他广播电台 |
|---|---|---|---|---|---|---|
| 10 岁及以上所有人 | | 7.5 | 0.0 | 12.0 | 76.8 | 3.7 |
| 性别 | 男 | 7.9 | 0.0 | 12.5 | 76.2 | 3.4 |
| | 女 | 7.1 | 0.0 | 11.5 | 77.6 | 3.8 |
| 年龄 | 10~14 岁 | 10.8 | 0.1 | 22.0 | 61.7 | 5.4 |
| | 15~24 岁 | 13.8 | 0.0 | 17.2 | 66.1 | 2.9 |
| | 25~34 岁 | 1.9 | 0.1 | 13.2 | 84.0 | 0.8 |
| | 35~44 岁 | 6.4 | 0.0 | 15.0 | 76.4 | 2.2 |
| | 45~54 岁 | 6.0 | 0.0 | 11.5 | 75.6 | 6.9 |
| | 55~64 岁 | 6.2 | 0.0 | 11.6 | 76.7 | 5.5 |
| | 65 岁及以上 | 12.6 | 0.0 | 5.0 | 79.4 | 3.0 |
| 文化程度 | 未受过正规教育 | 9.1 | 0.0 | 4.4 | 85.8 | 0.7 |
| | 小学 | 9.8 | 0.0 | 7.3 | 78.2 | 4.7 |
| | 初中 | 8.8 | 0.0 | 14.6 | 72.2 | 4.4 |
| | 高中 | 6.0 | 0.0 | 10.3 | 80.6 | 3.1 |
| | 大学及以上 | 5.4 | 0.0 | 13.0 | 79.3 | 2.3 |
| 职业类别 | 干部/管理人员 | 2.7 | 0.1 | 8.9 | 87.7 | 0.6 |
| | 初级公务员/雇员 | 4.6 | 0.0 | 19.1 | 75.2 | 1.1 |
| | 个体/私营企业人员 | 9.1 | 0.0 | 15.3 | 70.6 | 5.0 |
| | 工人 | 6.0 | 0.0 | 12.1 | 77.5 | 4.4 |
| | 学生 | 7.6 | 0.1 | 22.8 | 67.1 | 2.4 |
| | 无业(含退休人员) | 10.3 | 0.0 | 9.0 | 76.7 | 4.0 |
| | 其他 | 6.4 | 0.0 | 2.7 | 86.2 | 4.7 |
| 个人月收入 | 无收入 | 12.9 | 0.0 | 15.2 | 68.5 | 3.4 |
| | 1~500 元 | 7 | 0.0 | 2.6 | 86.0 | 4.4 |
| | 501~1000 元 | 5.3 | 0.0 | 3.2 | 82.1 | 9.4 |
| | 1001~1500 元 | 3.7 | 0.1 | 21.8 | 71.0 | 3.4 |
| | 1501~2000 元 | 9.7 | 0.0 | 10.3 | 75.3 | 4.7 |
| | 2001~2500 元 | 7.6 | 0.0 | 11.1 | 79.2 | 2.1 |
| | 2501~3000 元 | 10.1 | 0.0 | 4.1 | 83.1 | 2.7 |
| | 3001~4000 元 | 5.5 | 0.0 | 16.0 | 75.9 | 2.6 |
| | 4001 元及以上 | 4.4 | 0.0 | 12.1 | 77.6 | 5.9 |

注:“*”表示该目标听众样本量不足,无法进行统计推断。

**表 3.4.6　2014 年常州市场份额排名前五位的频率**

| 名　次 | 频率名称 | 市场份额(%) |
|---|---|---|
| 1 | 常州人民广播电台交通广播 FM90 | 18.2 |
| 2 | 常州人民广播电台新闻综合广播 FM103.4 | 15.8 |
| 3 | 常州人民广播电台新闻综合广播 AM846 | 14.1 |
| 4 | 常州人民广播电台音乐广播 FM93.5 | 10.9 |
| 5 | 中央人民广播电台第一套节目中国之声 | 7.3 |

# 五、成都收听数据

**表 3.5.1　2012～2014 年成都各目标听众人均收听时间(分钟)**

| 目标听众 | | 2012 年 | 2013 年 | 2014 年 |
|---|---|---|---|---|
| 10 岁及以上所有人 | | 55 | 49 | 52 |
| 性别 | 男 | 57 | 49 | 54 |
| | 女 | 53 | 50 | 50 |
| 年龄 | 10～14 岁 | 20 | 8 | 16 |
| | 15～24 岁 | 37 | 41 | 40 |
| | 25～34 岁 | 46 | 45 | 44 |
| | 35～44 岁 | 65 | 49 | 52 |
| | 45～54 岁 | 55 | 60 | 65 |
| | 55～64 岁 | 59 | 62 | 66 |
| | 65 岁及以上 | 84 | 68 | 73 |
| 文化程度 | 未受过正规教育 | 58 | 44 | 38 |
| | 小学 | 47 | 36 | 37 |
| | 初中 | 62 | 55 | 58 |
| | 高中 | 56 | 49 | 52 |
| | 大学及以上 | 48 | 51 | 50 |
| 职业类别 | 干部/管理人员 | 48 | 52 | 49 |
| | 初级公务员/雇员 | 50 | 45 | 45 |
| | 个体/私营企业人员 | 52 | 45 | 54 |
| | 工人 | 58 | 51 | 54 |
| | 学生 | 25 | 22 | 27 |
| | 无业(含退休人员) | 72 | 67 | 70 |
| | 其他 | 64 | 79 | * |
| 个人月收入 | 无收入 | 31 | 28 | 29 |
| | 1～500 元 | * | * | * |
| | 501～1000 元 | 56 | 46 | 40 |
| | 1001～1500 元 | 68 | 53 | 59 |
| | 1501～2000 元 | 61 | 61 | 58 |
| | 2001～2500 元 | 47 | 49 | 60 |
| | 2501～3000 元 | 50 | 54 | 53 |
| | 3001～4000 元 | 74 | 49 | 42 |
| | 4001 元及以上 | 63 | 52 | 66 |

注:成都为全年连续调查城市。“*”表示该目标听众样本量不足,无法进行统计推断。

**表 3.5.2　2012～2014 年成都听众在不同地点的人均收听时间(分钟)**

| 地　点 | 2012 年 | 2013 年 | 2014 年 |
|---|---|---|---|
| 在家 | 39 | 33 | 32 |
| 车上 | 11 | 11 | 15 |
| 工作/学习场所 | 4 | 3 | 3 |
| 其他场所 | 2 | 2 | 2 |

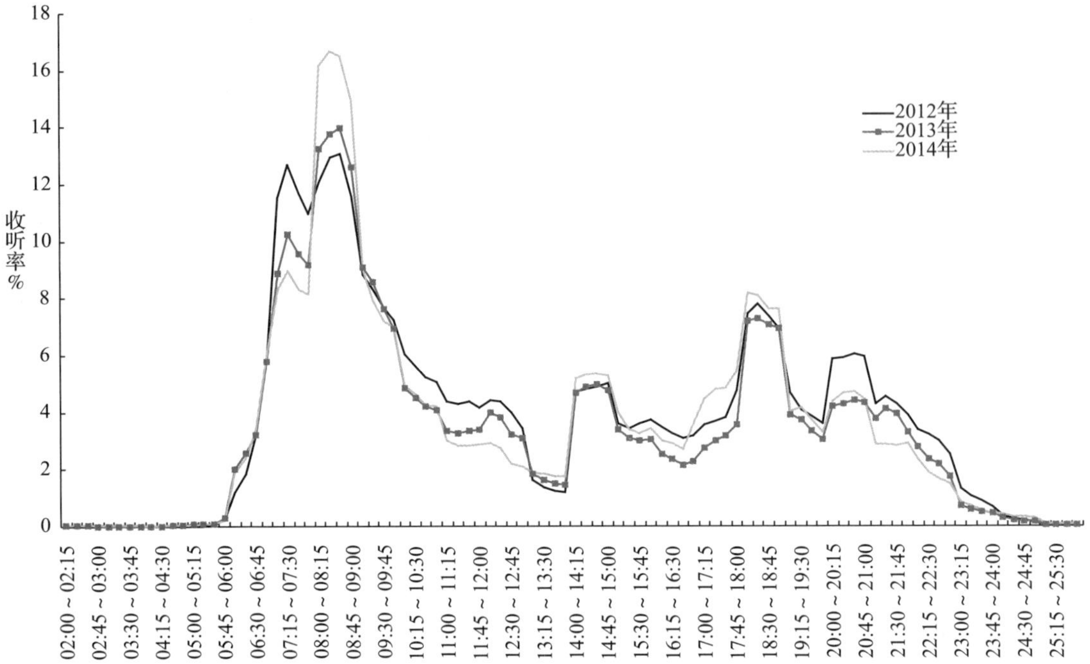


图 3.5.1　2012~2014 年成都听众全天收听率走势

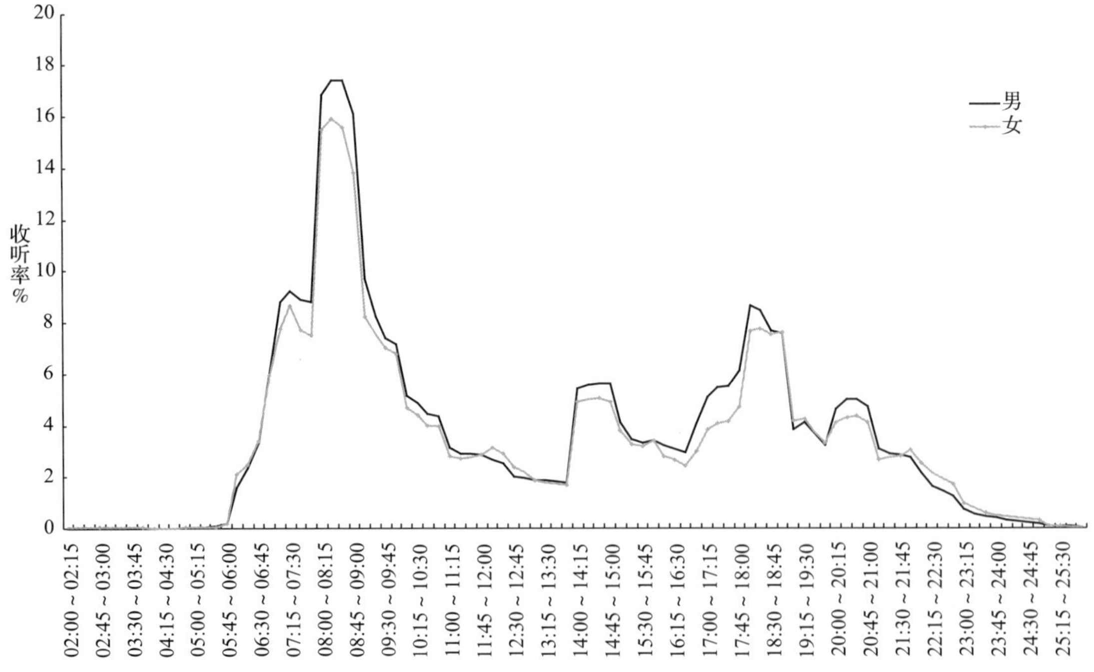


图 3.5.2　2014 年成都不同性别听众全天收听率走势

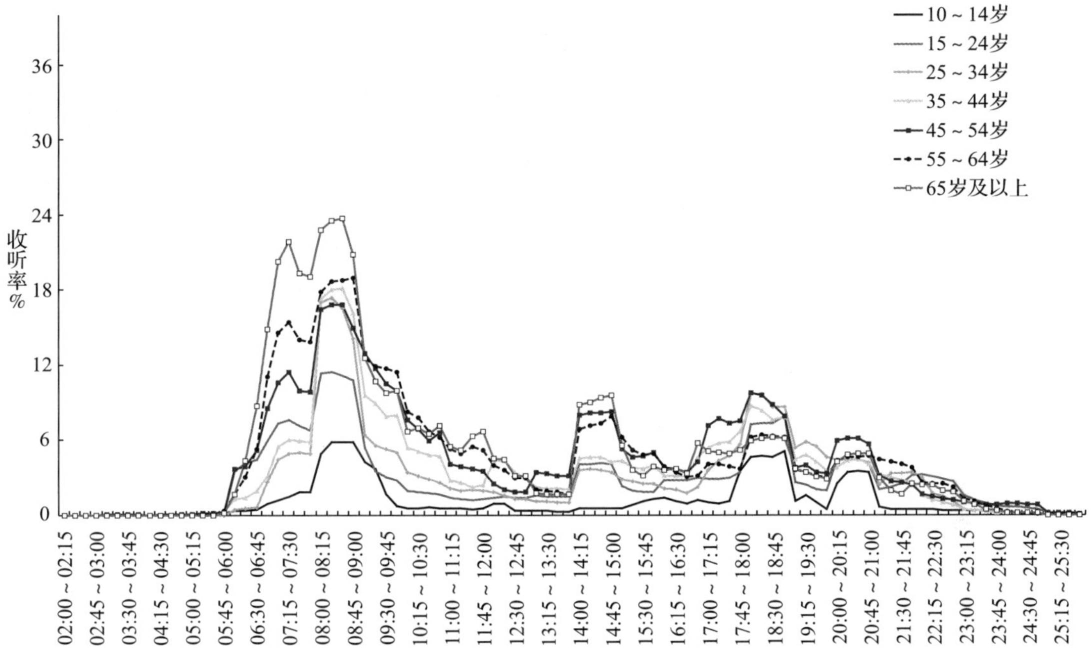


图 3.5.3　2014 年成都不同年龄听众全天收听率走势

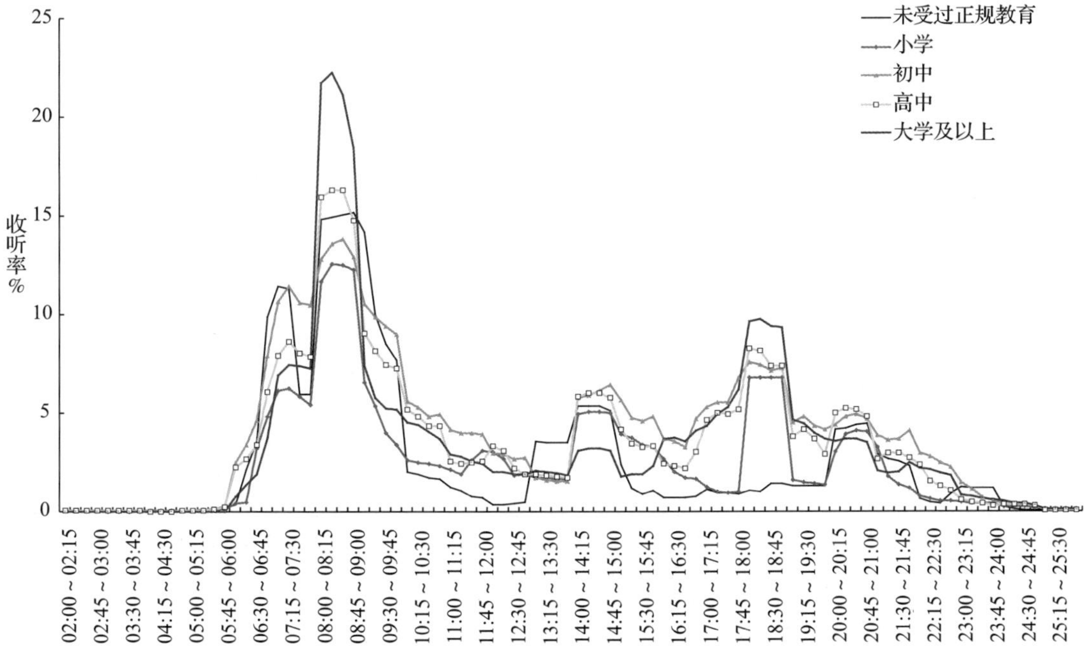


图 3.5.4　2014 年成都不同文化程度听众全天收听率走势

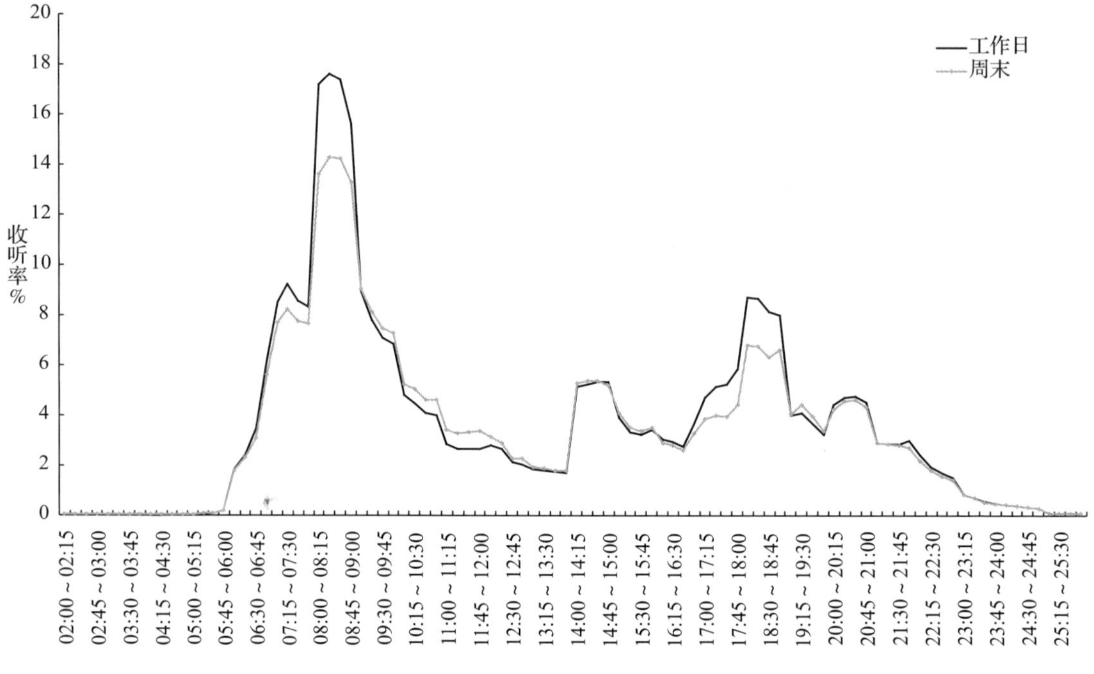


图 3.5.5　2014 年成都听众工作日与周末全天收听率走势

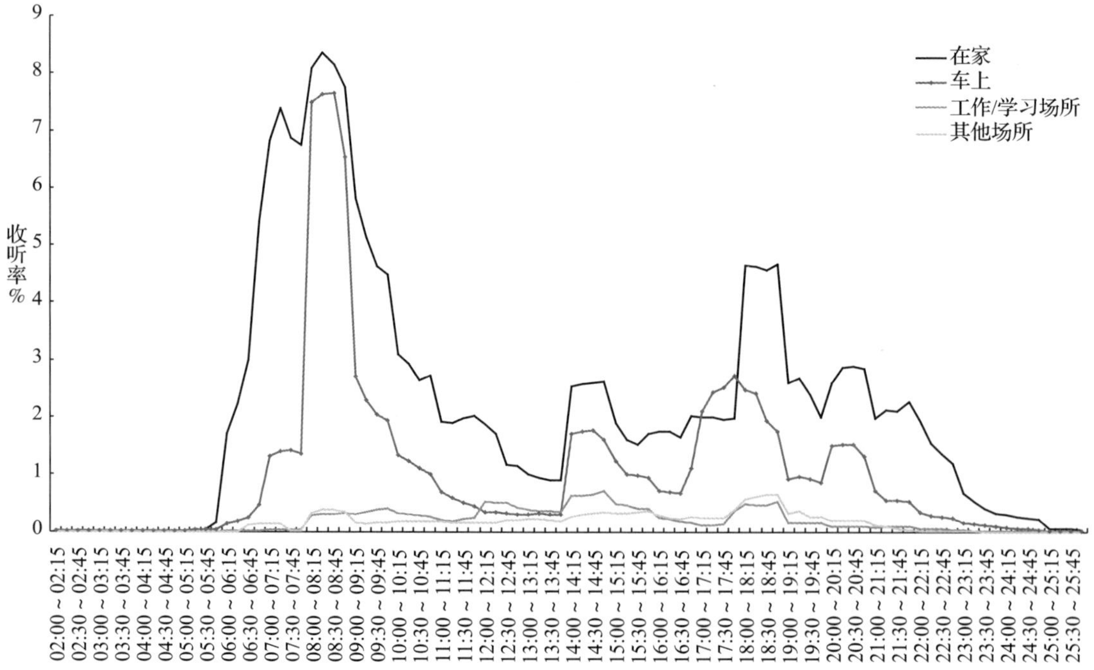


图 3.5.6　2014 年成都听众在不同收听地点全天收听率走势

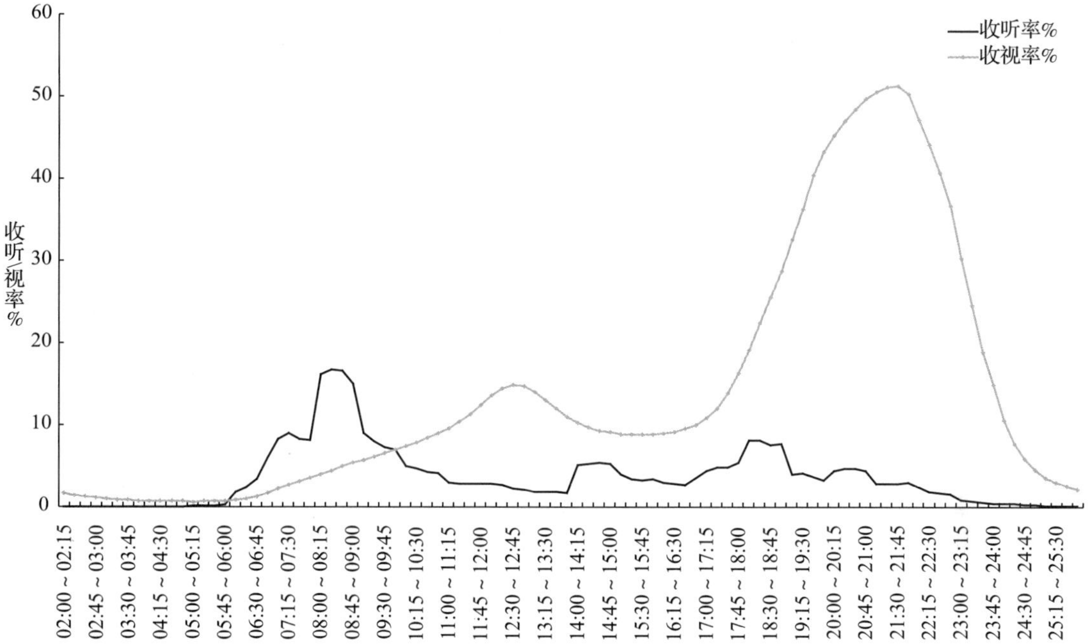


图 3.5.7 2014 年成都受众全天收听率、收视率走势比较(目标受众为 10 岁及以上)

表 3.5.3　2014 年成都市场听众构成(%)

| 目标听众 | | 听众构成(%) |
|---|---|---|
| 10 岁及以上所有人 | | 100.0 |
| 性别 | 男 | 52.4 |
| | 女 | 47.6 |
| 年龄 | 10~14 岁 | 1.1 |
| | 15~24 岁 | 13.1 |
| | 25~34 岁 | 19.3 |
| | 35~44 岁 | 24.1 |
| | 45~54 岁 | 16.9 |
| | 55~64 岁 | 14.4 |
| | 65 岁及以上 | 11.1 |
| 文化程度 | 未受过正规教育 | 1.2 |
| | 小学 | 4.5 |
| | 初中 | 27.4 |
| | 高中 | 45.7 |
| | 大学及以上 | 21.2 |
| 职业类别 | 干部/管理人员 | 4.4 |
| | 初级公务员/雇员 | 23.9 |
| | 个体/私营企业人员 | 19.9 |
| | 工人 | 19.9 |
| | 学生 | 5.6 |
| | 无业(含退休人员) | 26.3 |
| | 其他 | * |
| 个人月收入 | 无收入 | 7.3 |
| | 1~500 元 | * |
| | 501~1000 元 | 0.7 |
| | 1001~1500 元 | 4.2 |
| | 1501~2000 元 | 16.6 |
| | 2001~2500 元 | 18.9 |
| | 2501~3000 元 | 16.2 |
| | 3001~4000 元 | 14.5 |
| | 4001 元及以上 | 21.6 |

“*”表示该目标听众样本量不足,无法进行统计推断。

表 3.5.4　2012~2014 年成都市场各广播电台的市场份额(%)

| 广播电台 | 2012 年 | 2013 年 | 2014 年 |
|---|---|---|---|
| 中央人民广播电台 | 13.5 | 9.7 | 11.6 |
| 中国国际广播电台 | 0.0 | 0.0 | 0.6 |
| 四川广播电视台 | 58.9 | 60.6 | 61.6 |
| 成都人民广播电台 | 27.6 | 29.7 | 26.2 |
| 其他广播电台 | 0.0 | 0.0 | 0.0 |

表 3.5.5 2014 年成都市场各广播电台在不同目标听众中的市场份额(%)

| 目标听众 | | 中央人民广播电台 | 中国国际广播电台 | 四川广播电视台 | 成都人民广播电台 | 其他广播电台 |
|---|---|---|---|---|---|---|
| 10 岁及以上所有人 | | 11.6 | 0.6 | 61.6 | 26.2 | 0.0 |
| 性别 | 男 | 10.7 | 0.8 | 62.5 | 26.0 | 0.0 |
| | 女 | 12.6 | 0.5 | 60.3 | 26.5 | 0.1 |
| 年龄 | 10~14 岁 | 4.5 | 1.8 | 62.5 | 31.2 | 0.0 |
| | 15~24 岁 | 5.5 | 0.7 | 66.7 | 27.1 | 0.0 |
| | 25~34 岁 | 10.1 | 0.5 | 62.1 | 27.3 | 0.0 |
| | 35~44 岁 | 9.5 | 0.3 | 61.8 | 28.3 | 0.1 |
| | 45~54 岁 | 11.7 | 0.3 | 61.0 | 26.9 | 0.1 |
| | 55~64 岁 | 16.7 | 1.3 | 60.8 | 21.1 | 0.1 |
| | 65 岁及以上 | 20.1 | 0.9 | 55.0 | 23.9 | 0.1 |
| 文化程度 | 未受过正规教育 | 16.2 | 0.0 | 65.7 | 18.1 | 0.0 |
| | 小学 | 10.0 | 0.9 | 64.4 | 24.6 | 0.1 |
| | 初中 | 13.5 | 0.8 | 63.2 | 22.5 | 0.0 |
| | 高中 | 11.0 | 0.5 | 60.4 | 28.0 | 0.0 |
| | 大学及以上 | 10.5 | 0.8 | 60.7 | 28.0 | 0.0 |
| 职业类别 | 干部/管理人员 | 8.2 | 2.6 | 63.2 | 25.4 | 0.6 |
| | 初级公务员/雇员 | 10.6 | 0.2 | 64.4 | 24.7 | 0.1 |
| | 个体/私营企业人员 | 7.8 | 0.7 | 65.9 | 25.6 | 0.0 |
| | 工人 | 10.1 | 1.2 | 60.7 | 28.0 | 0.0 |
| | 学生 | 8.3 | 0.4 | 61.2 | 30.1 | 0.0 |
| | 无业(含退休人员) | 18.3 | 0.3 | 55.3 | 26.1 | 0.0 |
| | 其他 | * | * | * | * | * |
| 个人月收入 | 无收入 | 9.7 | 0.3 | 63.5 | 26.4 | 0.1 |
| | 1~500 元 | * | * | * | * | * |
| | 501~1000 元 | 6.9 | 0.1 | 81.7 | 11.2 | 0.1 |
| | 1001~1500 元 | 10.6 | 0.1 | 70.9 | 18.4 | 0.0 |
| | 1501~2000 元 | 15.4 | 0.2 | 59.0 | 25.4 | 0.0 |
| | 2001~2500 元 | 12.8 | 0.9 | 57.0 | 29.3 | 0.0 |
| | 2501~3000 元 | 16.3 | 0.8 | 57.9 | 24.9 | 0.1 |
| | 3001~4000 元 | 9.9 | 0.3 | 63.2 | 26.6 | 0.0 |
| | 4001 元及以上 | 6.5 | 1.0 | 65.4 | 27.1 | 0.0 |

“*”表示该目标听众样本量不足,无法进行统计推断。

表 3.5.6 2014 年成都市场份额排名前五位的频率

| 名次 | 频率 | 市场份额(%) |
|---|---|---|
| 1 | 四川人民广播电台交通广播 FM101.7 | 16.5 |
| 2 | 四川人民广播电台新闻频率 FM98.1/AM1116 | 14.2 |
| 3 | 中央人民广播电台第一套节目中国之声 | 8.9 |
| 4 | 成都人民广播电台交通文艺广播 FM91.4 | 8.4 |
| 5 | 四川人民广播电台岷江音乐 iRadio FM95.5 | 6.3 |

# 六、重庆收听数据

表 3.6.1 2012～2014 年重庆各目标听众人均收听时间(分钟)

| 目标听众 | | 2012 年 | 2013 年 | 2014 年 |
|---|---|---|---|---|
| 10 岁及以上所有人 | | 56 | 49 | 47 |
| 性别 | 男 | 57 | 49 | 49 |
| | 女 | 56 | 49 | 45 |
| 年龄 | 10～14 岁 | 33 | 23 | 34 |
| | 15～24 岁 | 43 | 40 | 39 |
| | 25～34 岁 | 50 | 49 | 43 |
| | 35～44 岁 | 54 | 43 | 50 |
| | 45～54 岁 | 59 | 57 | 52 |
| | 55～64 岁 | 68 | 55 | 54 |
| | 65 岁及以上 | 90 | 66 | 49 |
| 文化程度 | 未受过正规教育 | 52 | 37 | 28 |
| | 小学 | 57 | 36 | 38 |
| | 初中 | 53 | 52 | 47 |
| | 高中 | 60 | 48 | 51 |
| | 大学及以上 | 55 | 52 | 45 |
| 职业类别 | 干部/管理人员 | 71 | 75 | 82 |
| | 初级公务员/雇员 | 42 | 47 | 39 |
| | 个体/私营企业人员 | 51 | 47 | 51 |
| | 工人 | 55 | 46 | 45 |
| | 学生 | 38 | 32 | 35 |
| | 无业(含退休人员) | 72 | 58 | 50 |
| | 其他 | * | * | * |
| 个人月收入 | 无收入 | 43 | 35 | 33 |
| | 1～500 元 | 59 | * | 6 |
| | 501～1000 元 | 65 | 45 | 30 |
| | 1001～1500 元 | 58 | 41 | 41 |
| | 1501～2000 元 | 56 | 53 | 42 |
| | 2001～2500 元 | 55 | 56 | 50 |
| | 2501～3000 元 | 61 | 48 | 54 |
| | 3001～4000 元 | 67 | 49 | 52 |
| | 4001 元及以上 | 81 | 59 | 55 |

注:重庆为全年连续调查城市。“*”表示该目标听众样本量不足,无法进行统计推断。

表 3.6.2 2012～2014 年重庆听众在不同地点的人均收听时间(分钟)

| 地点 | 2012 年 | 2013 年 | 2014 年 |
|---|---|---|---|
| 在家 | 42 | 34 | 29 |
| 车上 | 10 | 9 | 13 |
| 工作/学习场所 | 3 | 3 | 2 |
| 其他场所 | 2 | 2 | 2 |

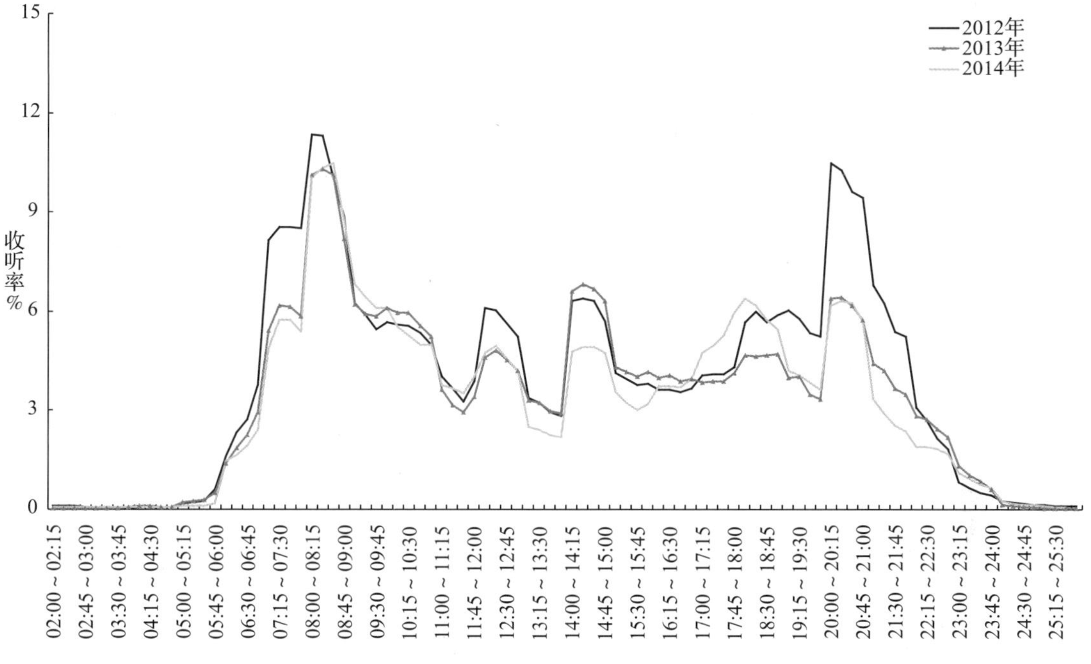


图 3.6.1　2012 ~ 2014 年重庆听众全天收听率走势

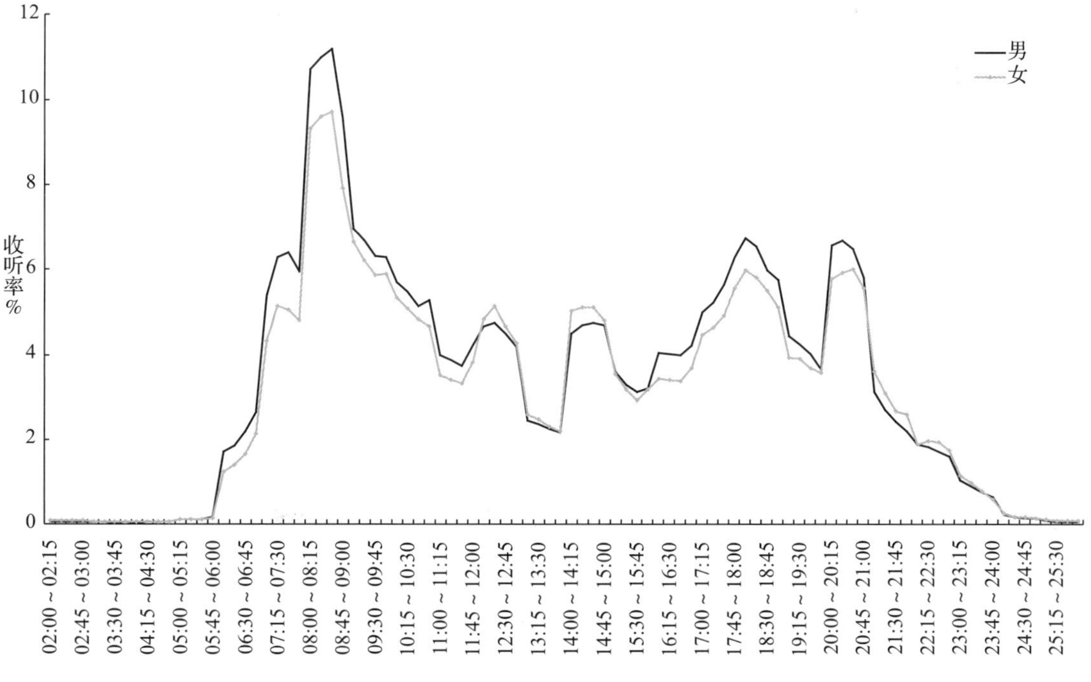


图 3.6.2　2014 年重庆不同性别听众全天收听率走势

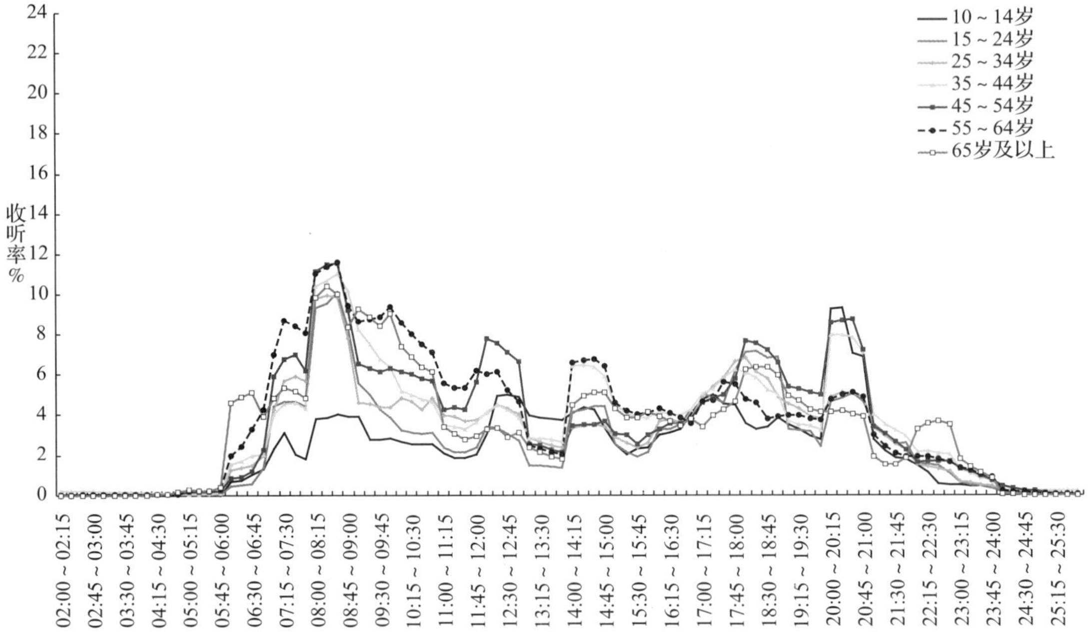


图 3.6.3　2014 年重庆不同年龄听众全天收听率走势

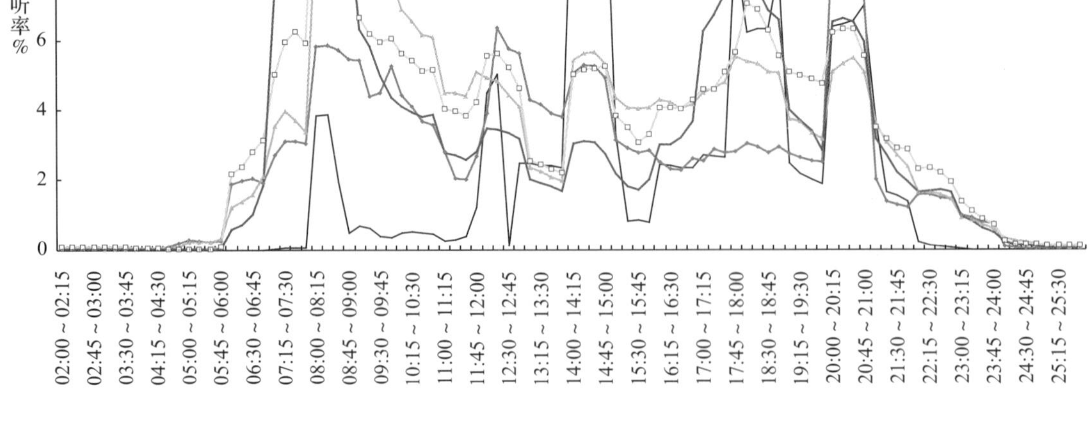


图 3.6.4　2014 年重庆不同文化程度听众全天收听率走势

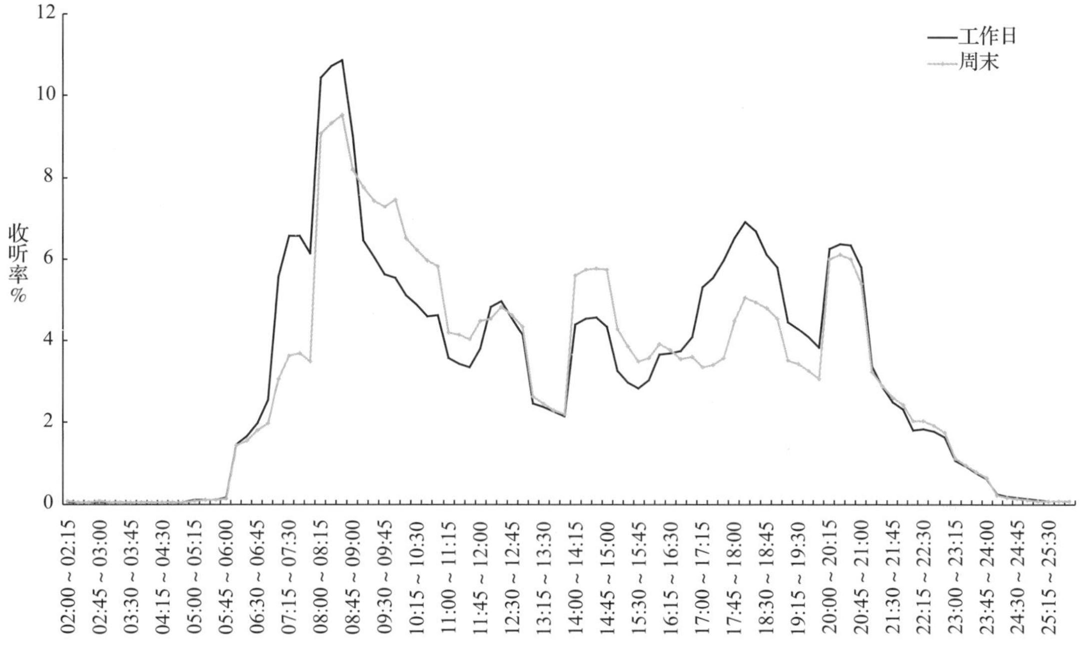


图 3.6.5 2014 年重庆听众工作日与周末全天收听率走势

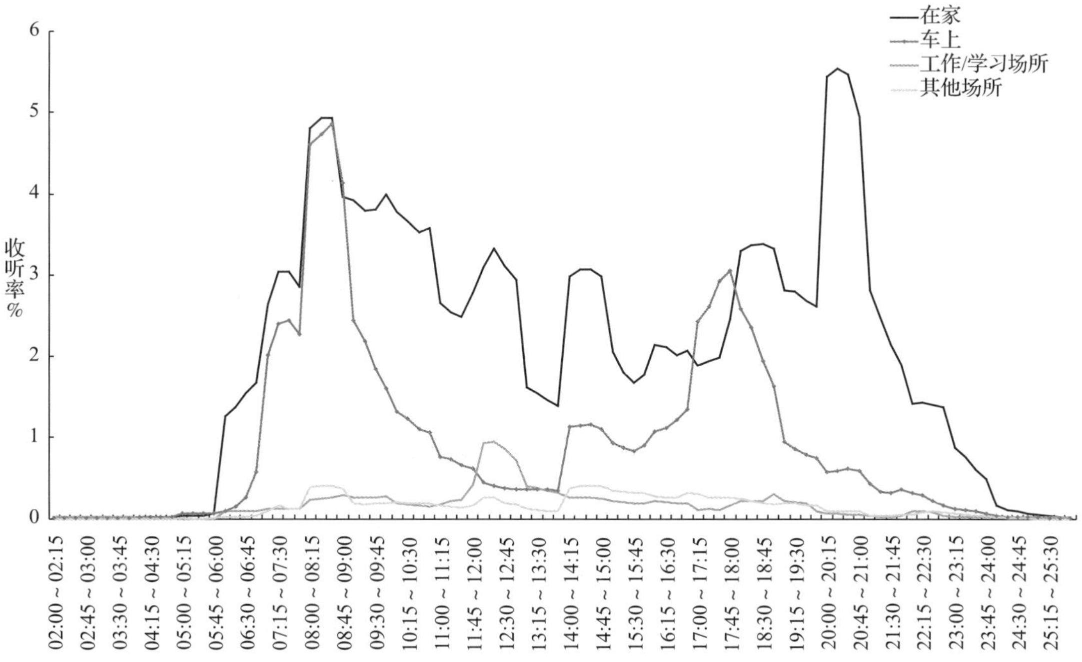


图 3.6.6 2014 年重庆听众在不同收听地点全天收听率走势

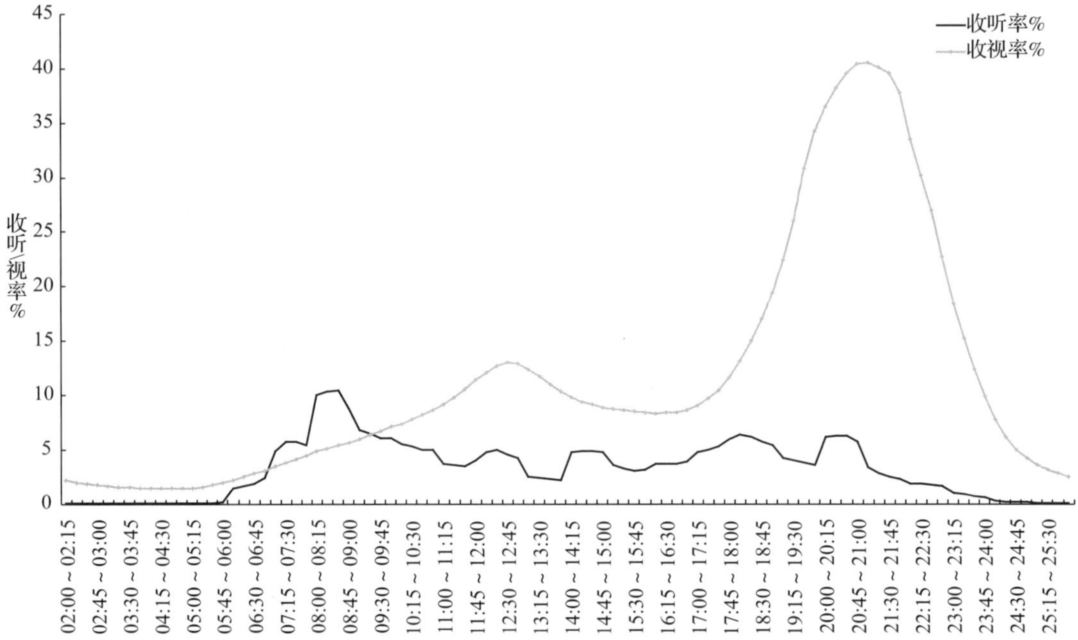


图 3.6.7　2014 年重庆受众全天收听率、收视率走势比较(目标受众为 10 岁及以上)

表 3.6.3　2014 年重庆市场听众构成(%)

| 目标听众 | | 听众构成(%) |
|---|---|---|
| 10 岁及以上所有人 | | 100.0 |
| 性别 | 男 | 53.3 |
| | 女 | 46.7 |
| 年龄 | 10 ~ 14 岁 | 2.4 |
| | 15 ~ 24 岁 | 14.0 |
| | 25 ~ 34 岁 | 17.1 |
| | 35 ~ 44 岁 | 23.3 |
| | 45 ~ 54 岁 | 17.7 |
| | 55 ~ 64 岁 | 16.8 |
| | 65 岁及以上 | 8.7 |
| 文化程度 | 未受过正规教育 | 0.4 |
| | 小学 | 6.9 |
| | 初中 | 30.7 |
| | 高中 | 40.3 |
| | 大学及以上 | 21.7 |
| 职业类别 | 干部/管理人员 | 8.6 |
| | 初级公务员/雇员 | 13.7 |
| | 个体/私营企业人员 | 18.3 |
| | 工人 | 23.7 |
| | 学生 | 8.4 |
| | 无业(含退休人员) | 27.3 |
| | 其他 | * |
| 个人月收入 | 无收入 | 9.9 |
| | 1 ~ 500 元 | 0.0 |
| | 501 ~ 1000 元 | 1.0 |
| | 1001 ~ 1500 元 | 3.4 |
| | 1501 ~ 2000 元 | 14.4 |
| | 2001 ~ 2500 元 | 21.4 |
| | 2501 ~ 3000 元 | 18.3 |
| | 3001 ~ 4000 元 | 20.2 |
| | 4001 元及以上 | 11.4 |

“*”表示该目标听众样本量不足,无法进行统计推断。

表 3.6.4　2012 ~ 2014 年重庆市场各广播电台的市场份额(%)

| 广播电台 | 2012 年 | 2013 年 | 2014 年 |
|---|---|---|---|
| 中央人民广播电台 | 6.2 | 7.1 | 6.1 |
| 中国国际广播电台 | 1.8 | 0.9 | 1.3 |
| 重庆广播电视集团(总台) | 88.6 | 88.7 | 90.8 |
| 其他广播电台 | 3.4 | 3.3 | 1.8 |

**表 3.6.5　2014 年重庆市场各广播电台在不同目标听众中的市场份额(%)**

| 目标听众 | | 中央人民广播电台 | 中国国际广播电台 | 重庆广播电视集团(总台) | 其他广播电台 |
|---|---|---|---|---|---|
| 10 岁及以上所有人 | | 6.1 | 1.3 | 90.8 | 1.8 |
| 性别 | 男 | 5.8 | 1.5 | 90.8 | 1.8 |
| | 女 | 6.3 | 1.0 | 90.8 | 1.9 |
| 年龄 | 10~14 岁 | 7.0 | 1.9 | 89.6 | 1.5 |
| | 15~24 岁 | 7.7 | 0.7 | 90.3 | 1.3 |
| | 25~34 岁 | 4.1 | 2.1 | 92.5 | 1.3 |
| | 35~44 岁 | 3.6 | 1.4 | 92.9 | 2.1 |
| | 45~54 岁 | 5.8 | 0.4 | 91.0 | 2.8 |
| | 55~64 岁 | 8.7 | 1.6 | 87.8 | 1.9 |
| | 65 岁及以上 | 9.0 | 1.4 | 88.5 | 1.1 |
| 文化程度 | 未受过正规教育 | 0.1 | 0.0 | 99.6 | 0.3 |
| | 小学 | 4.0 | 1.8 | 93.5 | 0.7 |
| | 初中 | 6.4 | 1.5 | 89.9 | 2.2 |
| | 高中 | 6.1 | 1.2 | 90.5 | 2.2 |
| | 大学及以上 | 6.4 | 1.0 | 91.6 | 1.0 |
| 职业类别 | 干部/管理人员 | 3.2 | 1.3 | 94.4 | 1.1 |
| | 初级公务员/雇员 | 5.1 | 1.3 | 92.2 | 1.4 |
| | 个体/私营企业人员 | 3.4 | 0.7 | 93.5 | 2.4 |
| | 工人 | 2.8 | 1.4 | 94.5 | 1.3 |
| | 学生 | 11.6 | 1.3 | 85.7 | 1.4 |
| | 无业(含退休人员) | 10.5 | 1.5 | 85.5 | 2.5 |
| | 其他 | * | * | * | * |
| 个人月收入 | 无收入 | 8.8 | 1.5 | 88.1 | 1.6 |
| | 1~500 元 | 0.0 | 0.0 | 98.7 | 1.3 |
| | 501~1000 元 | 3.6 | 0.1 | 89.9 | 6.4 |
| | 1001~1500 元 | 5.1 | 0.5 | 94.0 | 0.4 |
| | 1501~2000 元 | 8.6 | 0.6 | 88.7 | 2.1 |
| | 2001~2500 元 | 6.2 | 2.4 | 89.9 | 1.5 |
| | 2501~3000 元 | 6.7 | 0.7 | 89.7 | 2.9 |
| | 3001~4000 元 | 4.3 | 1.2 | 93.0 | 1.5 |
| | 4001 元及以上 | 3.0 | 1.0 | 94.8 | 1.2 |

“*”表示该目标听众样本量不足,无法进行统计推断。

**表 3.6.6　2014 年重庆市场份额排名前五位的频率**

| 名　次 | 频　率 | 市场份额(%) |
|---|---|---|
| 1 | 重庆人民广播电台音乐频率 FM88.1 | 27.5 |
| 2 | 重庆人民广播电台交通频率 FM95.5 | 25.6 |
| 3 | 重庆人民广播电台重庆之声 FM96.8/AM1314 | 17.5 |
| 4 | 重庆人民广播电台都市频率 FM93.8 | 9.4 |
| 5 | 重庆人民广播电台经济频率 FM101.5 | 7.7 |

# 七、大连收听数据

**表 3.7.1　2012～2014 年大连各目标听众人均收听时间（分钟）**

| 目标听众 | | 2012 年 | 2013 年 | 2014 年 |
|---|---|---|---|---|
| 10 岁及以上所有人 | | 92 | 84 | 75 |
| 性别 | 男 | 100 | 87 | 75 |
| | 女 | 84 | 81 | 75 |
| 年龄 | 10～14 岁 | 38 | 26 | 23 |
| | 15～24 岁 | 40 | 40 | 37 |
| | 25～34 岁 | 76 | 65 | 61 |
| | 35～44 岁 | 90 | 85 | 76 |
| | 45～54 岁 | 111 | 110 | 92 |
| | 55～64 岁 | 133 | 112 | 114 |
| | 65 岁及以上 | 147 | 133 | 102 |
| 文化程度 | 未受过正规教育 | 102 | 89 | 33 |
| | 小学 | 110 | 89 | 75 |
| | 初中 | 93 | 86 | 83 |
| | 高中 | 86 | 85 | 75 |
| | 大学及以上 | 90 | 77 | 62 |
| 职业类别 | 干部/管理人员 | 73 | 77 | 59 |
| | 初级公务员/雇员 | 72 | 75 | 68 |
| | 个体/私营企业人员 | 90 | 87 | 82 |
| | 工人 | 96 | 87 | 74 |
| | 学生 | 40 | 33 | 27 |
| | 无业（含退休人员） | 124 | 116 | 102 |
| | 其他 | 163 | 78 | 72 |
| 个人月收入 | 无收入 | 57 | 46 | 40 |
| | 1～500 元 | 186 | 49 | * |
| | 501～1000 元 | 121 | 142 | * |
| | 1001～1500 元 | 117 | 107 | 73 |
| | 1501～2000 元 | 98 | 103 | 101 |
| | 2001～2500 元 | 91 | 98 | 76 |
| | 2501～3000 元 | 97 | 80 | 87 |
| | 3001～4000 元 | 103 | 83 | 72 |
| | 4001 元及以上 | 100 | 104 | 92 |

注：大连为全年连续调查城市。“*”表示该目标听众样本量不足，无法进行统计推断。

**表 3.7.2　2012～2014 年大连听众在不同地点的人均收听时间（分钟）**

| 地　点 | 2012 年 | 2013 年 | 2014 年 |
|---|---|---|---|
| 在家 | 65 | 57 | 49 |
| 车上 | 19 | 18 | 18 |
| 工作/学习场所 | 6 | 7 | 7 |
| 其他场所 | 2 | 2 | 1 |

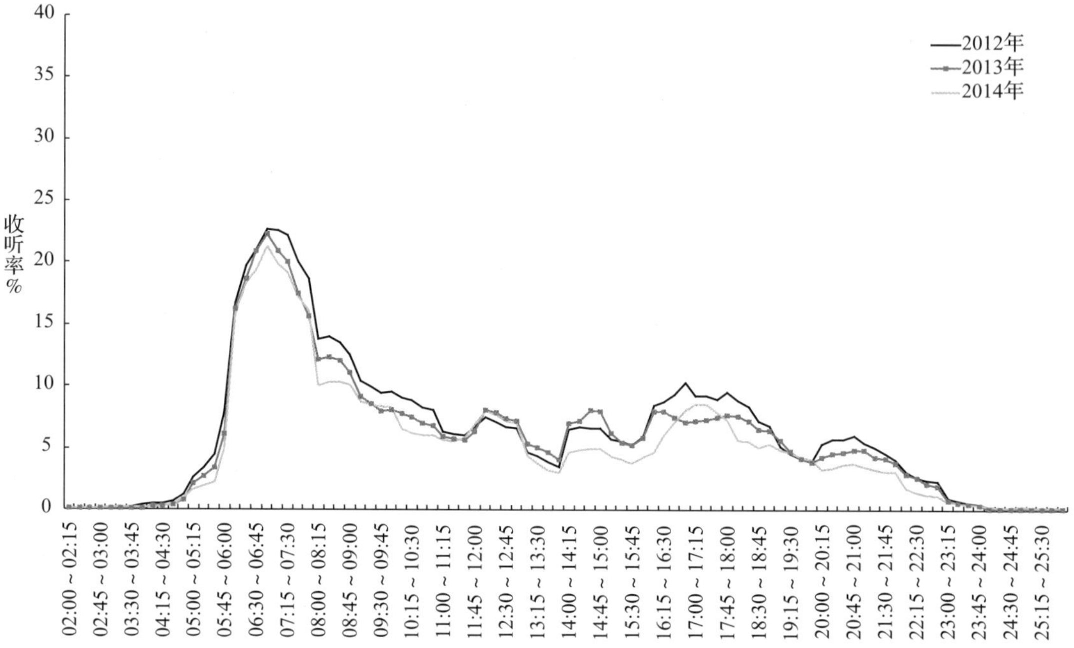


图 3.7.1　2012～2014 年大连听众全天收听率走势

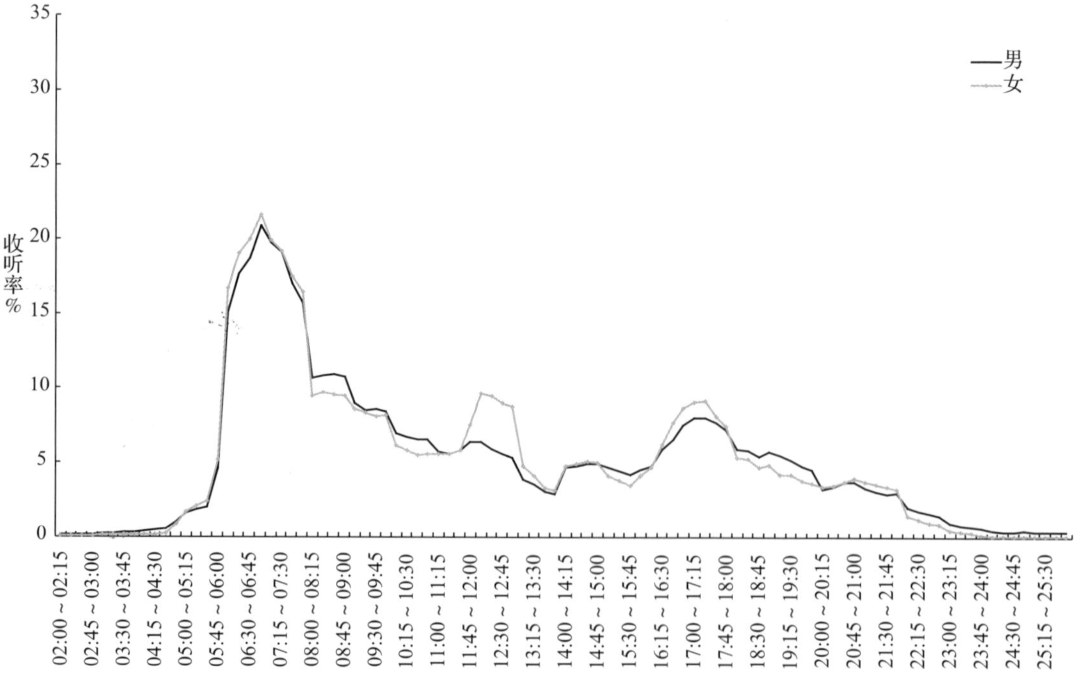


图 3.7.2　2014 年大连不同性别听众全天收听率走势

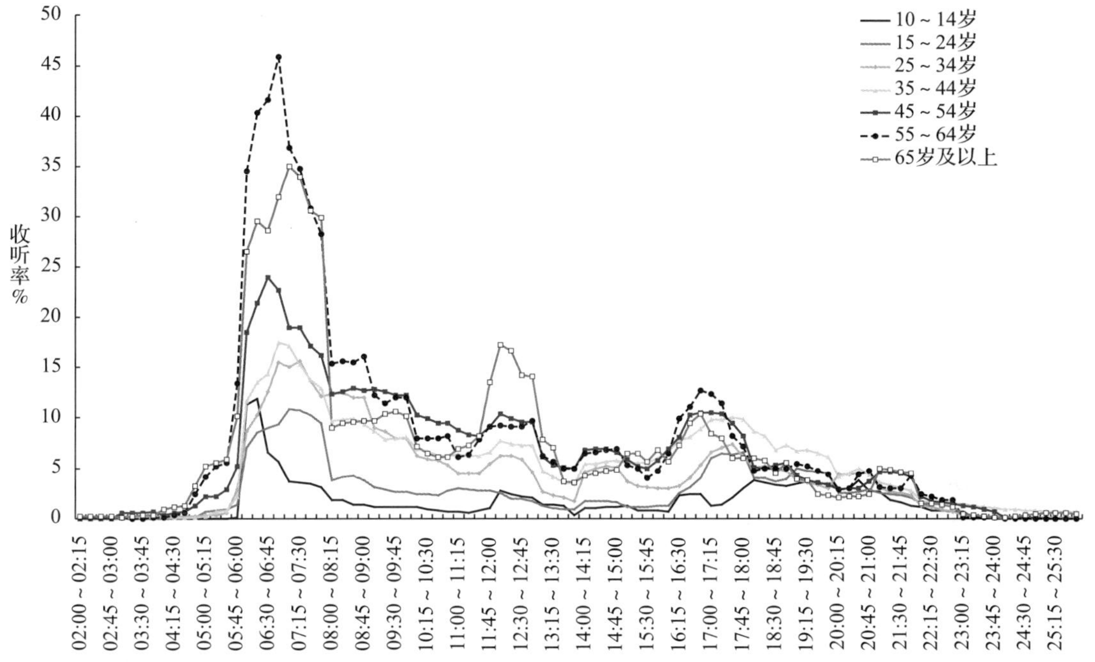


图 3.7.3　2014 年大连不同年龄听众全天收听率走势

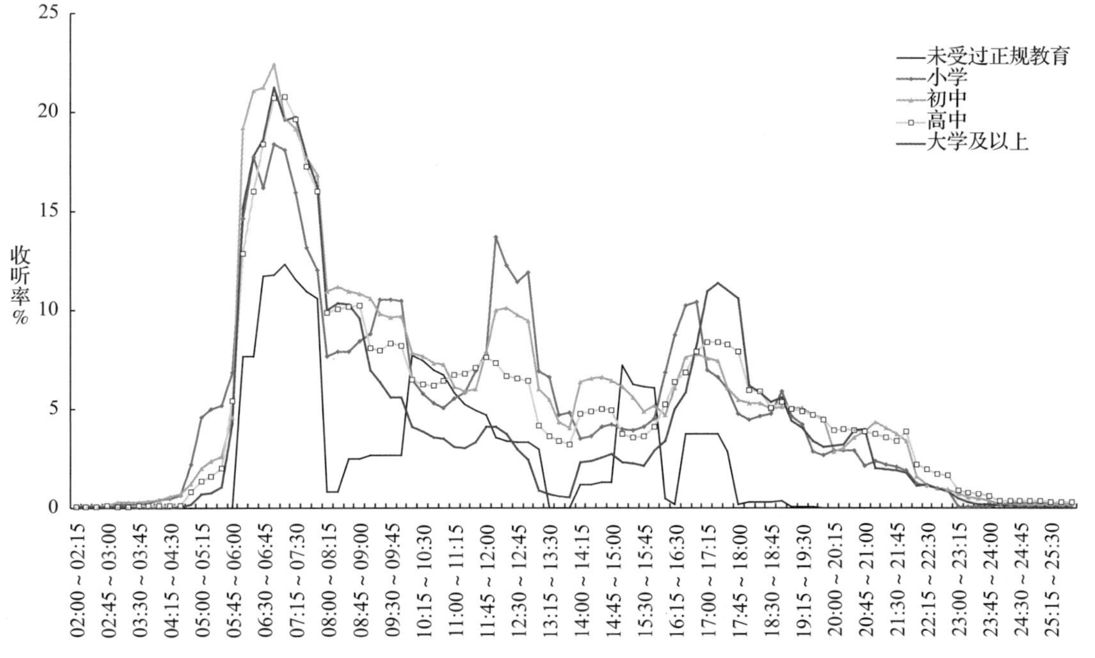


图 3.7.4　2014 年大连不同文化程度听众全天收听率走势

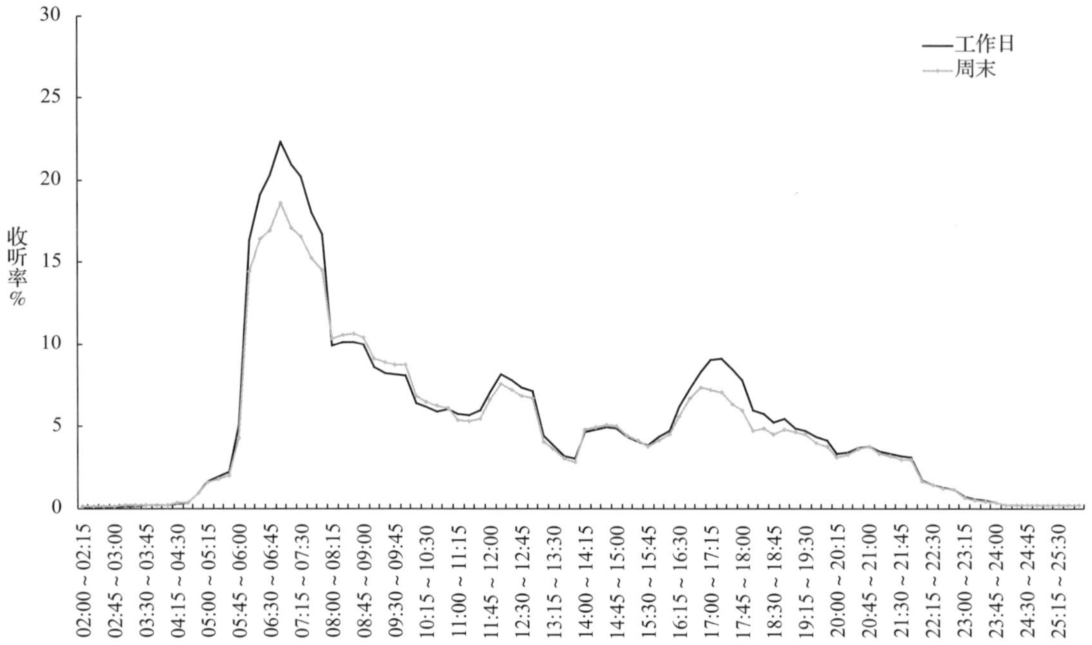


图 3.7.5　2014 年大连听众工作日与周末全天收听率走势

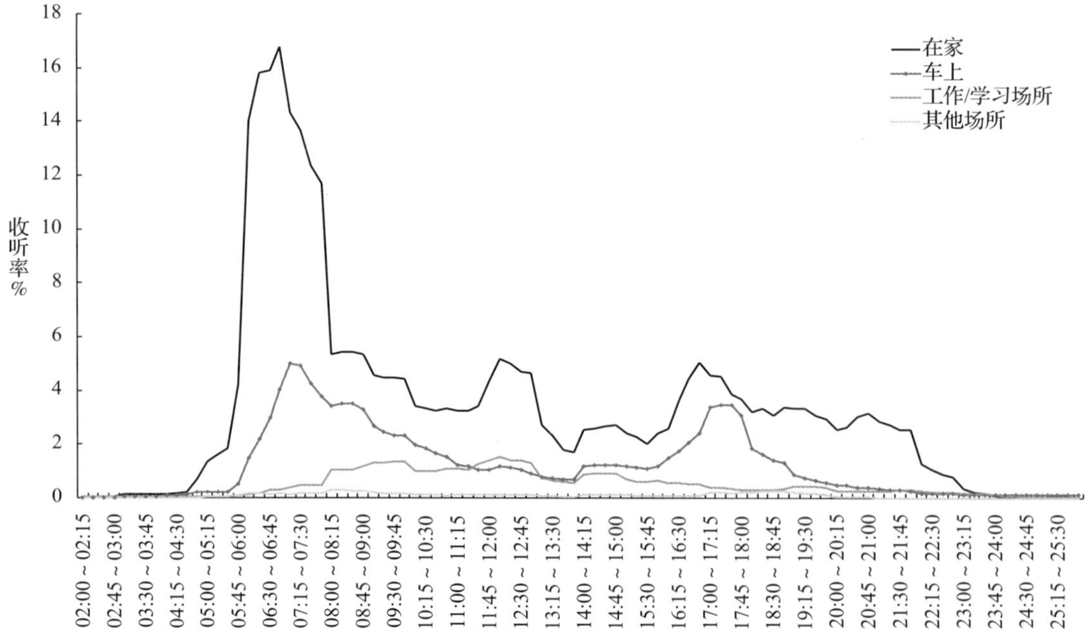


图 3.7.6　2014 年大连听众在不同收听地点全天收听率走势

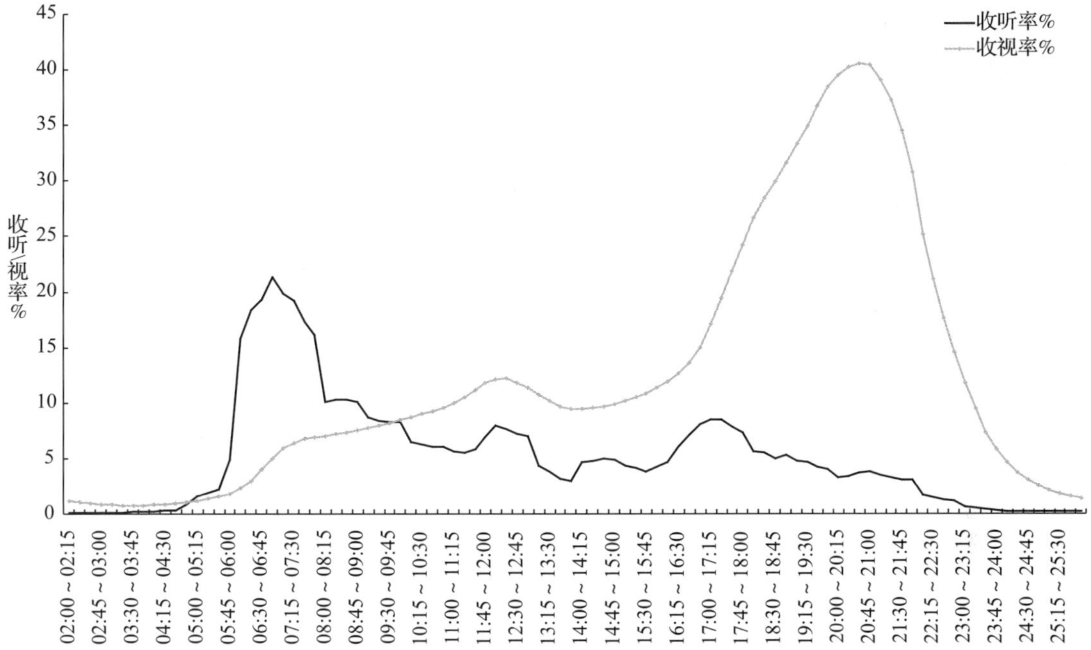


图 3.7.7　2014 年大连受众全天收听率、收视率走势比较(目标受众为 10 岁及以上)

表 3.7.3 2014 年大连市场听众构成(%)

| 目标听众 | | 听众构成(%) |
|---|---|---|
| 10 岁及以上所有人 | | 100.0 |
| 性别 | 男 | 50.6 |
| | 女 | 49.4 |
| 年龄 | 10~14 岁 | 1.0 |
| | 15~24 岁 | 8.6 |
| | 25~34 岁 | 16.3 |
| | 35~44 岁 | 20.4 |
| | 45~54 岁 | 20.1 |
| | 55~64 岁 | 19.4 |
| | 65 岁及以上 | 14.1 |
| 文化程度 | 未受过正规教育 | 0.6 |
| | 小学 | 5.9 |
| | 初中 | 41.5 |
| | 高中 | 34.3 |
| | 大学及以上 | 17.8 |
| 职业类别 | 干部/管理人员 | 3.0 |
| | 初级公务员/雇员 | 13.1 |
| | 个体/私营企业人员 | 14.8 |
| | 工人 | 27.3 |
| | 学生 | 5.0 |
| | 无业(含退休人员) | 36.2 |
| | 其他 | 0.6 |
| 个人月收入 | 无收入 | 11.2 |
| | 1~500 元 | * |
| | 501~1000 元 | * |
| | 1001~1500 元 | 3.3 |
| | 1501~2000 元 | 17.6 |
| | 2001~2500 元 | 19.6 |
| | 2501~3000 元 | 14.7 |
| | 3001~4000 元 | 17.3 |
| | 4001 元及以上 | 13.8 |

“*”表示该目标听众样本量不足,无法进行统计推断。

表 3.7.4 2012~2014 年大连市场各广播电台的市场份额(%)

| 广播电台 | 2012 年 | 2013 年 | 2014 年 |
|---|---|---|---|
| 中央人民广播电台 | 10.9 | 11.4 | 11.5 |
| 中国国际广播电台 | 0.0 | 0.0 | 0.0 |
| 辽宁广播电视台 | 13.0 | 12.9 | 12.2 |
| 大连广播电视台 | 73.3 | 71.7 | 70.8 |
| 其他广播电台 | 2.8 | 3.9 | 5.5 |

**表 3.7.5　2014 年大连市场各广播电台在不同目标听众中的市场份额(%)**

| 目标听众 | | 中央人民广播电台 | 中国国际广播电台 | 辽宁广播电视台 | 大连广播电视台 | 其他广播电台 |
|---|---|---|---|---|---|---|
| 10 岁及以上所有人 | | 11.5 | 0.0 | 12.2 | 70.8 | 5.5 |
| 性别 | 男 | 12.2 | 0.0 | 9.1 | 73.1 | 5.5 |
| | 女 | 10.8 | 0.0 | 15.3 | 68.5 | 5.4 |
| 年龄 | 10～14 岁 | 1.8 | 0.0 | 16.1 | 76.8 | 5.3 |
| | 15～24 岁 | 13.1 | 0.0 | 6.1 | 77.2 | 3.5 |
| | 25～34 岁 | 14.7 | 0.0 | 10.2 | 71.0 | 4.1 |
| | 35～44 岁 | 9.7 | 0.0 | 13.4 | 71.3 | 5.6 |
| | 45～54 岁 | 7.3 | 0.0 | 13.4 | 75.7 | 3.6 |
| | 55～64 岁 | 11.9 | 0.0 | 12.4 | 68.3 | 7.3 |
| | 65 岁及以上 | 15.5 | 0.0 | 14.0 | 62.1 | 8.4 |
| 文化程度 | 未受过正规教育 | 3.6 | 0.0 | 8.4 | 76.4 | 11.6 |
| | 小学 | 9.9 | 0.0 | 13.4 | 67.3 | 9.4 |
| | 初中 | 10.4 | 0.0 | 13.5 | 69.2 | 6.9 |
| | 高中 | 11.7 | 0.0 | 11.8 | 72.2 | 4.3 |
| | 大学及以上 | 15.0 | 0.0 | 9.6 | 72.2 | 3.2 |
| 职业类别 | 干部/管理人员 | 15.6 | 0.0 | 2.4 | 79.5 | 2.6 |
| | 初级公务员/雇员 | 13.0 | 0.0 | 15.1 | 69.8 | 2.1 |
| | 个体/私营企业人员 | 12.6 | 0.0 | 9.9 | 71.6 | 6.0 |
| | 工人 | 8.5 | 0.0 | 8.7 | 75.5 | 7.3 |
| | 学生 | 12.4 | 0.0 | 8.4 | 76.8 | 2.4 |
| | 无业(含退休人员) | 12.1 | 0.0 | 16.0 | 65.9 | 6.0 |
| | 其他 | 21.4 | 0.0 | 13.5 | 64.4 | 0.7 |
| 个人月收入 | 无收入 | 15.6 | 0.0 | 16.7 | 63.9 | 3.7 |
| | 1～500 元 | * | * | * | * | * |
| | 501～1000 元 | * | * | * | * | * |
| | 1001～1500 元 | 7.6 | 0.0 | 20.3 | 68.2 | 4.0 |
| | 1501～2000 元 | 10.7 | 0.0 | 12.5 | 68.4 | 8.3 |
| | 2001～2500 元 | 10.8 | 0.0 | 13.7 | 70.5 | 5.0 |
| | 2501～3000 元 | 8.5 | 0.0 | 7.0 | 78.9 | 5.5 |
| | 3001～4000 元 | 11.0 | 0.0 | 8.0 | 74.8 | 6.2 |
| | 4001 元及以上 | 15.8 | 0.0 | 10.5 | 70.7 | 2.9 |

“*”表示该目标听众样本量不足,无法进行统计推断。

**表 3.7.6　2014 年大连市场份额排名前五位的频率**

| 名　次 | 频　率 | 市场份额(%) |
|---|---|---|
| 1 | 大连人民广播电台第四套广播交通广播 FM100.8 | 28.5 |
| 2 | 大连广播电台第一套广播新闻广播 FM103.3/AM882 | 20.3 |
| 3 | 大连人民广播电台第六套广播都市广播 FM99.1 | 6.9 |
| 4 | 辽宁广播电视台资讯广播 FM90.6 | 6.8 |
| 5 | 中央人民广播电台第一套节目中国之声 | 6.0 |

# 八、佛山收听数据

表 3.8.1　2012～2014 年佛山各目标听众人均收听时间(分钟)

| 目标听众 | | 2012 年 | 2013 年 | 2014 年 |
|---|---|---|---|---|
| 10 岁及以上所有人 | | 87 | 85 | 80 |
| 性别 | 男 | 85 | 85 | 84 |
| | 女 | 90 | 86 | 75 |
| 年龄 | 10～14 岁 | 56 | 46 | 29 |
| | 15～24 岁 | 58 | 61 | 53 |
| | 25～34 岁 | 84 | 79 | 75 |
| | 35～44 岁 | 118 | 113 | 99 |
| | 45～54 岁 | 93 | 104 | 103 |
| | 55～64 岁 | 98 | 98 | 97 |
| | 65 岁及以上 | 102 | 85 | 87 |
| 文化程度 | 未受过正规教育 | 90 | 88 | 40 |
| | 小学 | 80 | 84 | 73 |
| | 初中 | 98 | 93 | 90 |
| | 高中 | 80 | 78 | 78 |
| | 大学及以上 | 83 | 82 | 66 |
| 职业类别 | 干部/管理人员 | 140 | 107 | 91 |
| | 初级公务员/雇员 | 83 | 86 | 82 |
| | 个体/私营企业人员 | 102 | 105 | 98 |
| | 工人 | 97 | 91 | 79 |
| | 学生 | 48 | 47 | 37 |
| | 无业(含退休人员) | 94 | 89 | 88 |
| | 其他 | 55 | 46 | 44 |
| 个人月收入 | 无收入 | 64 | 61 | 50 |
| | 1～500 元 | 70 | 56 | 50 |
| | 501～1000 元 | 80 | 86 | 91 |
| | 1001～1500 元 | 94 | 86 | 88 |
| | 1501～2000 元 | 94 | 106 | 112 |
| | 2001～2500 元 | 93 | 95 | 80 |
| | 2501～3000 元 | 109 | 89 | 72 |
| | 3001～4000 元 | 95 | 89 | 74 |
| | 4001 元及以上 | 82 | 73 | 88 |

注:自 2014 年 6 月 1 日起,佛山由波次调查转为连续调查。2014 年的数据范围包括:2 月 23 日至 3 月 15 日的第 1 波次调查数据与 6 月 1 日至 12 月 31 日的连续调查数据。

表 3.8.2　2012～2014 年佛山听众在不同地点的人均收听时间(分钟)

| 地　点 | 2012 年 | 2013 年 | 2014 年 |
|---|---|---|---|
| 在家 | 53 | 48 | 43 |
| 车上 | 16 | 15 | 16 |
| 工作/学习场所 | 15 | 18 | 17 |
| 其他场所 | 3 | 4 | 3 |

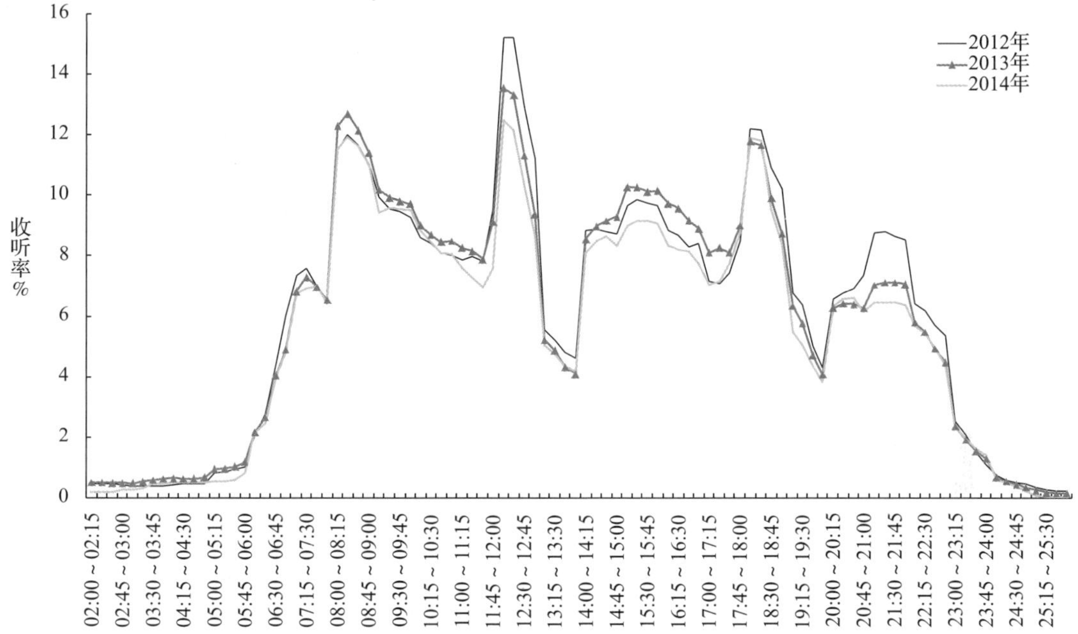


图 3.8.1　2012 ~ 2014 年佛山听众全天收听率走势

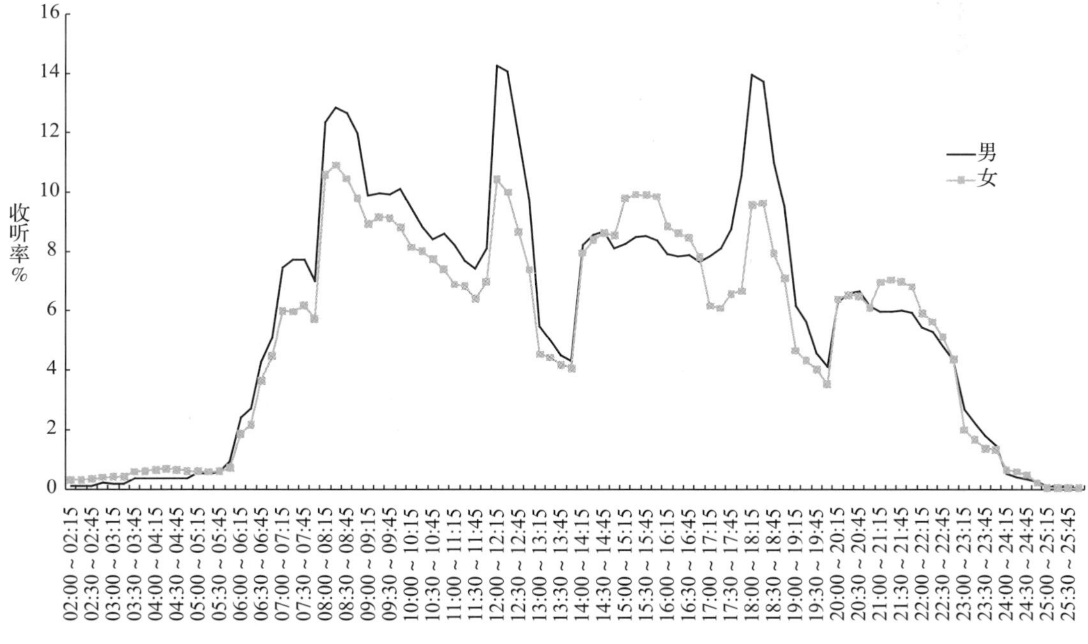


图 3.8.2　2014 年佛山不同性别听众全天收听率走势

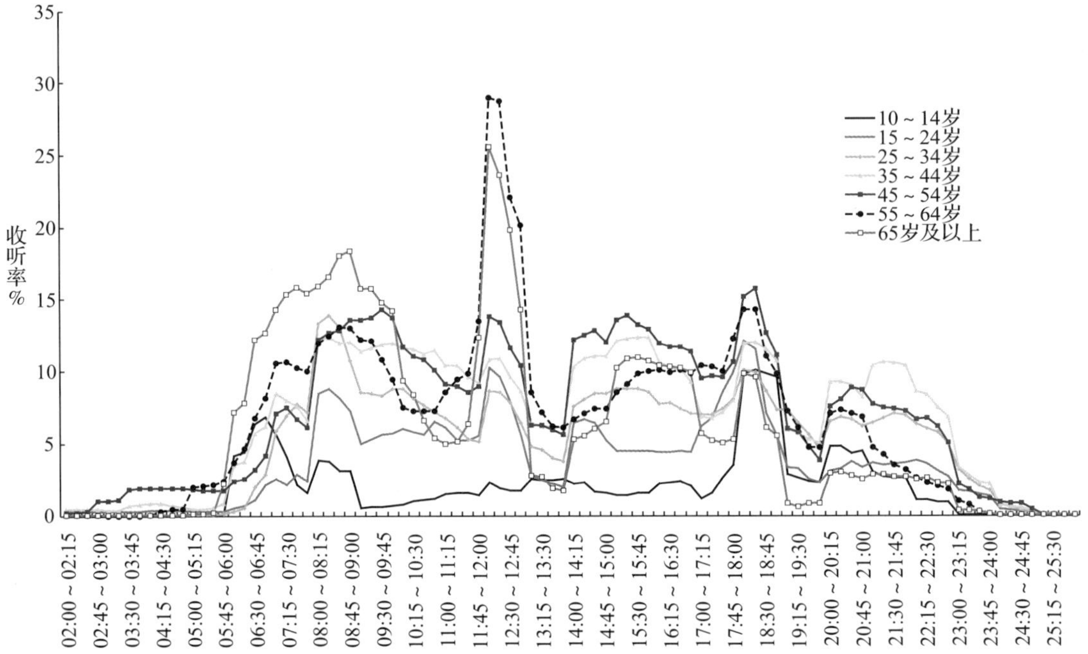


图 3.8.3 2014 年佛山不同年龄听众全天收听率走势

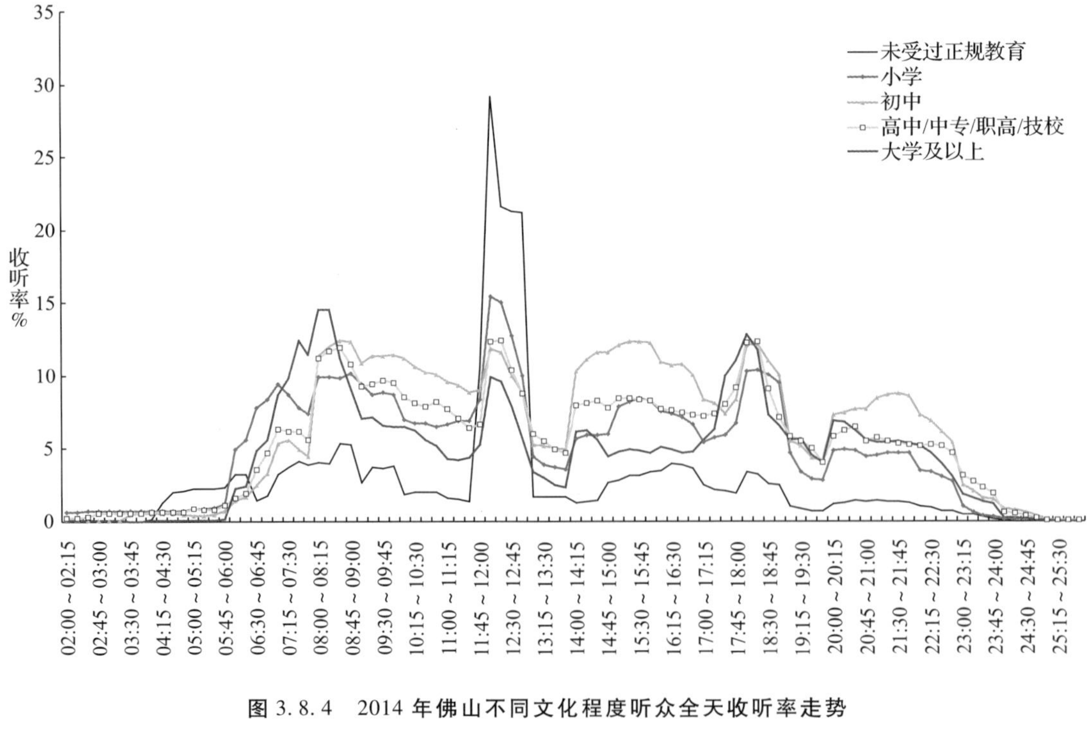


图 3.8.4 2014 年佛山不同文化程度听众全天收听率走势

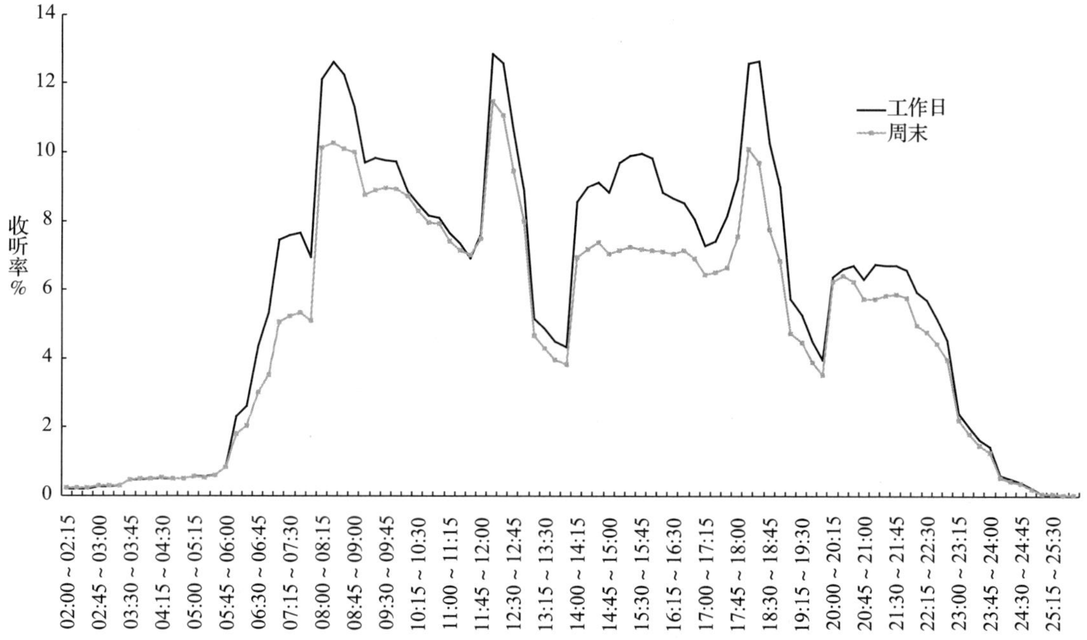


图 3.8.5 2014 年佛山听众工作日与周末全天收听率走势

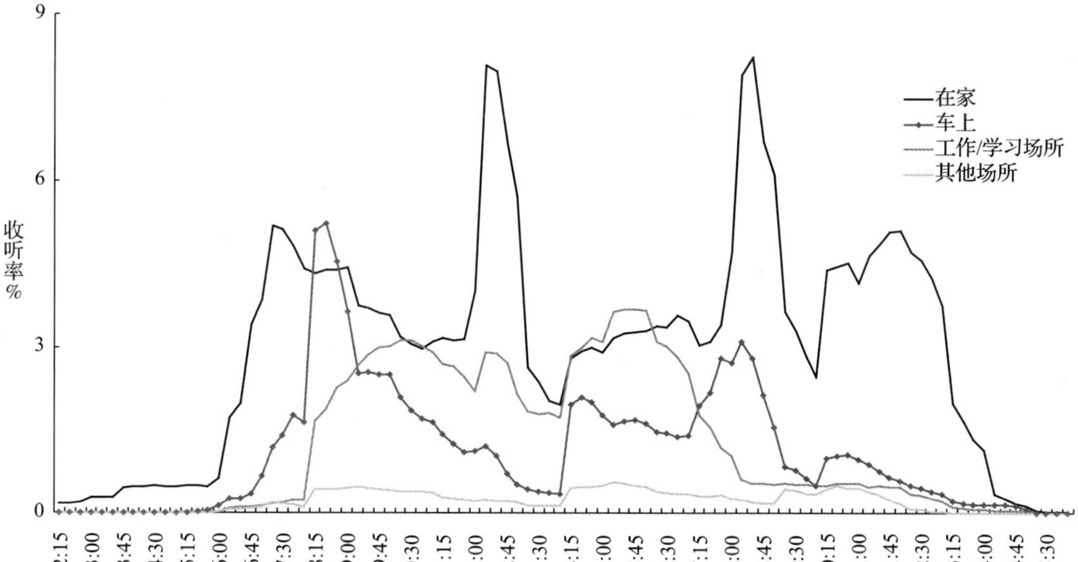


图 3.8.6 2014 年佛山听众在不同收听地点全天收听率走势

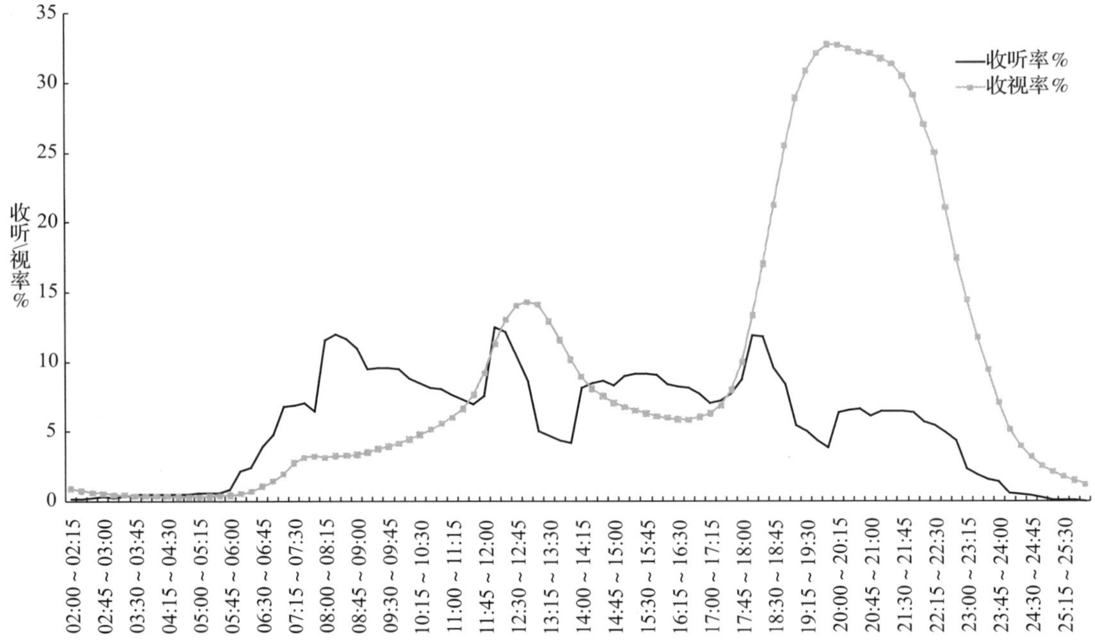


图 3.8.7　2014 年佛山受众全天收听率、收视率走势比较(目标受众为 10 岁及以上)

表 3.8.3　2014 年佛山市场听众构成(%)

| 目标听众 | | 听众构成(%) |
|---|---|---|
| 10 岁及以上所有人 | | 100.0 |
| 性别 | 男 | 55.9 |
| | 女 | 44.1 |
| 年龄 | 10～14 岁 | 1.5 |
| | 15～24 岁 | 14.1 |
| | 25～34 岁 | 24.1 |
| | 35～44 岁 | 28.6 |
| | 45～54 岁 | 15.4 |
| | 55～64 岁 | 9.9 |
| | 65 岁及以上 | 6.4 |
| 文化程度 | 未受过正规教育 | 0.7 |
| | 小学 | 13.1 |
| | 初中 | 41.5 |
| | 高中 | 30.7 |
| | 大学及以上 | 14.0 |
| 职业类别 | 干部/管理人员 | 4.4 |
| | 初级公务员/雇员 | 29.7 |
| | 个体/私营企业人员 | 27.0 |
| | 工人 | 15.5 |
| | 学生 | 5.7 |
| | 无业(含退休人员) | 16.3 |
| | 其他 | 1.4 |
| 个人月收入 | 无收入 | 10.3 |
| | 1～500 元 | 1.7 |
| | 501～1000 元 | 3.8 |
| | 1001～1500 元 | 8.0 |
| | 1501～2000 元 | 21.8 |
| | 2001～2500 元 | 17.4 |
| | 2501～3000 元 | 10.0 |
| | 3001～4000 元 | 13.0 |
| | 4001 元及以上 | 14.0 |

表 3.8.4　2012～2014 年佛山市场各广播电台的市场份额(%)

| 广播电台 | 2012 年 | 2013 年 | 2014 年 |
|---|---|---|---|
| 中央人民广播电台 | 2.5 | 2.0 | 1.5 |
| 中国国际广播电台 | 0.3 | 0.2 | 0.3 |
| 广东广播电视台 | 14.7 | 13.7 | 12.2 |
| 广州广播电视台 | 4.4 | 4.2 | 4.0 |
| 佛山人民广播电台 | 68.6 | 73.0 | 75.4 |
| 鹤山人民广播电台 | 4.1 | 3.1 | 3.0 |
| 其他广播电台 | 5.5 | 3.8 | 3.6 |

注:2014 年 4 月 23 日,广东人民广播电台更名广东广播电视台。

表 3.8.5　2014 年佛山市场各广播电台在不同目标听众中的市场份额(%)

| 目标听众 | | 中央人民广播电台 | 中国国际广播电台 | 广东广播电视台 | 广州广播电视台 | 佛山人民广播电台 | 鹤山人民广播电台 | 其他广播电台 |
|---|---|---|---|---|---|---|---|---|
| 10 岁及以上所有人 | | 1.5 | 0.3 | 12.2 | 4.0 | 75.4 | 3.0 | 3.6 |
| 性别 | 男 | 1.4 | 0.2 | 13.9 | 4.3 | 73.6 | 2.3 | 4.3 |
| | 女 | 1.6 | 0.4 | 10.1 | 3.5 | 77.6 | 3.8 | 3.0 |
| 年龄 | 10~14 岁 | 0.7 | 0.1 | 12.8 | 0.9 | 78.5 | 4.4 | 2.6 |
| | 15~24 岁 | 1.8 | 0.0 | 14.4 | 3.2 | 75.3 | 2.4 | 2.9 |
| | 25~34 岁 | 1.6 | 0.7 | 14.9 | 2.9 | 75.5 | 1.9 | 2.5 |
| | 35~44 岁 | 1.1 | 0.5 | 9.6 | 3.8 | 73.8 | 5.1 | 6.1 |
| | 45~54 岁 | 0.4 | 0.0 | 8.0 | 3.8 | 83.5 | 2.7 | 1.6 |
| | 55~64 岁 | 4.7 | 0.0 | 18.3 | 3.4 | 69.6 | 1.9 | 2.1 |
| | 65 岁及以上 | 0.1 | 0.0 | 9.4 | 12.2 | 70.7 | 1.3 | 6.3 |
| 文化程度 | 未受过正规教育 | 0.7 | 0.0 | 6.3 | 38.4 | 48.8 | 3.1 | 2.7 |
| | 小学 | 2.5 | 0.0 | 13.8 | 3.7 | 76.6 | 1.7 | 1.7 |
| | 初中 | 1.1 | 0.4 | 14.4 | 3.6 | 73.6 | 3.5 | 3.4 |
| | 高中 | 0.8 | 0.1 | 9.4 | 2.9 | 79.1 | 3.4 | 4.3 |
| | 大学及以上 | 3.2 | 0.9 | 11.0 | 5.6 | 72.9 | 1.9 | 4.5 |
| 职业类别 | 干部/管理人员 | 4.1 | 0.0 | 7.9 | 4.3 | 81.8 | 1.1 | 0.8 |
| | 初级公务员/雇员 | 1.5 | 0.0 | 11.4 | 4.5 | 74.1 | 4.4 | 4.1 |
| | 个体/私营企业人员 | 1.0 | 1.1 | 11.9 | 1.5 | 78.4 | 1.2 | 4.9 |
| | 工人 | 1.8 | 0.0 | 17.0 | 3.2 | 70.1 | 5.2 | 2.7 |
| | 学生 | 0.3 | 0.0 | 7.4 | 3.7 | 82.5 | 3.9 | 2.2 |
| | 无业(含退休人员) | 1.7 | 0.0 | 10.0 | 8.0 | 75.1 | 1.7 | 3.5 |
| | 其他 | 0.0 | 0.0 | 36.8 | 0.7 | 58.9 | 0.3 | 3.3 |
| 个人月收入 | 无收入 | 1.4 | 0.0 | 9.8 | 4.3 | 80.3 | 2.8 | 1.4 |
| | 1~500 元 | 0.0 | 0.0 | 11.1 | 19.3 | 63.7 | 5.1 | 0.8 |
| | 501~1000 元 | 0.1 | 0.0 | 18.7 | 1.1 | 78.6 | 0.3 | 1.2 |
| | 1001~1500 元 | 0.9 | 0.0 | 10.6 | 4.3 | 77.7 | 4.4 | 2.1 |
| | 1501~2000 元 | 1.2 | 0.0 | 16.9 | 2.1 | 66.3 | 4.3 | 9.2 |
| | 2001~2500 元 | 2.6 | 0.0 | 7.8 | 4.0 | 81.0 | 2.2 | 2.4 |
| | 2501~3000 元 | 0.2 | 0.0 | 11.6 | 5.0 | 79.5 | 1.6 | 2.1 |
| | 3001~4000 元 | 2.3 | 0.0 | 10.5 | 5.7 | 72.9 | 4.0 | 4.6 |
| | 4001 元及以上 | 1.4 | 2.0 | 13.2 | 2.9 | 77.6 | 1.8 | 1.1 |

注:2014 年 4 月 23 日,广东人民广播电台更名广东广播电视台。

表 3.8.6　2014 年佛山市场份额排名前五位的频率

| 名　次 | 频　率 | 市场份额(%) |
|---|---|---|
| 1 | 佛山人民广播电台 FM94.6 | 27.6 |
| 2 | 佛山人民广播电台 FM92.4 | 16.6 |
| 3 | 佛山人民广播电台 FM90.1 | 12.5 |
| 4 | 佛山人民广播电台 FM98.5 | 10.5 |
| 5 | 广东广播电视台音乐之声 FM99.3 | 4.9 |

# 九、福州收听数据

**表 3.9.1 2012～2014 年福州各目标听众人均收听时间(分钟)**

| 目标听众 | | 2012 年 | 2013 年 | 2014 年 | | | |
|---|---|---|---|---|---|---|---|
| | | | | 第 1 波 | 第 2 波 | 第 3 波 | 第 4 波 |
| 10 岁及以上所有人 | | 66 | 60 | 51 | 52 | 48 | 47 |
| 性别 | 男 | 71 | 66 | 58 | 59 | 52 | 50 |
| | 女 | 61 | 54 | 44 | 44 | 43 | 43 |
| 年龄 | 10～14 岁 | 31 | 27 | 14 | 10 | 12 | 13 |
| | 15～24 岁 | 54 | 35 | 23 | 21 | 21 | 25 |
| | 25～34 岁 | 51 | 47 | 43 | 48 | 48 | 47 |
| | 35～44 岁 | 67 | 57 | 51 | 52 | 47 | 39 |
| | 45～54 岁 | 71 | 74 | 72 | 66 | 59 | 60 |
| | 55～64 岁 | 83 | 80 | 74 | 70 | 55 | 62 |
| | 65 岁及以上 | 122 | 116 | 100 | 113 | 103 | 98 |
| 文化程度 | 未受过正规教育 | 63 | 36 | 9 | 11 | 14 | 17 |
| | 小学 | 47 | 42 | 27 | 32 | 38 | 46 |
| | 初中 | 77 | 76 | 62 | 66 | 56 | 45 |
| | 高中 | 71 | 61 | 54 | 53 | 49 | 53 |
| | 大学及以上 | 56 | 50 | 47 | 45 | 42 | 43 |
| 职业类别 | 干部/管理人员 | 62 | 51 | 46 | 47 | 46 | 47 |
| | 初级公务员/雇员 | 56 | 53 | 53 | 50 | 45 | 47 |
| | 个体/私营企业人员 | 65 | 74 | 70 | 74 | 69 | 59 |
| | 工人 | 71 | 48 | 32 | 33 | 37 | 30 |
| | 学生 | 46 | 31 | 20 | 17 | 16 | 13 |
| | 无业(含退休人员) | 89 | 88 | 72 | 73 | 67 | 69 |
| | 其他 | * | * | * | * | * | * |
| 个人月收入 | 无收入 | 56 | 40 | 26 | 23 | 23 | 19 |
| | 1～500 元 | 47 | 56 | 65 | 48 | 37 | 36 |
| | 501～1000 元 | 106 | 122 | 148 | 158 | 204 | 258 |
| | 1001～1500 元 | 74 | 61 | 60 | 67 | 54 | 57 |
| | 1501～2000 元 | 69 | 84 | 78 | 78 | 68 | 77 |
| | 2001～2500 元 | 64 | 50 | 33 | 38 | 38 | 36 |
| | 2501～3000 元 | 64 | 53 | 51 | 50 | 46 | 46 |
| | 3001～4000 元 | 71 | 66 | 63 | 66 | 61 | 61 |
| | 4001 元及以上 | 58 | 64 | 55 | 51 | 47 | 45 |

注:福州为四波调查城市。2014 年四波调查时间分别为:第 1 波 2 月 23 日至 3 月 15 日;第 2 波 5 月 25 日至 6 月 14 日;第 3 波 8 月 24 日至 9 月 13 日;第 4 波 11 月 2 日至 11 月 22 日。

"*"表示目标听众样本量不足,无法进行统计推断。

**表 3.9.2 2012～2014 年福州听众在不同地点的人均收听时间(分钟)**

| 地 点 | 2012 年 | 2013 年 | 2014 年 |
|---|---|---|---|
| 在家 | 44 | 40 | 30 |
| 车上 | 13 | 13 | 13 |
| 工作/学习场所 | 6 | 4 | 3 |
| 其他场所 | 3 | 3 | 3 |

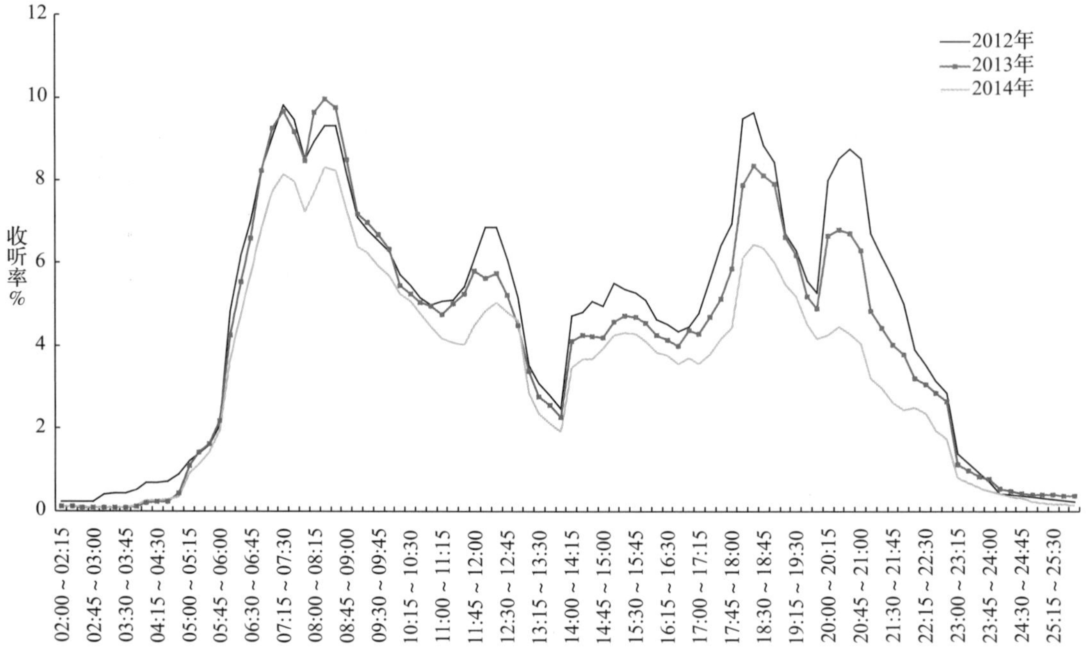


图 3.9.1　2012～2014 年福州听众全天收听率走势

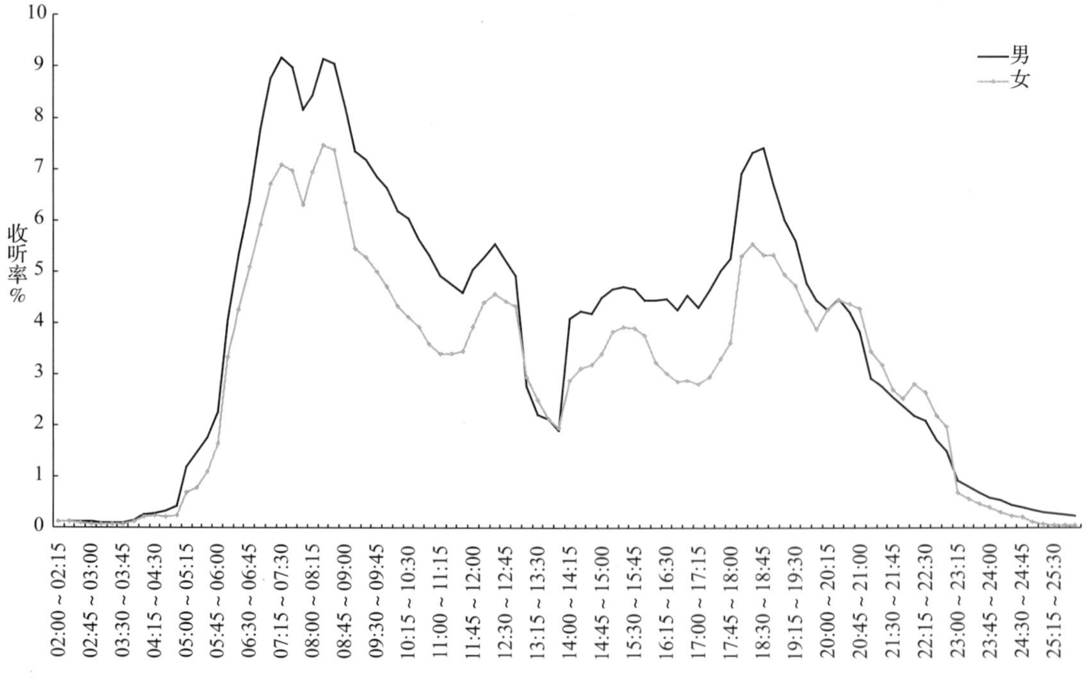


图 3.9.2　2014 年福州不同性别听众全天收听率走势

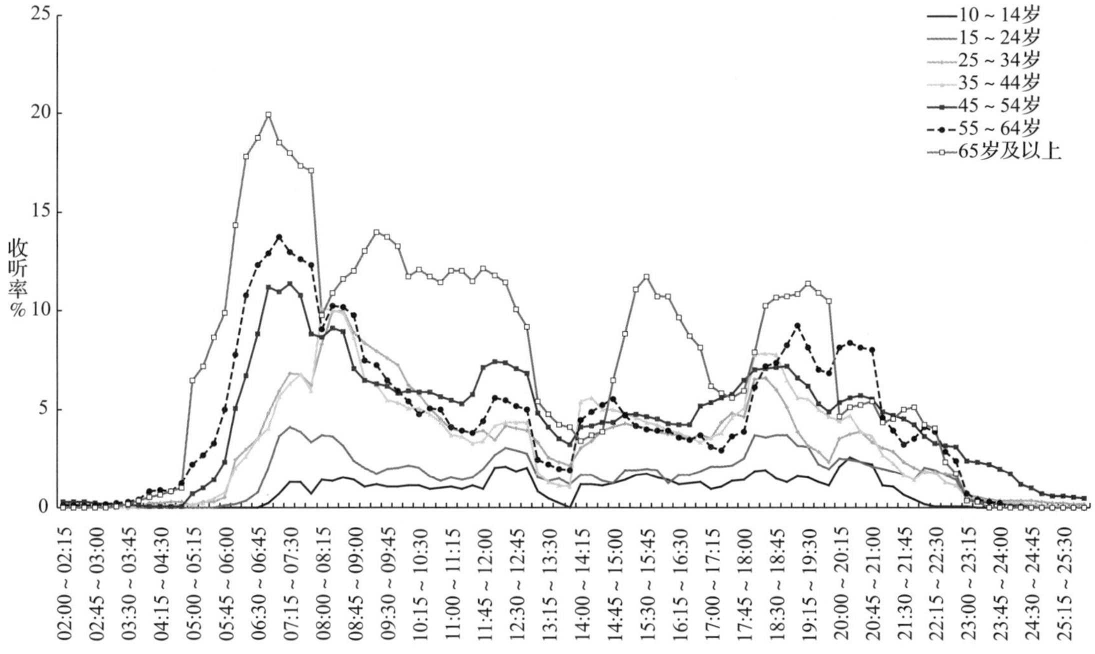


图 3.9.3　2014 年福州不同年龄听众全天收听率走势

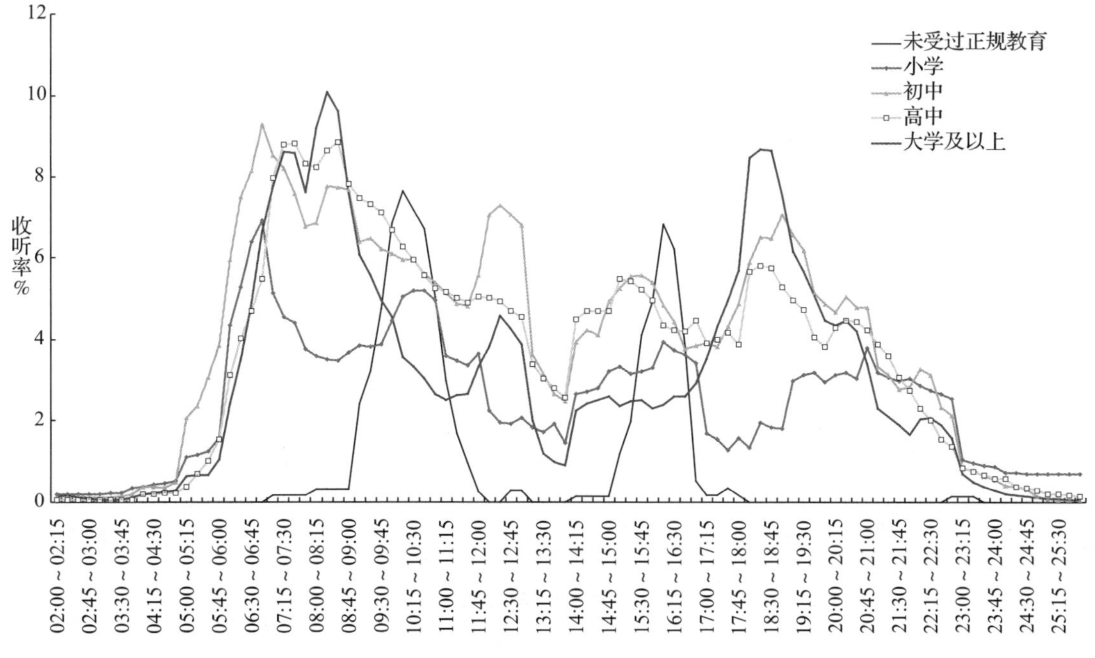


图 3.9.4　2014 年福州不同文化程度听众全天收听率走势

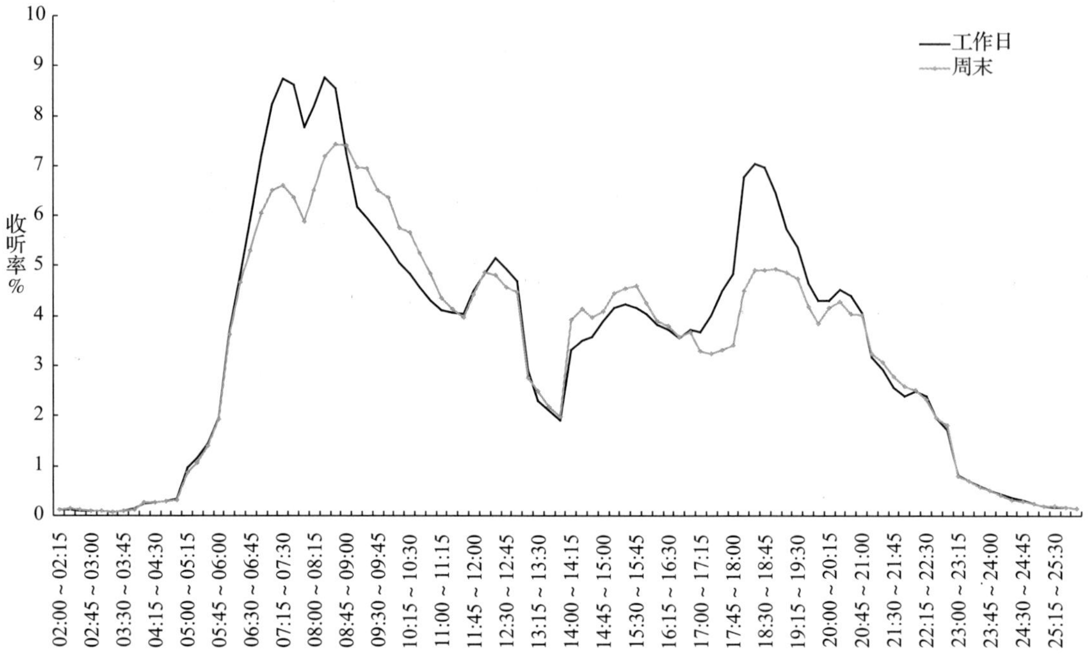


图 3.9.5　2014 年福州听众工作日与周末全天收听率走势

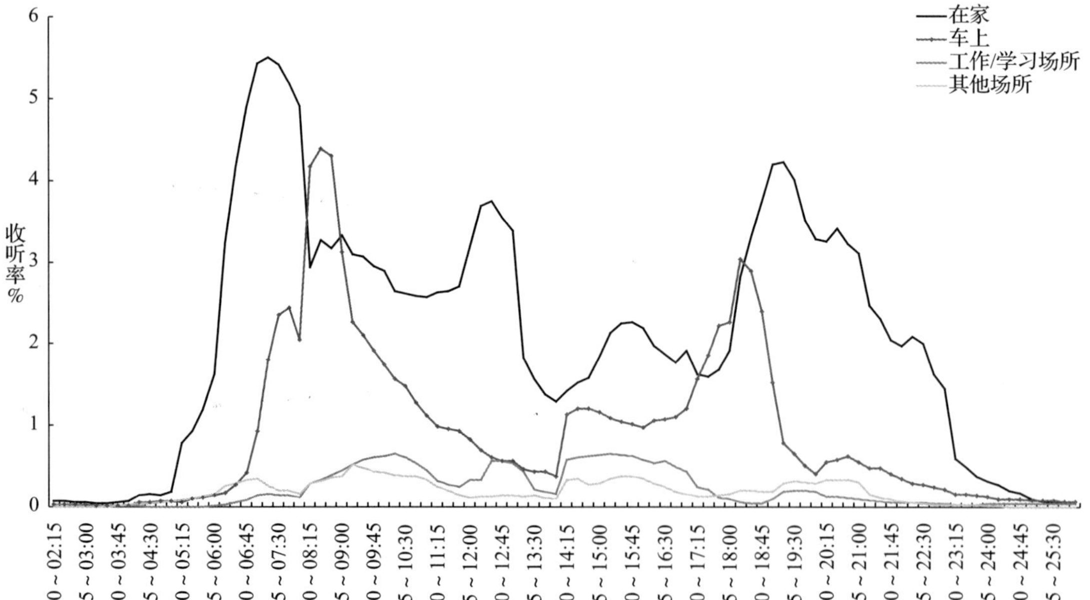


图 3.9.6　2014 年福州听众在不同收听地点全天收听率走势

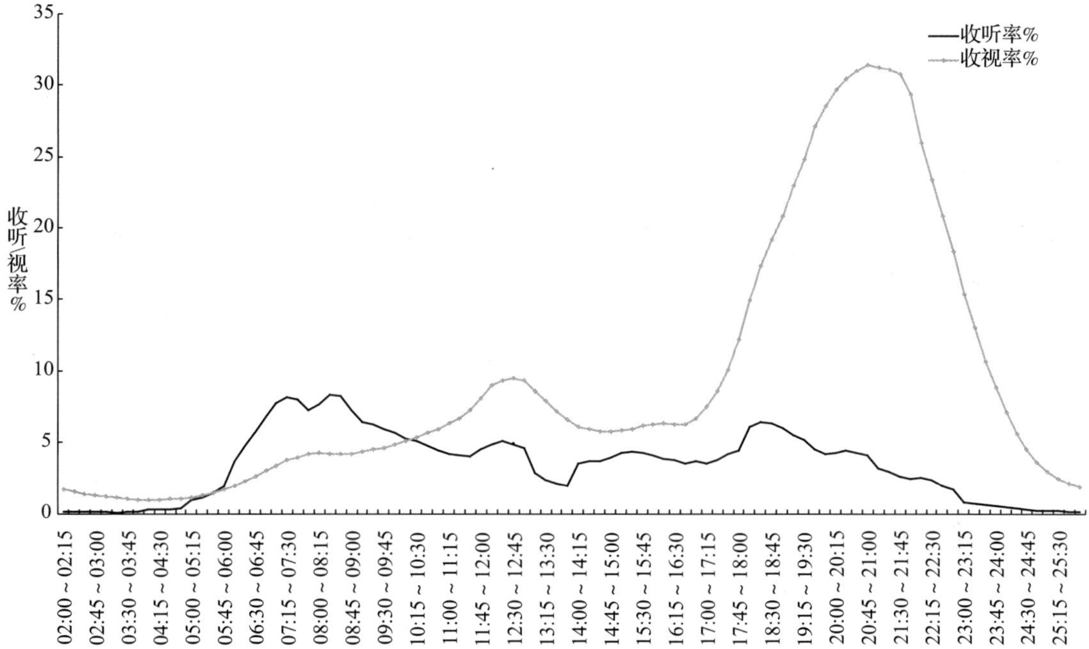


图 3.9.7 2014 年福州受众全天收听率、收视率走势比较(目标受众为 10 岁及以上)

**表 3.9.3 2014 年福州市场听众构成(%)**

| 目标听众 | | 听众构成(%) |
|---|---|---|
| 10 岁及以上所有人 | | 100.0 |
| 性别 | 男 | 55.8 |
| | 女 | 44.2 |
| 年龄 | 10~14 岁 | 1.0 |
| | 15~24 岁 | 9.5 |
| | 25~34 岁 | 21.2 |
| | 35~44 岁 | 19.0 |
| | 45~54 岁 | 18.7 |
| | 55~64 岁 | 13.7 |
| | 65 岁及以上 | 17.0 |
| 文化程度 | 未受过正规教育 | 0.2 |
| | 小学 | 6.8 |
| | 初中 | 28.6 |
| | 高中 | 37.2 |
| | 大学及以上 | 27.2 |
| 职业类别 | 干部/管理人员 | 4.9 |
| | 初级公务员/雇员 | 34.2 |
| | 个体/私营企业人员 | 19.4 |
| | 工人 | 5.6 |
| | 学生 | 5.5 |
| | 无业(含退休人员) | 30.3 |
| | 其他 | * |
| 个人月收入 | 无收入 | 10.7 |
| | 1~500 元 | 0.5 |
| | 501~1000 元 | 6.0 |
| | 1001~1500 元 | 5.6 |
| | 1501~2000 元 | 16.3 |
| | 2001~2500 元 | 8.5 |
| | 2501~3000 元 | 11.8 |
| | 3001~4000 元 | 22.5 |
| | 4001 元及以上 | 18.0 |

“*”表示目标听众样本量不足,无法进行统计推断。

**表 3.9.4 2012~2014 年福州市场各广播电台的市场份额(%)**

| 广播电台 | 2012 年 | 2013 年 | 2014 年 | | | |
|---|---|---|---|---|---|---|
| | | | 第 1 波 | 第 2 波 | 第 3 波 | 第 4 波 |
| 中央人民广播电台 | 20.2 | 26.8 | 27.8 | 23.6 | 25.9 | 24.7 |
| 中国国际广播电台 | 0.1 | 0.2 | 0.1 | 0.1 | 0.2 | 0.0 |
| 福建广播影视集团 | 35.9 | 36.8 | 38.0 | 39.8 | 39.1 | 38.2 |
| 福州广播电视集团 | 24.3 | 25.7 | 22.5 | 25.8 | 26.2 | 26.6 |
| 海峡之声广播电台 | 15.4 | 8.6 | 9.1 | 8.0 | 6.3 | 8.1 |
| 中国华艺广播电台 | 1.7 | 1.3 | 1.6 | 1.6 | 1.7 | 1.5 |
| 东南广播公司 | 0.5 | | | | | |
| 其他广播电台 | 1.9 | 0.7 | 0.9 | 1.1 | 0.6 | 0.9 |

注:2013 年东南广播公司归属于福建广播影视集团。

表 3.9.5　2014 年福州市场各广播电台在不同目标听众中的市场份额(%)

| 目标听众 | | 中央人民广播电台 | 中国国际广播电台 | 福建广播影视集团 | 福州广播电视集团 | 海峡之声广播电台 | 中国华艺广播电台 | 其他广播电台 |
|---|---|---|---|---|---|---|---|---|
| 10 岁及以上所有人 | | 25.5 | 0.1 | 38.8 | 25.2 | 7.9 | 1.6 | 0.9 |
| 性别 | 男 | 25.7 | 0.1 | 39.1 | 23.7 | 9.3 | 1.3 | 0.9 |
| | 女 | 25.2 | 0.1 | 38.5 | 27.2 | 6.2 | 2.0 | 0.8 |
| 年龄 | 10~14 岁 | 22.5 | 0.0 | 39.6 | 30.9 | 3.6 | 1.6 | 1.8 |
| | 15~24 岁 | 26.3 | 0.4 | 35.2 | 21.5 | 13.0 | 2.5 | 1.1 |
| | 25~34 岁 | 24.1 | 0.0 | 39.9 | 25.5 | 8.1 | 1.2 | 1.2 |
| | 35~44 岁 | 15.1 | 0.1 | 53.4 | 21.1 | 7.5 | 1.9 | 0.9 |
| | 45~54 岁 | 29.8 | 0.3 | 38.0 | 22.5 | 8.0 | 1.0 | 0.4 |
| | 55~64 岁 | 32.7 | 0.0 | 28.9 | 29.5 | 4.2 | 3.4 | 1.3 |
| | 65 岁及以上 | 28.3 | 0.0 | 31.7 | 30.9 | 8.3 | 0.4 | 0.4 |
| 文化程度 | 未受过正规教育 | 24.5 | 0.0 | 29.7 | 21.9 | 15.9 | 7.5 | 0.5 |
| | 小学 | 16.7 | 0.0 | 27.6 | 40.4 | 13.1 | 0.3 | 1.9 |
| | 初中 | 29.8 | 0.2 | 37.0 | 25.5 | 5.4 | 1.3 | 0.8 |
| | 高中 | 21.7 | 0.2 | 42.3 | 25.6 | 7.8 | 1.8 | 0.6 |
| | 大学及以上 | 28.7 | 0.0 | 38.9 | 20.2 | 9.2 | 1.8 | 1.2 |
| 职业类别 | 干部/管理人员 | 17.8 | 0.1 | 47.7 | 24.7 | 5.2 | 2.6 | 1.9 |
| | 初级公务员/雇员 | 25.1 | 0.0 | 40.1 | 25.4 | 7.4 | 1.5 | 0.5 |
| | 个体/私营企业人员 | 18.3 | 0.2 | 49.0 | 23.3 | 7.3 | 1.2 | 0.7 |
| | 工人 | 29.5 | 0.1 | 28.7 | 22.9 | 15.3 | 1.1 | 2.4 |
| | 学生 | 28.3 | 0.7 | 38.1 | 16.1 | 13.1 | 2.0 | 1.7 |
| | 无业(含退休人员) | 30.7 | 0.1 | 31.7 | 28.2 | 7.0 | 1.9 | 0.4 |
| | 其他 | * | * | * | * | * | * | * |
| 个人月收入 | 无收入 | 30.0 | 0.7 | 37.0 | 19.5 | 10.2 | 1.7 | 0.9 |
| | 1~500 元 | 20.6 | 0.0 | 28.2 | 43.9 | 4.6 | 0.0 | 2.7 |
| | 501~1000 元 | 26.9 | 0.2 | 17.5 | 50.7 | 3.3 | 1.0 | 0.4 |
| | 1001~1500 元 | 27.5 | 0.0 | 50.8 | 18.5 | 1.8 | 1.3 | 0.1 |
| | 1501~2000 元 | 37.7 | 0.1 | 33.4 | 18.7 | 7.2 | 2.3 | 0.6 |
| | 2001~2500 元 | 24.1 | 0.0 | 40.3 | 25.2 | 6.8 | 2.0 | 1.6 |
| | 2501~3000 元 | 27.5 | 0.0 | 34.8 | 31.3 | 3.8 | 1.2 | 1.4 |
| | 3001~4000 元 | 20.5 | 0.1 | 36.3 | 27.3 | 13.4 | 1.6 | 0.8 |
| | 4001 元及以上 | 17.6 | 0.0 | 54.4 | 19.8 | 6.3 | 1.2 | 0.7 |

“*”表示目标听众样本量不足,无法进行统计推断。

表 3.9.6　2014 年福州市场份额排名前五位的频率

| 名　次 | 频　率 | 市场份额(%) |
|---|---|---|
| 1 | 中央人民广播电台第一套节目中国之声 | 13.6 |
| 2 | 福建 987 私家汽车广播 FM98.7 | 13.0 |
| 3 | 福建新闻广播 FM103.6/AM882 | 9.9 |
| 4 | 福州交通之声 FM87.6 | 7.2 |
| 5 | 福建经济电台财经 961 FM96.1/AM1404 | 7.1 |

# 十、广州收听数据

表 3.10.1　2012～2014 年广州各目标听众人均收听时间(分钟)

| 目标听众 | | 2012 年 | 2013 年 | 2014 年 |
|---|---|---|---|---|
| 10 岁及以上所有人 | | 50 | 55 | 50 |
| 性别 | 男 | 49 | 57 | 53 |
| | 女 | 51 | 53 | 46 |
| 年龄 | 10～14 岁 | 12 | 16 | 11 |
| | 15～24 岁 | 35 | 34 | 31 |
| | 25～34 岁 | 49 | 44 | 34 |
| | 35～44 岁 | 55 | 59 | 53 |
| | 45～54 岁 | 67 | 70 | 67 |
| | 55～64 岁 | 78 | 102 | 92 |
| | 65 岁及以上 | 49 | 80 | 76 |
| 文化程度 | 未受过正规教育 | 39 | 59 | 67 |
| | 小学 | 43 | 51 | 52 |
| | 初中 | 52 | 62 | 59 |
| | 高中 | 53 | 55 | 46 |
| | 大学及以上 | 47 | 49 | 40 |
| 职业类别 | 干部/管理人员 | 62 | 57 | 38 |
| | 初级公务员/雇员 | 41 | 45 | 37 |
| | 个体/私营企业人员 | 41 | 43 | 47 |
| | 工人 | 61 | 64 | 55 |
| | 学生 | 30 | 29 | 21 |
| | 无业(含退休人员) | 58 | 77 | 73 |
| | 其他 | 30 | 50 | 67 |
| 个人月收入 | 无收入 | 37 | 39 | 33 |
| | 1～500 元 | 52 | 79 | * |
| | 501～1000 元 | 48 | 75 | 97 |
| | 1001～1500 元 | 51 | 55 | 63 |
| | 1501～2000 元 | 53 | 54 | 45 |
| | 2001～2500 元 | 54 | 56 | 53 |
| | 2501～3000 元 | 60 | 61 | 54 |
| | 3001～4000 元 | 60 | 60 | 55 |
| | 4001 元及以上 | 51 | 70 | 52 |

注:广州为全年连续调查城市。“ * ”表示该目标听众样本量不足,无法进行统计推断。

表 3.10.2　2012～2014 年广州听众在不同地点的人均收听时间(分钟)

| 地　　点 | 2012 年 | 2013 年 | 2014 年 |
|---|---|---|---|
| 在家 | 30 | 35 | 32 |
| 车上 | 11 | 10 | 9 |
| 工作/学习场所 | 7 | 8 | 7 |
| 其他场所 | 2 | 2 | 2 |

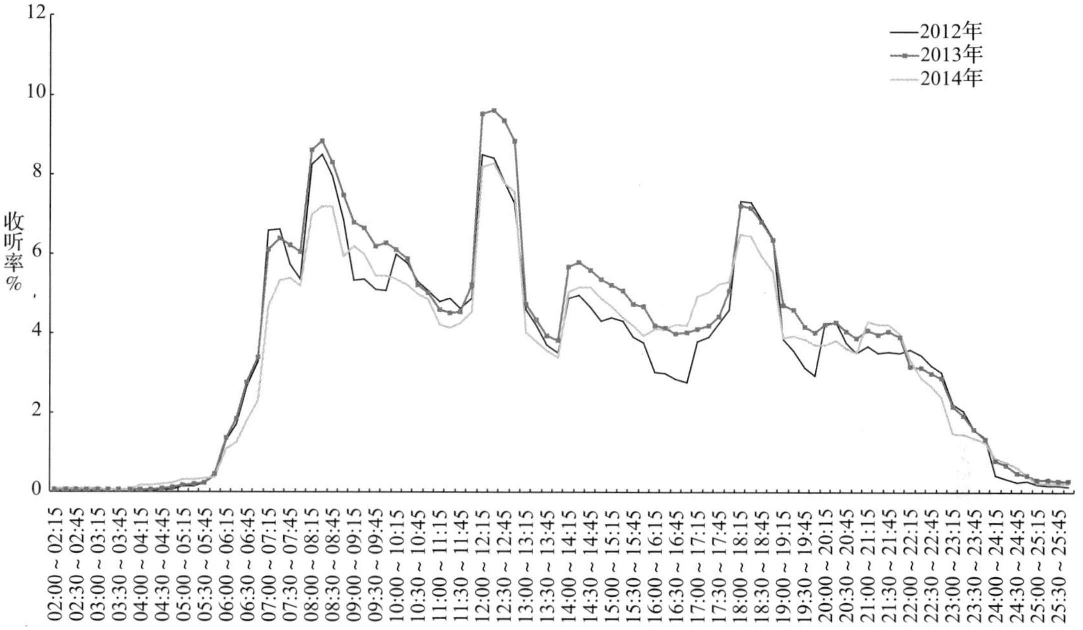


图 3.10.1　2012 ~ 2014 年广州听众全天收听率走势

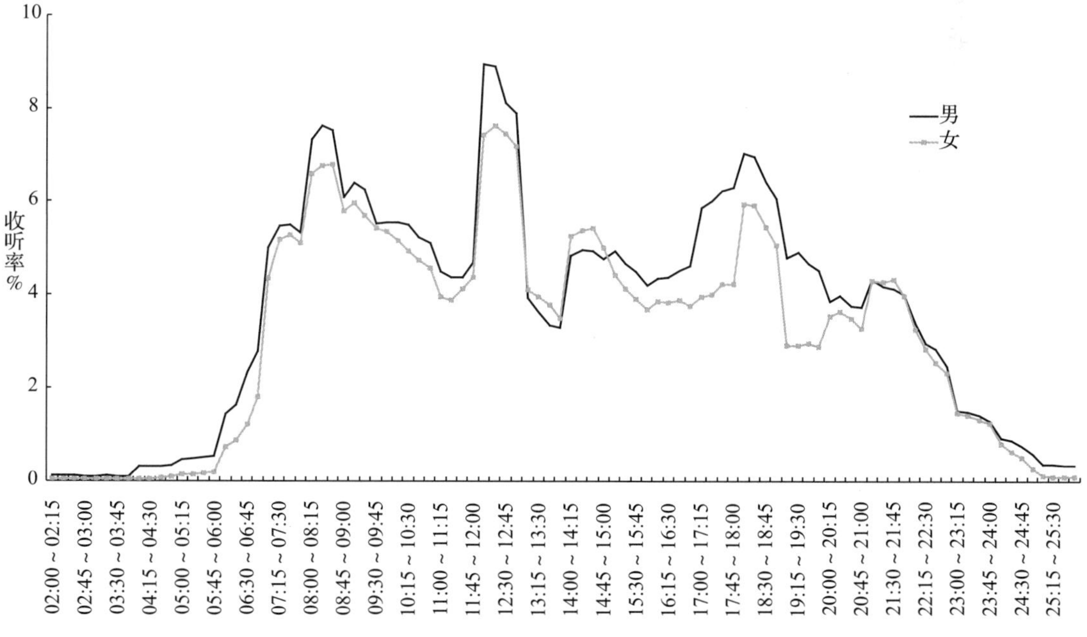


图 3.10.2　2014 年广州不同性别听众全天收听率走势

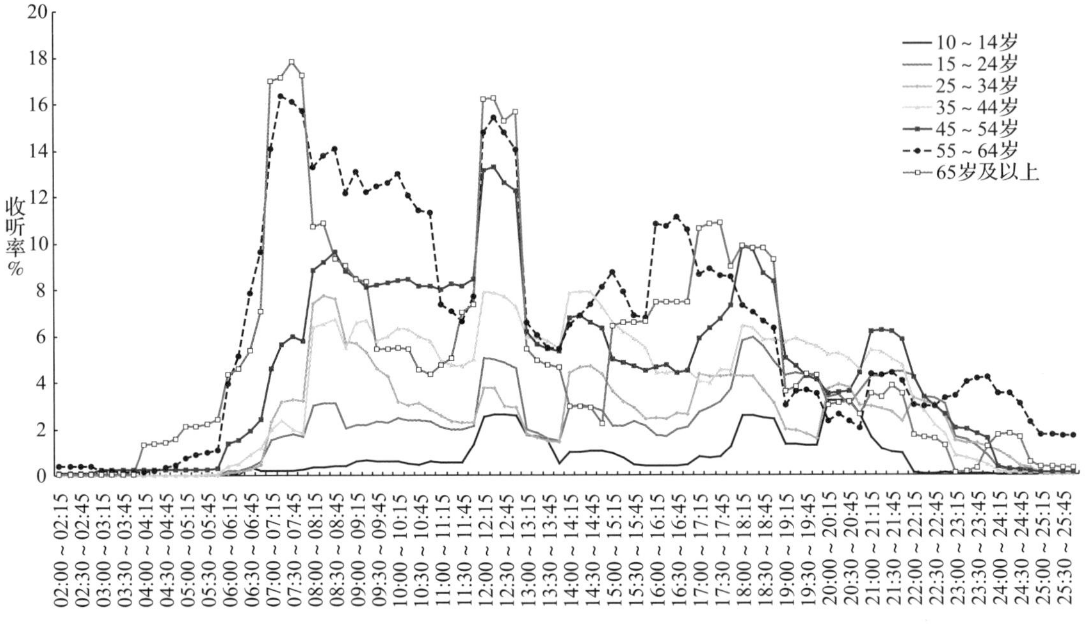


图 3.10.3　2014 年广州不同年龄听众全天收听率走势

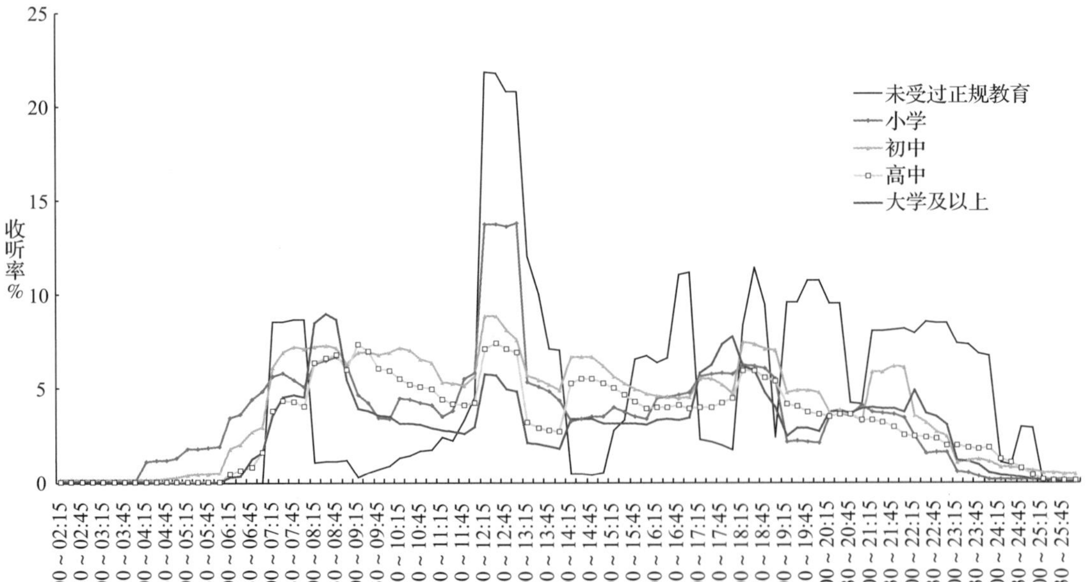


图 3.10.4　2014 年广州不同文化程度听众全天收听率走势

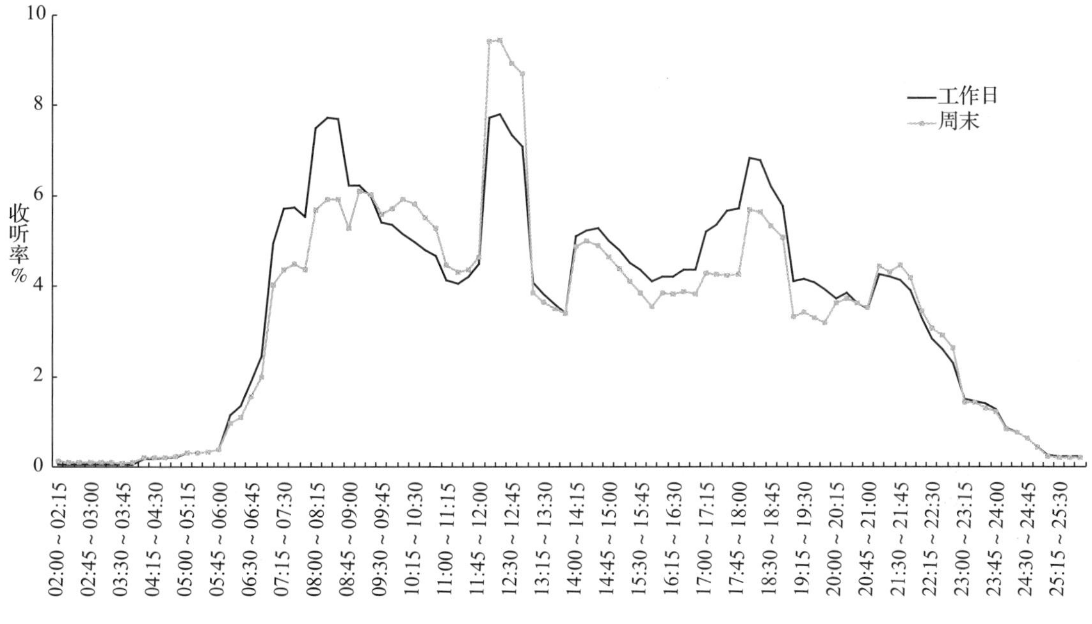


图 3.10.5　2014 年广州听众工作日与周末全天收听率走势

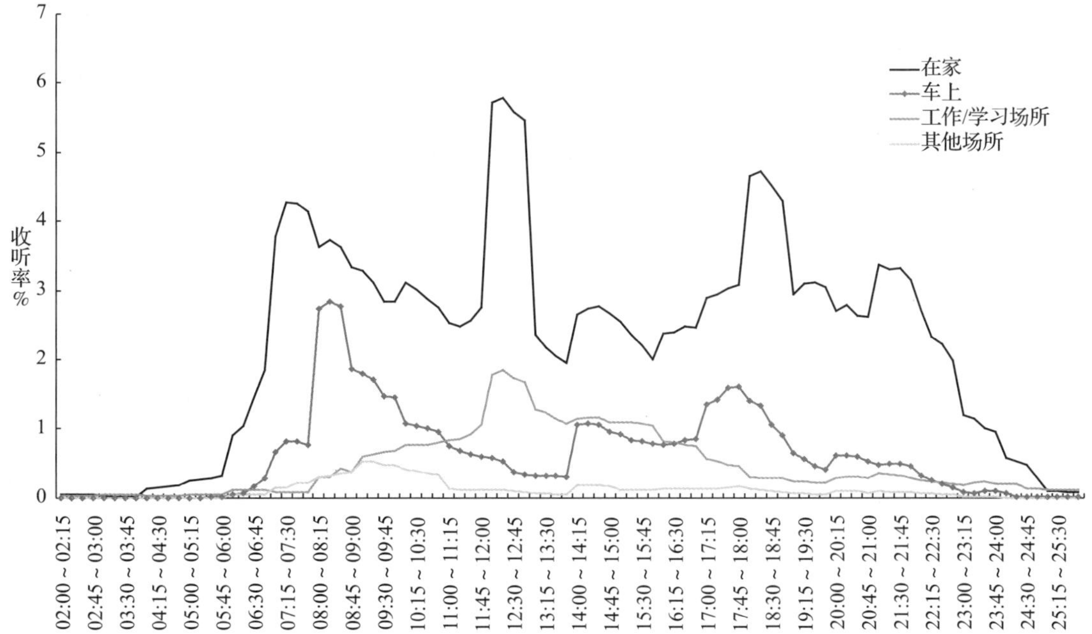


图 3.10.6　2014 年广州听众在不同收听地点全天收听率走势

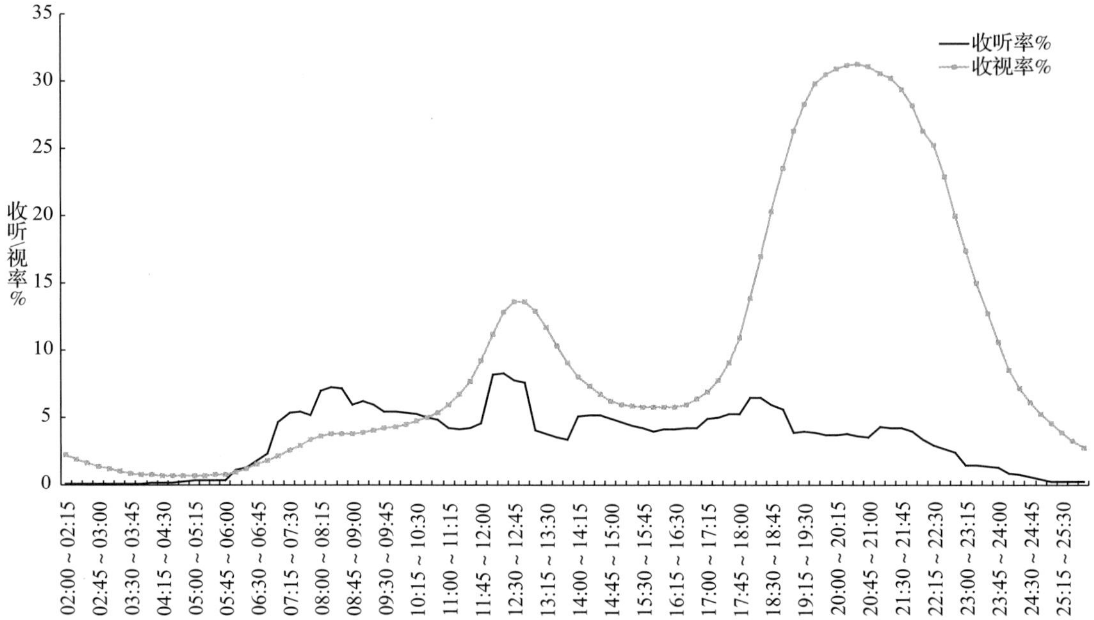


**图 3.10.7　2014 年广州受众全天收听率、收视率走势比较(目标受众为 10 岁及以上)**

表 3.10.3 2014 年广州市场听众构成(%)

| 目标听众 | | 听众构成(%) |
|---|---|---|
| 10 岁及以上所有人 | | 100.0 |
| 性别 | 男 | 55.1 |
| | 女 | 44.9 |
| 年龄 | 10~14 岁 | 0.9 |
| | 15~24 岁 | 13.7 |
| | 25~34 岁 | 15.5 |
| | 35~44 岁 | 21.2 |
| | 45~54 岁 | 18.4 |
| | 55~64 岁 | 17.0 |
| | 65 岁及以上 | 13.3 |
| 文化程度 | 未受过正规教育 | 1.7 |
| | 小学 | 10.3 |
| | 初中 | 35.2 |
| | 高中 | 36.5 |
| | 大学及以上 | 16.3 |
| 职业类别 | 干部/管理人员 | 2.1 |
| | 初级公务员/雇员 | 10.5 |
| | 个体/私营企业人员 | 14.1 |
| | 工人 | 33.4 |
| | 学生 | 6.6 |
| | 无业(含退休人员) | 31.6 |
| | 其他 | 1.7 |
| 个人月收入 | 无收入 | 14.9 |
| | 1~500 元 | * |
| | 501~1000 元 | 3.4 |
| | 1001~1500 元 | 4.0 |
| | 1501~2000 元 | 9.1 |
| | 2001~2500 元 | 17.1 |
| | 2501~3000 元 | 18.9 |
| | 3001~4000 元 | 16.4 |
| | 4001 元及以上 | 14.4 |

注:“ * ”表示该目标听众样本量不足,无法进行统计推断。

表 3.10.4 2012~2014 年广州市场各广播电台的市场份额(%)

| 广播电台 | 2012 年 | 2013 年 | 2014 年 |
|---|---|---|---|
| 中央人民广播电台 | 4.2 | 6.3 | 4.3 |
| 中国国际广播电台 | 1.2 | 1.2 | 1.1 |
| 广东广播电视台 | 60.3 | 61.3 | 60.9 |
| 广州广播电视台 | 29.7 | 25.2 | 26.8 |
| 佛山人民广播电台 | 2.5 | 3.6 | 4.3 |
| 其他广播电台 | 2.1 | 2.4 | 2.6 |

注:2014 年 4 月 23 日,广东人民广播电台更名为广东广播电视台。

**表 3.10.5　2014 年广州市场各广播电台在不同目标听众中的市场份额(%)**

| 目标听众 | | 中央人民广播电台 | 中国国际广播电台 | 广东广播电视台 | 广州广播电视台 | 佛山人民广播电台 | 其他广播电台 |
|---|---|---|---|---|---|---|---|
| 10 岁及以上所有人 | | 4.3 | 1.1 | 60.9 | 26.8 | 4.3 | 2.6 |
| 性别 | 男 | 4.5 | 1.0 | 59.0 | 29.1 | 4.0 | 2.4 |
| | 女 | 4.0 | 1.3 | 63.4 | 23.8 | 4.7 | 2.8 |
| 年龄 | 10~14 岁 | 1.7 | 0.1 | 77.2 | 15.8 | 1.9 | 3.3 |
| | 15~24 岁 | 1.9 | 1.5 | 65.8 | 24.8 | 3.7 | 2.3 |
| | 25~34 岁 | 4.4 | 0.4 | 60.8 | 28.6 | 4.2 | 1.6 |
| | 35~44 岁 | 4.7 | 0.9 | 60.3 | 25.3 | 4.2 | 4.6 |
| | 45~54 岁 | 2.3 | 0.3 | 64.9 | 21.3 | 6.8 | 4.4 |
| | 55~64 岁 | 6.7 | 1.8 | 56.1 | 32.2 | 2.5 | 0.7 |
| | 65 岁及以上 | 5.8 | 2.0 | 57.0 | 30.1 | 4.2 | 0.9 |
| 文化程度 | 未受过正规教育 | 0.3 | 0.3 | 60.5 | 32.1 | 6.6 | 0.2 |
| | 小学 | 2.0 | 0.0 | 66.0 | 22.7 | 4.0 | 5.3 |
| | 初中 | 5.4 | 1.4 | 58.6 | 28.7 | 4.6 | 1.3 |
| | 高中 | 3.9 | 1.4 | 61.8 | 25.3 | 4.6 | 3.0 |
| | 大学及以上 | 4.6 | 0.6 | 60.9 | 27.8 | 3.1 | 3.0 |
| 职业类别 | 干部/管理人员 | 7.3 | 0.3 | 66.5 | 20.1 | 0.8 | 5.0 |
| | 初级公务员/雇员 | 2.9 | 0.5 | 68.7 | 22.0 | 3.4 | 2.5 |
| | 个体/私营企业人员 | 1.9 | 0.2 | 70.2 | 21.8 | 5.5 | 0.4 |
| | 工人 | 4.2 | 1.0 | 58.0 | 28.0 | 4.9 | 3.9 |
| | 学生 | 2.7 | 2.0 | 65.0 | 23.3 | 4.2 | 2.8 |
| | 无业(含退休人员) | 6.0 | 1.7 | 55.4 | 31.4 | 3.9 | 1.6 |
| | 其他 | 3.0 | 0.0 | 76.0 | 10.2 | 0.1 | 10.7 |
| 个人月收入 | 无收入 | 4.4 | 0.8 | 62.1 | 24.5 | 5.6 | 2.6 |
| | 1~500 元 | * | * | * | * | * | * |
| | 501~1000 元 | 1.7 | 0.0 | 73.8 | 12.8 | 9.1 | 2.6 |
| | 1001~1500 元 | 1.7 | 0.0 | 61.4 | 19.9 | 10.5 | 6.5 |
| | 1501~2000 元 | 2.3 | 0.0 | 63.6 | 24.4 | 6.3 | 3.4 |
| | 2001~2500 元 | 2.1 | 0.1 | 63.7 | 30.0 | 2.2 | 1.9 |
| | 2501~3000 元 | 2.7 | 2.3 | 62.5 | 26.8 | 4.6 | 1.1 |
| | 3001~4000 元 | 9.0 | 1.9 | 54.7 | 28.5 | 2.5 | 3.4 |
| | 4001 元及以上 | 6.7 | 1.3 | 52.5 | 32.8 | 3.5 | 3.2 |

注:"*"表示该目标听众样本量不足,无法进行统计推断。

**表 3.10.6　2014 年广州市场份额排名前五位的频率**

| 名　次 | 频　　率 | 市场份额(%) |
|---|---|---|
| 1 | 广东广播电视台珠江经济广播电台(E FM 财富 974) | 19.2 |
| 2 | 广东广播电视台音乐之声 FM99.3 | 16.3 |
| 3 | 广东广播电视台羊城交通广播台 FM105.2 | 12.4 |
| 4 | 广州新闻电台 FM96.2 | 10.9 |
| 5 | 广州交通电台 FM106.1 | 9.1 |

# 十一、邯郸收听数据

表 3.11.1 2014 年邯郸各目标听众人均收听时间(分钟)

| 目标听众 | | 2014 年 |
|---|---|---|
| 10 岁及以上所有人 | | 68 |
| 性别 | 男 | 69 |
| | 女 | 68 |
| 年龄 | 10~14 岁 | 13 |
| | 15~24 岁 | 29 |
| | 25~34 岁 | 51 |
| | 35~44 岁 | 68 |
| | 45~54 岁 | 82 |
| | 55~64 岁 | 128 |
| | 65 岁及以上 | 116 |
| 文化程度 | 未受过正规教育 | 82 |
| | 小学 | 78 |
| | 初中 | 72 |
| | 高中 | 64 |
| | 大学及以上 | 64 |
| 职业类别 | 干部/管理人员 | 62 |
| | 初级公务员/雇员 | 74 |
| | 个体/私营企业人员 | 69 |
| | 工人 | 56 |
| | 学生 | 17 |
| | 无业(含退休人员) | 102 |
| | 其他 | 54 |
| 个人月收入 | 无收入 | 35 |
| | 1~500 元 | 97 |
| | 501~1000 元 | 77 |
| | 1001~1500 元 | 70 |
| | 1501~2000 元 | 81 |
| | 2001~2500 元 | 89 |
| | 2501~3000 元 | 96 |
| | 3001~4000 元 | 89 |
| | 4001 元及以上 | 78 |

注:邯郸为全年连续调查城市。

表 3.11.2 2014 年邯郸听众在不同地点的人均收听时间(分钟)

| 地　　点 | 2014 年 |
|---|---|
| 家中 | 50 |
| 车上 | 10 |
| 工作或学习场所 | 4 |
| 其他场所 | 5 |

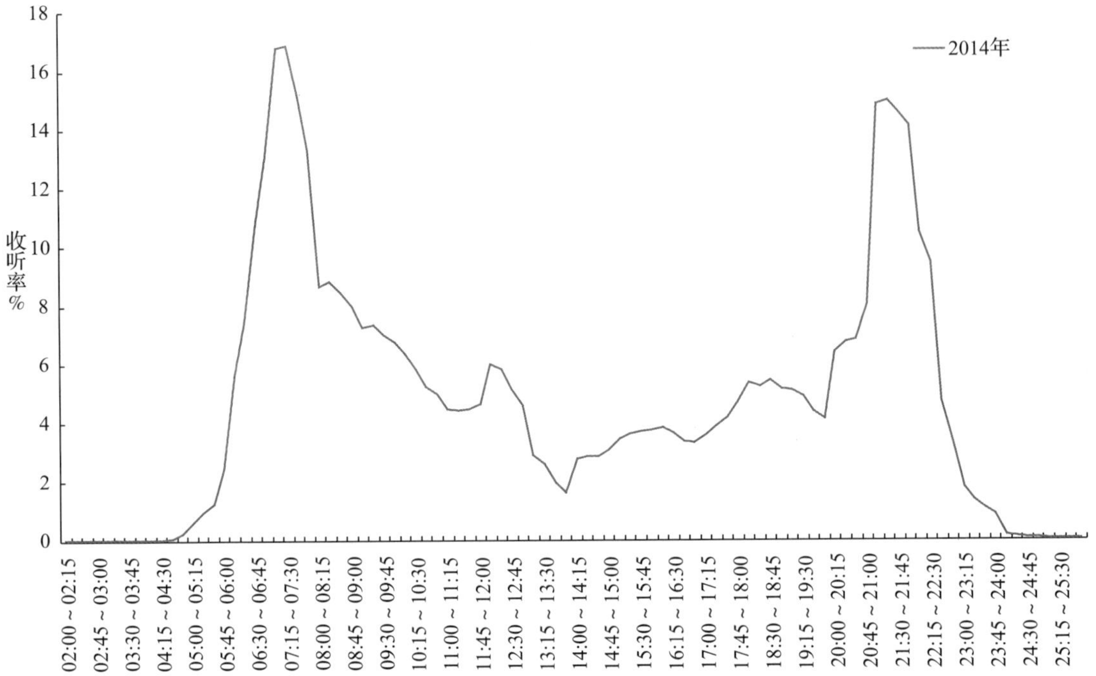


图 3. 11. 1　2014 年邯郸听众全天收听率走势

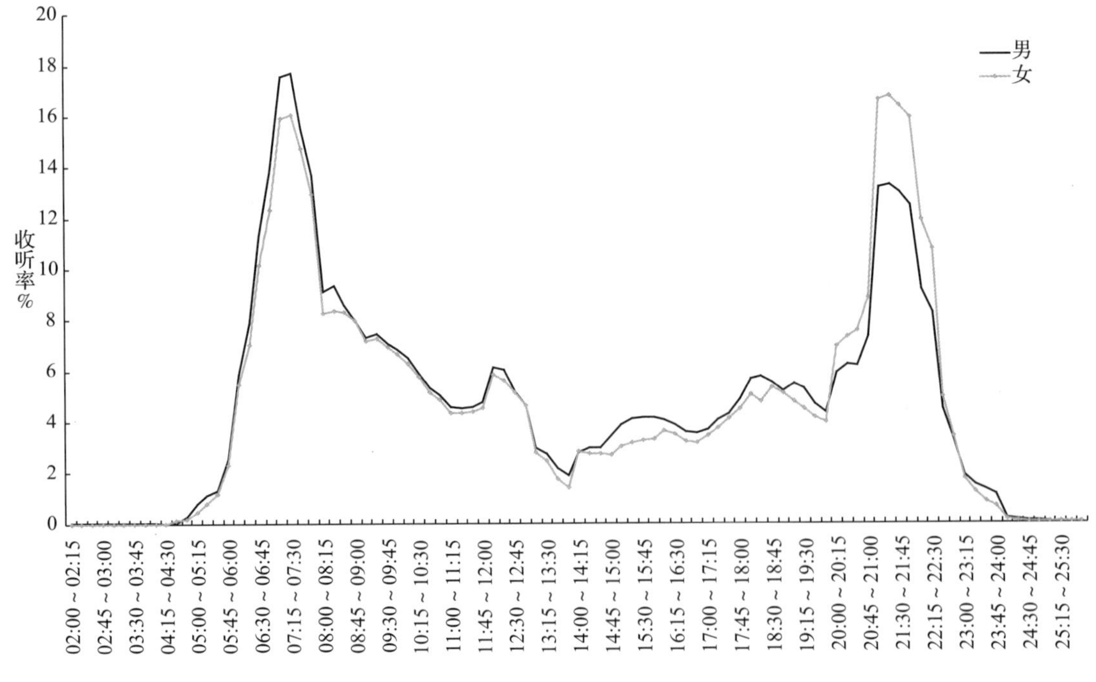


图 3. 11. 2　2014 年邯郸不同性别听众全天收听率走势

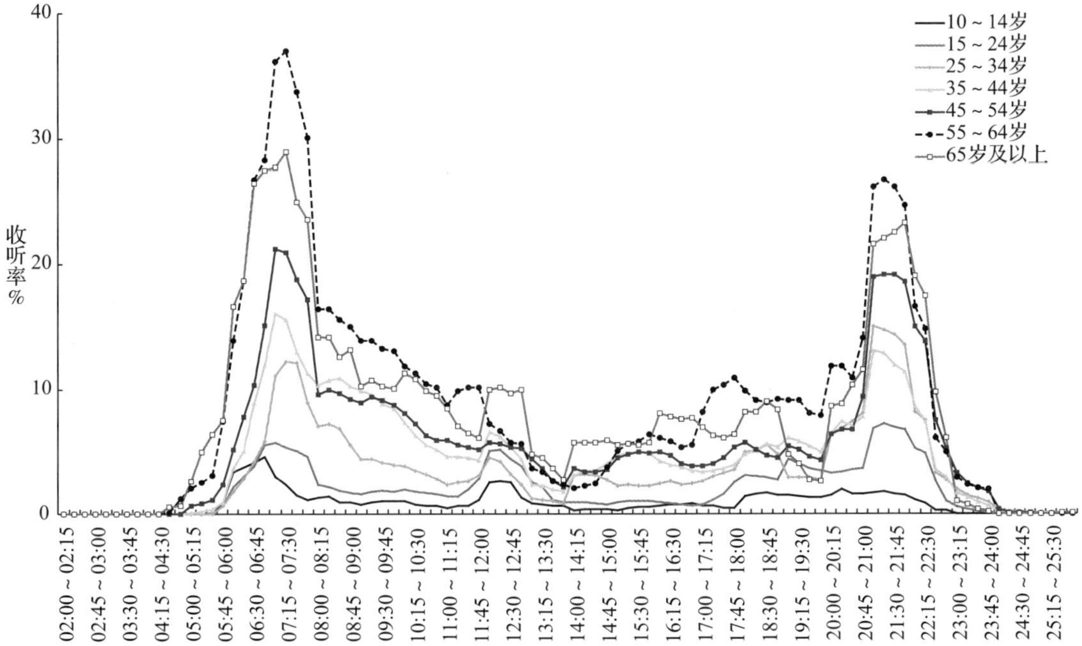


图 3.11.3 2014 年邯郸不同年龄听众全天收听率走势

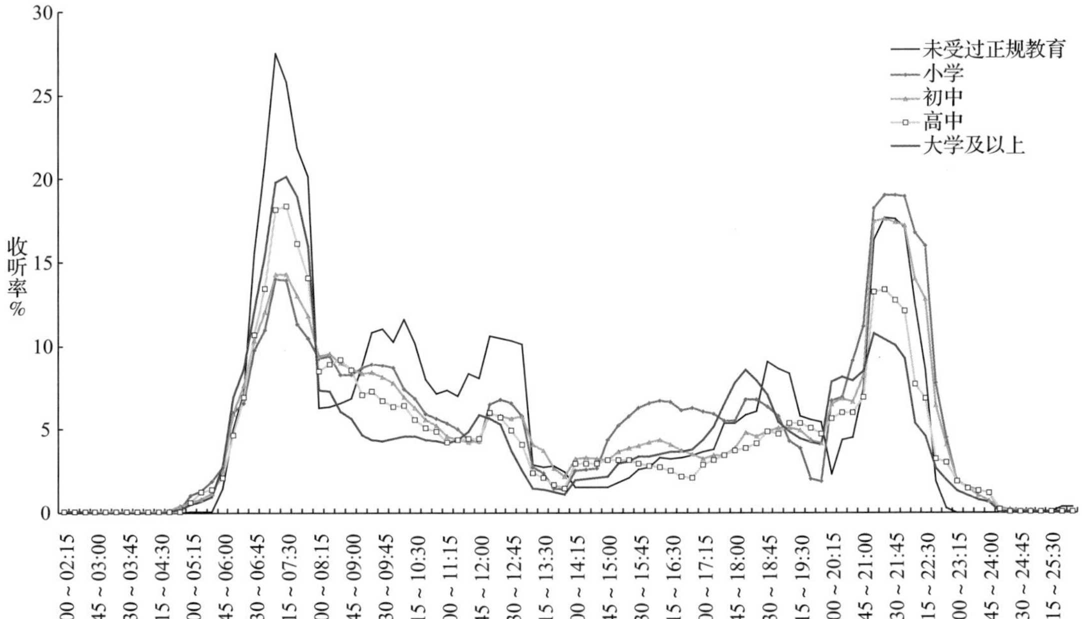


图 3.11.4 2014 年邯郸不同文化程度听众全天收听率走势

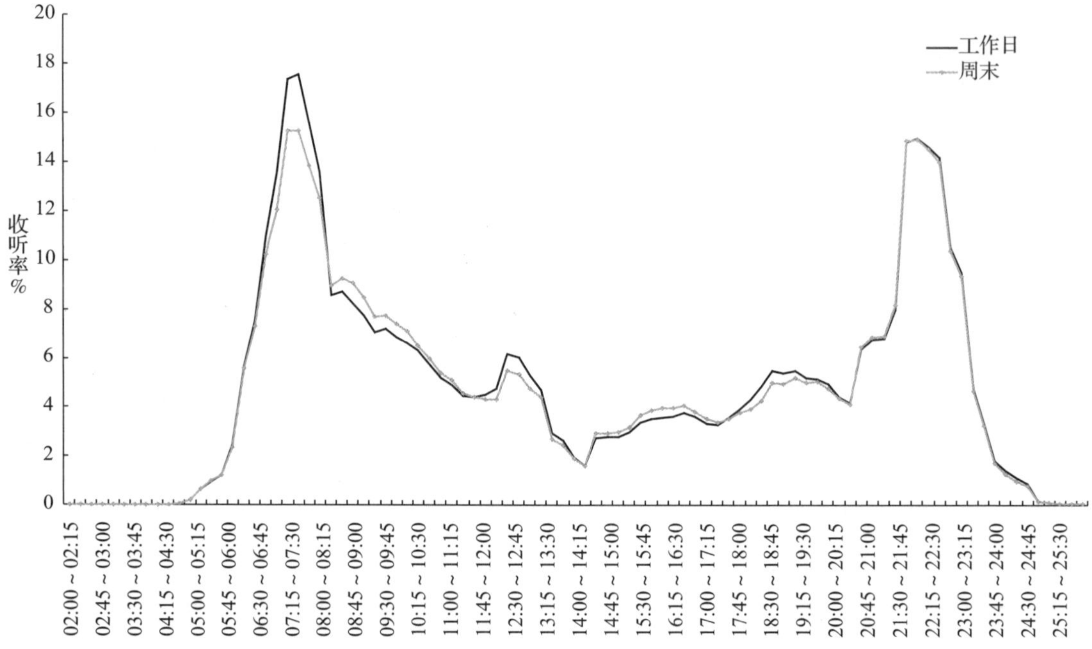


图 3.11.5　2014 年邯郸听众工作日与周末全天收听率走势

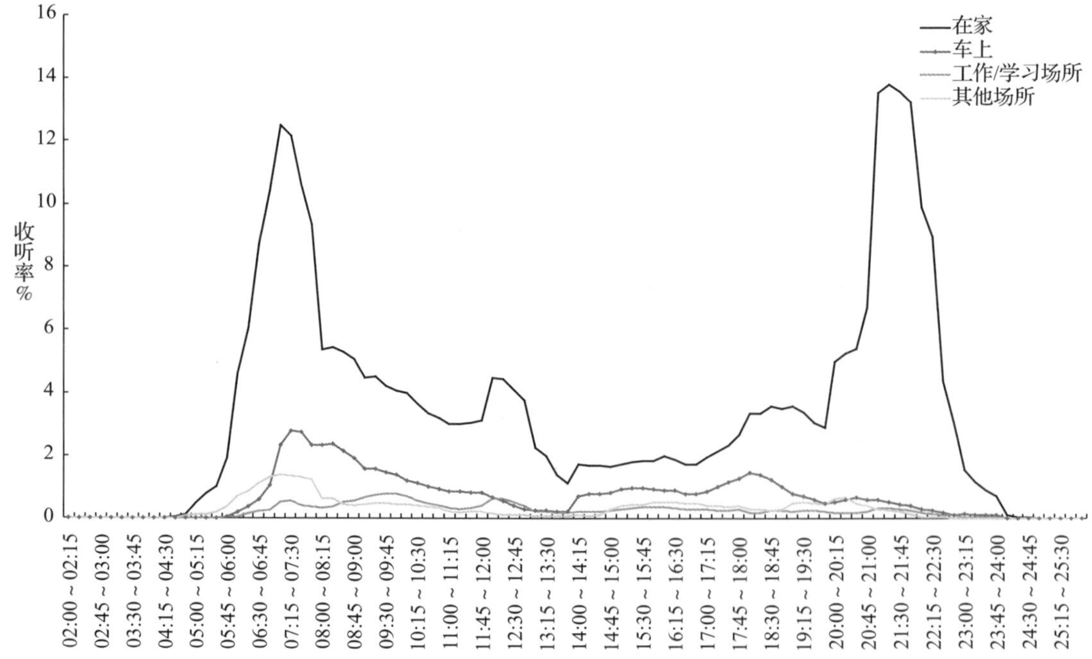


图 3.11.6　2014 年邯郸听众在不同收听地点全天收听率走势

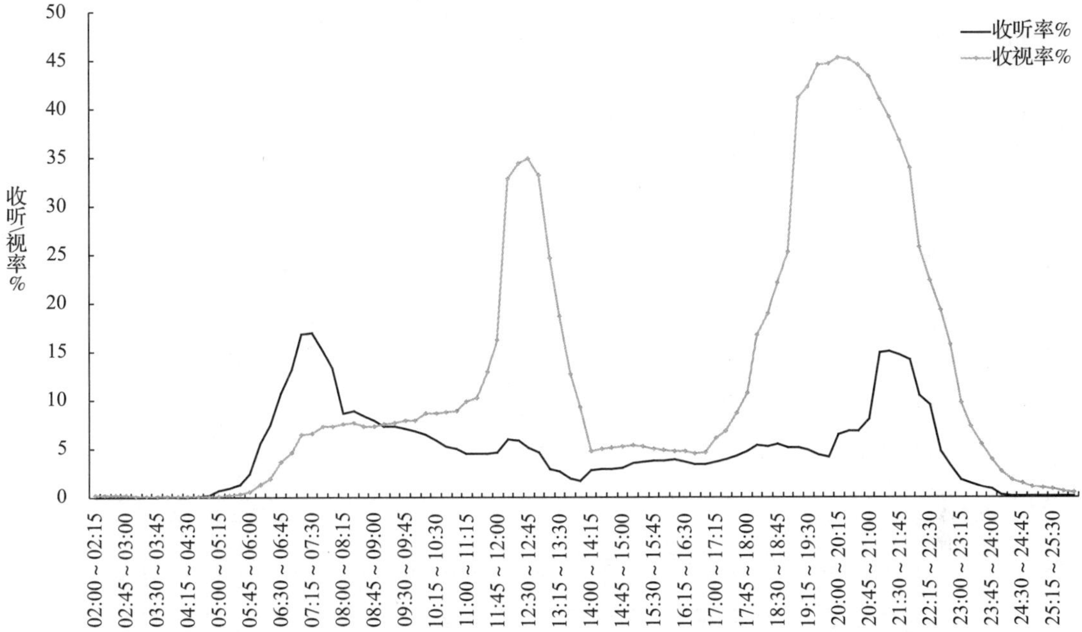


图 3. 11. 7　2014 年邯郸受众全天收听率、收视率走势比较（目标受众为 10 岁及以上）

表 3.11.3　2014 年邯郸市场听众构成(%)

| 目标听众 | | 听众构成(%) |
|---|---|---|
| 10 岁及以上所有人 | | 100.0 |
| 性别 | 男 | 51.8 |
| | 女 | 48.2 |
| 年龄 | 10~14 岁 | 1.0 |
| | 15~24 岁 | 8.2 |
| | 25~34 岁 | 11.9 |
| | 35~44 岁 | 21.7 |
| | 45~54 岁 | 20.8 |
| | 55~64 岁 | 20.8 |
| | 65 岁及以上 | 15.5 |
| 文化程度 | 未受过正规教育 | 1.1 |
| | 小学 | 10.2 |
| | 初中 | 38.9 |
| | 高中 | 32.5 |
| | 大学及以上 | 17.3 |
| 职业类别 | 干部/管理人员 | 5.2 |
| | 初级公务员/雇员 | 13.5 |
| | 个体/私营企业人员 | 23.9 |
| | 工人 | 9.9 |
| | 学生 | 3.9 |
| | 无业(含退休人员) | 42.0 |
| | 其他 | 1.6 |
| 个人月收入 | 无收入 | 13.6 |
| | 1~500 元 | 4.0 |
| | 501~1000 元 | 6.6 |
| | 1001~1500 元 | 18.4 |
| | 1501~2000 元 | 19.9 |
| | 2001~2500 元 | 18.2 |
| | 2501~3000 元 | 7.9 |
| | 3001~4000 元 | 7.8 |
| | 4001 元及以上 | 3.6 |

表 3.11.4　2014 年邯郸市场各广播电台的市场份额(%)

| 广播电台 | 2014 年 |
|---|---|
| 中央人民广播电台 | 30.6 |
| 中国国际广播电台 | 0.0 |
| 河北人民广播电台 | 13.8 |
| 邯郸人民广播电台 | 50.9 |
| 其他广播电台 | 4.7 |

表 3.11.5　2014 年邯郸市场各广播电台在不同目标听众中的市场份额（%）

| 目标听众 | | 中央人民广播电台 | 中国国际广播电台 | 河北人民广播电台 | 邯郸人民广播电台 | 其他广播电台 |
|---|---|---|---|---|---|---|
| 10 岁及以上所有人 | | 30.6 | 0.0 | 13.8 | 50.9 | 4.7 |
| 性别 | 男 | 31.2 | 0.0 | 14.7 | 49.8 | 4.3 |
| | 女 | 29.9 | 0.0 | 12.9 | 52.0 | 5.2 |
| 年龄 | 10～14 岁 | 39.8 | 0.1 | 17.7 | 41.0 | 1.4 |
| | 15～24 岁 | 26.8 | 0.0 | 13.5 | 54.9 | 4.8 |
| | 25～34 岁 | 23.6 | 0.0 | 11.7 | 59.6 | 5.1 |
| | 35～44 岁 | 32.0 | 0.0 | 15.8 | 47.9 | 4.3 |
| | 45～54 岁 | 29.1 | 0.0 | 15.0 | 48.2 | 7.7 |
| | 55～64 岁 | 33.8 | 0.0 | 13.5 | 50.4 | 2.3 |
| | 65 岁及以上 | 32.9 | 0.0 | 11.5 | 51.1 | 4.5 |
| 文化程度 | 未受过正规教育 | 27.4 | 0.0 | 15.1 | 55.5 | 2.0 |
| | 小学 | 28.6 | 0.0 | 18.8 | 50.2 | 2.4 |
| | 初中 | 26.0 | 0.0 | 12.8 | 55.3 | 5.9 |
| | 高中 | 29.2 | 0.0 | 14.1 | 51.5 | 5.2 |
| | 大学及以上 | 44.8 | 0.0 | 12.4 | 39.9 | 2.9 |
| 职业类别 | 干部/管理人员 | 38.2 | 0.0 | 11.1 | 44.5 | 6.2 |
| | 初级公务员/雇员 | 22.0 | 0.0 | 17.7 | 56.3 | 4.0 |
| | 个体/私营企业人员 | 33.2 | 0.0 | 12.9 | 48.8 | 5.1 |
| | 工人 | 36.7 | 0.0 | 11.9 | 46.1 | 5.3 |
| | 学生 | 31.7 | 0.1 | 15.4 | 50.0 | 2.8 |
| | 无业（含退休人员） | 30.2 | 0.0 | 13.6 | 51.4 | 4.8 |
| | 其他 | 6.4 | 0.0 | 13.3 | 79.4 | 0.9 |
| 个人月收入 | 无收入 | 24.3 | 0.0 | 13.9 | 54.9 | 6.9 |
| | 1～500 元 | 35.1 | 0.0 | 7.7 | 55.7 | 1.5 |
| | 501～1000 元 | 21.2 | 0.0 | 10.9 | 56.7 | 11.2 |
| | 1001～1500 元 | 37.6 | 0.0 | 8.8 | 50.6 | 3.0 |
| | 1501～2000 元 | 30.9 | 0.0 | 12.6 | 50.0 | 6.5 |
| | 2001～2500 元 | 32.5 | 0.0 | 17.3 | 47.0 | 3.2 |
| | 2501～3000 元 | 27.0 | 0.0 | 26.3 | 45.7 | 1.0 |
| | 3001～4000 元 | 25.7 | 0.0 | 16.3 | 55.9 | 2.1 |
| | 4001 元及以上 | 22.5 | 0.0 | 7.3 | 60.6 | 9.6 |

表 3.11.6　2014 年邯郸市场份额排名前五位的频率

| 名　次 | 频率名称 | 市场份额（%） |
|---|---|---|
| 1 | 邯郸人民广播电台新闻综合广播 AM963/FM96.4 | 25.1 |
| 2 | 中央人民广播电台第一套节目中国之声 | 22.3 |
| 3 | 邯郸人民广播电台娱乐广播 AM846/FM100.3 | 8.5 |
| 4 | 邯郸人民广播电台音乐广播 AM1206/FM102.8 | 7.8 |
| 5 | 邯郸人民广播电台交通广播 AM1008/FM106.8 | 6.1 |

# 十二、杭州收听数据

表 3.12.1　2012～2014 年杭州各目标听众人均收听时间(分钟)

| 目标听众 | | 2012 年 | 2013 年 | 2014 年 |
|---|---|---|---|---|
| 10 岁及以上所有人 | | 105 | 112 | 104 |
| 性别 | 男 | 105 | 115 | 105 |
| | 女 | 106 | 110 | 103 |
| 年龄 | 10～14 岁 | 64 | 80 | 66 |
| | 15～24 岁 | 91 | 108 | 86 |
| | 25～34 岁 | 103 | 99 | 96 |
| | 35～44 岁 | 103 | 108 | 105 |
| | 45～54 岁 | 115 | 111 | 110 |
| | 55～64 岁 | 130 | 142 | 120 |
| | 65 岁及以上 | 121 | 145 | 153 |
| 文化程度 | 未受过正规教育 | 113 | 97 | 68 |
| | 小学 | 87 | 99 | 91 |
| | 初中 | 108 | 116 | 108 |
| | 高中 | 113 | 127 | 110 |
| | 大学及以上 | 104 | 103 | 104 |
| 职业类别 | 干部/管理人员 | 99 | 90 | 107 |
| | 初级公务员/雇员 | 109 | 106 | 105 |
| | 个体/私营企业人员 | 118 | 147 | 110 |
| | 工人 | 104 | 98 | 96 |
| | 学生 | 71 | 82 | 68 |
| | 无业(含退休人员) | 119 | 128 | 130 |
| | 其他 | 76 | 119 | 105 |
| 个人月收入 | 无收入 | 73 | 73 | 70 |
| | 1～500 元 | 93 | * | * |
| | 501～1000 元 | 63 | 95 | 100 |
| | 1001～1500 元 | 105 | 105 | 80 |
| | 1501～2000 元 | 114 | 125 | 96 |
| | 2001～2500 元 | 104 | 130 | 118 |
| | 2501～3000 元 | 115 | 126 | 112 |
| | 3001～4000 元 | 130 | 132 | 118 |
| | 4001 元及以上 | 107 | 104 | 114 |

注:杭州为全年连续调查城市。“*”表示该目标听众样本量不足,无法进行统计推断。

表 3.12.2　2012～2014 年杭州听众在不同地点的人均收听时间(分钟)

| 地　点 | 2012 年 | 2013 年 | 2014 年 |
|---|---|---|---|
| 在家 | 65 | 70 | 59 |
| 车上 | 25 | 28 | 30 |
| 工作/学习场所 | 10 | 11 | 10 |
| 其他场所 | 5 | 4 | 5 |

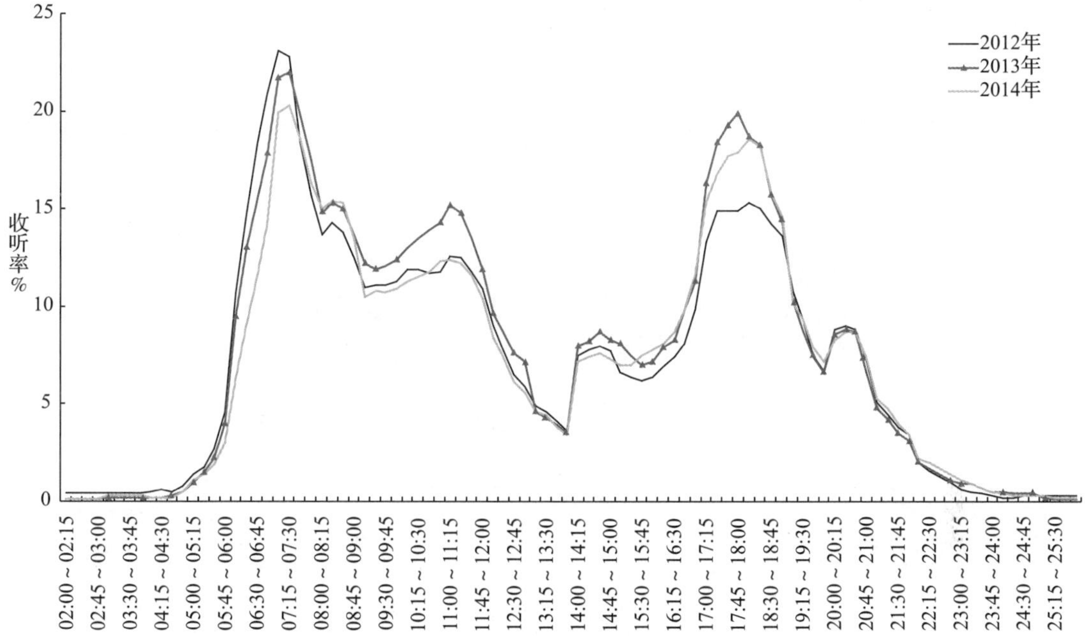


图 3.12.1　2012～2014 年杭州听众全天收听率走势

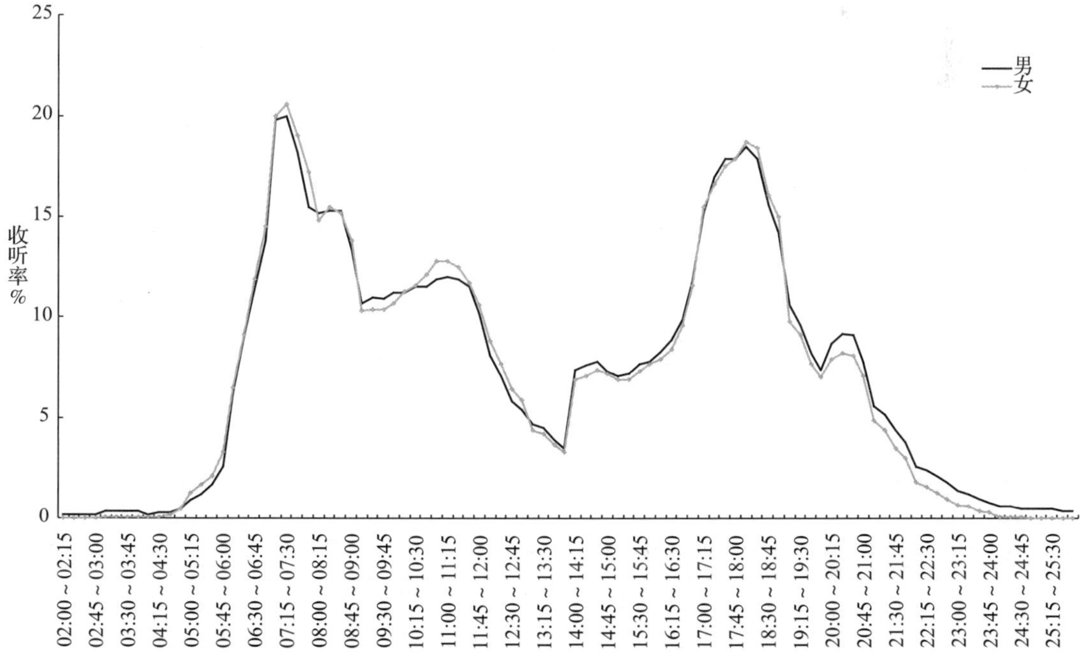


图 3.12.2　2014 年杭州不同性别听众全天收听率走势

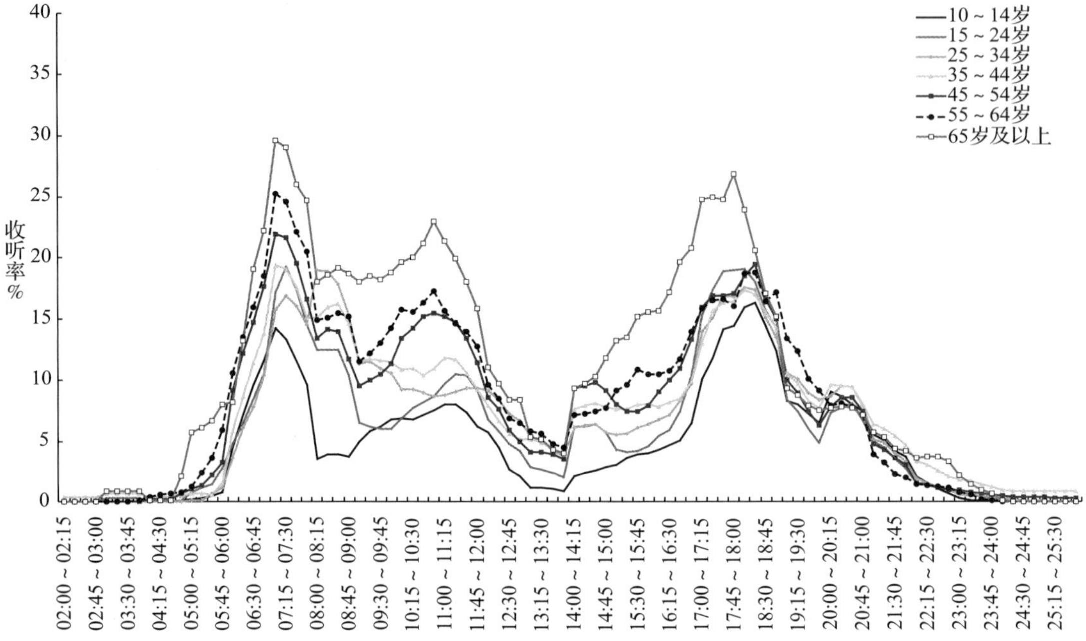


图 3.12.3　2014 年杭州不同年龄听众全天收听率走势

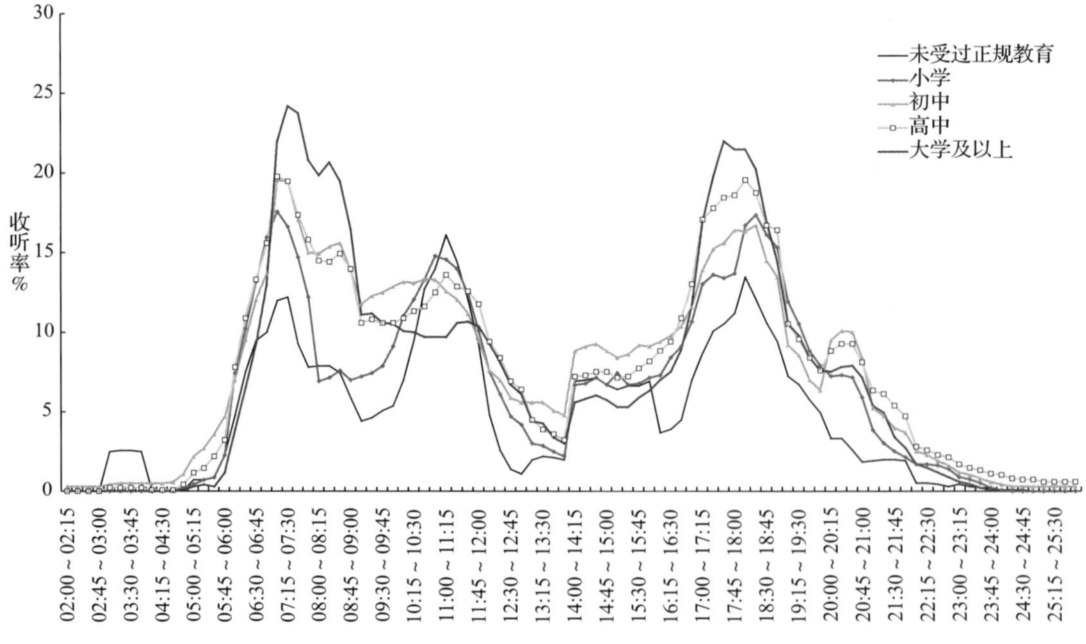


图 3.12.4　2014 年杭州不同文化程度听众全天收听率走势

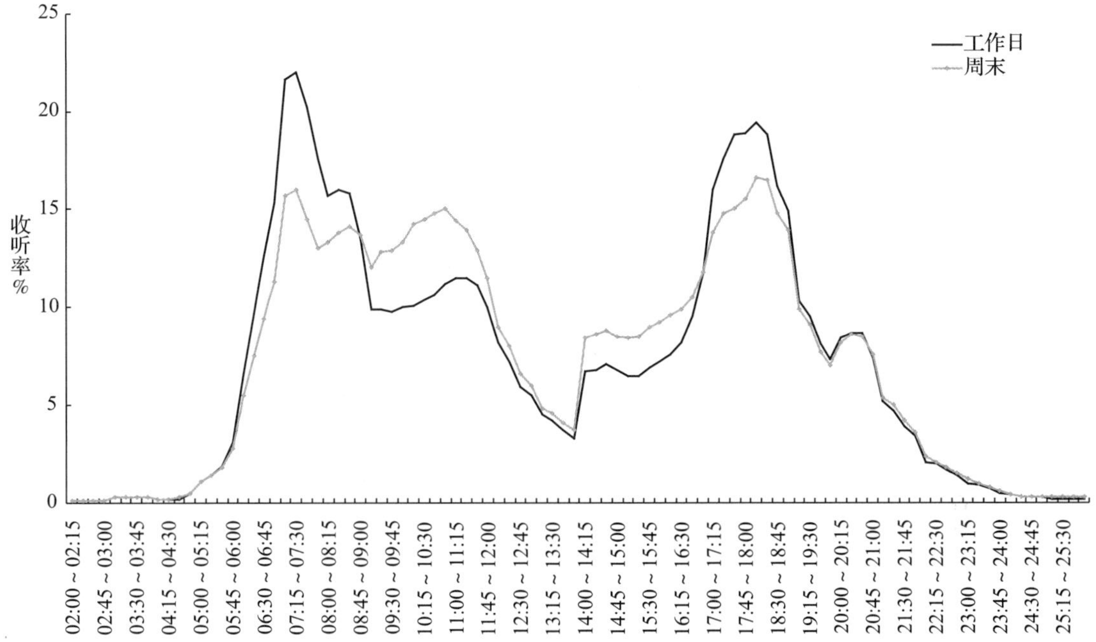


图 3.12.5　2014 年杭州听众工作日与周末全天收听率走势

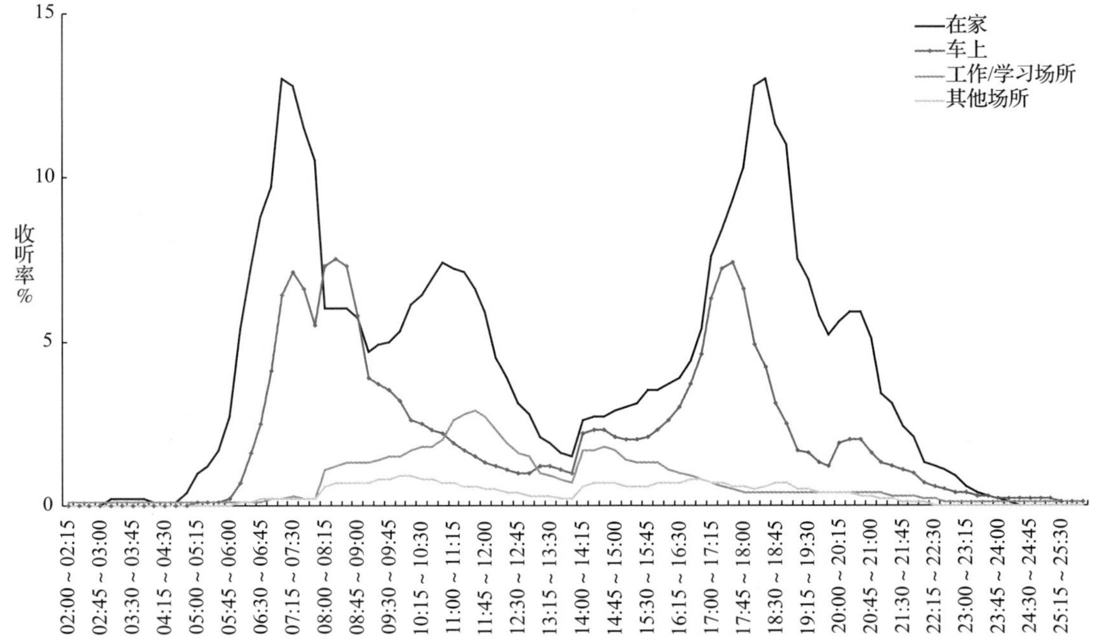


图 3.12.6　2014 年杭州听众在不同收听地点全天收听率走势

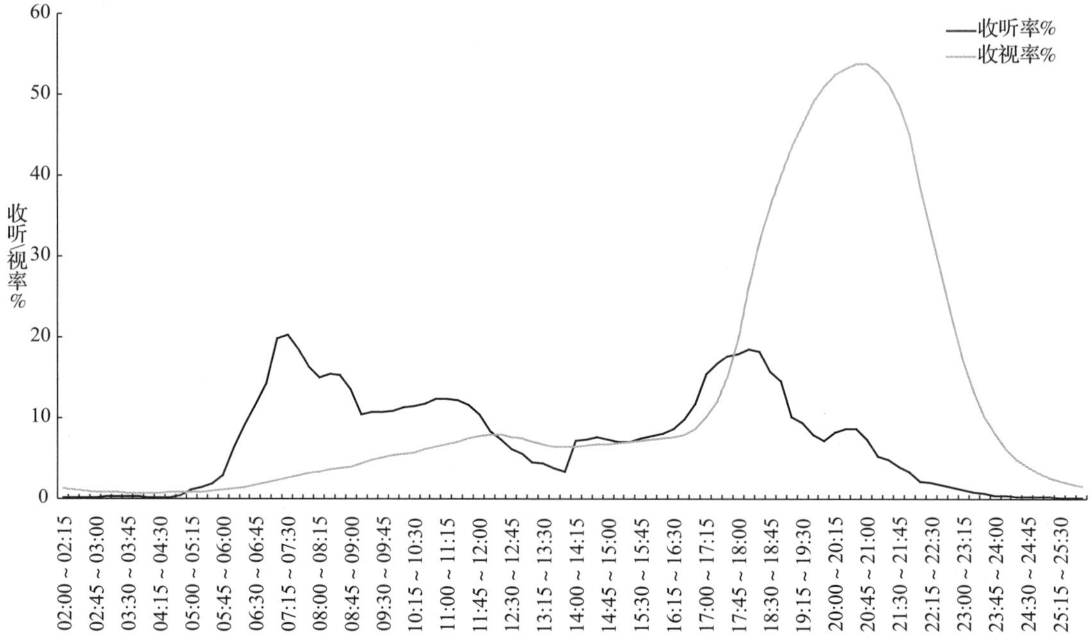


图 3.12.7　2014 年杭州受众全天收听率、收视率走势比较(目标受众为 10 岁及以上)

**表 3.12.3　2014 年杭州市场听众构成(%)**

| 目标听众 | | 听众构成(%) |
|---|---|---|
| 10 岁及以上所有人 | | 100.0 |
| 性别 | 男 | 51.9 |
| | 女 | 48.1 |
| 年龄 | 10~14 岁 | 2.1 |
| | 15~24 岁 | 16.4 |
| | 25~34 岁 | 19.9 |
| | 35~44 岁 | 20.5 |
| | 45~54 岁 | 15.9 |
| | 55~64 岁 | 12.8 |
| | 65 岁及以上 | 12.4 |
| 文化程度 | 未受过正规教育 | 1.9 |
| | 小学 | 11.1 |
| | 初中 | 32.0 |
| | 高中 | 26.5 |
| | 大学及以上 | 28.5 |
| 职业类别 | 干部/管理人员 | 6.5 |
| | 初级公务员/雇员 | 25.8 |
| | 个体/私营企业人员 | 16.4 |
| | 工人 | 15.9 |
| | 学生 | 8.5 |
| | 无业(含退休人员) | 24.0 |
| | 其他 | 2.9 |
| 个人月收入 | 无收入 | 12.8 |
| | 1~500 元 | * |
| | 501~1000 元 | 0.7 |
| | 1001~1500 元 | 2.0 |
| | 1501~2000 元 | 3.8 |
| | 2001~2500 元 | 9.2 |
| | 2501~3000 元 | 13.5 |
| | 3001~4000 元 | 27.4 |
| | 4001 元及以上 | 30.3 |

注:“*”表示该目标听众样本量不足,无法进行统计推断。

**表 3.12.4　2012~2014 年杭州市场各广播电台的市场份额(%)**

| 广播电台 | 2012 年 | 2013 年 | 2014 年 |
|---|---|---|---|
| 中央人民广播电台 | 4.9 | 3.6 | 3.9 |
| 中国国际广播电台 | 0.0 | 0.0 | 0.0 |
| 浙江广播电视集团 | 59.1 | 63.6 | 61.5 |
| 杭州文化广播电视集团 | 28.2 | 22.1 | 25.8 |
| 其他广播电台 | 7.8 | 10.7 | 8.8 |

**表 3.12.5　2014 年杭州市场各广播电台在不同目标听众中的市场份额(%)**

| 目标听众 | | 中央人民广播电台 | 中国国际广播电台 | 浙江广播电视集团 | 杭州文化广播电视集团 | 其他广播电台 |
|---|---|---|---|---|---|---|
| 10 岁及以上所有人 | | 3.9 | 0.0 | 61.5 | 25.8 | 8.8 |
| 性别 | 男 | 4.0 | 0.0 | 60.4 | 27.7 | 7.9 |
| | 女 | 3.8 | 0.0 | 62.7 | 23.8 | 9.7 |
| 年龄 | 10 ~ 14 岁 | 3.4 | 0.0 | 73.9 | 11.7 | 11.0 |
| | 15 ~ 24 岁 | 3.5 | 0.0 | 64.4 | 22.1 | 10.0 |
| | 25 ~ 34 岁 | 4.2 | 0.0 | 57.5 | 30.6 | 7.7 |
| | 35 ~ 44 岁 | 2.7 | 0.0 | 58.3 | 31.6 | 7.4 |
| | 45 ~ 54 岁 | 3.0 | 0.0 | 64.4 | 21.4 | 11.2 |
| | 55 ~ 64 岁 | 4.4 | 0.0 | 61.0 | 23.8 | 10.8 |
| | 65 岁及以上 | 6.5 | 0.0 | 63.9 | 23.8 | 5.8 |
| 文化程度 | 未受过正规教育 | 4.3 | 0.0 | 46.2 | 10.0 | 39.5 |
| | 小学 | 2.9 | 0.0 | 61.3 | 14.6 | 21.2 |
| | 初中 | 3.6 | 0.0 | 60.8 | 28.2 | 7.4 |
| | 高中 | 4.4 | 0.0 | 63.3 | 24.5 | 7.8 |
| | 大学及以上 | 4.1 | 0.0 | 61.7 | 29.8 | 4.4 |
| 职业类别 | 干部/管理人员 | 3.7 | 0.0 | 53.3 | 37.9 | 5.1 |
| | 初级公务员/雇员 | 3.4 | 0.0 | 62.6 | 25.8 | 8.2 |
| | 个体/私营企业人员 | 3.5 | 0.0 | 64.4 | 23.4 | 8.7 |
| | 工人 | 2.6 | 0.0 | 57.4 | 29.6 | 10.4 |
| | 学生 | 5.5 | 0.0 | 61.3 | 20.4 | 12.8 |
| | 无业(含退休人员) | 5.3 | 0.0 | 64.2 | 24.6 | 5.9 |
| | 其他 | 1.1 | 0.0 | 53.1 | 19.2 | 26.6 |
| 个人月收入 | 无收入 | 5.5 | 0.0 | 62.9 | 18.1 | 13.5 |
| | 1 ~ 500 元 | * | * | * | * | * |
| | 501 ~ 1000 元 | 0.8 | 0.0 | 54.2 | 17.0 | 28.0 |
| | 1001 ~ 1500 元 | 1.2 | 0.0 | 48.0 | 18.3 | 32.5 |
| | 1501 ~ 2000 元 | 2.2 | 0.0 | 58.6 | 15.1 | 24.1 |
| | 2001 ~ 2500 元 | 3.6 | 0.0 | 70.7 | 18.8 | 6.9 |
| | 2501 ~ 3000 元 | 3.0 | 0.0 | 63.1 | 25.6 | 8.3 |
| | 3001 ~ 4000 元 | 3.4 | 0.0 | 57.2 | 34.4 | 5.0 |
| | 4001 元及以上 | 4.7 | 0.0 | 63.2 | 25.8 | 6.3 |

注:“*”表示该目标听众样本量不足,无法进行统计推断。

**表 3.12.6　2014 年杭州市场份额排名前五位的频率**

| 名次 | 频率 | 市场份额(%) |
|---|---|---|
| 1 | 浙江之声 FM88/FM101.6/AM810 | 12.3 |
| 2 | 杭州交通经济广播 FM91.8 | 11.5 |
| 3 | 私家汽车 107 快乐广播城市之声 FM107/AM1530 | 11.2 |
| 4 | 浙江人民广播电台交通之声 FM93 | 10.8 |
| 5 | 动听 968 音乐调频 FM96.8 | 10.0 |

# 十三、哈尔滨收听数据

表 3.13.1　2012～2014 年哈尔滨各目标听众人均收听时间(分钟)

| 目标听众 | | 2012 年 | 2013 年 | 2014 年 |
|---|---|---|---|---|
| 10 岁及以上所有人 | | 134 | 128 | 119 |
| 性别 | 男 | 127 | 124 | 116 |
| | 女 | 141 | 131 | 123 |
| 年龄 | 10～14 岁 | 57 | 72 | 56 |
| | 15～24 岁 | 85 | 79 | 69 |
| | 25～34 岁 | 106 | 97 | 99 |
| | 35～44 岁 | 131 | 130 | 117 |
| | 45～54 岁 | 157 | 125 | 127 |
| | 55～64 岁 | 188 | 198 | 177 |
| | 65 岁及以上 | 199 | 204 | 192 |
| 文化程度 | 未受过正规教育 | 107 | 72 | 119 |
| | 小学 | 128 | 138 | 121 |
| | 初中 | 139 | 146 | 138 |
| | 高中 | 144 | 125 | 120 |
| | 大学及以上 | 117 | 102 | 94 |
| 职业类别 | 干部/管理人员 | 160 | 99 | 88 |
| | 初级公务员/雇员 | 108 | 95 | 97 |
| | 个体/私营企业人员 | 139 | 112 | 109 |
| | 工人 | 127 | 130 | 121 |
| | 学生 | 71 | 75 | 66 |
| | 无业(含退休人员) | 177 | 185 | 177 |
| | 其他 | 106 | 149 | 160 |
| 个人月收入 | 无收入 | 87 | 90 | 80 |
| | 1～500 元 | 223 | 82 | 59 |
| | 501～1000 元 | 120 | 115 | 154 |
| | 1001～1500 元 | 164 | 153 | 142 |
| | 1501～2000 元 | 154 | 152 | 147 |
| | 2001～2500 元 | 121 | 123 | 122 |
| | 2501～3000 元 | 117 | 121 | 122 |
| | 3001～4000 元 | 147 | 134 | 116 |
| | 4001 元及以上 | 127 | 98 | 95 |

注:哈尔滨为全年连续调查城市。

表 3.13.2　2012～2014 年哈尔滨听众在不同地点的人均收听时间(分钟)

| 地　点 | 2012 年 | 2013 年 | 2014 年 |
|---|---|---|---|
| 在家 | 104 | 100 | 92 |
| 车上 | 19 | 20 | 16 |
| 工作/学习场所 | 10 | 7 | 10 |
| 其他场所 | 1 | 1 | 1 |

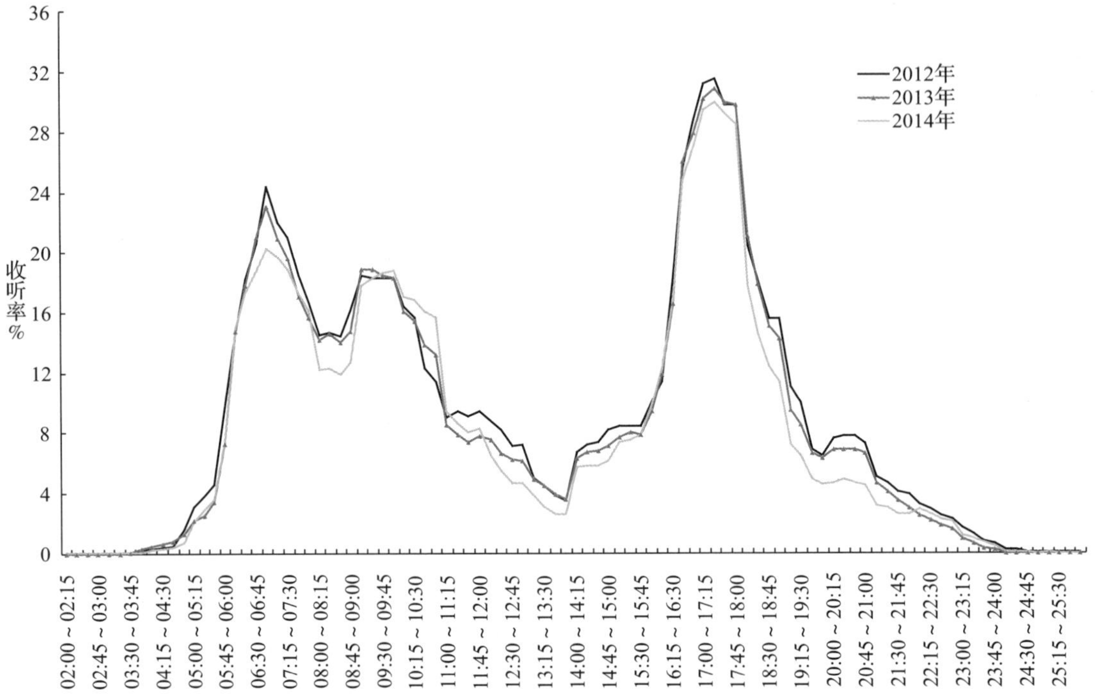


图 3.13.1　2012～2014 年哈尔滨听众全天收听率走势

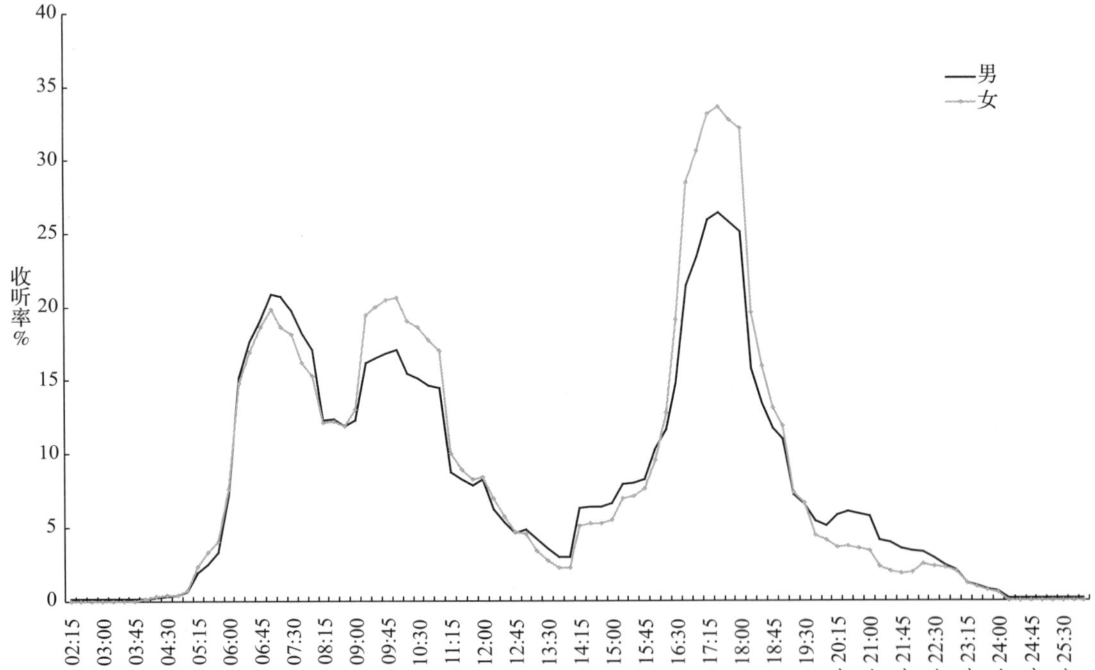


图 3.13.2　2014 年哈尔滨不同性别听众全天收听率走势

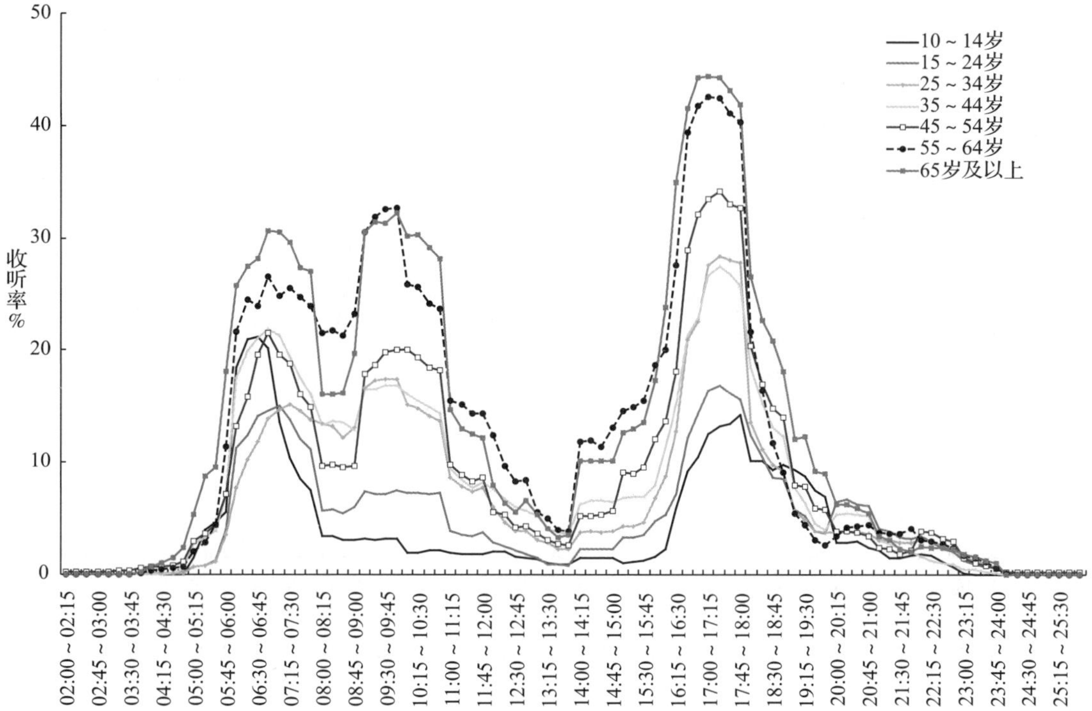


图 3.13.3　2014 年哈尔滨不同年龄听众全天收听率走势

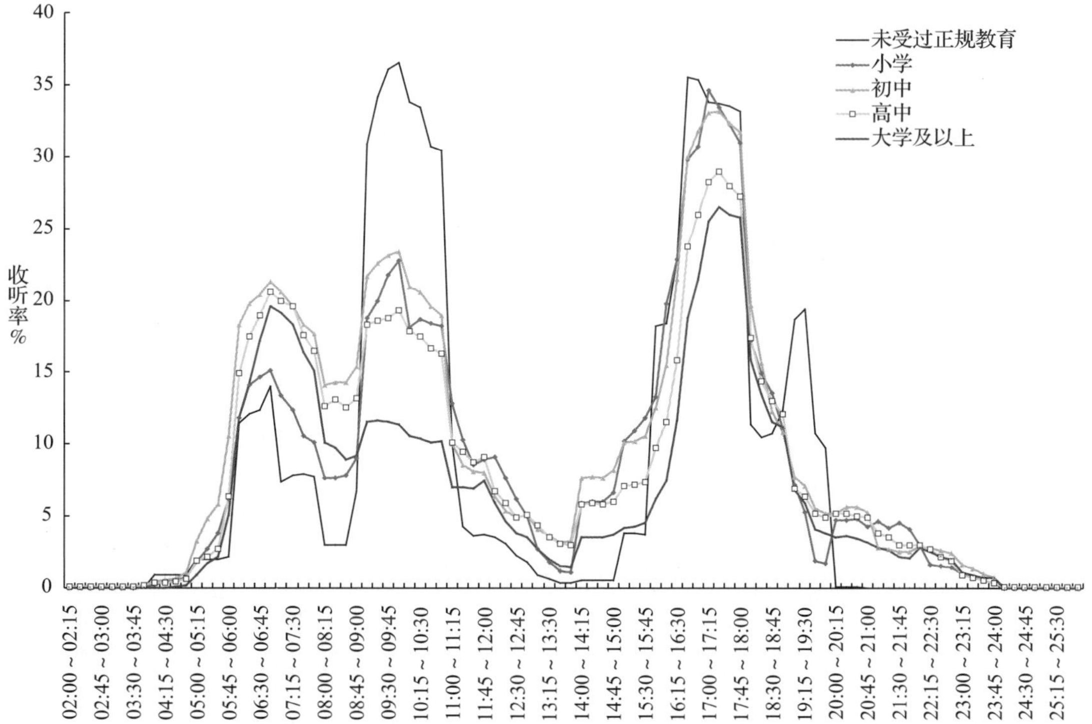


图 3.13.4　2014 年哈尔滨不同文化程度听众全天收听率走势

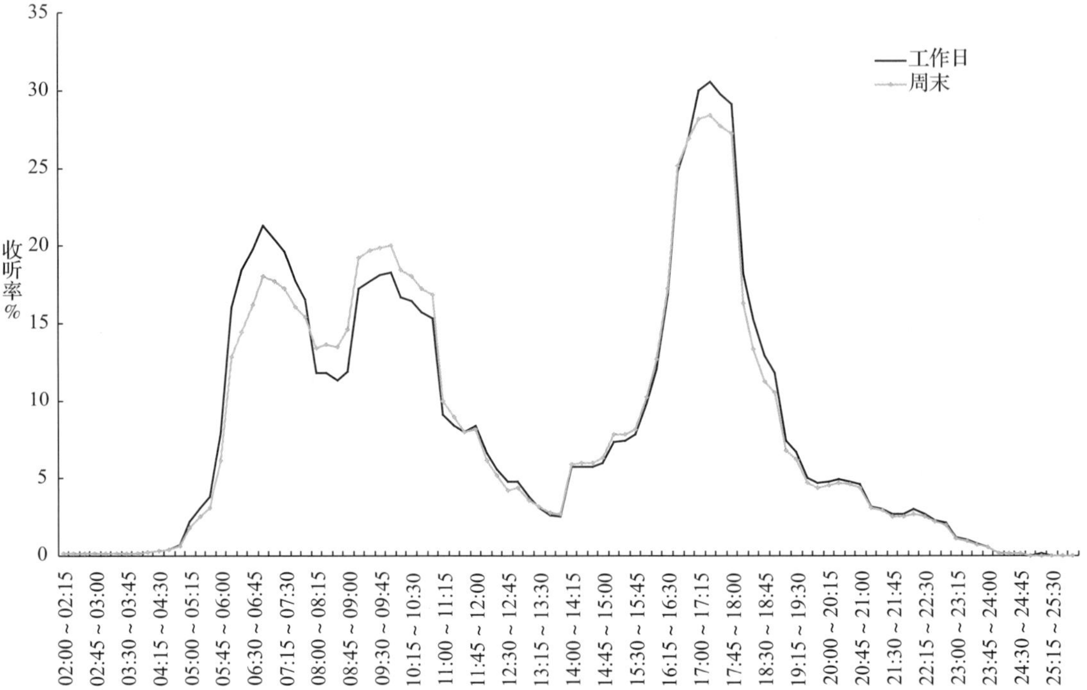


图 3.13.5　2014 年哈尔滨听众工作日与周末全天收听率走势

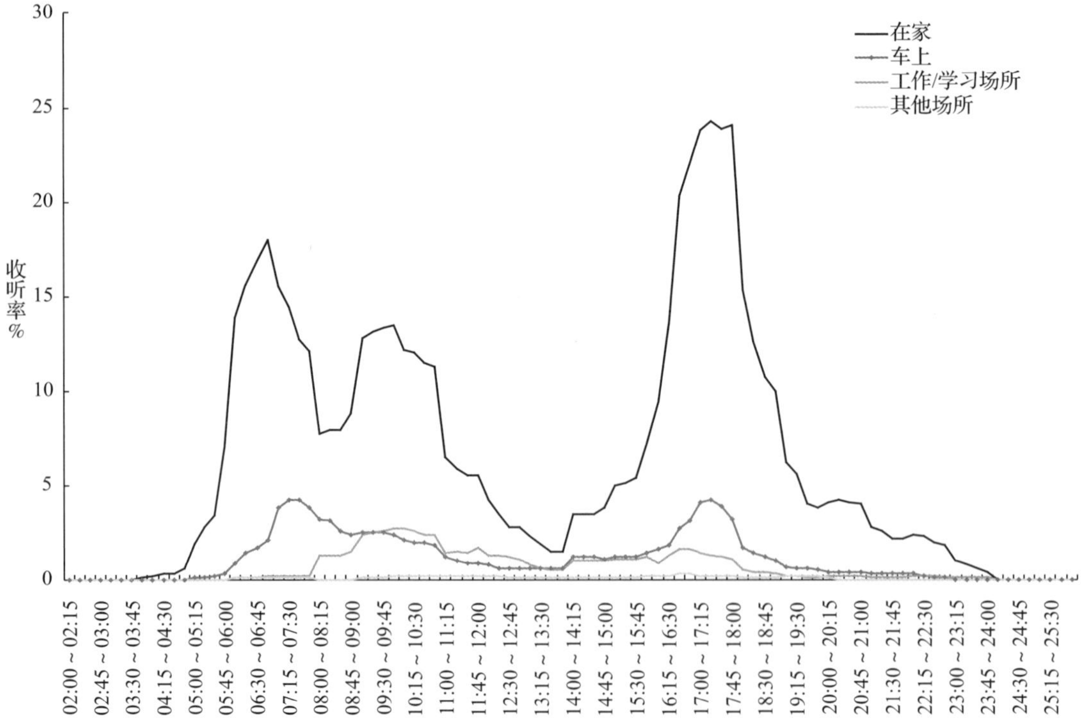


图 3.13.6　2014 年哈尔滨听众在不同收听地点全天收听率走势

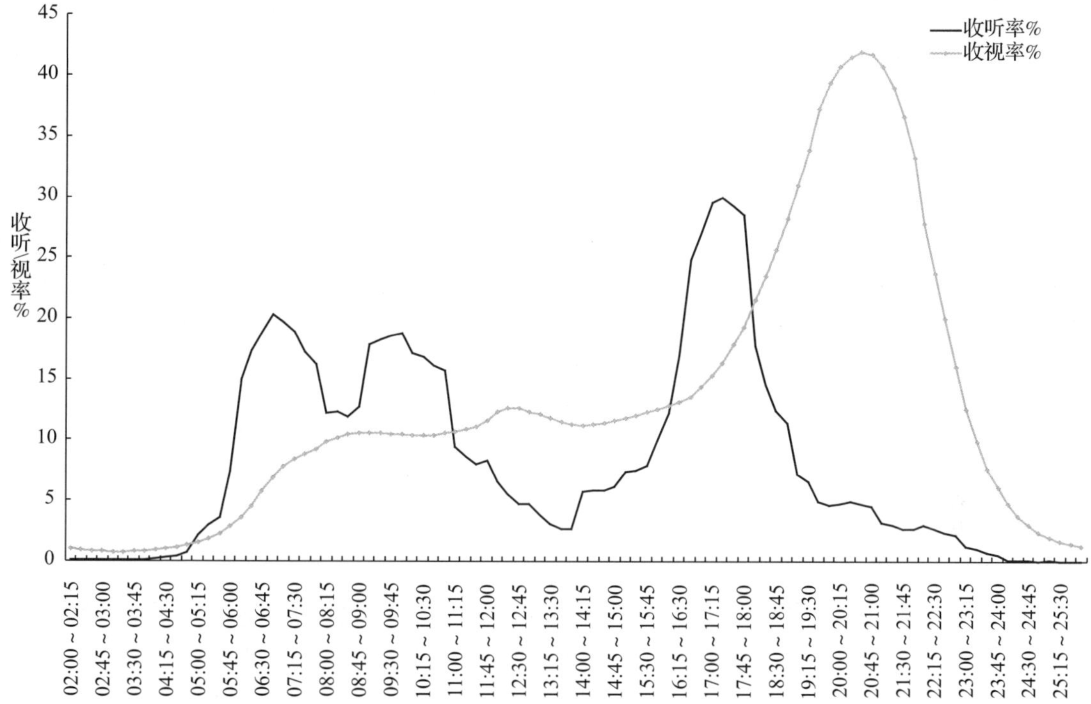


**图 3. 13. 7　2014 年哈尔滨受众全天收听率、收视率走势比较（目标受众为 10 岁及以上）**

表 3.13.3　2014 年哈尔滨市场听众构成(%)

| 目标听众 | | 听众构成(%) |
|---|---|---|
| 10 岁及以上所有人 | | 100.0 |
| 性别 | 男 | 49.2 |
| | 女 | 50.8 |
| 年龄 | 10~14 岁 | 1.6 |
| | 15~24 岁 | 10.4 |
| | 25~34 岁 | 15.7 |
| | 35~44 岁 | 18.8 |
| | 45~54 岁 | 20.3 |
| | 55~64 岁 | 18.2 |
| | 65 岁及以上 | 15.0 |
| 文化程度 | 未受过正规教育 | 0.6 |
| | 小学 | 4.2 |
| | 初中 | 37.8 |
| | 高中 | 36.8 |
| | 大学及以上 | 20.6 |
| 职业类别 | 干部/管理人员 | 2.8 |
| | 初级公务员/雇员 | 10.7 |
| | 个体/私营企业人员 | 16.6 |
| | 工人 | 26.6 |
| | 学生 | 8.0 |
| | 无业(含退休人员) | 35.0 |
| | 其他 | 0.3 |
| 个人月收入 | 无收入 | 12.5 |
| | 1~500 元 | 0.2 |
| | 501~1000 元 | 1.5 |
| | 1001~1500 元 | 13.3 |
| | 1501~2000 元 | 25.4 |
| | 2001~2500 元 | 18.0 |
| | 2501~3000 元 | 11.5 |
| | 3001~4000 元 | 12.9 |
| | 4001 元及以上 | 4.7 |

“*”表示该目标听众样本量不足,无法进行统计推断。

表 3.13.4　2012~2014 年哈尔滨市场各广播电台的市场份额(%)

| 广播电台 | 2012 年 | 2013 年 | 2014 年 |
|---|---|---|---|
| 中央人民广播电台 | 2.4 | 2.1 | 1.4 |
| 中国国际广播电台 | 0.0 | 0.0 | 0.0 |
| 黑龙江人民广播电台 | 67.2 | 67.1 | 70.3 |
| 哈尔滨人民广播电台 | 30.1 | 30.6 | 28.2 |
| 其他广播电台 | 0.3 | 0.2 | 0.1 |

表 3.13.5　2014 年哈尔滨市场各广播电台在不同目标听众中的市场份额(%)

| 目标听众 | | 中央人民广播电台 | 中国国际广播电台 | 黑龙江人民广播电台 | 哈尔滨人民广播电台 | 其他广播电台 |
|---|---|---|---|---|---|---|
| 10 岁及以上所有人 | | 1.4 | 0.0 | 70.3 | 28.2 | 0.1 |
| 性别 | 男 | 1.6 | 0.0 | 66.8 | 31.4 | 0.2 |
| | 女 | 1.3 | 0.0 | 73.6 | 25.0 | 0.1 |
| 年龄 | 10~14 岁 | 8.6 | 0.0 | 51.5 | 39.9 | 0.0 |
| | 15~24 岁 | 0.5 | 0.0 | 62.3 | 37.0 | 0.2 |
| | 25~34 岁 | 0.2 | 0.0 | 69.9 | 29.7 | 0.2 |
| | 35~44 岁 | 0.5 | 0.0 | 72.9 | 26.4 | 0.2 |
| | 45~54 岁 | 1.6 | 0.0 | 69.0 | 29.1 | 0.3 |
| | 55~64 岁 | 0.9 | 0.0 | 73.2 | 25.9 | 0.0 |
| | 65 岁及以上 | 4.2 | 0.0 | 73.0 | 22.7 | 0.1 |
| 文化程度 | 未受过正规教育 | 0.8 | 0.0 | 83.8 | 15.4 | 0.0 |
| | 小学 | 1.0 | 0.0 | 67.5 | 31.4 | 0.1 |
| | 初中 | 2.3 | 0.0 | 70.0 | 27.5 | 0.2 |
| | 高中 | 1.1 | 0.0 | 71.2 | 27.6 | 0.1 |
| | 大学及以上 | 0.6 | 0.0 | 69.4 | 29.8 | 0.2 |
| 职业类别 | 干部/管理人员 | 4.8 | 0.0 | 65.0 | 30.1 | 0.1 |
| | 初级公务员/雇员 | 0.4 | 0.0 | 67.1 | 32.3 | 0.2 |
| | 个体/私营企业人员 | 1.0 | 0.0 | 71.8 | 27.1 | 0.1 |
| | 工人 | 0.7 | 0.0 | 69.0 | 30.1 | 0.2 |
| | 学生 | 2.0 | 0.0 | 60.0 | 37.7 | 0.3 |
| | 无业(含退休人员) | 2.1 | 0.0 | 73.9 | 23.8 | 0.2 |
| | 其他 | 0.1 | 0.0 | 98.2 | 1.6 | 0.1 |
| 个人月收入 | 无收入 | 1.4 | 0.0 | 66.3 | 32.1 | 0.2 |
| | 1~500 元 | 0.0 | 0.0 | 58.9 | 41.1 | 0.0 |
| | 501~1000 元 | 1.7 | 0.0 | 79.5 | 18.8 | 0.0 |
| | 1001~1500 元 | 0.5 | 0.0 | 75.5 | 24.0 | 0.0 |
| | 1501~2000 元 | 2.2 | 0.0 | 73.3 | 24.3 | 0.2 |
| | 2001~2500 元 | 1.6 | 0.0 | 67.6 | 30.6 | 0.2 |
| | 2501~3000 元 | 1.2 | 0.0 | 68.6 | 30.1 | 0.1 |
| | 3001~4000 元 | 1.5 | 0.0 | 67.6 | 30.7 | 0.2 |
| | 4001 元及以上 | 0.3 | 0.0 | 67.2 | 32.4 | 0.1 |

表 3.13.6　2014 年哈尔滨市场份额排名前五位的频率

| 名　次 | 频率名称 | 市场份额(%) |
|---|---|---|
| 1 | 黑龙江都市女性广播 FM102.1 | 25.2 |
| 2 | 黑龙江广播 97 频道(爱家频道)FM97.0 | 14.8 |
| 3 | 哈尔滨文艺广播 FM98.4 | 12.1 |
| 4 | 黑龙江交通广播 FM99.8 | 11.7 |
| 5 | 哈尔滨交通广播 FM92.5 | 8.2 |

# 十四、合肥收听数据

表 3.14.1　2012~2014 年合肥各目标听众人均收听时间(分钟)

| 目标听众 | | 2012 年 | 2013 年 | 2014 年 |
|---|---|---|---|---|
| 10 岁及以上所有人 | | 79 | 76 | 56 |
| 性别 | 男 | 84 | 81 | 57 |
| | 女 | 74 | 71 | 54 |
| 年龄 | 10~14 岁 | 33 | 48 | 28 |
| | 15~24 岁 | 51 | 36 | 28 |
| | 25~34 岁 | 70 | 70 | 54 |
| | 35~44 岁 | 89 | 87 | 71 |
| | 45~54 岁 | 106 | 98 | 66 |
| | 55~64 岁 | 114 | 103 | 94 |
| | 65 岁及以上 | 107 | 119 | 82 |
| 文化程度 | 未受过正规教育 | 59 | 62 | 47 |
| | 小学 | 70 | 86 | 58 |
| | 初中 | 99 | 84 | 57 |
| | 高中 | 74 | 78 | 51 |
| | 大学及以上 | 63 | 57 | 61 |
| 职业类别 | 干部/管理人员 | 54 | 80 | 72 |
| | 初级公务员/雇员 | 69 | 67 | 45 |
| | 个体/私营企业人员 | 106 | 91 | 69 |
| | 工人 | 94 | 78 | 60 |
| | 学生 | 39 | 35 | 25 |
| | 无业(含退休人员) | 95 | 105 | 77 |
| | 其他 | 19 | * | * |
| 个人月收入 | 无收入 | 48 | 43 | 32 |
| | 1~500 元 | 81 | 174 | * |
| | 501~1000 元 | 105 | 95 | 50 |
| | 1001~1500 元 | 111 | 103 | 62 |
| | 1501~2000 元 | 92 | 98 | 80 |
| | 2001~2500 元 | 84 | 77 | 49 |
| | 2501~3000 元 | 83 | 80 | 67 |
| | 3001~4000 元 | 71 | 70 | 69 |
| | 4001 元及以上 | 70 | 81 | 75 |

注:合肥于 2012 年 1 月 1 日转为全年连续调查城市。“*”表示目标听众样本量不足,无法进行统计推断。

表 3.14.2　2012~2014 年合肥听众在不同地点的人均收听时间(分钟)

| 地　点 | 2012 年 | 2013 年 | 2014 年 |
|---|---|---|---|
| 家中 | 53 | 47 | 35 |
| 车上 | 15 | 15 | 14 |
| 工作/学习场所 | 9 | 9 | 4 |
| 其他场所 | 3 | 5 | 3 |

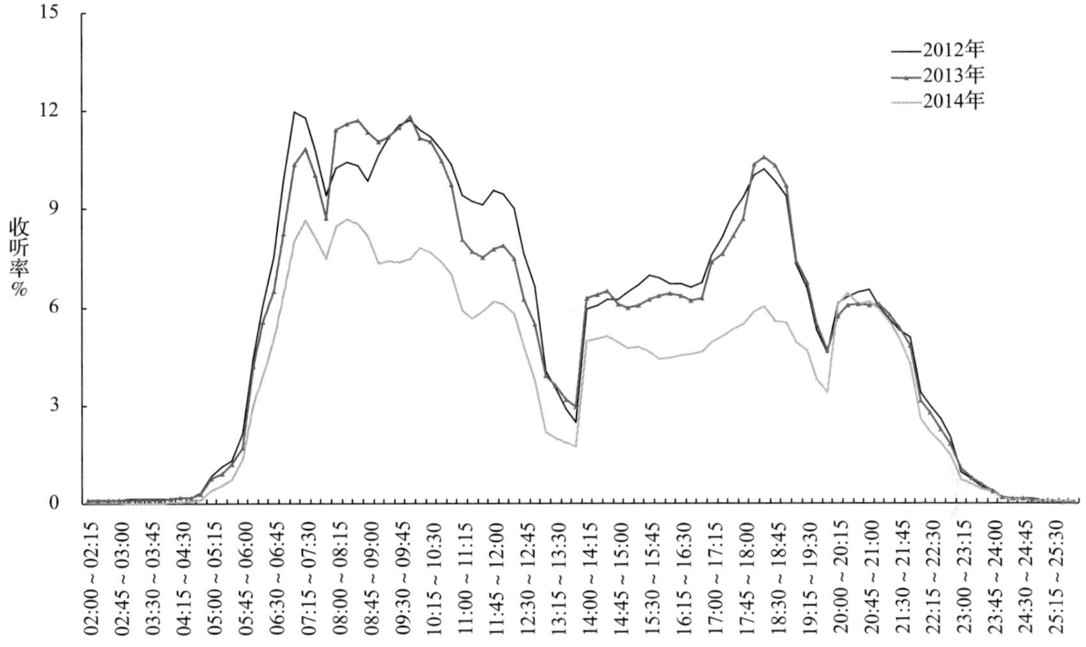


图 3. 14. 1　2012～2014 年合肥听众全天收听率走势

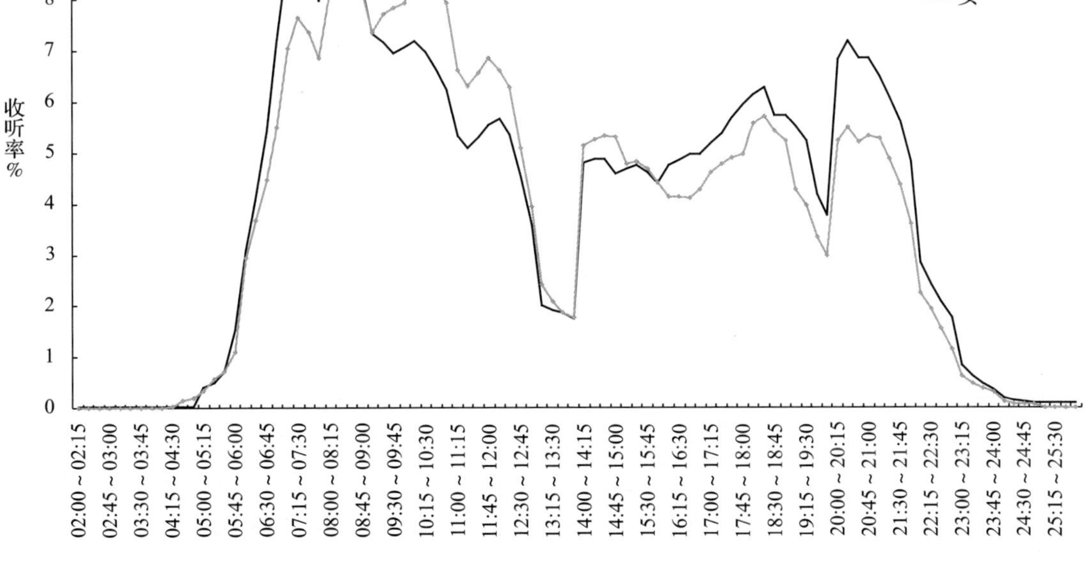


图 3. 14. 2　2014 年合肥不同性别听众全天收听率走势

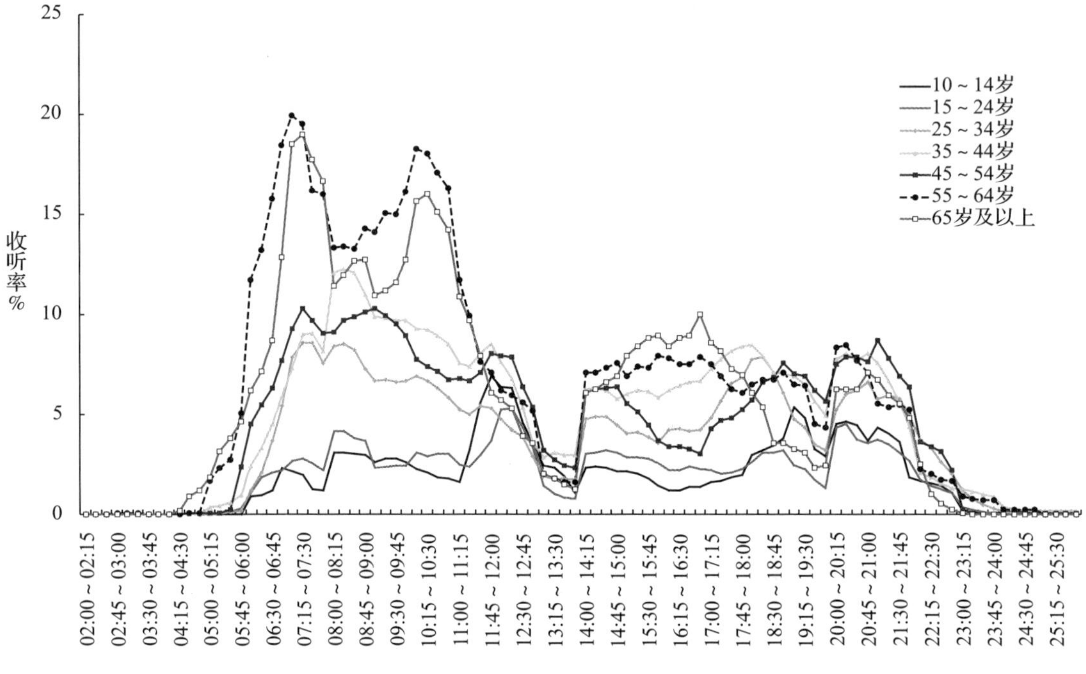


图 3.14.3　2014 年合肥不同年龄听众全天收听率走势

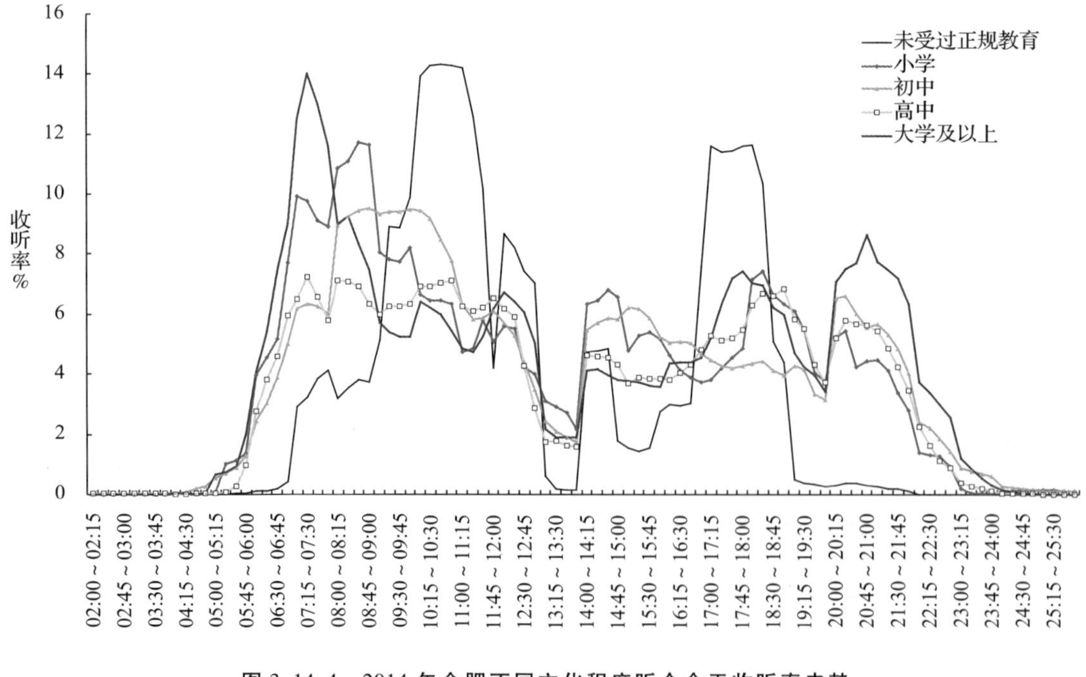


图 3.14.4　2014 年合肥不同文化程度听众全天收听率走势

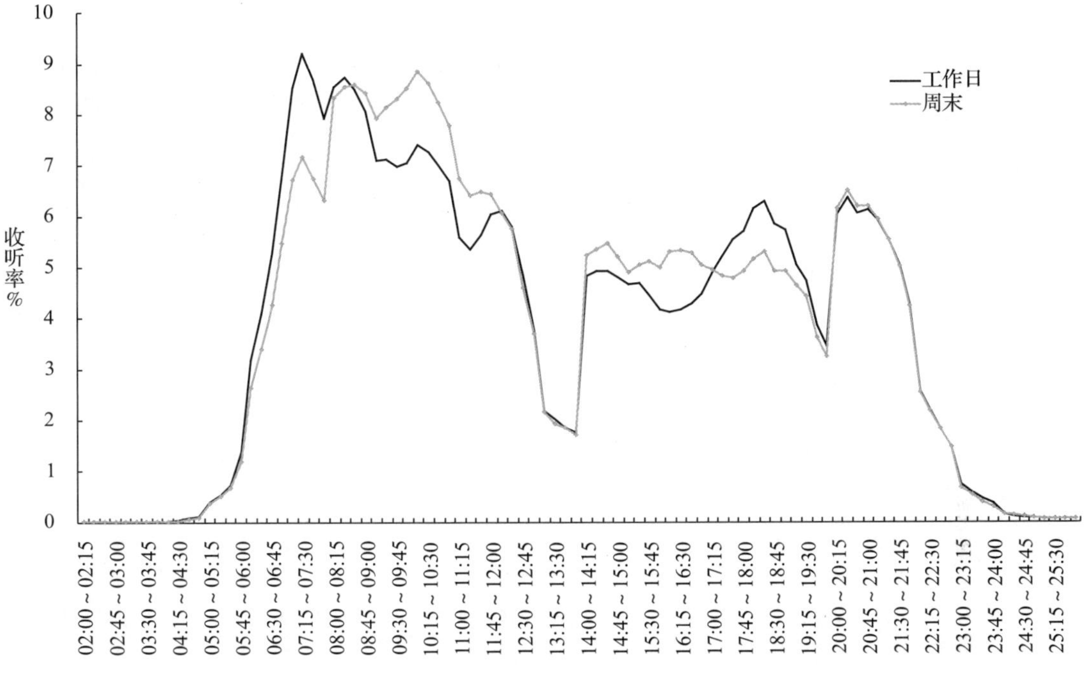


图 3. 14. 5　2014 年合肥听众工作日与周末全天收听率走势

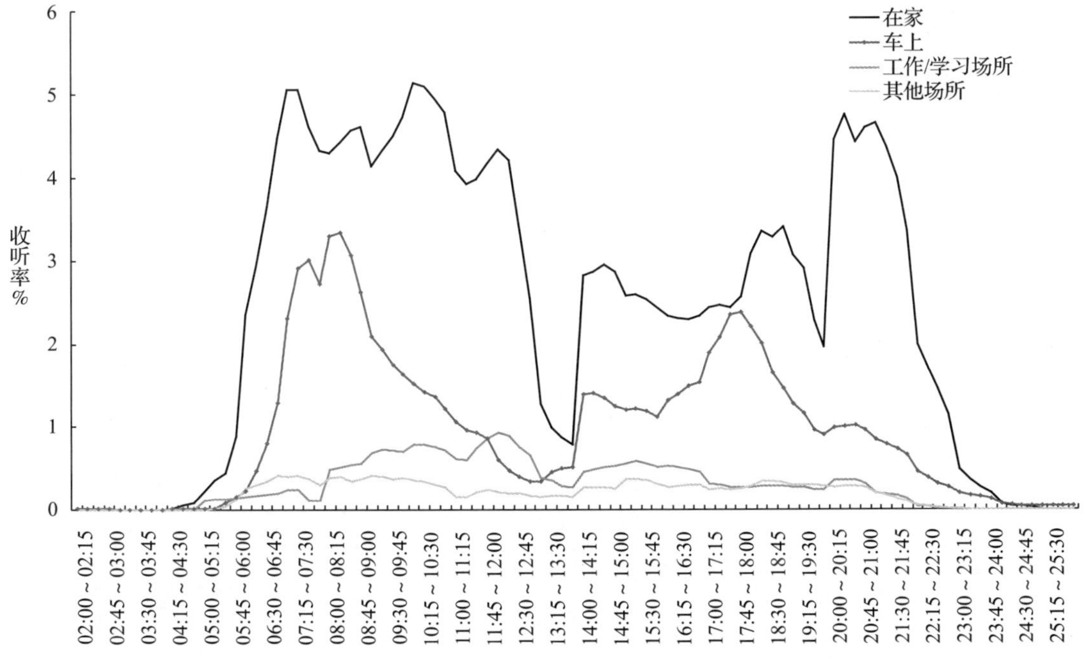


图 3. 14. 6　2014 年合肥听众在不同收听地点全天收听率走势

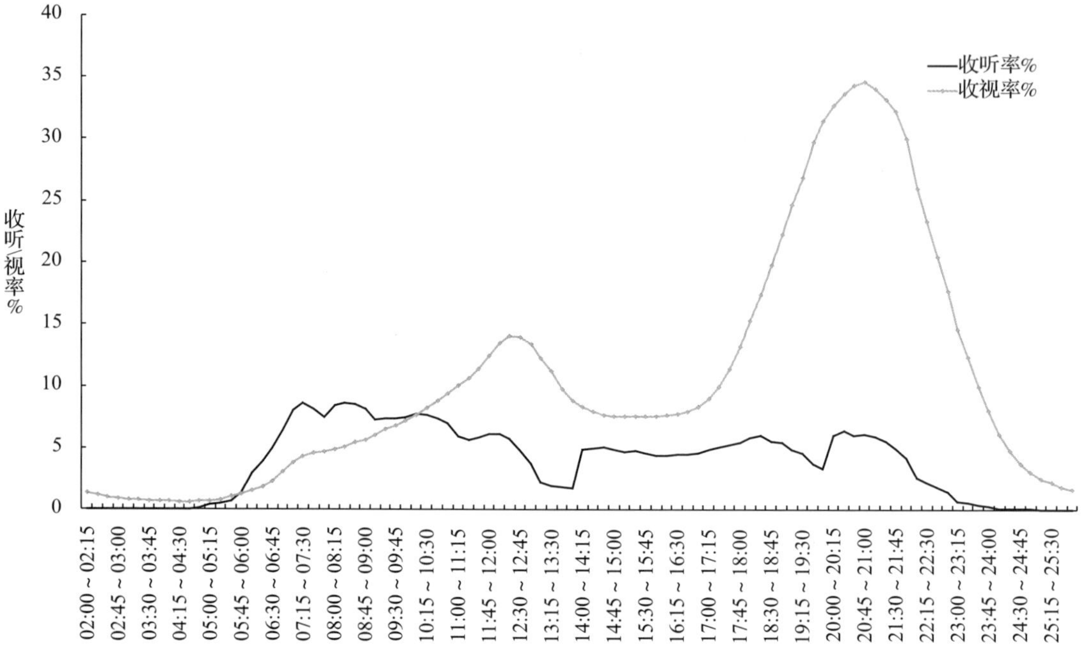


图 3.14.7　2014 年合肥受众全天收听率、收视率走势比较(目标受众为 10 岁及以上)

表 3.14.3 2014 年合肥市场听众构成(%)

| 目标听众 | | 听众构成(%) |
|---|---|---|
| 10 岁及以上所有人 | | 100.0 |
| 性别 | 男 | 55.2 |
| | 女 | 44.8 |
| 年龄 | 10~14 岁 | 2.4 |
| | 15~24 岁 | 13.2 |
| | 25~34 岁 | 20.9 |
| | 35~44 岁 | 26.0 |
| | 45~54 岁 | 13.6 |
| | 55~64 岁 | 14.2 |
| | 65 岁及以上 | 9.7 |
| 文化程度 | 未受过正规教育 | 1.0 |
| | 小学 | 8.0 |
| | 初中 | 37.7 |
| | 高中 | 27.7 |
| | 大学及以上 | 25.6 |
| 职业类别 | 干部/管理人员 | 7.8 |
| | 初级公务员/雇员 | 13.1 |
| | 个体/私营企业人员 | 24.1 |
| | 工人 | 19.6 |
| | 学生 | 9.6 |
| | 无业(含退休人员) | 25.7 |
| | 其他 | * |
| 个人月收入 | 无收入 | 16.6 |
| | 1~500 元 | * |
| | 501~1000 元 | 1.0 |
| | 1001~1500 元 | 7.4 |
| | 1501~2000 元 | 19.4 |
| | 2001~2500 元 | 11.6 |
| | 2501~3000 元 | 13.5 |
| | 3001~4000 元 | 18.0 |
| | 4001 元及以上 | 12.5 |

注:"*"表示目标听众样本量不足,无法进行统计推断。

表 3.14.4 2012~2014 年合肥市场各广播电台的市场份额(%)

| 广播电台 | 2012 年 | 2013 年 | 2014 年 |
|---|---|---|---|
| 中央人民广播电台 | 14.4 | 13.9 | 11.9 |
| 中国国际广播电台 | 1.0 | 0.9 | 0.5 |
| 安徽广播电视台 | 45.6 | 47.3 | 51.6 |
| 合肥广播电视台 | 34.7 | 34.1 | 33.4 |
| 其他广播电台 | 4.2 | 3.9 | 2.6 |

**表 3.14.5　2014 年合肥市场各广播电台在不同目标听众中的市场份额(%)**

| 目标听众 | | 中央人民广播电台 | 中国国际广播电台 | 安徽广播电视台 | 合肥广播电视台 | 其他广播电台 |
|---|---|---|---|---|---|---|
| 10 岁及以上所有人 | | 11.9 | 0.5 | 51.6 | 33.4 | 2.6 |
| 性别 | 男 | 11.8 | 0.6 | 50.2 | 34.3 | 3.0 |
| | 女 | 11.9 | 0.3 | 53.3 | 32.2 | 2.3 |
| 年龄 | 10～14 岁 | 14.6 | 1.1 | 35.4 | 48.4 | 0.6 |
| | 15～24 岁 | 11.2 | 0.2 | 49.7 | 37.0 | 1.9 |
| | 25～34 岁 | 9.2 | 0.8 | 53.3 | 33.6 | 3.2 |
| | 35～44 岁 | 9.6 | 0.3 | 54.4 | 32.9 | 2.8 |
| | 45～54 岁 | 9.8 | 0.2 | 51.3 | 36.6 | 2.1 |
| | 55～64 岁 | 16.6 | 0.9 | 47.3 | 32.6 | 2.7 |
| | 65 岁及以上 | 19.7 | 0.3 | 53.9 | 22.5 | 3.6 |
| 文化程度 | 未受过正规教育 | 15.0 | 0.0 | 62.9 | 22.0 | 0.0 |
| | 小学 | 11.8 | 0.5 | 48.9 | 37.7 | 1.1 |
| | 初中 | 10.6 | 0.5 | 51.5 | 34.0 | 3.3 |
| | 高中 | 10.4 | 0.6 | 53.2 | 33.3 | 2.5 |
| | 大学及以上 | 15.2 | 0.3 | 50.3 | 31.6 | 2.5 |
| 职业类别 | 干部/管理人员 | 19.7 | 0.2 | 54.7 | 21.8 | 3.6 |
| | 初级公务员/雇员 | 12.1 | 0.4 | 56.9 | 28.4 | 2.2 |
| | 个体/私营企业人员 | 8.6 | 0.6 | 46.1 | 41.7 | 3.0 |
| | 工人 | 9.2 | 0.5 | 53.2 | 35.5 | 1.5 |
| | 学生 | 12.4 | 0.4 | 46.8 | 38.3 | 2.0 |
| | 无业(含退休人员) | 14.3 | 0.4 | 53.5 | 28.3 | 3.4 |
| | 其他 | * | * | * | * | * |
| 个人月收入 | 无收入 | 10.8 | 0.4 | 48.2 | 37.7 | 2.9 |
| | 1～500 元 | * | * | * | * | * |
| | 501～1000 元 | 10.5 | 0.4 | 50.0 | 38.5 | 0.7 |
| | 1001～1500 元 | 12.6 | 1.1 | 55.1 | 30.1 | 1.1 |
| | 1501～2000 元 | 12.4 | 0.7 | 54.3 | 30.3 | 2.4 |
| | 2001～2500 元 | 16.9 | 0.4 | 54.8 | 26.5 | 1.4 |
| | 2501～3000 元 | 10.3 | 0.3 | 49.4 | 39.1 | 0.9 |
| | 3001～4000 元 | 10.1 | 0.6 | 49.9 | 37.0 | 2.4 |
| | 4001 元及以上 | 11.5 | 0.1 | 49.2 | 32.8 | 6.4 |

注:“*”表示目标听众样本量不足,无法进行统计推断。

**表 3.14.6　2014 年合肥市场份额排名前五位的频率**

| 名　次 | 频率名称 | 市场份额% |
|---|---|---|
| 1 | 安徽音乐广播 FM89.5 | 12.0 |
| 2 | 安徽交通广播 FM90.8 | 10.4 |
| 3 | 合肥交通广播 AM1053/FM102.6 | 9.1 |
| 4 | 合肥故事广播 FM98.8 | 8.8 |
| 5 | 中央人民广播电台第一套节目中国之声 | 7.2 |

# 十五、济南收听数据

**表 3.15.1　2012～2014 年济南各目标听众人均收听时间(分钟)**

| 目标听众 | | 2012 年 | 2013 年 | 2014 年 |
|---|---|---|---|---|
| 10 岁及以上所有人 | | 103 | 104 | 88 |
| 性别 | 男 | 99 | 101 | 84 |
| | 女 | 107 | 108 | 93 |
| 年龄 | 10～14 岁 | 25 | 23 | 21 |
| | 15～24 岁 | 50 | 54 | 46 |
| | 25～34 岁 | 93 | 80 | 70 |
| | 35～44 岁 | 102 | 101 | 93 |
| | 45～54 岁 | 107 | 121 | 111 |
| | 55～64 岁 | 171 | 172 | 131 |
| | 65 岁及以上 | 182 | 189 | 163 |
| 文化程度 | 未受过正规教育 | 96 | 104 | 81 |
| | 小学 | 106 | 127 | 123 |
| | 初中 | 115 | 117 | 96 |
| | 高中 | 97 | 97 | 81 |
| | 大学及以上 | 93 | 82 | 73 |
| 职业类别 | 干部/管理人员 | 101 | 104 | 65 |
| | 初级公务员/雇员 | 88 | 76 | 63 |
| | 个体/私营企业人员 | 108 | 129 | 101 |
| | 工人 | 90 | 91 | 91 |
| | 学生 | 34 | 32 | 26 |
| | 无业(含退休人员) | 162 | 169 | 132 |
| | 其他 | 106 | 109 | 120 |
| 个人月收入 | 无收入 | 57 | 49 | 42 |
| | 1～500 元 | 119 | 137 | 119 |
| | 501～1000 元 | 100 | 98 | 98 |
| | 1001～1500 元 | 96 | 104 | 93 |
| | 1501～2000 元 | 131 | 120 | 99 |
| | 2001～2500 元 | 107 | 138 | 118 |
| | 2501～3000 元 | 106 | 98 | 93 |
| | 3001～4000 元 | 123 | 111 | 102 |
| | 4001 元及以上 | 121 | 98 | 71 |

注:济南为全年连续调查城市。

**表 3.15.2　2012～2014 年济南听众在不同地点的人均收听时间(分钟)**

| 地　点 | 2012 年 | 2013 年 | 2014 年 |
|---|---|---|---|
| 家中 | 78 | 79 | 63 |
| 车上 | 13 | 14 | 14 |
| 工作或学习场所 | 9 | 9 | 9 |
| 其他场所 | 3 | 3 | 2 |

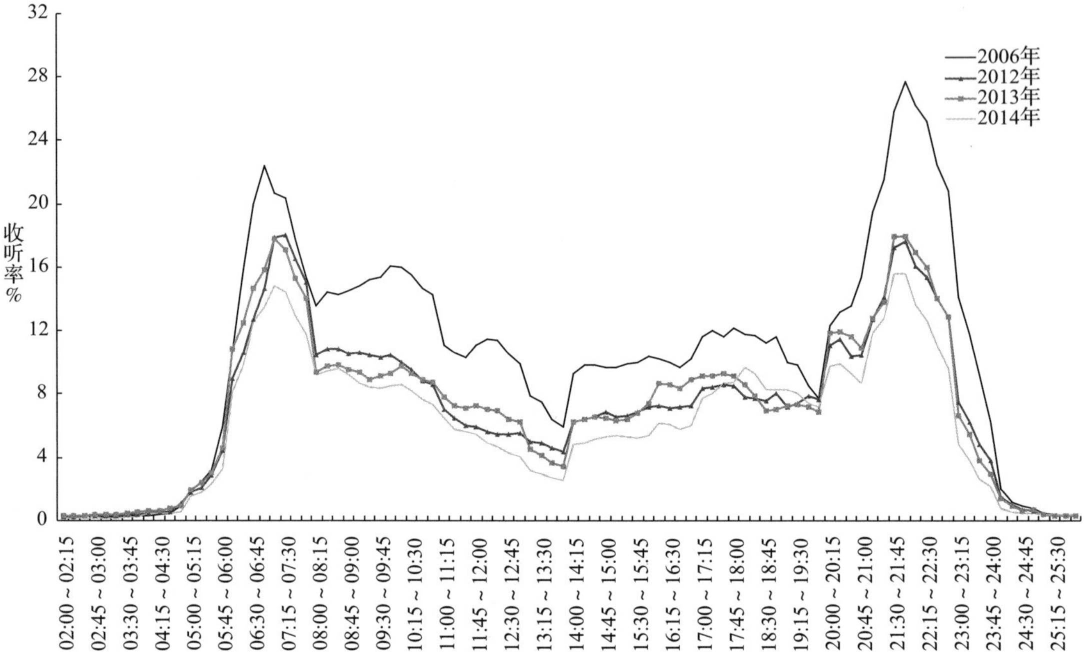


图 3. 15. 1　2012 ~ 2014 年济南听众全天收听率走势

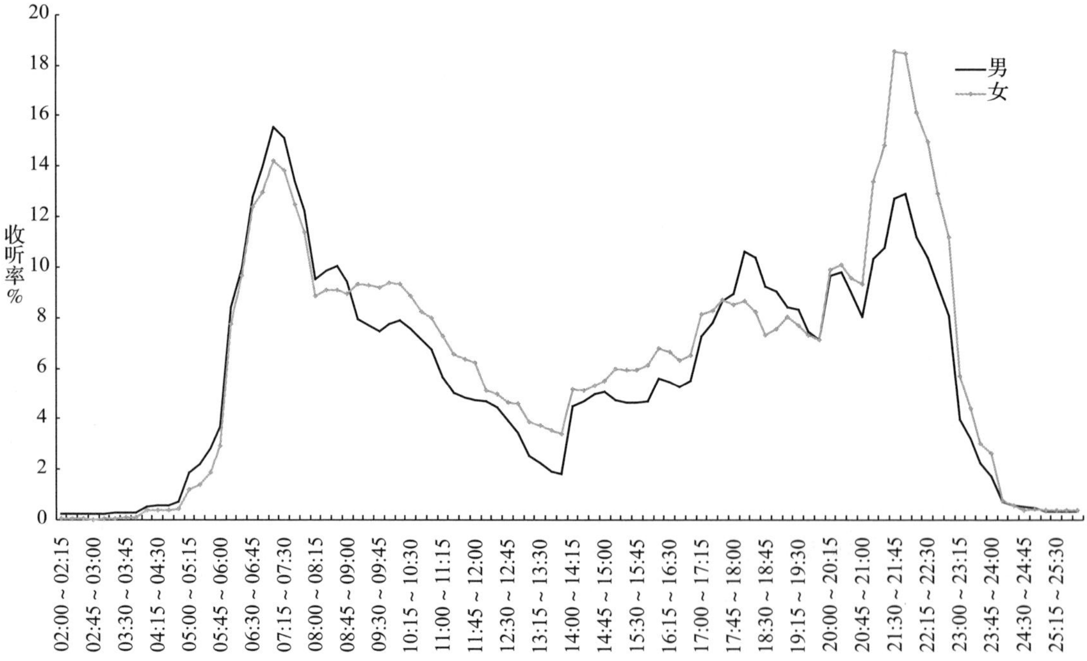


图 3. 15. 2　2014 年济南不同性别听众全天收听率走势

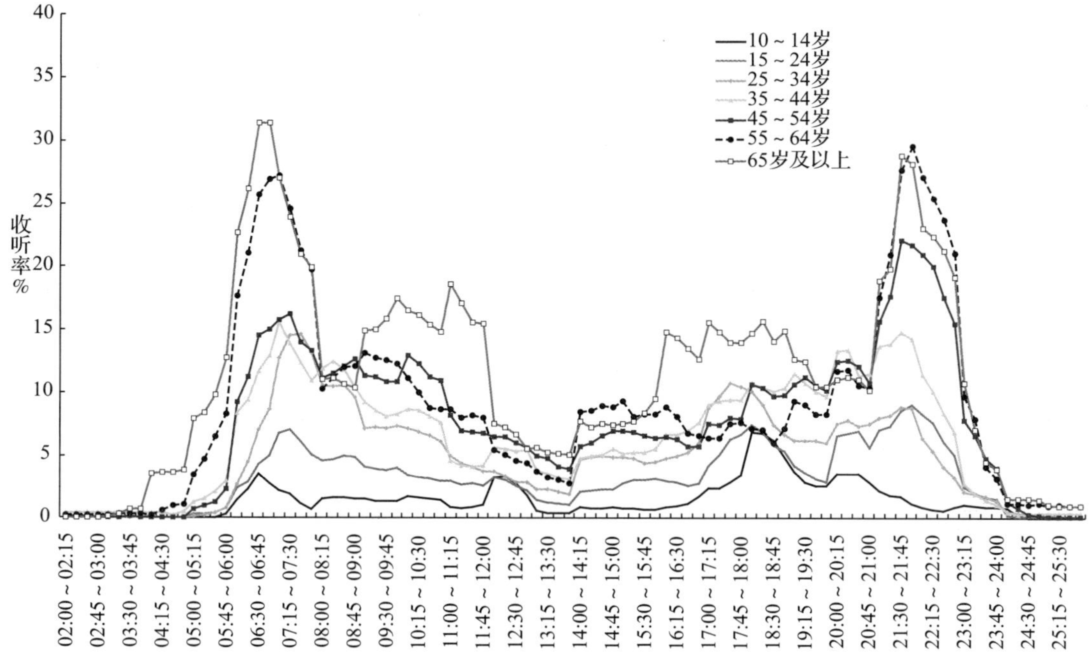


图 3. 15. 3　2014 年济南不同年龄听众全天收听率走势

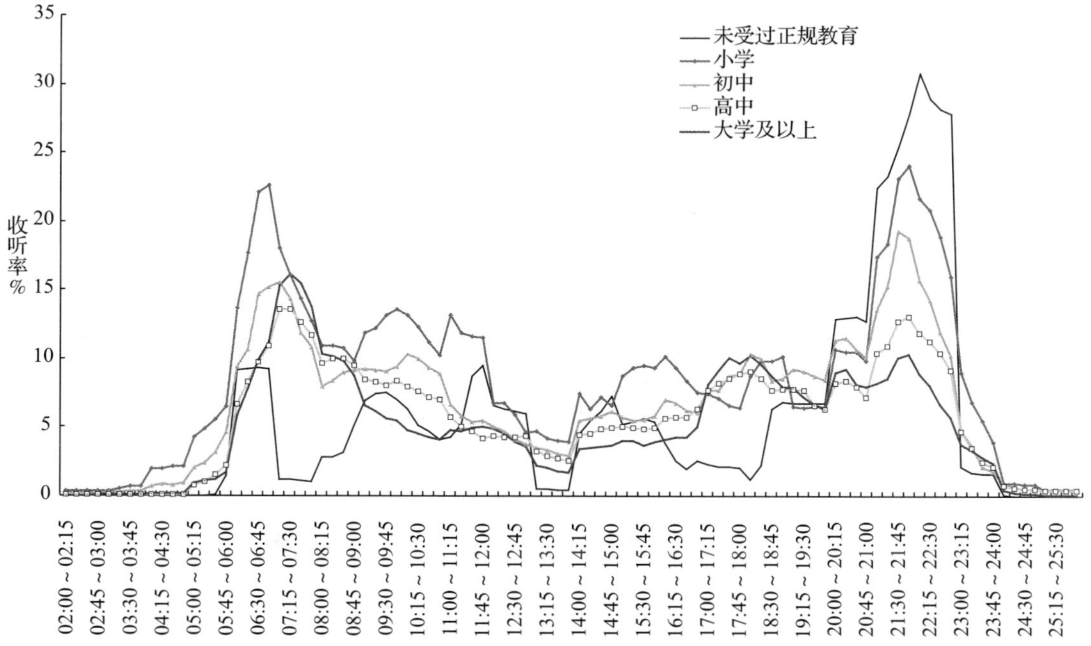


图 3. 15. 4　2014 年济南不同文化程度听众全天收听率走势

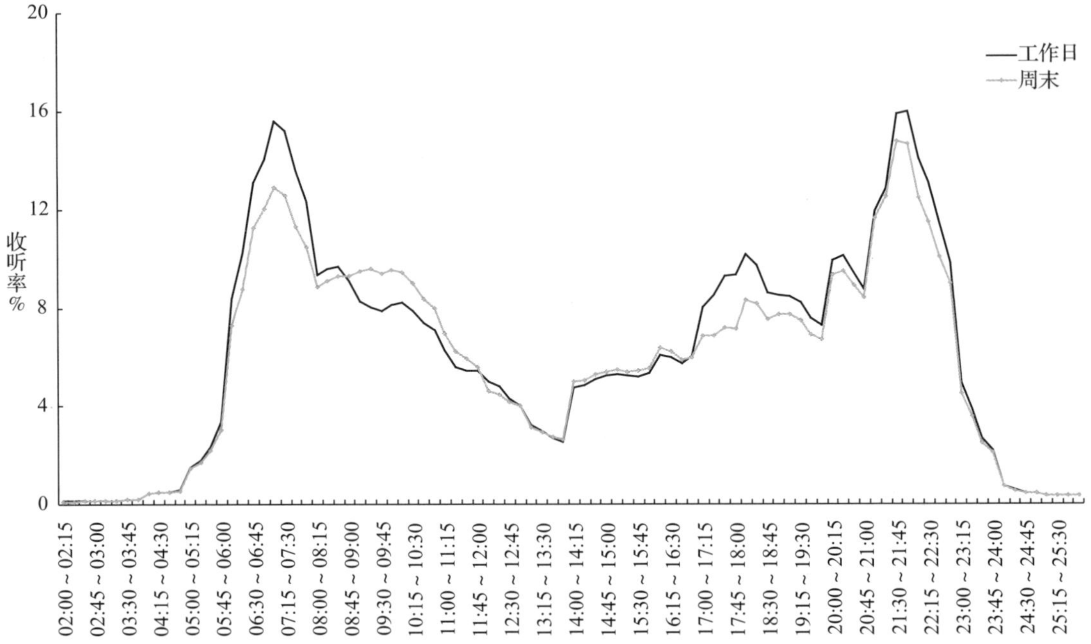


**图 3.15.5　2014 年济南听众工作日与周末全天收听率走势**

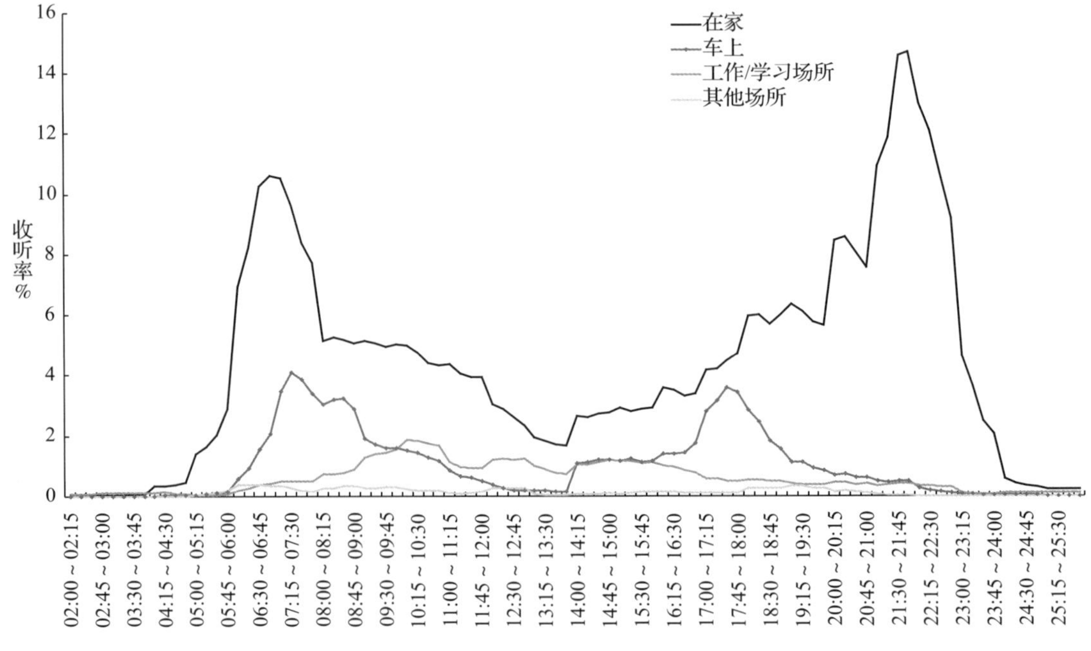


**图 3.15.6　2014 年济南听众在不同收听地点全天收听率走势**

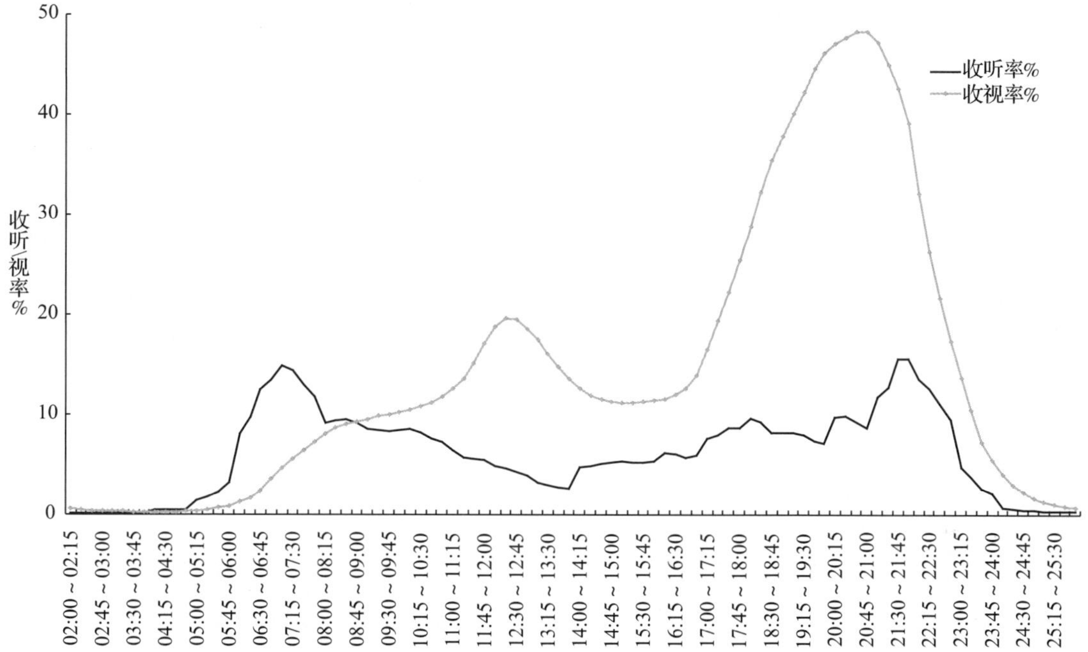


图 3.15.7　2014 年济南受众全天收听率、收视率走势比较(目标受众为 10 岁及以上)

表 3.15.3　2014 年济南市场听众构成(%)

| 目标听众 | | 听众构成(%) |
|---|---|---|
| 10 岁及以上所有人 | | 100.0 |
| 性别 | 男 | 48.3 |
| | 女 | 51.7 |
| 年龄 | 10~14 岁 | 0.9 |
| | 15~24 岁 | 11.5 |
| | 25~34 岁 | 15.3 |
| | 35~44 岁 | 19.0 |
| | 45~54 岁 | 20.3 |
| | 55~64 岁 | 16.6 |
| | 65 岁及以上 | 16.4 |
| 文化程度 | 未受过正规教育 | 1.0 |
| | 小学 | 11.1 |
| | 初中 | 40.2 |
| | 高中 | 30.5 |
| | 大学及以上 | 17.2 |
| 职业类别 | 干部/管理人员 | 2.1 |
| | 初级公务员/雇员 | 10.5 |
| | 个体/私营企业人员 | 16.0 |
| | 工人 | 27.1 |
| | 学生 | 4.3 |
| | 无业(含退休人员) | 31.8 |
| | 其他 | 8.2 |
| 个人月收入 | 无收入 | 9.8 |
| | 1~500 元 | 3.9 |
| | 501~1000 元 | 5.9 |
| | 1001~1500 元 | 7.4 |
| | 1501~2000 元 | 16.9 |
| | 2001~2500 元 | 23.0 |
| | 2501~3000 元 | 13.1 |
| | 3001~4000 元 | 14.5 |
| | 4001 元及以上 | 5.5 |

表 3.15.4　2012~2014 年济南市场各广播电台的市场份额(%)

| 广播电台 | 2012 年 | 2013 年 | 2014 年 |
|---|---|---|---|
| 中央人民广播电台 | 3.1 | 3.4 | 3.3 |
| 中国国际广播电台 | 0.0 | 0.0 | 0.0 |
| 山东广播电视台 | 28.1 | 21.2 | 19.2 |
| 济南广播电视台 | 68.7 | 72.1 | 77.3 |
| 其他广播电台 | 0.1 | 3.3 | 0.2 |

表 3.15.5　2014 年济南市场各广播电台在不同目标听众中的市场份额(%)

| 目标听众 | | 中央人民广播电台 | 中国国际广播电台 | 山东广播电视台 | 济南广播电视台 | 其他广播电台 |
|---|---|---|---|---|---|---|
| 10 岁及以上所有人 | | 3.3 | 0.0 | 19.2 | 77.3 | 0.2 |
| 性别 | 男 | 4.3 | 0.0 | 18.1 | 77.4 | 0.2 |
| | 女 | 2.4 | 0.0 | 20.2 | 77.2 | 0.2 |
| 年龄 | 10~14 岁 | 0.7 | 0.0 | 10.0 | 89.3 | 0.0 |
| | 15~24 岁 | 2.2 | 0.0 | 20.7 | 77.0 | 0.1 |
| | 25~34 岁 | 0.6 | 0.0 | 24.7 | 74.6 | 0.1 |
| | 35~44 岁 | 3.6 | 0.0 | 15.6 | 80.6 | 0.2 |
| | 45~54 岁 | 2.3 | 0.0 | 20.1 | 77.2 | 0.4 |
| | 55~64 岁 | 4.1 | 0.0 | 14.8 | 81.0 | 0.1 |
| | 65 岁及以上 | 6.7 | 0.0 | 20.8 | 72.0 | 0.5 |
| 文化程度 | 未受过正规教育 | 0.5 | 0.0 | 16.7 | 82.2 | 0.6 |
| | 小学 | 6.5 | 0.0 | 17.0 | 75.3 | 1.2 |
| | 初中 | 2.6 | 0.0 | 19.0 | 78.2 | 0.2 |
| | 高中 | 3.4 | 0.0 | 16.8 | 79.7 | 0.1 |
| | 大学及以上 | 2.8 | 0.0 | 25.3 | 71.7 | 0.2 |
| 职业类别 | 干部/管理人员 | 4.4 | 0.0 | 17.1 | 78.5 | 0.0 |
| | 初级公务员/雇员 | 3.4 | 0.0 | 22.7 | 73.8 | 0.1 |
| | 个体/私营企业人员 | 3.1 | 0.0 | 16.6 | 79.9 | 0.4 |
| | 工人 | 1.1 | 0.0 | 17.3 | 81.5 | 0.1 |
| | 学生 | 3.7 | 0.0 | 24.4 | 71.8 | 0.1 |
| | 无业(含退休人员) | 5.6 | 0.0 | 19.4 | 74.7 | 0.3 |
| | 其他 | 1.2 | 0.0 | 22.5 | 75.3 | 1.0 |
| 个人月收入 | 无收入 | 5.8 | 0.0 | 22.0 | 72.2 | 0.0 |
| | 1~500 元 | 1.6 | 0.0 | 10.3 | 86.7 | 1.4 |
| | 501~1000 元 | 0.9 | 0.0 | 20.2 | 78.0 | 0.9 |
| | 1001~1500 元 | 2.3 | 0.0 | 21.9 | 75.8 | 0.0 |
| | 1501~2000 元 | 3.0 | 0.0 | 17.8 | 79.0 | 0.2 |
| | 2001~2500 元 | 2.7 | 0.0 | 17.5 | 79.5 | 0.3 |
| | 2501~3000 元 | 1.2 | 0.0 | 21.0 | 77.8 | 0.0 |
| | 3001~4000 元 | 5.4 | 0.0 | 21.6 | 72.7 | 0.3 |
| | 4001 元及以上 | 6.2 | 0.0 | 16.4 | 77.4 | 0.0 |

表 3.15.6　2014 年济南市场份额排名前五位的频率

| 名　次 | 频率名称 | 市场份额% |
|---|---|---|
| 1 | 济南新闻广播 FM106.6 | 23.4 |
| 2 | 济南经济广播 FM90.9 | 14.9 |
| 3 | 济南电台音乐调频 88.7 FM88.7 | 12.0 |
| 4 | 济南故事广播 FM104.3 | 10.4 |
| 5 | 济南交通广播 FM103.1 | 9.1 |

# 十六、南昌收听数据

**表 3.16.1　2013～2014 年南昌各目标听众人均收听时间(分钟)**

| 目标听众 | | 2013 年 | 2014 年 |
|---|---|---|---|
| 10 岁及以上所有人 | | 42 | 28 |
| 性别 | 男 | 50 | 31 |
| | 女 | 35 | 25 |
| 年龄 | 10～14 岁 | 9 | 7 |
| | 15～24 岁 | 18 | 13 |
| | 25～34 岁 | 37 | 27 |
| | 35～44 岁 | 45 | 34 |
| | 45～54 岁 | 48 | 36 |
| | 55～64 岁 | 47 | 34 |
| | 65 岁及以上 | 80 | 54 |
| 年龄 | 未受过正规教育 | 34 | 10 |
| | 小学 | 36 | 20 |
| | 初中 | 44 | 27 |
| | 高中 | 44 | 32 |
| | 大学及以上 | 43 | 30 |
| 职业类别 | 干部/管理人员 | 54 | 37 |
| | 初级公务员/雇员 | 42 | 28 |
| | 个体/私营企业人员 | 41 | 35 |
| | 工人 | 39 | 26 |
| | 学生 | 13 | 8 |
| | 无业(含退休人员) | 60 | 37 |
| | 其他 | 24 | 13 |
| 个人月收入 | 无收入 | 18 | 11 |
| | 1～500 元 | * | * |
| | 501～1000 元 | 37 | 34 |
| | 1001～1500 元 | 51 | 24 |
| | 1501～2000 元 | 48 | 40 |
| | 2001～2500 元 | 43 | 27 |
| | 2501～3000 元 | 55 | 30 |
| | 3001～4000 元 | 50 | 34 |
| | 4001 元及以上 | 49 | 45 |

注:南昌自 2013 年 4 月开始进行收听率调查,为全年连续调查城市。“*”表示目标听众样本量不足,无法进行统计推断。

**表 3.16.2　2013～2014 年南昌听众在不同地点的人均收听时间(分钟)**

| 地　点 | 2013 年 | 2014 年 |
|---|---|---|
| 家中 | 24 | 15 |
| 车上 | 14 | 11 |
| 工作或学习场所 | 2 | 1 |
| 其他场所 | 2 | 1 |

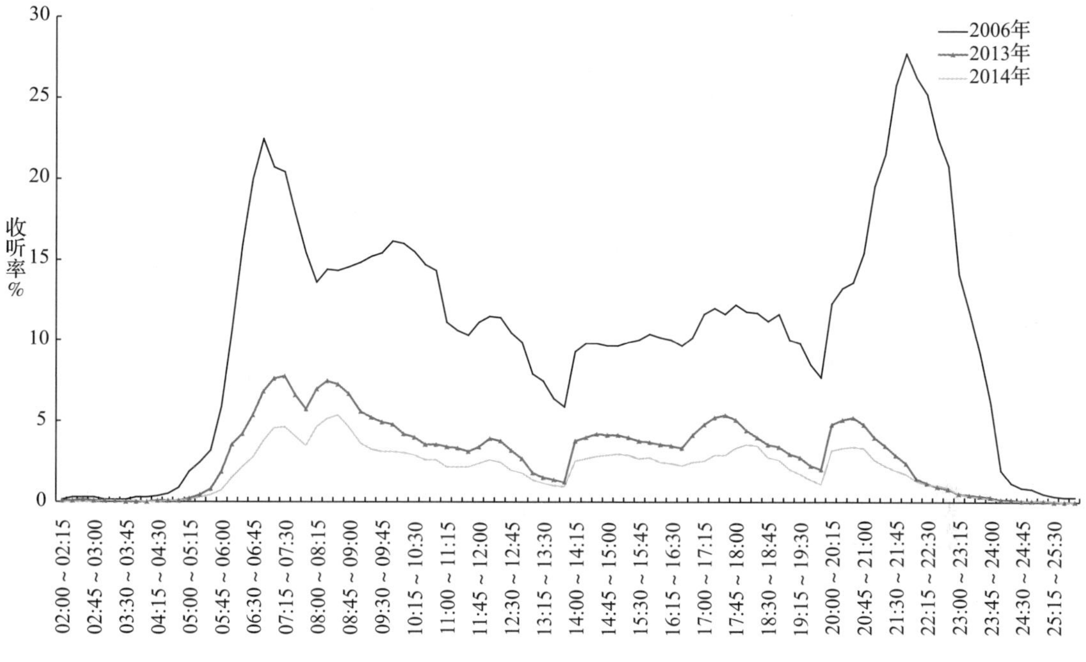


图 3. 16. 1　2012～2014 年南昌听众全天收听率走势

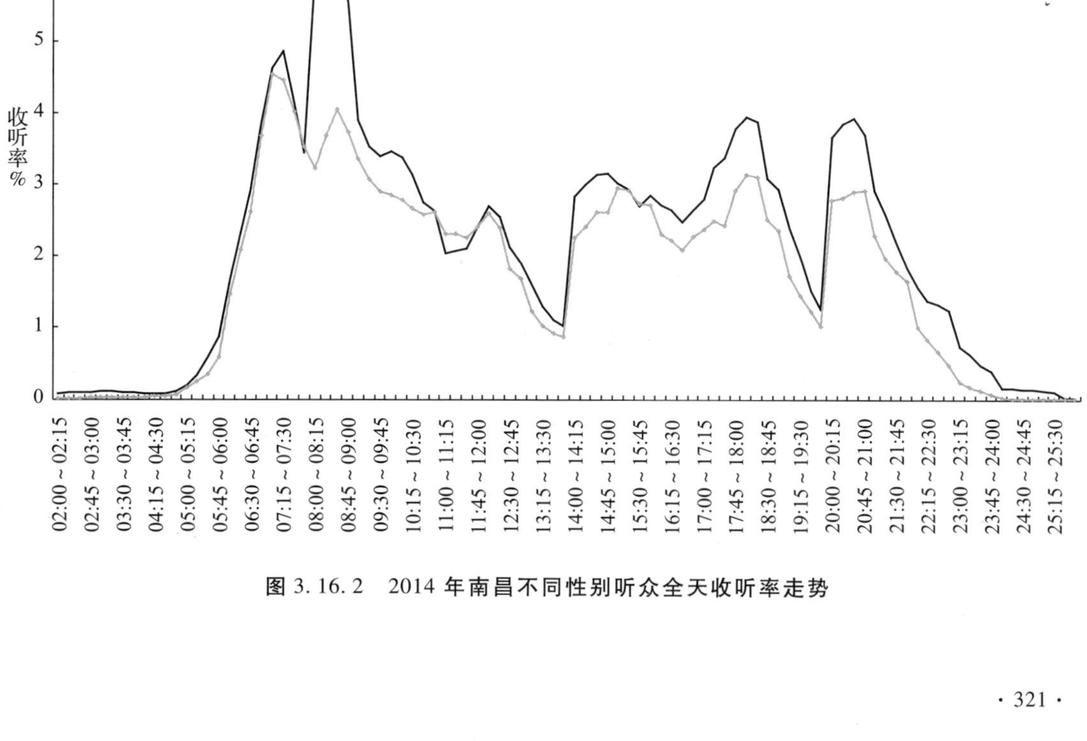


图 3. 16. 2　2014 年南昌不同性别听众全天收听率走势

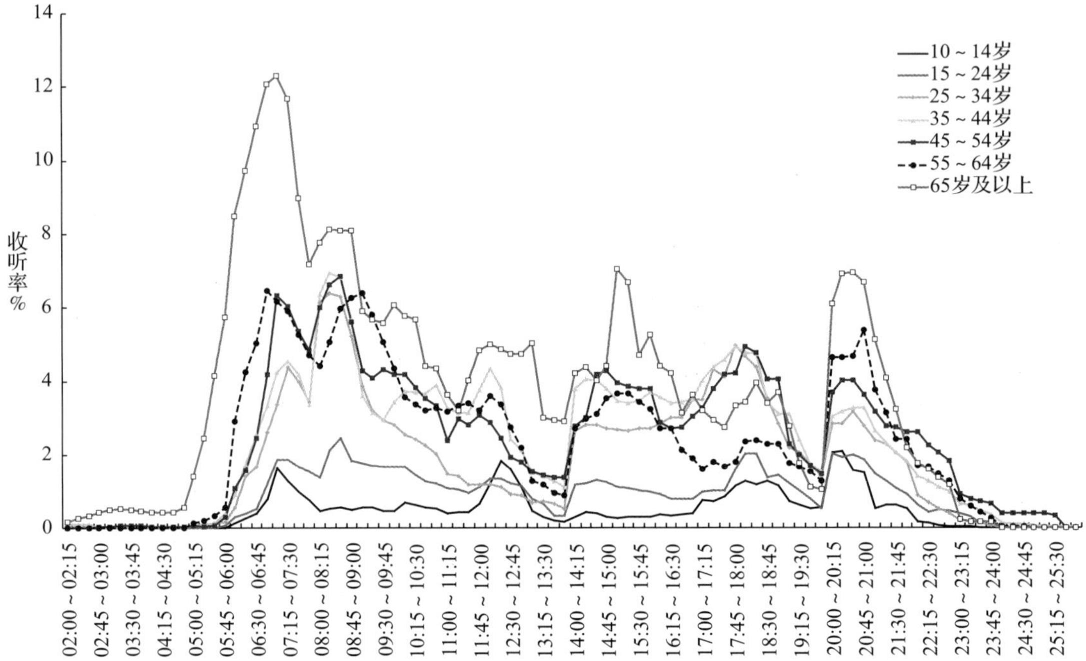


图 3.16.3　2014 年南昌不同年龄听众全天收听率走势

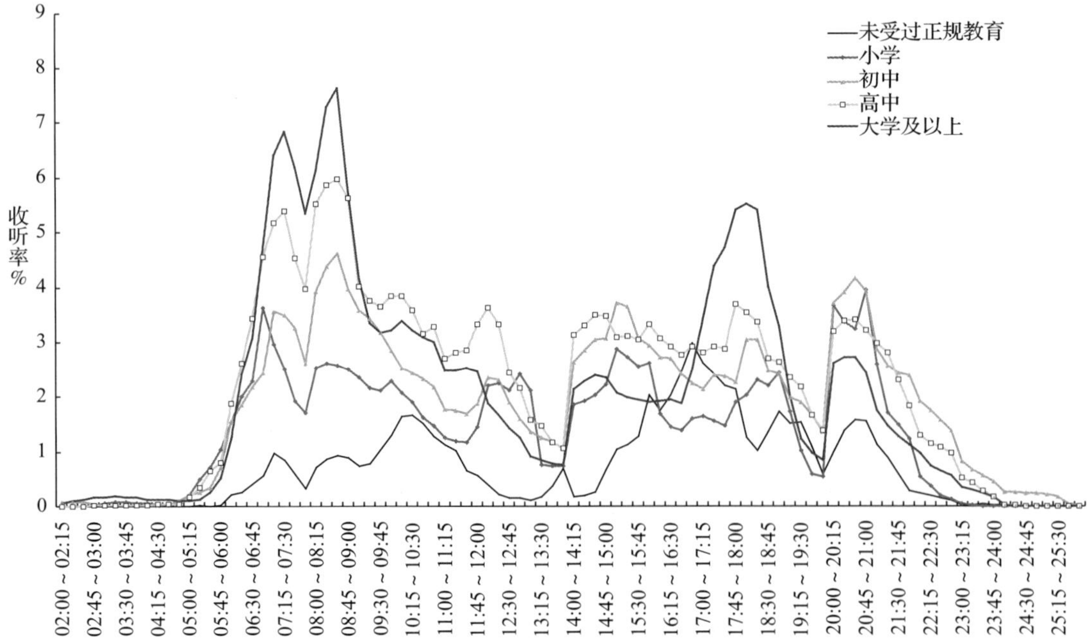


图 3.16.4　2014 年南昌不同文化程度听众全天收听率走势

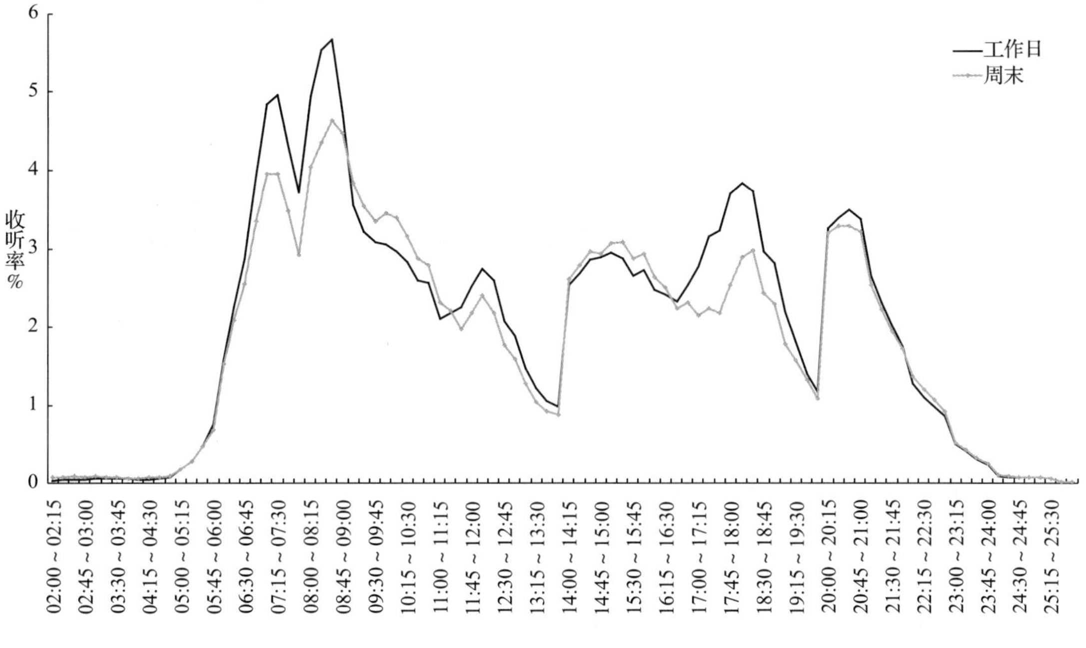


图 3.16.5　2014 年南昌听众工作日与周末全天收听率走势

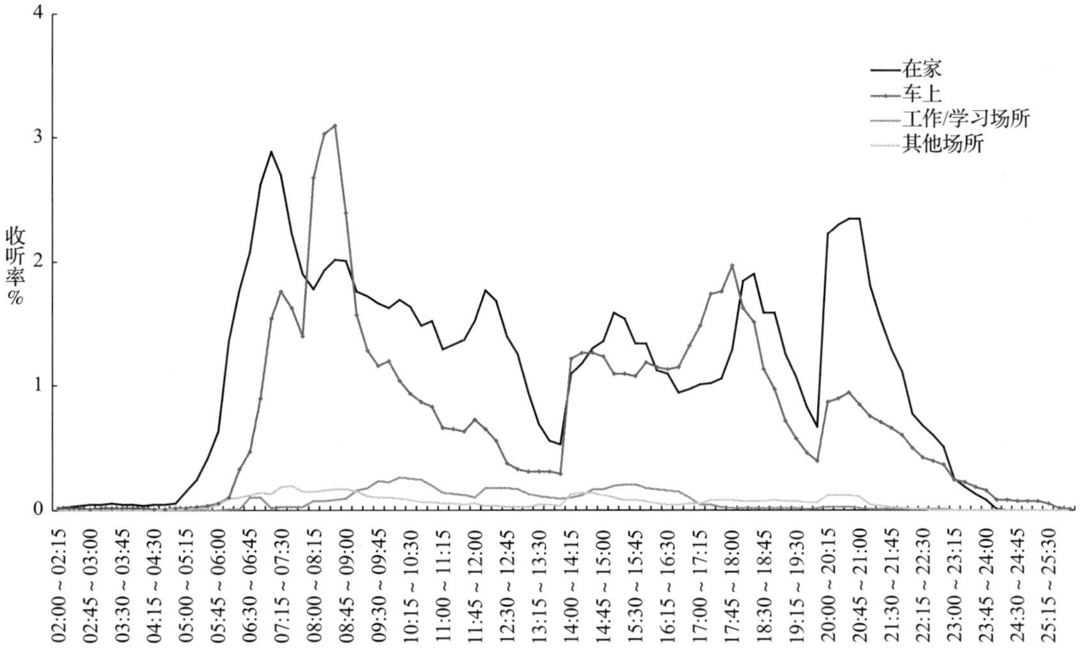


图 3.16.6　2014 年南昌听众在不同收听地点全天收听率走势

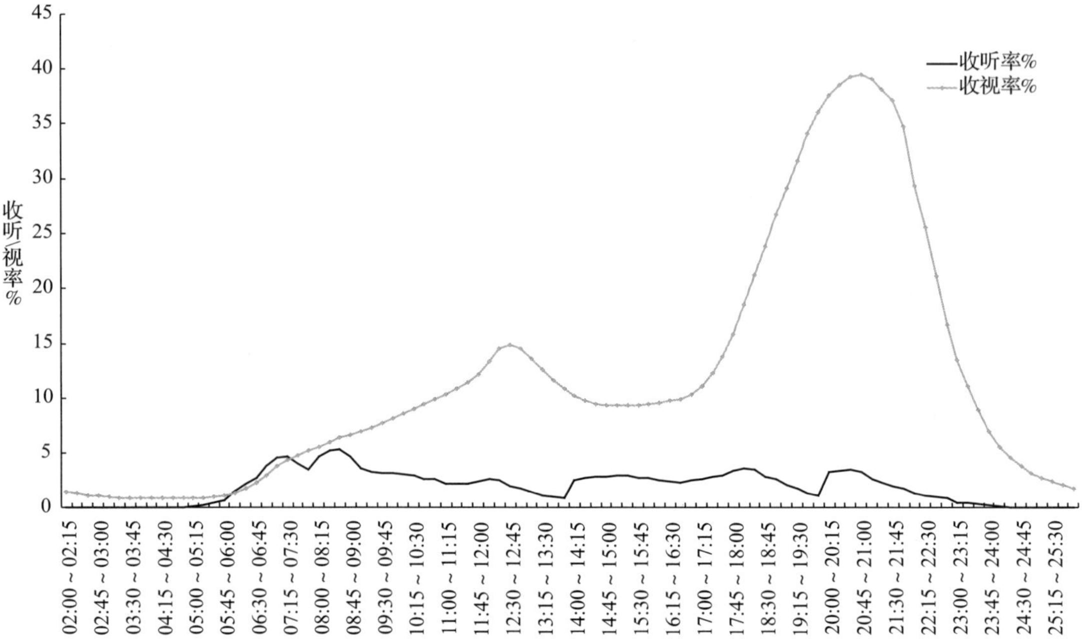


图 3. 16. 7　2014 年南昌受众全天收听率、收视率走势比较(目标受众为 10 岁及以上)

表 3.16.3 2014 年南昌市场听众构成(%)

| 目标听众 | | 听众构成(%) |
|---|---|---|
| 10 岁及以上所有人 | | 100.0 |
| 性别 | 男 | 57.4 |
| | 女 | 42.6 |
| 年龄 | 10~14 岁 | 1.4 |
| | 15~24 岁 | 10.7 |
| | 25~34 岁 | 17.5 |
| | 35~44 岁 | 22.8 |
| | 45~54 岁 | 18.1 |
| | 55~64 岁 | 12.8 |
| | 65 岁及以上 | 16.8 |
| 文化程度 | 未受过正规教育 | 0.8 |
| | 小学 | 9.1 |
| | 初中 | 28.6 |
| | 高中 | 39.4 |
| | 大学及以上 | 22.2 |
| 职业类别 | 干部/管理人员 | 6.1 |
| | 初级公务员/雇员 | 18.5 |
| | 个体/私营企业人员 | 25.7 |
| | 工人 | 14.8 |
| | 学生 | 4.6 |
| | 无业(含退休人员) | 29.8 |
| | 其他 | 0.5 |
| 个人月收入 | 无收入 | 9.1 |
| | 1~500 元 | * |
| | 501~1000 元 | 1.6 |
| | 1001~1500 元 | 6.5 |
| | 1501~2000 元 | 19.9 |
| | 2001~2500 元 | 15.1 |
| | 2501~3000 元 | 10.4 |
| | 3001~4000 元 | 19.4 |
| | 4001 元及以上 | 17.9 |

注:“*”表示目标听众样本量不足,无法进行统计推断。

表 3.16.4 2013~2014 年南昌市场各广播电台的市场份额(%)

| 广播电台 | 2013 年 | 2014 年 |
|---|---|---|
| 中央人民广播电台 | 26.6 | 21.3 |
| 中国国际广播电台 | 0.0 | 0.0 |
| 江西人民广播电台 | 43.8 | 48.5 |
| 南昌人民广播电台 | 27.6 | 28.5 |
| 其他广播电台 | 2.1 | 1.7 |

表 3.16.5 2014 年南昌市场各广播电台在不同目标听众中的市场份额(%)

| 目标听众 | | 中央人民广播电台 | 中国国际广播电台 | 江西人民广播电台 | 南昌人民广播电台 | 其他广播电台 |
|---|---|---|---|---|---|---|
| 10 岁及以上所有人 | | 21.3 | 0.0 | 48.5 | 28.5 | 1.7 |
| 性别 | 男 | 22.9 | 0.0 | 47.3 | 28.5 | 1.3 |
| | 女 | 19.2 | 0.0 | 50.1 | 28.5 | 2.2 |
| 年龄 | 10~14 岁 | 18.5 | 0.0 | 34.1 | 42.6 | 4.8 |
| | 15~24 岁 | 10.9 | 0.0 | 54.2 | 31.8 | 3.2 |
| | 25~34 岁 | 10.4 | 0.0 | 54.7 | 32.6 | 2.3 |
| | 35~44 岁 | 21.0 | 0.0 | 48.0 | 28.8 | 2.1 |
| | 45~54 岁 | 17.5 | 0.0 | 42.8 | 39.3 | 0.4 |
| | 55~64 岁 | 30.4 | 0.0 | 50.9 | 17.2 | 1.6 |
| | 65 岁及以上 | 37.1 | 0.0 | 44.7 | 17.6 | 0.6 |
| 文化程度 | 未受过正规教育 | 11.0 | 0.0 | 73.3 | 15.7 | 0.0 |
| | 小学 | 18.9 | 0.0 | 59.3 | 21.0 | 0.8 |
| | 初中 | 18.6 | 0.0 | 45.9 | 33.8 | 1.7 |
| | 高中 | 23.4 | 0.0 | 48.4 | 27.1 | 1.1 |
| | 大学及以上 | 22.3 | 0.0 | 46.9 | 27.8 | 3.0 |
| 职业类别 | 干部/管理人员 | 24.0 | 0.0 | 50.2 | 20.2 | 5.5 |
| | 初级公务员/雇员 | 18.3 | 0.0 | 46.3 | 32.7 | 2.7 |
| | 个体/私营企业人员 | 15.1 | 0.0 | 47.4 | 37.1 | 0.4 |
| | 工人 | 15.5 | 0.0 | 51.5 | 30.4 | 2.6 |
| | 学生 | 20.7 | 0.0 | 43.6 | 33.5 | 2.2 |
| | 无业(含退休人员) | 30.6 | 0.0 | 49.6 | 18.7 | 1.0 |
| | 其他 | 40.4 | 0.0 | 39.9 | 19.7 | 0.0 |
| 个人月收入 | 无收入 | 16.3 | 0.0 | 56.7 | 25.1 | 1.9 |
| | 1~500 元 | * | * | * | * | * |
| | 501~1000 元 | 35.4 | 0.0 | 23.6 | 31.6 | 9.4 |
| | 1001~1500 元 | 21.7 | 0.0 | 52.4 | 23.3 | 2.6 |
| | 1501~2000 元 | 31.5 | 0.0 | 40.8 | 26.1 | 1.7 |
| | 2001~2500 元 | 24.4 | 0.0 | 46.8 | 27.7 | 1.1 |
| | 2501~3000 元 | 12.5 | 0.0 | 54.8 | 32.4 | 0.3 |
| | 3001~4000 元 | 20.7 | 0.0 | 48.0 | 29.6 | 1.7 |
| | 4001 元及以上 | 14.8 | 0.0 | 51.8 | 31.3 | 2.0 |

注:“*”表示目标听众样本量不足,无法进行统计推断。

表 3.16.6 2014 年南昌市场份额排名前五位的频率

| 名次 | 频率名称 | 市场份额(%) |
|---|---|---|
| 1 | 中央人民广播电台第一套节目中国之声 | 13.3 |
| 2 | 江西交通广播 FM105.4 | 13.1 |
| 3 | 南昌交通音乐广播 FM95.1 | 10.8 |
| 4 | 江西音乐广播 FM103.4 | 10.3 |
| 5 | 南昌凤凰 879 FM87.9 | 5.9 |

# 十七、南京收听数据

**表 3.17.1　2012～2014 年南京各目标听众人均收听时间(分钟)**

| 目标听众 | | 2012 年 | 2013 年 | 2014 年 |
|---|---|---|---|---|
| 10 岁及以上所有人 | | 84 | 78 | 75 |
| 性别 | 男 | 88 | 84 | 78 |
| | 女 | 79 | 73 | 71 |
| 年龄 | 10～14 岁 | 17 | 23 | 15 |
| | 15～24 岁 | 33 | 34 | 28 |
| | 25～34 岁 | 68 | 57 | 53 |
| | 35～44 岁 | 93 | 74 | 65 |
| | 45～54 岁 | 93 | 89 | 104 |
| | 55～64 岁 | 138 | 139 | 145 |
| | 65 岁及以上 | 133 | 135 | 139 |
| 文化程度 | 未受过正规教育 | 87 | 86 | 87 |
| | 小学 | 64 | 60 | 87 |
| | 初中 | 87 | 84 | 82 |
| | 高中 | 96 | 88 | 83 |
| | 大学及以上 | 70 | 68 | 57 |
| 职业类别 | 干部/管理人员 | 58 | 68 | 93 |
| | 初级公务员/雇员 | 66 | 62 | 63 |
| | 个体/私营企业人员 | 128 | 100 | 100 |
| | 工人 | 82 | 72 | 62 |
| | 学生 | 24 | 29 | 17 |
| | 无业(含退休人员) | 122 | 121 | 123 |
| | 其他 | 45 | * | * |
| 个人月收入 | 无收入 | 37 | 35 | 28 |
| | 1～500 元 | 68 | 83 | * |
| | 501～1000 元 | 196 | 124 | * |
| | 1001～1500 元 | 100 | 109 | 108 |
| | 1501～2000 元 | 103 | 84 | 75 |
| | 2001～2500 元 | 96 | 103 | 102 |
| | 2501～3000 元 | 78 | 77 | 85 |
| | 3001～4000 元 | 93 | 83 | 86 |
| | 4001 元及以上 | 73 | 81 | 77 |

注:南京为全年连续调查城市。“*”表示该目标听众样本量不足,无法进行统计推断

**表 3.17.2　2012～2014 年南京听众在不同地点的人均收听时间(分钟)**

| 地　点 | 2012 年 | 2013 年 | 2014 年 |
|---|---|---|---|
| 在家 | 59 | 55 | 52 |
| 车上 | 14 | 15 | 14 |
| 工作/学习场所 | 9 | 6 | 6 |
| 其他场所 | 2 | 3 | 3 |

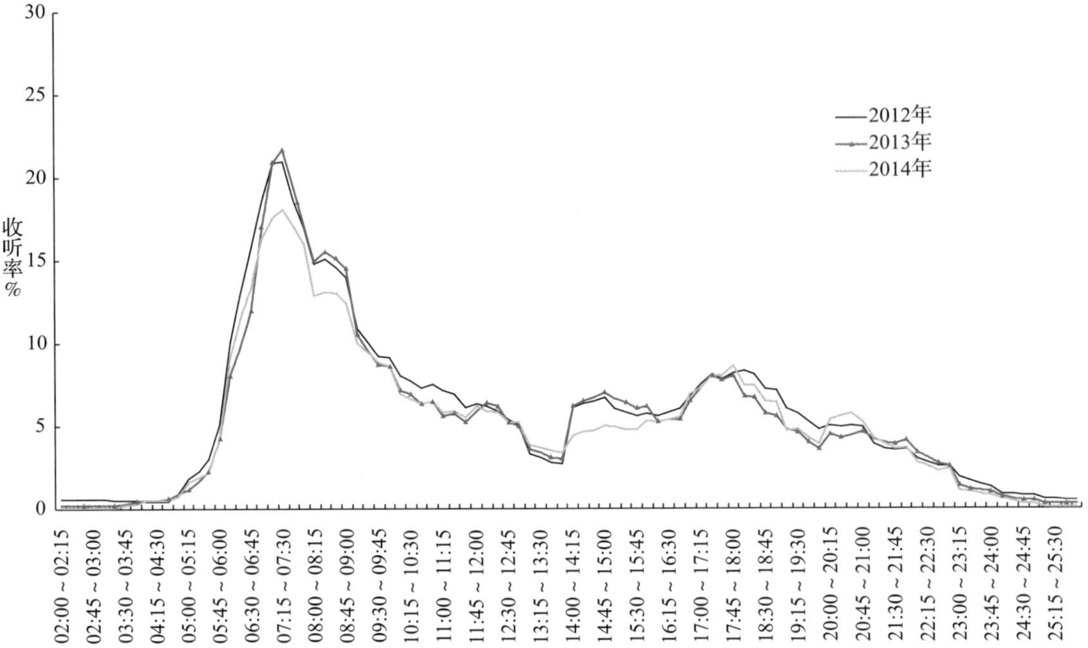


图 3.17.1　2012~2014 年南京听众全天收听率走势

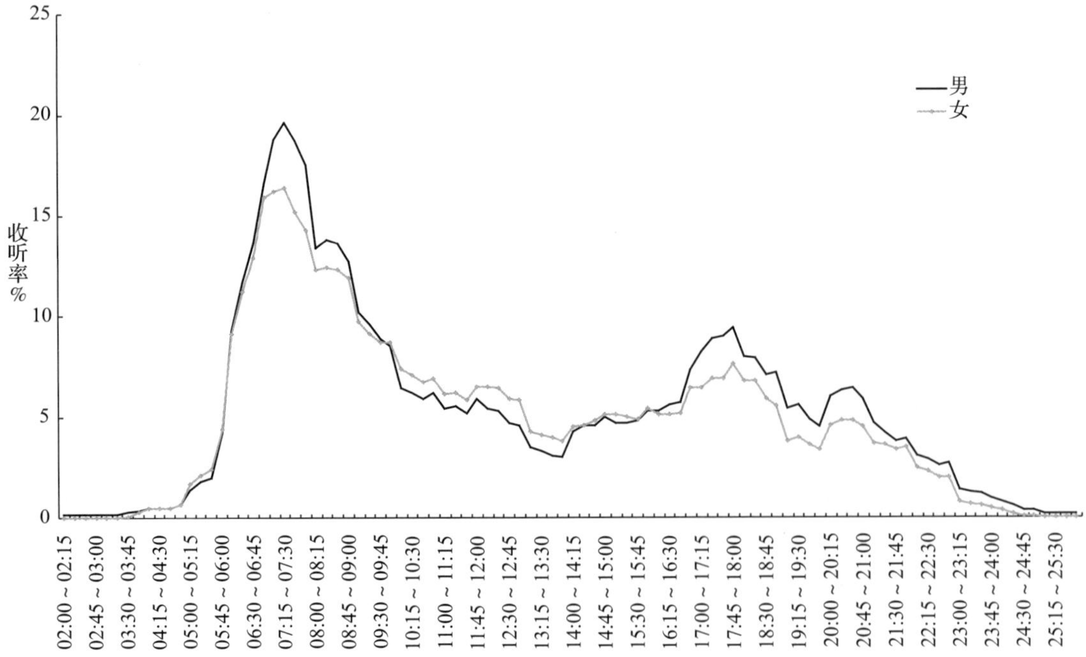


图 3.17.2　2014 年南京不同性别听众全天收听率走势

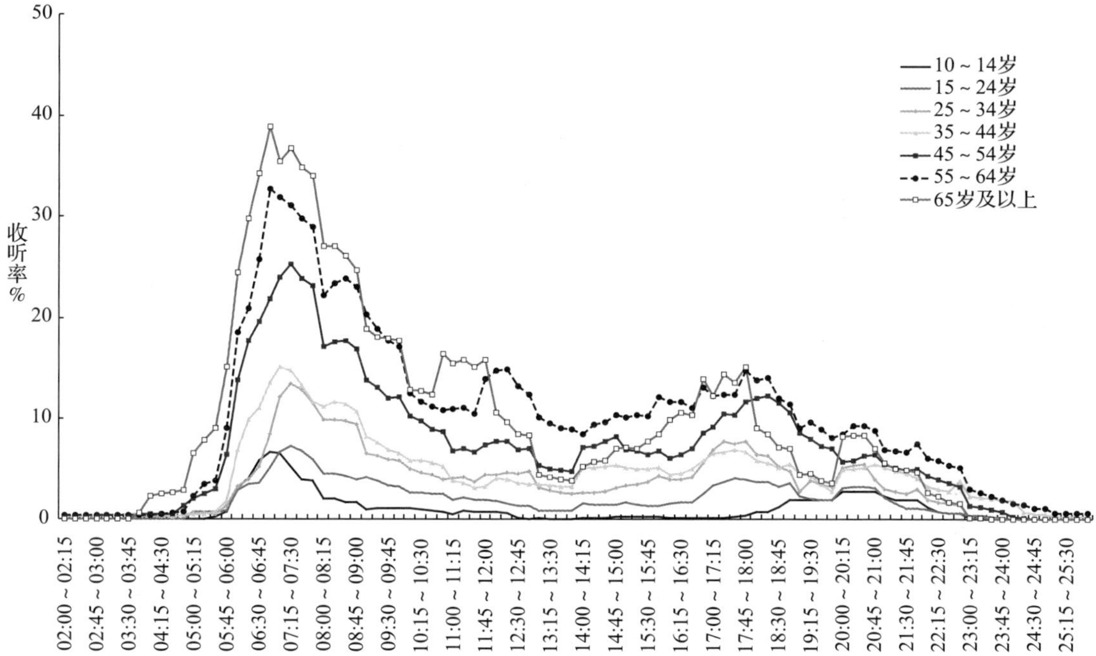


图 3.17.3 2014 年南京不同年龄听众全天收听率走势

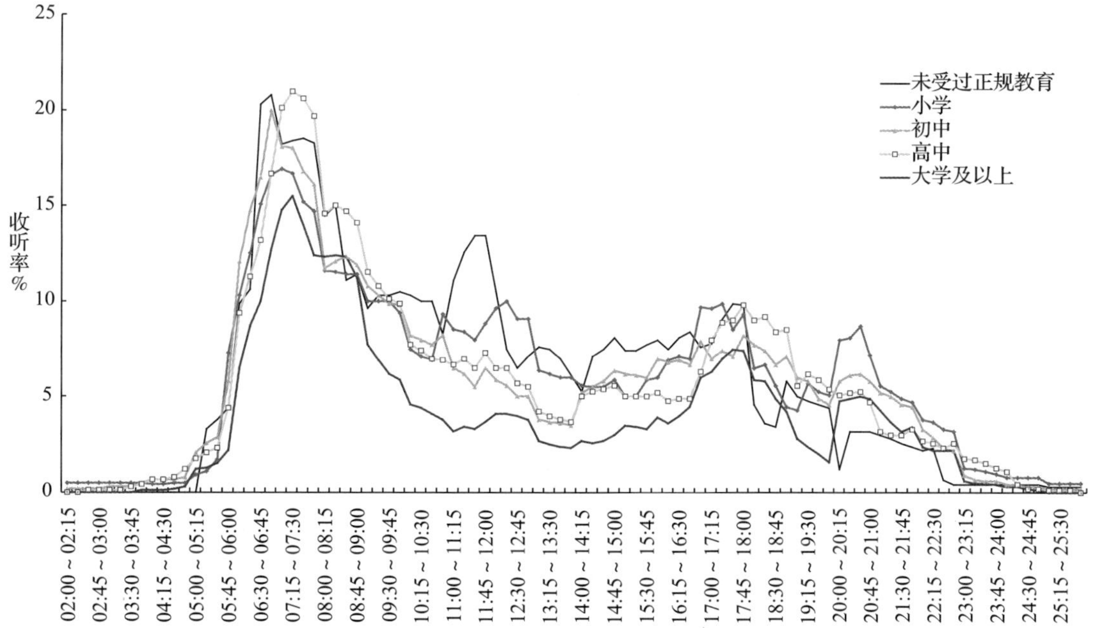


图 3.17.4 2014 年南京不同文化程度听众全天收听率走势

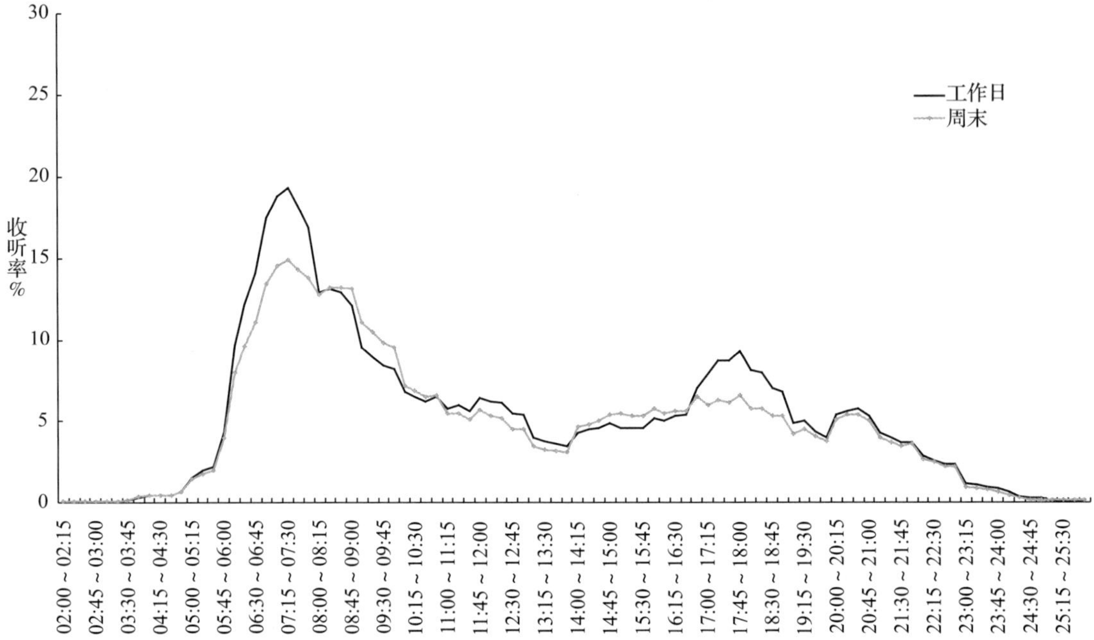


图 3.17.5　2014 年南京听众工作日与周末全天收听率走势

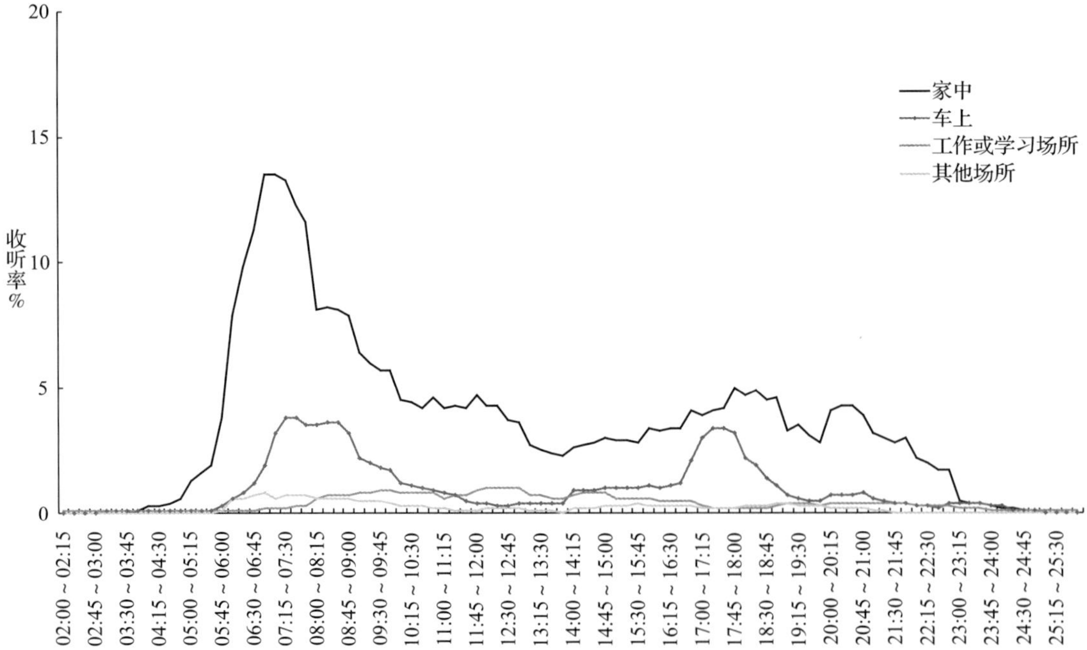


图 3.17.6　2014 年南京听众在不同收听地点全天收听率走势

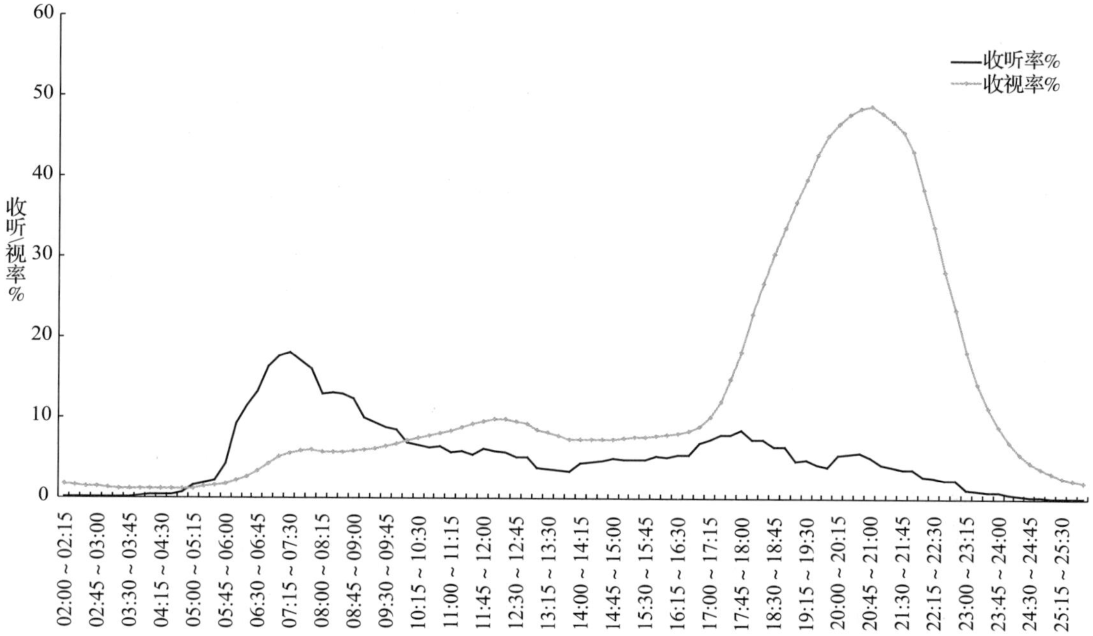


图 3.17.7　2014 年南京受众全天收听率、收视率走势比较(目标受众为 10 岁及以上)

表 3.17.3　2014 年南京市场听众构成(%)

| 目标听众 | | 听众构成(%) |
|---|---|---|
| 10 岁及以上所有人 | | 100.0 |
| 性别 | 男 | 55.1 |
| | 女 | 44.9 |
| 年龄 | 10～14 岁 | 0.7 |
| | 15～24 岁 | 7.9 |
| | 25～34 岁 | 14.9 |
| | 35～44 岁 | 16.3 |
| | 45～54 岁 | 20.3 |
| | 55～64 岁 | 21.3 |
| | 65 岁及以上 | 18.6 |
| 文化程度 | 未受过正规教育 | 2.1 |
| | 小学 | 9.5 |
| | 初中 | 28.1 |
| | 高中 | 36.3 |
| | 大学及以上 | 24.0 |
| 职业类别 | 干部/管理人员 | 5.0 |
| | 初级公务员/雇员 | 18.6 |
| | 个体/私营企业人员 | 11.9 |
| | 工人 | 22.1 |
| | 学生 | 3.4 |
| | 无业(含退休人员) | 39.0 |
| | 其他 | * |
| 个人月收入 | 无收入 | 7.8 |
| | 1～500 元 | * |
| | 501～1000 元 | * |
| | 1001～1500 元 | 5.3 |
| | 1501～2000 元 | 7.9 |
| | 2001～2500 元 | 21.1 |
| | 2501～3000 元 | 19.0 |
| | 3001～4000 元 | 20.1 |
| | 4001 元及以上 | 17.7 |

注:“*”表示该目标听众样本量不足,无法进行统计推断

表 3.17.4　2012～2014 年南京市场各广播电台的市场份额(%)

| 广播电台 | 2012 年 | 2013 年 | 2014 年 |
|---|---|---|---|
| 中央人民广播电台 | 2.0 | 2.9 | 2.4 |
| 中国国际广播电台 | 0.0 | 0.0 | 0.0 |
| 江苏广播电视总台 | 59.3 | 58.5 | 61.7 |
| 南京广播电视集团 | 38.1 | 37.9 | 35.2 |
| 其他广播电台 | 0.6 | 0.7 | 0.7 |

**表 3.17.5 2014 年南京市场各广播电台在不同目标听众中的市场份额(%)**

| 目标听众 | | 中央人民广播电台 | 中国国际广播电台 | 江苏广播电视总台 | 南京广播电视集团 | 其他广播电台 |
|---|---|---|---|---|---|---|
| 10 岁及以上所有人 | | 2.4 | 0.0 | 61.7 | 35.2 | 0.7 |
| 性别 | 男 | 2.7 | 0.0 | 60.4 | 36.4 | 0.5 |
| | 女 | 2.1 | 0.0 | 63.2 | 33.9 | 0.8 |
| 年龄 | 10～14 岁 | 3.6 | 0.0 | 93.2 | 2.9 | 0.3 |
| | 15～24 岁 | 1.6 | 0.0 | 58.2 | 38.7 | 1.5 |
| | 25～34 岁 | 1.5 | 0.0 | 57.1 | 40.7 | 0.7 |
| | 35～44 岁 | 1.3 | 0.0 | 68.0 | 30.4 | 0.3 |
| | 45～54 岁 | 2.6 | 0.0 | 62.3 | 34.3 | 0.8 |
| | 55～64 岁 | 3.0 | 0.0 | 62.8 | 33.7 | 0.5 |
| | 65 岁及以上 | 3.6 | 0.0 | 58.1 | 37.7 | 0.6 |
| 文化程度 | 未受过正规教育 | 2.5 | 0.0 | 45.9 | 50.8 | 0.8 |
| | 小学 | 2.3 | 0.0 | 55.3 | 41.0 | 1.4 |
| | 初中 | 3.1 | 0.0 | 67.3 | 29.0 | 0.6 |
| | 高中 | 2.5 | 0.0 | 62.7 | 34.5 | 0.3 |
| | 大学及以上 | 1.6 | 0.0 | 57.5 | 40.0 | 0.9 |
| 职业类别 | 干部/管理人员 | 3.4 | 0.0 | 63.4 | 31.7 | 1.5 |
| | 初级公务员/雇员 | 1.5 | 0.0 | 60.6 | 37.5 | 0.4 |
| | 个体/私营企业人员 | 2.5 | 0.0 | 63.8 | 33.4 | 0.3 |
| | 工人 | 1.8 | 0.0 | 63.0 | 34.4 | 0.8 |
| | 学生 | 1.0 | 0.0 | 64.5 | 34.4 | 0.1 |
| | 无业(含退休人员) | 3.1 | 0.0 | 60.2 | 35.9 | 0.8 |
| | 其他 | * | * | * | * | * |
| 个人月收入 | 无收入 | 2.9 | 0.0 | 54.1 | 42.0 | 1.0 |
| | 1～500 元 | * | * | * | * | * |
| | 501～1000 元 | * | * | * | * | * |
| | 1001～1500 元 | 0.3 | 0.0 | 68.8 | 30.5 | 0.4 |
| | 1501～2000 元 | 1.5 | 0.0 | 59.4 | 38.5 | 0.6 |
| | 2001～2500 元 | 2.4 | 0.0 | 61.2 | 35.9 | 0.5 |
| | 2501～3000 元 | 2.4 | 0.0 | 66.2 | 30.6 | 0.8 |
| | 3001～4000 元 | 2.1 | 0.0 | 63.8 | 33.6 | 0.5 |
| | 4001 元及以上 | 3.0 | 0.0 | 57.6 | 38.5 | 0.9 |

注:“*”表示该目标听众样本量不足,无法进行统计推断

**表 3.17.6 2014 年南京市场份额排名前五位的频率**

| 名次 | 频率名称 | 市场份额(%) |
|---|---|---|
| 1 | 江苏新闻广播 FM93.7 | 15.3 |
| 2 | 江苏经典流行音乐广播 FM97.5 | 13.4 |
| 3 | 南京新闻台 AM1008 | 8.8 |
| 4 | 江苏音乐广播 FM89.7 | 7.8 |
| 5 | 江苏交通广播网 FM101.1 | 7.5 |

# 十八、南宁收听数据

表 3.18.1　2012～2014 年南宁各目标听众人均收听时间(分钟)

| 目标听众 | | 2012 年 | 2013 年 | 2014 年 |
|---|---|---|---|---|
| 10 岁及以上所有人 | | 40 | 48 | 49 |
| 性别 | 男 | 44 | 53 | 54 |
| | 女 | 36 | 42 | 43 |
| 年龄 | 10～14 岁 | 16 | 19 | 15 |
| | 15～24 岁 | 23 | 28 | 25 |
| | 25～34 岁 | 35 | 40 | 52 |
| | 35～44 岁 | 46 | 58 | 66 |
| | 45～54 岁 | 53 | 55 | 54 |
| | 55～64 岁 | 55 | 69 | 66 |
| | 65 岁及以上 | 52 | 65 | 57 |
| 文化程度 | 未受过正规教育 | 33 | 21 | 31 |
| | 小学 | 36 | 43 | 53 |
| | 初中 | 43 | 47 | 49 |
| | 高中 | 41 | 53 | 55 |
| | 大学及以上 | 37 | 45 | 41 |
| 职业类别 | 干部/管理人员 | 43 | 47 | 42 |
| | 初级公务员/雇员 | 39 | 53 | 58 |
| | 个体/私营企业人员 | 43 | 48 | 45 |
| | 工人 | 40 | 50 | 62 |
| | 学生 | 19 | 23 | 20 |
| | 无业(含退休人员) | 44 | 57 | 62 |
| | 其他 | 60 | 55 | 63 |
| 个人月收入 | 无收入 | 21 | 27 | 30 |
| | 1～500 元 | 58 | 69 | 103 |
| | 501～1000 元 | 47 | 55 | 78 |
| | 1001～1500 元 | 44 | 46 | 53 |
| | 1501～2000 元 | 40 | 58 | 59 |
| | 2001～2500 元 | 48 | 53 | 43 |
| | 2501～3000 元 | 42 | 54 | 50 |
| | 3001～4000 元 | 41 | 41 | 45 |
| | 4001 元及以上 | 46 | 63 | 52 |

注:南宁为全年连续调查城市。

表 3.18.2　2012～2014 年南宁听众在不同地点的人均收听时间(分钟)

| 地　点 | 2012 年 | 2013 年 | 2014 年 |
|---|---|---|---|
| 家中 | 23 | 26 | 26 |
| 车上 | 10 | 14 | 15 |
| 工作或学习场所 | 4 | 4 | 4 |
| 其他场所 | 3 | 4 | 4 |

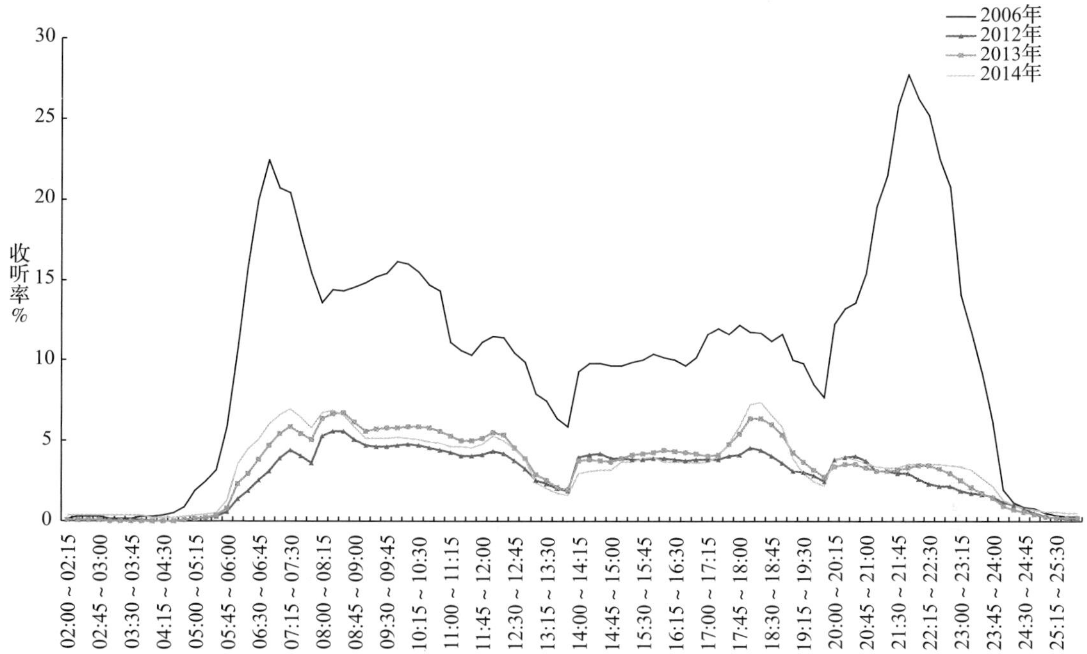


图 3.18.1　2012～2014 年南宁听众全天收听率走势

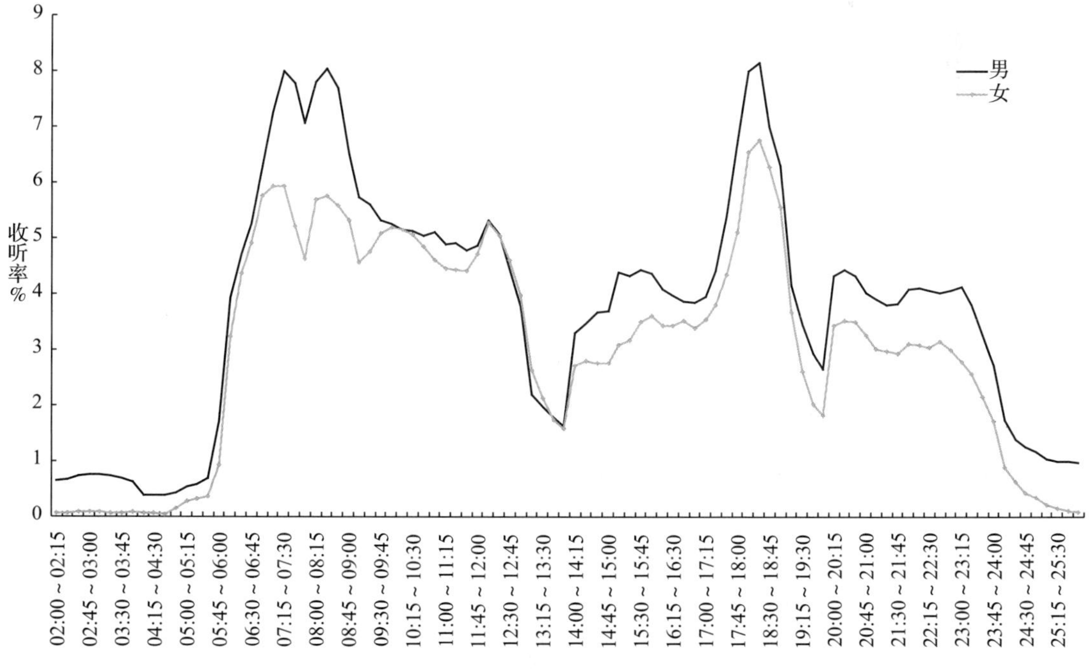


图 3.18.2　2014 年南宁不同性别听众全天收听率走势

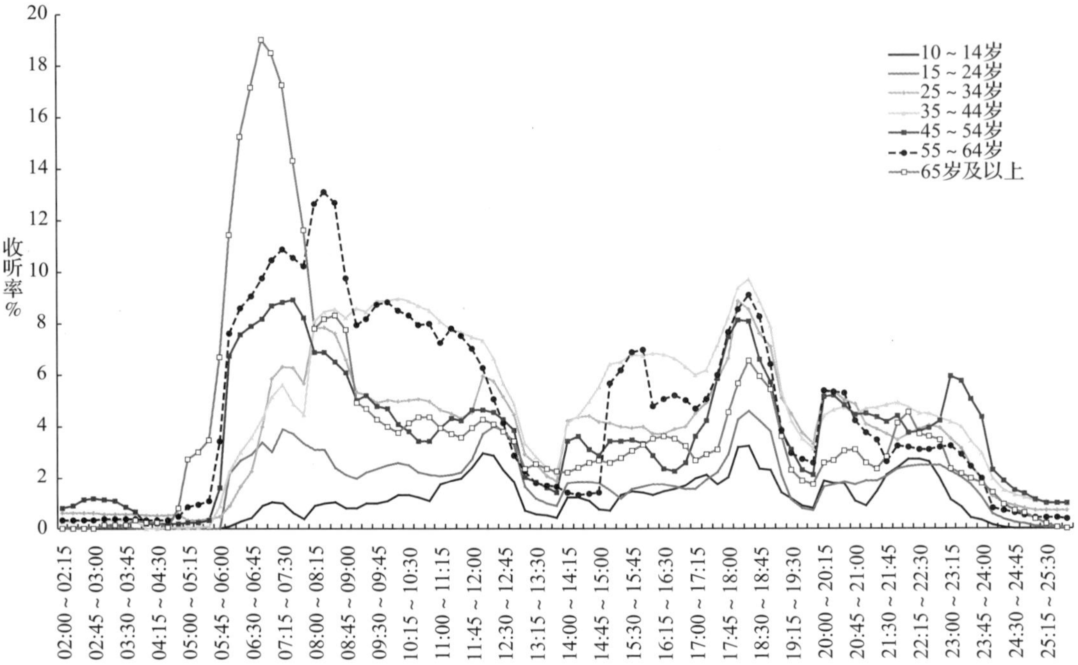


图 3.18.3　2014 年南宁不同年龄听众全天收听率走势

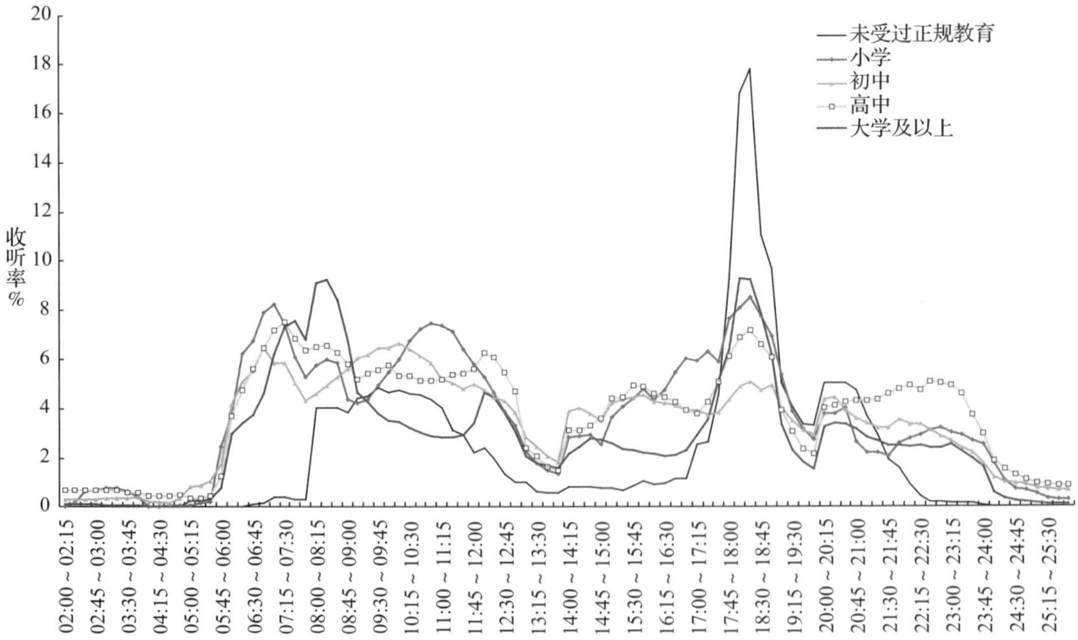


图 3.18.4　2014 年南宁不同文化程度听众全天收听率走势

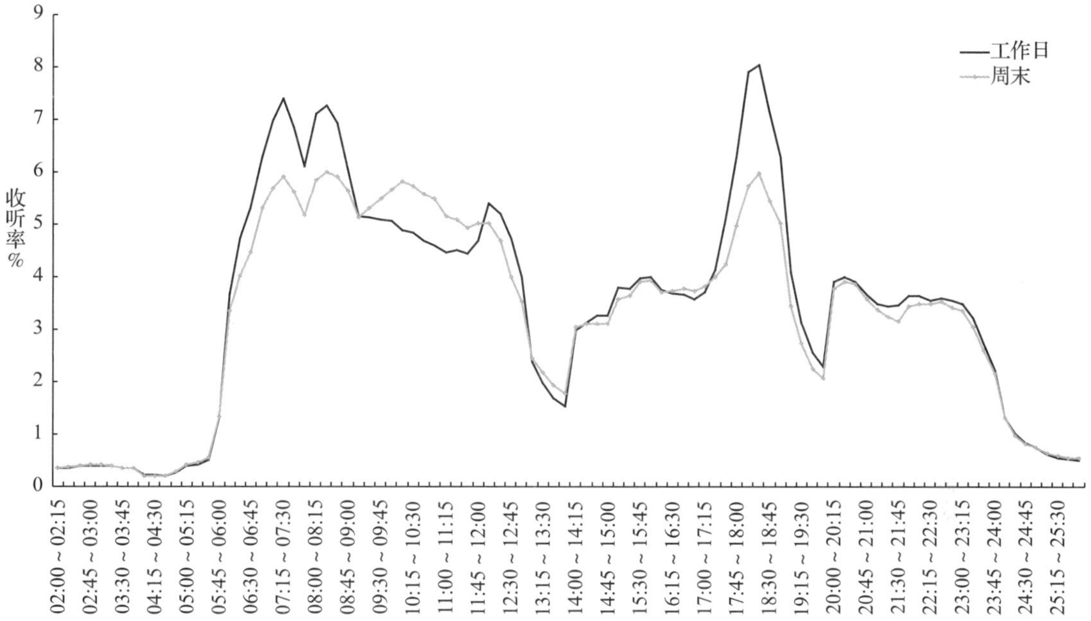


图 3. 18. 5　2014 年南宁听众工作日与周末全天收听率走势

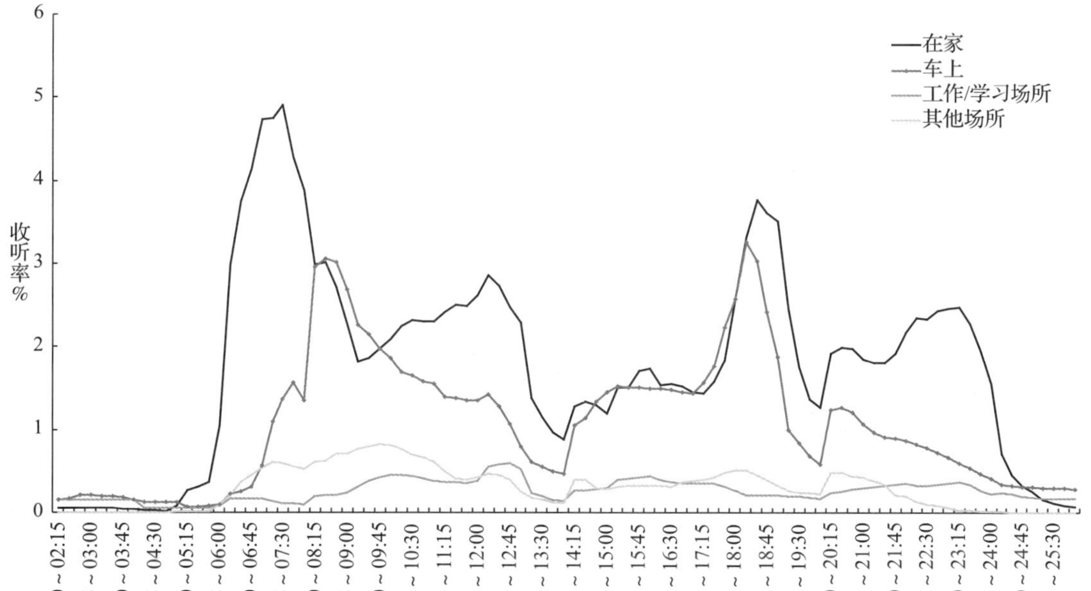


图 3. 18. 6　2014 年南宁听众在不同收听地点全天收听率走势

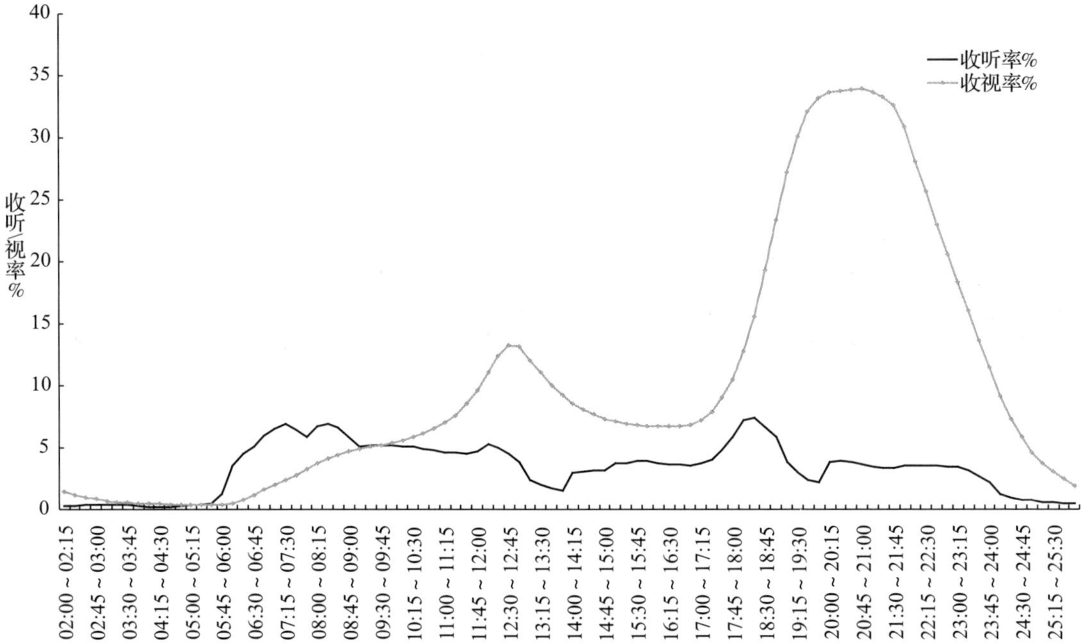


**图 3.18.7　2014 年南宁受众全天收听率、收视率走势比较(目标受众为 10 岁及以上)**

表 3.18.3 2014 年南宁市场听众构成(%)

| 目标听众 | | 听众构成(%) |
|---|---|---|
| 10 岁及以上所有人 | | 100.0 |
| 性别 | 男 | 55.9 |
| | 女 | 44.1 |
| 年龄 | 10~14 岁 | 1.1 |
| | 15~24 岁 | 12.5 |
| | 25~34 岁 | 24.9 |
| | 35~44 岁 | 27.0 |
| | 45~54 岁 | 14.0 |
| | 55~64 岁 | 11.2 |
| | 65 岁及以上 | 9.4 |
| 文化程度 | 未受过正规教育 | 0.3 |
| | 小学 | 9.2 |
| | 初中 | 25.5 |
| | 高中 | 39.3 |
| | 大学及以上 | 25.7 |
| 职业类别 | 干部/管理人员 | 6.3 |
| | 初级公务员/雇员 | 19.8 |
| | 个体/私营企业人员 | 26.9 |
| | 工人 | 9.4 |
| | 学生 | 5.9 |
| | 无业(含退休人员) | 23.7 |
| | 其他 | 7.9 |
| 个人月收入 | 无收入 | 11.6 |
| | 1~500 元 | 2.9 |
| | 501~1000 元 | 9.1 |
| | 1001~1500 元 | 12.3 |
| | 1501~2000 元 | 20.2 |
| | 2001~2500 元 | 12.3 |
| | 2501~3000 元 | 10.7 |
| | 3001~4000 元 | 10.2 |
| | 4001 元及以上 | 10.7 |

表 3.18.4 2012~2014 年南宁市场各广播电台的市场份额(%)

| 广播电台 | 2012 年 | 2013 年 | 2014 年 |
|---|---|---|---|
| 中央人民广播电台 | 13.2 | 13.7 | 15.4 |
| 中国国际广播电台 | 0.0 | 0.0 | 0.0 |
| 广西人民广播电台 | 59.4 | 57.2 | 60.1 |
| 南宁人民广播电台 | 26.8 | 28.6 | 23.9 |
| 其他广播电台 | 0.6 | 0.5 | 0.5 |

表 3.18.5 2014 年南宁市场各广播电台在不同目标听众中的市场份额(%)

| 目标听众 | | 中央人民广播电台 | 中国国际广播电台 | 广西人民广播电台 | 南宁人民广播电台 | 其他广播电台 |
|---|---|---|---|---|---|---|
| 10 岁及以上所有人 | | 15.4 | 0.0 | 60.1 | 23.9 | 0.5 |
| 性别 | 男 | 16.2 | 0.0 | 59.4 | 23.9 | 0.5 |
| | 女 | 14.5 | 0.0 | 61.0 | 24.0 | 0.4 |
| 年龄 | 10~14 岁 | 24.4 | 0.0 | 55.0 | 20.5 | 0.0 |
| | 15~24 岁 | 18.3 | 0.2 | 62.6 | 18.7 | 0.2 |
| | 25~34 岁 | 6.4 | 0.0 | 74.7 | 18.3 | 0.6 |
| | 35~44 岁 | 12.0 | 0.0 | 64.0 | 23.2 | 0.8 |
| | 45~54 岁 | 20.0 | 0.1 | 50.6 | 29.0 | 0.3 |
| | 55~64 岁 | 22.2 | 0.0 | 47.9 | 29.7 | 0.2 |
| | 65 岁及以上 | 29.7 | 0.0 | 36.4 | 33.8 | 0.1 |
| 文化程度 | 未受过正规教育 | 31.9 | 0.0 | 33.5 | 34.6 | 0.0 |
| | 小学 | 25.8 | 0.0 | 52.3 | 19.8 | 2.1 |
| | 初中 | 15.4 | 0.0 | 59.0 | 25.4 | 0.2 |
| | 高中 | 15.5 | 0.1 | 60.7 | 23.3 | 0.4 |
| | 大学及以上 | 11.6 | 0.0 | 63.4 | 24.7 | 0.3 |
| 职业类别 | 干部/管理人员 | 11.3 | 0.0 | 62.2 | 26.0 | 0.4 |
| | 初级公务员/雇员 | 8.1 | 0.0 | 67.3 | 24.5 | 0.1 |
| | 个体/私营企业人员 | 12.3 | 0.0 | 64.6 | 23.0 | 0.1 |
| | 工人 | 8.3 | 0.0 | 73.1 | 17.7 | 0.9 |
| | 学生 | 23.1 | 0.4 | 58.9 | 17.2 | 0.5 |
| | 无业(含退休人员) | 24.7 | 0.0 | 45.5 | 28.9 | 0.9 |
| | 其他 | 23.9 | 0.0 | 55.0 | 20.3 | 0.7 |
| 个人月收入 | 无收入 | 17.2 | 0.2 | 56.1 | 25.7 | 0.7 |
| | 1~500 元 | 44.1 | 0.0 | 46.8 | 4.5 | 4.6 |
| | 501~1000 元 | 22.0 | 0.0 | 46.2 | 31.8 | 0.1 |
| | 1001~1500 元 | 15.0 | 0.1 | 60.6 | 23.7 | 0.7 |
| | 1501~2000 元 | 14.9 | 0.0 | 57.0 | 28.1 | 0.0 |
| | 2001~2500 元 | 13.3 | 0.0 | 69.7 | 16.1 | 0.9 |
| | 2501~3000 元 | 11.5 | 0.0 | 66.1 | 22.3 | 0.1 |
| | 3001~4000 元 | 12.7 | 0.0 | 59.9 | 27.2 | 0.1 |
| | 4001 元及以上 | 11.9 | 0.0 | 67.2 | 20.5 | 0.4 |

表 3.18.6 2014 年南宁市场份额排名前五位的频率

| 名次 | 频率名称 | 市场份额% |
|---|---|---|
| 1 | 广西电台教育广播(私家汽车 930)FM93.0 | 16.5 |
| 2 | 广西电台经济广播(970 女主播)FM97.0 | 14.4 |
| 3 | 中央人民广播电台第一套节目中国之声 | 11.9 |
| 4 | 广西电台综合广播(新闻 910)AM792/FM91.0 | 10.5 |
| 5 | 广西电台文艺广播(950 音乐广播)FM95.0 | 9.9 |

# 十九、宁波收听数据

**表 3.19.1 2012～2014 年宁波各目标听众人均收听时间(分钟)**

| 目标听众 | | 2012 年 | 2013 年 | 2014 年 |
|---|---|---|---|---|
| 10 岁及以上所有人 | | 52 | 47 | 46 |
| 性别 | 男 | 57 | 50 | 49 |
| | 女 | 48 | 44 | 43 |
| 年龄 | 10～14 岁 | 22 | 20 | 19 |
| | 15～24 岁 | 27 | 27 | 31 |
| | 25～34 岁 | 49 | 46 | 43 |
| | 35～44 岁 | 55 | 50 | 53 |
| | 45～54 岁 | 52 | 47 | 51 |
| | 55～64 岁 | 80 | 68 | 51 |
| | 65 岁及以上 | 105 | 85 | 72 |
| 文化程度 | 未受过正规教育 | 36 | * | 20 |
| | 小学 | 56 | 42 | 40 |
| | 初中 | 55 | 52 | 45 |
| | 高中 | 54 | 45 | 48 |
| | 大学及以上 | 46 | 44 | 48 |
| 职业类别 | 干部/管理人员 | 56 | 58 | 59 |
| | 初级公务员/雇员 | 49 | 47 | 48 |
| | 个体/私营企业人员 | 60 | 48 | 38 |
| | 工人 | 49 | 41 | 56 |
| | 学生 | 23 | 25 | 27 |
| | 无业(含退休人员) | 80 | 67 | 56 |
| | 其他 | 29 | 22 | 42 |
| 个人月收入 | 无收入 | 24 | 26 | 27 |
| | 1～500 元 | * | * | * |
| | 501～1000 元 | 45 | * | 27 |
| | 1001～1500 元 | 50 | 44 | 42 |
| | 1501～2000 元 | 64 | 49 | 53 |
| | 2001～2500 元 | 58 | 51 | 50 |
| | 2501～3000 元 | 71 | 62 | 57 |
| | 3001～4000 元 | 58 | 53 | 48 |
| | 4001 元及以上 | 48 | 47 | 51 |

注:宁波为全年连续调查城市。“*”表示该目标听众样本量不足,无法进行统计推断

**表 3.19.2 2012～2014 年宁波听众在不同地点的人均收听时间(分钟)**

| 地 点 | 2012 年 | 2013 年 | 2014 年 |
|---|---|---|---|
| 在家 | 31 | 27 | 24 |
| 车上 | 17 | 16 | 17 |
| 工作/学习场所 | 3 | 3 | 5 |
| 其他场所 | 1 | 1 | 1 |

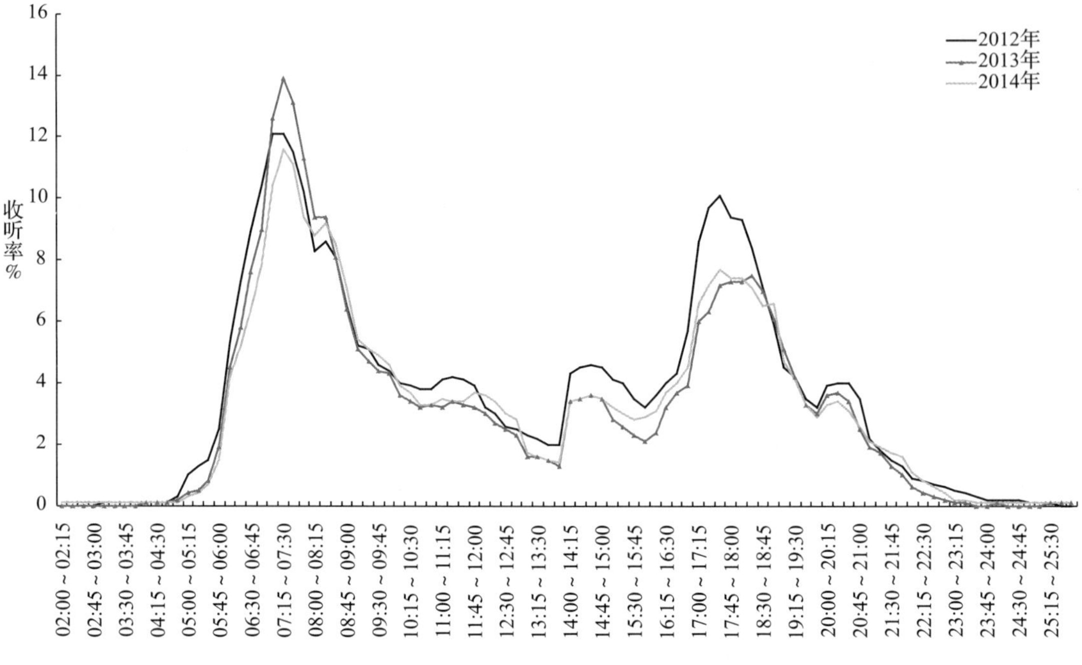


图 3.19.1　2012～2014 年宁波听众全天收听率走势

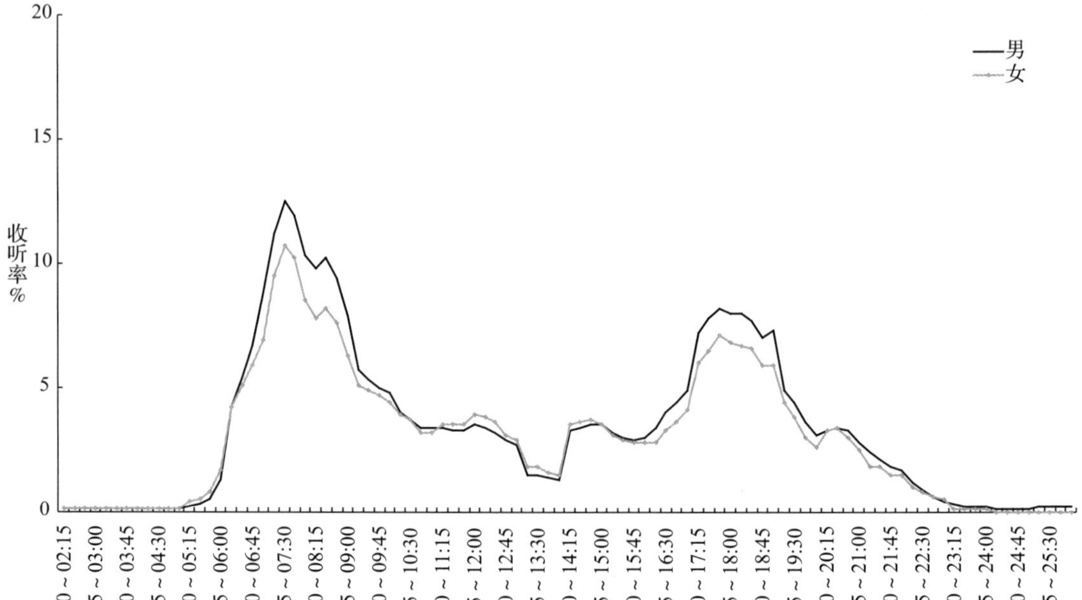


图 3.19.2　2014 年宁波不同性别听众全天收听率走势

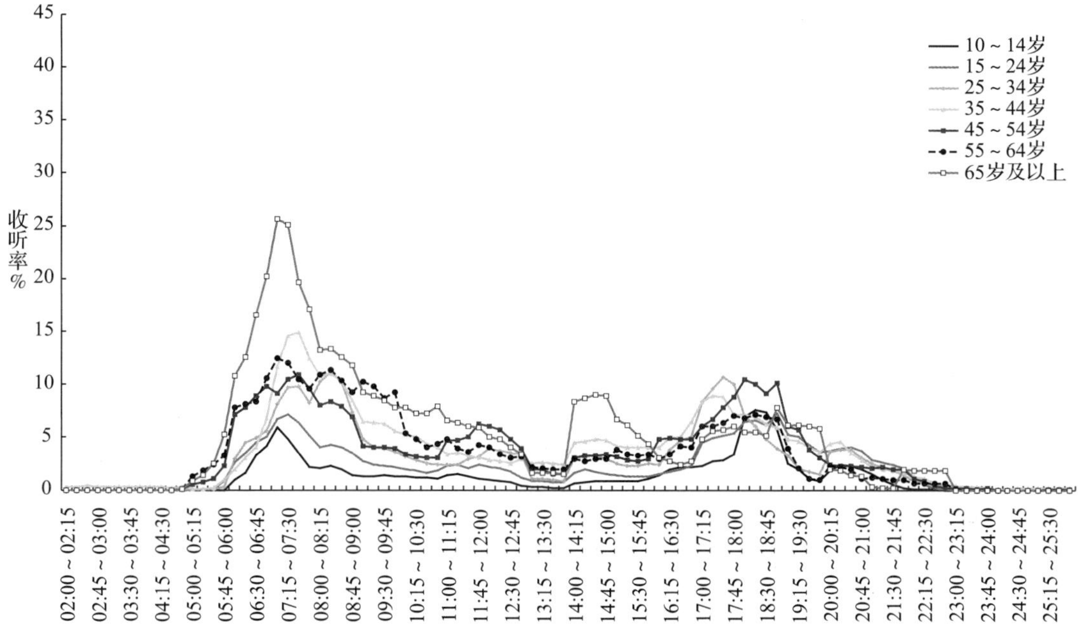


图 3.19.3　2014 年宁波不同年龄听众全天收听率走势

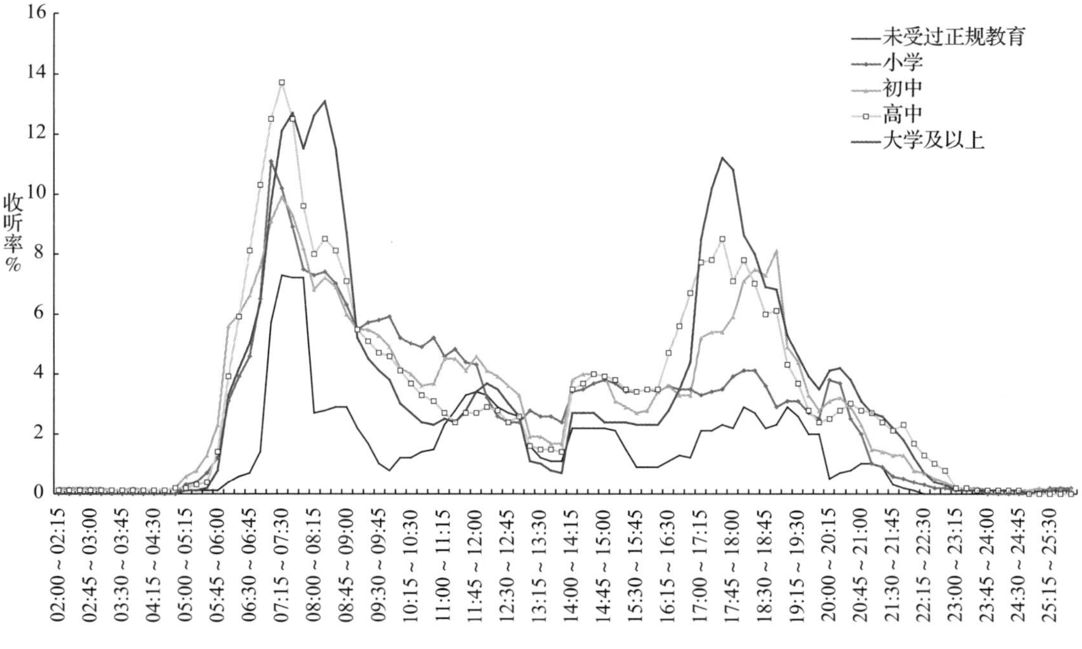


图 3.19.4　2014 年宁波不同文化程度听众全天收听率走势

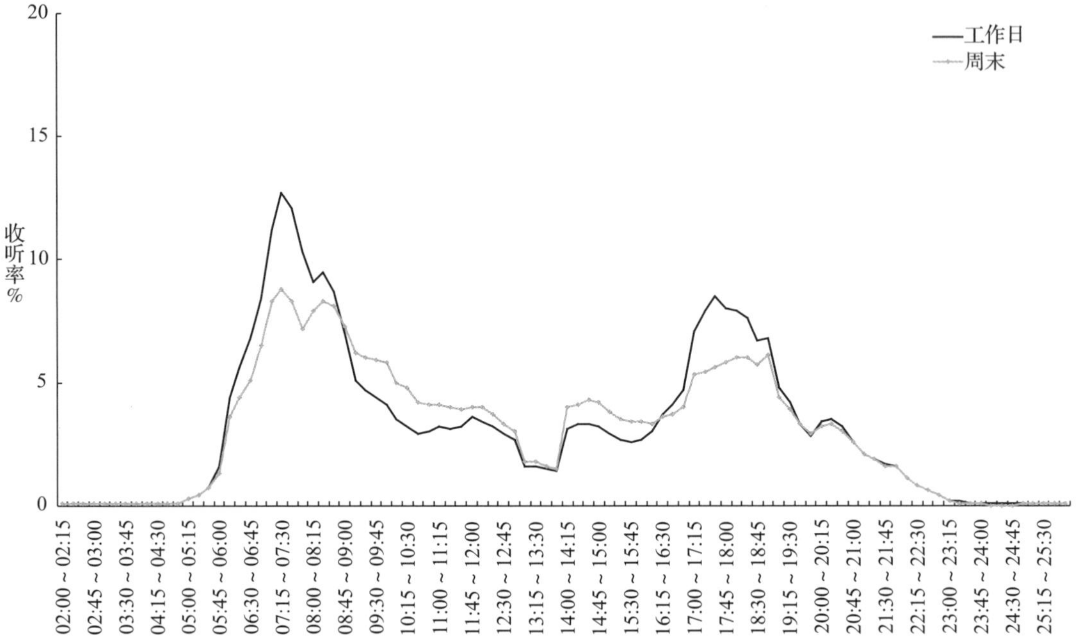


图 3.19.5　2014 年宁波听众工作日与周末全天收听率走势

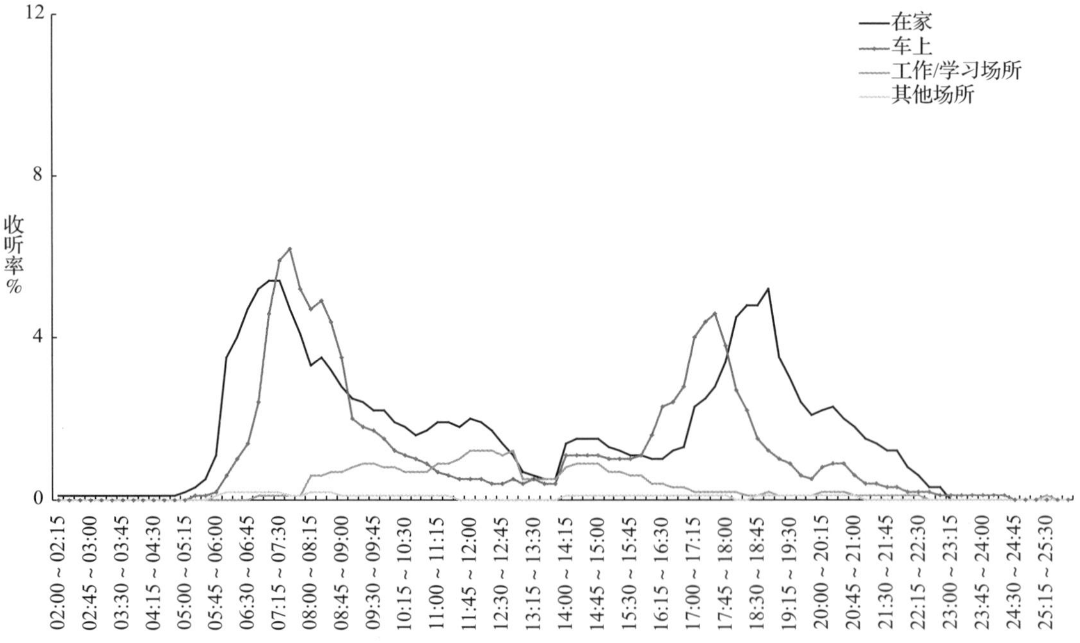


图 3.19.6　2014 年宁波听众在不同收听地点全天收听率走势

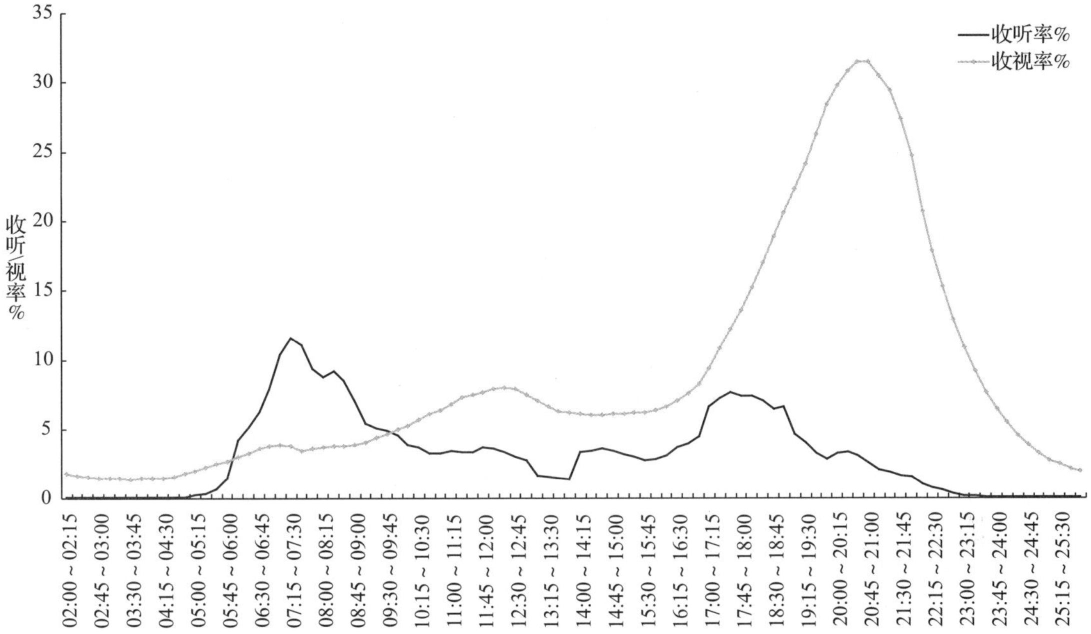


**图 3.19.7　2014 年宁波受众全天收听率、收视率走势比较(目标受众为 10 岁及以上)**

表 3.19.3 2014 年宁波市场听众构成(%)

| 目标听众 | | 听众构成(%) |
|---|---|---|
| 10 岁及以上所有人 | | 100.0 |
| 性别 | 男 | 52.4 |
| | 女 | 47.6 |
| 年龄 | 10~14 岁 | 2.0 |
| | 15~24 岁 | 11.8 |
| | 25~34 岁 | 18.8 |
| | 35~44 岁 | 28.9 |
| | 45~54 岁 | 17.8 |
| | 55~64 岁 | 10.4 |
| | 65 岁及以上 | 10.3 |
| 文化程度 | 未受过正规教育 | 0.3 |
| | 小学 | 9.2 |
| | 初中 | 33.9 |
| | 高中 | 28.4 |
| | 大学及以上 | 28.2 |
| 职业类别 | 干部/管理人员 | 7.9 |
| | 初级公务员/雇员 | 43.2 |
| | 个体/私营企业人员 | 7.7 |
| | 工人 | 9.3 |
| | 学生 | 9.6 |
| | 无业(含退休人员) | 20.3 |
| | 其他 | 2.0 |
| 个人月收入 | 无收入 | 12.1 |
| | 1~500 元 | * |
| | 501~1000 元 | 0.3 |
| | 1001~1500 元 | 3.1 |
| | 1501~2000 元 | 6.4 |
| | 2001~2500 元 | 11.3 |
| | 2501~3000 元 | 14.3 |
| | 3001~4000 元 | 21.3 |
| | 4001 元及以上 | 31.0 |

注:"*"表示该目标听众样本量不足,无法进行统计推断

表 3.19.4 2012~2014 年宁波市场各广播电台的市场份额(%)

| 广播电台 | 2012 年 | 2013 年 | 2014 年 |
|---|---|---|---|
| 中央人民广播电台 | 11.9 | 11.4 | 11.8 |
| 中国国际广播电台 | 0.1 | 0.4 | 0.1 |
| 浙江广播电视集团 | 14.9 | 17.2 | 16.9 |
| 宁波广播电视集团 | 53.9 | 44.5 | 44.9 |
| 上海广播电视台 | 1.5 | 2.9 | 2.6 |
| 其他广播电台 | 17.7 | 23.6 | 23.7 |

**表 3.19.5　2014 年宁波市场各广播电台在不同目标听众中的市场份额(%)**

| 目标听众 | | 中央人民广播电台 | 中国国际广播电台 | 浙江广播电视集团 | 宁波广播电视集团 | 上海广播电视台 | 其他广播电台 |
|---|---|---|---|---|---|---|---|
| 10 岁及以上所有人 | | 11.8 | 0.1 | 16.9 | 44.9 | 2.6 | 23.7 |
| 性别 | 男 | 11.8 | 0.1 | 16.7 | 43.5 | 2.7 | 25.2 |
| | 女 | 11.7 | 0.1 | 17.1 | 46.5 | 2.5 | 22.1 |
| 年龄 | 10~14 岁 | 12.5 | 0.1 | 27.7 | 37.1 | 0.2 | 22.4 |
| | 15~24 岁 | 18.2 | 0.1 | 16.7 | 43.0 | 2.0 | 20.0 |
| | 25~34 岁 | 6.3 | 0.2 | 19.0 | 35.8 | 1.8 | 36.9 |
| | 35~44 岁 | 8.8 | 0.0 | 19.1 | 38.5 | 1.3 | 32.3 |
| | 45~54 岁 | 17.0 | 0.0 | 14.3 | 48.4 | 2.9 | 17.4 |
| | 55~64 岁 | 12.5 | 0.0 | 9.1 | 68.3 | 1.9 | 8.2 |
| | 65 岁及以上 | 12.7 | 0.0 | 17.0 | 53.6 | 9.1 | 7.6 |
| 文化程度 | 未受过正规教育 | 13.5 | 0.1 | 1.3 | 64.7 | 0.0 | 20.4 |
| | 小学 | 9.7 | 0.0 | 14.2 | 48.9 | 1.4 | 25.8 |
| | 初中 | 11.1 | 0.1 | 14.6 | 49.1 | 3.7 | 21.4 |
| | 高中 | 16.6 | 0.1 | 12.3 | 42.8 | 2.3 | 25.9 |
| | 大学及以上 | 8.3 | 0.0 | 25.1 | 40.6 | 2.0 | 24.0 |
| 职业类别 | 干部/管理人员 | 10.1 | 0.0 | 7.7 | 44.9 | 2.6 | 34.7 |
| | 初级公务员/雇员 | 10.0 | 0.1 | 19.2 | 42.6 | 1.8 | 26.3 |
| | 个体/私营企业人员 | 13.4 | 0.0 | 17.1 | 41.4 | 1.9 | 26.2 |
| | 工人 | 10.5 | 0.1 | 18.4 | 34.4 | 1.8 | 34.8 |
| | 学生 | 17.1 | 0.1 | 19.9 | 44.4 | 2.1 | 16.4 |
| | 无业(含退休人员) | 13.3 | 0.1 | 14.3 | 53.8 | 5.6 | 12.9 |
| | 其他 | 16.6 | 0.0 | 8.6 | 66.4 | 0.4 | 8.0 |
| 个人月收入 | 无收入 | 17.8 | 0.2 | 18.3 | 39.2 | 2.8 | 21.7 |
| | 1~500 元 | * | * | * | * | * | * |
| | 501~1000 元 | 8.0 | 0.1 | 10.3 | 61.9 | 1.5 | 18.2 |
| | 1001~1500 元 | 9.1 | 0.2 | 7.6 | 58.7 | 0.9 | 23.5 |
| | 1501~2000 元 | 9.1 | 0.1 | 12.4 | 42.4 | 8.8 | 27.2 |
| | 2001~2500 元 | 10.9 | 0.1 | 11.7 | 54.9 | 1.1 | 21.3 |
| | 2501~3000 元 | 14.2 | 0.1 | 14.2 | 51.4 | 1.9 | 18.2 |
| | 3001~4000 元 | 15.4 | 0.0 | 13.8 | 39.5 | 3.5 | 27.8 |
| | 4001 元及以上 | 7.1 | 0.0 | 23.6 | 43.4 | 1.8 | 24.1 |

注："*"表示该目标听众样本量不足,无法进行统计推断。

**表 3.19.6　2014 年宁波市场份额排名前五位的频率**

| 名　次 | 频率名称 | 市场份额(%) |
|---|---|---|
| 1 | 宁波电台交通广播 FM93.9 AM603 | 10.4 |
| 2 | 宁波电台新闻综合广播宁波之声 FM92.0 AM1323 | 10.0 |
| 3 | 宁波电台音乐广播私家汽车 986FM98.6 | 9.9 |
| 4 | 中央人民广播电台第一套节目中国之声 | 9.2 |
| 5 | 宁波电台经济广播 FM102.9 AM747 | 9.1 |

# 二十、青岛收听数据

**表 3.20.1　2012～2014 年青岛各目标听众人均收听时间(分钟)**

| 目标听众 | | 2012 年 | 2013 年 | 2014 年 | | | |
|---|---|---|---|---|---|---|---|
| | | | | 第 1 波 | 第 2 波 | 第 3 波 | 第 4 波 |
| 10 岁及以上所有人 | | 85 | 78 | 78 | 82 | 88 | 85 |
| 性别 | 男 | 95 | 83 | 82 | 88 | 93 | 88 |
| | 女 | 76 | 74 | 73 | 77 | 82 | 83 |
| 年龄 | 10～14 岁 | 21 | 28 | 26 | 22 | 23 | 33 |
| | 15～24 岁 | 40 | 45 | 45 | 44 | 51 | 46 |
| | 25～34 岁 | 73 | 64 | 60 | 66 | 66 | 75 |
| | 35～44 岁 | 75 | 74 | 75 | 74 | 83 | 67 |
| | 45～54 岁 | 95 | 78 | 79 | 84 | 88 | 81 |
| | 55～64 岁 | 128 | 131 | 136 | 156 | 159 | 163 |
| | 65 岁及以上 | 159 | 137 | 127 | 134 | 146 | 149 |
| 文化程度 | 未受过正规教育 | 23 | 51 | * | * | * | * |
| | 小学 | 79 | 45 | 38 | 50 | 55 | 59 |
| | 初中 | 102 | 93 | 85 | 97 | 99 | 93 |
| | 高中 | 86 | 89 | 91 | 93 | 102 | 93 |
| | 大学及以上 | 72 | 63 | 66 | 71 | 74 | 78 |
| 职业类别 | 干部/管理人员 | 93 | 88 | 89 | 92 | 78 | 73 |
| | 初级公务员/雇员 | 68 | 58 | 60 | 61 | 69 | 69 |
| | 个体/私营企业人员 | 82 | 77 | 71 | 77 | 93 | 82 |
| | 工人 | 81 | 84 | 77 | 91 | 93 | 76 |
| | 学生 | 26 | 32 | 30 | 26 | 34 | 36 |
| | 无业(含退休人员) | 132 | 119 | 120 | 129 | 129 | 135 |
| | 其他 | * | * | * | * | * | * |
| 个人月收入 | 无收入 | 38 | 40 | 35 | 32 | 37 | 41 |
| | 1～500 元 | 97 | 126 | * | * | * | * |
| | 501～1000 元 | 83 | 47 | * | * | * | * |
| | 1001～1500 元 | 111 | 95 | 92 | 87 | 91 | 86 |
| | 1501～2000 元 | 105 | 93 | 93 | 102 | 96 | 130 |
| | 2001～2500 元 | 79 | 89 | 94 | 98 | 113 | 111 |
| | 2501～3000 元 | 88 | 77 | 89 | 96 | 104 | 101 |
| | 3001～4000 元 | 78 | 80 | 74 | 81 | 80 | 62 |
| | 4001 元及以上 | 122 | 93 | 89 | 90 | 109 | 98 |

注:青岛为四波调查城市。2014 年四波调查时间分别为:第 1 波 2 月 23 日至 3 月 15 日;第 2 波 5 月 25 日至 6 月 14 日;第 3 波 8 月 24 日至 9 月 13 日;第 4 波 11 月 2 日至 11 月 22 日。
"*"表示目标听众样本量不足,无法进行统计推断

**表 3.20.2　2012～2014 年青岛听众在不同地点的人均收听时间(分钟)**

| 地　点 | 2012 年 | 2013 年 | 2014 年 |
|---|---|---|---|
| 在家 | 54 | 49 | 52 |
| 车上 | 24 | 23 | 24 |
| 工作/学习场所 | 5 | 4 | 5 |
| 其他场所 | 2 | 2 | 3 |

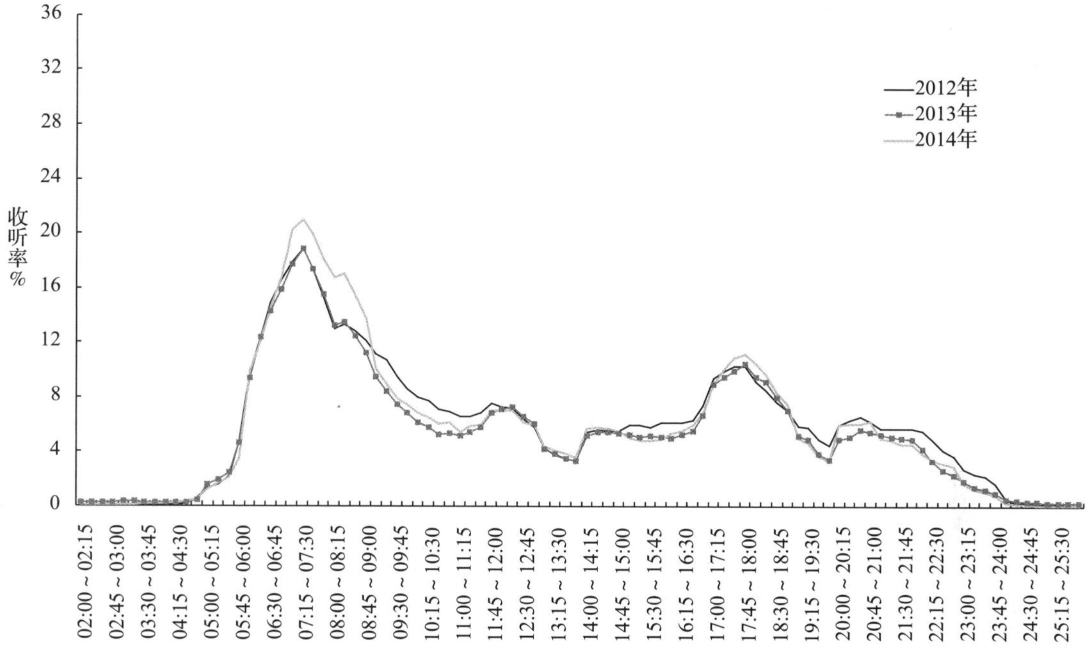


图 3. 20. 1　2012 ~ 2014 年青岛听众全天收听率走势

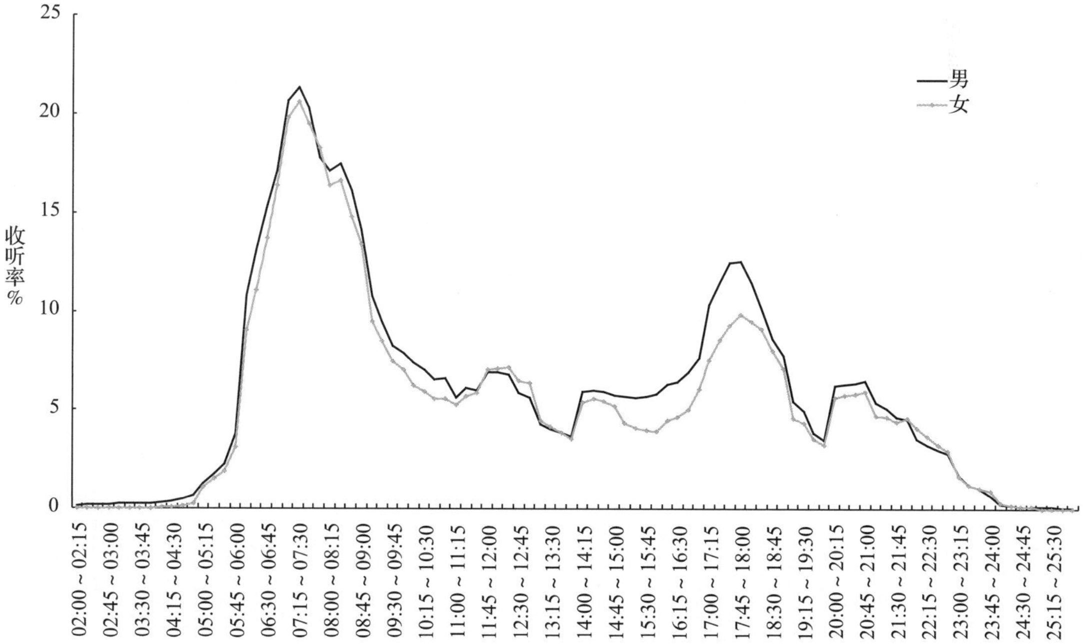


图 3. 20. 2　2014 年青岛不同性别听众全天收听率走势

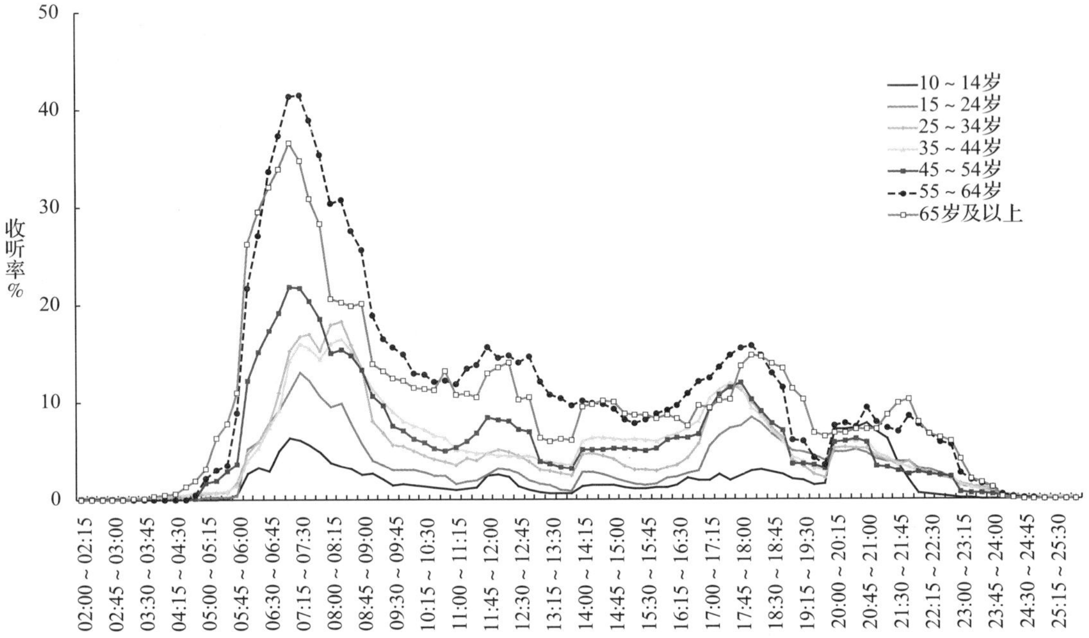


图 3.20.3　2014 年青岛不同年龄听众全天收听率走势

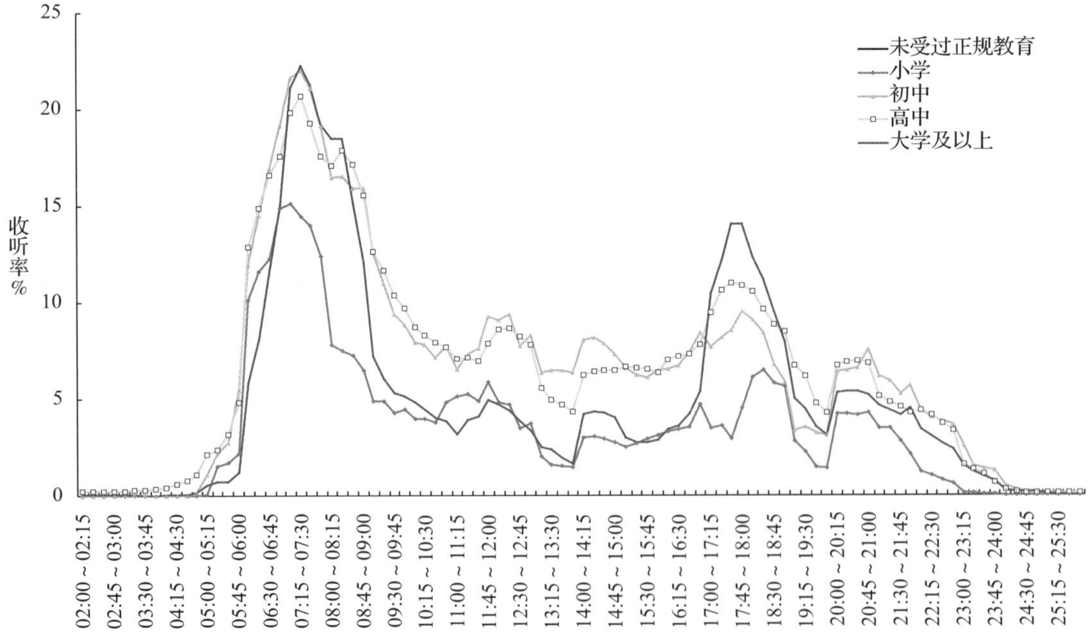


图 3.20.4　2014 年青岛不同文化程度听众全天收听率走势

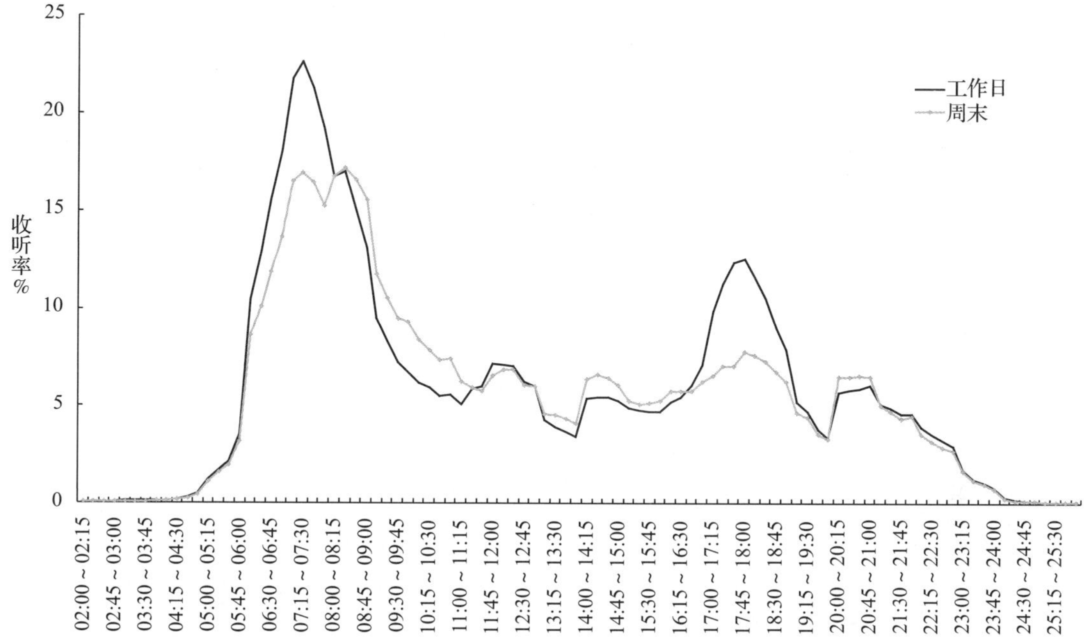


图 3.20.5 2014 年青岛听众工作日与周末全天收听率走势

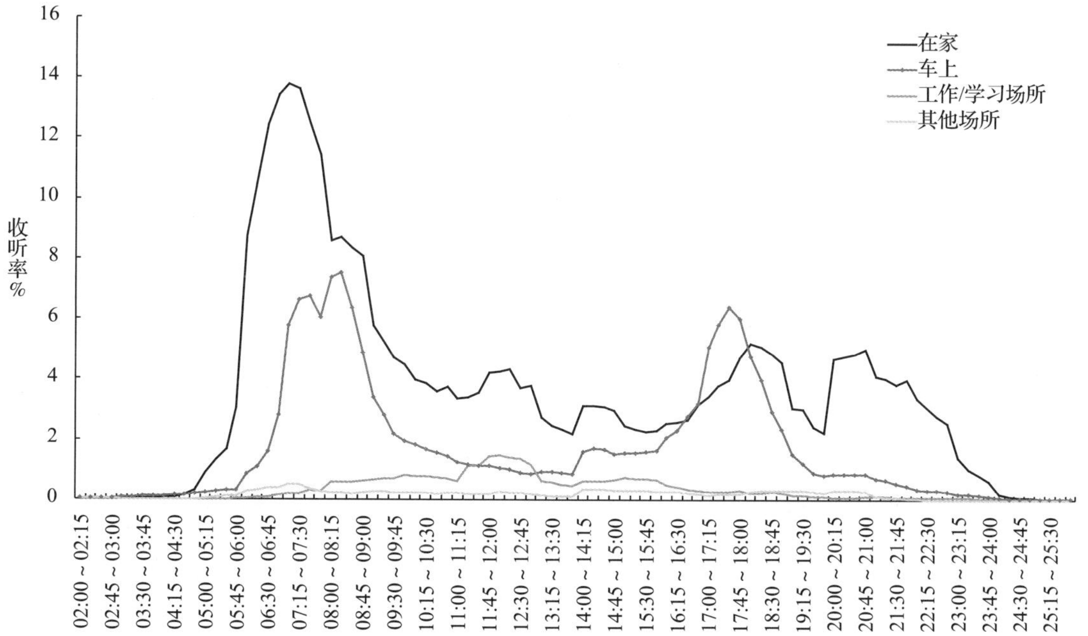


图 3.20.6 2014 年青岛听众在不同收听地点全天收听率走势

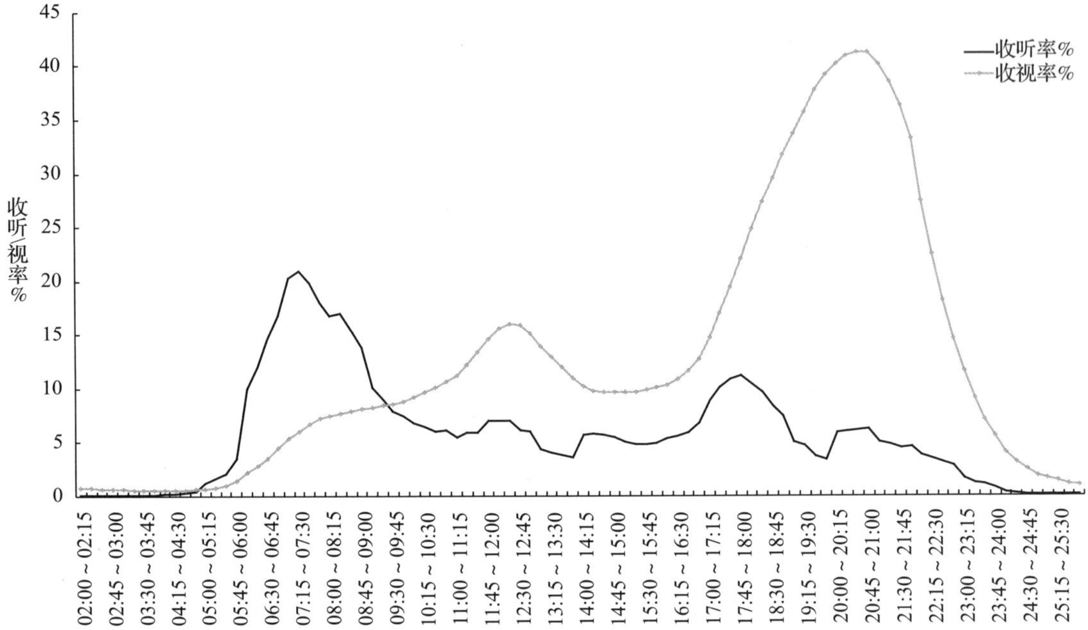


图 3.20.7　2014 年青岛受众全天收听率、收视率走势比较(目标受众为 10 岁及以上)

表 3.20.3 2014 年青岛市场听众构成(%)

| 目标听众 | | 听众构成(%) |
|---|---|---|
| 10 岁及以上所有人 | | 100.0 |
| 性别 | 男 | 52.1 |
| | 女 | 47.9 |
| 年龄 | 10 ~ 14 岁 | 1.4 |
| | 15 ~ 24 岁 | 8.1 |
| | 25 ~ 34 岁 | 17.3 |
| | 35 ~ 44 岁 | 18.1 |
| | 45 ~ 54 岁 | 18.0 |
| | 55 ~ 64 岁 | 20.0 |
| | 65 岁及以上 | 17.1 |
| 文化程度 | 未受过正规教育 | * |
| | 小学 | 4.4 |
| | 初中 | 24.8 |
| | 高中 | 40.2 |
| | 大学及以上 | 30.4 |
| 职业类别 | 干部/管理人员 | 8.1 |
| | 初级公务员/雇员 | 22.4 |
| | 个体/私营企业人员 | 12.1 |
| | 工人 | 13.6 |
| | 学生 | 4.3 |
| | 无业(含退休人员) | 39.4 |
| | 其他 | * |
| 个人月收入 | 无收入 | 7.3 |
| | 1 ~ 500 元 | * |
| | 501 ~ 1000 元 | * |
| | 1001 ~ 1500 元 | 4.9 |
| | 1501 ~ 2000 元 | 15.9 |
| | 2001 ~ 2500 元 | 22.3 |
| | 2501 ~ 3000 元 | 14.4 |
| | 3001 ~ 4000 元 | 17.6 |
| | 4001 元及以上 | 15.9 |

“*”表示目标听众样本量不足,无法进行统计推断。

表 3.20.4 2012 ~ 2014 年青岛市场各广播电台的市场份额(%)

| 广播电台 | 2012 年 | 2013 年 | 2014 年 | | | |
|---|---|---|---|---|---|---|
| | | | 第 1 波 | 第 2 波 | 第 3 波 | 第 4 波 |
| 中央人民广播电台 | 12.5 | 14.5 | 13.7 | 12.5 | 12.3 | 12.0 |
| 中国国际广播电台 | 0.1 | 0.0 | 0.0 | 0.0 | 0.0 | 0.0 |
| 山东人民广播电台 | 12.9 | 10.8 | 8.6 | 7.7 | 10.2 | 8.9 |
| 青岛人民广播电台 | 71.9 | 73.2 | 75.2 | 75.7 | 74.5 | 75.5 |
| 其他广播电台 | 2.6 | 1.5 | 2.5 | 4.1 | 3.0 | 3.6 |

**表 3.20.5　2014 年青岛市场各广播电台在不同目标听众中的市场份额(%)**

| 目标听众 | | 中央人民广播电台 | 中国国际广播电台 | 山东人民广播电台 | 青岛人民广播电台 | 其他广播电台 |
|---|---|---|---|---|---|---|
| 10 岁及以上所有人 | | 12.6 | 0.0 | 8.9 | 75.2 | 3.3 |
| 性别 | 男 | 11.8 | 0.0 | 8.5 | 76.0 | 3.7 |
| | 女 | 13.5 | 0.0 | 9.3 | 74.4 | 2.8 |
| 年龄 | 10～14 岁 | 5.4 | 0.0 | 9.6 | 83.1 | 1.9 |
| | 15～24 岁 | 8.3 | 0.0 | 12.3 | 72.9 | 6.5 |
| | 25～34 岁 | 7.6 | 0.0 | 15.2 | 72.5 | 4.7 |
| | 35～44 岁 | 5.6 | 0.0 | 8.3 | 83.3 | 2.8 |
| | 45～54 岁 | 12.9 | 0.0 | 9.7 | 74.7 | 2.7 |
| | 55～64 岁 | 19.1 | 0.0 | 6.9 | 73.2 | 0.8 |
| | 65 岁及以上 | 19.9 | 0.0 | 3.0 | 72.9 | 4.2 |
| 文化程度 | 未受过正规教育 | * | * | * | * | * |
| | 小学 | 15.5 | 0.0 | 5.3 | 76.9 | 2.3 |
| | 初中 | 15.0 | 0.0 | 7.5 | 76.4 | 1.1 |
| | 高中 | 12.2 | 0.0 | 9.6 | 75.0 | 3.2 |
| | 大学及以上 | 10.8 | 0.0 | 9.7 | 74.3 | 5.2 |
| 职业类别 | 干部/管理人员 | 13.0 | 0.0 | 8.1 | 77.6 | 1.3 |
| | 初级公务员/雇员 | 7.6 | 0.0 | 8.2 | 78.6 | 5.6 |
| | 个体/私营企业人员 | 6.0 | 0.0 | 15.7 | 76.7 | 1.6 |
| | 工人 | 7.1 | 0.0 | 12.0 | 76.0 | 4.9 |
| | 学生 | 12.0 | 0.0 | 13.0 | 73.4 | 1.6 |
| | 无业(含退休人员) | 19.4 | 0.0 | 5.9 | 72.3 | 2.4 |
| | 其他 | * | * | * | * | 100.0 |
| 个人月收入 | 无收入 | 10.2 | 0.0 | 13.2 | 73.1 | 3.5 |
| | 1～500 元 | * | * | * | * | * |
| | 501～1000 元 | * | * | * | * | * |
| | 1001～1500 元 | 19.5 | 0.0 | 14.7 | 65.5 | 0.3 |
| | 1501～2000 元 | 18.0 | 0.0 | 4.9 | 72.4 | 4.7 |
| | 2001～2500 元 | 15.0 | 0.0 | 8.1 | 73.6 | 3.3 |
| | 2501～3000 元 | 10.4 | 0.0 | 8.0 | 77.6 | 4.0 |
| | 3001～4000 元 | 6.0 | 0.0 | 10.0 | 81.5 | 2.5 |
| | 4001 元及以上 | 11.7 | 0.0 | 9.7 | 75.4 | 3.2 |

注:"*"表示该目标听众样本量不足,无法进行统计推断。

**表 3.20.6　2014 年青岛市场份额排名前五位的频率**

| 名　次 | 频率名称 | 市场份额% |
|---|---|---|
| 1 | 青岛交通广播 FM89.7/AM900 | 31.8 |
| 2 | 青岛新闻广播 FM107.6/AM1377 | 15.1 |
| 3 | 中央人民广播电台第一套节目中国之声 | 10.3 |
| 4 | 青岛新闻生活广播 AM819/FM97.3 | 7.1 |
| 5 | 青岛音乐体育广播 FM91.5 | 6.4 |

# 二十一、清远收听数据

表 3.21.1 2012~2014 年清远各目标听众人均收听时间(分钟)

| 目标听众 | | 2012 年 | 2013 年 | 2014 年 | | | |
|---|---|---|---|---|---|---|---|
| | | | | 第 1 波 | 第 2 波 | 第 3 波 | 第 4 波 |
| 10 岁及以上所有人 | | 55 | 55 | 48 | 51 | 55 | 49 |
| 性别 | 男 | 57 | 56 | 48 | 53 | 55 | 52 |
| | 女 | 53 | 53 | 49 | 48 | 55 | 47 |
| 年龄 | 10~14 岁 | 29 | 35 | 30 | 32 | 35 | 29 |
| | 15~24 岁 | 43 | 36 | 36 | 35 | 37 | 34 |
| | 25~34 岁 | 51 | 50 | 49 | 50 | 46 | 46 |
| | 35~44 岁 | 58 | 58 | 49 | 48 | 54 | 51 |
| | 45~54 岁 | 58 | 54 | 53 | 61 | 66 | 60 |
| | 55~64 岁 | 61 | 82 | 83 | 69 | 71 | 60 |
| | 65 岁及以上 | 85 | 78 | 49 | 72 | 94 | 74 |
| 文化程度 | 未受过正规教育 | 51 | 53 | 40 | 49 | 63 | 44 |
| | 小学 | 58 | 58 | 50 | 51 | 59 | 51 |
| | 初中 | 53 | 55 | 50 | 51 | 56 | 50 |
| | 高中 | 59 | 51 | 45 | 48 | 48 | 48 |
| | 大学及以上 | 38 | 46 | 47 | 57 | 45 | 39 |
| 职业类别 | 干部/管理人员 | 34 | 43 | 19 | 45 | 43 | 24 |
| | 初级公务员/雇员 | 50 | 53 | 45 | 52 | 53 | 44 |
| | 个体/私营企业人员 | 51 | 58 | 55 | 57 | 64 | 78 |
| | 工人 | 51 | 51 | 49 | 44 | 44 | 41 |
| | 学生 | 30 | 33 | 32 | 35 | 39 | 31 |
| | 无业(含退休人员) | 71 | 87 | 67 | 79 | 86 | 65 |
| | 其他 | 73 | 51 | 45 | 47 | 52 | 44 |
| 个人月收入 | 无收入 | 40 | 49 | 43 | 45 | 48 | 39 |
| | 1~500 元 | 58 | 60 | 60 | 66 | 68 | 46 |
| | 501~1000 元 | 66 | 67 | 65 | 64 | 71 | 68 |
| | 1001~1500 元 | 64 | 62 | 61 | 56 | 65 | 66 |
| | 1501~2000 元 | 62 | 52 | 43 | 47 | 58 | 57 |
| | 2001~2500 元 | 47 | 55 | 45 | 45 | 56 | 59 |
| | 2501~3000 元 | 64 | 54 | 61 | 62 | 58 | 46 |
| | 3001~4000 元 | 41 | 34 | 34 | 51 | 44 | 47 |
| | 4001 元及以上 | 67 | 73 | 49 | 62 | 53 | 44 |

注:清远为四波调查城市。2014 年四波调查时间分别为:第 1 波 2 月 23 日至 3 月 15 日;第 2 波 5 月 25 日至 6 月 14 日;第 3 波 8 月 24 日至 9 月 13 日;第 4 波 11 月 2 日至 11 月 22 日

表 3.21.2 2012~2014 年清远听众在不同地点的人均收听时间(分钟)

| 地　　点 | 2012 年 | 2013 年 | 2014 年 |
|---|---|---|---|
| 在家 | 42 | 44 | 39 |
| 车上 | 3 | 4 | 5 |
| 工作/学习场所 | 6 | 4 | 4 |
| 其他场所 | 4 | 3 | 3 |

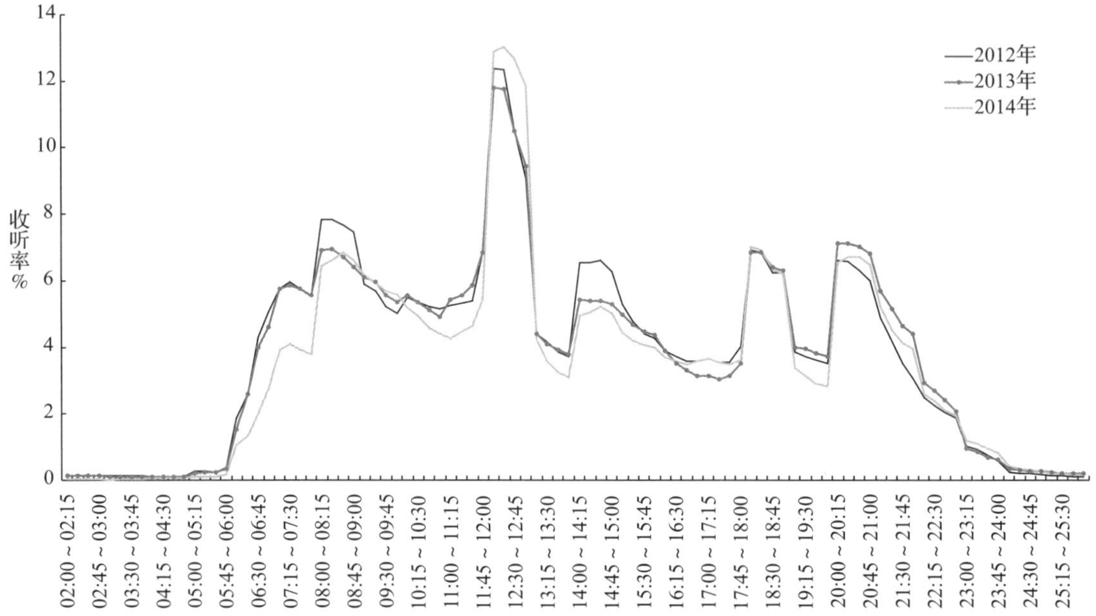


图 3.21.1 2012~2014 年清远听众全天收听率走势

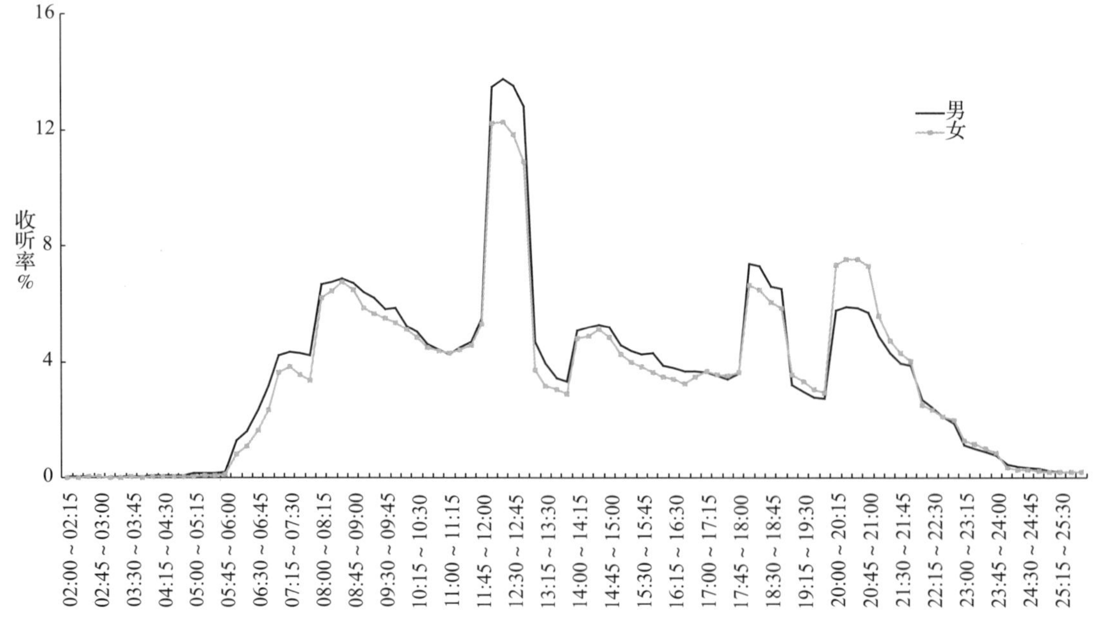


图 3.21.2 2014 年清远不同性别听众全天收听率走势

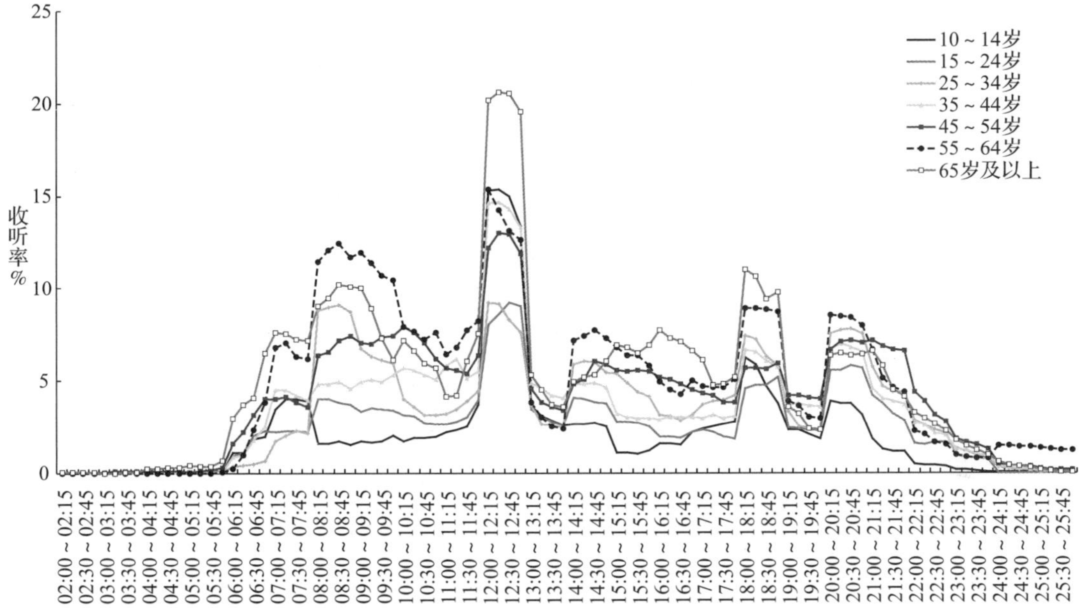


图 3.21.3　2014 年清远不同年龄听众全天收听率走势

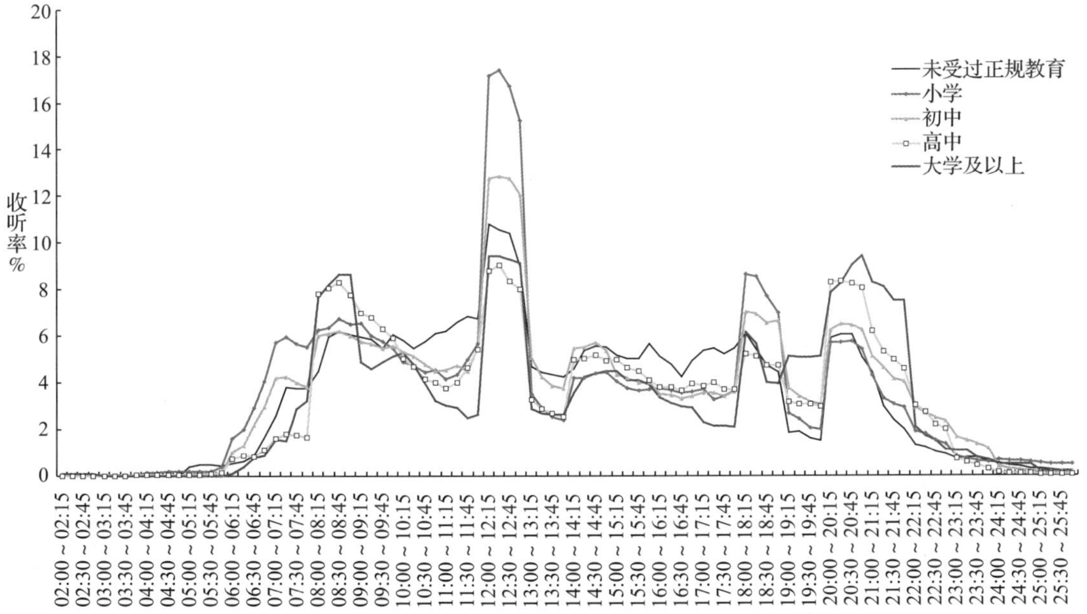


图 3.21.4　2014 年清远不同文化程度听众全天收听率走势

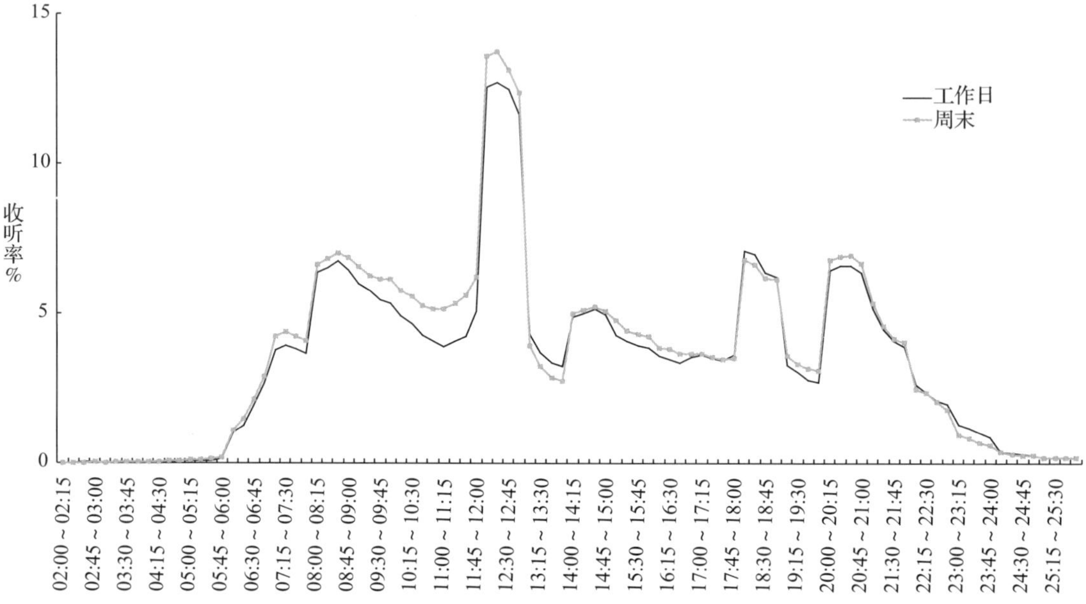


图 3.21.5　2014 年清远听众工作日与周末全天收听率走势

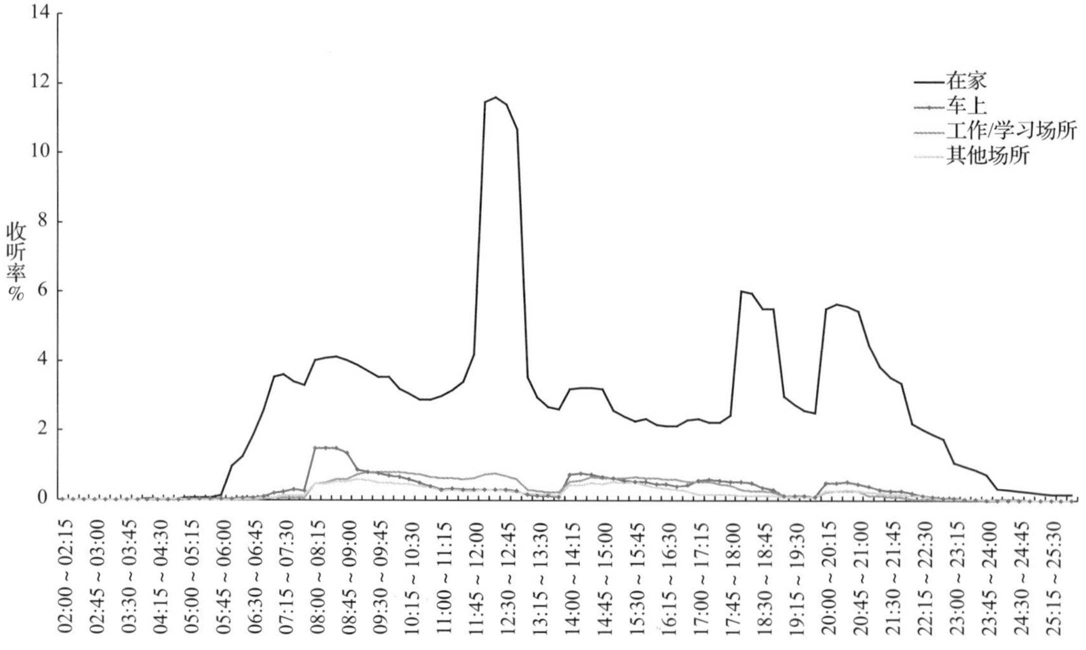


图 3.21.6　2014 年清远听众在不同收听地点全天收听率走势

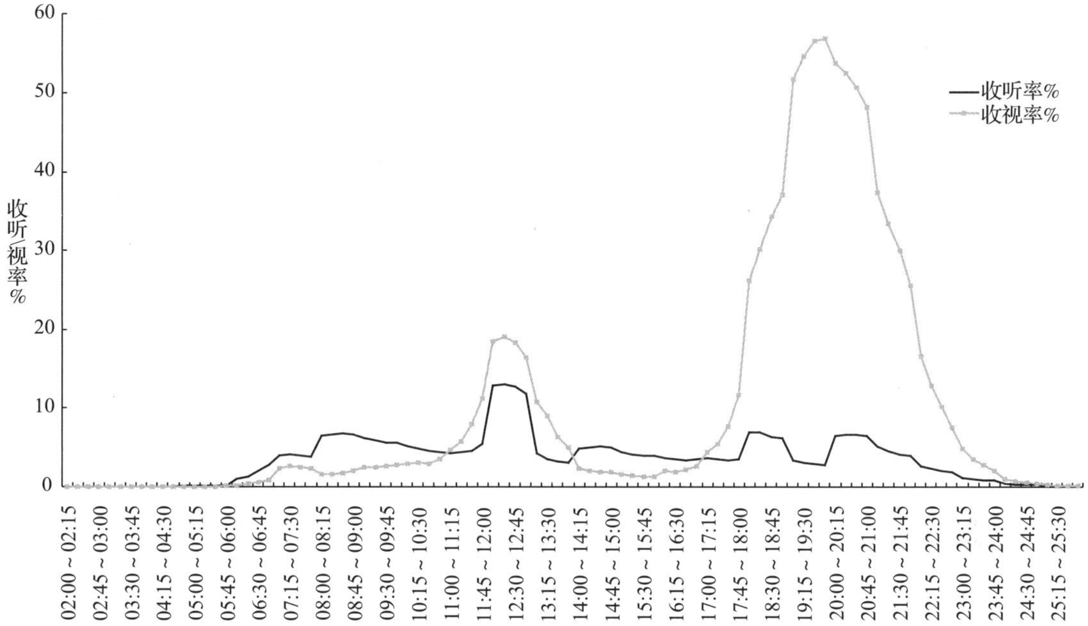


图 3.21.7 2014 年清远受众全天收听率、收视率走势比较(目标受众为 10 岁及以上)

表 3.21.3 2014 年清远市场听众构成(%)

| 目标听众 | | 听众构成(%) |
|---|---|---|
| 10 岁及以上所有人 | | 100.0 |
| 性别 | 男 | 52.0 |
| | 女 | 48.0 |
| 年龄 | 10~14 岁 | 6.0 |
| | 15~24 岁 | 10.3 |
| | 25~34 岁 | 20.8 |
| | 35~44 岁 | 22.1 |
| | 45~54 岁 | 14.2 |
| | 55~64 岁 | 10.9 |
| | 65 岁及以上 | 15.7 |
| 文化程度 | 未受过正规教育 | 2.7 |
| | 小学 | 26.0 |
| | 初中 | 49.5 |
| | 高中 | 17.9 |
| | 大学及以上 | 3.9 |
| 职业类别 | 干部/管理人员 | 0.6 |
| | 初级公务员/雇员 | 4.9 |
| | 个体/私营企业人员 | 19.8 |
| | 工人 | 23.9 |
| | 学生 | 10.3 |
| | 无业(含退休人员) | 21.5 |
| | 其他 | 19.0 |
| 个人月收入 | 无收入 | 22.9 |
| | 1~500 元 | 5.3 |
| | 501~1000 元 | 5.1 |
| | 1001~1500 元 | 11.6 |
| | 1501~2000 元 | 15.4 |
| | 2001~2500 元 | 16.6 |
| | 2501~3000 元 | 11.4 |
| | 3001~4000 元 | 6.7 |
| | 4001 元及以上 | 5.0 |

表 3.21.4 2012~2014 年清远市场各广播电台的市场份额(%)

| 广播电台 | 2012 年 | 2013 年 | 2014 年 | | | |
|---|---|---|---|---|---|---|
| | | | 第 1 波 | 第 2 波 | 第 3 波 | 第 4 波 |
| 中央人民广播电台 | 3.4 | 3.6 | 3.0 | 1.7 | 2.3 | 2.4 |
| 中国国际广播电台 | 0.1 | 0.1 | 0.1 | 0.1 | 0.0 | 0.1 |
| 广东广播电视台 | 33.4 | 30.5 | 30.3 | 23.3 | 21.4 | 24.7 |
| 广州广播电视台 | 5.0 | 4.1 | 6.4 | 5.3 | 5.8 | 5.8 |
| 清远人民广播电台 | 41.1 | 49.0 | 51.9 | 60.5 | 58.9 | 55.7 |
| 佛山人民广播电台 | 16.4 | 11.9 | 7.7 | 8.4 | 10.6 | 11.2 |
| 其他广播电台 | 0.6 | 0.8 | 0.6 | 0.7 | 1.0 | 0.1 |

表 3.21.5 2014 年清远市场各广播电台在不同目标听众中的市场份额(%)

| 目标听众 | | 中央人民广播电台 | 中国国际广播电台 | 广东人民广播电台 | 广州广播电视台 | 清远人民广播电台 | 佛山人民广播电台 | 其他广播电台 |
|---|---|---|---|---|---|---|---|---|
| 10 岁及以上所有人 | | 2.3 | 0.1 | 24.8 | 5.8 | 56.9 | 9.5 | 0.6 |
| 性别 | 男 | 2.5 | 0.1 | 25.0 | 6.9 | 55.6 | 9.5 | 0.4 |
| | 女 | 2.1 | 0.1 | 24.6 | 4.6 | 58.3 | 9.6 | 0.7 |
| 年龄 | 10～14 岁 | 1.2 | 0.1 | 36.3 | 9.2 | 38.9 | 14.2 | 0.1 |
| | 15～24 岁 | 3.0 | 0.1 | 25.7 | 4.8 | 62.2 | 4.2 | 0.0 |
| | 25～34 岁 | 1.2 | 0.2 | 21.0 | 5.4 | 59.4 | 12.1 | 0.7 |
| | 35～44 岁 | 2.2 | 0.0 | 26.1 | 3.5 | 54.4 | 13.2 | 0.6 |
| | 45～54 岁 | 3.1 | 0.0 | 22.9 | 6.4 | 58.8 | 7.6 | 1.2 |
| | 55～64 岁 | 4.7 | 0.0 | 29.5 | 5.0 | 52.6 | 7.2 | 1.0 |
| | 65 岁及以上 | 1.5 | 0.0 | 21.5 | 9.1 | 61.6 | 5.9 | 0.4 |
| 文化程度 | 未受过正规教育 | 3.4 | 0.0 | 19.9 | 4.8 | 63.0 | 8.5 | 0.4 |
| | 小学 | 2.7 | 0.1 | 28.2 | 8.2 | 50.6 | 9.2 | 1.0 |
| | 初中 | 2.0 | 0.1 | 22.1 | 3.9 | 60.3 | 11.2 | 0.4 |
| | 高中 | 2.7 | 0.0 | 25.5 | 6.7 | 58.0 | 6.3 | 0.8 |
| | 大学及以上 | 1.0 | 0.0 | 37.7 | 9.9 | 45.9 | 5.1 | 0.4 |
| 职业类别 | 干部/管理人员 | 0.4 | 0.0 | 11.8 | 3.3 | 65.0 | 4.9 | 14.6 |
| | 初级公务员/雇员 | 0.5 | 0.0 | 25.6 | 8.8 | 58.0 | 6.8 | 0.3 |
| | 个体/私营企业人员 | 4.4 | 0.0 | 20.1 | 4.9 | 62.2 | 8.1 | 0.3 |
| | 工人 | 2.2 | 0.1 | 19.0 | 4.4 | 61.1 | 12.9 | 0.3 |
| | 学生 | 1.9 | 0.1 | 32.4 | 7.9 | 48.1 | 9.6 | 0.0 |
| | 无业(含退休人员) | 1.5 | 0.1 | 21.8 | 4.5 | 65.3 | 5.6 | 1.2 |
| | 其他 | 2.0 | 0.0 | 36.4 | 8.2 | 40.3 | 12.2 | 0.9 |
| 个人月收入 | 无收入 | 1.9 | 0.1 | 29.4 | 6.9 | 53.4 | 7.5 | 0.8 |
| | 1～500 元 | 2.2 | 0.0 | 20.5 | 4.6 | 58.3 | 14.4 | 0.0 |
| | 501～1000 元 | 3.3 | 0.1 | 25.7 | 4.0 | 55.0 | 9.2 | 2.7 |
| | 1001～1500 元 | 2.7 | 0.0 | 24.3 | 8.3 | 58.3 | 5.8 | 0.6 |
| | 1501～2000 元 | 3.5 | 0.2 | 22.0 | 6.4 | 57.9 | 9.7 | 0.3 |
| | 2001～2500 元 | 2.0 | 0.0 | 30.6 | 4.0 | 52.9 | 9.9 | 0.6 |
| | 2501～3000 元 | 1.8 | 0.1 | 23.4 | 4.5 | 57.3 | 12.5 | 0.4 |
| | 3001～4000 元 | 2.5 | 0.0 | 17.5 | 6.2 | 62.8 | 10.9 | 0.1 |
| | 4001 元及以上 | 0.7 | 0.0 | 11.8 | 5.4 | 68.7 | 13.4 | 0.0 |

表 3.21.6 2014 年清远市场份额排名前五位的频率

| 名次 | 频率名称 | 市场份额(%) |
|---|---|---|
| 1 | 清远综合广播 FM88.7 | 35.1 |
| 2 | 清远电台农村广播 FM97.8 | 21.8 |
| 3 | 广东广播电视台珠江经济广播电台(E FM 财富 974) | 13.4 |
| 4 | 广东广播电视台音乐之声 FM99.3 | 4.9 |
| 5 | 广州新闻电台 FM96.2 | 3.5 |

# 二十二、泉州收听数据

**表 3.22.1　2012～2014 年泉州各目标听众人均收听时间(分钟)**

| 目标听众 | | 2012 年 | 2013 年 | 2014 年 | | | |
|---|---|---|---|---|---|---|---|
| | | | | 第 1 波 | 第 2 波 | 第 3 波 | 第 4 波 |
| 10 岁及以上所有人 | | 58 | 60 | 55 | 59 | 56 | 57 |
| 性别 | 男 | 70 | 67 | 59 | 65 | 62 | 63 |
| | 女 | 47 | 53 | 50 | 52 | 48 | 50 |
| 年龄 | 10～14 岁 | 19 | 30 | 35 | 19 | 35 | 17 |
| | 15～24 岁 | 36 | 30 | 22 | 26 | 29 | 28 |
| | 25～34 岁 | 61 | 50 | 42 | 46 | 47 | 47 |
| | 35～44 岁 | 73 | 82 | 76 | 82 | 70 | 70 |
| | 45～54 岁 | 69 | 83 | 74 | 85 | 80 | 80 |
| | 55～64 岁 | 66 | 77 | 82 | 84 | 63 | 82 |
| | 65 岁及以上 | 90 | 117 | 123 | 134 | 119 | 116 |
| 文化程度 | 未受过正规教育 | 58 | 62 | 42 | 46 | 37 | 54 |
| | 小学 | 56 | 75 | 87 | 84 | 74 | 65 |
| | 初中 | 66 | 56 | 50 | 55 | 55 | 67 |
| | 高中 | 57 | 70 | 63 | 61 | 53 | 48 |
| | 大学及以上 | 50 | 48 | 39 | 52 | 51 | 47 |
| 职业类别 | 干部/管理人员 | 69 | 58 | 56 | 56 | 61 | 58 |
| | 初级公务员/雇员 | 46 | 46 | 37 | 48 | 45 | 46 |
| | 个体/私营企业人员 | 60 | 64 | 60 | 68 | 64 | 64 |
| | 工人 | 115 | 99 | 92 | 85 | 67 | 71 |
| | 学生 | 20 | 23 | 20 | 22 | 26 | 16 |
| | 无业(含退休人员) | 73 | 88 | 90 | 90 | 82 | 85 |
| | 其他 | 90 | 58 | 34 | 22 | 25 | 25 |
| 个人月收入 | 无收入 | 39 | 43 | 39 | 39 | 42 | 38 |
| | 1～500 元 | * | * | * | * | * | * |
| | 501～1000 元 | 43 | 58 | 69 | 69 | 52 | 60 |
| | 1001～1500 元 | 68 | 88 | 80 | 69 | 68 | 71 |
| | 1501～2000 元 | 58 | 74 | 66 | 65 | 61 | 78 |
| | 2001～2500 元 | 61 | 68 | 65 | 70 | 72 | 90 |
| | 2501～3000 元 | 64 | 66 | 63 | 68 | 46 | 54 |
| | 3001～4000 元 | 74 | 67 | 61 | 69 | 66 | 59 |
| | 4001 元及以上 | 73 | 61 | 54 | 67 | 60 | 56 |

注:泉州为四波调查城市。2014 年四波调查时间分别为:第 1 波 2 月 23 日至 3 月 15 日;第 2 波 5 月 25 日至 6 月 14 日;第 3 波 8 月 24 日至 9 月 13 日;第 4 波 11 月 2 日至 11 月 22 日。

"*"表示该目标听众样本量不足,无法进行统计推断。

**表 3.22.2　2012～2014 年泉州听众在不同地点的人均收听时间(分钟)**

| 地　点 | 2012 年 | 2013 年 | 2014 年 |
|---|---|---|---|
| 在家 | 28 | 32 | 29 |
| 车上 | 19 | 17 | 17 |
| 工作/学习场所 | 9 | 9 | 10 |
| 其他场所 | 2 | 1 | 1 |

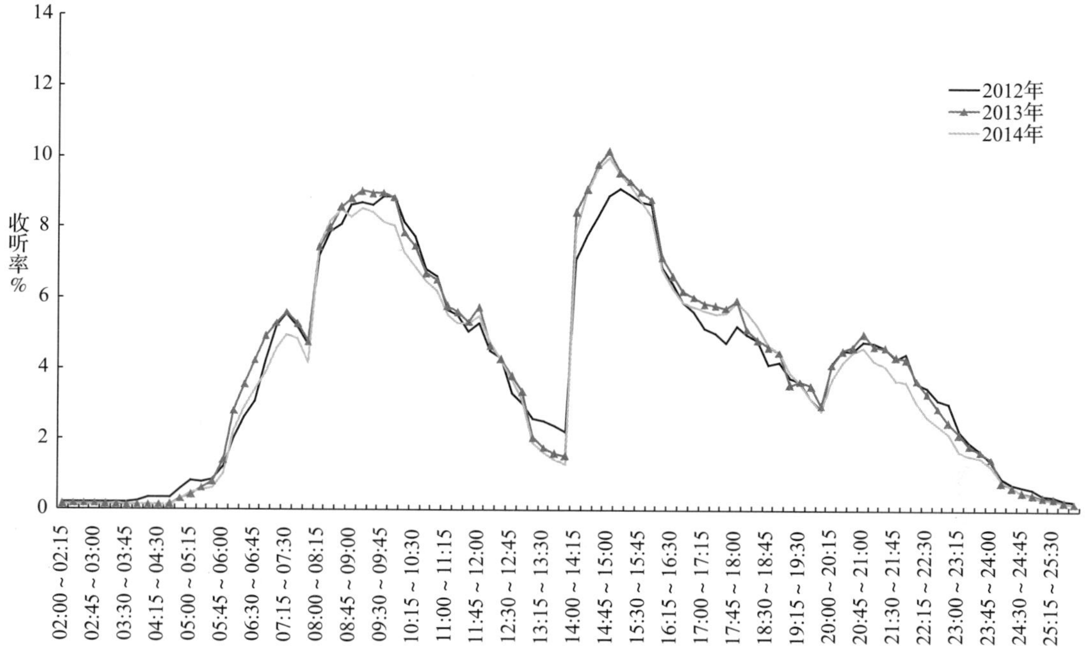


图 3.22.1 2012 ~ 2014 年泉州听众全天收听率走势

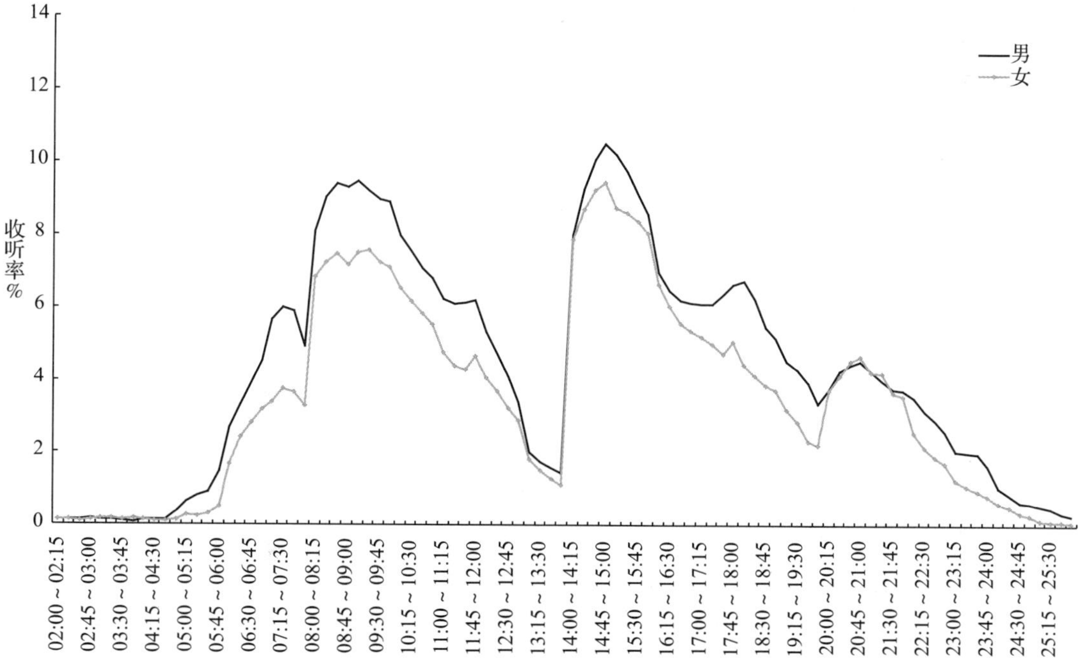


图 3.22.2 2014 年泉州不同性别听众全天收听率走势

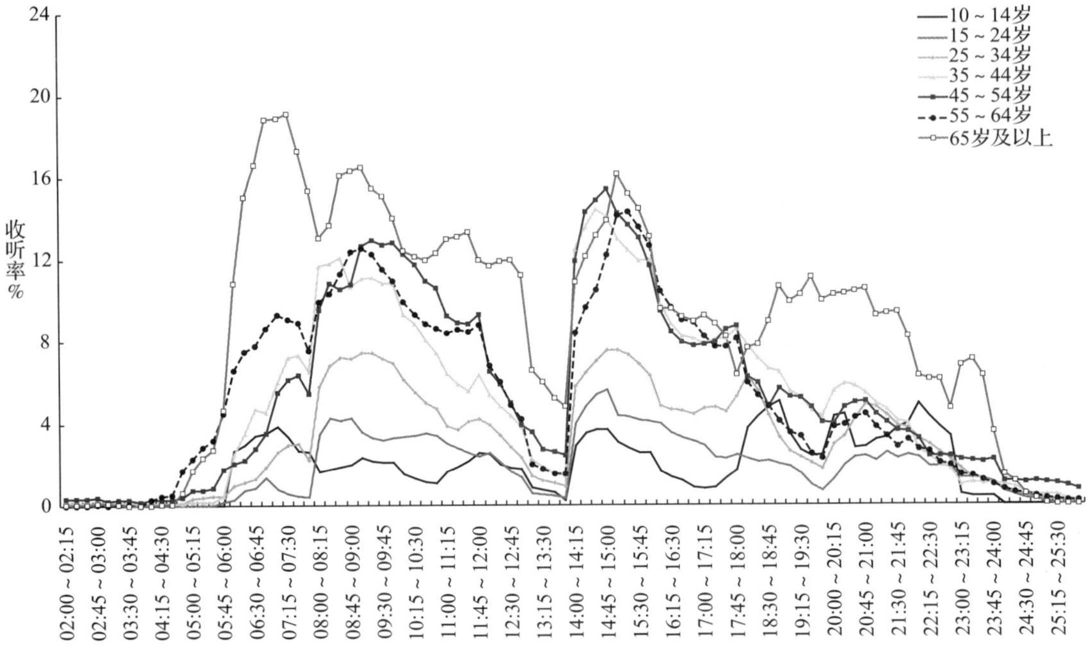


图 3.22.3　2014 年泉州不同年龄听众全天收听率走势

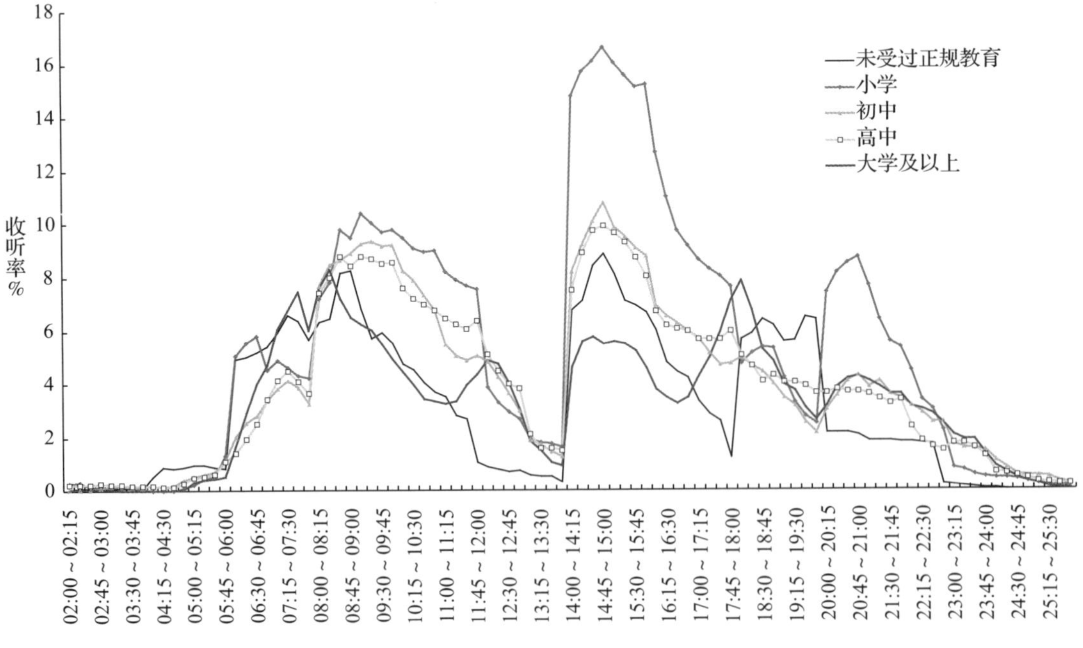


图 3.22.4　2014 年泉州不同文化程度听众全天收听率走势

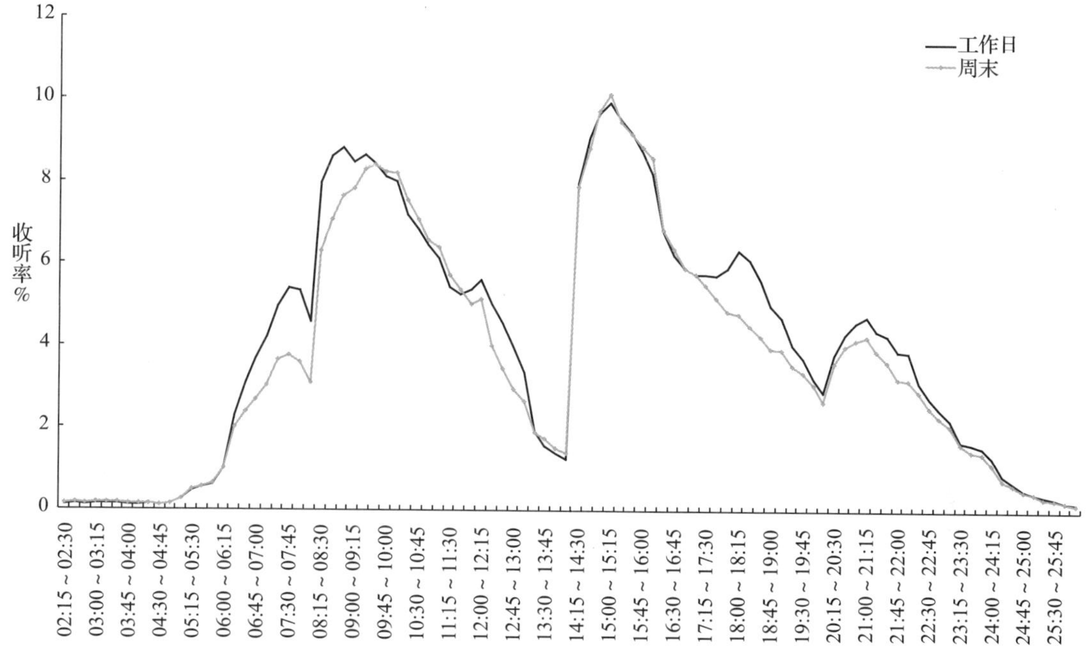


图 3.22.5　2014 年泉州听众工作日与周末全天收听率走势

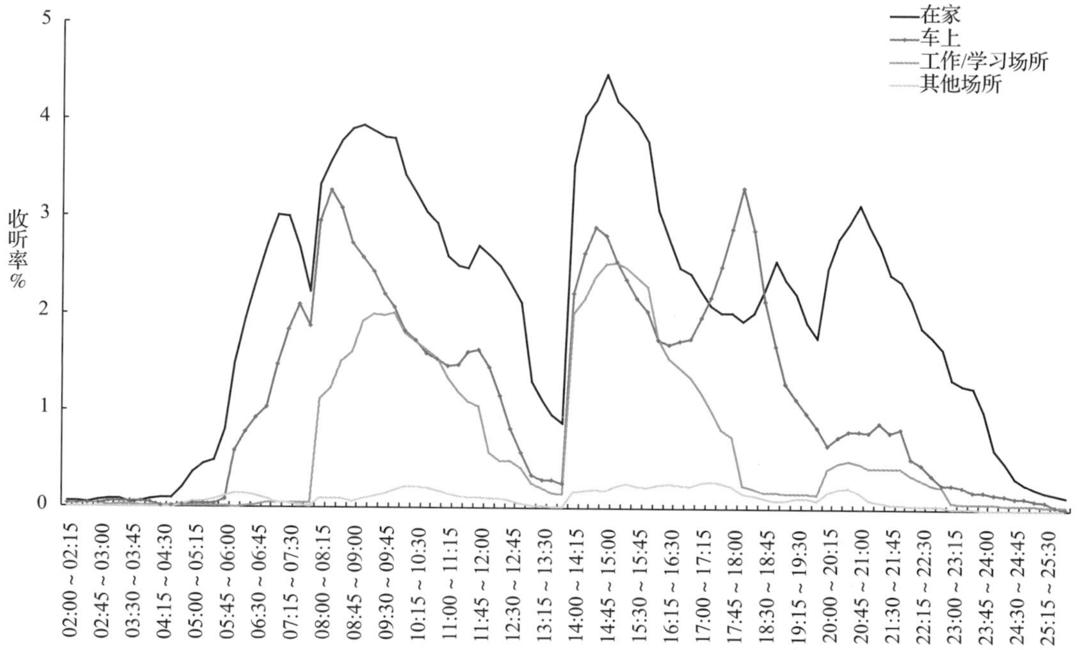


图 3.22.6　2014 年泉州听众在不同收听地点全天收听率走势

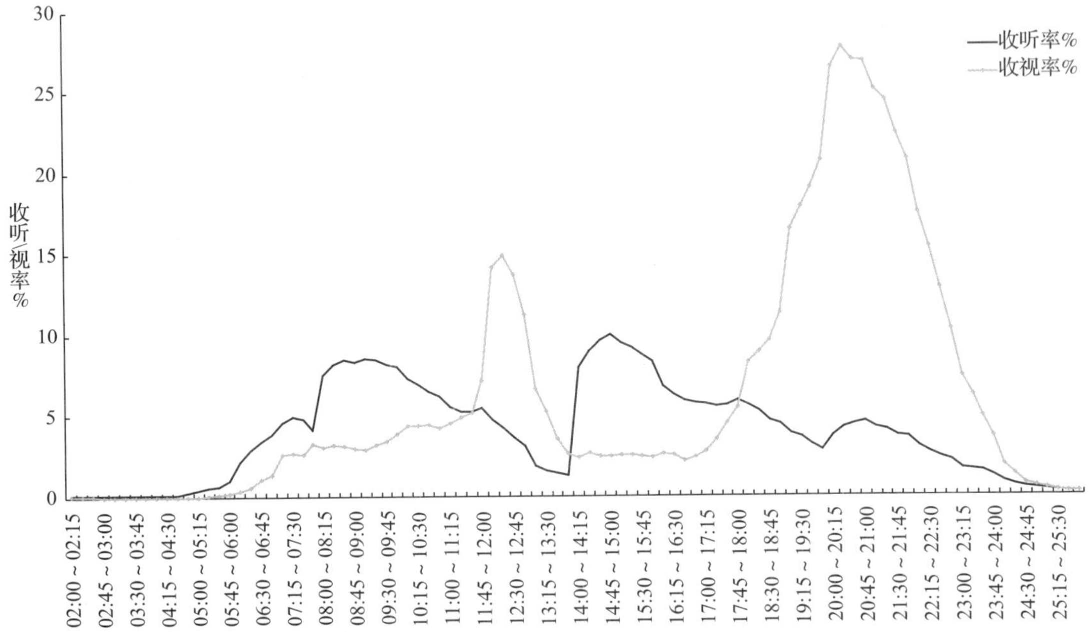


图 3.22.7　2014 年泉州受众全天收听率、收视率走势比较(目标受众为 10 岁及以上)

表 3.22.3 2014 年泉州市场听众构成(%)

| 目标听众 | | 听众构成(%) |
|---|---|---|
| 10 岁及以上所有人 | | 100.0 |
| 性别 | 男 | 58.2 |
| | 女 | 41.8 |
| 年龄 | 10~14 岁 | 2.0 |
| | 15~24 岁 | 11.0 |
| | 25~34 岁 | 20.8 |
| | 35~44 岁 | 30.7 |
| | 45~54 岁 | 16.4 |
| | 55~64 岁 | 9.4 |
| | 65 岁及以上 | 9.6 |
| 文化程度 | 未受过正规教育 | 1.6 |
| | 小学 | 15.9 |
| | 初中 | 36.8 |
| | 高中 | 27.0 |
| | 大学及以上 | 18.7 |
| 职业类别 | 干部/管理人员 | 4.6 |
| | 初级公务员/雇员 | 17.4 |
| | 个体/私营企业人员 | 27.4 |
| | 工人 | 19.1 |
| | 学生 | 7.2 |
| | 无业(含退休人员) | 24.1 |
| | 其他 | 0.2 |
| 个人月收入 | 无收入 | 20.2 |
| | 1~500 元 | * |
| | 501~1000 元 | 1.2 |
| | 1001~1500 元 | 4.6 |
| | 1501~2000 元 | 7.2 |
| | 2001~2500 元 | 12.8 |
| | 2501~3000 元 | 12.4 |
| | 3001~4000 元 | 19.1 |
| | 4001 元及以上 | 22.4 |

“*”表示目标听众样本量不足,无法进行统计推断

表 3.22.4 2012~2014 年泉州市场各广播电台的市场份额(%)

| 广播电台 | 2012 年 | 2013 年 | 2014 年 | | | |
|---|---|---|---|---|---|---|
| | | | 第 1 波 | 第 2 波 | 第 3 波 | 第 4 波 |
| 中央人民广播电台 | 15.0 | 17.6 | 15.9 | 18.2 | 17.1 | 16.2 |
| 中国国际广播电台 | 0.0 | 0.0 | 0.0 | 0.0 | 0.0 | 0.0 |
| 福建广播影视集团 | 15.5 | 13.4 | 10.7 | 12.9 | 13.2 | 14.3 |
| 泉州人民广播电台 | 68.1 | 68.5 | 72.9 | 64.9 | 67.5 | 67.0 |
| 其他广播电台 | 1.4 | 0.5 | 0.5 | 4.0 | 2.2 | 2.5 |

**表 3.22.5　2014 年泉州市场各广播电台在不同目标听众中的市场份额(%)**

| 目标听众 | | 中央人民广播电台 | 中国国际广播电台 | 福建广播影视集团 | 泉州人民广播电台 | 其他广播电台 |
|---|---|---|---|---|---|---|
| 10 岁及以上所有人 | | 15.0 | 0.0 | 15.5 | 68.1 | 1.4 |
| 性别 | 男 | 16.6 | 0.0 | 15.8 | 66.3 | 1.3 |
| | 女 | 12.7 | 0.0 | 14.9 | 70.7 | 1.7 |
| 年龄 | 10~14 岁 | 27.2 | 0.0 | 6.1 | 66.6 | 0.1 |
| | 15~24 岁 | 12.4 | 0.0 | 14.5 | 71.9 | 1.2 |
| | 25~34 岁 | 8.9 | 0.0 | 16.3 | 74.5 | 0.3 |
| | 35~44 岁 | 11.6 | 0.0 | 18.9 | 68.7 | 0.8 |
| | 45~54 岁 | 20.2 | 0.0 | 13.4 | 65.9 | 0.5 |
| | 55~64 岁 | 23.2 | 0.0 | 16.3 | 60.2 | 0.3 |
| | 65 岁及以上 | 27.1 | 0.0 | 11.4 | 54.1 | 7.4 |
| 文化程度 | 未受过正规教育 | 20.2 | 0.0 | 11.1 | 45.1 | 23.6 |
| | 小学 | 12.1 | 0.0 | 16.7 | 70.0 | 1.2 |
| | 初中 | 8.4 | 0.0 | 14.7 | 76.6 | 0.3 |
| | 高中 | 21.0 | 0.0 | 16.4 | 61.8 | 0.8 |
| | 大学及以上 | 20.2 | 0.0 | 15.8 | 63.6 | 0.4 |
| 职业类别 | 干部/管理人员 | 15.5 | 0.0 | 14.6 | 69.9 | 0.0 |
| | 初级公务员/雇员 | 16.1 | 0.0 | 18.4 | 65.0 | 0.5 |
| | 个体/私营企业人员 | 7.8 | 0.0 | 12.1 | 79.6 | 0.5 |
| | 工人 | 6.8 | 0.0 | 23.3 | 69.8 | 0.1 |
| | 学生 | 20.5 | 0.0 | 8.7 | 68.2 | 2.6 |
| | 无业(含退休人员) | 25.3 | 0.0 | 11.9 | 58.8 | 4.0 |
| | 其他 | 1.6 | 0.0 | 9.5 | 88.9 | 0.0 |
| 个人月收入 | 无收入 | 19.9 | 0.0 | 9.7 | 64.8 | 5.6 |
| | 1~500 元 | * | * | * | * | * |
| | 501~1000 元 | 7.8 | 0.0 | 18.9 | 70.5 | 2.8 |
| | 1001~1500 元 | 13.2 | 0.0 | 16.5 | 70.4 | 0.0 |
| | 1501~2000 元 | 10.4 | 0.0 | 21.9 | 67.0 | 0.7 |
| | 2001~2500 元 | 9.0 | 0.0 | 9.5 | 81.3 | 0.2 |
| | 2501~3000 元 | 12.4 | 0.0 | 16.9 | 70.5 | 0.2 |
| | 3001~4000 元 | 12.5 | 0.0 | 20.1 | 67.0 | 0.4 |
| | 4001 元及以上 | 23.5 | 0.0 | 16.2 | 59.7 | 0.6 |

“*”表示目标听众样本量不足,无法进行统计推断。

**表 3.22.6　2013 年泉州市场份额排名前五位的频率**

| 名　次 | 频率名称 | 市场份额(%) |
|---|---|---|
| 1 | 泉州人民广播电台 904 交通之声 FM90.4 | 32.7 |
| 2 | 泉州人民广播电台 1059 刺桐之声 FM105.9 | 14.2 |
| 3 | 泉州人民广播电台 889 新闻频道 FM88.9/AM576 | 12.1 |
| 4 | 中央人民广播电台第一套节目中国之声 | 9.1 |
| 5 | 泉州人民广播电台 923 私家汽车音乐广播 FM92.3 | 7.5 |

# 二十三、汕头收听数据

表 3.23.1 2014 年汕头各目标听众人均收听时间(分钟)

| 目标听众 | | 2014 年 | | |
|---|---|---|---|---|
| | | 第 2 波 | 第 3 波 | 第 4 波 |
| 10 岁及以上所有人 | | 101 | 108 | 97 |
| 性别 | 男 | 107 | 115 | 94 |
| | 女 | 96 | 100 | 99 |
| 年龄 | 10~14 岁 | 52 | 89 | 28 |
| | 15~24 岁 | 63 | 55 | 56 |
| | 25~34 岁 | 106 | 91 | 95 |
| | 35~44 岁 | 117 | 127 | 107 |
| | 45~54 岁 | 148 | 149 | 139 |
| | 55~64 岁 | 118 | 145 | 145 |
| | 65 岁及以上 | 123 | 162 | 137 |
| 文化程度 | 未受过正规教育 | 85 | 116 | 89 |
| | 小学 | 114 | 136 | 118 |
| | 初中 | 104 | 110 | 98 |
| | 高中 | 96 | 89 | 89 |
| | 大学及以上 | 77 | 63 | 55 |
| 职业类别 | 干部/管理人员 | 111 | 82 | 44 |
| | 初级公务员/雇员 | 100 | 78 | 77 |
| | 个体/私营企业人员 | 128 | 144 | 115 |
| | 工人 | 128 | 151 | 145 |
| | 学生 | 46 | 59 | 34 |
| | 无业(含退休人员) | 110 | 118 | 119 |
| | 其他 | 48 | 57 | 50 |
| 个人月收入 | 无收入 | 69 | 73 | 57 |
| | 1~500 元 | 211 | 243 | 196 |
| | 501~1000 元 | 154 | 181 | 169 |
| | 1001~1500 元 | 102 | 148 | 127 |
| | 1501~2000 元 | 114 | 118 | 113 |
| | 2001~2500 元 | 121 | 115 | 107 |
| | 2501~3000 元 | 125 | 94 | 119 |
| | 3001~4000 元 | 123 | 122 | 107 |
| | 4001 元及以上 | 106 | 145 | 130 |

注:汕头为四波调查城市,从 2014 年第 2 波开始进行收听率调查。2014 年三波调查的时间分别为:第 2 波 5 月 25 日至 6 月 14 日;第 3 波 8 月 24 日至 9 月 13 日;第 4 波 11 月 2 日至 11 月 22 日。

表 3.23.2 2014 年汕头听众在不同地点的人均收听时间(分钟)

| 地 点 | 2014 年 |
|---|---|
| 在家 | 65 |
| 车上 | 5 |
| 工作/学习场所 | 28 |
| 其他场所 | 3 |

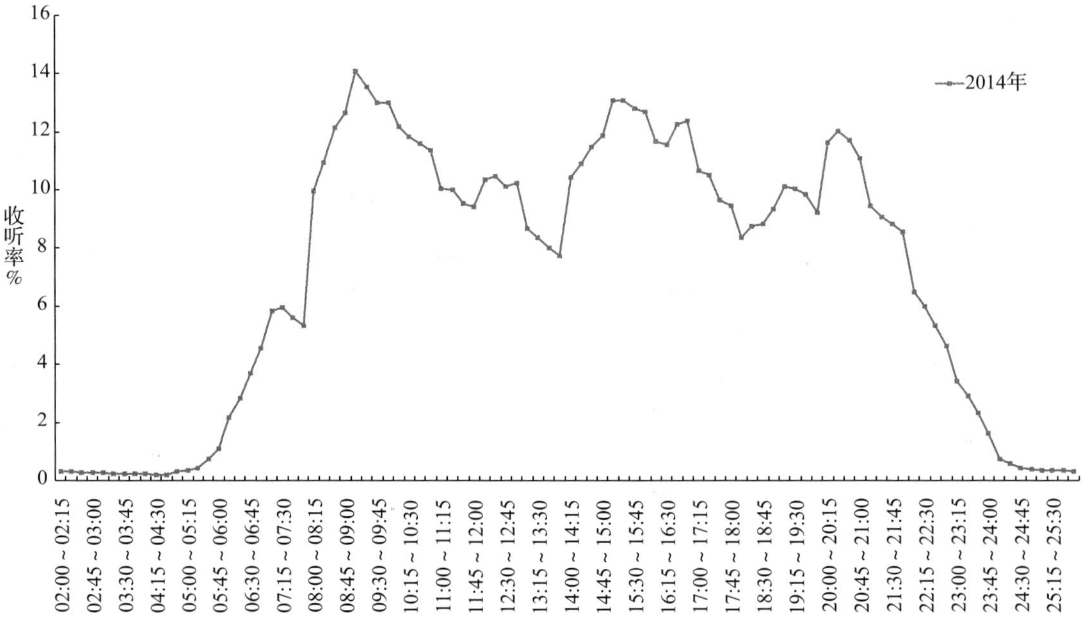


图 3.23.1　2012 ~ 2014 年汕头听众全天收听率走势

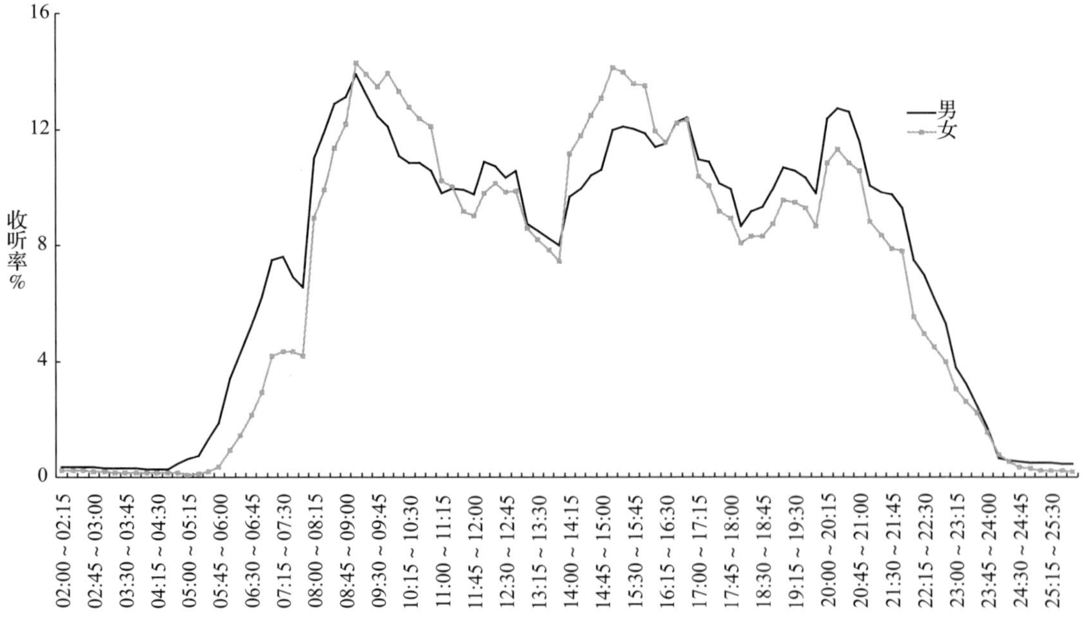


图 3.23.2　2014 年汕头不同性别听众全天收听率走势

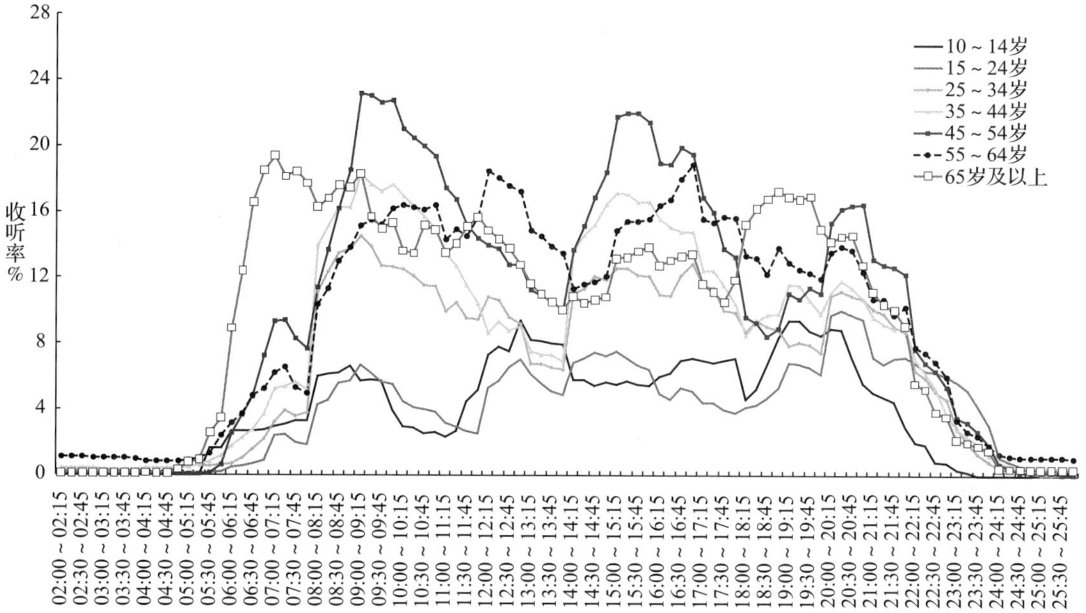


图 3.23.3　2014 年汕头不同年龄听众全天收听率走势

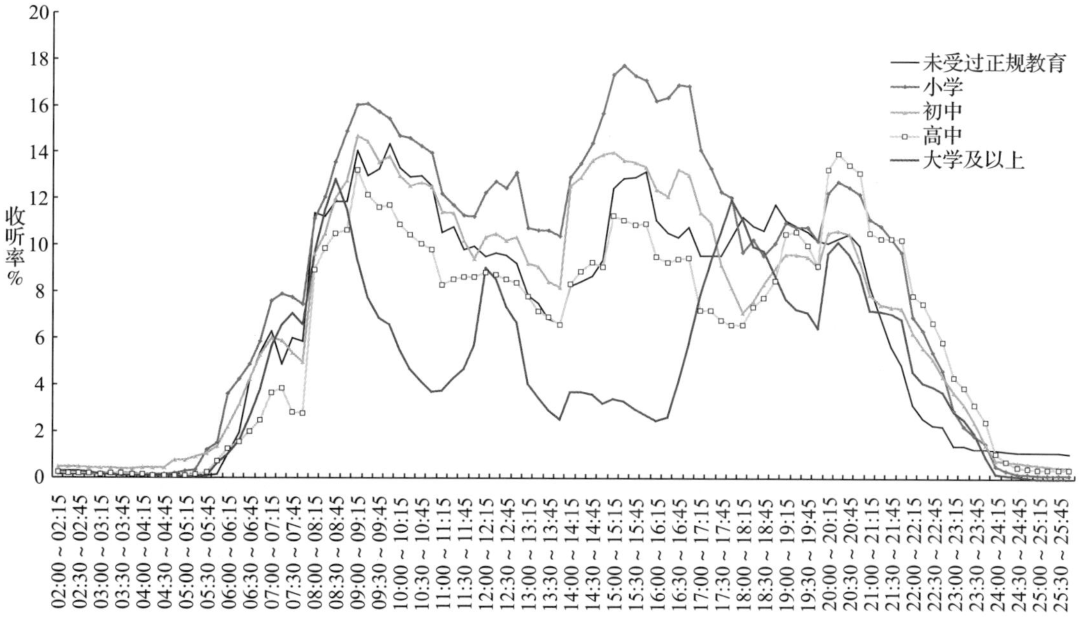


图 3.23.4　2014 年汕头不同文化程度听众全天收听率走势

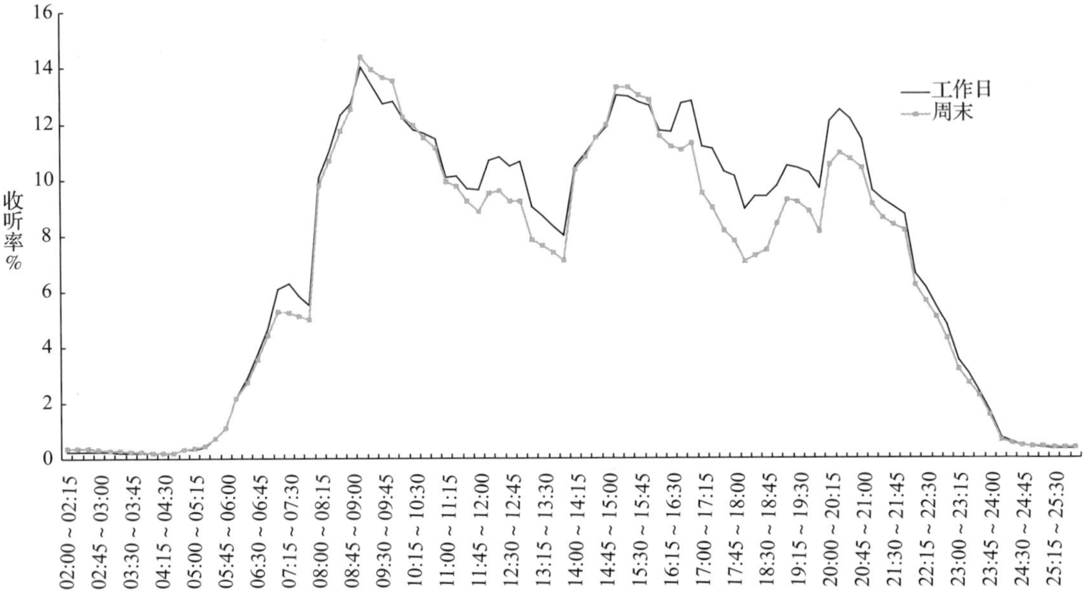


图 3.23.5　2014 年汕头听众工作日与周末全天收听率走势

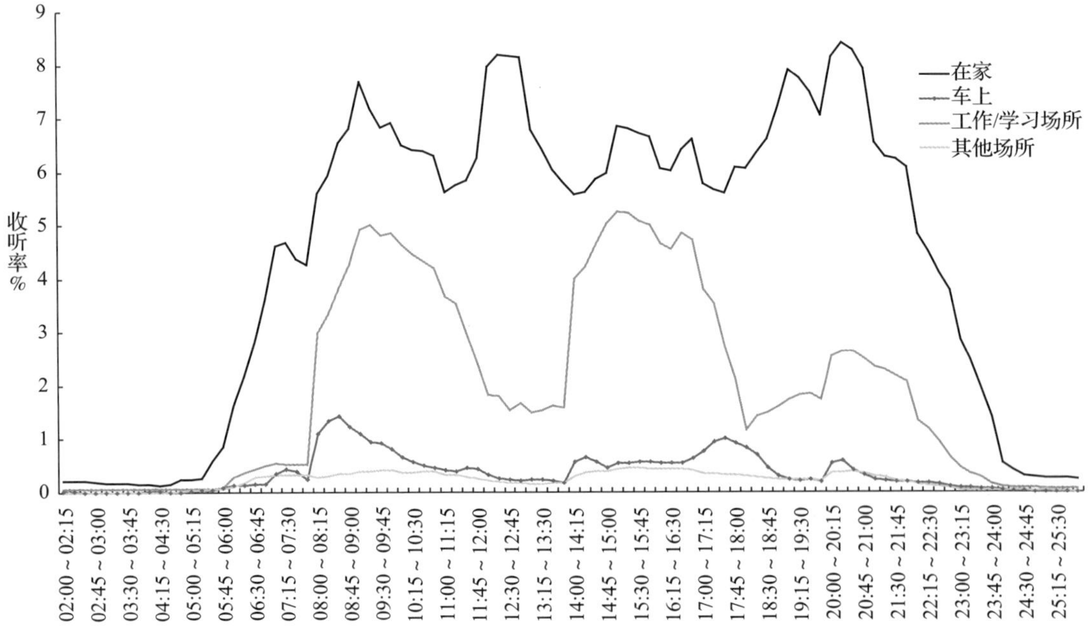


图 3.23.6　2014 年汕头听众在不同收听地点全天收听率走势

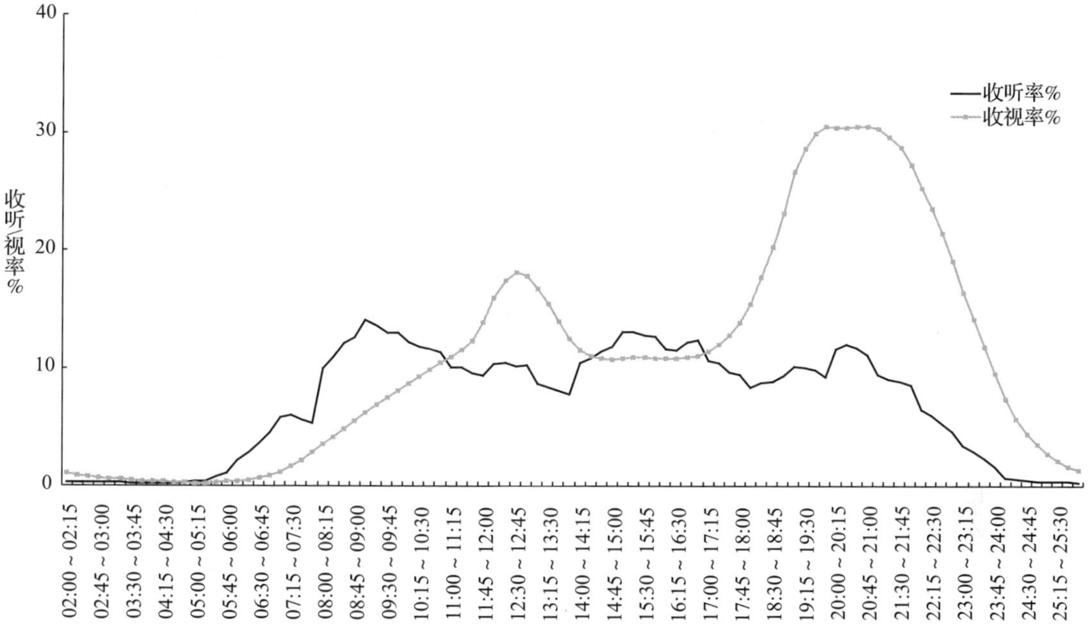


图 3.23.7　2014 年汕头受众全天收听率、收视率走势比较(目标受众为 10 岁及以上)

表 3.23.3　2014 年汕头市场听众构成(%)

| 目标听众 | | 听众构成(%) |
|---|---|---|
| 10 岁及以上所有人 | | 100.0 |
| 性别 | 男 | 51.5 |
| | 女 | 48.5 |
| 年龄 | 10~14 岁 | 4.3 |
| | 15~24 岁 | 13.9 |
| | 25~34 岁 | 17.1 |
| | 35~44 岁 | 20.9 |
| | 45~54 岁 | 18.3 |
| | 55~64 岁 | 13.5 |
| | 65 岁及以上 | 12.0 |
| 文化程度 | 未受过正规教育 | 5.3 |
| | 小学 | 34.6 |
| | 初中 | 31.2 |
| | 高中 | 22.2 |
| | 大学及以上 | 6.7 |
| 职业类别 | 干部/管理人员 | 1.9 |
| | 初级公务员/雇员 | 12.1 |
| | 个体/私营企业人员 | 21.3 |
| | 工人 | 27.9 |
| | 学生 | 10.2 |
| | 无业(含退休人员) | 26.1 |
| | 其他 | 0.5 |
| 个人月收入 | 无收入 | 24.0 |
| | 1~500 元 | 2.6 |
| | 501~1000 元 | 5.8 |
| | 1001~1500 元 | 9.3 |
| | 1501~2000 元 | 16.1 |
| | 2001~2500 元 | 9.8 |
| | 2501~3000 元 | 8.9 |
| | 3001~4000 元 | 14.6 |
| | 4001 元及以上 | 8.9 |

表 3.23.4　2014 年汕头市场各广播电台的市场份额(%)

| 广播电台 | 2014 年 | | |
|---|---|---|---|
| | 第 2 波 | 第 3 波 | 第 4 波 |
| 中央人民广播电台 | 10.4 | 14.1 | 9.6 |
| 中国国际广播电台 | 0.0 | 0.0 | 0.0 |
| 广东广播电视台 | 6.6 | 3.7 | 4.4 |
| 汕头人民广播电台 | 77.5 | 77.5 | 80.7 |
| 其他广播电台 | 5.5 | 4.7 | 5.3 |

表 3.23.5　2014 年汕头市场各广播电台在不同目标听众中的市场份额(%)

| 目标听众 | | 中央人民广播电台 | 中国国际广播电台 | 广东人民广播电台 | 汕头人民广播电台 | 其他广播电台 |
|---|---|---|---|---|---|---|
| 10 岁及以上所有人 | | 11.5 | 0.0 | 4.9 | 78.5 | 5.1 |
| 性别 | 男 | 12.4 | 0.0 | 4.7 | 78.1 | 4.8 |
| | 女 | 10.5 | 0.0 | 5.1 | 79.0 | 5.4 |
| 年龄 | 10～14 岁 | 3.5 | 0.0 | 0.6 | 85.2 | 10.7 |
| | 15～24 岁 | 7.5 | 0.0 | 8.6 | 81.8 | 2.1 |
| | 25～34 岁 | 18.5 | 0.0 | 5.9 | 72.9 | 2.7 |
| | 35～44 岁 | 12.7 | 0.0 | 6.1 | 77.3 | 3.9 |
| | 45～54 岁 | 11.5 | 0.0 | 2.9 | 80.4 | 5.2 |
| | 55～64 岁 | 10.7 | 0.0 | 3.0 | 78.1 | 8.2 |
| | 65 岁及以上 | 7.6 | 0.0 | 3.6 | 80.1 | 8.7 |
| 文化程度 | 未受过正规教育 | 13.7 | 0.0 | 0.9 | 74.5 | 10.9 |
| | 小学 | 9.4 | 0.0 | 3.4 | 79.1 | 8.1 |
| | 初中 | 15.4 | 0.0 | 5.2 | 76.9 | 2.5 |
| | 高中 | 8.8 | 0.0 | 4.9 | 82.7 | 3.6 |
| | 大学及以上 | 12.3 | 0.0 | 14.4 | 70.7 | 2.6 |
| 职业类别 | 干部/管理人员 | 22.1 | 0.0 | 25.5 | 50.9 | 1.5 |
| | 初级公务员/雇员 | 8.1 | 0.0 | 8.1 | 82.0 | 1.8 |
| | 个体/私营企业人员 | 11.9 | 0.0 | 3.1 | 79.9 | 5.1 |
| | 工人 | 14.8 | 0.0 | 5.6 | 77.6 | 2.0 |
| | 学生 | 5.3 | 0.0 | 4.7 | 84.0 | 6.0 |
| | 无业(含退休人员) | 10.2 | 0.0 | 2.6 | 77.6 | 9.6 |
| | 其他 | 38.3 | 0.0 | 0.3 | 31.2 | 30.2 |
| 个人月收入 | 无收入 | 8.6 | 0.0 | 4.3 | 76.0 | 11.1 |
| | 1～500 元 | 9.2 | 0.0 | 0.2 | 88.2 | 2.4 |
| | 501～1000 元 | 12.4 | 0.0 | 1.7 | 76.9 | 9.0 |
| | 1001～1500 元 | 6.7 | 0.0 | 5.5 | 80.6 | 7.2 |
| | 1501～2000 元 | 6.7 | 0.0 | 2.9 | 89.3 | 1.1 |
| | 2001～2500 元 | 18.9 | 0.0 | 2.5 | 77.1 | 1.5 |
| | 2501～3000 元 | 7.5 | 0.0 | 3.8 | 85.2 | 3.5 |
| | 3001～4000 元 | 16.0 | 0.0 | 10.7 | 70.8 | 2.5 |
| | 4001 元及以上 | 20.9 | 0.0 | 7.1 | 69.8 | 2.2 |

表 3.23.6　2014 年汕头市场份额排名前五位的频率

| 名　次 | 频率名称 | 市场份额(%) |
|---|---|---|
| 1 | 汕头人民广播电台经济广播(新闻 993) | 43.9 |
| 2 | 汕头人民广播电台音乐广播(1025 音乐广播) | 23.5 |
| 3 | 汕头人民广播电台综合广播(1072 交通之声) | 11.1 |
| 4 | 中央人民广播电台第一套节目中国之声 | 5.7 |
| 5 | 中央人民广播电台第三套节目音乐之声 | 2.7 |

## 二十四、上海收听数据

表 3.24.1　2012 ~ 2014 年上海各目标听众人均收听时间(分钟)

| 目标听众 | | 2012 年 | 2013 年 | 2014 年 |
|---|---|---|---|---|
| 10 岁及以上所有人 | | 68 | 62 | 68 |
| 性别 | 男 | 70 | 62 | 71 |
| | 女 | 66 | 63 | 65 |
| 年龄 | 10 ~ 14 岁 | 25 | 30 | 30 |
| | 15 ~ 24 岁 | 50 | 39 | 40 |
| | 25 ~ 34 岁 | 54 | 58 | 57 |
| | 35 ~ 44 岁 | 65 | 57 | 65 |
| | 45 ~ 54 岁 | 73 | 67 | 67 |
| | 55 ~ 64 岁 | 95 | 89 | 87 |
| | 65 岁及以上 | 112 | 83 | 104 |
| 文化程度 | 未受过正规教育 | * | 45 | 67 |
| | 小学 | 60 | 36 | 46 |
| | 初中 | 72 | 63 | 84 |
| | 高中 | 68 | 69 | 69 |
| | 大学及以上 | 66 | 58 | 61 |
| 职业类别 | 干部/管理人员 | 57 | 62 | 67 |
| | 初级公务员/雇员 | 65 | 58 | 50 |
| | 个体/私营企业人员 | 59 | 55 | 63 |
| | 工人 | 68 | 78 | 91 |
| | 学生 | 37 | 32 | 33 |
| | 无业(含退休人员) | 95 | 77 | 93 |
| | 其他 | * | * | * |
| 个人月收入 | 无收入 | 40 | 33 | 39 |
| | 1 ~ 500 元 | * | * | * |
| | 501 ~ 1000 元 | 66 | * | * |
| | 1001 ~ 1500 元 | 75 | 62 | * |
| | 1501 ~ 2000 元 | 79 | 66 | 86 |
| | 2001 ~ 2500 元 | 78 | 79 | 88 |
| | 2501 ~ 3000 元 | 65 | 67 | 79 |
| | 3001 ~ 4000 元 | 67 | 61 | 66 |
| | 4001 元及以上 | 69 | 63 | 63 |

注:上海为全年连续调查城市。"*"表示该目标听众样本量不足,无法进行统计推断。

表 3.24.2　2012 ~ 2014 年上海听众在不同地点的人均收听时间(分钟)

| 地　点 | 2012 年 | 2013 年 | 2014 年 |
|---|---|---|---|
| 在家 | 39 | 39 | 46 |
| 车上 | 16 | 16 | 16 |
| 工作/学习场所 | 6 | 6 | 5 |
| 其他场所 | 1 | 1 | 1 |

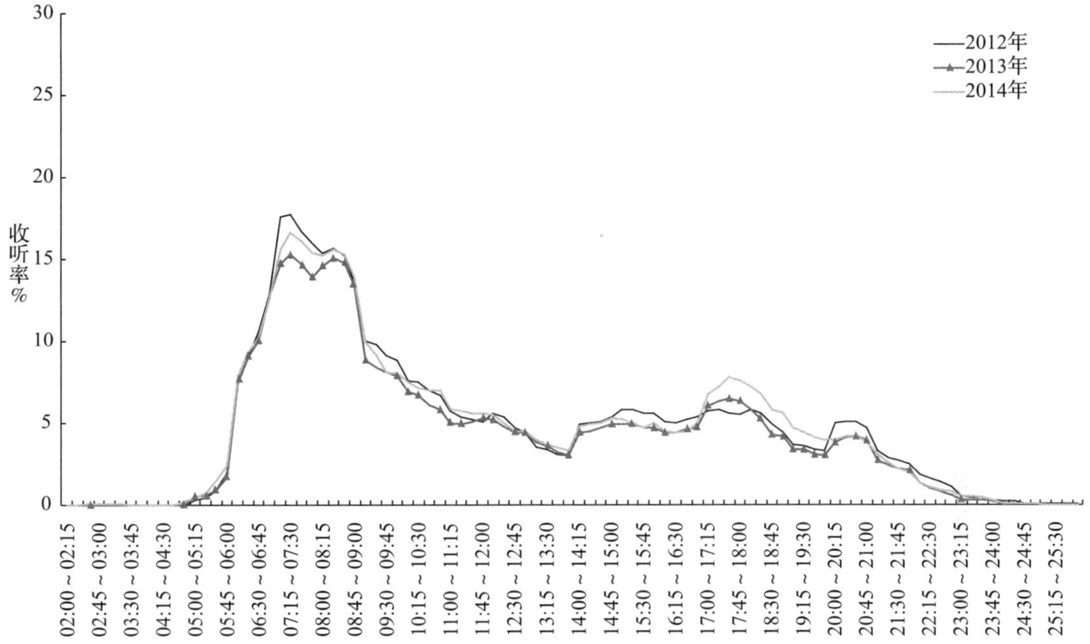


图 3.24.1　2012～2014 年上海听众全天收听率走势

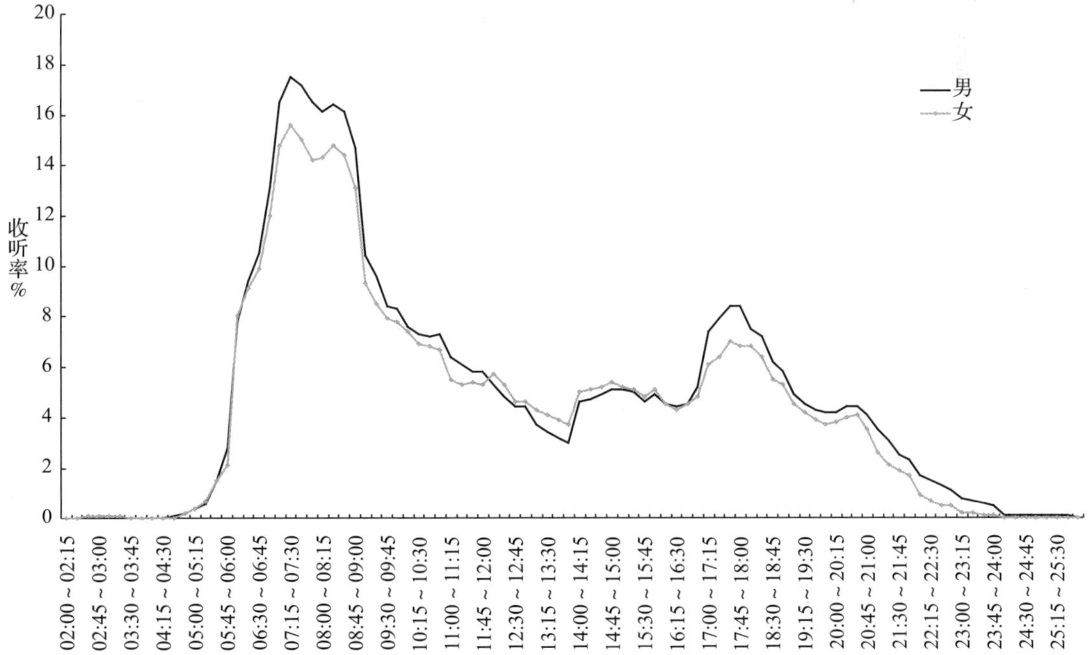


图 3.24.2　2014 年上海不同性别听众全天收听率走势

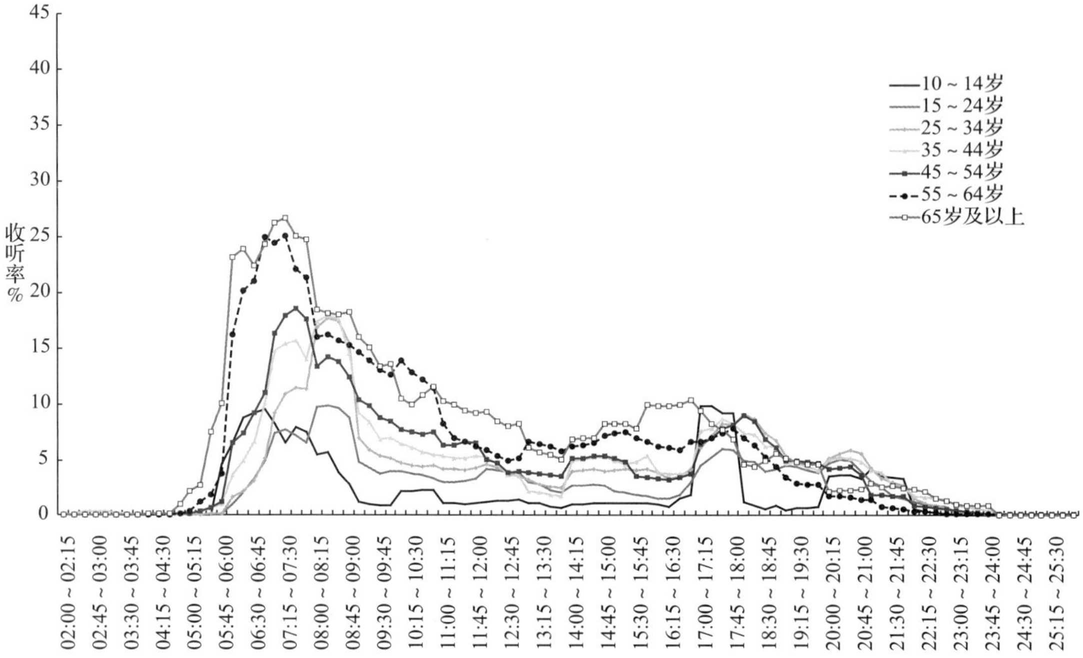


图 3.24.3　2014 年上海不同年龄听众全天收听率走势

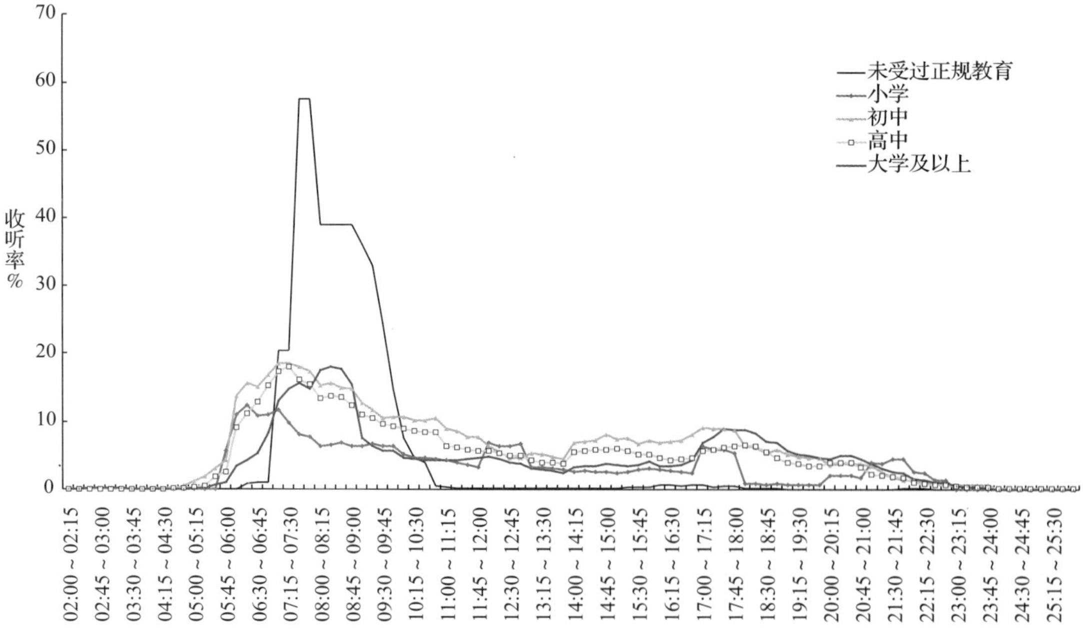


图 3.24.4　2014 年上海不同文化程度听众全天收听率走势

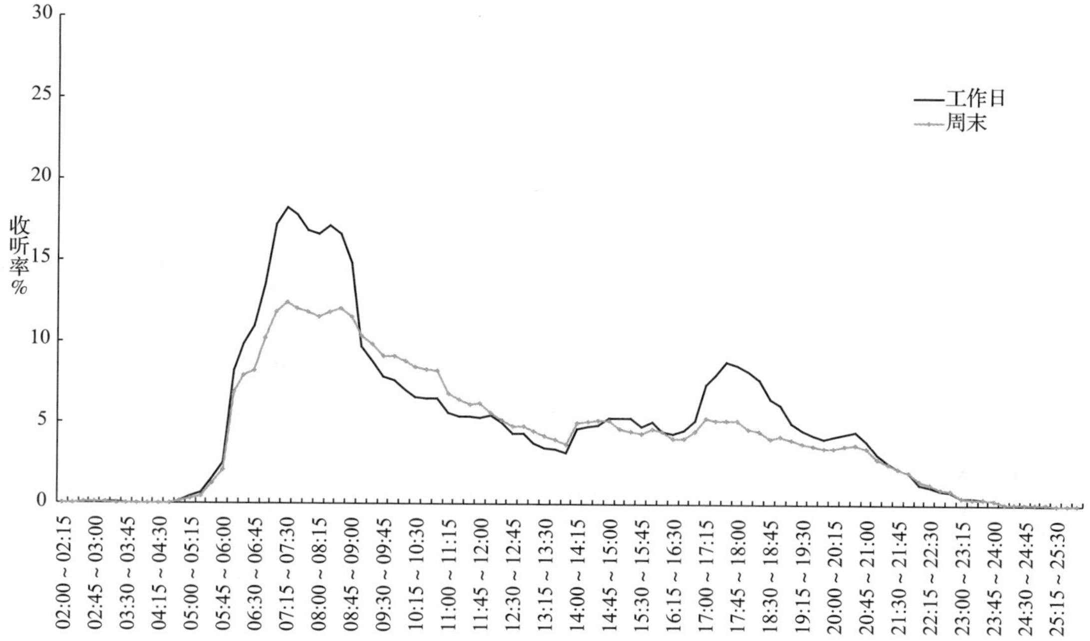


图 3. 24. 5　2014 年上海听众工作日与周末全天收听率走势

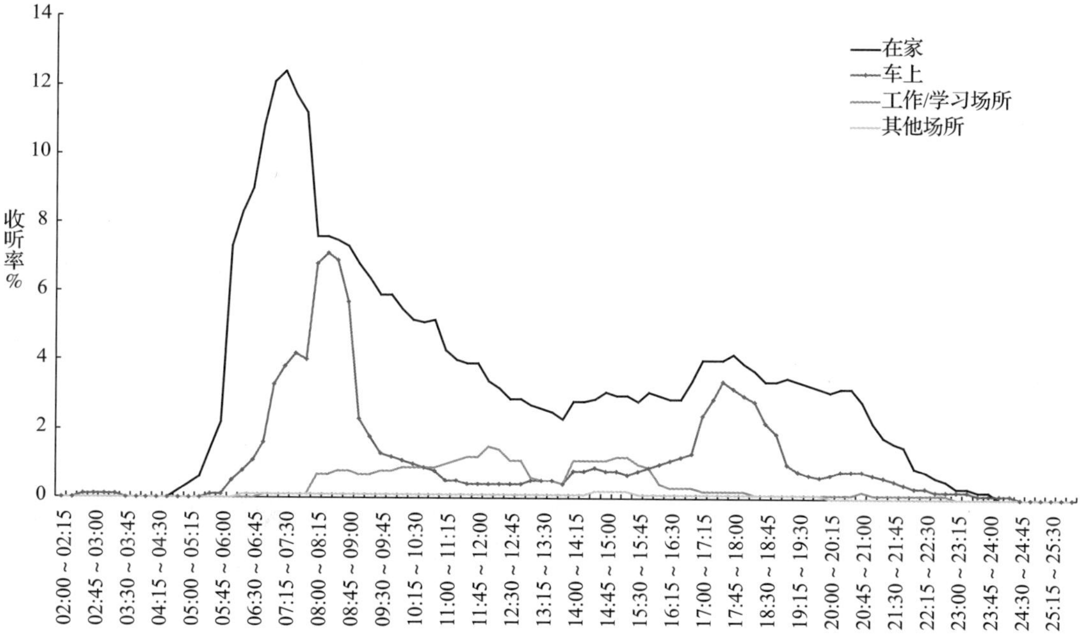


图 3. 24. 6　2014 年上海听众在不同收听地点全天收听率走势

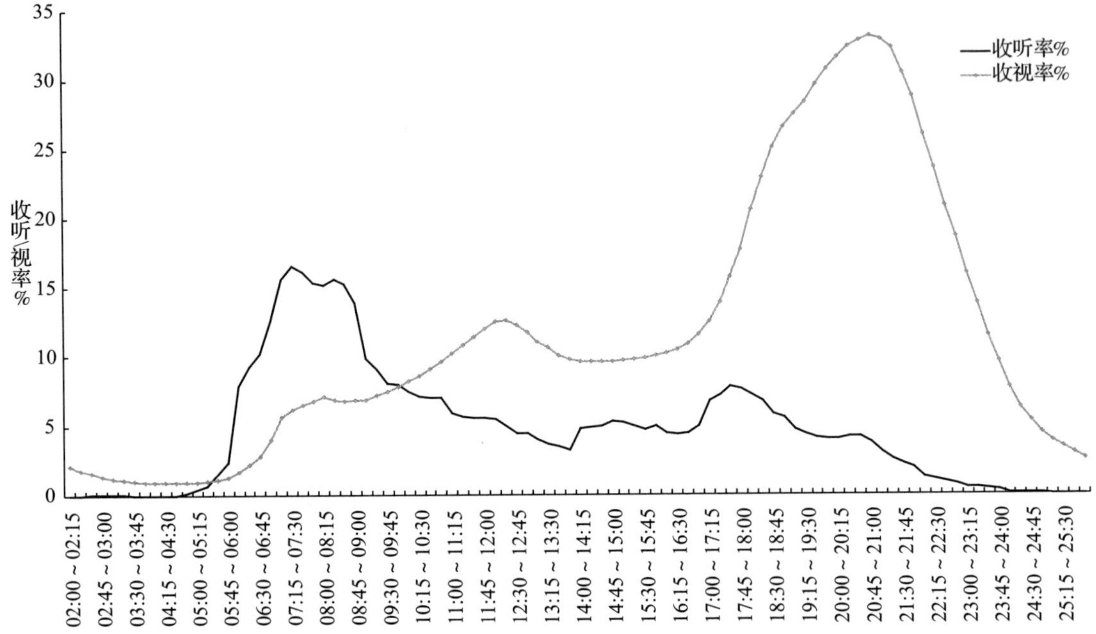


**图 3.24.7　2014 年上海受众全天收听率、收视率走势比较(目标受众为 10 岁及以上)**

表 3.24.3 2014 年上海市场听众构成(%)

| 目标听众 | | 听众构成(%) |
|---|---|---|
| 10 岁及以上所有人 | | 100.0 |
| 性别 | 男 | 53.0 |
| | 女 | 47.0 |
| 年龄 | 10~14 岁 | 1.0 |
| | 15~24 岁 | 8.0 |
| | 25~34 岁 | 18.4 |
| | 35~44 岁 | 15.7 |
| | 45~54 岁 | 17.4 |
| | 55~64 岁 | 19.6 |
| | 65 岁及以上 | 19.9 |
| 文化程度 | 未受过正规教育 | 0.4 |
| | 小学 | 2.4 |
| | 初中 | 23.3 |
| | 高中 | 38.9 |
| | 大学及以上 | 35.0 |
| 职业类别 | 干部/管理人员 | 4.8 |
| | 初级公务员/雇员 | 26.8 |
| | 个体/私营企业人员 | 5.2 |
| | 工人 | 19.3 |
| | 学生 | 4.6 |
| | 无业(含退休人员) | 38.8 |
| | 其他 | * |
| 个人月收入 | 无收入 | 6.3 |
| | 1~500 元 | * |
| | 501~1000 元 | * |
| | 1001~1500 元 | * |
| | 1501~2000 元 | 4.2 |
| | 2001~2500 元 | 13.9 |
| | 2501~3000 元 | 21.9 |
| | 3001~4000 元 | 22.3 |
| | 4001 元及以上 | 29.9 |

注:"*"表示该目标听众样本量不足,无法进行统计推断。

表 3.24.4 2012~2014 年上海市场各广播电台的市场份额(%)

| 广播电台 | 2012 年 | 2013 年 | 2014 年 |
|---|---|---|---|
| 中央人民广播电台 | 3.8 | 5.8 | 4.3 |
| 中国国际广播电台 | 0.4 | 0.7 | 0.4 |
| 上海广播电视台 | 93.5 | 92.0 | 92.9 |
| 其他广播电台 | 2.3 | 1.5 | 2.4 |

表 3.24.5　2014 年上海市场各广播电台在不同目标听众中的市场份额(%)

| 目标听众 | | 中央人民广播电台 | 中国国际广播电台 | 上海广播电视台 | 其他广播电台 |
|---|---|---|---|---|---|
| 10 岁及以上所有人 | | 4.3 | 0.4 | 92.9 | 2.4 |
| 性别 | 男 | 4.5 | 0.4 | 92.7 | 2.4 |
| | 女 | 4.2 | 0.3 | 93.1 | 2.4 |
| 年龄 | 10~14 岁 | 0.4 | 0.0 | 99.5 | 0.1 |
| | 15~24 岁 | 1.2 | 0.4 | 93.5 | 4.9 |
| | 25~34 岁 | 5.0 | 1.1 | 90.8 | 3.1 |
| | 35~44 岁 | 1.3 | 0.4 | 96.9 | 1.4 |
| | 45~54 岁 | 2.8 | 0.0 | 93.2 | 4.0 |
| | 55~64 岁 | 5.0 | 0.1 | 93.8 | 1.1 |
| | 65 岁及以上 | 8.3 | 0.2 | 89.8 | 1.7 |
| 文化程度 | 未受过正规教育 | 0.0 | 0.0 | 100.0 | 0.0 |
| | 小学 | 5.8 | 0.0 | 94.2 | 0.0 |
| | 初中 | 6.8 | 0.2 | 91.2 | 1.8 |
| | 高中 | 3.9 | 0.2 | 94.2 | 1.7 |
| | 大学及以上 | 3.3 | 0.6 | 92.3 | 3.8 |
| 职业类别 | 干部/管理人员 | 5.8 | 0.2 | 89.1 | 4.9 |
| | 初级公务员/雇员 | 2.8 | 0.8 | 92.8 | 3.6 |
| | 个体/私营企业人员 | 8.2 | 0.1 | 90.5 | 1.2 |
| | 工人 | 2.9 | 0.4 | 94.4 | 2.3 |
| | 学生 | 0.3 | 0.0 | 96.2 | 3.5 |
| | 无业(含退休人员) | 6.0 | 0.1 | 92.4 | 1.5 |
| | 其他 | * | * | * | * |
| 个人月收入 | 无收入 | 0.7 | 0.0 | 96.1 | 3.2 |
| | 1~500 元 | * | * | * | * |
| | 501~1000 元 | * | * | * | * |
| | 1001~1500 元 | * | * | * | * |
| | 1501~2000 元 | 5.5 | 0.0 | 91.4 | 3.1 |
| | 2001~2500 元 | 6.3 | 0.2 | 92.0 | 1.5 |
| | 2501~3000 元 | 6.3 | 0.1 | 91.5 | 2.1 |
| | 3001~4000 元 | 3.8 | 0.5 | 92.4 | 3.3 |
| | 4001 元及以上 | 3.0 | 0.6 | 94.1 | 2.3 |

注:“*”表示该目标听众样本量不足,无法进行统计推断。

表 3.24.6　2014 年上海市场份额排名前五位的频率

| 名　次 | 频率名称 | 市场份额(%) |
|---|---|---|
| 1 | 上海人民广播电台 AM990/FM93.4 | 29.1 |
| 2 | 上海流行音乐广播 动感 101 FM101.7 | 17.3 |
| 3 | 上海流行音乐广播 Love Radio FM103.7 | 11.2 |
| 4 | 第一财经广播 FM97.7 | 6.1 |
| 5 | 上海交通广播 AM648/FM105.7 | 6.0 |

# 二十五、沈阳收听数据

**表 3.25.1 2012～2014 年沈阳各目标听众人均收听时间(分钟)**

| 目标听众 | | 2012 年 | 2013 年 | 2014 年 |
|---|---|---|---|---|
| 10 岁及以上所有人 | | 106 | 101 | 97 |
| 性别 | 男 | 109 | 106 | 95 |
| | 女 | 103 | 97 | 98 |
| 年龄 | 10～14 岁 | 39 | 37 | 34 |
| | 15～24 岁 | 72 | 62 | 58 |
| | 25～34 岁 | 80 | 82 | 81 |
| | 35～44 岁 | 91 | 101 | 90 |
| | 45～54 岁 | 122 | 108 | 109 |
| | 55～64 岁 | 157 | 141 | 135 |
| | 65 岁及以上 | 160 | 141 | 136 |
| 文化程度 | 未受过正规教育 | 99 | 100 | 61 |
| | 小学 | 101 | 86 | 90 |
| | 初中 | 114 | 107 | 103 |
| | 高中 | 102 | 110 | 104 |
| | 大学及以上 | 102 | 85 | 82 |
| 职业类别 | 干部/管理人员 | 98 | 85 | 87 |
| | 初级公务员/雇员 | 86 | 76 | 72 |
| | 个体/私营企业人员 | 103 | 98 | 95 |
| | 工人 | 110 | 115 | 94 |
| | 学生 | 50 | 51 | 45 |
| | 无业(含退休人员) | 135 | 125 | 132 |
| | 其他 | 70 | 81 | * |
| 个人月收入 | 无收入 | 61 | 65 | 82 |
| | 1～500 元 | 89 | 116 | 85 |
| | 501～1000 元 | 153 | 132 | 121 |
| | 1001～1500 元 | 127 | 114 | 112 |
| | 1501～2000 元 | 106 | 111 | 97 |
| | 2001～2500 元 | 112 | 104 | 98 |
| | 2501～3000 元 | 110 | 98 | 92 |
| | 3001～4000 元 | 103 | 95 | 96 |
| | 4001 元及以上 | 97 | 112 | 93 |

注:沈阳为全年连续调查城市。“*”表示该目标听众样本量不足,无法进行统计推断。

**表 3.25.2 2012～2014 年沈阳听众在不同地点的人均收听时间(分钟)**

| 地　点 | 2012 年 | 2013 年 | 2014 年 |
|---|---|---|---|
| 在家 | 84 | 75 | 74 |
| 车上 | 14 | 18 | 14 |
| 工作/学习场所 | 7 | 7 | 6 |
| 其他场所 | 2 | 2 | 3 |

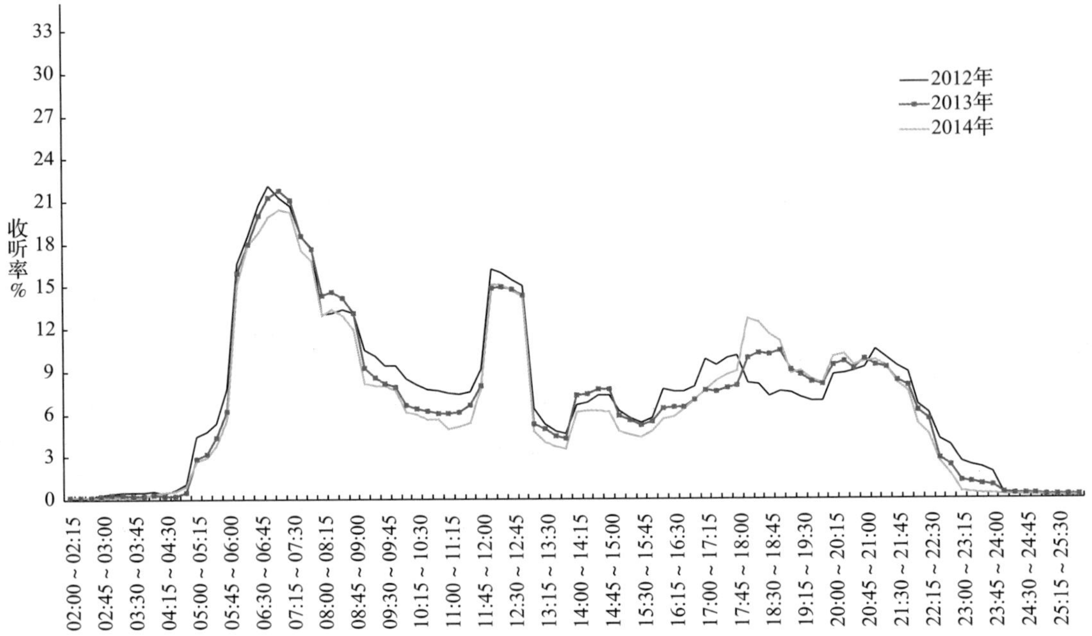


图 3.25.1　2012 ~ 2014 年沈阳听众全天收听率走势

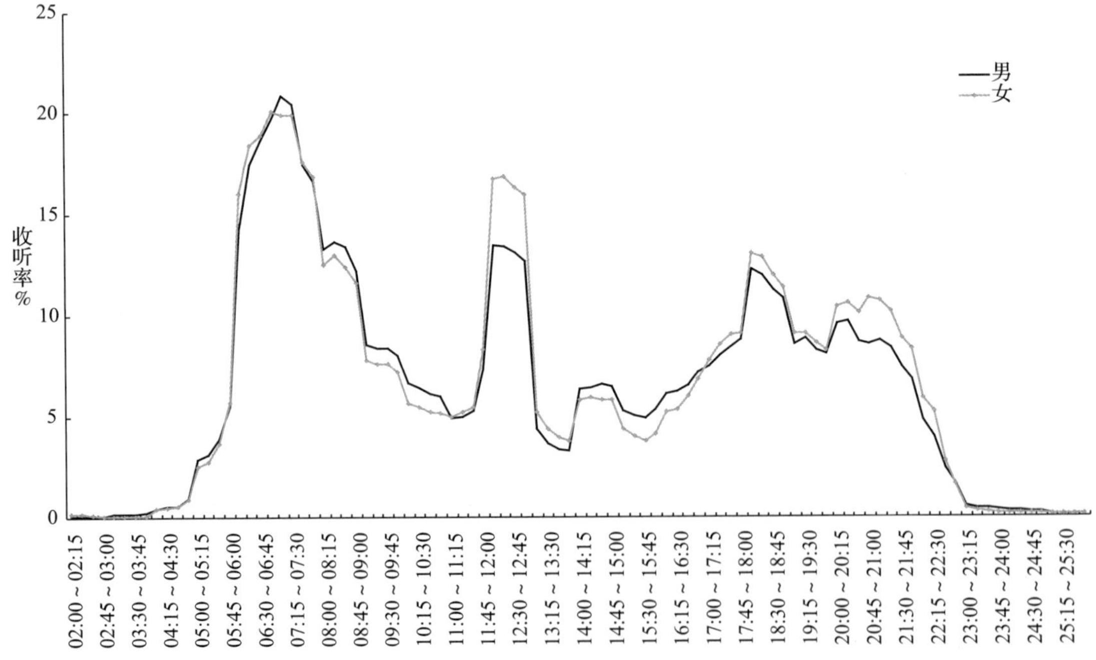


图 3.25.2　2014 年沈阳不同性别听众全天收听率走势

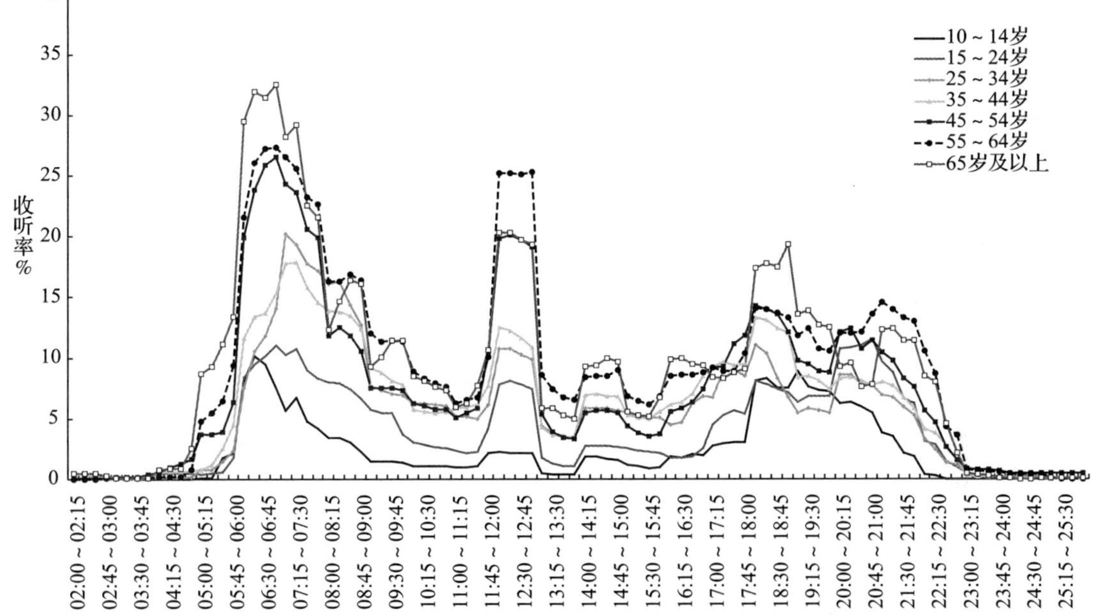


图 3.25.3 2014 年沈阳不同年龄听众全天收听率走势

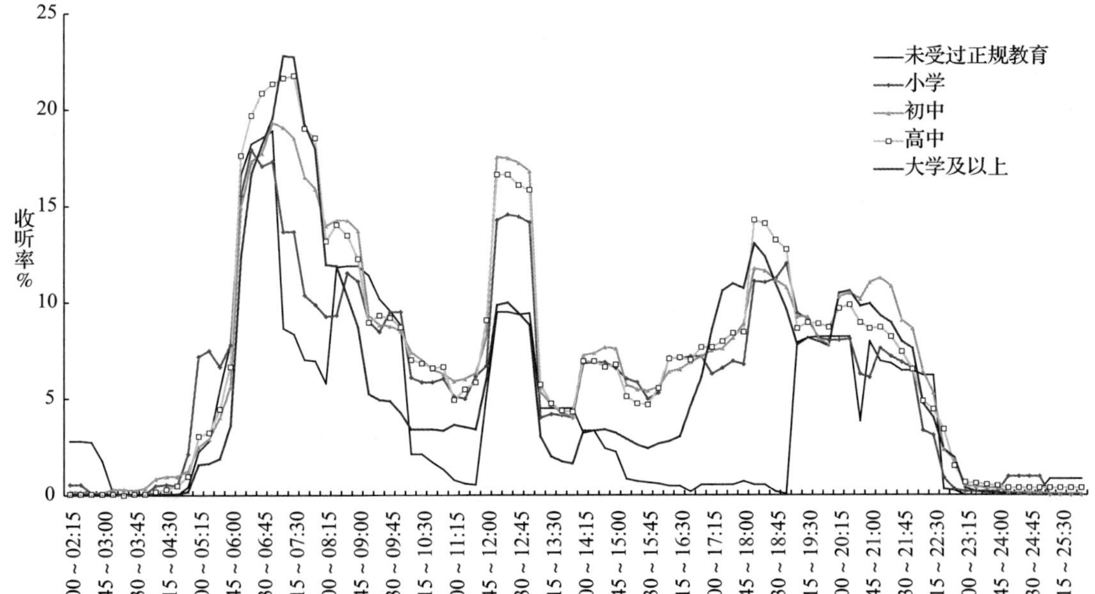


图 3.25.4 2014 年沈阳不同文化程度听众全天收听率走势

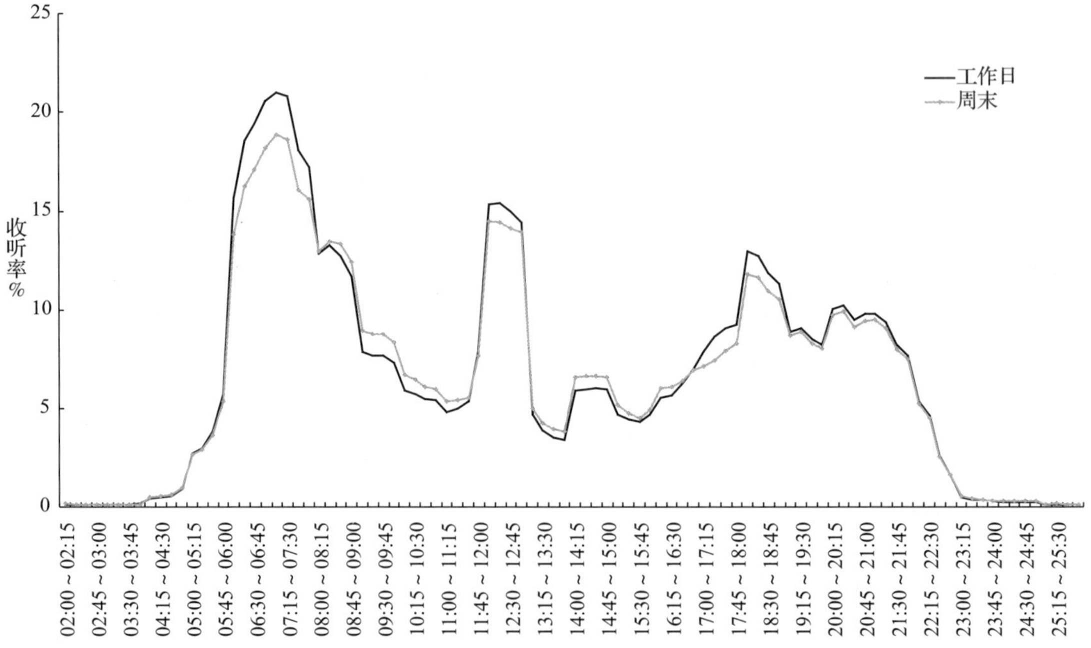


图 3.25.5　2014 年沈阳听众工作日与周末全天收听率走势

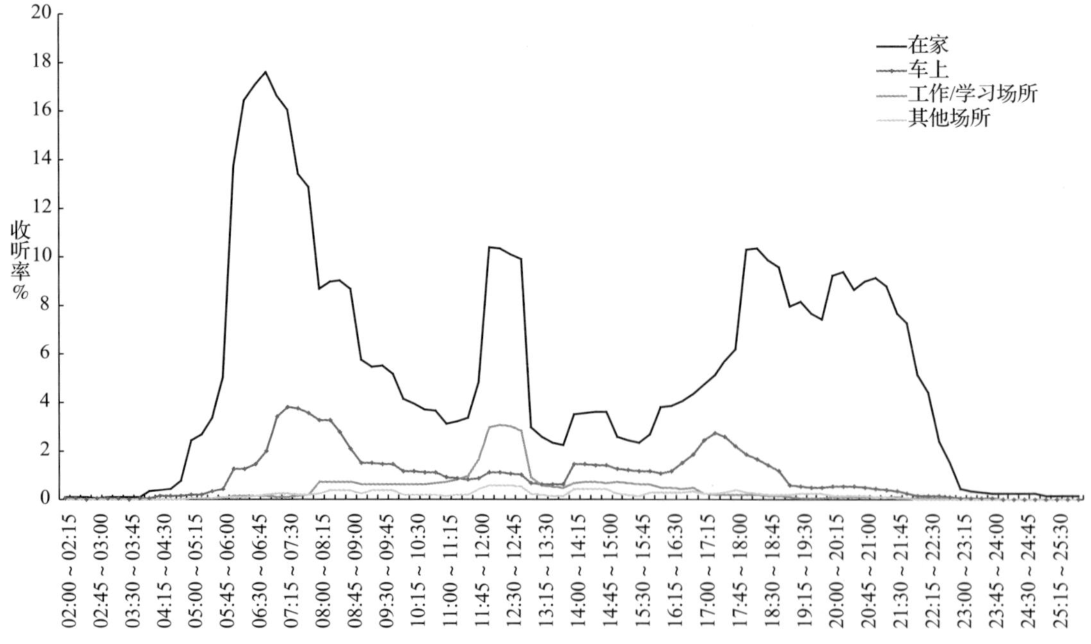


图 3.25.6　2014 年沈阳听众在不同地点全天收听率走势

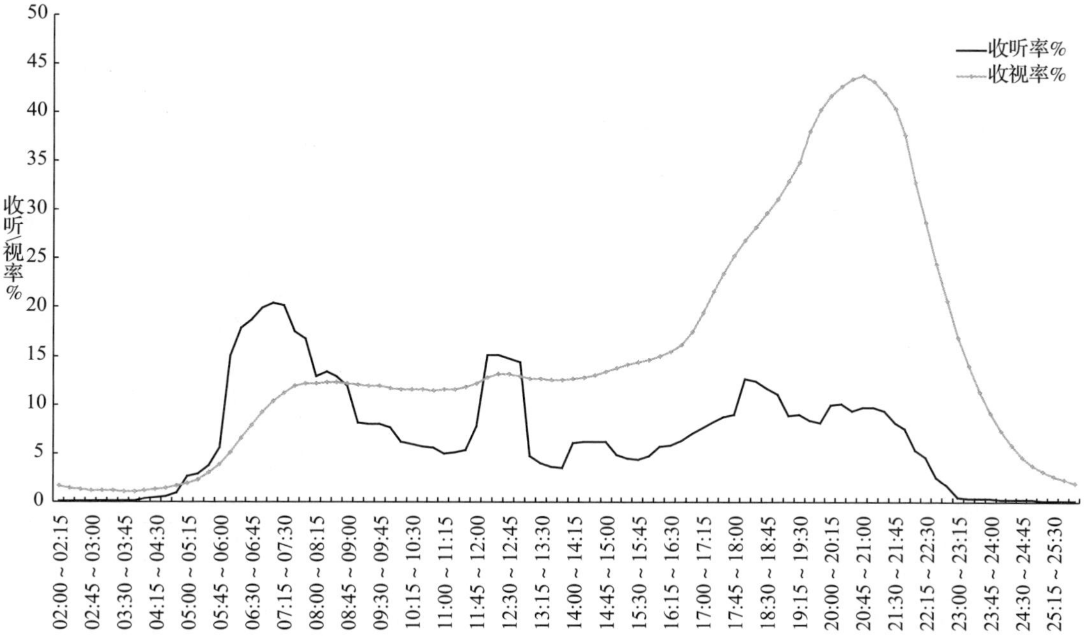


图 3.25.7 2014 年沈阳受众全天收听率、收视率走势比较(目标受众为 10 岁及以上)

**表 3.25.3 2014 年沈阳市场听众构成(%)**

| 目标听众 | | 听众构成(%) |
|---|---|---|
| 10 岁及以上所有人 | | 100.0 |
| 性别 | 男 | 49.5 |
| | 女 | 50.5 |
| 年龄 | 10~14 岁 | 1.1 |
| | 15~24 岁 | 9.0 |
| | 25~34 岁 | 17.5 |
| | 35~44 岁 | 16.3 |
| | 45~54 岁 | 21.3 |
| | 55~64 岁 | 18.3 |
| | 65 岁及以上 | 16.5 |
| 文化程度 | 未受过正规教育 | 0.7 |
| | 小学 | 6.1 |
| | 初中 | 40.4 |
| | 高中 | 31.2 |
| | 大学及以上 | 21.6 |
| 职业类别 | 干部/管理人员 | 3.7 |
| | 初级公务员/雇员 | 13.2 |
| | 个体/私营企业人员 | 14.2 |
| | 工人 | 24.4 |
| | 学生 | 4.5 |
| | 无业(含退休人员) | 40.0 |
| | 其他 | * |
| 个人月收入 | 无收入 | 13.8 |
| | 1~500 元 | 0.8 |
| | 501~1000 元 | 3.1 |
| | 1001~1500 元 | 17.3 |
| | 1501~2000 元 | 26.4 |
| | 2001~2500 元 | 12.5 |
| | 2501~3000 元 | 10.9 |
| | 3001~4000 元 | 10.1 |
| | 4001 元及以上 | 4.9 |

“*”表示该目标听众样本量不足,无法进行统计推断。

**表 3.25.4 2012~2014 年沈阳市场各广播电台的市场份额(%)**

| 广播电台 | 2012 年 | 2013 年 | 2014 年 |
|---|---|---|---|
| 中央人民广播电台 | 12.0 | 10.3 | 9.0 |
| 中国国际广播电台 | 0.0 | 0.0 | 0.0 |
| 辽宁人民广播电台 | 76.0 | 77.8 | 76.8 |
| 沈阳人民广播电台 | 11.6 | 11.1 | 13.2 |
| 其他广播电台 | 0.5 | 0.8 | 1.0 |

**表 3.25.5 2014 年沈阳市场各广播电台在不同目标听众中的市场份额(%)**

| 目标听众 | | 中央人民广播电台 | 中国国际广播电台 | 辽宁人民广播电台 | 沈阳人民广播电台 | 其他广播电台 |
|---|---|---|---|---|---|---|
| 10 岁及以上所有人 | | 9.0 | 0.0 | 76.8 | 13.2 | 1.0 |
| 性别 | 男 | 8.8 | 0.0 | 78.8 | 11.7 | 0.7 |
| | 女 | 9.1 | 0.0 | 74.8 | 14.7 | 1.3 |
| 年龄 | 10~14 岁 | 3.4 | 0.0 | 87.4 | 6.6 | 2.6 |
| | 15~24 岁 | 20.0 | 0.0 | 69.2 | 8.3 | 2.4 |
| | 25~34 岁 | 10.1 | 0.0 | 85.5 | 3.3 | 1.0 |
| | 35~44 岁 | 7.9 | 0.0 | 82.8 | 8.9 | 0.4 |
| | 45~54 岁 | 7.2 | 0.0 | 79.2 | 12.3 | 1.2 |
| | 55~64 岁 | 8.8 | 0.0 | 69.2 | 21.7 | 0.3 |
| | 65 岁及以上 | 5.6 | 0.0 | 70.3 | 22.8 | 1.3 |
| 文化程度 | 未受过正规教育 | 0.9 | 0.0 | 69.7 | 29.3 | 0.1 |
| | 小学 | 4.1 | 0.0 | 69.6 | 25.9 | 0.4 |
| | 初中 | 7.8 | 0.0 | 79.5 | 11.8 | 0.9 |
| | 高中 | 9.8 | 0.0 | 75.6 | 13.4 | 1.2 |
| | 大学及以上 | 11.7 | 0.0 | 75.0 | 12.1 | 1.2 |
| 职业类别 | 干部/管理人员 | 7.8 | 0.0 | 78.7 | 13.4 | 0.1 |
| | 初级公务员/雇员 | 11.8 | 0.0 | 78.1 | 8.1 | 2.0 |
| | 个体/私营企业人员 | 4.8 | 0.0 | 89.9 | 4.8 | 0.5 |
| | 工人 | 9.0 | 0.0 | 80.0 | 9.8 | 1.2 |
| | 学生 | 17.2 | 0.0 | 74.9 | 7.2 | 0.7 |
| | 无业(含退休人员) | 8.4 | 0.0 | 69.4 | 21.3 | 0.9 |
| | 其他 | * | * | * | * | * |
| 个人月收入 | 无收入 | 10.3 | 0.0 | 72.0 | 15.5 | 2.2 |
| | 1~500 元 | 6.8 | 0.0 | 89.2 | 4.0 | 0.0 |
| | 501~1000 元 | 16.9 | 0.0 | 72.2 | 10.6 | 0.2 |
| | 1001~1500 元 | 6.4 | 0.0 | 73.7 | 17.4 | 2.5 |
| | 1501~2000 元 | 8.0 | 0.0 | 77.0 | 14.4 | 0.6 |
| | 2001~2500 元 | 12.5 | 0.0 | 74.1 | 13.1 | 0.4 |
| | 2501~3000 元 | 6.2 | 0.0 | 83.1 | 10.4 | 0.3 |
| | 3001~4000 元 | 12.2 | 0.0 | 81.9 | 5.6 | 0.3 |
| | 4001 元及以上 | 6.2 | 0.0 | 81.8 | 11.5 | 0.5 |

"*"表示该目标听众样本量不足,无法进行统计推断。

**表 3.25.6 2014 年沈阳市场份额排名前五位的频率**

| 名次 | 频率名称 | 市场份额(%) |
|---|---|---|
| 1 | 辽宁广播电视台都市广播 FM92.1/AM1341 | 18.4 |
| 2 | 辽宁广播电视台交通广播 FM97.5 | 17.5 |
| 3 | 辽宁广播电视台音乐广播 FM98.6 | 14.4 |
| 4 | 沈阳广播电视台新闻广播 FM104.5/AM792 | 13.2 |
| 5 | 辽宁广播电视台文艺广播 FM95.9/FM101.8/AM1053 | 8.5 |

# 二十六、深圳收听数据

**表 3.26.1　2012～2014 年深圳各目标听众人均收听时间(分钟)**

| 目标听众 | | 2012 年 | 2013 年 | 2014 年 |
|---|---|---|---|---|
| 10 岁及以上所有人 | | 54 | 50 | 48 |
| 性别 | 男 | 60 | 56 | 52 |
| | 女 | 47 | 44 | 43 |
| 年龄 | 10～14 岁 | 11 | 9 | 12 |
| | 15～24 岁 | 39 | 37 | 38 |
| | 25～34 岁 | 52 | 47 | 48 |
| | 35～44 岁 | 73 | 65 | 53 |
| | 45～54 岁 | 78 | 71 | 60 |
| | 55～64 岁 | 57 | 53 | 52 |
| | 65 岁及以上 | 51 | 50 | 81 |
| 文化程度 | 未受过正规教育 | * | * | * |
| | 小学 | 27 | 27 | 25 |
| | 初中 | 54 | 49 | 46 |
| | 高中 | 58 | 52 | 46 |
| | 大学及以上 | 53 | 55 | 57 |
| 职业类别 | 干部/管理人员 | 56 | 57 | 64 |
| | 初级公务员/雇员 | 56 | 59 | 45 |
| | 个体/私营企业人员 | 65 | 64 | 60 |
| | 工人 | 62 | 47 | 42 |
| | 学生 | 21 | 21 | 27 |
| | 无业(含退休人员) | 44 | 46 | 56 |
| | 其他 | 100 | 57 | * |
| 个人月收入 | 无收入 | 30 | 29 | 36 |
| | 1～500 元 | * | * | * |
| | 501～1000 元 | * | 72 | * |
| | 1001～1500 元 | 53 | 32 | 54 |
| | 1501～2000 元 | 49 | 44 | 52 |
| | 2001～2500 元 | 59 | 49 | 33 |
| | 2501～3000 元 | 59 | 51 | 41 |
| | 3001～4000 元 | 61 | 57 | 45 |
| | 4001 元及以上 | 64 | 61 | 57 |

注:深圳为全年连续调查城市。“*”表示该目标听众样本量不足,无法进行统计推断。

**表 3.26.2　2012～2014 年深圳听众在不同收听地点的人均收听时间(分钟)**

| 地　点 | 2012 年 | 2013 年 | 2014 年 |
|---|---|---|---|
| 在家 | 24 | 21 | 21 |
| 车上 | 19 | 22 | 20 |
| 工作/学习场所 | 8 | 5 | 4 |
| 其他场所 | 2 | 2 | 3 |

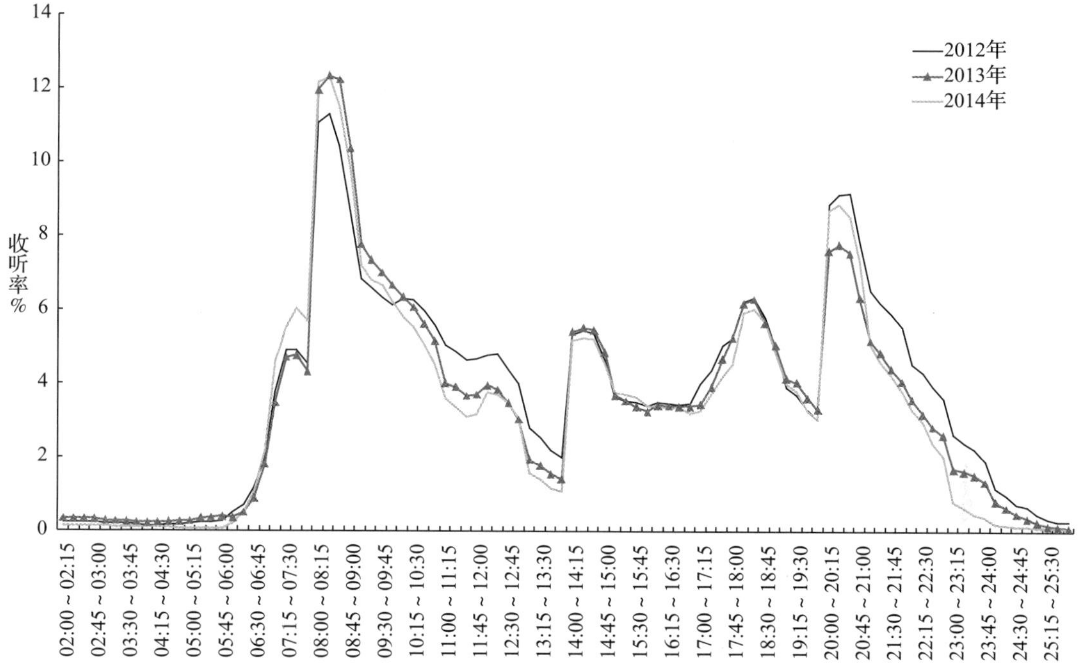


图 3. 26. 1　2012～2014 年深圳听众全天收听率走势

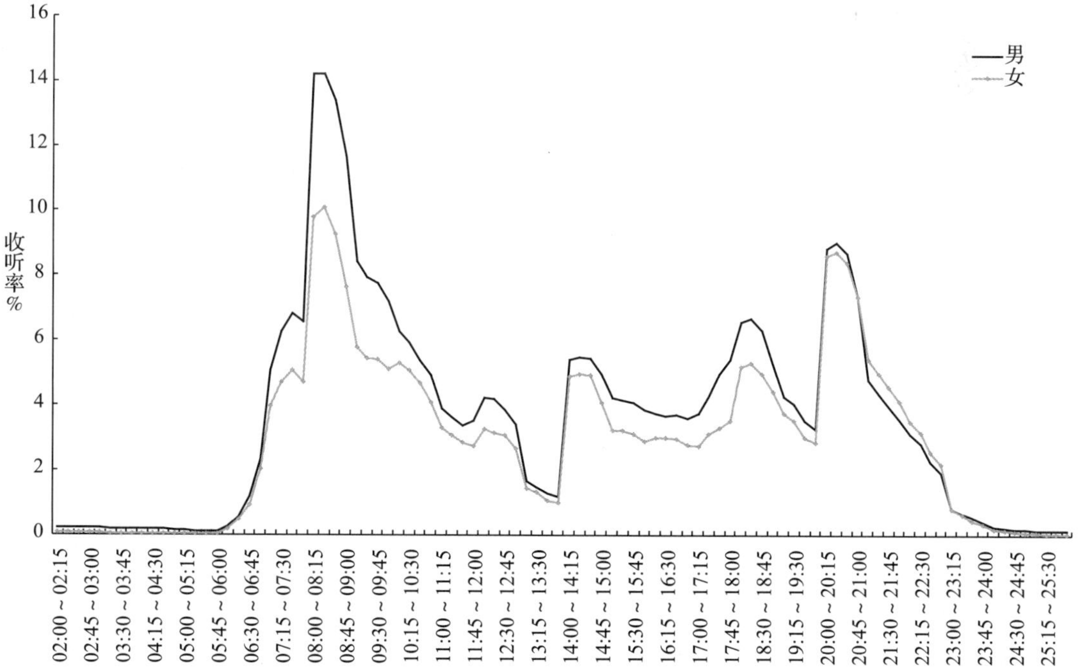


图 3. 26. 2　2014 年深圳不同性别听众全天收听率走势

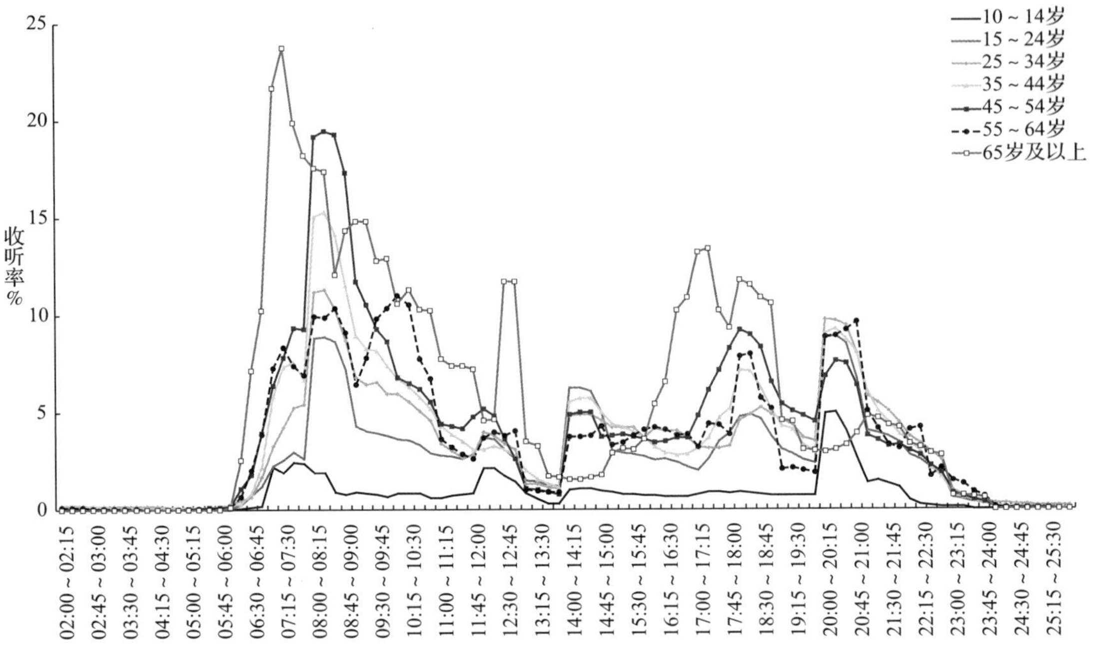


图 3.26.3　2014 年深圳不同年龄听众全天收听率走势

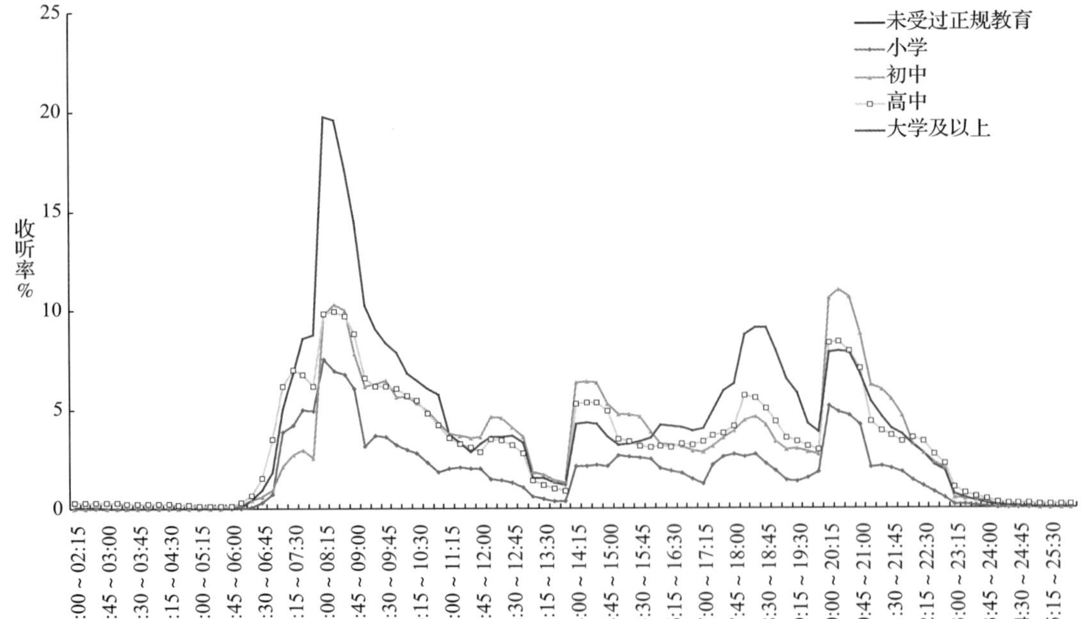


图 3.26.4　2014 年深圳不同文化程度听众全天收听率走势

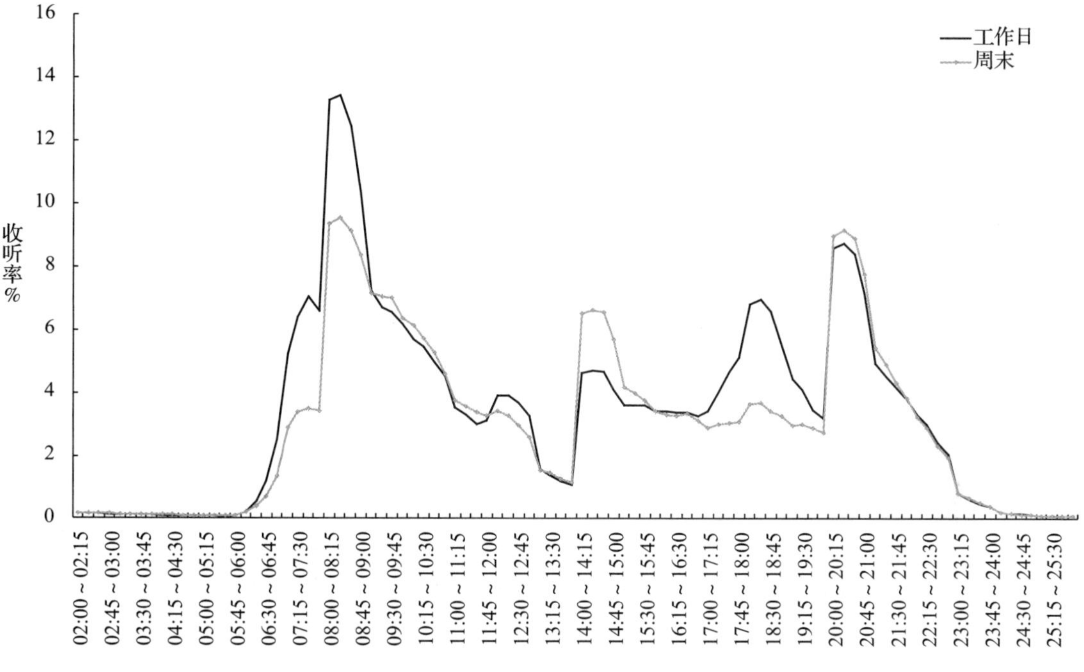


图 3.26.5　2014 年深圳听众工作日与周末全天收听率走势

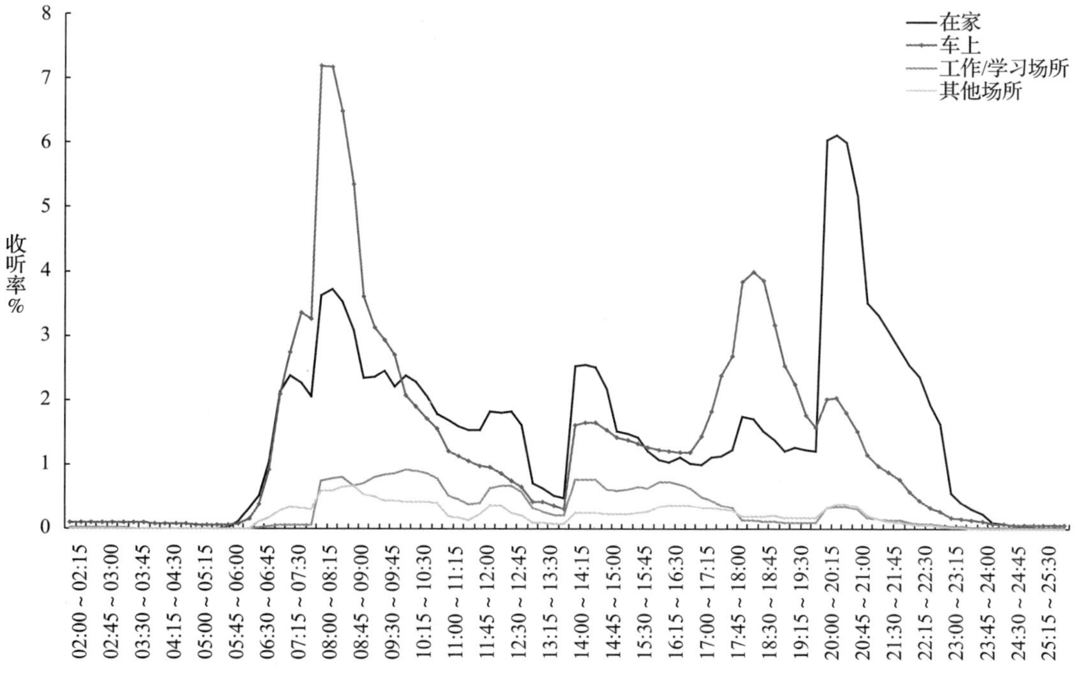


图 3.26.6　2014 年深圳听众在不同收听地点全天收听率走势

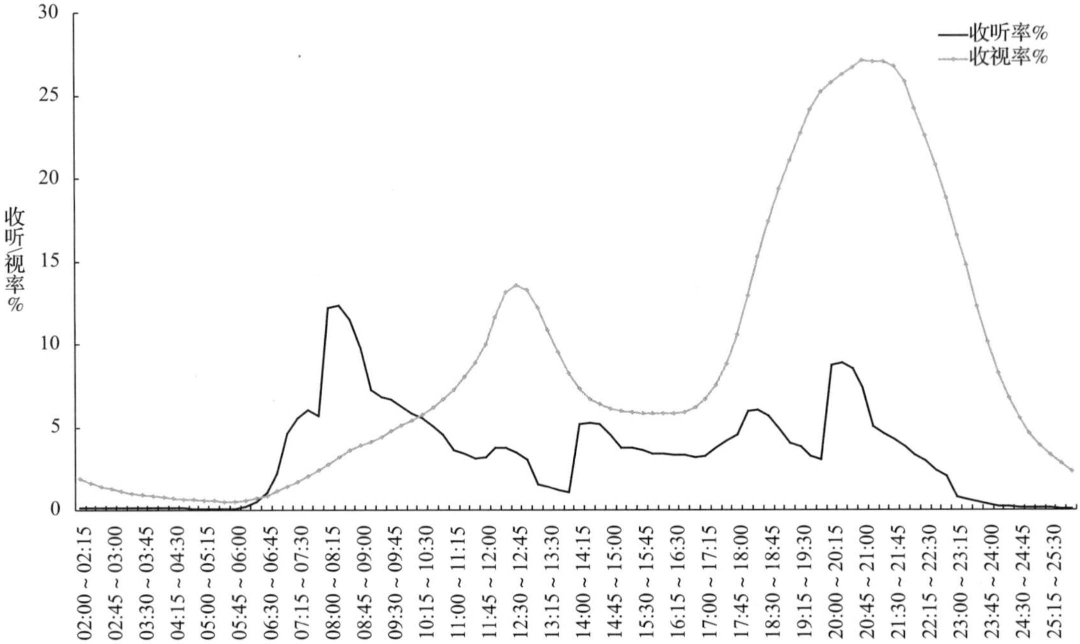


图 3.26.7　2014 年深圳受众全天收听率、收视率走势比较(目标受众为 10 岁及以上)

表 3.26.3 2014 年深圳市场听众构成(%)

| 目标听众 | | 听众构成(%) |
|---|---|---|
| 10 岁及以上所有人 | | 100.0 |
| 性别 | 男 | 59.1 |
| | 女 | 40.9 |
| 年龄 | 10~14 岁 | 0.6 |
| | 15~24 岁 | 20.5 |
| | 25~34 岁 | 30.6 |
| | 35~44 岁 | 27.7 |
| | 45~54 岁 | 12.0 |
| | 55~64 岁 | 4.0 |
| | 65 岁及以上 | 4.6 |
| 文化程度 | 未受过正规教育 | * |
| | 小学 | 2.8 |
| | 初中 | 28.6 |
| | 高中 | 38.5 |
| | 大学及以上 | 30.1 |
| 职业类别 | 干部/管理人员 | 12.0 |
| | 初级公务员/雇员 | 19.0 |
| | 个体/私营企业人员 | 22.1 |
| | 工人 | 23.6 |
| | 学生 | 6.5 |
| | 无业(含退休人员) | 16.4 |
| | 其他 | * |
| 个人月收入 | 无收入 | 14.9 |
| | 1~500 元 | * |
| | 501~1000 元 | * |
| | 1001~1500 元 | 2.0 |
| | 1501~2000 元 | 3.8 |
| | 2001~2500 元 | 2.2 |
| | 2501~3000 元 | 7.5 |
| | 3001~4000 元 | 18.4 |
| | 4001 元及以上 | 50.5 |

“*”表示该目标听众样本量不足,无法进行统计推断。

表 3.26.4 2012~2014 年深圳市场各广播电台的市场份额(%)

| 广播电台 | 2012 年 | 2013 年 | 2014 年 |
|---|---|---|---|
| 中央人民广播电台 | 10.5 | 11.2 | 12.9 |
| 中国国际广播电台 | 4.6 | 4.3 | 3.4 |
| 广东广播电视台 | 19.0 | 20.2 | 20.4 |
| 深圳广播电影电视集团 | 56.2 | 57.4 | 58.7 |
| 其他广播电台 | 9.7 | 6.9 | 4.6 |

**表 3.26.5　2014 年深圳市场各广播电台在不同目标听众中的市场份额(%)**

| 目标听众 | | 中央人民广播电台 | 中国国际广播电台 | 广东广播电视台 | 深圳广播电影电视集团 | 其他广播电台 |
|---|---|---|---|---|---|---|
| 10 岁及以上所有人 | | 12.9 | 3.4 | 20.4 | 58.7 | 4.6 |
| 性别 | 男 | 11.4 | 4.3 | 19.7 | 59.4 | 5.2 |
| | 女 | 15.0 | 2.0 | 21.5 | 57.6 | 3.9 |
| 年龄 | 10~14 岁 | 23.1 | 1.0 | 21.9 | 48.0 | 6.0 |
| | 15~24 岁 | 10.6 | 3.1 | 33.3 | 48.7 | 4.3 |
| | 25~34 岁 | 12.1 | 2.7 | 17.8 | 60.7 | 6.7 |
| | 35~44 岁 | 12.0 | 3.2 | 17.4 | 64.1 | 3.3 |
| | 45~54 岁 | 13.7 | 4.0 | 16.7 | 61.4 | 4.2 |
| | 55~64 岁 | 18.2 | 1.3 | 16.1 | 58.9 | 5.5 |
| | 65 岁及以上 | 25.7 | 10.9 | 11.6 | 50.7 | 1.1 |
| 文化程度 | 未受过正规教育 | * | * | * | * | * |
| | 小学 | 8.2 | 1.3 | 21.5 | 65.0 | 4.0 |
| | 初中 | 13.0 | 3.6 | 27.0 | 51.7 | 4.7 |
| | 高中 | 14.1 | 4.2 | 19.5 | 58.1 | 4.1 |
| | 大学及以上 | 11.7 | 2.3 | 15.5 | 65.3 | 5.2 |
| 职业类别 | 干部/管理人员 | 10.5 | 2.5 | 16.0 | 65.6 | 5.4 |
| | 初级公务员/雇员 | 14.9 | 3.0 | 15.1 | 59.6 | 7.4 |
| | 个体/私营企业人员 | 6.8 | 3.0 | 20.8 | 65.2 | 4.2 |
| | 工人 | 15.5 | 3.8 | 27.5 | 49.6 | 3.6 |
| | 学生 | 12.9 | 1.5 | 22.9 | 59.3 | 3.4 |
| | 无业(含退休人员) | 16.8 | 4.9 | 18.7 | 55.8 | 3.8 |
| | 其他 | * | * | * | * | * |
| 个人月收入 | 无收入 | 10.1 | 2.4 | 24.1 | 59.0 | 4.4 |
| | 1~500 元 | * | * | * | * | * |
| | 501~1000 元 | * | * | * | * | * |
| | 1001~1500 元 | 19.3 | 1.1 | 22.2 | 53.2 | 4.2 |
| | 1501~2000 元 | 23.7 | 0.5 | 25.0 | 47.8 | 3.0 |
| | 2001~2500 元 | 19.0 | 0.8 | 17.4 | 60.3 | 2.5 |
| | 2501~3000 元 | 17.5 | 3.5 | 18.2 | 54.1 | 6.7 |
| | 3001~4000 元 | 13.0 | 5.9 | 21.8 | 53.7 | 5.6 |
| | 4001 元及以上 | 11.1 | 3.2 | 19.5 | 61.9 | 4.3 |

“*”表示该目标听众样本量不足,无法进行统计推断。

**表 3.26.6　2014 年深圳市场份额排名前五位的频率**

| 名　次 | 频率名称 | 市场份额(%) |
|---|---|---|
| 1 | 深圳广播电台交通频率 FM106.2 | 20.9 |
| 2 | 深圳广播电台音乐频率 FM97.1 | 16.6 |
| 3 | 深圳广播电台新闻频率 FM89.8 | 15.1 |
| 4 | 广东广播电视台音乐之声 FM99.3 | 8.4 |
| 5 | 广东广播电视台新闻广播 FM91.4/AM648 | 6.5 |

# 二十七、石家庄收听数据

**表 3.27.1　2012～2014 年石家庄各目标听众人均收听时间(分钟)**

| 目标听众 | | 2012 年 | 2013 年 | 2014 年 |
|---|---|---|---|---|
| 10 岁及以上所有人 | | 76 | 80 | 76 |
| 性别 | 男 | 82 | 87 | 82 |
| | 女 | 71 | 74 | 70 |
| 年龄 | 10～14 岁 | 18 | 24 | 27 |
| | 15～24 岁 | 44 | 48 | 50 |
| | 25～34 岁 | 70 | 81 | 69 |
| | 35～44 岁 | 74 | 76 | 81 |
| | 45～54 岁 | 91 | 104 | 96 |
| | 55～64 岁 | 108 | 128 | 102 |
| | 65 岁及以上 | 141 | 101 | 123 |
| 文化程度 | 未受过正规教育 | 82 | 103 | * |
| | 小学 | 62 | 64 | 64 |
| | 初中 | 86 | 99 | 84 |
| | 高中 | 77 | 75 | 75 |
| | 大学及以上 | 69 | 75 | 73 |
| 职业类别 | 干部/管理人员 | 76 | 82 | 76 |
| | 初级公务员/雇员 | 75 | 87 | 76 |
| | 个体/私营企业人员 | 74 | 82 | 81 |
| | 工人 | 81 | 92 | 87 |
| | 学生 | 29 | 27 | 35 |
| | 无业(含退休人员) | 108 | 106 | 104 |
| | 其他 | 56 | 109 | 82 |
| 个人月收入 | 无收入 | 40 | 44 | 42 |
| | 1～500 元 | 102 | 112 | * |
| | 501～1000 元 | 80 | 96 | 115 |
| | 1001～1500 元 | 79 | 92 | 84 |
| | 1501～2000 元 | 87 | 94 | 87 |
| | 2001～2500 元 | 95 | 85 | 90 |
| | 2501～3000 元 | 88 | 79 | 71 |
| | 3001～4000 元 | 85 | 102 | 88 |
| | 4001 元及以上 | 97 | 100 | 85 |

注:石家庄为全年连续调查城市。“*”表示该目标听众样本量不足,无法进行统计推断。

**表 3.27.2　2012～2014 年石家庄听众在不同地点的人均收听时间(分钟)**

| 地　点 | 2012 年 | 2013 年 | 2014 年 |
|---|---|---|---|
| 在家 | 51 | 50 | 50 |
| 车上 | 17 | 19 | 18 |
| 工作/学习场所 | 5 | 8 | 4 |
| 其他场所 | 3 | 3 | 4 |

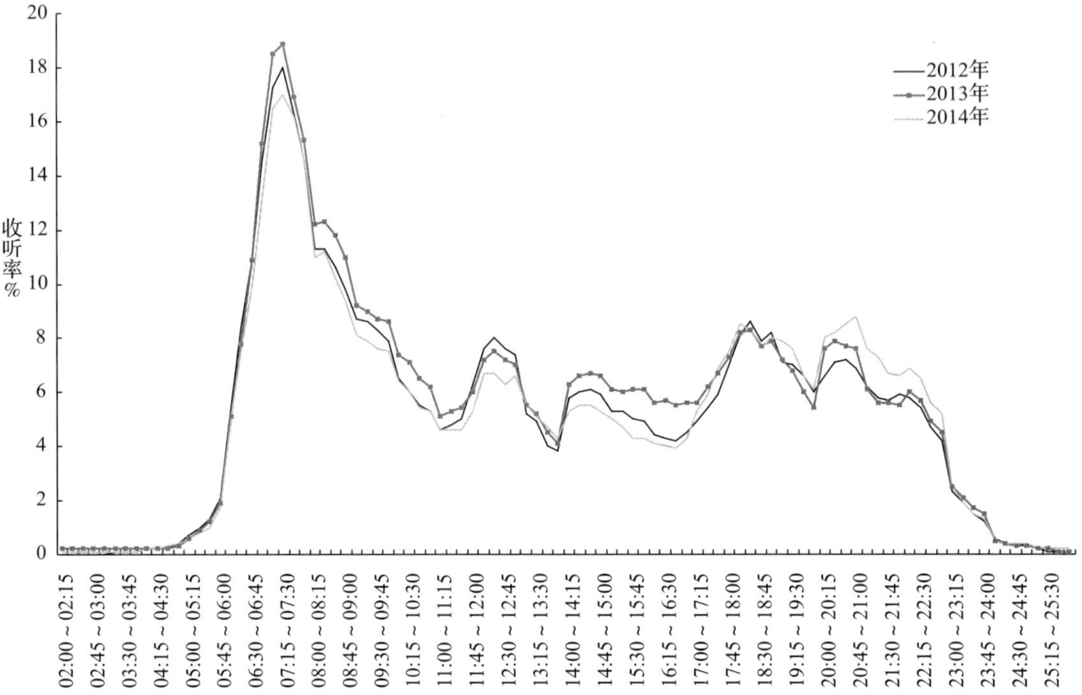


图 3. 27. 1　2012 ~ 2014 年石家庄听众全天收听率走势

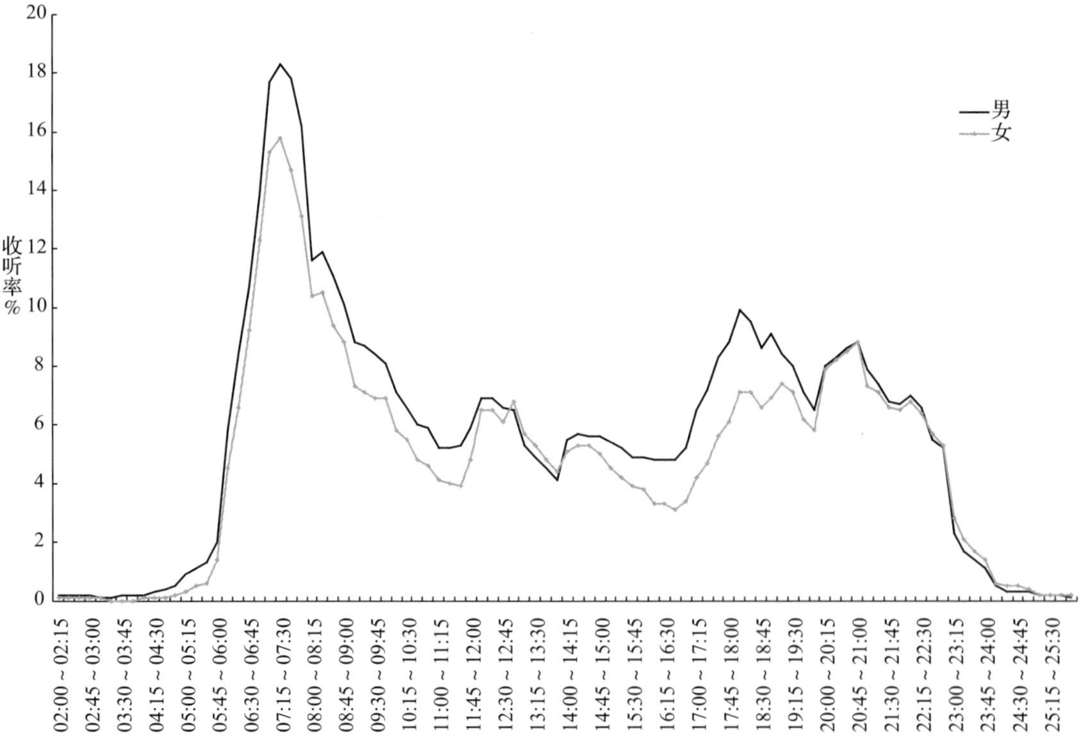


图 3. 27. 2　2014 年石家庄不同性别听众全天收听率走势

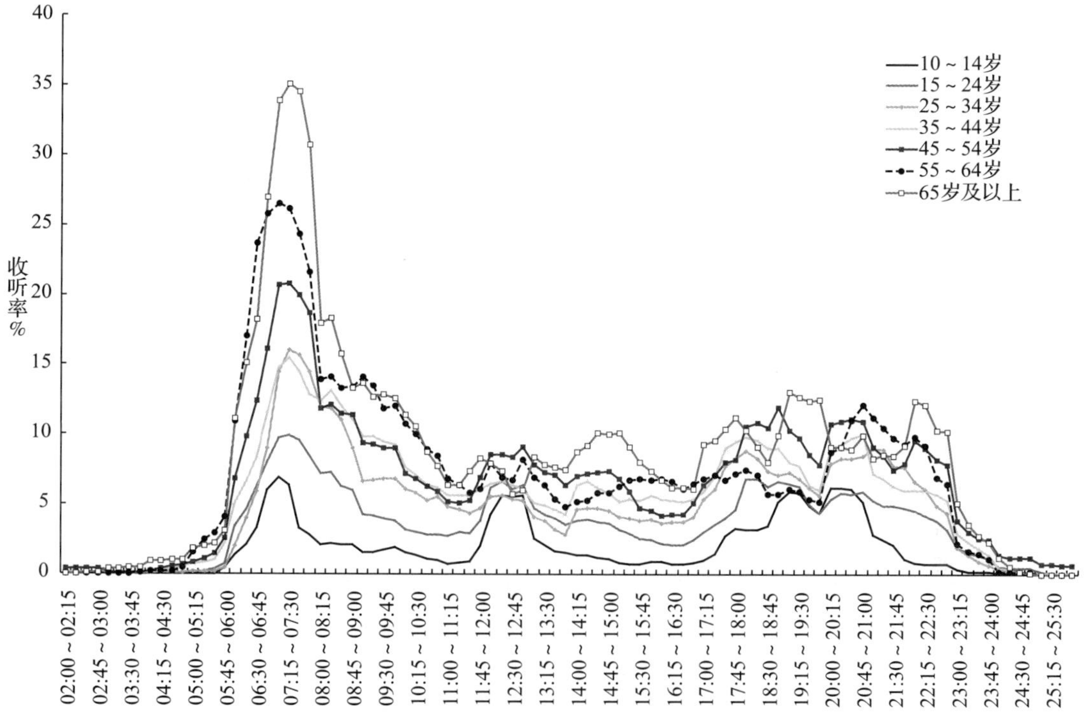


**图 3.27.3　2014 年石家庄不同年龄听众全天收听率走势**

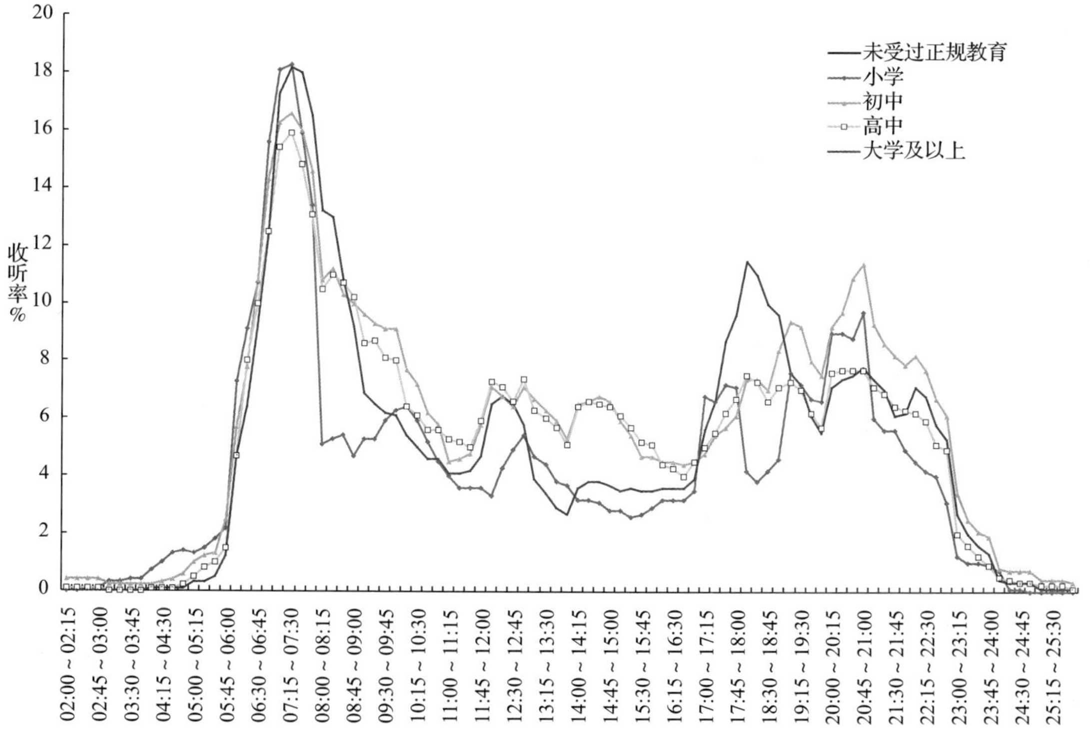


**图 3.27.4　2014 年石家庄不同文化程度听众全天收听率走势**

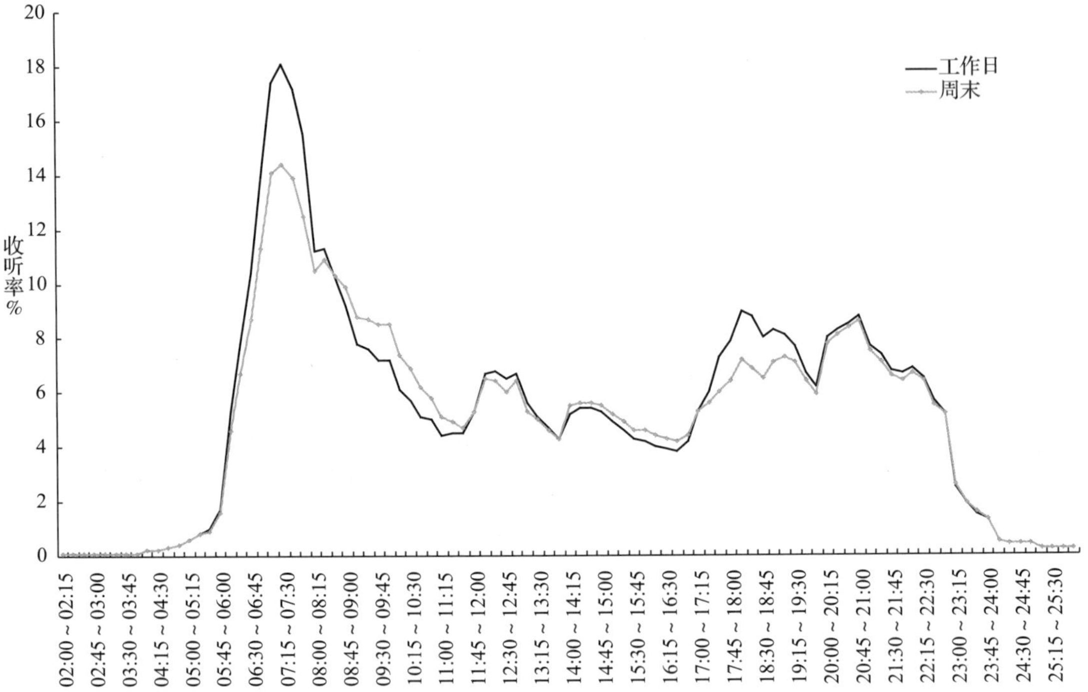


图 3.27.5　2014 年石家庄听众工作日与周末全天收听率走势

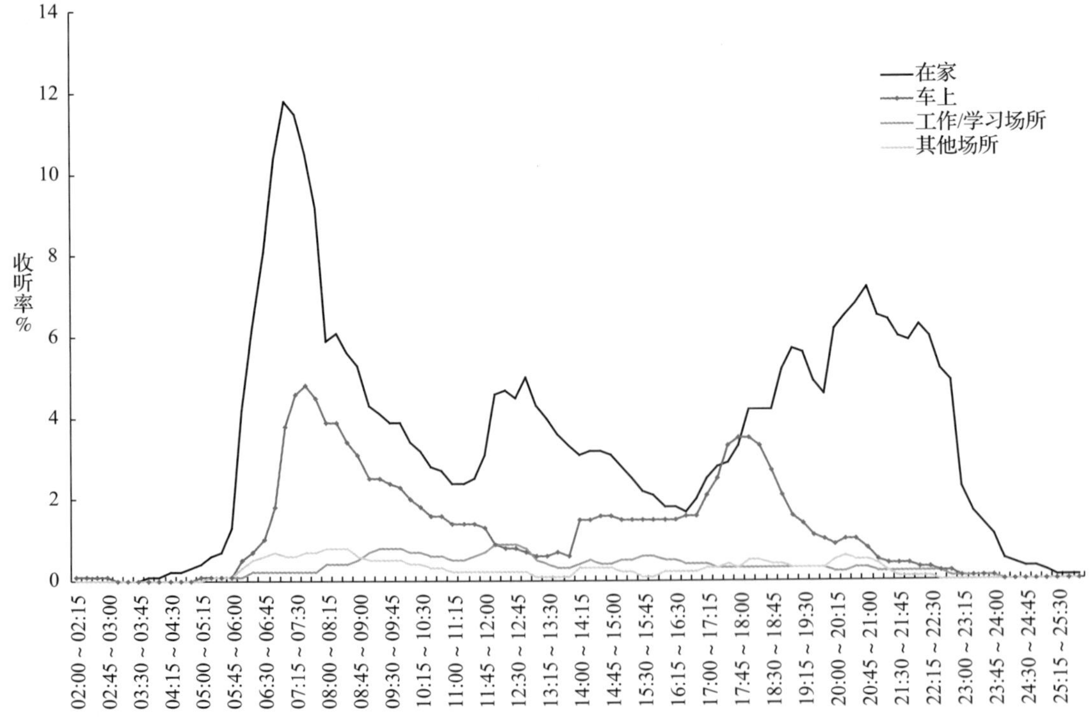


图 3.27.6　2014 年石家庄听众在不同收听地点全天收听率走势

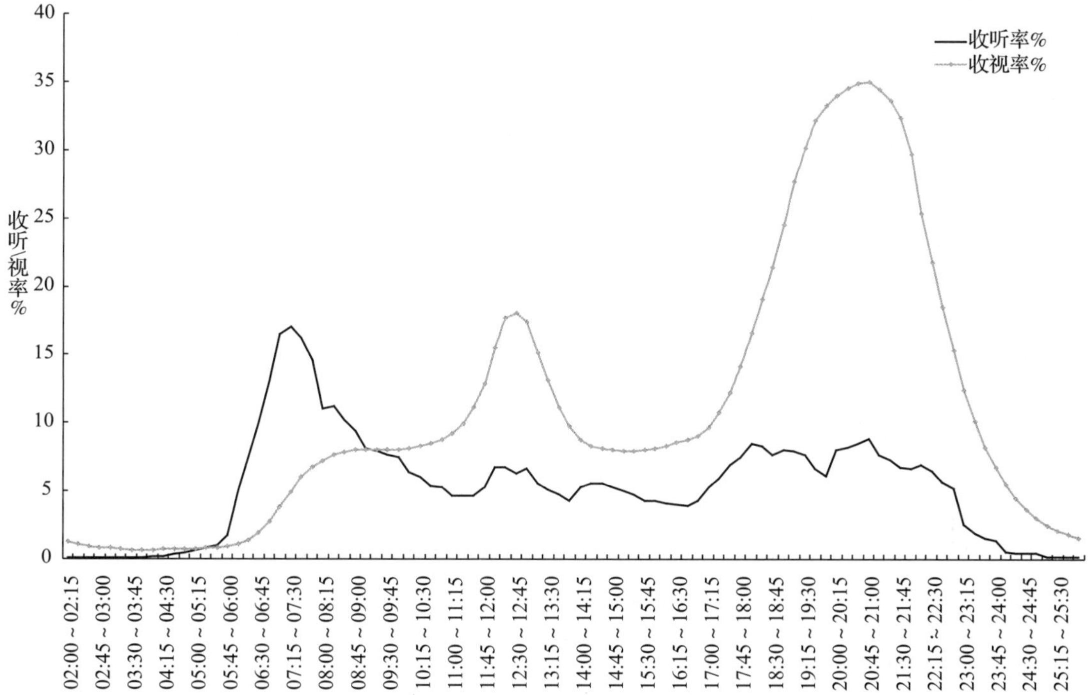


图 3.27.7 2014 年石家庄受众全天收听率、收视率走势比较(目标受众为 10 岁及以上)

**表 3.27.3　2014 年石家庄市场听众构成（%）**

| 目标听众 | | 听众构成（%） |
|---|---|---|
| 10 岁及以上所有人 | | 100.0 |
| 性别 | 男 | 52.8 |
| | 女 | 47.2 |
| 年龄 | 10～14 岁 | 1.6 |
| | 15～24 岁 | 16.9 |
| | 25～34 岁 | 18.5 |
| | 35～44 岁 | 19.9 |
| | 45～54 岁 | 17.8 |
| | 55～64 岁 | 13.2 |
| | 65 岁及以上 | 12.1 |
| 文化程度 | 未受过正规教育 | * |
| | 小学 | 6.3 |
| | 初中 | 26.8 |
| | 高中 | 36.6 |
| | 大学及以上 | 30.3 |
| 职业类别 | 干部/管理人员 | 4.2 |
| | 初级公务员/雇员 | 28.4 |
| | 个体/私营企业人员 | 22.3 |
| | 工人 | 9.0 |
| | 学生 | 8.3 |
| | 无业（含退休人员） | 25.9 |
| | 其他 | 1.9 |
| 个人月收入 | 无收入 | 13.1 |
| | 1～500 元 | * |
| | 501～1000 元 | 4.4 |
| | 1001～1500 元 | 10.7 |
| | 1501～2000 元 | 22.3 |
| | 2001～2500 元 | 19.3 |
| | 2501～3000 元 | 10.6 |
| | 3001～4000 元 | 13.1 |
| | 4001 元及以上 | 6.5 |

“*”表示该目标听众样本量不足，无法进行统计推断。

**表 3.27.4　2012～2014 年石家庄市场各广播电台的市场份额（%）**

| 广播电台 | 2012 年 | 2013 年 | 2014 年 |
|---|---|---|---|
| 中央人民广播电台 | 14.6 | 14.5 | 14.1 |
| 中国国际广播电台 | 0.0 | 0.0 | 0.0 |
| 河北人民广播电台 | 39.2 | 38.4 | 44.1 |
| 石家庄广播电视台 | 45.2 | 46.1 | 41.3 |
| 其他广播电台 | 1.0 | 1.1 | 0.5 |

**表 3.27.5 2014 年石家庄市场各广播电台在不同目标听众中的市场份额(%)**

| 目标听众 | | 中央人民广播电台 | 中国国际广播电台 | 河北人民广播电台 | 石家庄广播电视台 | 其他广播电台 |
|---|---|---|---|---|---|---|
| 10 岁及以上所有人 | | 14.1 | 0.0 | 44.1 | 41.3 | 0.5 |
| 性别 | 男 | 14.6 | 0.0 | 44.1 | 40.8 | 0.5 |
| | 女 | 13.4 | 0.0 | 44.1 | 41.9 | 0.6 |
| 年龄 | 10~14 岁 | 17.2 | 0.0 | 47.7 | 34.9 | 0.2 |
| | 15~24 岁 | 14.2 | 0.0 | 47.2 | 37.9 | 0.7 |
| | 25~34 岁 | 10.2 | 0.0 | 46.8 | 42.8 | 0.2 |
| | 35~44 岁 | 9.3 | 0.0 | 46.8 | 43.7 | 0.2 |
| | 45~54 岁 | 16.6 | 0.0 | 47.3 | 35.1 | 1.0 |
| | 55~64 岁 | 15.2 | 0.0 | 34.9 | 49.4 | 0.5 |
| | 65 岁及以上 | 22.4 | 0.0 | 35.7 | 41.1 | 0.8 |
| 文化程度 | 未受过正规教育 | * | * | * | * | * |
| | 小学 | 9.6 | 0.0 | 47.9 | 41.1 | 1.4 |
| | 初中 | 12.1 | 0.0 | 43.1 | 44.5 | 0.3 |
| | 高中 | 13.6 | 0.0 | 45.4 | 40.5 | 0.5 |
| | 大学及以上 | 16.9 | 0.0 | 42.7 | 39.9 | 0.5 |
| 职业类别 | 干部/管理人员 | 19.0 | 0.0 | 46.6 | 33.9 | 0.5 |
| | 初级公务员/雇员 | 11.3 | 0.0 | 46.8 | 41.7 | 0.2 |
| | 个体/私营企业人员 | 10.7 | 0.0 | 48.8 | 40.2 | 0.3 |
| | 工人 | 16.1 | 0.0 | 44.0 | 39.1 | 0.8 |
| | 学生 | 12.5 | 0.0 | 47.5 | 39.2 | 0.8 |
| | 无业(含退休人员) | 19.9 | 0.0 | 34.6 | 44.5 | 1.0 |
| | 其他 | 1.1 | 0.0 | 62.6 | 36.1 | 0.2 |
| 个人月收入 | 无收入 | 15.1 | 0.0 | 45.1 | 39.0 | 0.8 |
| | 1~500 元 | * | * | * | * | * |
| | 501~1000 元 | 14.3 | 0.0 | 39.5 | 45.4 | 0.8 |
| | 1001~1500 元 | 15.0 | 0.0 | 44.1 | 40.4 | 0.5 |
| | 1501~2000 元 | 12.8 | 0.0 | 42.6 | 44.5 | 0.1 |
| | 2001~2500 元 | 18.2 | 0.0 | 37.4 | 44.0 | 0.4 |
| | 2501~3000 元 | 11.8 | 0.0 | 47.1 | 39.3 | 1.8 |
| | 3001~4000 元 | 9.0 | 0.0 | 53.4 | 37.5 | 0.1 |
| | 4001 元及以上 | 15.9 | 0.0 | 46.3 | 37.8 | 0.0 |

“*”表示该目标听众样本量不足,无法进行统计推断。

**表 3.27.6 2014 年石家庄市场份额排名前五位的频率**

| 名次 | 频率名称 | 市场份额(%) |
|---|---|---|
| 1 | 河北人民广播电台交通广播 FM99.2 | 12.1 |
| 1 | 石家庄广播电视台新闻广播 AM882/FM88.2 | 12.1 |
| 3 | 石家庄广播电视台音乐广播 FM106.7 | 11.8 |
| 4 | 中央人民广播电台第一套节目中国之声 | 9.7 |
| 5 | 石家庄广播电视台交通广播 FM94.6 | 9.4 |

# 二十八、苏州收听数据

**表 3.28.1　2012～2014 年苏州各目标听众人均收听时间(分钟)**

| 目标听众 | | 2012 年 | 2013 年 | 2014 年 |
|---|---|---|---|---|
| 10 岁及以上所有人 | | 100 | 75 | 57 |
| 性别 | 男 | 105 | 80 | 60 |
| | 女 | 95 | 71 | 54 |
| 年龄 | 10～14 岁 | 48 | 30 | 13 |
| | 15～24 岁 | 58 | 34 | 32 |
| | 25～34 岁 | 78 | 61 | 52 |
| | 35～44 岁 | 102 | 77 | 63 |
| | 45～54 岁 | 98 | 75 | 58 |
| | 55～64 岁 | 137 | 94 | 76 |
| | 65 岁及以上 | 195 | 154 | 110 |
| 文化程度 | 未受过正规教育 | 67 | 45 | 62 |
| | 小学 | 116 | 78 | 48 |
| | 初中 | 110 | 84 | 67 |
| | 高中 | 98 | 78 | 59 |
| | 大学及以上 | 86 | 63 | 49 |
| 职业类别 | 干部/管理人员 | 97 | 71 | 51 |
| | 初级公务员/雇员 | 83 | 63 | 50 |
| | 个体/私营企业人员 | 99 | 81 | 63 |
| | 工人 | 95 | 68 | 57 |
| | 学生 | 44 | 32 | 26 |
| | 无业(含退休人员) | 161 | 116 | 89 |
| | 其他 | 65 | 36 | 49 |
| 个人月收入 | 无收入 | 62 | 36 | 28 |
| | 1～500 元 | * | * | * |
| | 501～1000 元 | 73 | 41 | 48 |
| | 1001～1500 元 | 118 | 95 | 49 |
| | 1501～2000 元 | 128 | 82 | 71 |
| | 2001～2500 元 | 101 | 111 | 79 |
| | 2501～3000 元 | 92 | 75 | 61 |
| | 3001～4000 元 | 96 | 68 | 54 |
| | 4001 元及以上 | 111 | 73 | 64 |

注:苏州为全年连续调查城市。“*”表示该目标听众样本量不足,无法进行统计推断。

**表 3.28.2　2012～2014 年苏州听众在不同地点的人均收听时间(分钟)**

| 地　　点 | 2012 年 | 2013 年 | 2014 年 |
|---|---|---|---|
| 在家 | 72 | 51 | 35 |
| 车上 | 19 | 16 | 16 |
| 工作/学习场所 | 7 | 7 | 5 |
| 其他场所 | 2 | 1 | 1 |

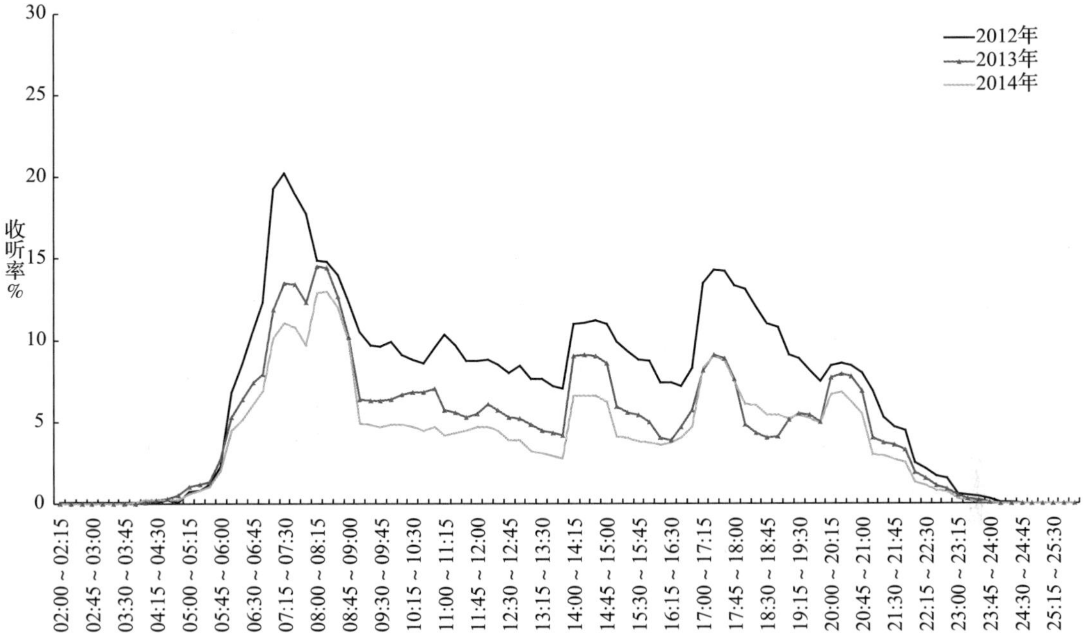


图 3.28.1　2012 ~2014 年苏州听众全天收听率走势

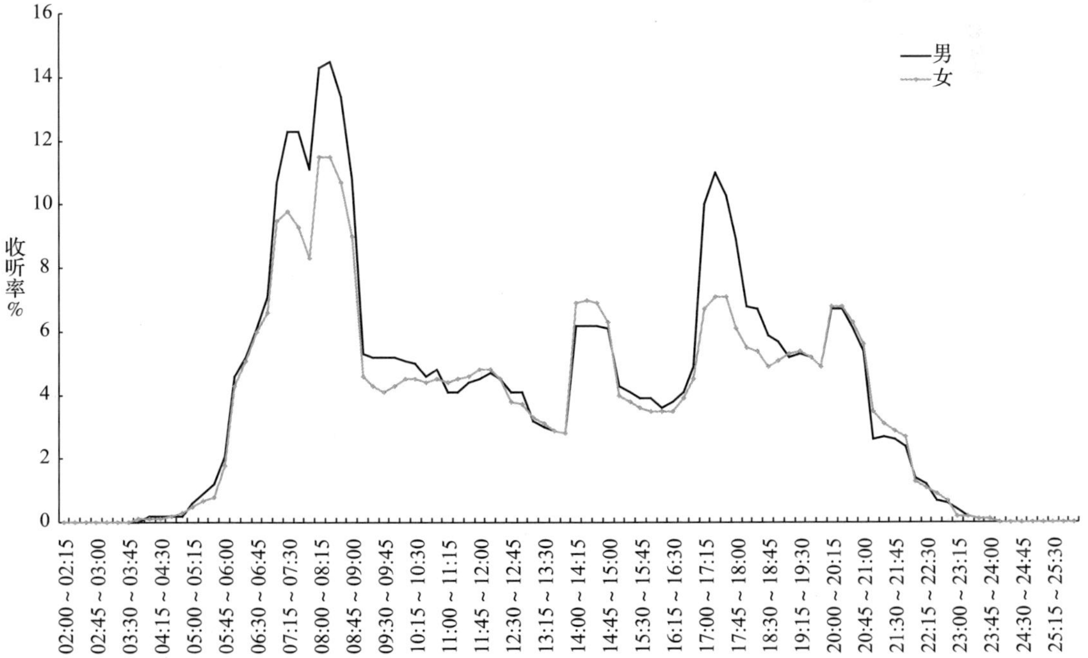


图 3.28.2　2014 年苏州不同性别听众全天收听率走势

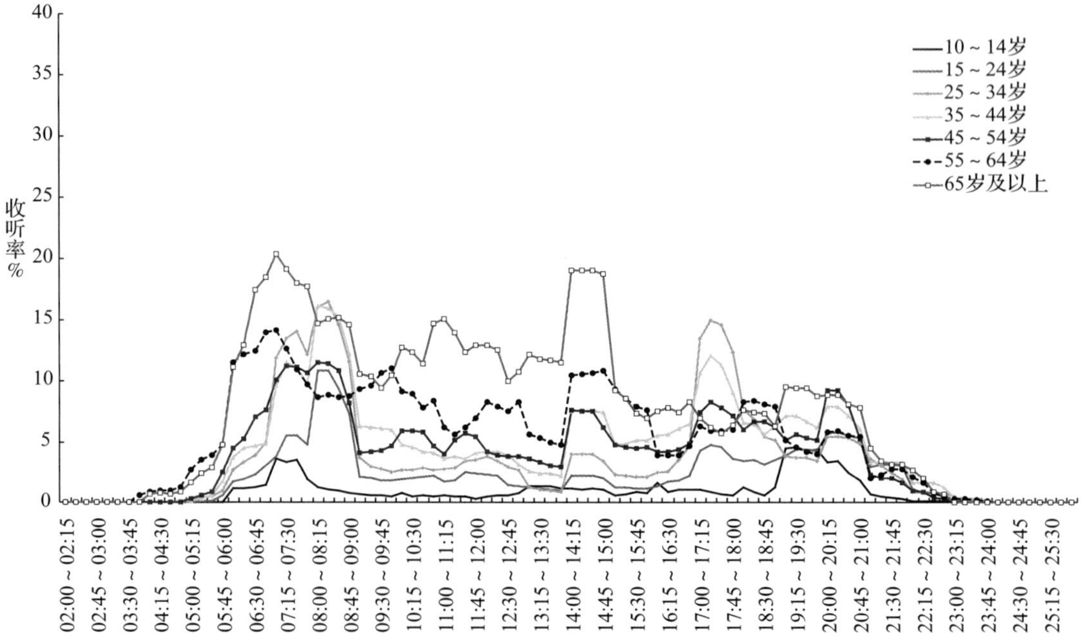


图 3.28.3　2014 年苏州不同年龄听众全天收听率走势

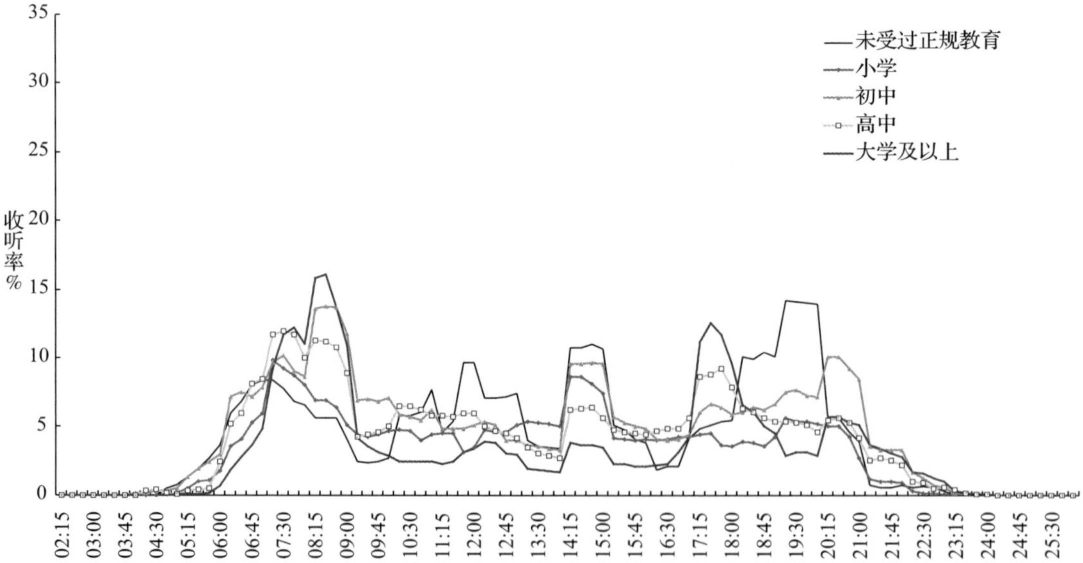


图 3.28.4　2014 年苏州不同文化程度听众全天收听率走势

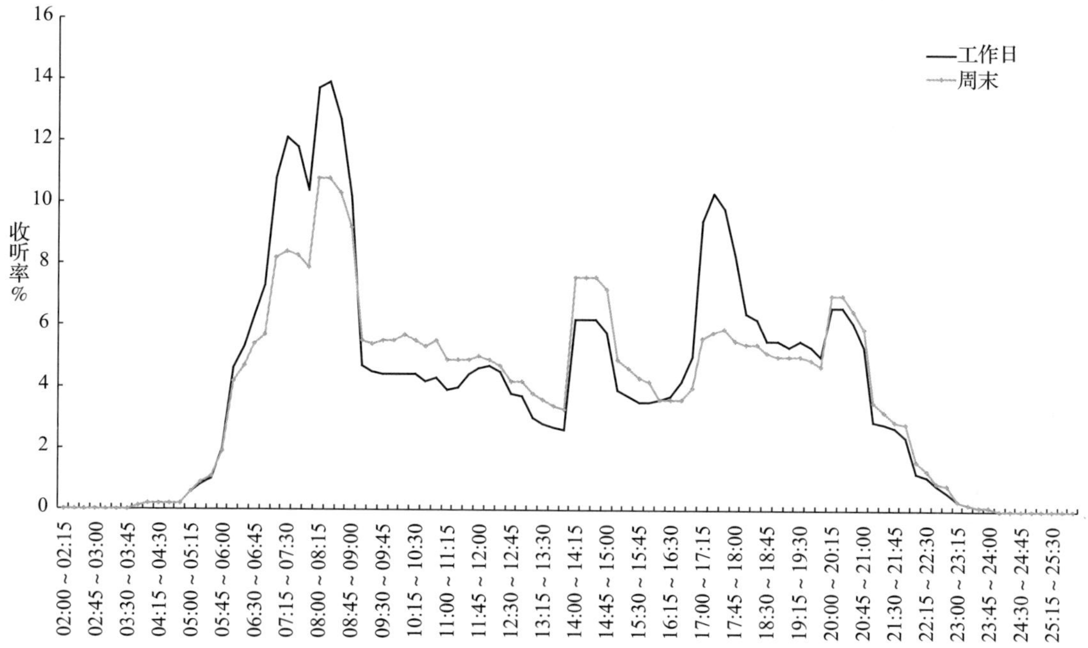


图 3.28.5　2014 年苏州听众工作日与周末全天收听率走势

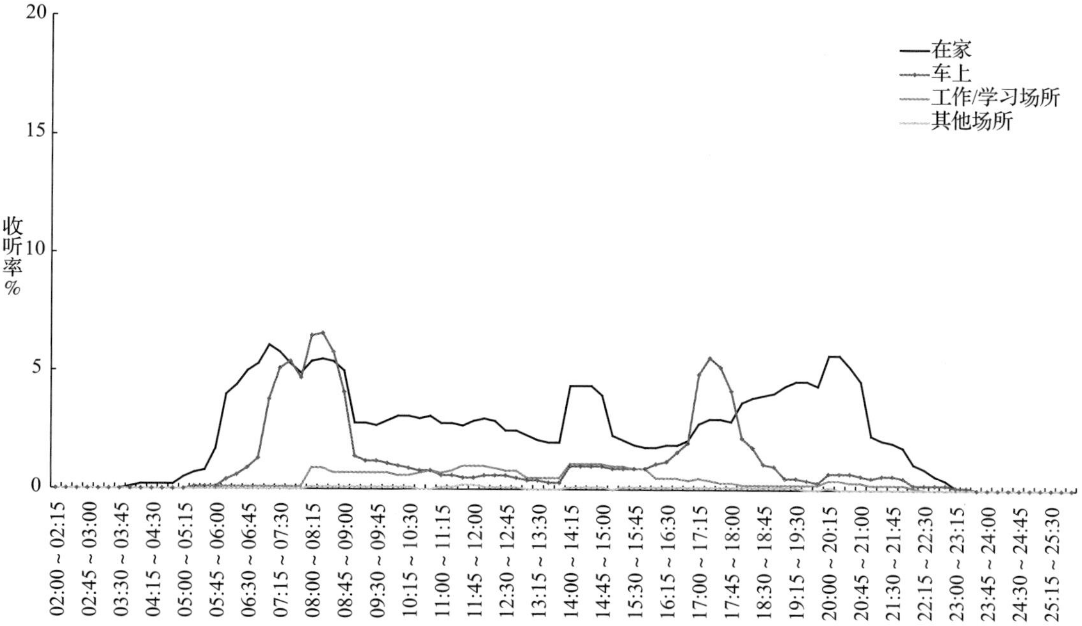


图 3.28.6　2014 年苏州听众在不同收听地点全天收听率走势

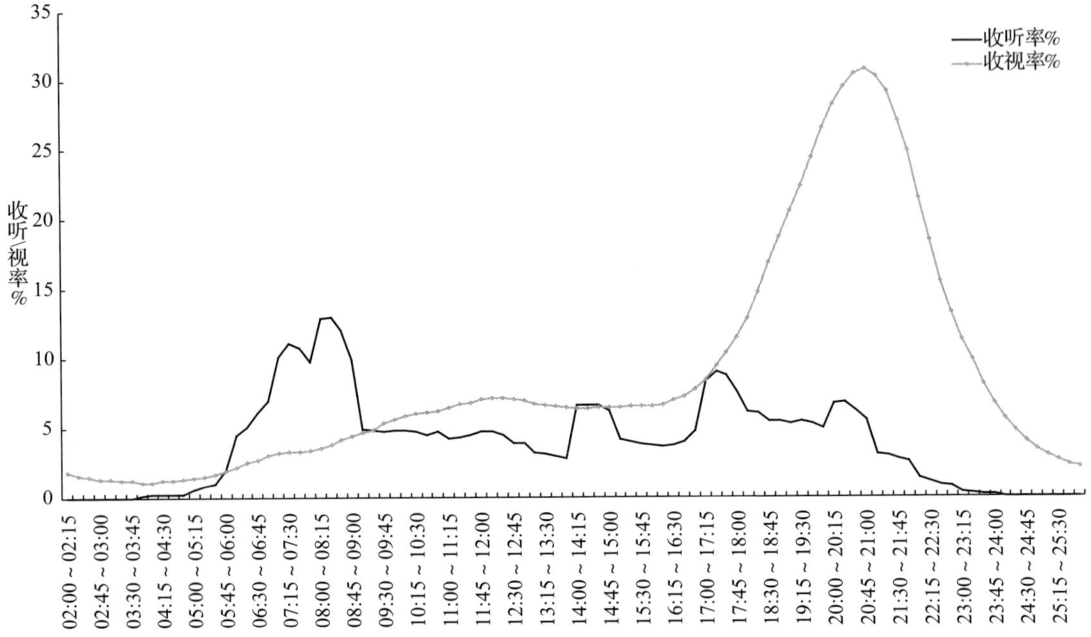


图 3.28.7　2014 年苏州受众全天收听率、收视率走势比较(目标受众为 10 岁及以上)

表 3.28.3　2014 年苏州市场听众构成(%)

| 目标听众 | | 听众构成(%) |
| --- | --- | --- |
| 10 岁及以上所有人 | | 100.0 |
| 性别 | 男 | 52.3 |
| | 女 | 47.7 |
| 年龄 | 10~14 岁 | 0.7 |
| | 15~24 岁 | 13.0 |
| | 25~34 岁 | 21.3 |
| | 35~44 岁 | 20.6 |
| | 45~54 岁 | 13.7 |
| | 55~64 岁 | 13.8 |
| | 65 岁及以上 | 16.9 |
| 文化程度 | 未受过正规教育 | 1.7 |
| | 小学 | 8.7 |
| | 初中 | 31.2 |
| | 高中 | 29.0 |
| | 大学及以上 | 29.4 |
| 职业类别 | 干部/管理人员 | 6.6 |
| | 初级公务员/雇员 | 23.9 |
| | 个体/私营企业人员 | 14.2 |
| | 工人 | 18.6 |
| | 学生 | 7.0 |
| | 无业(含退休人员) | 29.2 |
| | 其他 | 0.5 |
| 个人月收入 | 无收入 | 9.1 |
| | 1~500 元 | * |
| | 501~1000 元 | 0.9 |
| | 1001~1500 元 | 1.9 |
| | 1501~2000 元 | 8.6 |
| | 2001~2500 元 | 18.2 |
| | 2501~3000 元 | 15.6 |
| | 3001~4000 元 | 21.6 |
| | 4001 元及以上 | 24.0 |

注:"*"表示该目标听众样本量不足,无法进行统计推断

表 3.28.4　2012~2014 年苏州市场各广播电台的市场份额(%)

| 广播电台 | 2012 年 | 2013 年 | 2014 年 |
| --- | --- | --- | --- |
| 中央人民广播电台 | 7.6 | 5.7 | 6.0 |
| 中国国际广播电台 | 0.3 | 0.1 | 0.1 |
| 江苏广播电视总台 | 13.0 | 10.4 | 9.8 |
| 苏州广播电视总台 | 71.6 | 78.7 | 80.7 |
| 上海广播电视台 | 5.2 | 3.4 | 2.4 |
| 无锡广播电视台 | 1.0 | 0.9 | 0.4 |
| 其他广播电台 | 1.3 | 0.8 | 0.6 |

**表3.28.5　2014年苏州市场各广播电台在不同目标听众中的市场份额(%)**

| 目标听众 | | 中央人民广播电台 | 中国国际广播电台 | 江苏广播电视总台 | 苏州广播电视总台 | 上海广播电视台 | 无锡广播电视台 | 其他广播电台 |
|---|---|---|---|---|---|---|---|---|
| 10岁及以上所有人 | | 6.0 | 0.1 | 9.8 | 80.7 | 2.4 | 0.4 | 0.6 |
| 性别 | 男 | 5.9 | 0.1 | 10.5 | 80.4 | 2.0 | 0.3 | 0.8 |
| | 女 | 6.2 | 0.0 | 9.1 | 81.0 | 2.9 | 0.5 | 0.3 |
| 年龄 | 10~14岁 | 1.0 | 0.4 | 36.2 | 58.7 | 1.1 | 2.5 | 0.1 |
| | 15~24岁 | 3.9 | 0.1 | 12.4 | 78.6 | 4.2 | 0.6 | 0.2 |
| | 25~34岁 | 3.4 | 0.3 | 10.2 | 82.4 | 3.3 | 0.3 | 0.1 |
| | 35~44岁 | 4.0 | 0.0 | 13.1 | 80.1 | 2.2 | 0.4 | 0.2 |
| | 45~54岁 | 4.7 | 0.0 | 8.5 | 85.8 | 0.9 | 0.1 | 0.0 |
| | 55~64岁 | 11.7 | 0.0 | 6.5 | 77.7 | 2.7 | 0.5 | 0.9 |
| | 65岁及以上 | 10.1 | 0.0 | 6.2 | 79.9 | 1.3 | 0.3 | 2.2 |
| 文化程度 | 未受过正规教育 | 6.4 | 0.0 | 2.8 | 84.4 | 0.0 | 0.6 | 5.8 |
| | 小学 | 2.6 | 0.0 | 9.1 | 82.9 | 2.2 | 0.7 | 2.5 |
| | 初中 | 7.4 | 0.0 | 10.6 | 78.8 | 2.1 | 0.3 | 0.8 |
| | 高中 | 6.2 | 0.0 | 7.7 | 83.7 | 1.8 | 0.4 | 0.2 |
| | 大学及以上 | 5.4 | 0.2 | 11.7 | 78.8 | 3.5 | 0.2 | 0.2 |
| 职业类别 | 干部/管理人员 | 8.2 | 0.0 | 6.8 | 80.4 | 4.5 | 0.1 | 0.0 |
| | 初级公务员/雇员 | 3.0 | 0.4 | 12.5 | 81.7 | 1.4 | 0.6 | 0.4 |
| | 个体/私营企业人员 | 3.6 | 0.0 | 10.5 | 82.9 | 2.8 | 0.0 | 0.2 |
| | 工人 | 7.1 | 0.0 | 13.1 | 77.5 | 1.9 | 0.2 | 0.2 |
| | 学生 | 3.7 | 0.2 | 10.2 | 78.0 | 6.4 | 1.2 | 0.3 |
| | 无业(含退休人员) | 9.3 | 0.0 | 5.9 | 81.3 | 1.9 | 0.3 | 1.3 |
| | 其他 | 0.0 | 0.0 | 4.6 | 82.4 | 12.3 | 0.5 | 0.2 |
| 个人月收入 | 无收入 | 2.6 | 0.1 | 8.8 | 81.9 | 5.3 | 0.9 | 0.4 |
| | 1~500元 | * | * | * | * | * | * | * |
| | 501~1000元 | 0.1 | 0.0 | 8.0 | 82.4 | 0.0 | 1.1 | 8.4 |
| | 1001~1500元 | 12.2 | 0.0 | 11.1 | 73.3 | 0.1 | 0.2 | 3.1 |
| | 1501~2000元 | 8.5 | 0.0 | 6.9 | 82.0 | 1.2 | 0.3 | 1.1 |
| | 2001~2500元 | 9.4 | 0.4 | 8.5 | 78.3 | 2.4 | 0.2 | 0.8 |
| | 2501~3000元 | 9.3 | 0.0 | 9.8 | 78.6 | 1.3 | 0.1 | 0.9 |
| | 3001~4000元 | 2.6 | 0.0 | 11.6 | 83.2 | 2.3 | 0.3 | 0.0 |
| | 4001元及以上 | 4.6 | 0.0 | 10.7 | 81.1 | 2.9 | 0.5 | 0.2 |

注:”*“表示该目标听众样本量不足,无法进行统计推断

**表3.28.6　2014年苏州市场份额排名前五位的频率**

| 名　次 | 频率名称 | 市场份额(%) |
|---|---|---|
| 1 | 苏州交通广播 FM104.8 | 34.8 |
| 2 | 苏州广播电视总台都市音乐频率 FM94.8 | 13.2 |
| 3 | 苏州广播电视总台新闻综合频率 AM1080 | 9.3 |
| 4 | 苏州广电总台新闻频率 FM91.1 | 8.2 |
| 5 | 苏州广播电视总台生活广播 FM96.5 | 5.5 |

# 二十九、太原收听数据

**表 3.29.1 2012～2014 年太原各目标听众人均收听时间(分钟)**

| 目标听众 | | 2012 年 | 2013 年 | 2014 年 |
|---|---|---|---|---|
| 10 岁及以上所有人 | | 74 | 72 | 73 |
| 性别 | 男 | 80 | 81 | 77 |
| | 女 | 68 | 62 | 68 |
| 年龄 | 10～14 岁 | 33 | 35 | 33 |
| | 15～24 岁 | 37 | 35 | 40 |
| | 25～34 岁 | 72 | 66 | 61 |
| | 35～44 岁 | 82 | 74 | 71 |
| | 45～54 岁 | 89 | 87 | 94 |
| | 55～64 岁 | 103 | 124 | 117 |
| | 65 岁及以上 | 99 | 95 | 134 |
| 文化程度 | 未受过正规教育 | 54 | 44 | * |
| | 小学 | 51 | 57 | 100 |
| | 初中 | 82 | 83 | 85 |
| | 高中 | 77 | 72 | 64 |
| | 大学及以上 | 70 | 68 | 65 |
| 职业类别 | 干部/管理人员 | 70 | 83 | 69 |
| | 初级公务员/雇员 | 72 | 75 | 70 |
| | 个体/私营企业人员 | 81 | 83 | 79 |
| | 工人 | 97 | 80 | 78 |
| | 学生 | 34 | 30 | 29 |
| | 无业(含退休人员) | 89 | 84 | 110 |
| | 其他 | 87 | 78 | 87 |
| 个人月收入 | 无收入 | 45 | 38 | 41 |
| | 1～500 元 | 76 | 102 | * |
| | 501～1000 元 | 83 | 53 | 59 |
| | 1001～1500 元 | 87 | 74 | 75 |
| | 1501～2000 元 | 85 | 105 | 104 |
| | 2001～2500 元 | 79 | 79 | 85 |
| | 2501～3000 元 | 78 | 76 | 79 |
| | 3001～4000 元 | 87 | 73 | 63 |
| | 4001 元及以上 | 95 | 97 | 105 |

注:太原为全年连续调查城市。“*”表示该目标听众样本量不足,无法进行统计推断。

**表 3.29.2 2012～2014 年太原听众在不同地点的人均收听时间(分钟)**

| 地　　点 | 2012 年 | 2013 年 | 2014 年 |
|---|---|---|---|
| 在家 | 47 | 43 | 46 |
| 车上 | 20 | 24 | 21 |
| 工作/学习场所 | 5 | 3 | 4 |
| 其他场所 | 2 | 2 | 2 |

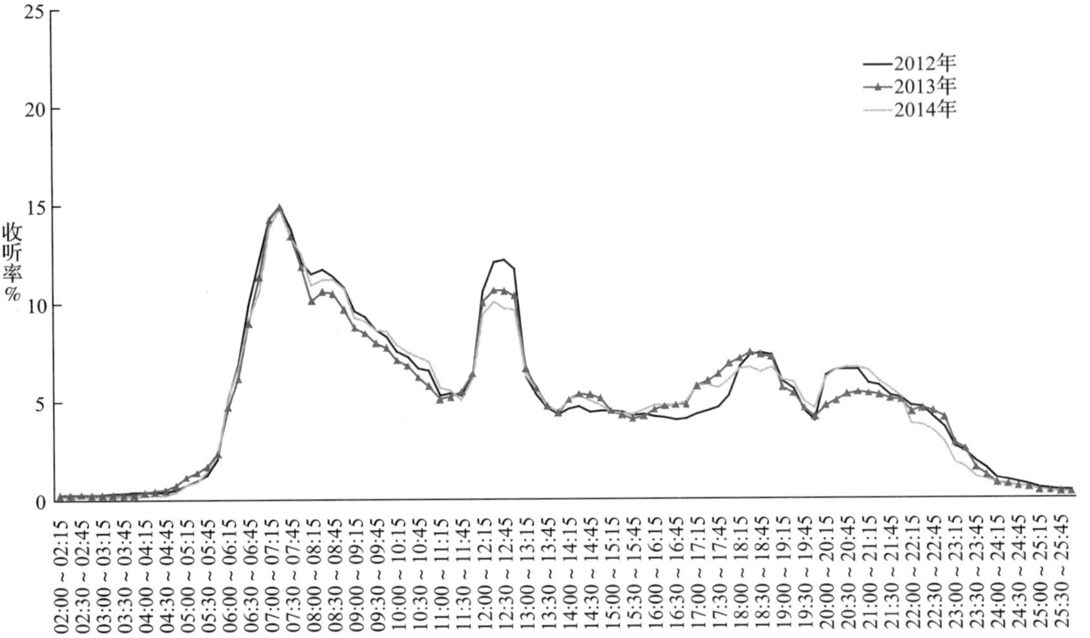


图 3.29.1　2012～2014 年太原听众全天收听率走势

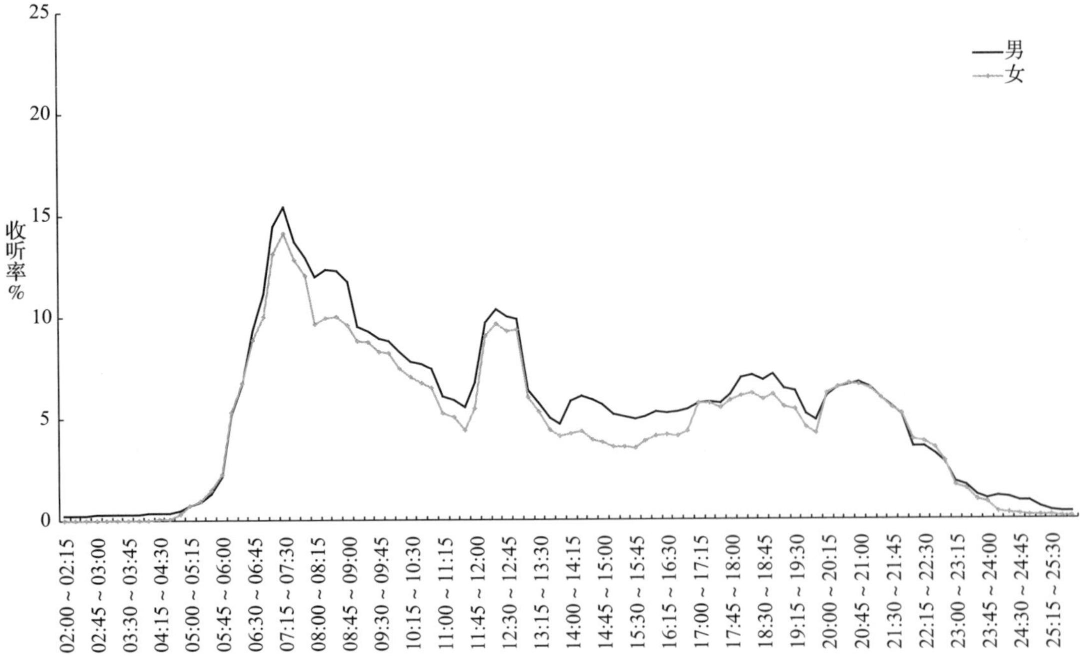


图 3.29.2　2014 年太原不同性别听众全天收听率走势

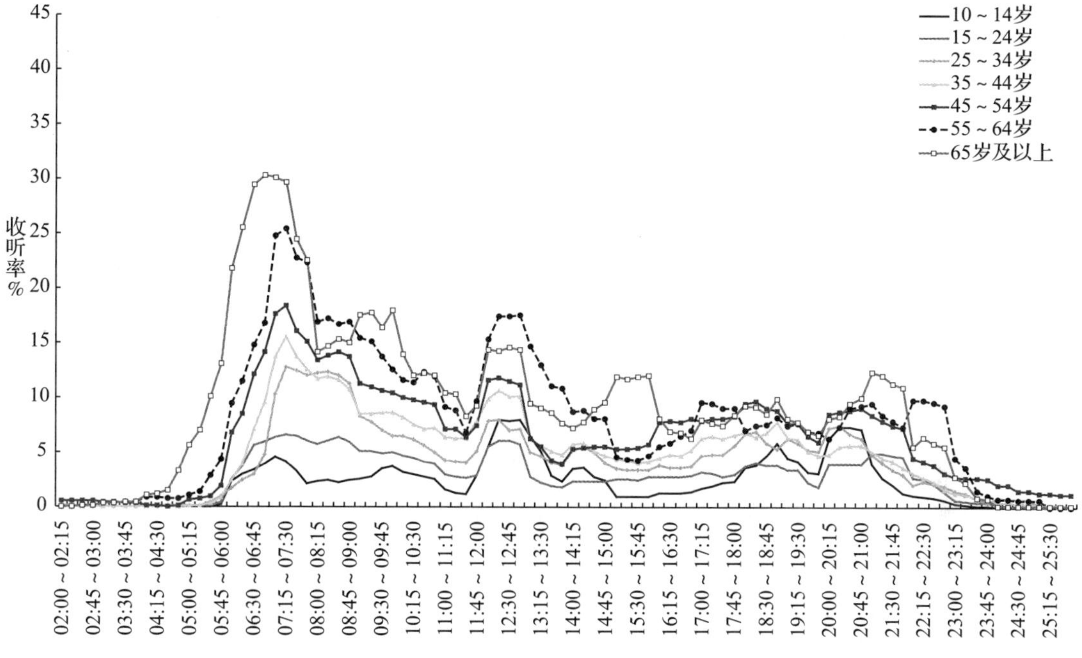


图 3.29.3　2014 年太原不同年龄听众全天收听率走势

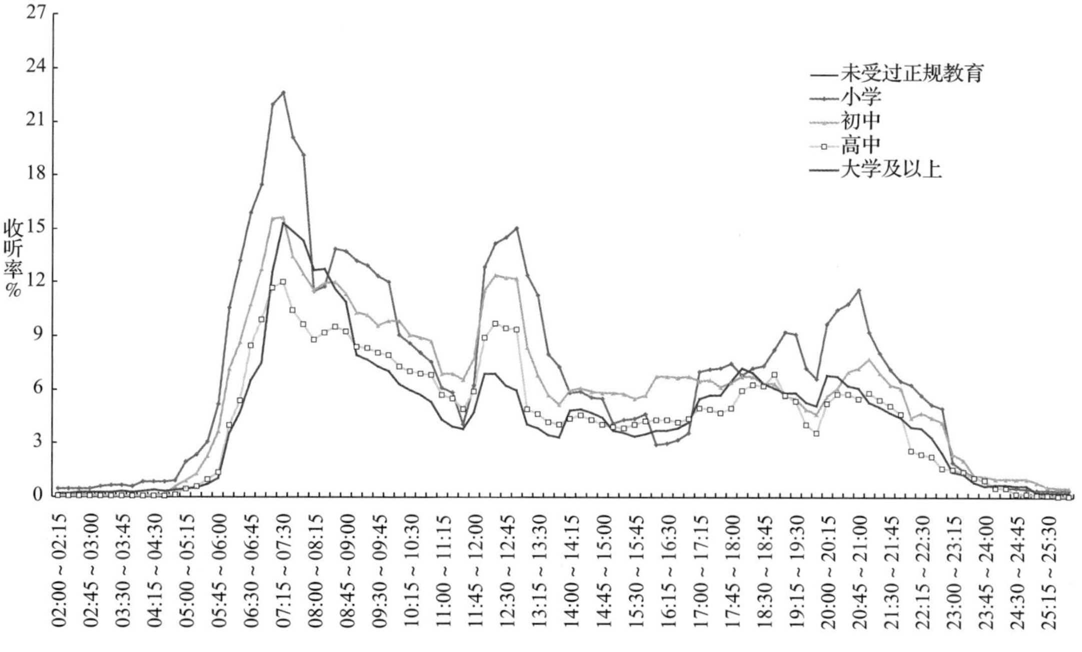


图 3.29.4　2014 年太原不同文化程度听众全天收听率走势

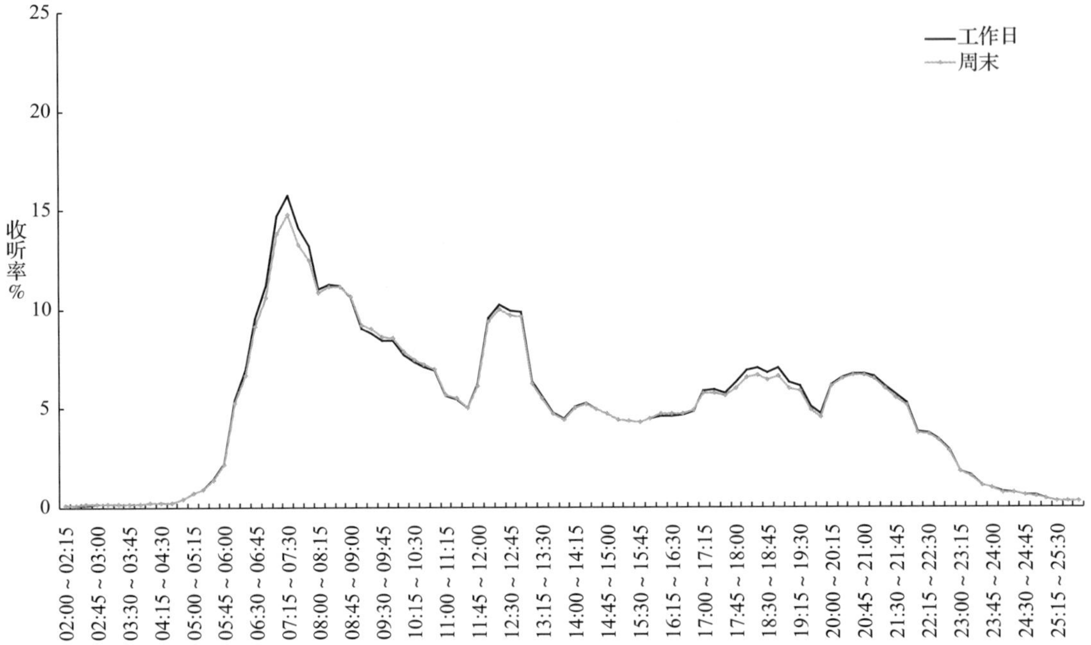


图 3.29.5　2014 年太原听众工作日与周末全天收听率走势

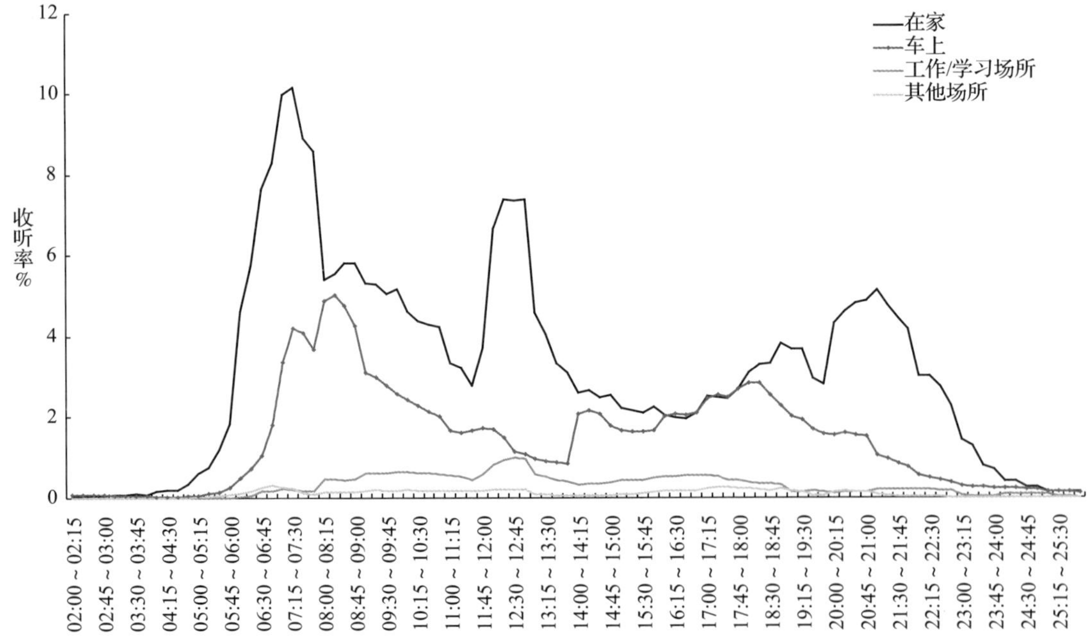


图 3.29.6　2014 年太原听众在不同收听地点全天收听率走势

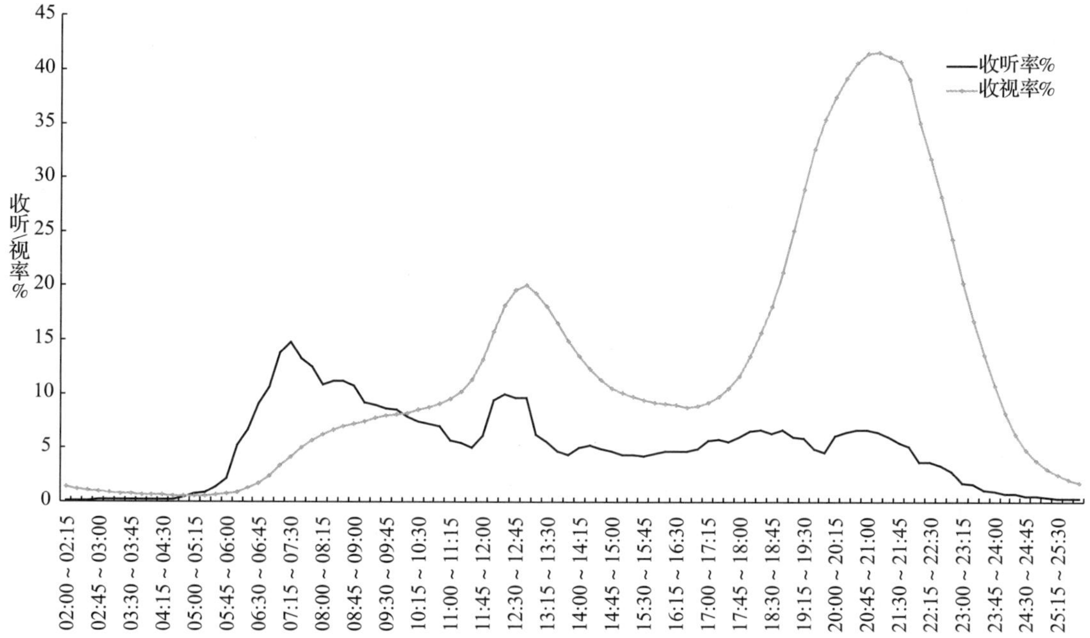


**图 3.29.7　2014 年太原受众全天收听率、收视率走势比较(目标受众为 10 岁及以上)**

表 3.29.3 2014 年太原市场听众构成(%)

| 目标听众 | | 听众构成(%) |
|---|---|---|
| 10 岁及以上所有人 | | 100.0 |
| 性别 | 男 | 54.4 |
| | 女 | 45.6 |
| 年龄 | 10~14 岁 | 1.9 |
| | 15~24 岁 | 14.1 |
| | 25~34 岁 | 15.5 |
| | 35~44 岁 | 18.5 |
| | 45~54 岁 | 21.2 |
| | 55~64 岁 | 14.4 |
| | 65 岁及以上 | 14.4 |
| 文化程度 | 未受过正规教育 | * |
| | 小学 | 10.8 |
| | 初中 | 32.0 |
| | 高中 | 32.2 |
| | 大学及以上 | 25.0 |
| 职业类别 | 干部/管理人员 | 4.3 |
| | 初级公务员/雇员 | 21.9 |
| | 个体/私营企业人员 | 21.5 |
| | 工人 | 9.2 |
| | 学生 | 8.4 |
| | 无业(含退休人员) | 29.6 |
| | 其他 | 5.1 |
| 个人月收入 | 无收入 | 15.7 |
| | 1~500 元 | * |
| | 501~1000 元 | 1.6 |
| | 1001~1500 元 | 8.7 |
| | 1501~2000 元 | 20.1 |
| | 2001~2500 元 | 20.7 |
| | 2501~3000 元 | 12.8 |
| | 3001~4000 元 | 10.6 |
| | 4001 元及以上 | 9.8 |

“*”表示该目标听众样本量不足,无法进行统计推断。

表 3.29.4 2012~2014 年太原市场各广播电台的市场份额(%)

| 广播电台 | 2012 年 | 2013 年 | 2014 年 |
|---|---|---|---|
| 中央人民广播电台 | 15.3 | 15.1 | 10.9 |
| 中国国际广播电台 | 0.0 | 0.0 | 0.0 |
| 山西广播电视台 | 48.9 | 49.5 | 51.3 |
| 太原人民广播电台 | 35.7 | 35.3 | 37.2 |
| 其他广播电台 | 0.1 | 0.1 | 0.6 |

表 3.29.5　2014 年太原市场各广播电台在不同目标听众中的市场份额(%)

| 目标听众 | | 中央人民广播电台 | 中国国际广播电台 | 山西广播电视台 | 太原人民广播电台 | 其他广播电台 |
|---|---|---|---|---|---|---|
| 10 岁及以上所有人 | | 10.9 | 0.0 | 51.3 | 37.2 | 0.6 |
| 性别 | 男 | 9.8 | 0.0 | 48.7 | 40.7 | 0.8 |
| | 女 | 12.2 | 0.0 | 54.4 | 33.1 | 0.3 |
| 年龄 | 10~14 岁 | 14.3 | 0.0 | 49.4 | 36.2 | 0.1 |
| | 15~24 岁 | 16.0 | 0.0 | 43.6 | 39.1 | 1.3 |
| | 25~34 岁 | 6.2 | 0.0 | 41.0 | 51.4 | 1.4 |
| | 35~44 岁 | 9.3 | 0.0 | 51.7 | 38.9 | 0.1 |
| | 45~54 岁 | 11.7 | 0.0 | 46.4 | 41.7 | 0.2 |
| | 55~64 岁 | 13.6 | 0.0 | 69.0 | 17.2 | 0.2 |
| | 65 岁及以上 | 8.8 | 0.0 | 59.5 | 31.6 | 0.1 |
| 文化程度 | 未受过正规教育 | * | * | * | * | * |
| | 小学 | 8.3 | 0.0 | 61.0 | 30.6 | 0.1 |
| | 初中 | 7.9 | 0.0 | 59.3 | 32.6 | 0.2 |
| | 高中 | 12.4 | 0.0 | 47.1 | 40.2 | 0.3 |
| | 大学及以上 | 13.9 | 0.0 | 42.0 | 42.4 | 1.7 |
| 职业类别 | 干部/管理人员 | 9.4 | 0.0 | 46.0 | 44.5 | 0.1 |
| | 初级公务员/雇员 | 13.5 | 0.0 | 40.1 | 46.4 | 0.0 |
| | 个体/私营企业人员 | 9.3 | 0.0 | 47.0 | 42.7 | 1.0 |
| | 工人 | 7.3 | 0.0 | 46.7 | 45.7 | 0.3 |
| | 学生 | 21.7 | 0.0 | 46.4 | 29.5 | 2.4 |
| | 无业(含退休人员) | 8.8 | 0.0 | 61.5 | 29.5 | 0.2 |
| | 其他 | 8.4 | 0.0 | 79.7 | 11.9 | 0.0 |
| 个人月收入 | 无收入 | 16.1 | 0.0 | 53.2 | 29.3 | 1.4 |
| | 1~500 元 | * | * | * | * | * |
| | 501~1000 元 | 12.9 | 0.0 | 65.1 | 21.9 | 0.1 |
| | 1001~1500 元 | 12.9 | 0.0 | 49.9 | 37.1 | 0.1 |
| | 1501~2000 元 | 6.0 | 0.0 | 59.1 | 34.9 | 0.0 |
| | 2001~2500 元 | 9.1 | 0.0 | 50.0 | 40.7 | 0.2 |
| | 2501~3000 元 | 17.1 | 0.0 | 42.7 | 39.9 | 0.3 |
| | 3001~4000 元 | 11.1 | 0.0 | 47.6 | 41.2 | 0.1 |
| | 4001 元及以上 | 7.3 | 0.0 | 42.4 | 48.1 | 2.2 |

“*”表示该目标听众样本量不足,无法进行统计推断。

表 3.29.6　2014 年太原市场份额排名前五位的频率

| 名　次 | 频率名称 | 市场份额(%) |
|---|---|---|
| 1 | 太原人民广播电台交通频率 FM107 | 19.6 |
| 2 | 山西广播电视台交通广播 FM88 | 11.5 |
| 3 | 山西广播电视台健康之声广播 FM105.9 | 10.7 |
| 4 | 山西文艺广播 FM101.5 | 6.7 |
| 4 | 中央人民广播电台第一套节目中国之声 | 6.7 |

# 三十、天津收听数据

表 3.30.1　2012～2014 年天津各目标听众人均收听时间(分钟)

| 目标听众 | | 2012 年 | 2013 年 | 2014 年 | | | |
|---|---|---|---|---|---|---|---|
| | | | | 第 1 波 | 第 2 波 | 第 3 波 | 第 4 波 |
| 10 岁及以上所有人 | | 129 | 115 | 113 | 112 | 135 | 119 |
| 性别 | 男 | 132 | 123 | 119 | 116 | 137 | 122 |
| | 女 | 125 | 107 | 105 | 107 | 134 | 116 |
| 年龄 | 10～14 岁 | 50 | 57 | 53 | 72 | 73 | 33 |
| | 15～24 岁 | 79 | 62 | 54 | 54 | 75 | 73 |
| | 25～34 岁 | 102 | 93 | 93 | 102 | 118 | 100 |
| | 35～44 岁 | 122 | 111 | 93 | 86 | 107 | 95 |
| | 45～54 岁 | 153 | 134 | 124 | 136 | 151 | 131 |
| | 55～64 岁 | 184 | 172 | 195 | 173 | 221 | 210 |
| | 65 岁及以上 | 183 | 170 | 196 | 182 | 220 | 180 |
| 文化程度 | 未受过正规教育 | 129 | 89 | 57 | 75 | 42 | 46 |
| | 小学 | 136 | 98 | 94 | 80 | 113 | 95 |
| | 初中 | 156 | 141 | 129 | 136 | 165 | 137 |
| | 高中 | 126 | 118 | 122 | 119 | 141 | 133 |
| | 大学及以上 | 106 | 96 | 97 | 94 | 114 | 99 |
| 职业类别 | 干部/管理人员 | 122 | 117 | 121 | 140 | 139 | 131 |
| | 初级公务员/雇员 | 123 | 100 | 102 | 96 | 119 | 101 |
| | 个体/私营企业人员 | 134 | 129 | 118 | 115 | 123 | 109 |
| | 工人 | 114 | 102 | 88 | 94 | 139 | 118 |
| | 学生 | 66 | 60 | 53 | 51 | 66 | 61 |
| | 无业(含退休人员) | 169 | 151 | 166 | 159 | 196 | 176 |
| | 其他 | * | * | * | * | * | * |
| 个人月收入 | 无收入 | 91 | 74 | 60 | 62 | 84 | 73 |
| | 1～500 元 | * | * | * | * | * | * |
| | 501～1000 元 | 113 | 124 | 110 | 128 | 180 | 152 |
| | 1001～1500 元 | 144 | 142 | 110 | 88 | 88 | 88 |
| | 1501～2000 元 | 147 | 136 | 131 | 134 | 162 | 150 |
| | 2001～2500 元 | 153 | 141 | 148 | 145 | 170 | 143 |
| | 2501～3000 元 | 127 | 110 | 144 | 150 | 183 | 156 |
| | 3001～4000 元 | 141 | 116 | 111 | 112 | 137 | 119 |
| | 4001 元及以上 | 104 | 93 | 107 | 109 | 118 | 108 |

注:天津为四波调查城市。2014 年四波调查时间分别为:第 1 波 2 月 23 日至 3 月 15 日;第 2 波 5 月 25 日至 6 月 14 日;第 3 波 8 月 24 日至 9 月 13 日;第 4 波 11 月 2 日至 11 月 22 日。
“*”表示该目标听众样本量不足,无法进行统计推断。

表 3.30.2　2012～2014 年天津听众在不同地点的人均收听时间(分钟)

| 地　点 | 2012 年 | 2013 年 | 2014 年 |
|---|---|---|---|
| 在家 | 93 | 79 | 84 |
| 车上 | 24 | 25 | 23 |
| 工作/学习场所 | 8 | 8 | 9 |
| 其他场所 | 3 | 3 | 4 |

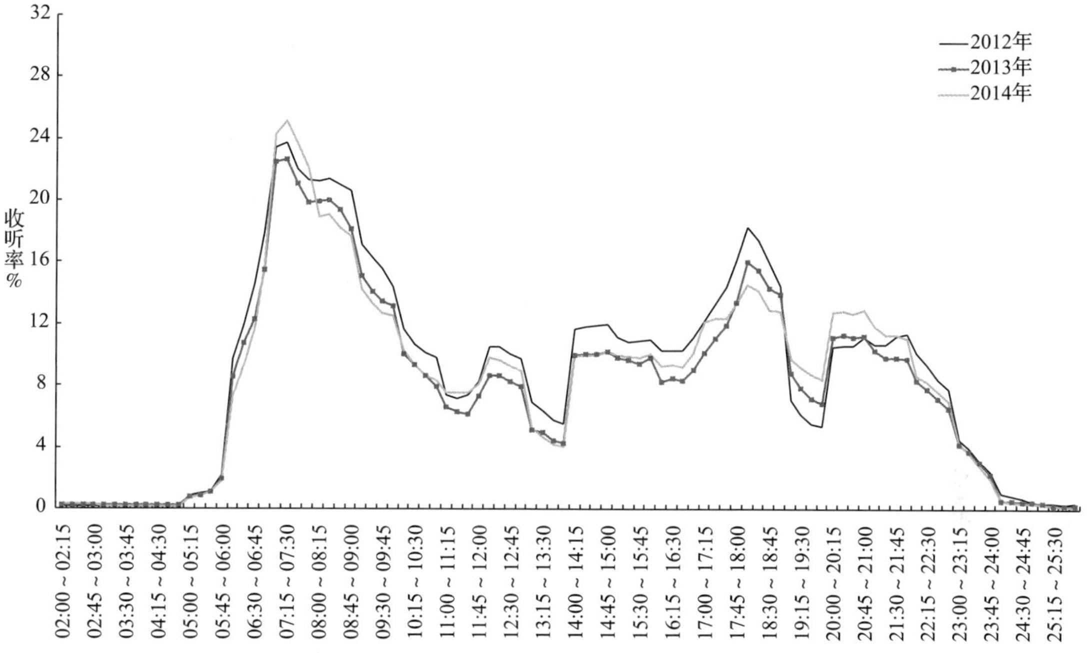


图 3.30.1　2012 ~ 2014 年天津听众全天收听率走势

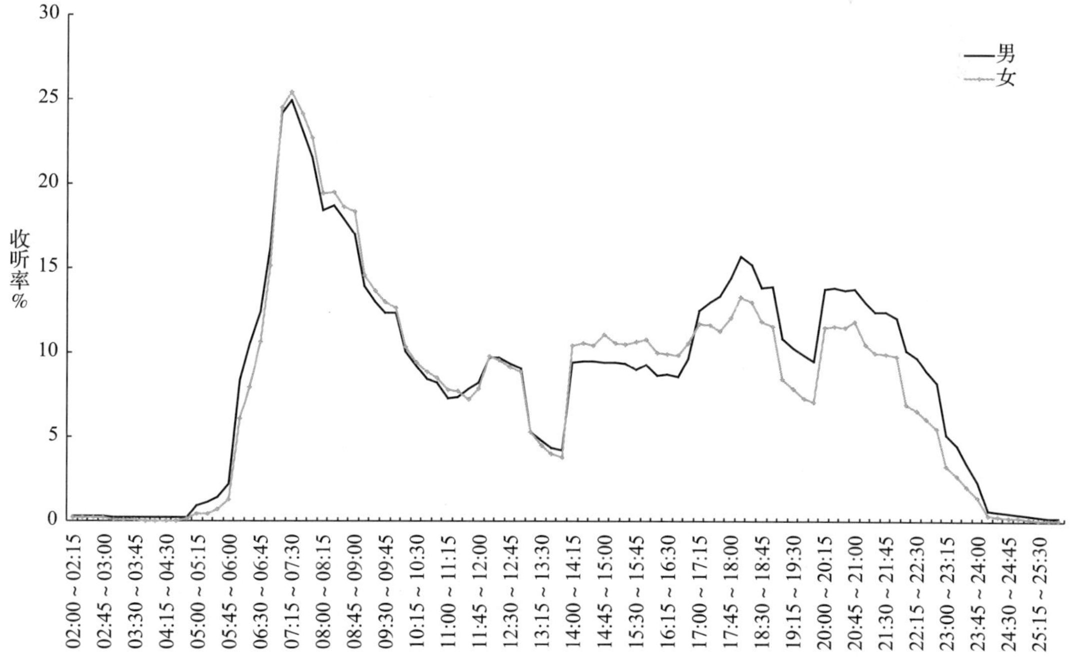


图 3.30.2　2014 年天津不同性别听众全天收听率走势

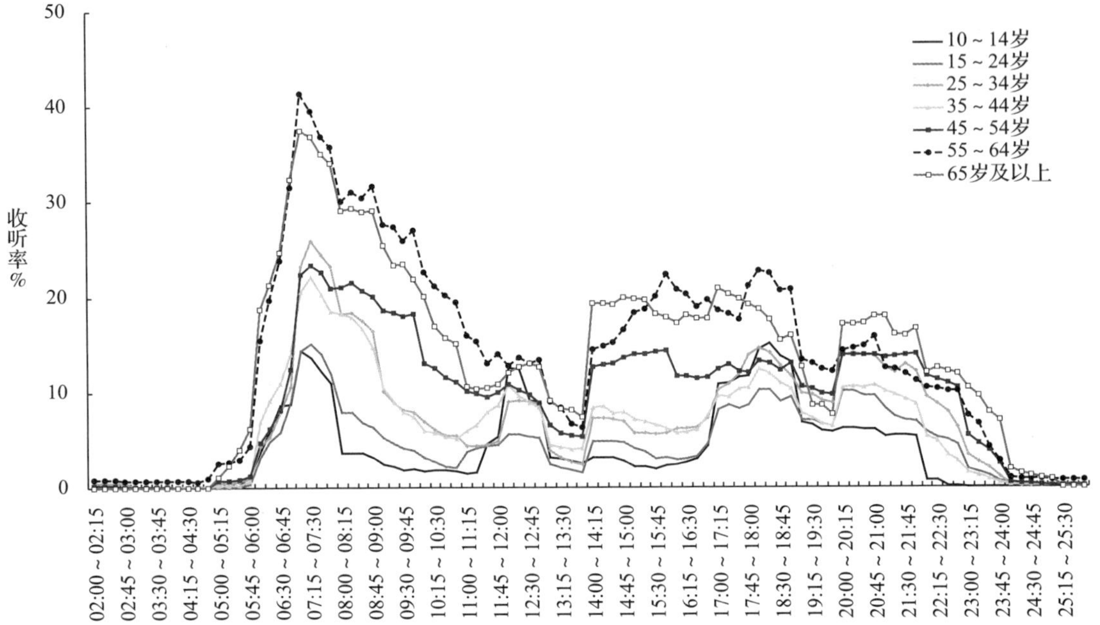


图 3.30.3　2014 年天津不同年龄听众全天收听率走势

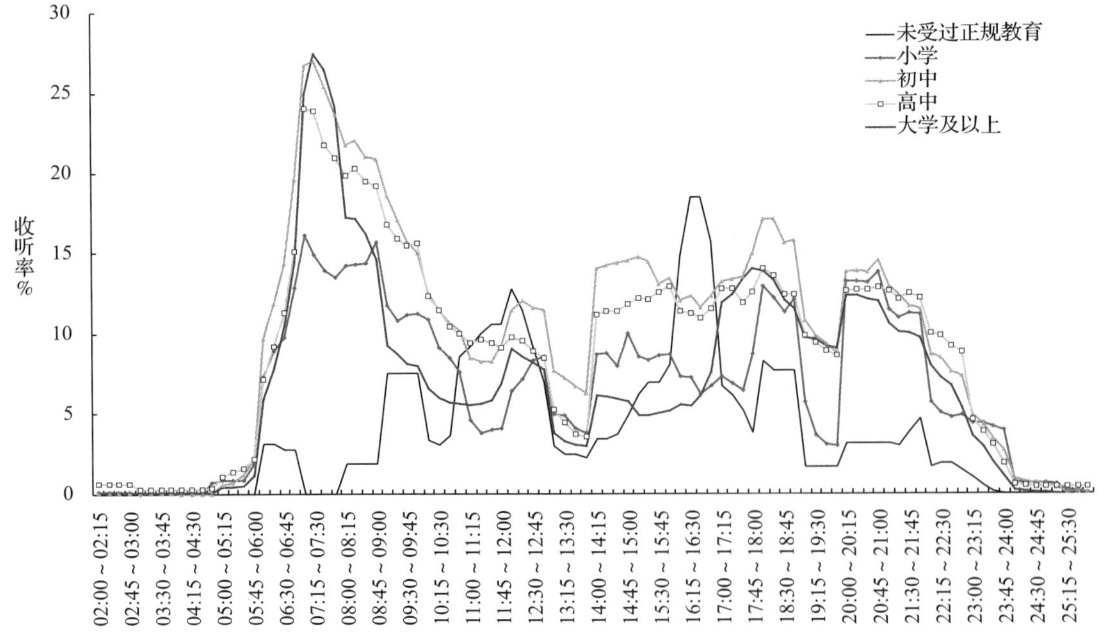


图 3.30.4　2014 年天津不同文化程度听众全天收听率走势

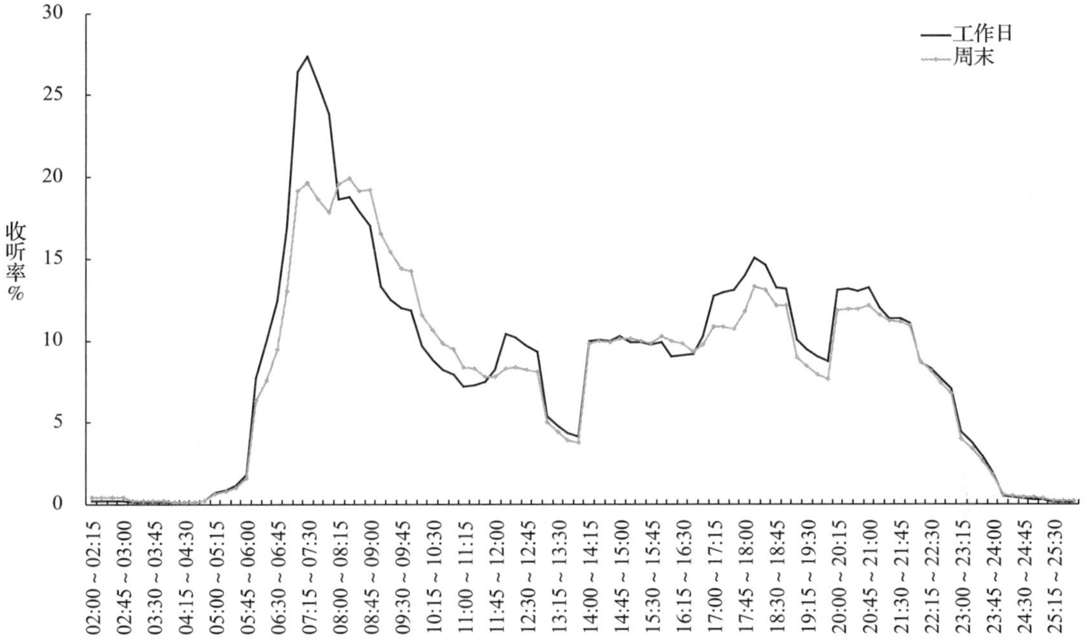


图 3. 30. 5 2014 年天津听众工作日与周末全天收听率走势

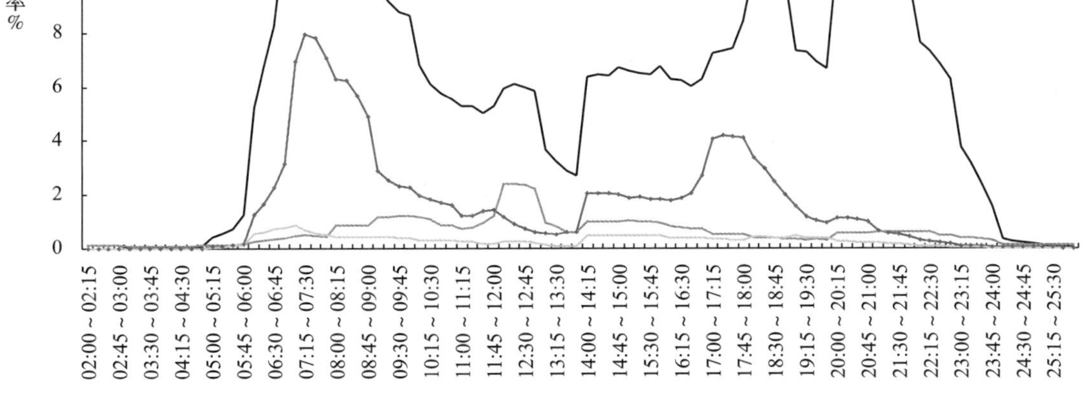


图 3. 30. 6 2014 年天津听众在不同收听地点全天收听率走势

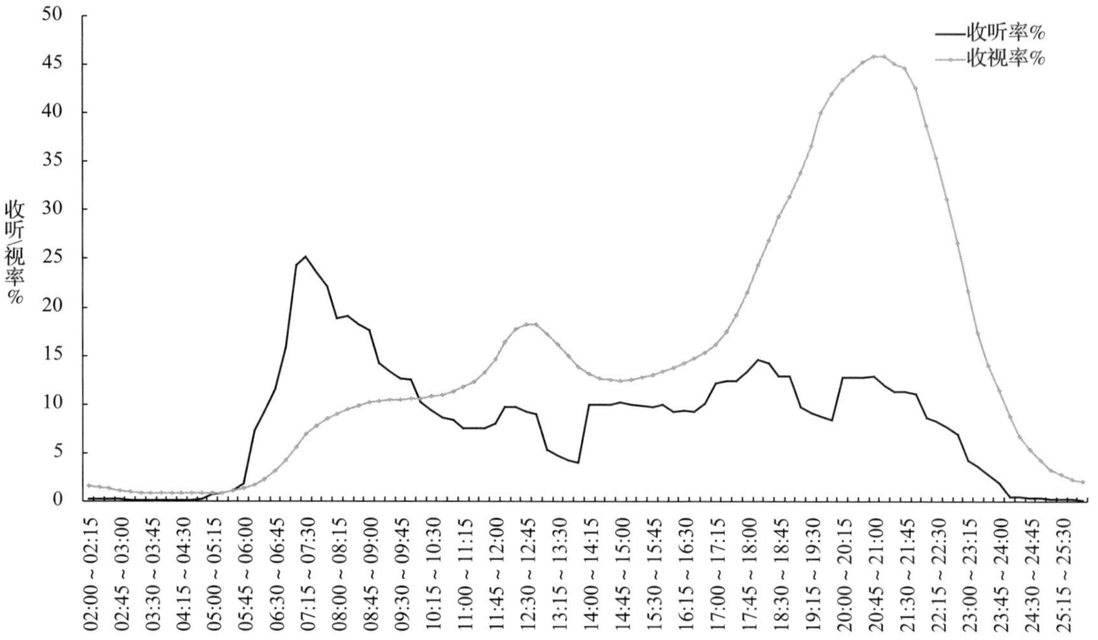


图 3.30.7　2014 年天津受众全天收听率、收视率走势比较(目标受众为 10 岁及以上)

**表 3.30.3 2014 年天津市场听众构成(%)**

| 目标听众 | | 听众构成(%) |
|---|---|---|
| 10 岁及以上所有人 | | 100.0 |
| 性别 | 男 | 55.1 |
| | 女 | 44.9 |
| 年龄 | 10~14 岁 | 1.1 |
| | 15~24 岁 | 10.5 |
| | 25~34 岁 | 18.6 |
| | 35~44 岁 | 12.9 |
| | 45~54 岁 | 20.8 |
| | 55~64 岁 | 21.4 |
| | 65 岁及以上 | 14.6 |
| 文化程度 | 未受过正规教育 | 0.4 |
| | 小学 | 4.8 |
| | 初中 | 28.5 |
| | 高中 | 36.8 |
| | 大学及以上 | 29.5 |
| 职业类别 | 干部/管理人员 | 9.7 |
| | 初级公务员/雇员 | 20.2 |
| | 个体/私营企业人员 | 14.7 |
| | 工人 | 12.5 |
| | 学生 | 7.0 |
| | 无业(含退休人员) | 35.6 |
| | 其他 | * |
| 个人月收入 | 无收入 | 10.7 |
| | 1~500 元 | * |
| | 501~1000 元 | 1.6 |
| | 1001~1500 元 | 4.0 |
| | 1501~2000 元 | 15.6 |
| | 2001~2500 元 | 19.3 |
| | 2501~3000 元 | 13.5 |
| | 3001~4000 元 | 20.8 |
| | 4001 元及以上 | 14.3 |

"*"表示该目标听众样本量不足,无法进行统计推断。

**表 3.30.4 2012~2014 年天津市场各广播电台的市场份额(%)**

| 广播电台 | 2012 年 | 2013 年 | 2014 年 | | | |
|---|---|---|---|---|---|---|
| | | | 第 1 波 | 第 2 波 | 第 3 波 | 第 4 波 |
| 中央人民广播电台 | 8.3 | 8.4 | 10.3 | 8.8 | 9.6 | 7.7 |
| 中国国际广播电台 | 0.0 | 0.3 | 0.3 | 0.5 | 0.5 | 0.6 |
| 天津人民广播电台 | 91.2 | 89.8 | 87.6 | 88.8 | 88.1 | 89.5 |
| 其他广播电台 | 0.5 | 1.5 | 1.8 | 1.9 | 1.8 | 2.2 |

**表 3.30.5　2014 年天津市场各广播电台在不同目标听众中的市场份额(%)**

| 目标听众 | | 中央人民广播电台 | 中国国际广播电台 | 天津人民广播电台 | 其他广播电台 |
|---|---|---|---|---|---|
| 10 岁及以上所有人 | | 9.1 | 0.5 | 88.5 | 1.9 |
| 性别 | 男 | 9.0 | 0.6 | 88.8 | 1.6 |
| | 女 | 9.3 | 0.3 | 88.2 | 2.2 |
| 年龄 | 10～14 岁 | 12.6 | 0.0 | 85.7 | 1.7 |
| | 15～24 岁 | 7.8 | 0.1 | 90.9 | 1.2 |
| | 25～34 岁 | 9.6 | 0.3 | 88.4 | 1.7 |
| | 35～44 岁 | 7.6 | 0.9 | 87.2 | 4.3 |
| | 45～54 岁 | 6.7 | 0.5 | 91.7 | 1.1 |
| | 55～64 岁 | 10.3 | 0.2 | 88.5 | 1.0 |
| | 65 岁及以上 | 12.2 | 1.1 | 83.5 | 3.2 |
| 文化程度 | 未受过正规教育 | 9.5 | 0.0 | 90.5 | 0.0 |
| | 小学 | 8.1 | 2.8 | 87.2 | 1.9 |
| | 初中 | 9.6 | 0.2 | 87.1 | 3.1 |
| | 高中 | 8.9 | 0.5 | 89.1 | 1.5 |
| | 大学及以上 | 9.0 | 0.4 | 89.3 | 1.3 |
| 职业类别 | 干部/管理人员 | 8.5 | 0.8 | 89.9 | 0.8 |
| | 初级公务员/雇员 | 9.2 | 0.3 | 88.7 | 1.8 |
| | 个体/私营企业人员 | 4.7 | 0.3 | 92.0 | 3.0 |
| | 工人 | 9.8 | 0.3 | 89.1 | 0.8 |
| | 学生 | 6.8 | 0.2 | 91.6 | 1.4 |
| | 无业(含退休人员) | 11.3 | 0.7 | 85.6 | 2.4 |
| | 其他 | * | * | * | * |
| 个人月收入 | 无收入 | 6.7 | 0.1 | 90.7 | 2.5 |
| | 1～500 元 | * | * | * | * |
| | 501～1000 元 | 3.0 | 0.0 | 96.8 | 0.2 |
| | 1001～1500 元 | 1.9 | 1.8 | 94.1 | 2.2 |
| | 1501～2000 元 | 7.8 | 0.1 | 91.2 | 0.9 |
| | 2001～2500 元 | 11.3 | 0.2 | 85.4 | 3.1 |
| | 2501～3000 元 | 11.7 | 0.3 | 86.7 | 1.3 |
| | 3001～4000 元 | 9.4 | 1.3 | 87.0 | 2.3 |
| | 4001 元及以上 | 9.3 | 0.2 | 89.2 | 1.3 |

“*”表示该目标听众样本量不足,无法进行统计推断。

**表 3.30.6　2014 年天津市场份额排名前五位的频率**

| 名　次 | 频率名称 | 市场份额(%) |
|---|---|---|
| 1 | 天津人民广播电台交通广播 FM106.8 | 24.6 |
| 2 | 天津人民广播电台相声广播 AM567/FM92.1 | 13.6 |
| 3 | 天津人民广播电台音乐广播 FM99 | 12.0 |
| 4 | 天津人民广播电台新闻广播 FM97.2/AM909 | 11.2 |
| 5 | 天津人民广播电台文艺广播 AM1098/FM104.6 | 8.1 |

# 三十一、乌鲁木齐收听数据

**表 3.31.1　2012～2014 年乌鲁木齐各目标听众人均收听时间(分钟)**

| 目标听众 | | 2012 年 | 2013 年 | 2014 年 |
|---|---|---|---|---|
| 10 岁及以上所有人 | | 89 | 93 | 99 |
| 性别 | 男 | 88 | 96 | 96 |
| | 女 | 90 | 89 | 102 |
| 年龄 | 10～14 岁 | 45 | 47 | 44 |
| | 15～24 岁 | 65 | 65 | 65 |
| | 25～34 岁 | 74 | 79 | 89 |
| | 35～44 岁 | 89 | 98 | 99 |
| | 45～54 岁 | 99 | 116 | 128 |
| | 55～64 岁 | 149 | 138 | 163 |
| | 65 岁及以上 | 107 | 92 | 129 |
| 文化程度 | 未受过正规教育 | 82 | 58 | 88 |
| | 小学 | 92 | 91 | 119 |
| | 初中 | 102 | 117 | 119 |
| | 高中 | 95 | 99 | 103 |
| | 大学及以上 | 74 | 72 | 75 |
| 职业类别 | 干部/管理人员 | 71 | 64 | 78 |
| | 初级公务员/雇员 | 72 | 74 | 86 |
| | 个体/私营企业人员 | 99 | 109 | 115 |
| | 工人 | 81 | 121 | 111 |
| | 学生 | 53 | 54 | 59 |
| | 无业(含退休人员) | 120 | 116 | 130 |
| | 其他 | * | * | 139 |
| 个人月收入 | 无收入 | 76 | 75 | 69 |
| | 1～500 元 | 196 | * | * |
| | 501～1000 元 | 108 | 83 | 144 |
| | 1001～1500 元 | 93 | 105 | 154 |
| | 1501～2000 元 | 107 | 110 | 133 |
| | 2001～2500 元 | 81 | 107 | 124 |
| | 2501～3000 元 | 83 | 95 | 109 |
| | 3001～4000 元 | 70 | 85 | 94 |
| | 4001 元及以上 | 89 | 78 | 74 |

注:乌鲁木齐为全年连续调查城市。“*”表示该目标听众样本量不足,无法进行统计推断。

**表 3.31.2　2012～2014 年乌鲁木齐听众在不同地点的人均收听时间(分钟)**

| 地　　点 | 2012 年 | 2013 年 | 2014 年 |
|---|---|---|---|
| 在家 | 65 | 62 | 65 |
| 车上 | 16 | 24 | 25 |
| 工作/学习场所 | 6 | 4 | 7 |
| 其他场所 | 2 | 2 | 2 |

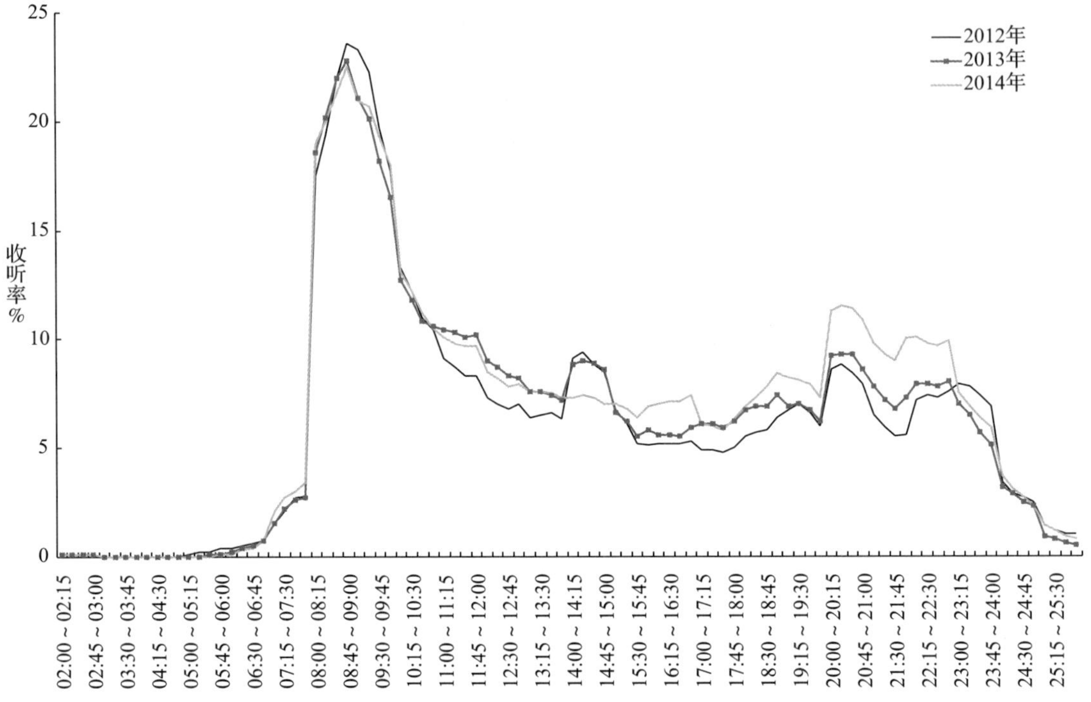


图 3.31.1　2012～2014 年乌鲁木齐听众全天收听率走势

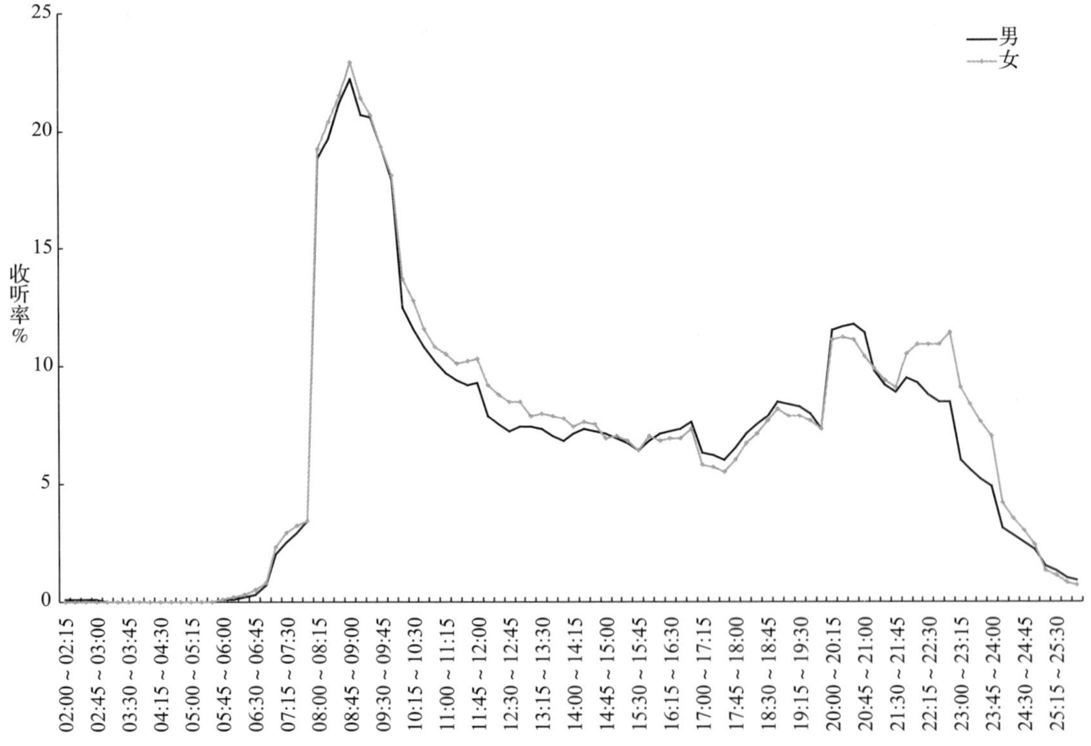


图 3.31.2　2014 年乌鲁木齐不同性别听众全天收听率走势

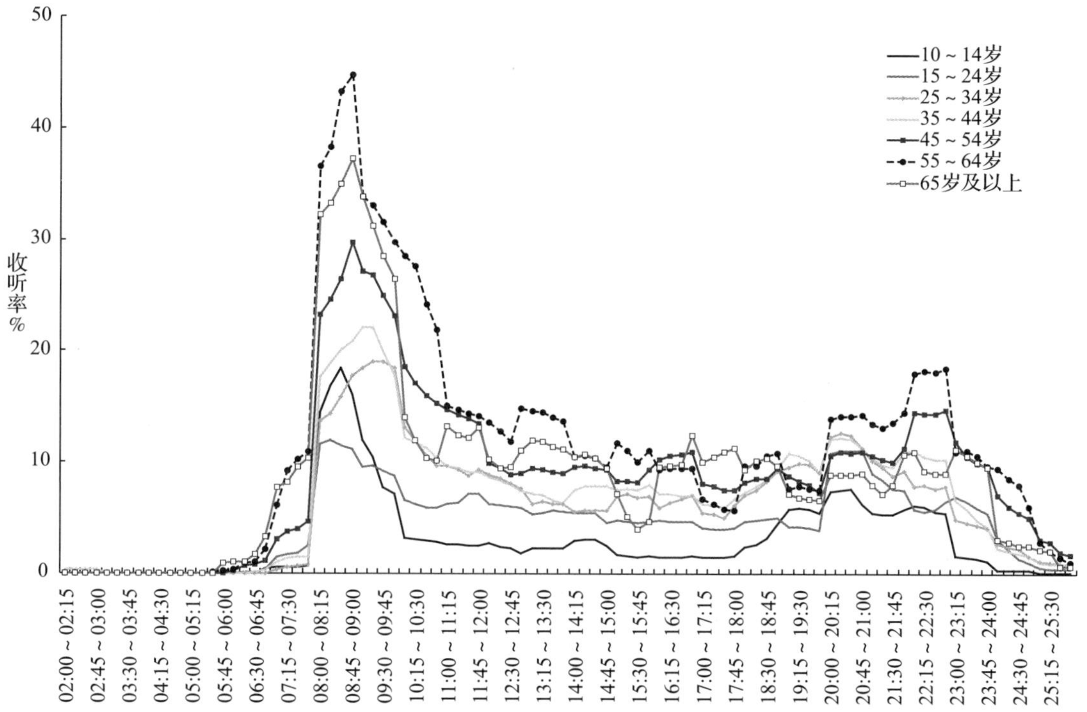


图 3.31.3　2014 年乌鲁木齐不同年龄听众全天收听率走势

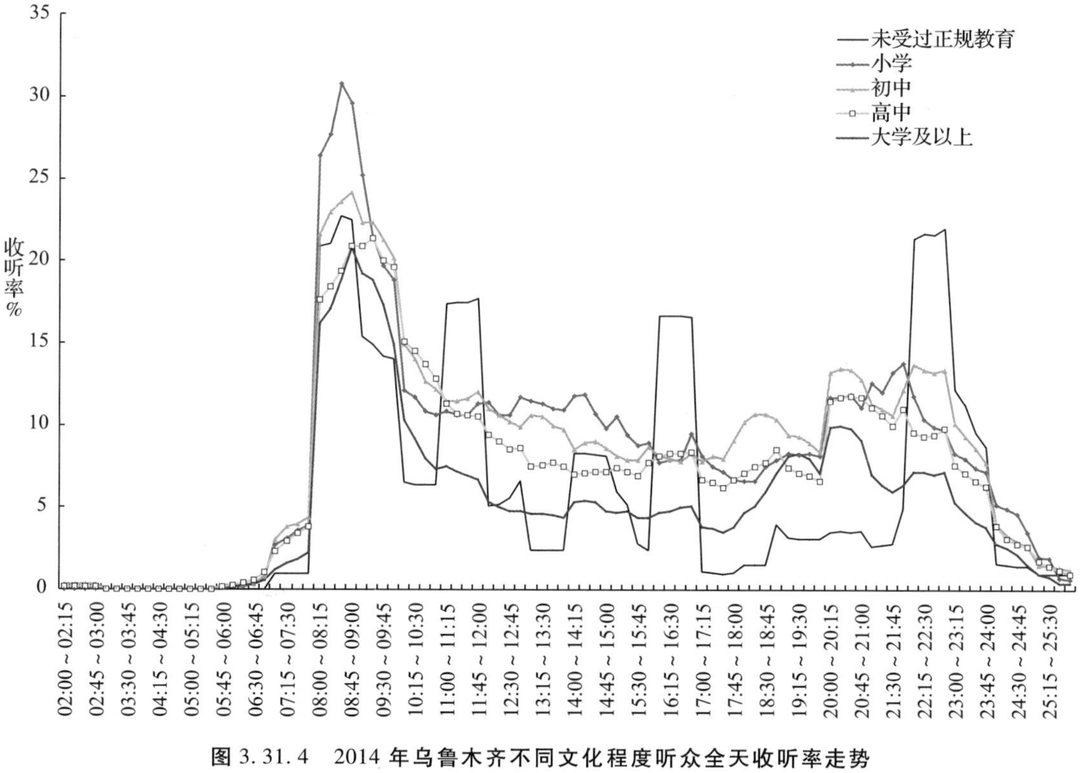


图 3.31.4　2014 年乌鲁木齐不同文化程度听众全天收听率走势

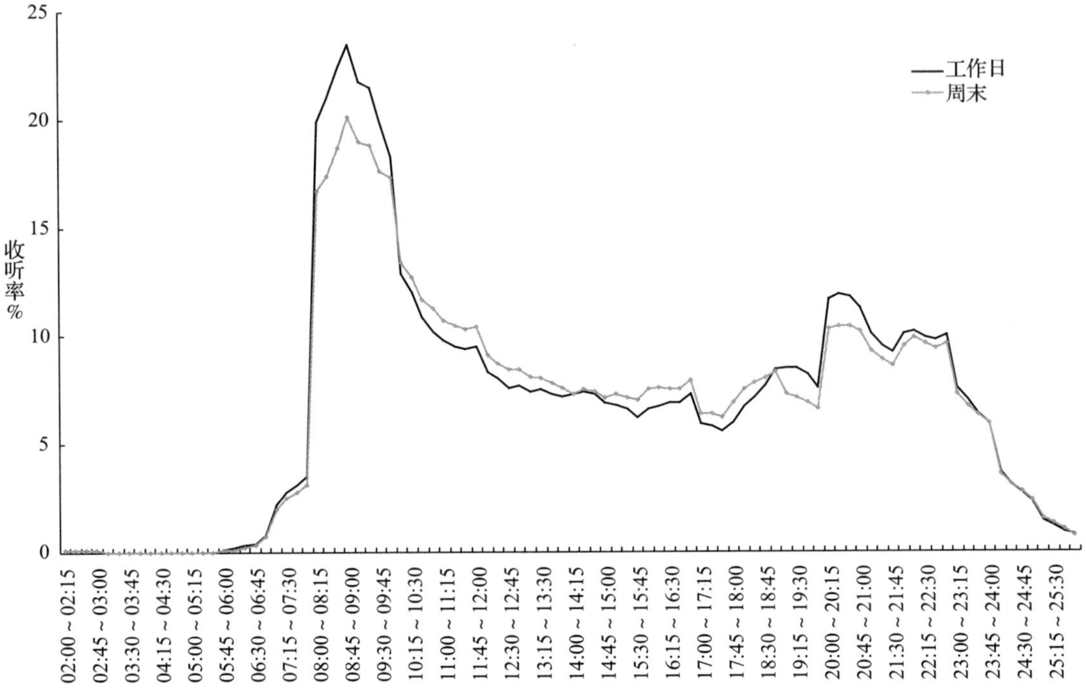


图 3.31.5　2014 年乌鲁木齐听众工作日与周末全天收听率走势

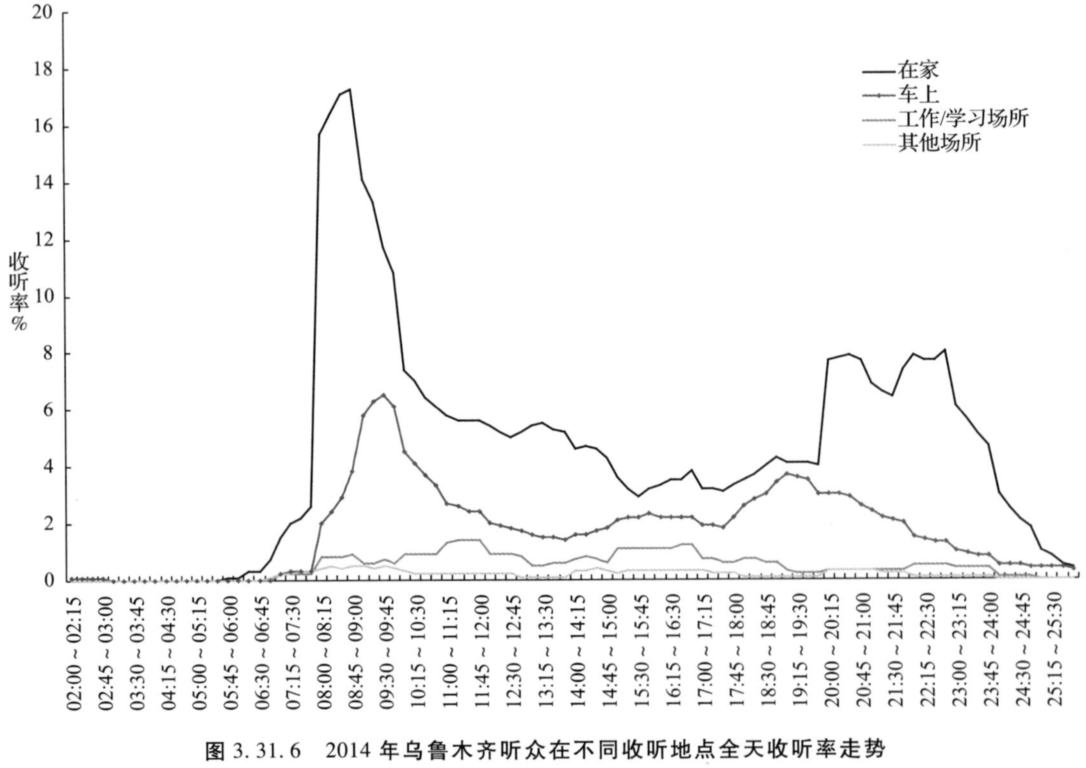


图 3.31.6　2014 年乌鲁木齐听众在不同收听地点全天收听率走势

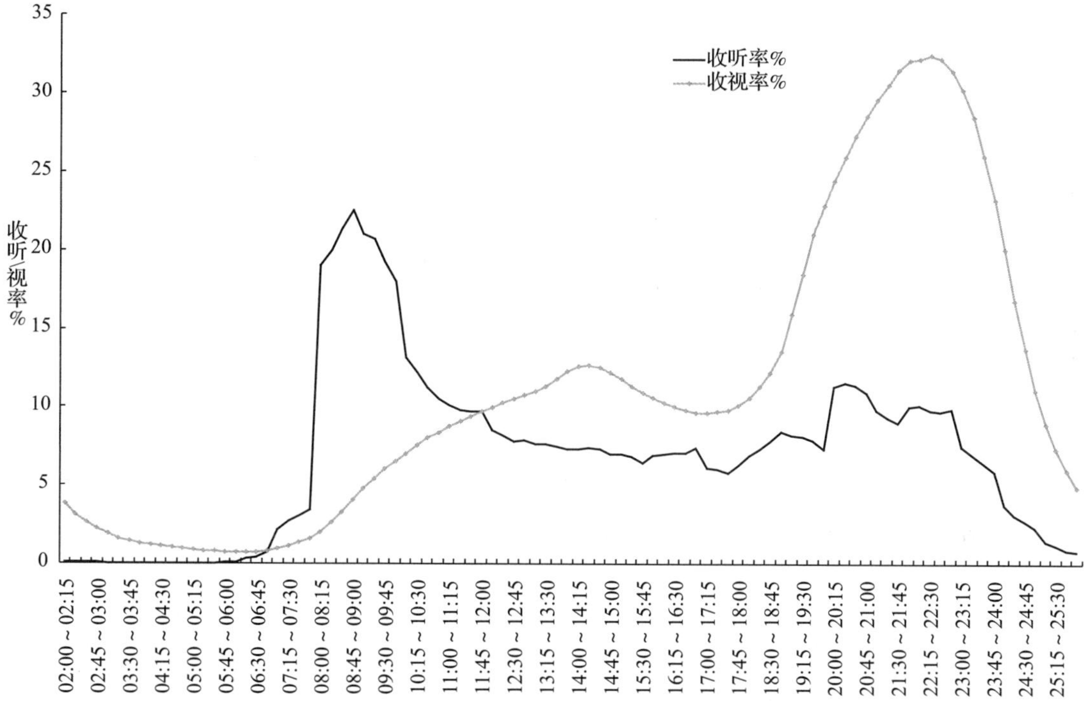


图 3.31.7 2014 年乌鲁木齐受众全天收听率、收视率走势比较(目标受众为 10 岁及以上)

表 3.31.3　2014 年乌鲁木齐市场听众构成(%)

| 目标听众 | | 听众构成(%) |
|---|---|---|
| 10 岁及以上所有人 | | 100.0 |
| 性别 | 男 | 50.6 |
| | 女 | 49.4 |
| 年龄 | 10~14 岁 | 2.2 |
| | 15~24 岁 | 13.0 |
| | 25~34 岁 | 17.3 |
| | 35~44 岁 | 26.1 |
| | 45~54 岁 | 18.2 |
| | 55~64 岁 | 11.9 |
| | 65 岁及以上 | 11.3 |
| 文化程度 | 未受过正规教育 | 0.7 |
| | 小学 | 11.4 |
| | 初中 | 29.2 |
| | 高中 | 33.1 |
| | 大学及以上 | 25.6 |
| 职业类别 | 干部/管理人员 | 4.1 |
| | 初级公务员/雇员 | 22.2 |
| | 个体/私营企业人员 | 24.5 |
| | 工人 | 8.1 |
| | 学生 | 11.1 |
| | 无业(含退休人员) | 29.1 |
| | 其他 | 0.9 |
| 个人月收入 | 无收入 | 16.6 |
| | 1~500 元 | * |
| | 501~1000 元 | 2.5 |
| | 1001~1500 元 | 8.6 |
| | 1501~2000 元 | 14.5 |
| | 2001~2500 元 | 15.3 |
| | 2501~3000 元 | 15.4 |
| | 3001~4000 元 | 15.8 |
| | 4001 元及以上 | 11.3 |

注:"*"表示目标听众样本量不足,无法进行统计推断。

表 3.31.4　2012~2014 年乌鲁木齐市场各广播电台的市场份额(%)

| 广播电台 | 2012 年 | 2013 年 | 2014 年 |
|---|---|---|---|
| 中央人民广播电台 | 14.5 | 14.6 | 13.2 |
| 中国国际广播电台 | 0.0 | 0.0 | 0.0 |
| 新疆人民广播电台 | 65.4 | 63.4 | 67.5 |
| 乌鲁木齐人民广播电台 | 17.4 | 18.6 | 15.9 |
| 其他广播电台 | 2.7 | 3.4 | 3.4 |

**表 3.31.5 2014 年乌鲁木齐市场各广播电台在不同目标听众中的市场份额(%)**

| 目标听众 | | 中央人民广播电台 | 中国国际广播电台 | 新疆人民广播电台 | 乌鲁木齐人民广播电台 | 其他广播电台 |
|---|---|---|---|---|---|---|
| 10 岁及以上所有人 | | 13.2 | 0.0 | 67.5 | 15.9 | 3.4 |
| 性别 | 男 | 13.1 | 0.0 | 66.3 | 17.1 | 3.5 |
| | 女 | 13.4 | 0.0 | 68.8 | 14.6 | 3.2 |
| 年龄 | 10~14 岁 | 9.0 | 0.0 | 66.0 | 19.9 | 5.1 |
| | 15~24 岁 | 11.2 | 0.0 | 71.3 | 15.4 | 2.1 |
| | 25~34 岁 | 12.3 | 0.0 | 64.5 | 21.7 | 1.5 |
| | 35~44 岁 | 8.2 | 0.0 | 71.3 | 16.0 | 4.5 |
| | 45~54 岁 | 9.7 | 0.0 | 76.3 | 12.3 | 1.7 |
| | 55~64 岁 | 23.7 | 0.0 | 54.3 | 15.9 | 6.1 |
| | 65 岁及以上 | 24.2 | 0.0 | 58.9 | 12.0 | 4.9 |
| 文化程度 | 未受过正规教育 | 9.6 | 0.0 | 69.0 | 20.1 | 1.3 |
| | 小学 | 14.9 | 0.0 | 62.1 | 19.2 | 3.8 |
| | 初中 | 11.3 | 0.0 | 71.5 | 14.4 | 2.8 |
| | 高中 | 13.3 | 0.0 | 67.0 | 15.4 | 4.3 |
| | 大学及以上 | 14.8 | 0.0 | 65.5 | 16.8 | 2.9 |
| 职业类别 | 干部/管理人员 | 19.8 | 0.0 | 56.4 | 21.5 | 2.3 |
| | 初级公务员/雇员 | 11.0 | 0.0 | 67.3 | 19.0 | 2.7 |
| | 个体/私营企业人员 | 7.2 | 0.0 | 73.2 | 16.7 | 2.9 |
| | 工人 | 9.2 | 0.0 | 67.6 | 19.0 | 4.2 |
| | 学生 | 13.2 | 0.0 | 68.7 | 15.1 | 3.0 |
| | 无业(含退休人员) | 20.6 | 0.0 | 63.0 | 11.9 | 4.5 |
| | 其他 | 0.0 | 0.0 | 99.6 | 0.1 | 0.3 |
| 个人月收入 | 无收入 | 13.0 | 0.0 | 70.2 | 14.5 | 2.3 |
| | 1~500 元 | * | * | * | * | * |
| | 501~1000 元 | 17.7 | 0.0 | 62.2 | 19.5 | 0.6 |
| | 1001~1500 元 | 15.6 | 0.0 | 45.9 | 36.5 | 2.0 |
| | 1501~2000 元 | 10.7 | 0.0 | 69.4 | 17.5 | 2.4 |
| | 2001~2500 元 | 16.2 | 0.0 | 66.0 | 13.4 | 4.4 |
| | 2501~3000 元 | 14.6 | 0.0 | 67.6 | 12.9 | 4.9 |
| | 3001~4000 元 | 11.7 | 0.0 | 71.1 | 13.6 | 3.6 |
| | 4001 元及以上 | 9.8 | 0.0 | 74.1 | 12.3 | 3.8 |

注:"*"表示目标听众样本量不足,无法进行统计推断。

**表 3.31.6 2014 年乌鲁木齐市场份额排名前五位的频率**

| 名次 | 频率名称 | 市场份额(%) |
|---|---|---|
| 1 | 新疆人民广播电台 949 交通广播 FM94.9 | 25.8 |
| 2 | 新疆人民广播电台 FM107.4 维吾尔语交通文艺广播 | 13.0 |
| 3 | 新疆人民广播电台城市广播私家汽车调频 FM92.9 | 8.7 |
| 4 | 中央人民广播电台第一套节目中国之声 | 7.6 |
| 5 | 乌鲁木齐人民广播电台交通文艺广播维语 FM104.6 | 7.3 |

# 三十二、武汉收听数据

**表 3.32.1　2012 ~ 2014 年武汉各目标听众人均收听时间(分钟)**

| 目标听众 | | 2012 年 | 2013 年 | 2014 年 | | | |
|---|---|---|---|---|---|---|---|
| | | | | 第 1 波 | 第 2 波 | 第 3 波 | 第 4 波 |
| 10 岁及以上所有人 | | 53 | 56 | 50 | 48 | 53 | 51 |
| 性别 | 男 | 55 | 57 | 51 | 50 | 55 | 53 |
| | 女 | 52 | 54 | 49 | 46 | 52 | 49 |
| 年龄 | 10 ~ 14 岁 | 30 | 23 | 19 | 15 | 17 | 13 |
| | 15 ~ 24 岁 | 28 | 37 | 27 | 33 | 32 | 32 |
| | 25 ~ 34 岁 | 48 | 51 | 47 | 40 | 52 | 47 |
| | 35 ~ 44 岁 | 58 | 61 | 64 | 62 | 62 | 52 |
| | 45 ~ 54 岁 | 63 | 62 | 61 | 56 | 58 | 60 |
| | 55 ~ 64 岁 | 76 | 71 | 61 | 61 | 59 | 66 |
| | 65 岁及以上 | 73 | 73 | 65 | 61 | 89 | 85 |
| 文化程度 | 未受过正规教育 | 64 | 63 | 49 | 42 | 59 | 54 |
| | 小学 | 52 | 54 | 49 | 45 | 49 | 50 |
| | 初中 | 57 | 59 | 64 | 61 | 73 | 68 |
| | 高中 | 56 | 59 | 50 | 48 | 52 | 48 |
| | 大学及以上 | 44 | 46 | 36 | 36 | 36 | 38 |
| 职业类别 | 干部/管理人员 | 30 | 41 | 28 | 31 | 37 | 28 |
| | 初级公务员/雇员 | 47 | 49 | 47 | 47 | 47 | 43 |
| | 个体/私营企业人员 | 55 | 57 | 47 | 42 | 55 | 50 |
| | 工人 | 63 | 66 | 56 | 55 | 59 | 60 |
| | 学生 | 28 | 31 | 24 | 28 | 25 | 24 |
| | 无业(含退休人员) | 68 | 65 | 63 | 59 | 68 | 65 |
| | 其他 | 24 | 25 | * | * | * | * |
| 个人月收入 | 无收入 | 34 | 37 | 36 | 36 | 32 | 33 |
| | 1 ~ 500 元 | 86 | 95 | 66 | 67 | * | * |
| | 501 ~ 1000 元 | 61 | 65 | 72 | 82 | 84 | 101 |
| | 1001 ~ 1500 元 | 65 | 63 | 54 | 64 | 75 | 64 |
| | 1501 ~ 2000 元 | 58 | 59 | 52 | 44 | 48 | 50 |
| | 2001 ~ 2500 元 | 48 | 53 | 60 | 53 | 69 | 66 |
| | 2501 ~ 3000 元 | 50 | 57 | 47 | 42 | 57 | 50 |
| | 3001 ~ 4000 元 | 55 | 59 | 55 | 49 | 56 | 47 |
| | 4001 元及以上 | 72 | 66 | 45 | 49 | 51 | 48 |

注:武汉为四波调查城市。2014 年四波调查时间分别为:第 1 波 2 月 23 日至 3 月 15 日;第 2 波 5 月 25 日至 6 月 14 日;第 3 波 8 月 24 日至 9 月 13 日;第 4 波 11 月 2 日至 11 月 22 日。

"*"表示该目标听众样本量不足,无法进行统计推断。

**表 3.32.2　2012 ~ 2014 年武汉听众在不同地点的人均收听时间(分钟)**

| 地　点 | 2012 年 | 2013 年 | 2014 年 |
|---|---|---|---|
| 在家 | 40 | 40 | 35 |
| 车上 | 9 | 11 | 12 |
| 工作/学习场所 | 3 | 3 | 2 |
| 其他场所 | 1 | 2 | 2 |

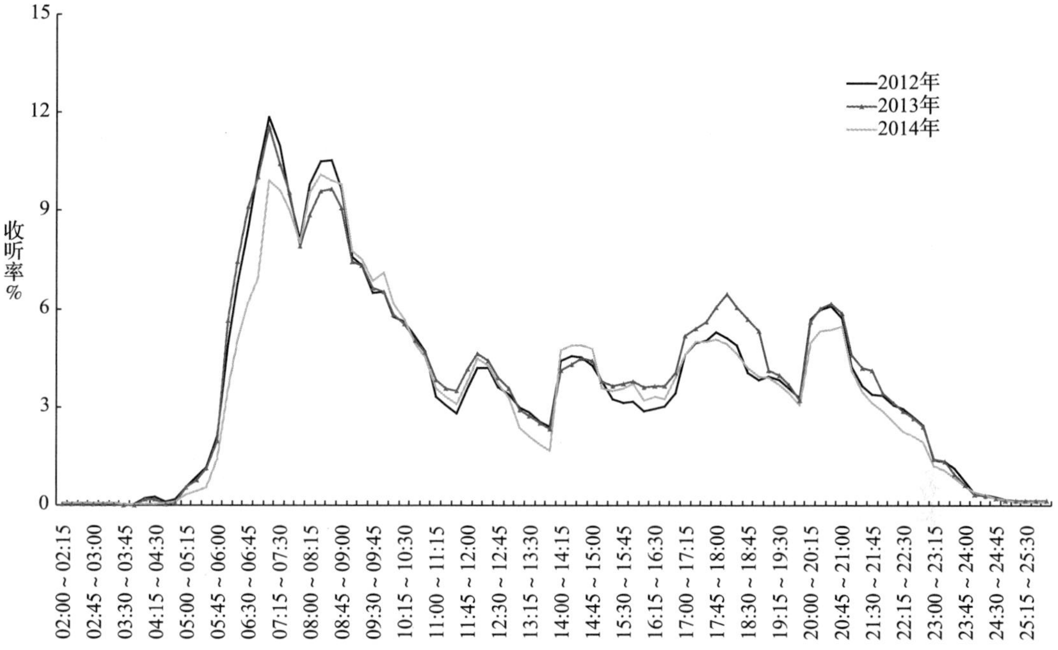


**图 3. 32. 1　2012～2014 年武汉听众全天收听率走势**

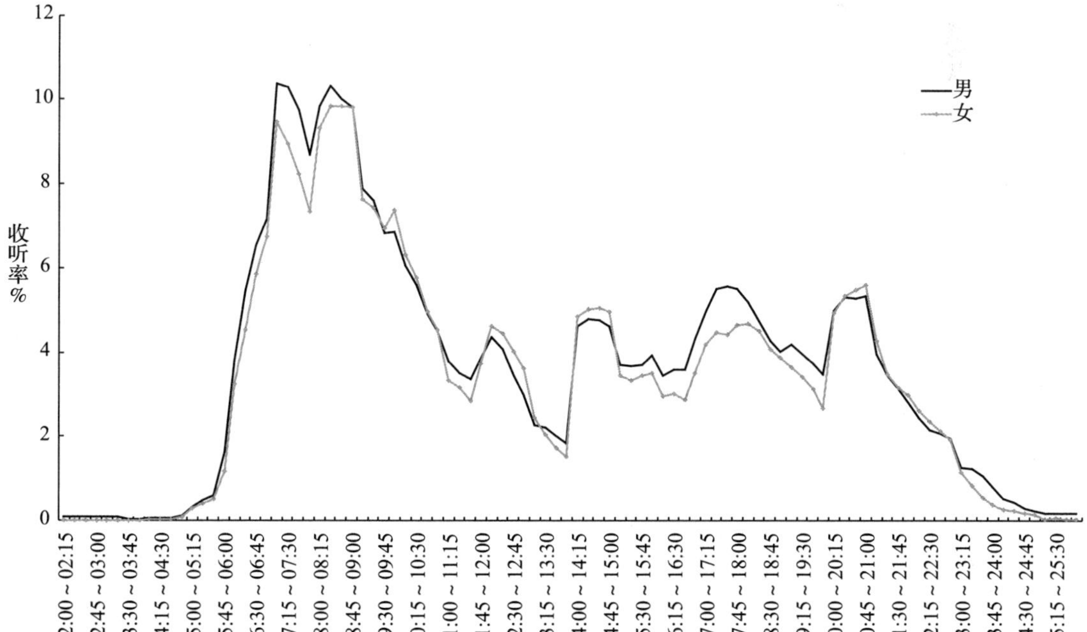


**图 3. 32. 2　2014 年武汉不同性别听众全天收听率走势**

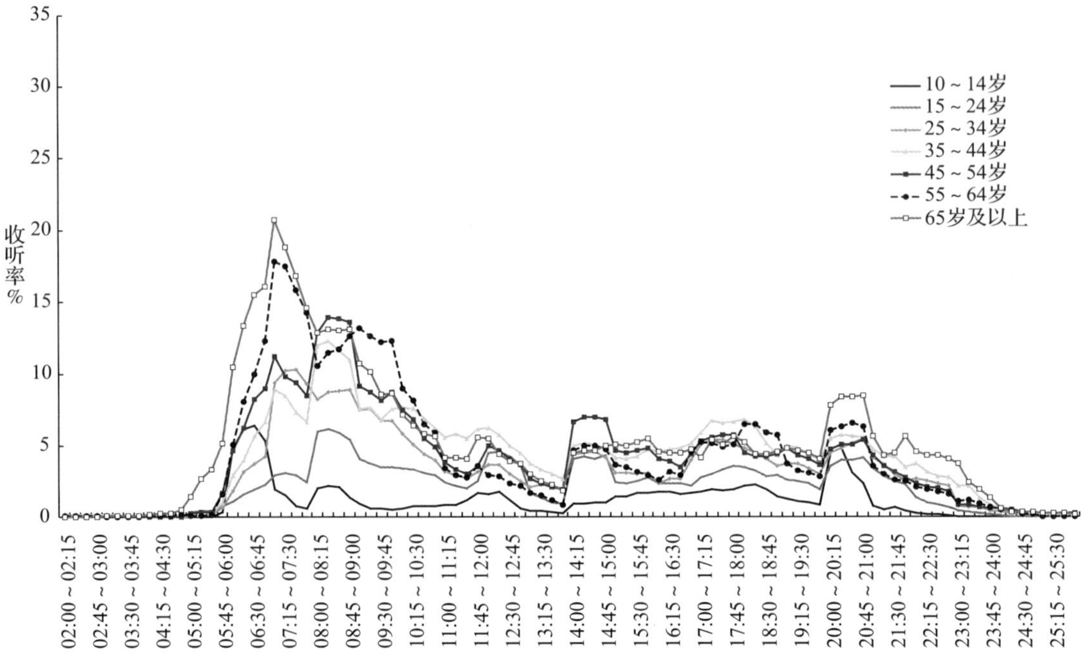


图 3.32.3　2014 年武汉不同年龄听众全天收听率走势

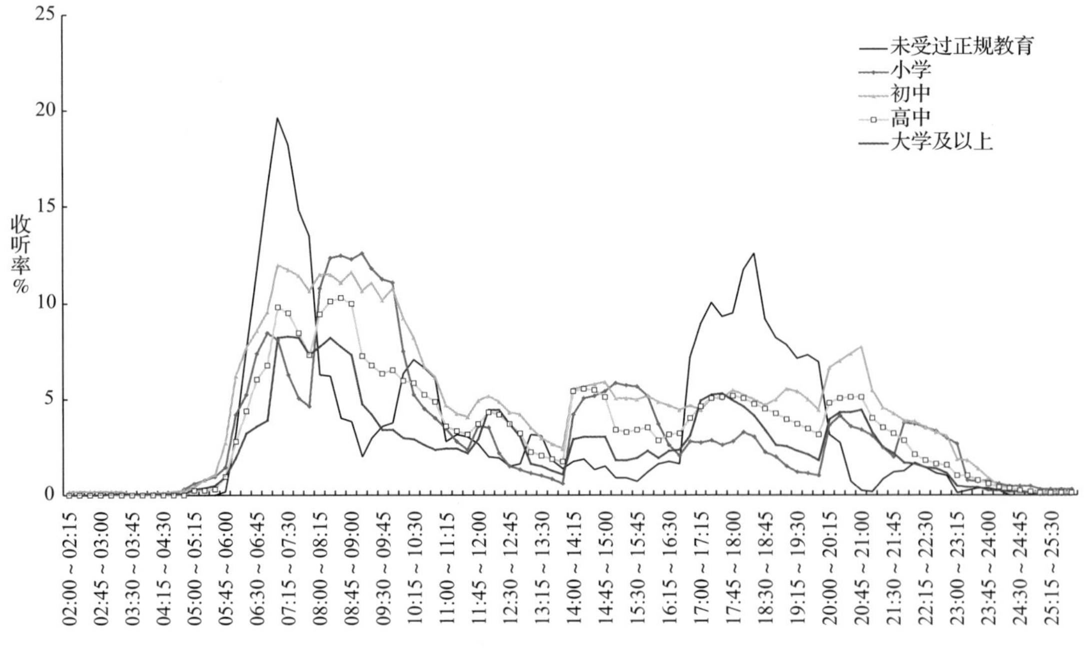


图 3.32.4　2014 年武汉不同文化程度听众全天收听率走势

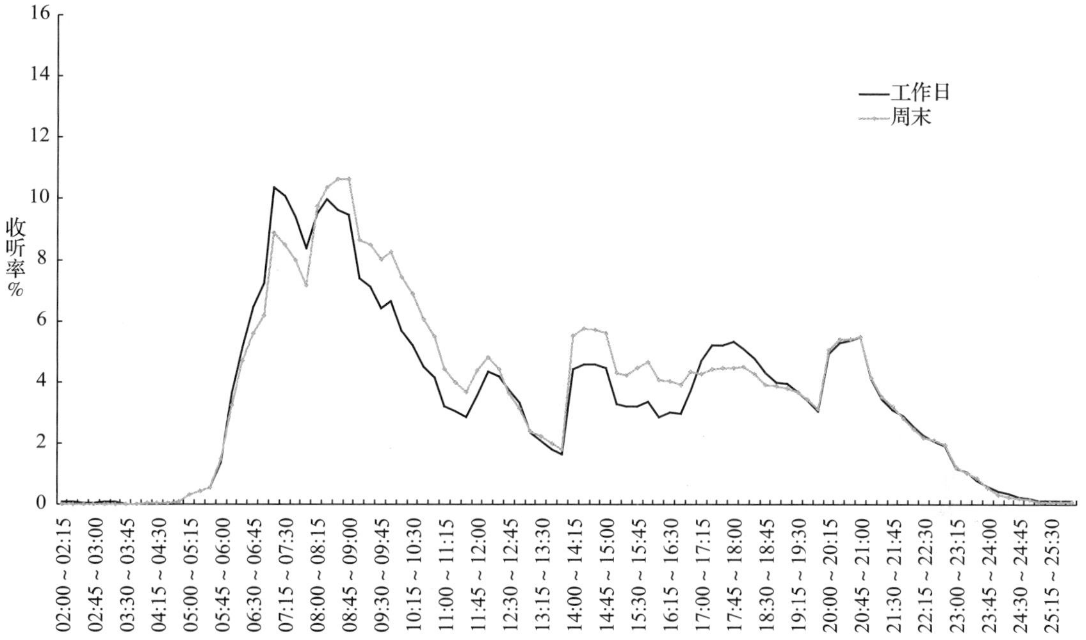


图 3.32.5 2014 年武汉听众工作日与周末全天收听率走势

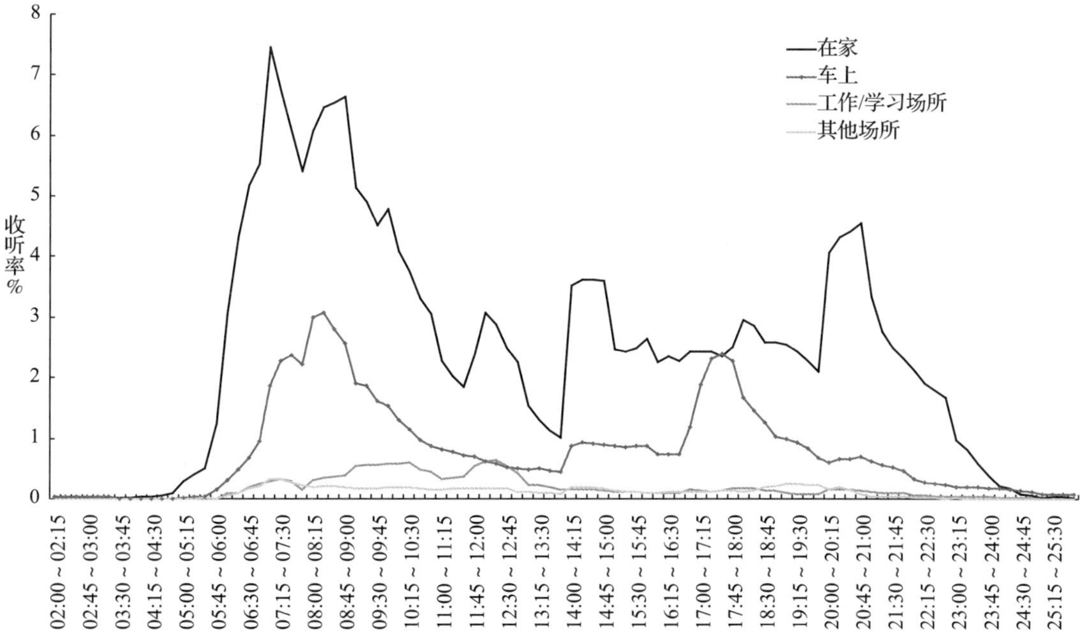


图 3.32.6 2014 年武汉听众在不同收听地点全天收听率走势

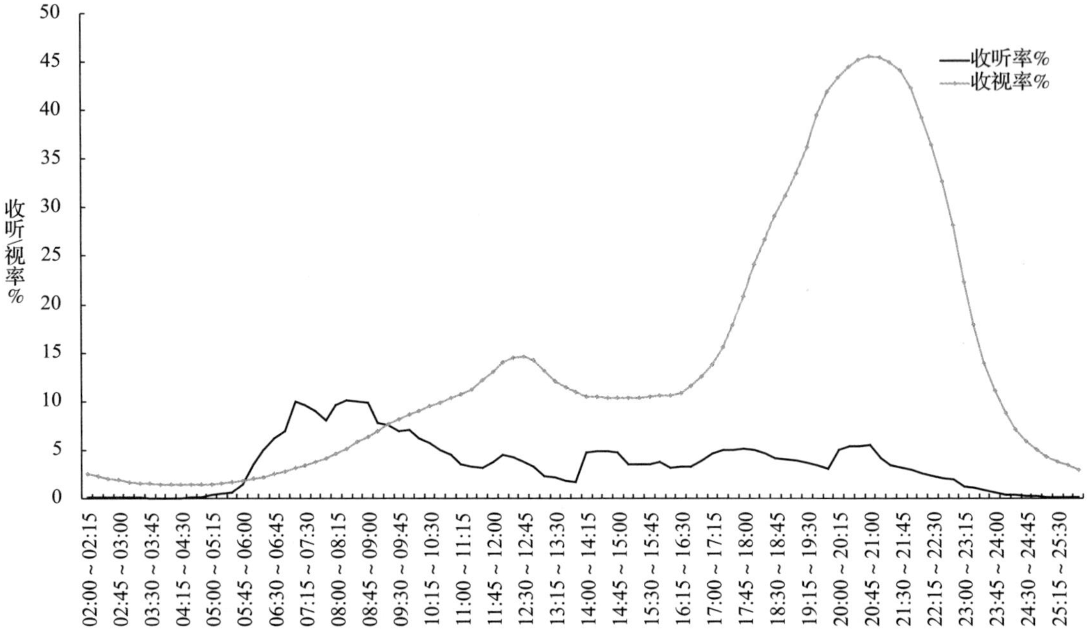


图 3.32.7　2014 年武汉受众全天收听率、收视率走势比较(目标受众为 10 岁及以上)

表 3.32.3 2014 年武汉市场听众构成(%)

| 目标听众 | | 听众构成(%) |
|---|---|---|
| 10 岁及以上所有人 | | 100.0 |
| 性别 | 男 | 52.6 |
| | 女 | 47.4 |
| 年龄 | 10~14 岁 | 0.9 |
| | 15~24 岁 | 13.3 |
| | 25~34 岁 | 21.4 |
| | 35~44 岁 | 18.4 |
| | 45~54 岁 | 19.1 |
| | 55~64 岁 | 13.5 |
| | 65 岁及以上 | 13.4 |
| 文化程度 | 未受过正规教育 | 0.9 |
| | 小学 | 5.7 |
| | 初中 | 33.3 |
| | 高中 | 42.5 |
| | 大学及以上 | 17.5 |
| 职业类别 | 干部/管理人员 | 1.4 |
| | 初级公务员/雇员 | 17.6 |
| | 个体/私营企业人员 | 17.8 |
| | 工人 | 23.0 |
| | 学生 | 6.4 |
| | 无业(含退休人员) | 33.5 |
| | 其他 | * |
| 个人月收入 | 无收入 | 13.2 |
| | 1~500 元 | * |
| | 501~1000 元 | 2.8 |
| | 1001~1500 元 | 12.7 |
| | 1501~2000 元 | 21.1 |
| | 2001~2500 元 | 21.2 |
| | 2501~3000 元 | 9.4 |
| | 3001~4000 元 | 11.9 |
| | 4001 元及以上 | 5.5 |

“*”表示该目标听众样本量不足,无法进行统计推断。

表 3.32.4 2012~2014 年武汉市场各广播电台的市场份额(%)

| 广播电台 | 2012 年 | 2013 年 | 2014 年 | | | |
|---|---|---|---|---|---|---|
| | | | 第 1 波 | 第 2 波 | 第 3 波 | 第 4 波 |
| 中央人民广播电台 | 24.1 | 21.7 | 20.7 | 19.0 | 21.9 | 19.8 |
| 中国国际广播电台 | 0.0 | 0.0 | 0.0 | 0.0 | 0.0 | 0.0 |
| 湖北省广播电视总台 | 43.3 | 45.7 | 47.3 | 50.6 | 49.1 | 48.6 |
| 武汉广播电视总台 | 32.4 | 32.4 | 31.8 | 30.0 | 29.0 | 31.5 |
| 其他广播电台 | 0.3 | 0.3 | 0.2 | 0.4 | 0.0 | 0.1 |

表 3.32.5　2014 年武汉市场各广播电台在不同目标听众中的市场份额(%)

| 目标听众 | | 中央人民广播电台 | 中国国际广播电台 | 湖北省广播电视总台 | 武汉广播电视总台 | 其他广播电台 |
|---|---|---|---|---|---|---|
| 10 岁及以上所有人 | | 20.4 | 0.0 | 48.9 | 30.6 | 0.1 |
| 性别 | 男 | 20.7 | 0.0 | 49.4 | 29.7 | 0.2 |
| | 女 | 20.0 | 0.0 | 48.3 | 31.6 | 0.1 |
| 年龄 | 10~14 岁 | 19.7 | 0.0 | 43.1 | 37.2 | 0.0 |
| | 15~24 岁 | 12.8 | 0.0 | 52.8 | 34.1 | 0.3 |
| | 25~34 岁 | 17.2 | 0.0 | 56.4 | 26.3 | 0.0 |
| | 35~44 岁 | 12.7 | 0.0 | 57.4 | 29.7 | 0.1 |
| | 45~54 岁 | 22.1 | 0.0 | 46.0 | 31.9 | 0.0 |
| | 55~64 岁 | 33.7 | 0.0 | 37.6 | 28.3 | 0.4 |
| | 65 岁及以上 | 27.9 | 0.0 | 37.3 | 34.9 | 0.0 |
| 文化程度 | 未受过正规教育 | 28.2 | 0.0 | 49.0 | 22.8 | 0.0 |
| | 小学 | 16.0 | 0.0 | 31.1 | 52.9 | 0.0 |
| | 初中 | 20.9 | 0.0 | 50.1 | 28.8 | 0.2 |
| | 高中 | 20.9 | 0.0 | 50.6 | 28.4 | 0.1 |
| | 大学及以上 | 19.1 | 0.0 | 48.6 | 32.2 | 0.1 |
| 职业类别 | 干部/管理人员 | 18.5 | 0.0 | 52.6 | 28.7 | 0.1 |
| | 初级公务员/雇员 | 17.7 | 0.0 | 51.9 | 30.4 | 0.0 |
| | 个体/私营企业人员 | 11.5 | 0.0 | 64.0 | 24.5 | 0.0 |
| | 工人 | 21.3 | 0.0 | 51.3 | 27.1 | 0.2 |
| | 学生 | 16.1 | 0.0 | 45.8 | 38.0 | 0.0 |
| | 无业(含退休人员) | 26.8 | 0.0 | 38.0 | 35.0 | 0.2 |
| | 其他 | * | * | * | * | * |
| 个人月收入 | 无收入 | 14.5 | 0.0 | 48.0 | 37.6 | 0.0 |
| | 1~500 元 | * | * | * | * | * |
| | 501~1000 元 | 14.7 | 0.0 | 39.6 | 44.2 | 1.5 |
| | 1001~1500 元 | 21.0 | 0.0 | 50.2 | 28.8 | 0.0 |
| | 1501~2000 元 | 27.4 | 0.0 | 40.6 | 32.0 | 0.0 |
| | 2001~2500 元 | 22.2 | 0.0 | 50.8 | 26.8 | 0.2 |
| | 2501~3000 元 | 20.2 | 0.0 | 56.7 | 23.0 | 0.1 |
| | 3001~4000 元 | 17.4 | 0.0 | 56.2 | 26.4 | 0.0 |
| | 4001 元及以上 | 11.4 | 0.0 | 40.7 | 47.9 | 0.0 |

“*”表示该目标听众样本量不足,无法进行统计推断。

表 3.32.6　2014 年武汉市场份额排名前五位的频率

| 名　次 | 频率名称 | 市场份额(%) |
|---|---|---|
| 1 | 楚天交通广播 FM92.7 | 15.1 |
| 2 | 中央人民广播电台第一套节目中国之声 | 13.9 |
| 3 | 武汉广播电视台音乐广播 FM101.8 | 11.7 |
| 4 | 湖北省广播电视总台经典音乐广播频道 FM103.8 | 9.8 |
| 5 | 武汉广播电视台新闻综合广播 AM873/FM88.4 | 9.6 |

# 三十三、无锡收听数据

表 3.33.1 2012～2014 年无锡各目标听众人均收听时间(分钟)

| 目标听众 | | 2012 年 | 2013 年 | 2014 年 |
|---|---|---|---|---|
| 10 岁及以上所有人 | | 69 | 67 | 57 |
| 性别 | 男 | 73 | 69 | 58 |
| | 女 | 65 | 64 | 56 |
| 年龄 | 10～14 岁 | 24 | 21 | 17 |
| | 15～24 岁 | 35 | 32 | 27 |
| | 25～34 岁 | 62 | 62 | 46 |
| | 35～44 岁 | 67 | 67 | 59 |
| | 45～54 岁 | 75 | 71 | 64 |
| | 55～64 岁 | 103 | 92 | 85 |
| | 65 岁及以上 | 114 | 120 | 99 |
| 文化程度 | 未受过正规教育 | 48 | 115 | 111 |
| | 小学 | 66 | 69 | 65 |
| | 初中 | 73 | 73 | 62 |
| | 高中 | 72 | 67 | 58 |
| | 大学及以上 | 62 | 57 | 46 |
| 职业类别 | 干部/管理人员 | 65 | 54 | 48 |
| | 初级公务员/雇员 | 58 | 62 | 50 |
| | 个体/私营企业人员 | 64 | 79 | 71 |
| | 工人 | 88 | 62 | 54 |
| | 学生 | 26 | 22 | 21 |
| | 无业(含退休人员) | 103 | 104 | 87 |
| | 其他 | 20 | 28 | 29 |
| 个人月收入 | 无收入 | 33 | 26 | 24 |
| | 1～500 元 | 24 | * | * |
| | 501～1000 元 | 59 | 85 | 66 |
| | 1001～1500 元 | 87 | 93 | 58 |
| | 1501～2000 元 | 82 | 85 | 73 |
| | 2001～2500 元 | 79 | 80 | 71 |
| | 2501～3000 元 | 68 | 60 | 61 |
| | 3001～4000 元 | 66 | 74 | 60 |
| | 4001 元及以上 | 82 | 68 | 58 |

注:无锡为全年连续调查城市。“*”表示该目标听众样本量不足,无法进行统计推断。

表 3.33.2 2012～2014 年无锡听众在不同地点的人均收听时间(分钟)

| 地点 | 2012 年 | 2013 年 | 2014 年 |
|---|---|---|---|
| 在家 | 45 | 44 | 35 |
| 车上 | 16 | 15 | 16 |
| 工作/学习场所 | 7 | 7 | 5 |
| 其他场所 | 2 | 1 | 1 |

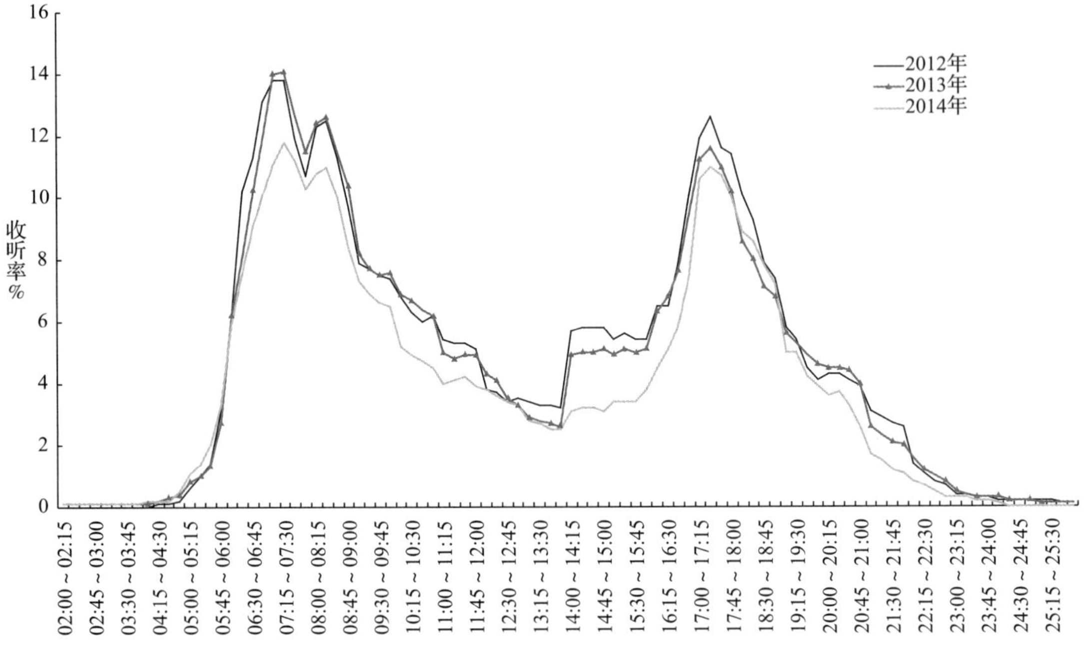


图 3.33.1　2012～2014 年无锡听众全天收听率走势

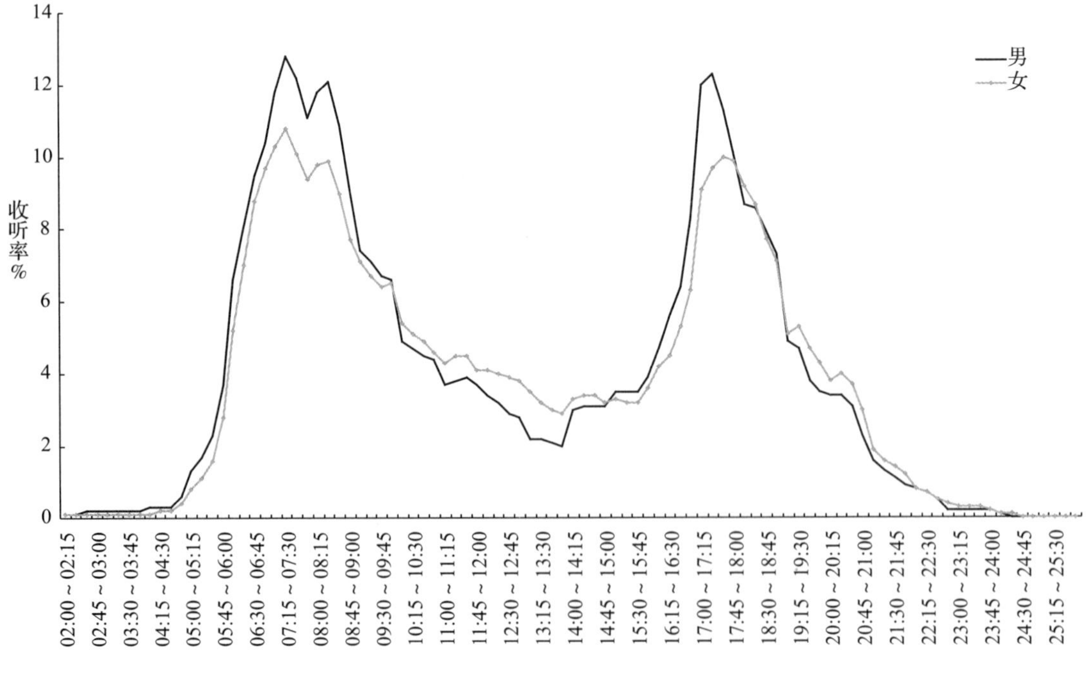


图 3.33.2　2014 年无锡不同性别听众全天收听率走势

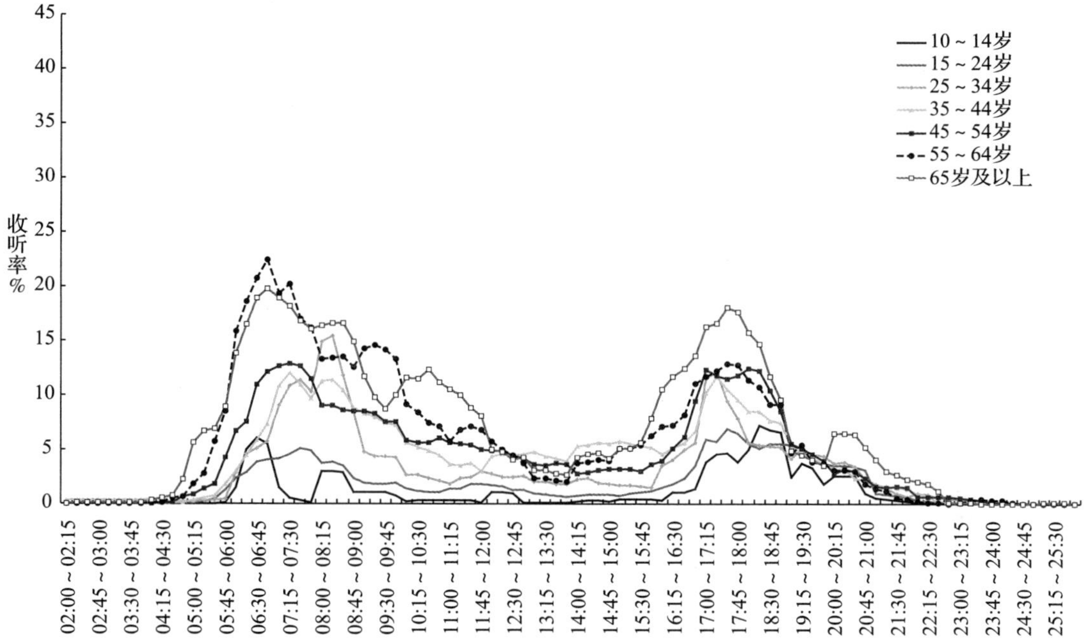


图 3.33.3　2014 年无锡不同年龄听众全天收听率走势

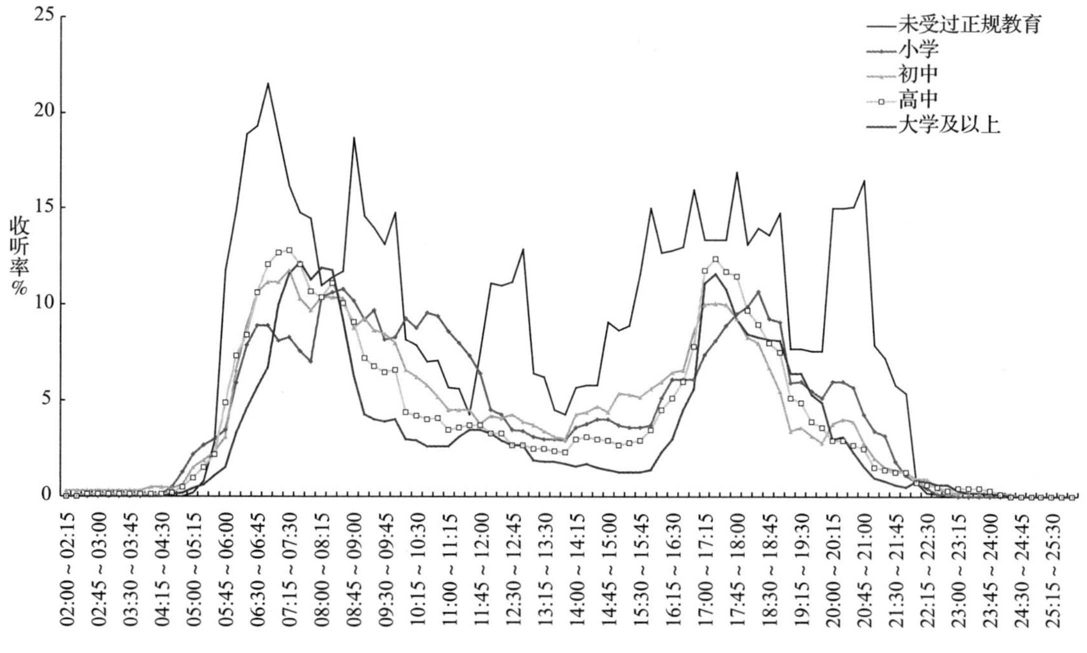


图 3.33.4　2014 年无锡不同文化程度听众全天收听率走势

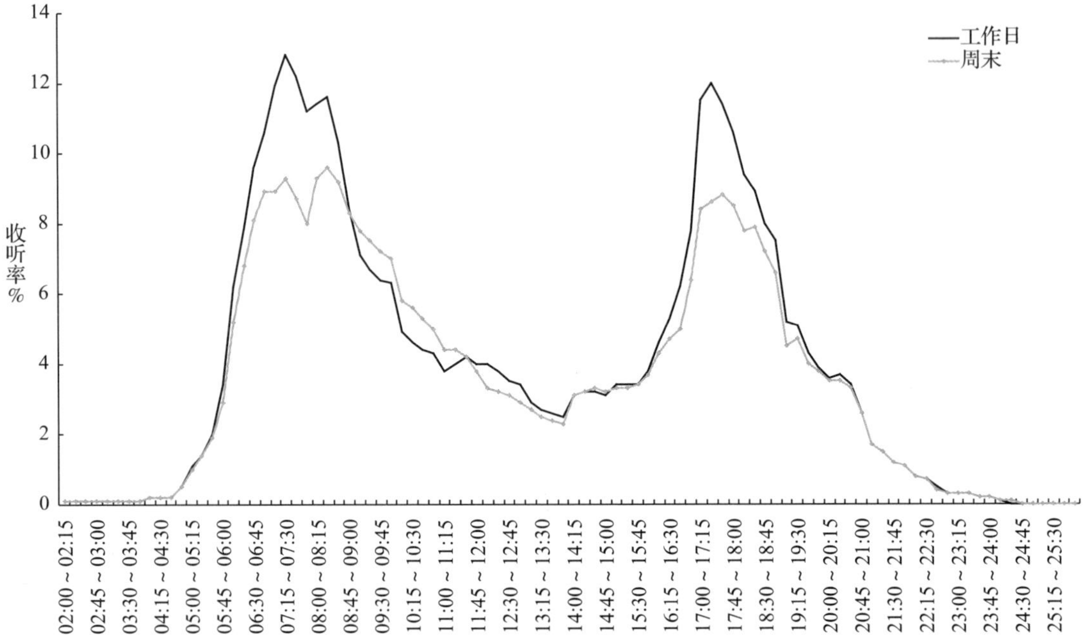


图 3.33.5　2014 年无锡听众工作日与周末全天收听率走势

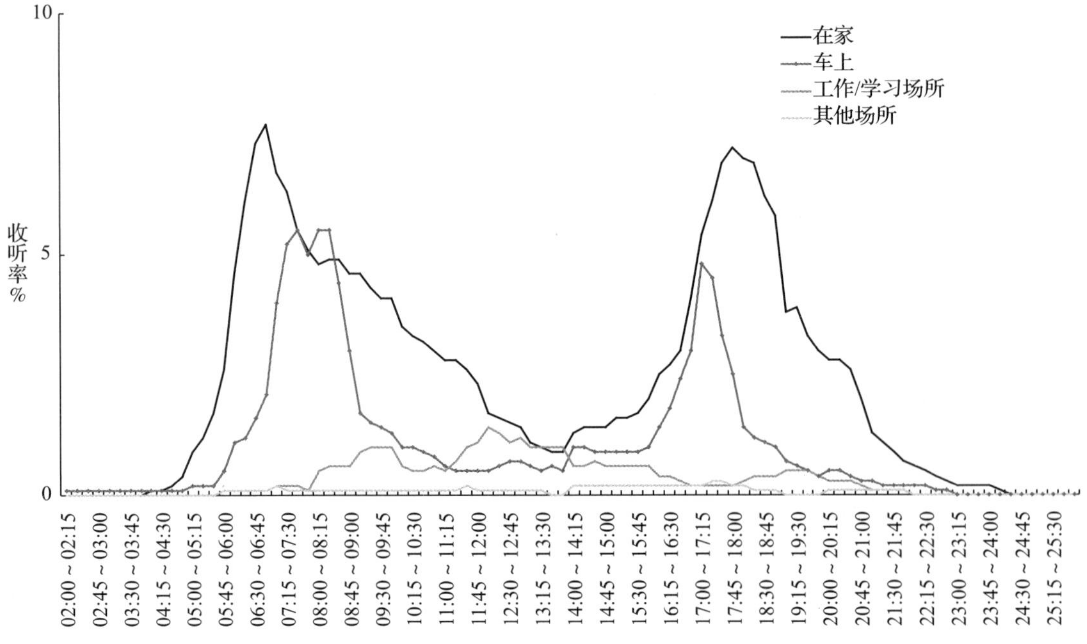


图 3.33.6　2014 年无锡听众在不同收听地点全天收听率走势

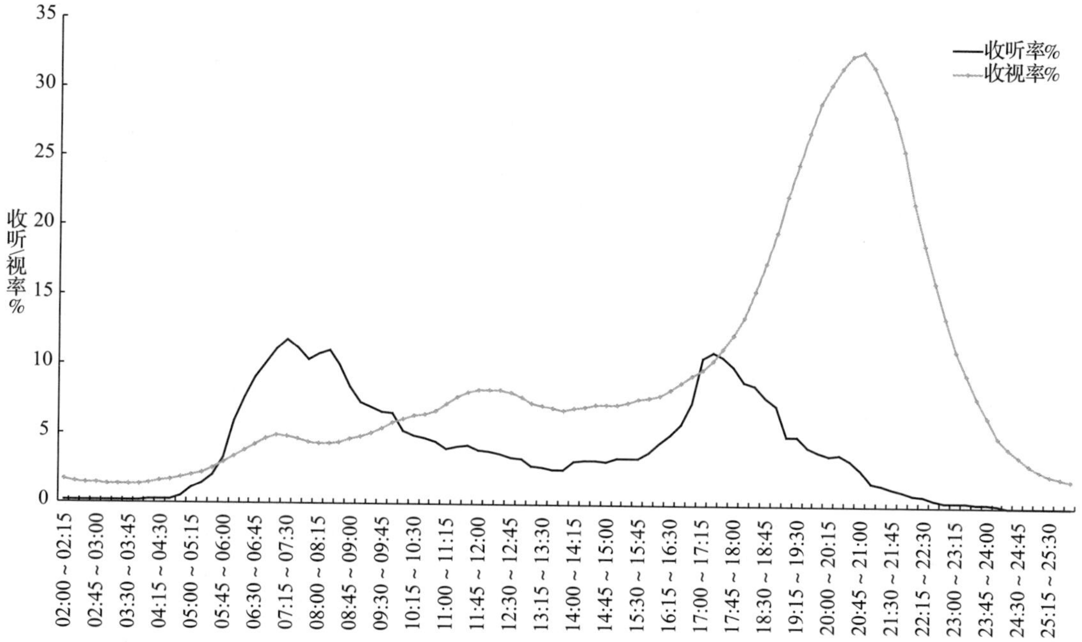


图 3.33.7　2014 年无锡受众全天收听率、收视率走势比较(目标受众为 10 岁及以上)

表 3.33.3　2014 年无锡市场听众构成(%)

| 目标听众 | | 听众构成(%) |
|---|---|---|
| 10 岁及以上所有人 | | 100.0 |
| 性别 | 男 | 52.9 |
| | 女 | 47.1 |
| 年龄 | 10～14 岁 | 0.9 |
| | 15～24 岁 | 8.6 |
| | 25～34 岁 | 16.6 |
| | 35～44 岁 | 23.1 |
| | 45～54 岁 | 16.3 |
| | 55～64 岁 | 17.8 |
| | 65 岁及以上 | 16.7 |
| 文化程度 | 未受过正规教育 | 2.1 |
| | 小学 | 9.0 |
| | 初中 | 36.4 |
| | 高中 | 28.7 |
| | 大学及以上 | 23.8 |
| 职业类别 | 干部/管理人员 | 3.1 |
| | 初级公务员/雇员 | 18.8 |
| | 个体/私营企业人员 | 13.2 |
| | 工人 | 27.4 |
| | 学生 | 5.0 |
| | 无业(含退休人员) | 31.8 |
| | 其他 | 0.7 |
| 个人月收入 | 无收入 | 7.0 |
| | 1～500 元 | * |
| | 501～1000 元 | 2.1 |
| | 1001～1500 元 | 3.8 |
| | 1501～2000 元 | 10.9 |
| | 2001～2500 元 | 21.7 |
| | 2501～3000 元 | 13.6 |
| | 3001～4000 元 | 20.2 |
| | 4001 元及以上 | 20.5 |

注:“*”表示该目标听众样本量不足,无法进行统计推断。

表 3.33.4　2012～2014 年无锡市场各广播电台的市场份额(%)

| 广播电台 | 2012 年 | 2013 年 | 2014 年 |
|---|---|---|---|
| 中央人民广播电台 | 6.7 | 4.7 | 3.3 |
| 中国国际广播电台 | 0.0 | 0.0 | 0.0 |
| 江苏广播电视总台 | 11.4 | 9.8 | 9.2 |
| 上海广播电视台 | 1.3 | 1.1 | 0.3 |
| 无锡广播电视台 | 77.8 | 81.1 | 85.4 |
| 苏州广播电视总台 | 1.0 | 0.9 | 0.8 |
| 其他广播电台 | 1.8 | 2.4 | 1.0 |

**表 3.33.5 2014 年无锡市场各广播电台在不同目标听众中的市场份额(%)**

| 目标听众 | | 中央人民广播电台 | 中国国际广播电台 | 江苏广播电视总台 | 上海广播电视台 | 无锡广播电视台 | 苏州广播电视总台 | 其他广播电台 |
|---|---|---|---|---|---|---|---|---|
| 10 岁及以上所有人 | | 3.3 | 0.0 | 9.2 | 0.3 | 85.4 | 0.8 | 1.0 |
| 性别 | 男 | 3.4 | 0.0 | 10.5 | 0.2 | 84.3 | 0.6 | 1.0 |
| | 女 | 3.2 | 0.0 | 7.8 | 0.4 | 86.6 | 1.1 | 0.9 |
| 年龄 | 10~14 岁 | 8.9 | 0.0 | 5.6 | 0.3 | 82.6 | 2.5 | 0.1 |
| | 15~24 岁 | 0.3 | 0.0 | 11.9 | 0.1 | 85.0 | 1.0 | 1.7 |
| | 25~34 岁 | 0.8 | 0.0 | 6.6 | 0.1 | 91.0 | 0.4 | 1.1 |
| | 35~44 岁 | 6.0 | 0.0 | 5.4 | 0.2 | 86.2 | 0.7 | 1.5 |
| | 45~54 岁 | 0.4 | 0.0 | 7.5 | 0.3 | 89.9 | 1.0 | 0.9 |
| | 55~64 岁 | 5.6 | 0.0 | 12.0 | 0.5 | 80.3 | 1.0 | 0.6 |
| | 65 岁及以上 | 3.9 | 0.0 | 14.7 | 0.3 | 80.0 | 0.7 | 0.4 |
| 文化程度 | 未受过正规教育 | 4.4 | 0.0 | 62.5 | 0.8 | 32.1 | 0.1 | 0.1 |
| | 小学 | 2.8 | 0.0 | 5.9 | 0.7 | 87.4 | 2.3 | 0.9 |
| | 初中 | 5.3 | 0.0 | 9.3 | 0.4 | 83.2 | 0.7 | 1.1 |
| | 高中 | 1.9 | 0.0 | 9.4 | 0.1 | 86.5 | 0.7 | 1.4 |
| | 大学及以上 | 2.1 | 0.0 | 5.5 | 0.1 | 91.1 | 0.7 | 0.5 |
| 职业类别 | 干部/管理人员 | 8.8 | 0.0 | 8.7 | 0.1 | 81.4 | 0.4 | 0.6 |
| | 初级公务员/雇员 | 1.5 | 0.0 | 6.7 | 0.1 | 88.9 | 1.2 | 1.6 |
| | 个体/私营企业人员 | 7.3 | 0.0 | 10.9 | 0.2 | 80.4 | 0.3 | 0.9 |
| | 工人 | 0.9 | 0.0 | 4.8 | 0.3 | 92.5 | 0.5 | 1.0 |
| | 学生 | 1.8 | 0.0 | 15.9 | 0.2 | 77.6 | 1.9 | 2.6 |
| | 无业(含退休人员) | 4.3 | 0.0 | 13.1 | 0.4 | 81.0 | 0.9 | 0.3 |
| | 其他 | 9.7 | 0.0 | 0.3 | 0.3 | 80.0 | 3.2 | 6.5 |
| 个人月收入 | 无收入 | 2.0 | 0.0 | 14.7 | 0.1 | 79.8 | 1.3 | 2.1 |
| | 1~500 元 | * | * | * | * | * | * | * |
| | 501~1000 元 | 2.0 | 0.0 | 3.3 | 0.8 | 85.6 | 7.2 | 1.1 |
| | 1001~1500 元 | 3.5 | 0.0 | 10.3 | 1.0 | 76.8 | 2.0 | 6.4 |
| | 1501~2000 元 | 7.0 | 0.0 | 9.7 | 0.5 | 81.9 | 0.5 | 0.4 |
| | 2001~2500 元 | 2.8 | 0.0 | 10.1 | 0.4 | 86.0 | 0.3 | 0.4 |
| | 2501~3000 元 | 2.9 | 0.0 | 5.7 | 0.2 | 89.9 | 0.5 | 0.8 |
| | 3001~4000 元 | 3.1 | 0.0 | 8.5 | 0.1 | 87.4 | 0.6 | 0.3 |
| | 4001 元及以上 | 3.0 | 0.0 | 9.4 | 0.1 | 85.1 | 0.9 | 1.5 |

注:"*"表示该目标听众样本量不足,无法进行统计推断。

**表 3.33.6 2014 年无锡市场份额排名前五位的频率**

| 名次 | 频率名称 | 市场份额(%) |
|---|---|---|
| 1 | 无锡广播电视台交通广播 FM106.9 | 23.4 |
| 2 | 无锡广播电视台经济广播 FM104/AM1251 | 13.1 |
| 3 | 无锡广播电视台汽车音乐广播 FM91.4/AM900 | 10.7 |
| 4 | 无锡广播电视台梁溪之声广播 FM92.6 | 10.4 |
| 5 | 无锡广播电视台新闻广播 FM93.7 | 10.2 |

# 三十四、西安收听数据

表 3.34.1　2012~2014 年西安各目标听众人均收听时间(分钟)

| 目标听众 | | 2012 年 | 2013 年 | 2014 年 | | | |
|---|---|---|---|---|---|---|---|
| | | | | 第 1 波 | 第 2 波 | 第 3 波 | 第 4 波 |
| 10 岁及以上所有人 | | 113 | 94 | 89 | 90 | 90 | 93 |
| 性别 | 男 | 119 | 98 | 89 | 93 | 96 | 92 |
| | 女 | 106 | 90 | 89 | 88 | 84 | 95 |
| 年龄 | 10~14 岁 | 49 | 46 | 39 | 31 | 27 | 32 |
| | 15~24 岁 | 73 | 56 | 51 | 58 | 47 | 41 |
| | 25~34 岁 | 110 | 72 | 72 | 71 | 84 | 100 |
| | 35~44 岁 | 113 | 99 | 94 | 98 | 97 | 94 |
| | 45~54 岁 | 117 | 97 | 99 | 91 | 91 | 98 |
| | 55~64 岁 | 168 | 141 | 144 | 144 | 139 | 139 |
| | 65 岁及以上 | 166 | 167 | 164 | 168 | 177 | 186 |
| 文化程度 | 未受过正规教育 | 43 | * | * | * | * | * |
| | 小学 | 89 | 83 | 113 | 104 | 113 | 128 |
| | 初中 | 116 | 107 | 98 | 100 | 105 | 97 |
| | 高中 | 119 | 96 | 92 | 96 | 89 | 93 |
| | 大学及以上 | 109 | 85 | 74 | 75 | 76 | 86 |
| 职业类别 | 干部/管理人员 | 131 | 93 | 69 | 67 | 74 | 78 |
| | 初级公务员/雇员 | 105 | 89 | 66 | 69 | 76 | 85 |
| | 个体/私营企业人员 | 113 | 86 | 102 | 100 | 105 | 108 |
| | 工人 | 129 | 99 | 108 | 90 | 102 | 97 |
| | 学生 | 58 | 54 | 53 | 66 | 47 | 43 |
| | 无业(含退休人员) | 144 | 129 | 134 | 133 | 134 | 142 |
| | 其他 | * | 29 | 46 | 66 | 35 | 31 |
| 个人月收入 | 无收入 | 78 | 65 | 60 | 69 | 55 | 55 |
| | 1~500 元 | 143 | 109 | 122 | 49 | 108 | 160 |
| | 501~1000 元 | 127 | 111 | 118 | 121 | 126 | 110 |
| | 1001~1500 元 | 137 | 102 | 112 | 114 | 115 | 123 |
| | 1501~2000 元 | 129 | 112 | 100 | 102 | 95 | 101 |
| | 2001~2500 元 | 125 | 102 | 97 | 97 | 108 | 112 |
| | 2501~3000 元 | 104 | 92 | 106 | 98 | 109 | 111 |
| | 3001~4000 元 | 120 | 111 | 101 | 85 | 101 | 104 |
| | 4001 元及以上 | 91 | 69 | 55 | 87 | 78 | 87 |

注:西安为四波调查城市。2014 年四波调查时间分别为:第 1 波 2 月 23 日至 3 月 15 日;第 2 波 5 月 25 日至 6 月 14 日;第 3 波 8 月 24 日至 9 月 13 日;第 4 波 11 月 2 日至 11 月 22 日。

“*”表示该目标听众样本量不足,无法进行统计推断。

表 3.34.2　2012~2014 年西安听众在不同地点的人均收听时间(分钟)

| 地　　点 | 2012 年 | 2013 年 | 2014 年 |
|---|---|---|---|
| 在家 | 78 | 64 | 59 |
| 车上 | 19 | 17 | 17 |
| 工作/学习场所 | 10 | 9 | 10 |
| 其他场所 | 5 | 4 | 5 |

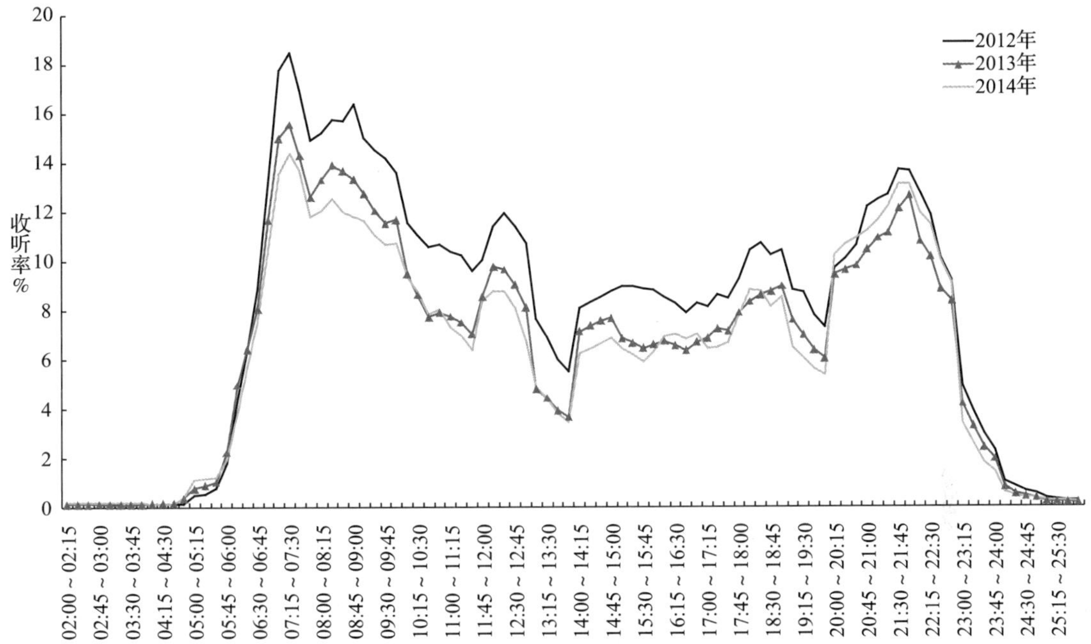


图 3.34.1 2012 ~ 2014 年西安听众全天收听率走势

图 3.34.2 2014 年西安不同性别听众全天收听率走势

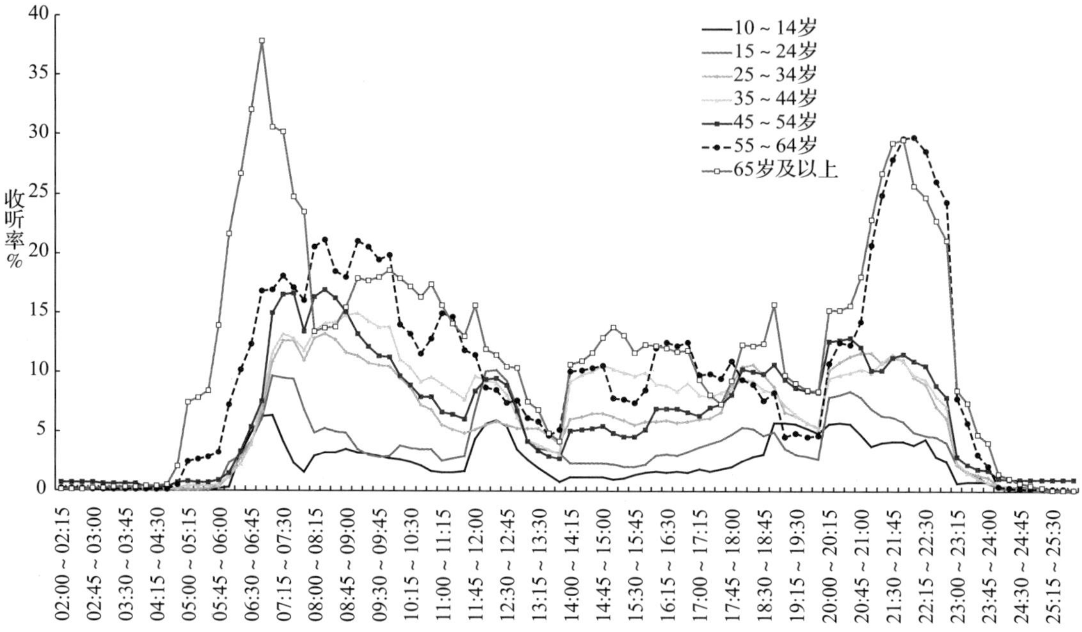


**图 3.34.3　2014 年西安不同年龄听众全天收听率走势**

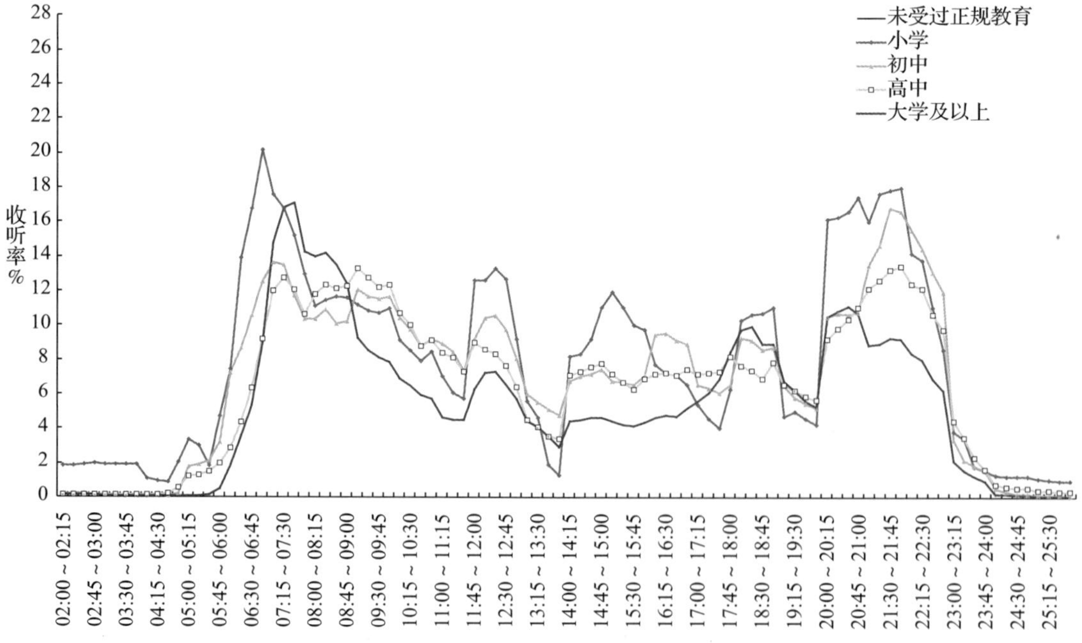


**图 3.34.4　2014 年西安不同文化程度听众全天收听率走势**

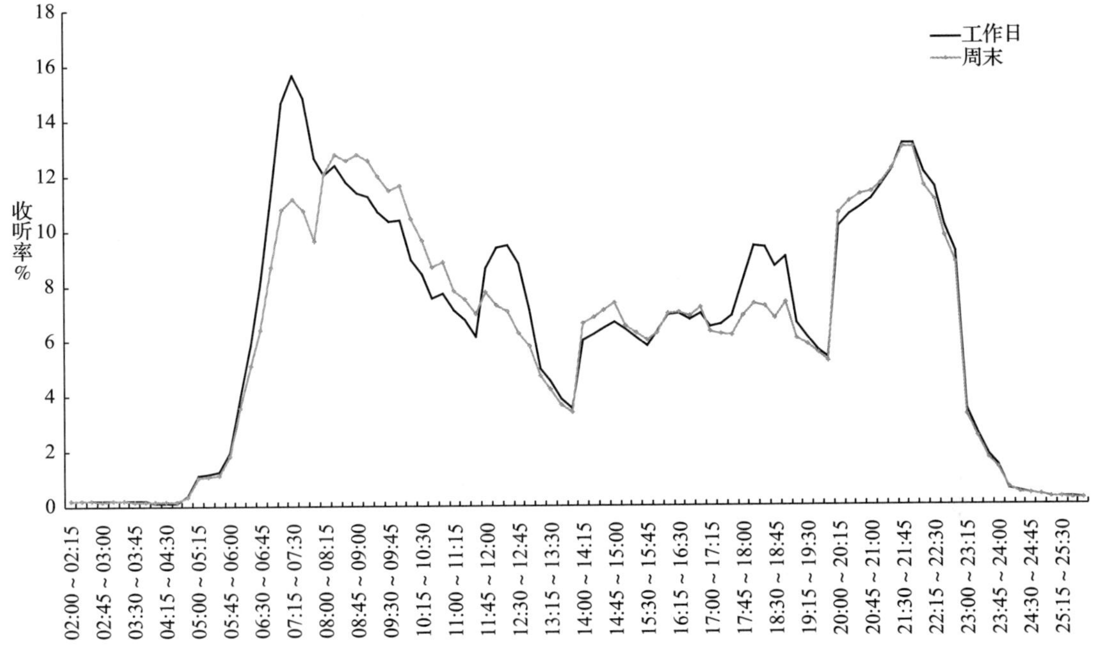


图 3.34.5　2014 年西安听众工作日与周末全天收听率走势

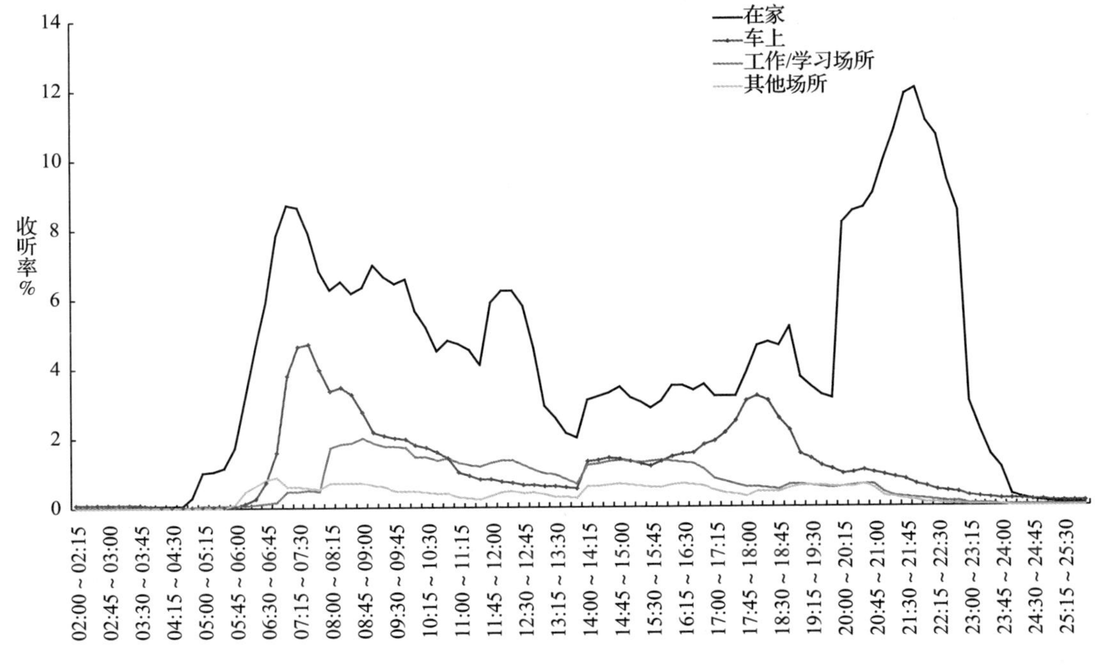


图 3.34.6　2014 年西安听众在不同收听地点全天收听率走势

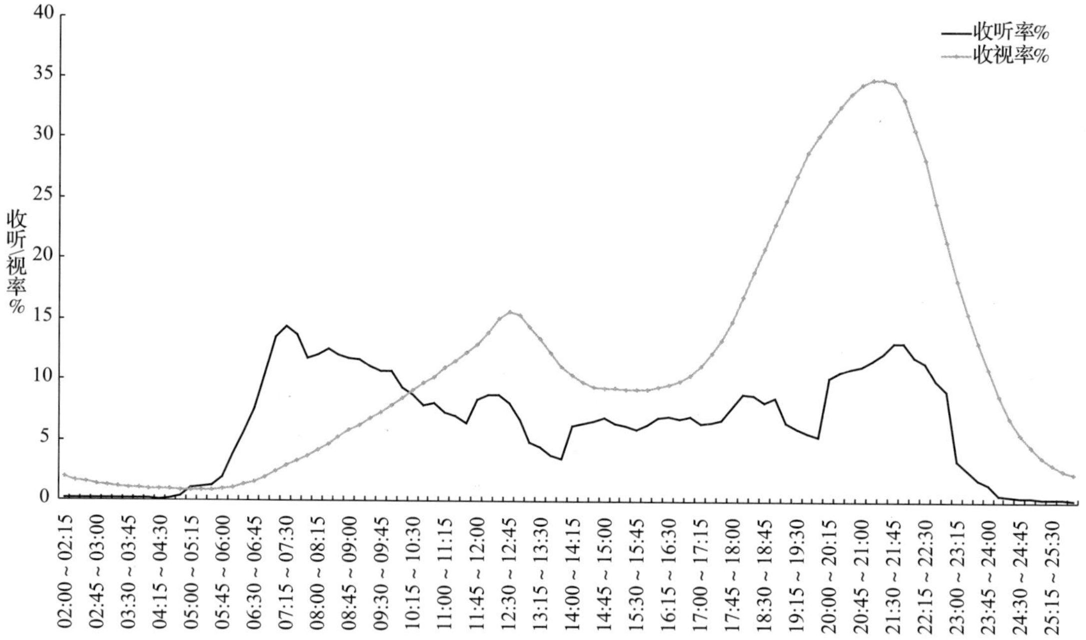


图 3.34.7　2014 年西安受众全天收听率、收视率走势比较(目标受众为 10 岁及以上)

表 3.34.3 2014 年西安市场听众构成(%)

| 目标听众 | | 听众构成(%) |
| --- | --- | --- |
| 10 岁及以上所有人 | | 100.0 |
| 性别 | 男 | 52.4 |
| | 女 | 47.6 |
| 年龄 | 10~14 岁 | 1.0 |
| | 15~24 岁 | 13.4 |
| | 25~34 岁 | 18.6 |
| | 35~44 岁 | 18.8 |
| | 45~54 岁 | 16.2 |
| | 55~64 岁 | 15.3 |
| | 65 岁及以上 | 16.7 |
| 文化程度 | 未受过正规教育 | * |
| | 小学 | 6.5 |
| | 初中 | 26.4 |
| | 高中 | 40.6 |
| | 大学及以上 | 26.5 |
| 职业类别 | 干部/管理人员 | 4.0 |
| | 初级公务员/雇员 | 18.4 |
| | 个体/私营企业人员 | 17.4 |
| | 工人 | 12.7 |
| | 学生 | 12.0 |
| | 无业(含退休人员) | 34.9 |
| | 其他 | 0.6 |
| 个人月收入 | 无收入 | 17.9 |
| | 1~500 元 | 0.8 |
| | 501~1000 元 | 2.9 |
| | 1001~1500 元 | 11.2 |
| | 1501~2000 元 | 21.1 |
| | 2001~2500 元 | 18.3 |
| | 2501~3000 元 | 13.0 |
| | 3001~4000 元 | 10.7 |
| | 4001 元及以上 | 4.1 |

“*”表示该目标听众样本量不足,无法进行统计推断。

表 3.34.4 2012~2014 年西安市场各广播电台的市场份额(%)

| 广播电台 | 2012 年 | 2013 年 | 2014 年 | | | |
| --- | --- | --- | --- | --- | --- | --- |
| | | | 第 1 波 | 第 2 波 | 第 3 波 | 第 4 波 |
| 中央人民广播电台 | 7.0 | 7.6 | 6.5 | 5.8 | 5.6 | 5.8 |
| 中国国际广播电台 | 0.1 | 0.0 | 0.0 | 0.0 | 0.0 | 0.0 |
| 陕西广播电视台 | 63.1 | 60.9 | 63.9 | 65.2 | 64.2 | 67.1 |
| 西安人民广播电台 | 29.2 | 31.2 | 29.5 | 28.8 | 29.9 | 26.9 |
| 其他广播电台 | 0.6 | 0.3 | 0.1 | 0.2 | 0.3 | 0.2 |

表3.34.5 2014年西安市场各广播电台在不同目标听众中的市场份额(%)

| 目标听众 | | 中央人民广播电台 | 中国国际广播电台 | 陕西广播电视台 | 西安人民广播电台 | 其他广播电台 |
|---|---|---|---|---|---|---|
| 10岁及以上所有人 | | 5.9 | 0.0 | 65.1 | 28.8 | 0.2 |
| 性别 | 男 | 6.1 | 0.0 | 66.3 | 27.5 | 0.1 |
| | 女 | 5.8 | 0.0 | 63.8 | 30.3 | 0.1 |
| 年龄 | 10~14岁 | 9.2 | 0.0 | 60.2 | 30.6 | 0.0 |
| | 15~24岁 | 3.2 | 0.0 | 62.9 | 33.8 | 0.1 |
| | 25~34岁 | 4.2 | 0.0 | 71.2 | 24.5 | 0.1 |
| | 35~44岁 | 3.0 | 0.0 | 65.6 | 31.3 | 0.1 |
| | 45~54岁 | 8.8 | 0.0 | 59.5 | 31.6 | 0.1 |
| | 55~64岁 | 7.2 | 0.0 | 62.8 | 29.9 | 0.1 |
| | 65岁及以上 | 9.2 | 0.0 | 67.4 | 22.9 | 0.5 |
| 文化程度 | 未受过正规教育 | * | * | * | * | * |
| | 小学 | 6.2 | 0.0 | 70.1 | 23.6 | 0.1 |
| | 初中 | 4.0 | 0.0 | 62.1 | 33.7 | 0.2 |
| | 高中 | 6.5 | 0.0 | 65.7 | 27.6 | 0.2 |
| | 大学及以上 | 7.0 | 0.0 | 66.0 | 26.9 | 0.1 |
| 职业类别 | 干部/管理人员 | 5.0 | 0.0 | 67.7 | 26.8 | 0.5 |
| | 初级公务员/雇员 | 6.2 | 0.0 | 64.7 | 29.0 | 0.1 |
| | 个体/私营企业人员 | 4.2 | 0.0 | 68.6 | 27.0 | 0.2 |
| | 工人 | 5.4 | 0.0 | 60.9 | 33.5 | 0.2 |
| | 学生 | 2.5 | 0.0 | 63.2 | 34.2 | 0.1 |
| | 无业(含退休人员) | 8.2 | 0.0 | 65.6 | 26.0 | 0.2 |
| | 其他 | 1.5 | 0.0 | 64.4 | 34.1 | 0.0 |
| 个人月收入 | 无收入 | 2.7 | 0.0 | 63.9 | 33.4 | 0.0 |
| | 1~500元 | 12.1 | 0.0 | 63.1 | 24.8 | 0.0 |
| | 501~1000元 | 8.4 | 0.0 | 60.5 | 30.5 | 0.6 |
| | 1001~1500元 | 4.8 | 0.0 | 69.2 | 26.0 | 0.0 |
| | 1501~2000元 | 3.4 | 0.0 | 66.8 | 29.7 | 0.1 |
| | 2001~2500元 | 9.8 | 0.0 | 58.6 | 31.3 | 0.3 |
| | 2501~3000元 | 11.0 | 0.0 | 63.5 | 25.4 | 0.1 |
| | 3001~4000元 | 3.4 | 0.0 | 74.3 | 22.3 | 0.0 |
| | 4001元及以上 | 7.6 | 0.0 | 66.0 | 26.3 | 0.1 |

"*"表示该目标听众样本量不足,无法进行统计推断。

表3.34.6 2014年西安市场份额排名前五位的频率

| 名次 | 频率名称 | 市场份额(%) |
|---|---|---|
| 1 | 陕西广播电视台都市广播 FM101.8/AM1008 | 10.2 |
| 2 | 西安广播电视台新闻广播 AM810/FM95.0 | 8.9 |
| 3 | 西安广播电视台综艺广播 FM102.4 | 8.6 |
| 4 | 陕西广播电视台秦腔广播 FM101.1 西安乱弹 | 8.0 |
| 5 | 陕西广播电视台音乐广播 FM98.8 | 7.6 |

# 三十五、厦门收听数据

**表 3.35.1　2012～2014 年厦门各目标听众人均收听时间（分钟）**

| 目标听众 | | 2012 年 | 2013 年 | 2014 年 | | | |
|---|---|---|---|---|---|---|---|
| | | | | 第 1 波 | 第 2 波 | 第 3 波 | 第 4 波 |
| 10 岁及以上所有人 | | 54 | 53 | 46 | 48 | 49 | 46 |
| 性别 | 男 | 57 | 57 | 53 | 53 | 54 | 50 |
| | 女 | 50 | 48 | 39 | 44 | 43 | 42 |
| 年龄 | 10～14 岁 | 26 | 9 | 12 | 16 | 33 | 19 |
| | 15～24 岁 | 36 | 35 | 31 | 31 | 29 | 27 |
| | 25～34 岁 | 54 | 50 | 40 | 43 | 49 | 45 |
| | 35～44 岁 | 57 | 56 | 51 | 56 | 50 | 50 |
| | 45～54 岁 | 62 | 65 | 62 | 63 | 61 | 60 |
| | 55～64 岁 | 92 | 81 | 77 | 81 | 76 | 68 |
| | 65 岁及以上 | 79 | 91 | 96 | 96 | 108 | 118 |
| 文化程度 | 未受过正规教育 | 57 | 42 | 31 | 17 | 7 | 21 |
| | 小学 | 47 | 42 | 39 | 45 | 51 | 49 |
| | 初中 | 56 | 57 | 51 | 50 | 51 | 48 |
| | 高中 | 53 | 53 | 41 | 45 | 44 | 47 |
| | 大学及以上 | 55 | 54 | 49 | 52 | 51 | 45 |
| 职业类别 | 干部/管理人员 | 58 | 56 | 57 | 58 | 60 | 56 |
| | 初级公务员/雇员 | 59 | 62 | 52 | 52 | 52 | 51 |
| | 个体/私营企业人员 | 49 | 57 | 49 | 54 | 50 | 46 |
| | 工人 | 60 | 43 | 46 | 40 | 49 | 51 |
| | 学生 | 32 | 27 | 21 | 24 | 25 | 21 |
| | 无业（含退休人员） | 62 | 63 | 58 | 69 | 67 | 61 |
| | 其他 | * | * | * | * | * | * |
| 个人月收入 | 无收入 | 38 | 32 | 26 | 32 | 28 | 25 |
| | 1～500 元 | * | * | * | * | * | * |
| | 501～1000 元 | 59 | 79 | 92 | 53 | 15 | 25 |
| | 1001～1500 元 | 63 | 66 | 60 | 55 | 55 | 50 |
| | 1501～2000 元 | 62 | 51 | 45 | 49 | 46 | 52 |
| | 2001～2500 元 | 61 | 65 | 65 | 57 | 63 | 62 |
| | 2501～3000 元 | 63 | 70 | 63 | 66 | 71 | 69 |
| | 3001～4000 元 | 55 | 52 | 42 | 50 | 45 | 46 |
| | 4001 元及以上 | 58 | 59 | 54 | 54 | 59 | 51 |

注：厦门为四波调查城市。2014 年四波调查时间分别为：第 1 波 2 月 23 日至 3 月 15 日；第 2 波 5 月 25 日至 6 月 14 日；第 3 波 8 月 24 日至 9 月 13 日；第 4 波 11 月 2 日至 11 月 22 日。

"*"表示该目标听众样本量不足，无法进行统计推断。

**表 3.35.2　2012～2014 年厦门听众在不同地点的人均收听时间（分钟）**

| 地　　点 | 2012 年 | 2013 年 | 2014 年 |
|---|---|---|---|
| 在家 | 29 | 27 | 23 |
| 车上 | 16 | 18 | 19 |
| 工作/学习场所 | 6 | 5 | 4 |
| 其他场所 | 3 | 2 | 1 |

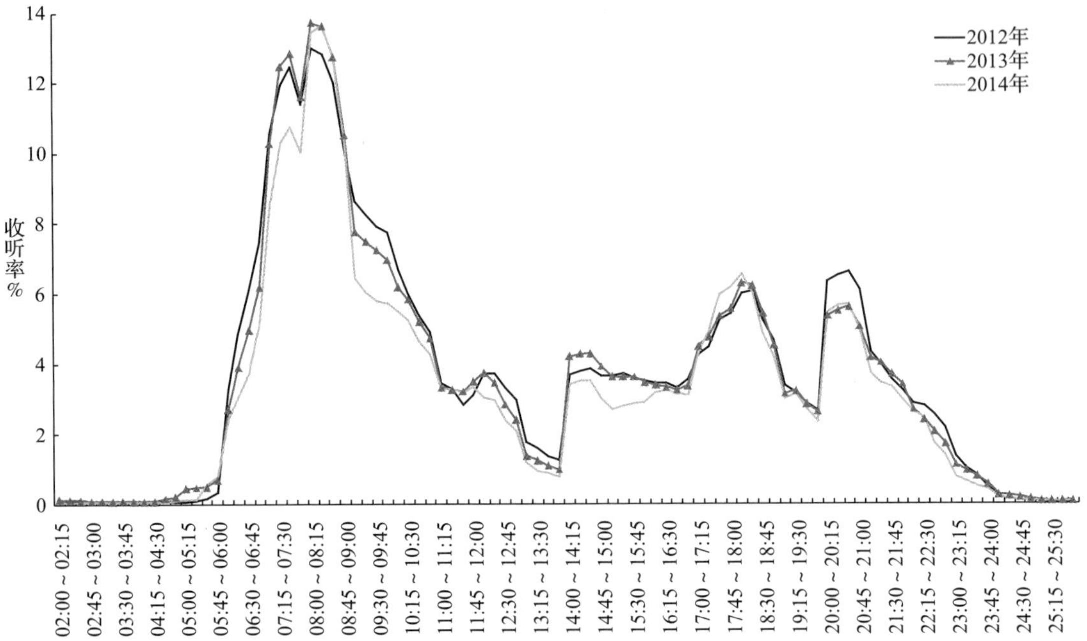


图 3.35.1　2012 ~ 2014 年厦门听众全天收听率走势

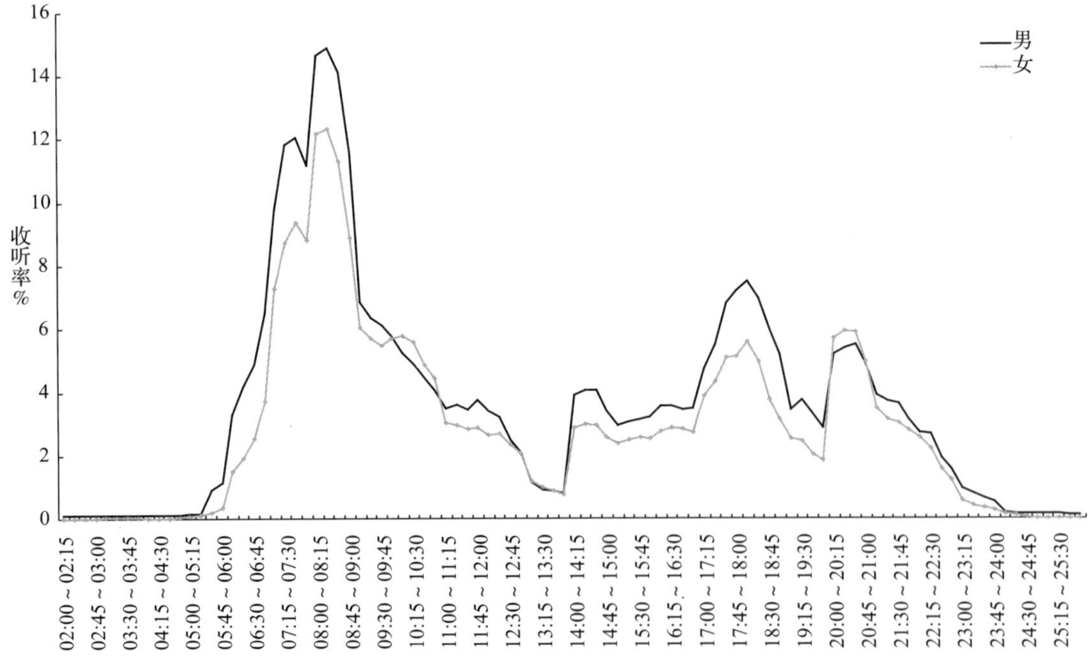


图 3.35.2　2014 年厦门不同性别听众全天收听率走势

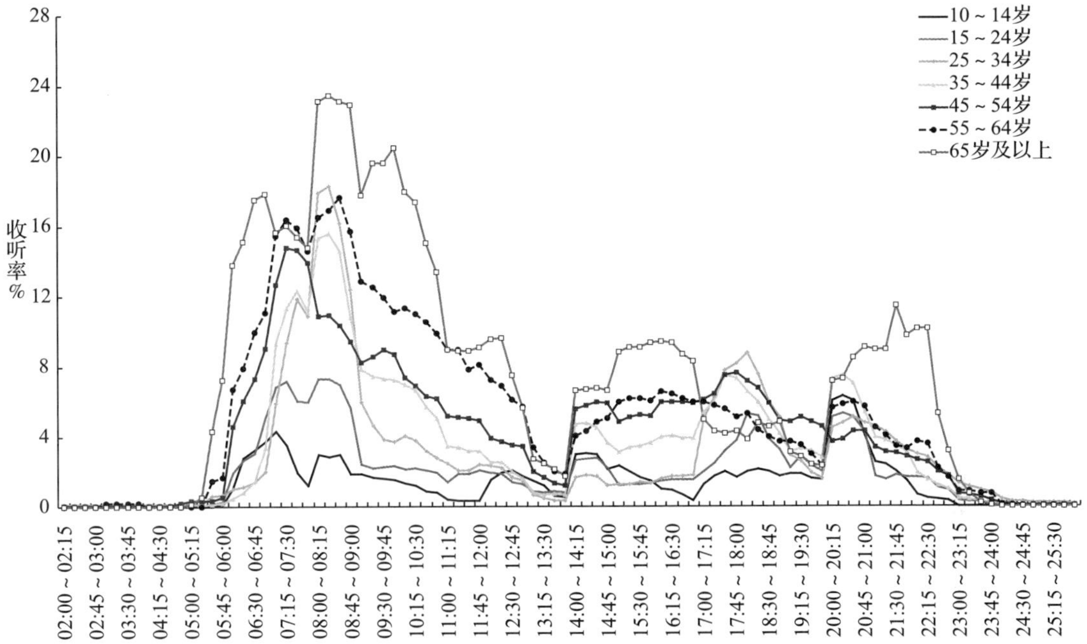


图 3.35.3　2014 年厦门不同年龄听众全天收听率走势

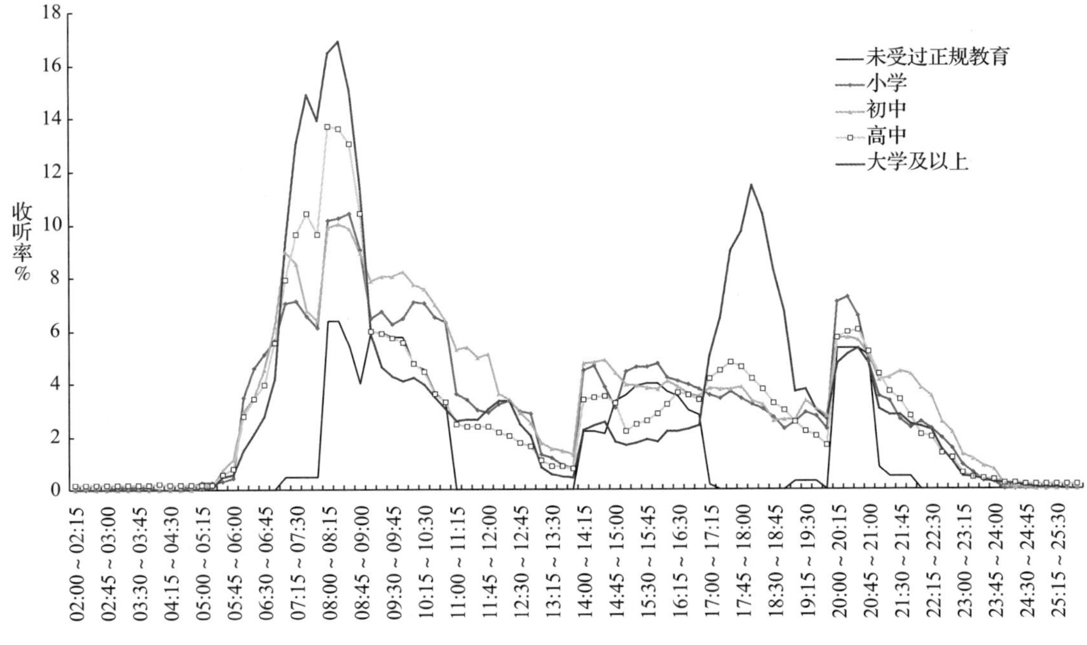


图 3.35.4　2014 年厦门不同文化程度听众全天收听率走势

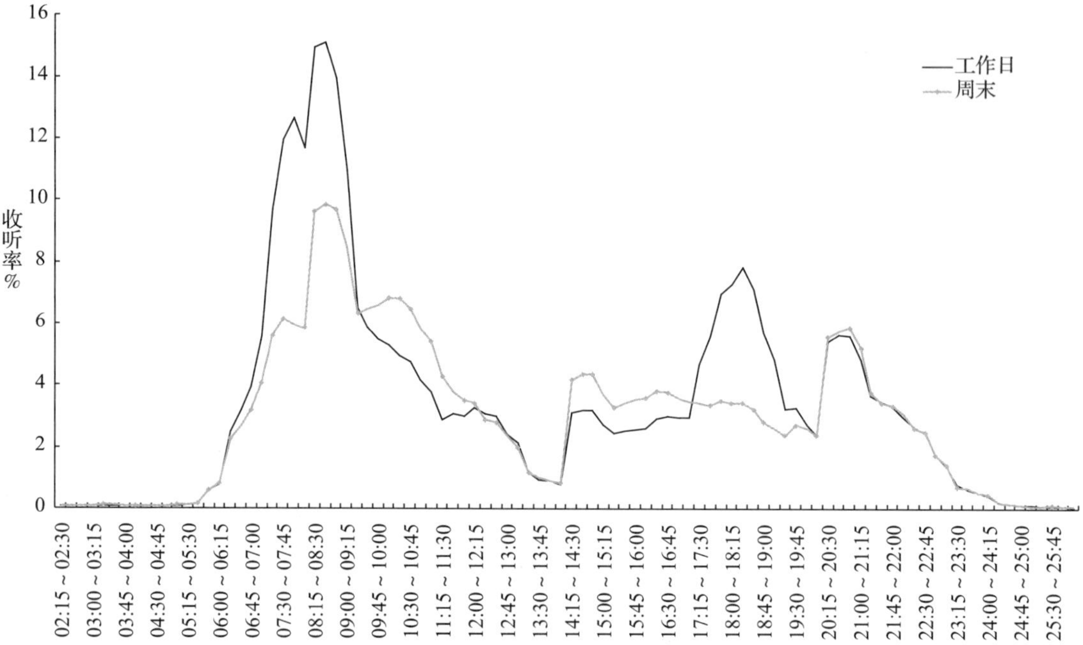


图 3.35.5　2014 年厦门听众工作日与周末全天收听率走势

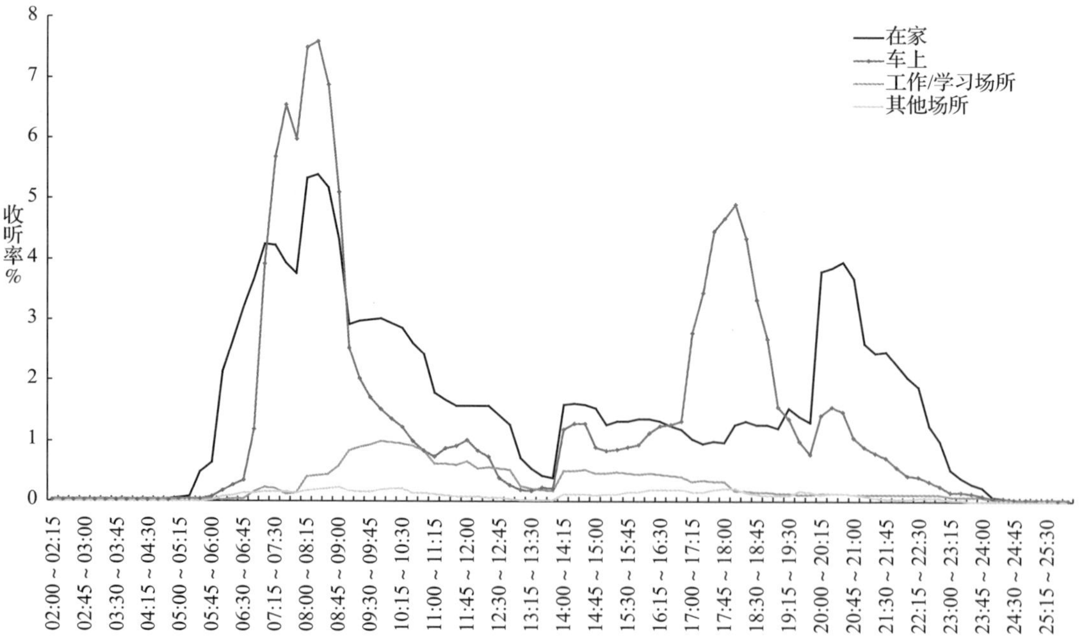


图 3.35.6　2014 年厦门听众在不同收听地点全天收听率走势

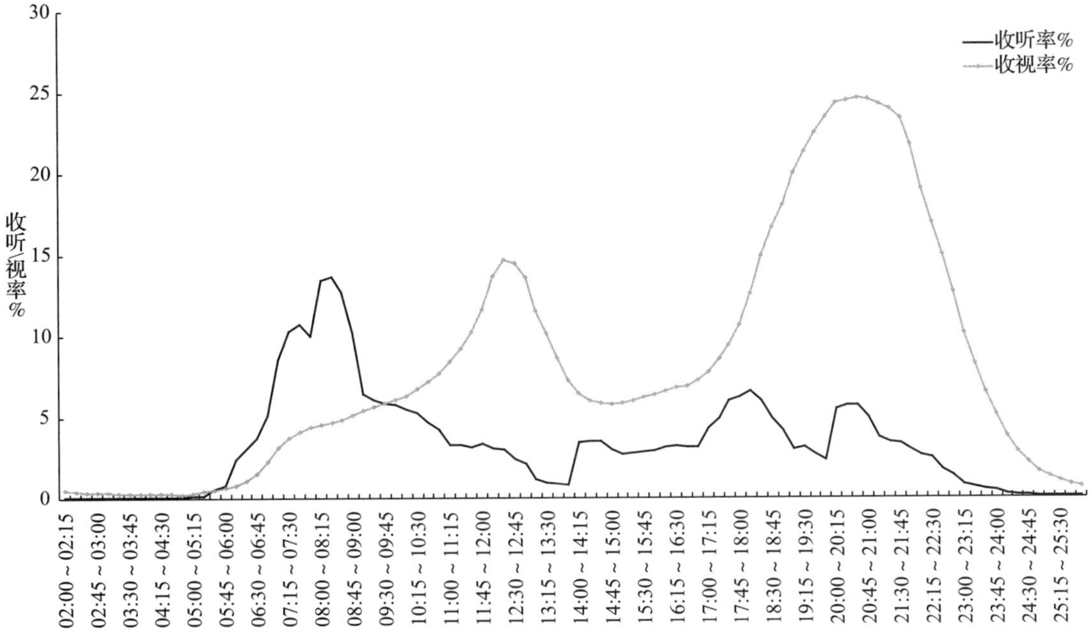


图 3.35.7　2014 年厦门受众全天收听率、收视率走势比较(目标受众为 10 岁及以上)

**表 3.35.3　2014 年厦门市场听众构成(%)**

| 目标听众 | | 听众构成(%) |
|---|---|---|
| 10 岁及以上所有人 | | 100.0 |
| 性别 | 男 | 56.2 |
| | 女 | 43.8 |
| 年龄 | 10~14 岁 | 1.4 |
| | 15~24 岁 | 16.6 |
| | 25~34 岁 | 25.8 |
| | 35~44 岁 | 24.0 |
| | 45~54 岁 | 12.9 |
| | 55~64 岁 | 10.1 |
| | 65 岁及以上 | 9.3 |
| 文化程度 | 未受过正规教育 | 0.3 |
| | 小学 | 9.1 |
| | 初中 | 25.5 |
| | 高中 | 26.6 |
| | 大学及以上 | 38.4 |
| 职业类别 | 干部/管理人员 | 9.8 |
| | 初级公务员/雇员 | 30.9 |
| | 个体/私营企业人员 | 16.4 |
| | 工人 | 11.2 |
| | 学生 | 9.9 |
| | 无业(含退休人员) | 21.7 |
| | 其他 | * |
| 个人月收入 | 无收入 | 16.4 |
| | 1~500 元 | * |
| | 501~1000 元 | 0.6 |
| | 1001~1500 元 | 4.3 |
| | 1501~2000 元 | 6.9 |
| | 2001~2500 元 | 14.6 |
| | 2501~3000 元 | 14.8 |
| | 3001~4000 元 | 16.3 |
| | 4001 元及以上 | 25.7 |

“*”表示该目标听众样本量不足,无法进行统计推断。

**表 3.35.4　2012~2014 年厦门市场各广播电台的市场份额(%)**

| 广播电台 | 2012 年 | 2013 年 | 2014 年 | | | |
|---|---|---|---|---|---|---|
| | | | 第 1 波 | 第 2 波 | 第 3 波 | 第 4 波 |
| 中央人民广播电台 | 11.8 | 11.1 | 8.9 | 8.7 | 11.4 | 12.5 |
| 中国国际广播电台 | 2.6 | 3.0 | 3.5 | 2.9 | 2.9 | 2.9 |
| 福建广播影视集团 | 8.1 | 9.6 | 10.7 | 10.9 | 9.2 | 7.4 |
| 海峡之声广播电台 | 4.5 | 4.0 | 3.8 | 3.0 | 3.6 | 1.7 |
| 厦门广播电视集团 | 55.9 | 56.5 | 60.0 | 61.6 | 58.9 | 63.5 |
| 其他广播电台 | 17.1 | 15.8 | 13.1 | 12.9 | 14.0 | 12.0 |

表 3.35.5　2014 年厦门市场各广播电台在不同目标听众中的市场份额(%)

| 目标听众 | | 中央人民广播电台 | 中国国际广播电台 | 福建广播影视集团 | 海峡之声电台 | 厦门广播电视集团 | 其他广播电台 |
|---|---|---|---|---|---|---|---|
| 10 岁及以上所有人 | | 10.3 | 3.0 | 9.5 | 3.0 | 61.0 | 13.2 |
| 性别 | 男 | 11.3 | 2.7 | 10.4 | 3.8 | 60.6 | 11.2 |
| | 女 | 9.0 | 3.5 | 8.4 | 2.1 | 61.4 | 15.6 |
| 年龄 | 10~14 岁 | 40.1 | 1.9 | 9.3 | 1.1 | 43.6 | 4.0 |
| | 15~24 岁 | 6.6 | 3.5 | 7.4 | 2.5 | 70.0 | 10.0 |
| | 25~34 岁 | 8.7 | 6.6 | 8.8 | 1.3 | 65.5 | 9.1 |
| | 35~44 岁 | 9.6 | 1.7 | 13.3 | 1.9 | 61.8 | 11.7 |
| | 45~54 岁 | 7.7 | 0.8 | 9.7 | 7.5 | 59.2 | 15.1 |
| | 55~64 岁 | 11.4 | 0.7 | 7.8 | 2.2 | 54.0 | 23.9 |
| | 65 岁及以上 | 21.4 | 1.5 | 7.5 | 6.4 | 42.9 | 20.3 |
| 文化程度 | 未受过正规教育 | 0.0 | 0.0 | 0.0 | 5.0 | 14.1 | 80.9 |
| | 小学 | 16.4 | 0.3 | 12.7 | 9.3 | 39.2 | 22.1 |
| | 初中 | 11.2 | 2.0 | 6.8 | 4.8 | 56.0 | 19.2 |
| | 高中 | 10.4 | 1.2 | 10.6 | 1.5 | 65.4 | 10.9 |
| | 大学及以上 | 8.3 | 5.7 | 9.9 | 1.4 | 66.7 | 8.0 |
| 职业类别 | 干部/管理人员 | 8.0 | 5.8 | 11.2 | 1.0 | 63.2 | 10.8 |
| | 初级公务员/雇员 | 8.2 | 4.1 | 10.4 | 3.6 | 67.0 | 6.7 |
| | 个体/私营企业人员 | 7.9 | 1.4 | 11.2 | 2.1 | 66.3 | 11.1 |
| | 工人 | 13.7 | 2.3 | 5.9 | 1.4 | 60.1 | 16.6 |
| | 学生 | 14.7 | 5.5 | 7.9 | 2.2 | 56.7 | 13.0 |
| | 无业(含退休人员) | 12.5 | 0.8 | 9.1 | 4.9 | 50.1 | 22.6 |
| | 其他 | * | * | * | * | * | * |
| 个人月收入 | 无收入 | 12.3 | 3.6 | 9.9 | 4.4 | 54.4 | 15.4 |
| | 1~500 元 | * | * | * | * | * | * |
| | 501~1000 元 | 14.3 | 0.0 | 13.9 | 12.7 | 56.3 | 2.8 |
| | 1001~1500 元 | 6.1 | 13.2 | 10.8 | 3.2 | 55.7 | 11.0 |
| | 1501~2000 元 | 6.2 | 1.6 | 9.2 | 2.6 | 58.7 | 21.7 |
| | 2001~2500 元 | 14.7 | 3.1 | 7.0 | 4.4 | 57.7 | 13.1 |
| | 2501~3000 元 | 7.7 | 0.6 | 11.2 | 4.3 | 60.3 | 15.9 |
| | 3001~4000 元 | 5.0 | 1.5 | 10.5 | 2.3 | 68.2 | 12.5 |
| | 4001 元及以上 | 12.0 | 4.0 | 9.0 | 1.0 | 64.9 | 9.1 |

“*”表示该目标听众样本量不足,无法进行统计推断。

表 3.35.6　2014 年厦门市场份额排名前五位的频率

| 名　　次 | 频率名称 | 市场份额(%) |
|---|---|---|
| 1 | 厦门音乐广播 FM90.9 | 26.0 |
| 2 | 厦门经济交通广播 FM107/AM1278 | 16.9 |
| 3 | 厦门新闻广播 AM1107/FM99.6 | 15.8 |
| 4 | 闽南之声广播 AM801/FM101.2 | 10.7 |
| 5 | 中央人民广播电台第一套节目中国之声 | 7.2 |

# 三十六、郑州收听数据

**表 3.36.1　2012~2014 年郑州各目标听众人均收听时间(分钟)**

| 目标听众 | | 2012 年 | 2013 年 | 2014 年 |
|---|---|---|---|---|
| 10 岁及以上所有人 | | 71 | 77 | 57 |
| 性别 | 男 | 73 | 80 | 55 |
| | 女 | 70 | 75 | 58 |
| 年龄 | 10~14 岁 | 15 | 19 | 16 |
| | 15~24 岁 | 27 | 33 | 19 |
| | 25~34 岁 | 62 | 75 | 51 |
| | 35~44 岁 | 73 | 87 | 80 |
| | 45~54 岁 | 85 | 90 | 73 |
| | 55~64 岁 | 133 | 119 | 102 |
| | 65 岁及以上 | 124 | 119 | 106 |
| 文化程度 | 未受过正规教育 | 87 | 98 | 57 |
| | 小学 | 64 | 68 | 48 |
| | 初中 | 71 | 74 | 56 |
| | 高中 | 79 | 88 | 64 |
| | 大学及以上 | 62 | 70 | 48 |
| 职业类别 | 干部/管理人员 | 80 | 85 | 41 |
| | 初级公务员/雇员 | 69 | 71 | 51 |
| | 个体/私营企业人员 | 94 | 88 | 81 |
| | 工人 | 59 | 93 | 64 |
| | 学生 | 16 | 21 | 13 |
| | 无业(含退休人员) | 104 | 98 | 83 |
| | 其他 | 57 | 80 | 82 |
| 个人月收入 | 无收入 | 40 | 40 | 30 |
| | 1~500 元 | 70 | 80 | 84 |
| | 501~1000 元 | 72 | 82 | 34 |
| | 1001~1500 元 | 83 | 84 | 53 |
| | 1501~2000 元 | 84 | 85 | 75 |
| | 2001~2500 元 | 81 | 104 | 65 |
| | 2501~3000 元 | 81 | 84 | 72 |
| | 3001~4000 元 | 86 | 98 | 65 |
| | 4001 元及以上 | 86 | 84 | 78 |

注:郑州从 2012 年 8 月 12 日开始改为连续调查城市。2012 年前两波调查时间分别为:第一波 2 月 26 日至 3 月 17 日,第二波 5 月 27 日至 6 月 16 日;2012 年数据为前两波调查和改为连续调查后的数据的平均值。

**表 3.36.2　2012~2014 年郑州听众在不同地点的人均收听时间(分钟)**

| 地　　点 | 2012 年 | 2013 年 | 2014 年 |
|---|---|---|---|
| 在家 | 47 | 49 | 37 |
| 车上 | 17 | 16 | 11 |
| 工作/学习场所 | 5 | 9 | 7 |
| 其他场所 | 2 | 3 | 2 |

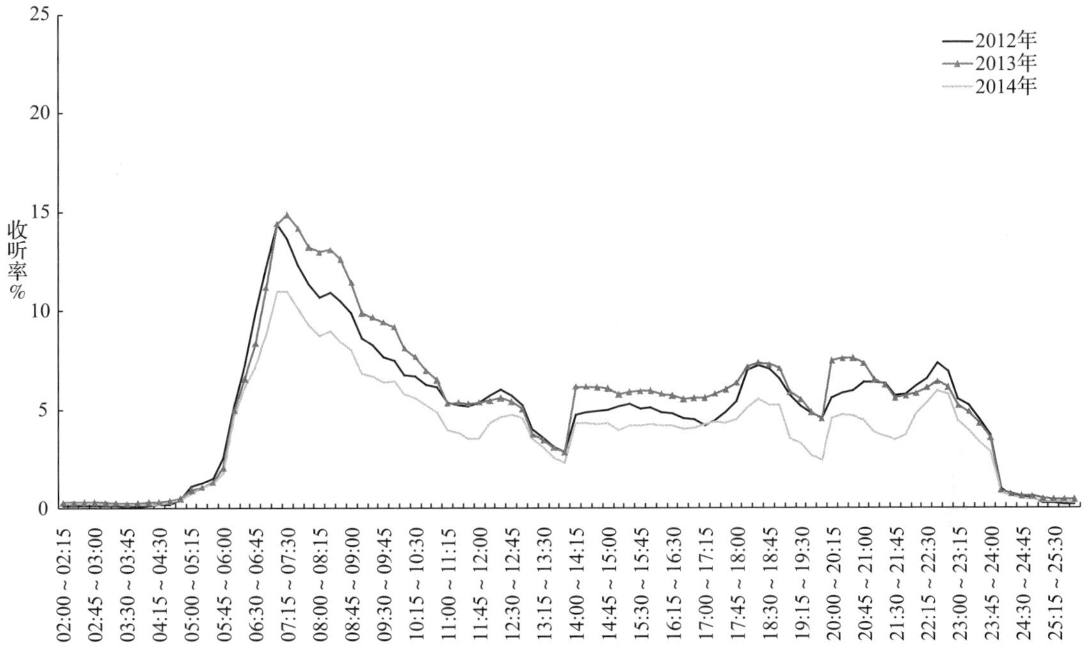


图 3.36.1 2012 ~ 2014 年郑州听众全天收听率走势

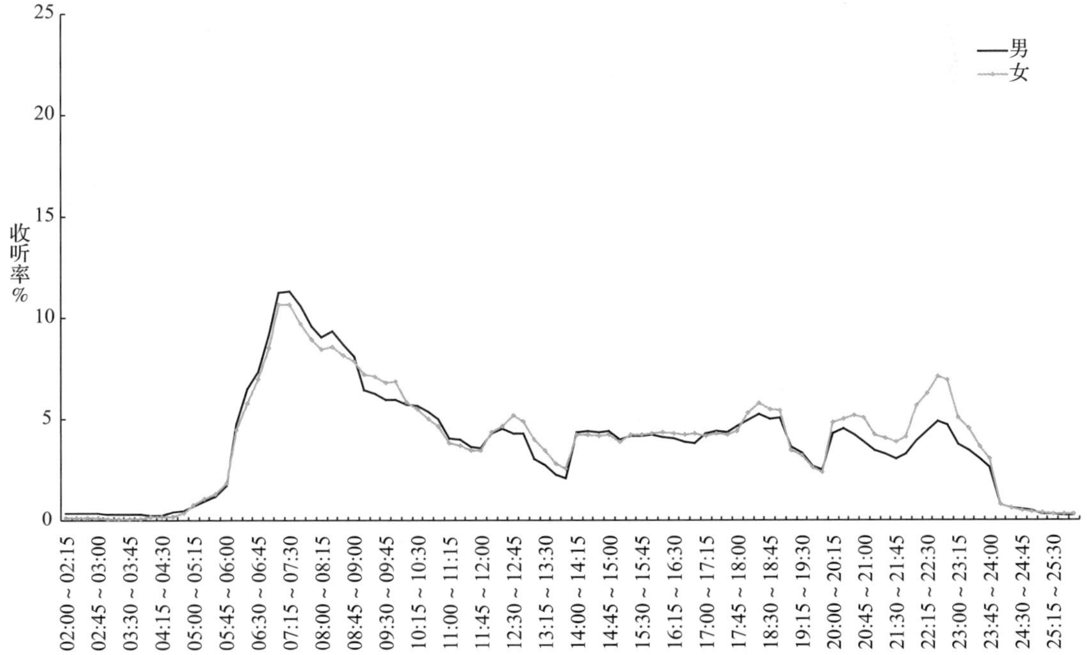


图 3.36.2 2014 年郑州不同性别听众全天收听率走势

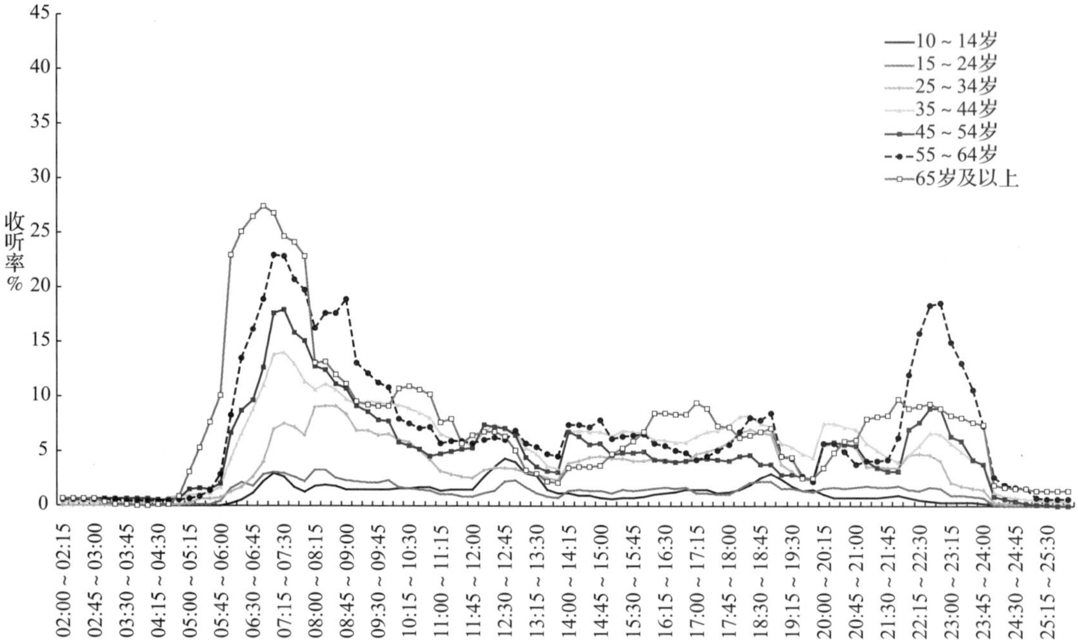


图 3.36.3　2014 年郑州不同年龄听众全天收听率走势

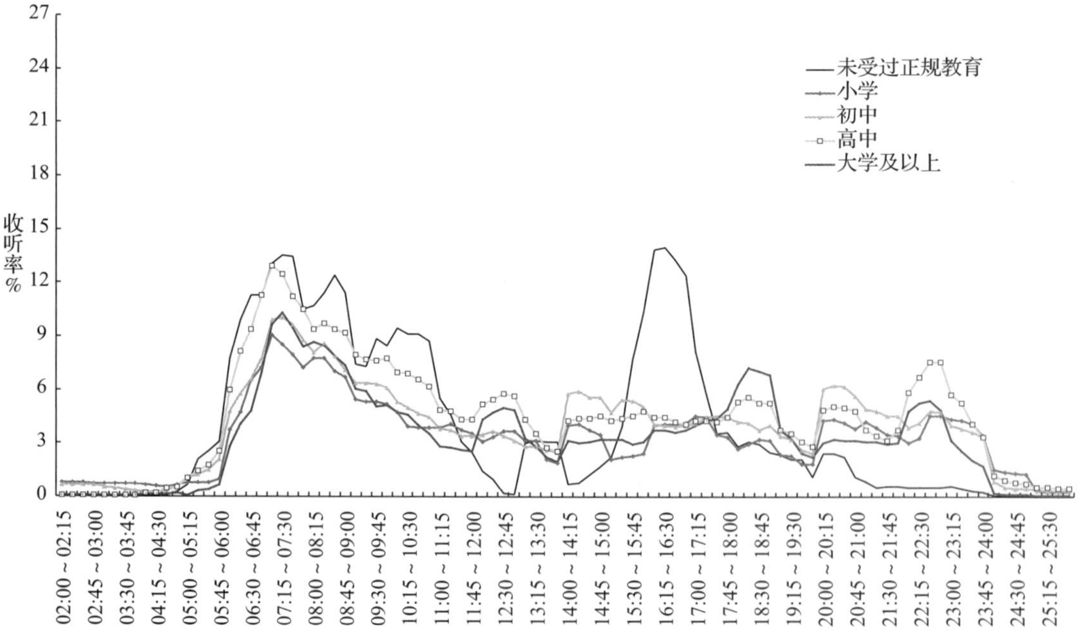


图 3.36.4　2014 年郑州不同文化程度听众全天收听率走势

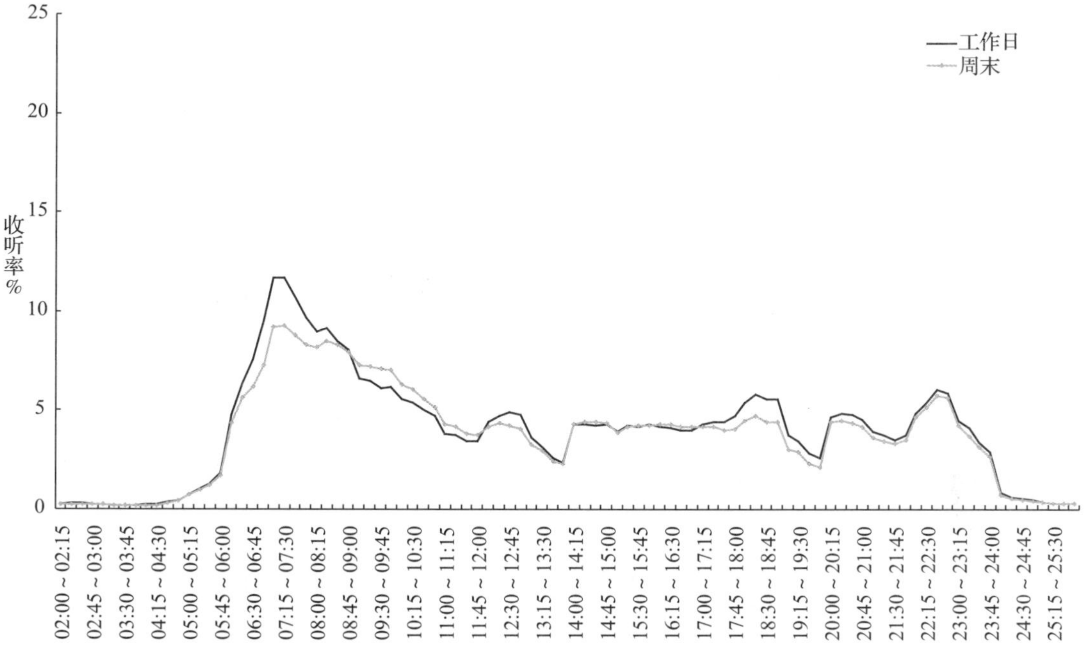


图 3.36.5　2014 年郑州听众工作日与周末全天收听率走势

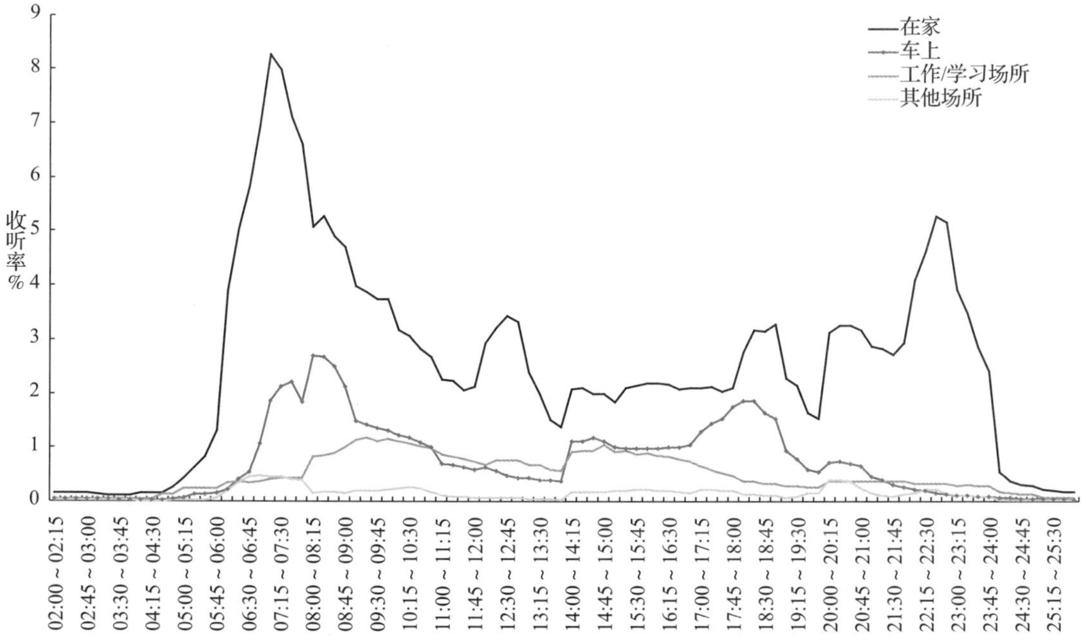


图 3.36.6　2014 年郑州听众在不同地点全天收听率走势

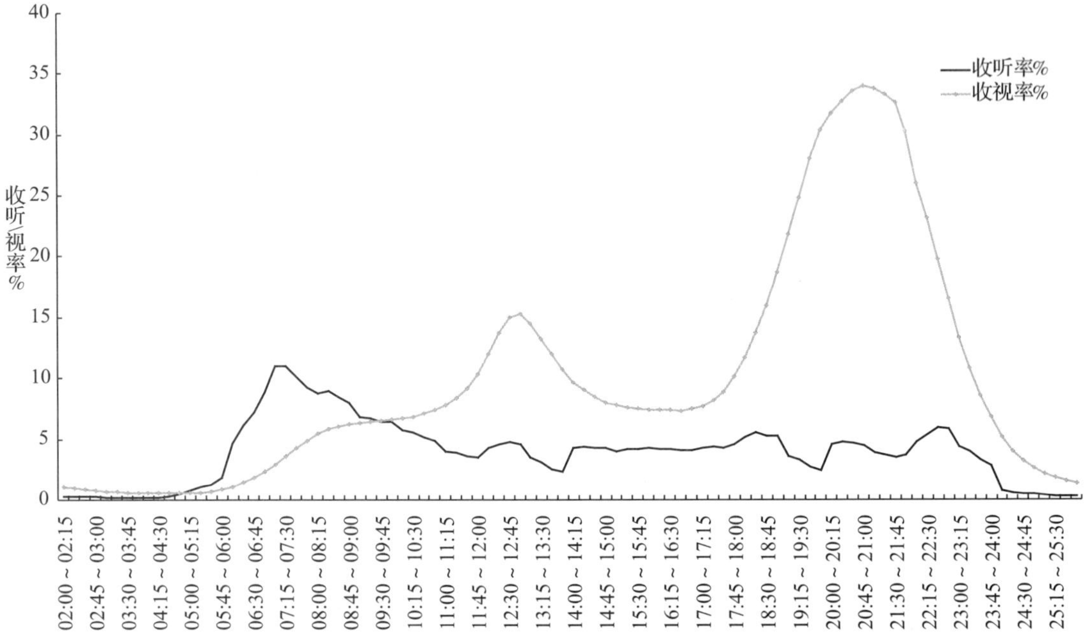


图 3.36.7　2014 年郑州受众全天收听率、收视率走势比较(目标受众为 10 岁及以上)

表 3.36.3 2014 年郑州市场听众构成(%)

| 目标听众 | | 听众构成(%) |
|---|---|---|
| 10 岁及以上所有人 | | 100.0 |
| 性别 | 男 | 49.3 |
| | 女 | 50.7 |
| 年龄 | 10~14 岁 | 1.2 |
| | 15~24 岁 | 9.3 |
| | 25~34 岁 | 19.3 |
| | 35~44 岁 | 27.9 |
| | 45~54 岁 | 15.5 |
| | 55~64 岁 | 13.7 |
| | 65 岁及以上 | 13.1 |
| 文化程度 | 未受过正规教育 | 1.0 |
| | 小学 | 5.0 |
| | 初中 | 26.3 |
| | 高中 | 42.8 |
| | 大学及以上 | 24.9 |
| 职业类别 | 干部/管理人员 | 3.6 |
| | 初级公务员/雇员 | 23.1 |
| | 个体/私营企业人员 | 14.4 |
| | 工人 | 17.4 |
| | 学生 | 4.2 |
| | 无业(含退休人员) | 35.3 |
| | 其他 | 2.0 |
| 个人月收入 | 无收入 | 15.7 |
| | 1~500 元 | 1.7 |
| | 501~1000 元 | 1.1 |
| | 1001~1500 元 | 5.8 |
| | 1501~2000 元 | 18.0 |
| | 2001~2500 元 | 16.7 |
| | 2501~3000 元 | 13.5 |
| | 3001~4000 元 | 16.7 |
| | 4001 元及以上 | 10.8 |

表 3.36.4 2012~2014 年郑州市场各广播电台的市场份额(%)

| 广播电台 | 2012 年 | 2013 年 | 2014 年 |
|---|---|---|---|
| 中央人民广播电台 | 7.3 | 6.4 | 6.1 |
| 中国国际广播电台 | 0.0 | 0.0 | 0.0 |
| 河南人民广播电台 | 48.1 | 46.8 | 46.8 |
| 郑州人民广播电台 | 43.7 | 46.5 | 46.2 |
| 其他广播电台 | 0.9 | 0.3 | 0.9 |

表 3.36.5　2014 年郑州市场各广播电台在不同目标听众中的市场份额(%)

| 目标听众 | | 中央人民广播电台 | 中国国际广播电台 | 河南人民广播电台 | 郑州人民广播电台 | 其他广播电台 |
|---|---|---|---|---|---|---|
| 10 岁及以上所有人 | | 6.1 | 0.0 | 46.8 | 46.2 | 0.9 |
| 性别 | 男 | 6.3 | 0.0 | 45.9 | 47.0 | 0.8 |
| | 女 | 6.0 | 0.0 | 47.6 | 45.5 | 0.9 |
| 年龄 | 10~14 岁 | 0.2 | 0.0 | 35.6 | 63.0 | 1.2 |
| | 15~24 岁 | 3.8 | 0.0 | 58.9 | 37.0 | 0.3 |
| | 25~34 岁 | 2.4 | 0.0 | 54.4 | 41.1 | 2.1 |
| | 35~44 岁 | 2.8 | 0.0 | 51.4 | 45.0 | 0.8 |
| | 45~54 岁 | 9.4 | 0.0 | 41.6 | 48.5 | 0.5 |
| | 55~64 岁 | 12.6 | 0.0 | 38.6 | 48.4 | 0.4 |
| | 65 岁及以上 | 10.3 | 0.0 | 32.7 | 56.4 | 0.6 |
| 文化程度 | 未受过正规教育 | 0.9 | 0.0 | 73.6 | 25.5 | 0.0 |
| | 小学 | 2.2 | 0.0 | 37.2 | 60.2 | 0.4 |
| | 初中 | 5.3 | 0.0 | 44.3 | 49.5 | 0.9 |
| | 高中 | 7.1 | 0.0 | 46.7 | 45.2 | 1.0 |
| | 大学及以上 | 6.4 | 0.0 | 50.5 | 42.5 | 0.6 |
| 职业类别 | 干部/管理人员 | 1.9 | 0.0 | 61.0 | 36.7 | 0.4 |
| | 初级公务员/雇员 | 4.6 | 0.0 | 48.8 | 46.2 | 0.4 |
| | 个体/私营企业人员 | 1.6 | 0.0 | 53.5 | 43.3 | 1.6 |
| | 工人 | 6.0 | 0.0 | 47.3 | 46.2 | 0.5 |
| | 学生 | 2.2 | 0.0 | 51.1 | 46.2 | 0.5 |
| | 无业(含退休人员) | 10.1 | 0.0 | 38.5 | 50.1 | 1.3 |
| | 其他 | 1.5 | 0.0 | 82.2 | 16.3 | 0.0 |
| 个人月收入 | 无收入 | 3.7 | 0.0 | 52.8 | 43.0 | 0.5 |
| | 1~500 元 | 2.5 | 0.0 | 76.2 | 21.3 | 0.0 |
| | 501~1000 元 | 4.6 | 0.0 | 49.2 | 46.1 | 0.1 |
| | 1001~1500 元 | 3.6 | 0.0 | 47.6 | 48.3 | 0.5 |
| | 1501~2000 元 | 7.0 | 0.0 | 38.4 | 54.1 | 0.5 |
| | 2001~2500 元 | 9.0 | 0.0 | 38.3 | 52.2 | 0.5 |
| | 2501~3000 元 | 8.4 | 0.0 | 44.7 | 46.6 | 0.3 |
| | 3001~4000 元 | 6.4 | 0.0 | 52.1 | 40.7 | 0.8 |
| | 4001 元及以上 | 2.4 | 0.0 | 53.7 | 40.3 | 3.6 |

表 3.36.6　2014 年郑州市场份额排名前五位的频率

| 名　次 | 频率名称 | 市场份额(%) |
|---|---|---|
| 1 | 郑州人民广播电台新闻广播 AM549/FM98.6 | 19.0 |
| 2 | 河南人民广播电台音乐广播 FM88.1 | 14.9 |
| 3 | 河南人民广播电台交通广播 FM104.1 | 8.4 |
| 4 | 郑州人民广播电台经济广播 AM711/FM93.1 | 7.7 |
| 5 | 河南人民广播电台娱乐 976 AM1143/FM97.6 | 6.9 |

# 三十七、安徽收听数据

表 3.37.1 2012～2014 年安徽各目标听众人均收听时间(分钟)

| 目标听众 | | 2012 年 | 2013 年 | 2014 年 | | | |
|---|---|---|---|---|---|---|---|
| | | | | 第 1 波 | 第 2 波 | 第 3 波 | 第 4 波 |
| 10 岁及以上所有人 | | 56 | 45 | 45 | 40 | 39 | 40 |
| 城乡 | 城市 | 60 | 52 | 50 | 46 | 44 | 49 |
| | 农村 | 52 | 41 | 41 | 36 | 35 | 33 |
| 性别 | 男 | 64 | 51 | 53 | 46 | 46 | 45 |
| | 女 | 48 | 39 | 37 | 33 | 31 | 33 |
| 年龄 | 10～14 岁 | 23 | 17 | 16 | 9 | 13 | 11 |
| | 15～24 岁 | 34 | 20 | 19 | 17 | 17 | 18 |
| | 25～34 岁 | 43 | 38 | 38 | 34 | 32 | 34 |
| | 35～44 岁 | 57 | 42 | 43 | 37 | 35 | 37 |
| | 45～54 岁 | 74 | 61 | 56 | 50 | 46 | 48 |
| | 55～64 岁 | 91 | 80 | 78 | 78 | 79 | 75 |
| | 65 岁及以上 | 87 | 84 | 97 | 82 | 80 | 79 |
| 文化程度 | 未受过正规教育 | 58 | 45 | 55 | 46 | 47 | 46 |
| | 小学 | 58 | 51 | 55 | 46 | 42 | 41 |
| | 初中 | 53 | 42 | 44 | 37 | 37 | 39 |
| | 高中 | 57 | 46 | 40 | 37 | 36 | 37 |
| | 大学及以上 | 56 | 47 | 44 | 45 | 45 | 43 |
| 职业类别 | 干部/管理人员 | 53 | 47 | 51 | 50 | 47 | 61 |
| | 初级公务员/雇员 | 75 | 54 | 45 | 40 | 39 | 34 |
| | 个体/私营企业人员 | 58 | 51 | 55 | 47 | 42 | 46 |
| | 工人 | 63 | 48 | 47 | 42 | 39 | 45 |
| | 农民/渔民/牧民 | 54 | 41 | 40 | 34 | 37 | 32 |
| | 学生 | 24 | 16 | 15 | 11 | 14 | 14 |
| | 无业(含退休人员) | 69 | 63 | 65 | 61 | 62 | 60 |
| | 其他 | * | 119 | 100 | 78 | 80 | 117 |
| 个人月收入 | 无收入 | 35 | 28 | 24 | 20 | 20 | 19 |
| | 1～500 元 | 65 | 56 | 56 | 47 | 47 | 32 |
| | 501～1000 元 | 64 | 58 | 59 | 47 | 45 | 46 |
| | 1001～1500 元 | 63 | 53 | 49 | 42 | 44 | 48 |
| | 1501～2000 元 | 64 | 52 | 58 | 54 | 51 | 54 |
| | 2001～2500 元 | 67 | 51 | 60 | 52 | 55 | 54 |
| | 2501～3000 元 | 81 | 52 | 48 | 49 | 44 | 47 |
| | 3001 元及以上 | 53 | 44 | 48 | 43 | 37 | 43 |

注:安徽为四波调查省网。2014 年四波调查时间分别为:第 1 波 2 月 23 日至 3 月 15 日,第 2 波 5 月 25 日至 6 月 14 日,第 3 波 8 月 24 日至 9 月 13 日,第 4 波 11 月 2 日至 11 月 22 日。

表 3.37.2 2012～2014 年安徽听众在不同地点的人均收听时间(分钟)

| 地点 | 2012 年 | 2013 年 | 2014 年 |
|---|---|---|---|
| 在家 | 39 | 31 | 27 |
| 车上 | 10 | 7 | 8 |
| 工作/学习场所 | 5 | 5 | 4 |
| 其他场所 | 2 | 2 | 2 |

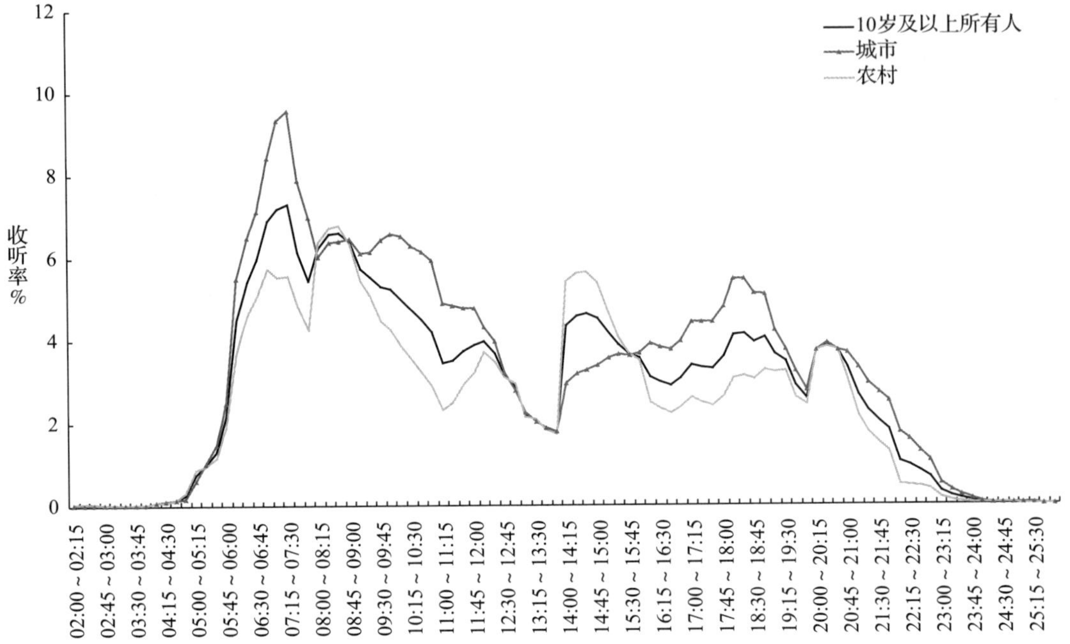


图 3.37.1　2014 年安徽听众全天收听率走势

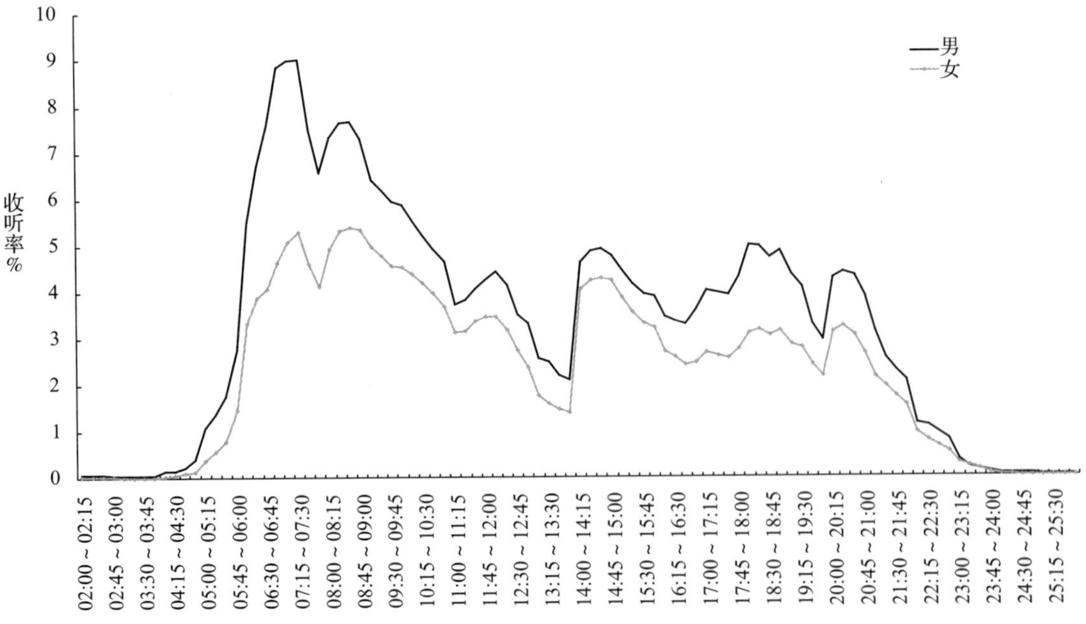


图 3.37.2　2014 年安徽不同性别听众全天收听率走势

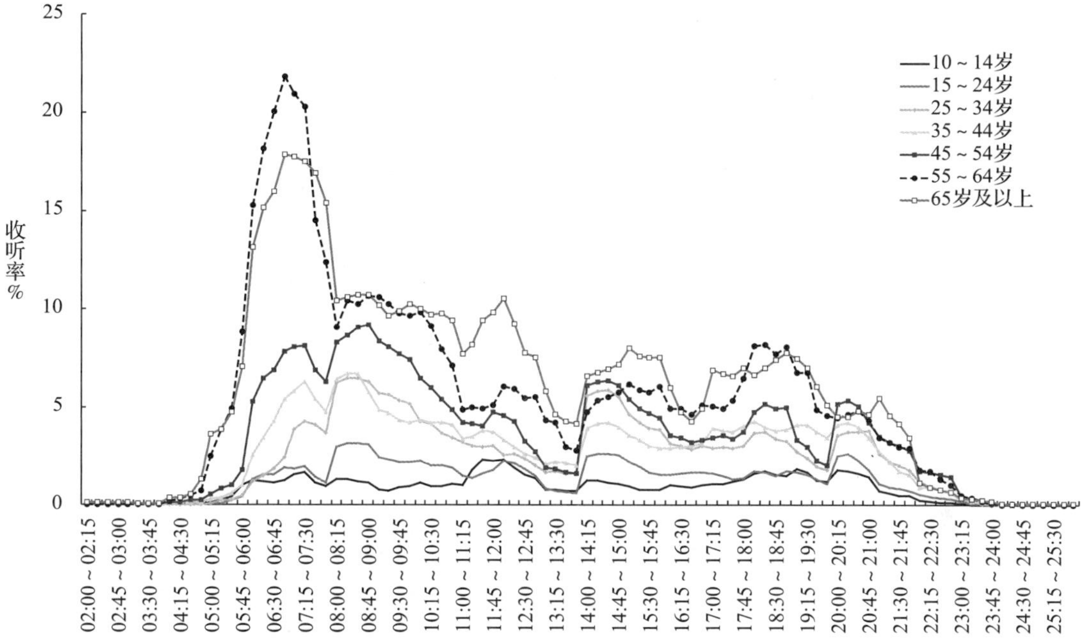


图 3. 37. 3　2014 年安徽不同年龄听众全天收听率走势

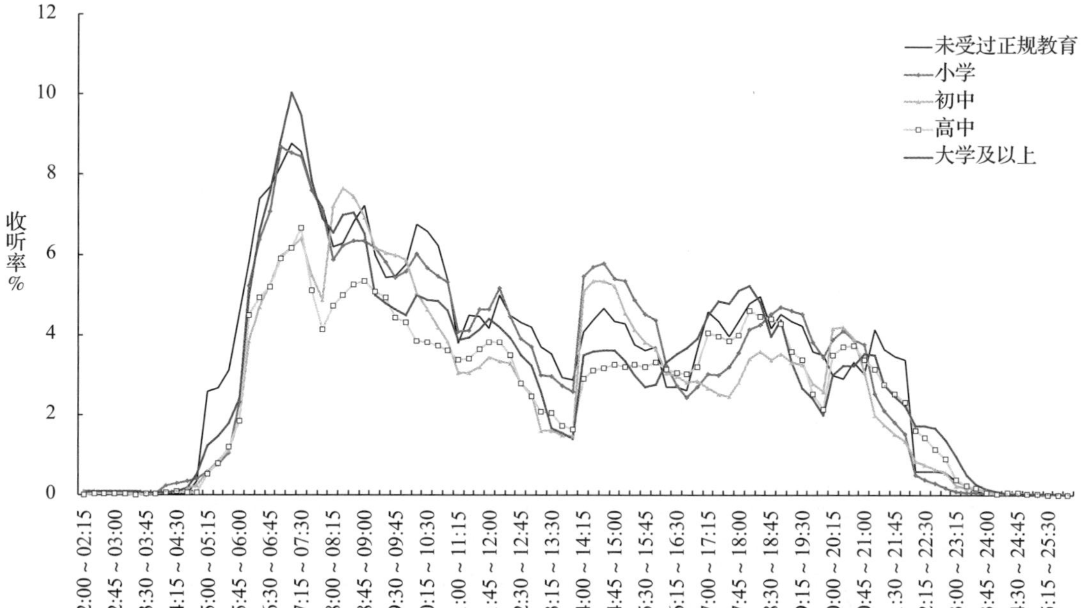


图 3. 37. 4　2014 年安徽不同文化程度听众全天收听率走势

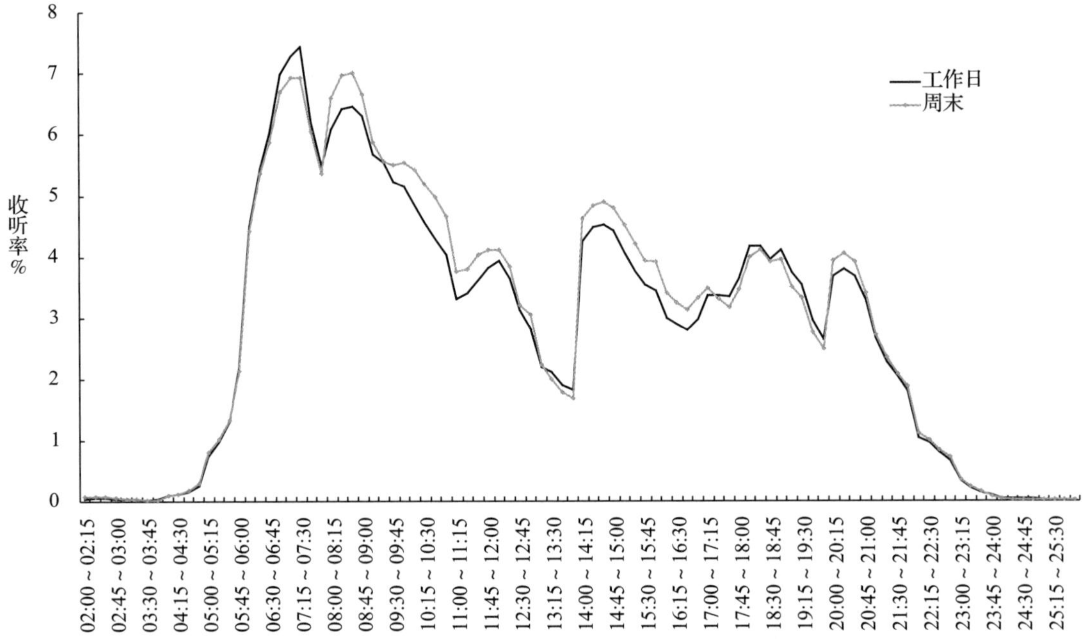


图 3.37.5　2014 年安徽听众工作日与周末全天收听率走势

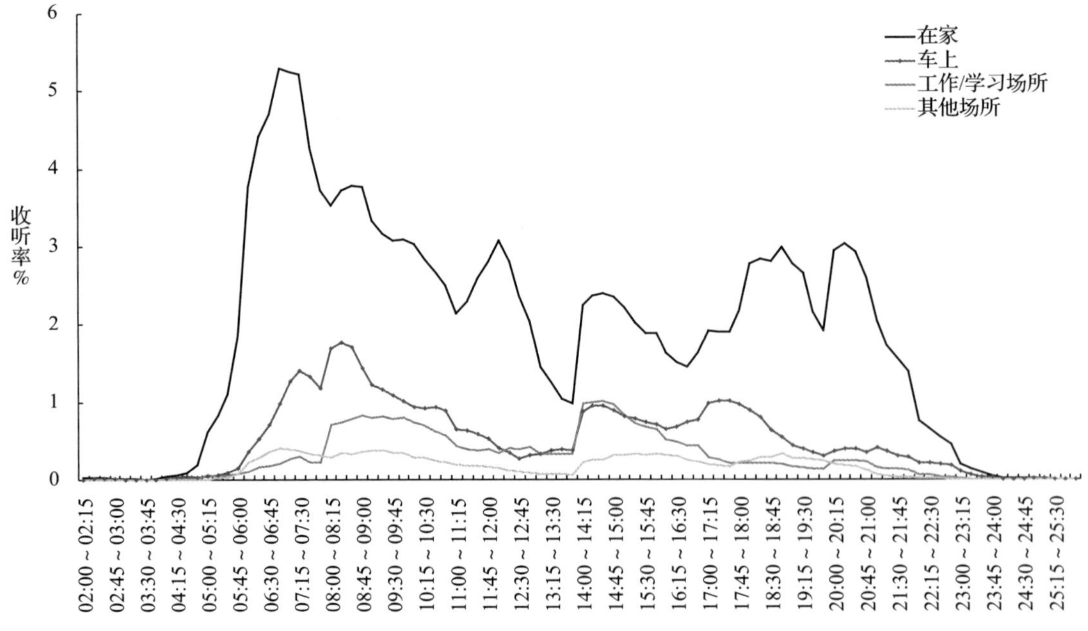


图 3.37.6　2014 年安徽听众在不同收听地点全天收听率走势

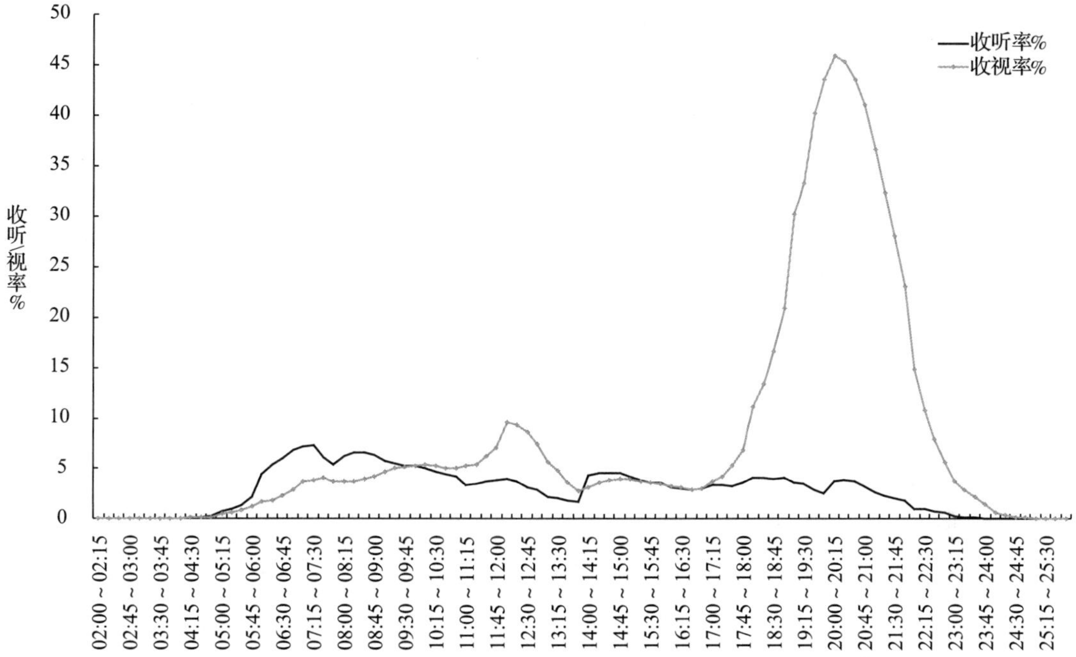


图 3.37.7　2014 年安徽受众全天收听率、收视率走势比较(目标受众为 10 岁及以上)

表 3.37.3 2014 年安徽市场听众构成(%)

| 目标听众 | | 听众构成(%) |
|---|---|---|
| 10 岁及以上所有人 | | 100.0 |
| 城乡 | 城市 | 49.7 |
| | 农村 | 50.3 |
| 性别 | 男 | 62.4 |
| | 女 | 37.6 |
| 年龄 | 10~14 岁 | 1.4 |
| | 15~24 岁 | 9.8 |
| | 25~34 岁 | 14.5 |
| | 35~44 岁 | 22.3 |
| | 45~54 岁 | 16.0 |
| | 55~64 岁 | 18.0 |
| | 65 岁及以上 | 18.1 |
| 文化程度 | 未受过正规教育 | 6.4 |
| | 小学 | 19.7 |
| | 初中 | 38.1 |
| | 高中 | 23.1 |
| | 大学及以上 | 12.8 |
| 职业类别 | 干部/管理人员 | 2.6 |
| | 个体/私营企业人员 | 21.5 |
| | 初级公务员/雇员 | 10.9 |
| | 工人 | 17.7 |
| | 农民/渔民/牧民 | 14.9 |
| | 学生 | 5.5 |
| | 无业(含退休人员) | 25.1 |
| | 其他 | 1.9 |
| 个人月收入 | 无收入 | 13.2 |
| | 1~500 元 | 9.9 |
| | 501~1000 元 | 7.6 |
| | 1001~1500 元 | 13.2 |
| | 1501~2000 元 | 15.9 |
| | 2001~2500 元 | 15.8 |
| | 2501~3000 元 | 10.0 |
| | 3001 元及以上 | 14.5 |

表 3.37.4 2012~2014 年安徽市场各广播电台的市场份额(%)

| 广播电台 | 2012 年 | 2013 年 | 2014 年 | | | |
|---|---|---|---|---|---|---|
| | | | 第 1 波 | 第 2 波 | 第 3 波 | 第 4 波 |
| 中央人民广播电台 | 19.7 | 20.3 | 19.6 | 16.5 | 17.9 | 19.8 |
| 中国国际广播电台 | 0.3 | 0.4 | 0.4 | 0.3 | 0.2 | 0.2 |
| 安徽广播电视总台 | 46.8 | 49.4 | 52.6 | 56.0 | 54.2 | 55.4 |
| 其他广播电台 | 33.3 | 29.9 | 27.4 | 27.2 | 27.7 | 24.6 |

表 3.37.5 2014 年安徽市场各广播电台在不同目标听众中的市场份额(%)

| 目标听众 | | 中央人民广播电台 | 中国国际广播电台 | 安徽广播电视总台 | 其他广播电台 |
|---|---|---|---|---|---|
| 10 岁及以上所有人 | | 18.5 | 0.3 | 54.5 | 26.7 |
| 城乡 | 城市 | 20.3 | 0.5 | 48.9 | 30.3 |
| | 农村 | 16.7 | 0.1 | 60.0 | 23.2 |
| 性别 | 男 | 20.4 | 0.3 | 53.7 | 25.6 |
| | 女 | 15.2 | 0.2 | 55.8 | 28.8 |
| 年龄 | 10～14 岁 | 18.0 | 0.9 | 46.7 | 34.4 |
| | 15～24 岁 | 13.0 | 0.1 | 54.9 | 32.0 |
| | 25～34 岁 | 12.1 | 0.6 | 59.1 | 28.2 |
| | 35～44 岁 | 21.8 | 0.3 | 47.5 | 30.5 |
| | 45～54 岁 | 14.8 | 0.1 | 56.1 | 28.9 |
| | 55～64 岁 | 20.1 | 0.3 | 55.7 | 23.9 |
| | 65 岁及以上 | 24.2 | 0.1 | 57.1 | 18.5 |
| 文化程度 | 未受过正规教育 | 14.6 | 0.0 | 66.8 | 18.6 |
| | 小学 | 19.0 | 0.1 | 52.7 | 28.2 |
| | 初中 | 16.5 | 0.4 | 55.8 | 27.3 |
| | 高中 | 20.0 | 0.4 | 54.1 | 25.6 |
| | 大学及以上 | 22.8 | 0.2 | 47.9 | 29.1 |
| 职业类别 | 干部/管理人员 | 25.6 | 0.2 | 52.1 | 22.2 |
| | 个体/私营企业人员 | 19.2 | 0.4 | 50.6 | 29.7 |
| | 初级公务员/雇员 | 17.8 | 0.0 | 56.5 | 25.6 |
| | 工人 | 16.5 | 0.5 | 59.8 | 23.2 |
| | 农民/渔民/牧民 | 11.1 | 0.1 | 59.9 | 28.9 |
| | 学生 | 18.7 | 0.3 | 48.9 | 32.1 |
| | 无业(含退休人员) | 23.2 | 0.2 | 50.4 | 26.1 |
| | 其他 | 17.3 | 0.0 | 68.2 | 14.6 |
| 个人月收入 | 无收入 | 17.0 | 0.2 | 53.7 | 29.1 |
| | 1～500 元 | 12.8 | 0.0 | 58.1 | 29.0 |
| | 501～1000 元 | 16.9 | 0.1 | 60.9 | 22.1 |
| | 1001～1500 元 | 22.6 | 0.5 | 51.9 | 25.0 |
| | 1501～2000 元 | 21.3 | 0.2 | 54.0 | 24.5 |
| | 2001～2500 元 | 20.9 | 0.1 | 52.3 | 26.6 |
| | 2501～3000 元 | 21.8 | 0.3 | 51.6 | 26.3 |
| | 3001 元及以上 | 12.8 | 0.6 | 56.3 | 30.3 |

表 3.37.6 2014 年安徽市场份额排名前五位的频率

| 名　次 | 频率名称 | 市场份额(%) |
|---|---|---|
| 1 | 中央人民广播电台第一套节目中国之声 | 15.1 |
| 2 | 安徽音乐广播 FM89.5 | 10.4 |
| 3 | 安徽交通广播 FM90.8 | 8.5 |
| 4 | 安徽新闻综合广播 FM103.6/AM936 | 8.3 |
| 5 | 安徽小说评书广播 FM107.4 | 6.8 |

# 三十八、福建收听数据

**表 3.38.1　2012~2014 年福建各目标听众人均收听时间(分钟)**

| 目标听众 | | 2012 年 | 2013 年 | 2014 年 | | | |
|---|---|---|---|---|---|---|---|
| | | | | 第 1 波 | 第 2 波 | 第 3 波 | 第 4 波 |
| 10 岁及以上所有人 | | 47 | 49 | 43 | 46 | 43 | 44 |
| 城乡 | 城市 | 55 | 57 | 50 | 52 | 49 | 50 |
| | 农村 | 38 | 42 | 37 | 41 | 38 | 39 |
| 性别 | 男 | 51 | 52 | 46 | 48 | 45 | 45 |
| | 女 | 42 | 45 | 40 | 43 | 41 | 43 |
| 年龄 | 10~14 岁 | 19 | 21 | 18 | 18 | 15 | 10 |
| | 15~24 岁 | 28 | 27 | 22 | 22 | 20 | 19 |
| | 25~34 岁 | 42 | 37 | 29 | 34 | 35 | 35 |
| | 35~44 岁 | 51 | 50 | 46 | 50 | 45 | 42 |
| | 45~54 岁 | 58 | 65 | 62 | 59 | 58 | 55 |
| | 55~64 岁 | 72 | 71 | 62 | 60 | 58 | 63 |
| | 65 岁及以上 | 84 | 94 | 91 | 106 | 96 | 116 |
| 文化程度 | 未受过正规教育 | 77 | 77 | 72 | 77 | 72 | 73 |
| | 小学 | 40 | 44 | 41 | 53 | 47 | 50 |
| | 初中 | 46 | 47 | 39 | 40 | 38 | 39 |
| | 高中 | 48 | 47 | 43 | 42 | 41 | 40 |
| | 大学及以上 | 45 | 49 | 44 | 45 | 44 | 43 |
| 职业类别 | 干部/管理人员 | 57 | 63 | 61 | 52 | 57 | 60 |
| | 初级公务员/雇员 | 41 | 44 | 43 | 41 | 40 | 37 |
| | 个体/私营企业人员 | 49 | 53 | 48 | 52 | 48 | 47 |
| | 工人 | 58 | 40 | 32 | 36 | 32 | 34 |
| | 农民/渔民/牧民 | 61 | 66 | 50 | 57 | 52 | 52 |
| | 学生 | 20 | 22 | 19 | 19 | 19 | 14 |
| | 无业(含退休人员) | 56 | 58 | 57 | 62 | 58 | 68 |
| | 其他 | * | * | * | * | * | * |
| 个人月收入 | 无收入 | 30 | 31 | 26 | 28 | 27 | 29 |
| | 1~500 元 | 80 | 76 | 69 | 80 | 71 | 69 |
| | 501~1000 元 | 50 | 60 | 55 | 69 | 67 | 58 |
| | 1001~1500 元 | 56 | 57 | 48 | 51 | 54 | 56 |
| | 1501~2000 元 | 52 | 50 | 42 | 46 | 47 | 53 |
| | 2001~2500 元 | 44 | 47 | 46 | 46 | 41 | 41 |
| | 2501~3000 元 | 53 | 60 | 47 | 49 | 40 | 43 |
| | 3001 元及以上 | 55 | 56 | 51 | 52 | 49 | 46 |

注:福建为四波调查省网。2014 年四波调查时间分别为:第 1 波 2 月 23 日至 3 月 15 日;第 2 波 5 月 25 日至 6 月 14 日;第 3 波 8 月 24 日至 9 月 13 日;第 4 波 11 月 2 日至 11 月 22 日。

"*"表示该目标听众样本量不足,无法进行统计推断。

**表 3.38.2　2012~2014 年福建听众在不同地点的人均收听时间(分钟)**

| 地　　点 | 2012 年 | 2013 年 | 2014 年 |
|---|---|---|---|
| 在家 | 30 | 32 | 28 |
| 车上 | 11 | 11 | 11 |
| 工作/学习场所 | 4 | 4 | 3 |
| 其他场所 | 2 | 1 | 2 |

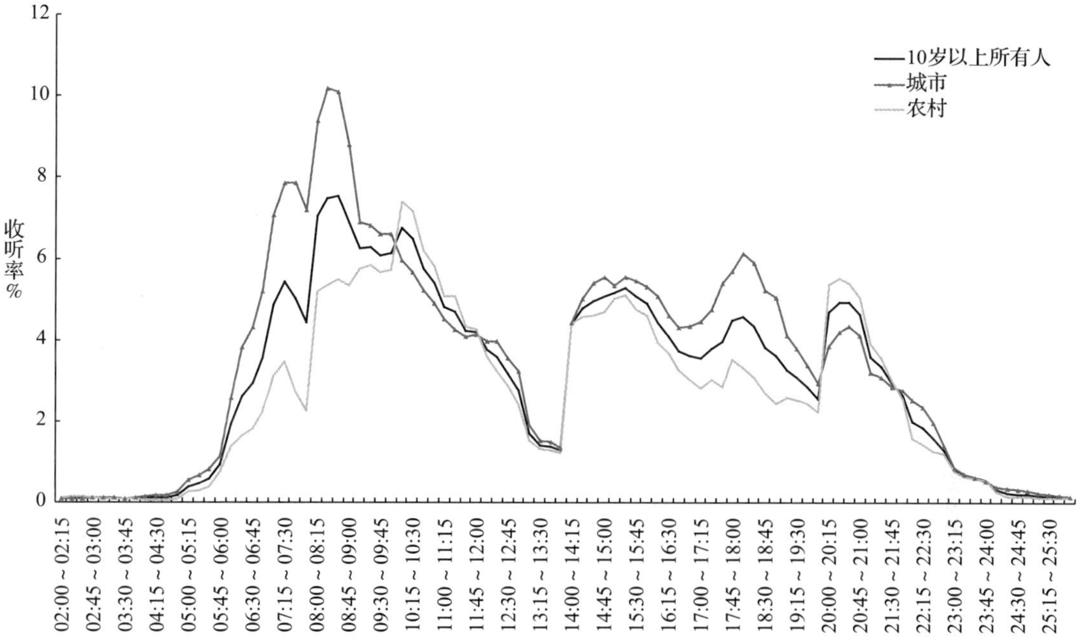


图 3. 38. 1 2014 年福建听众全天收听率走势

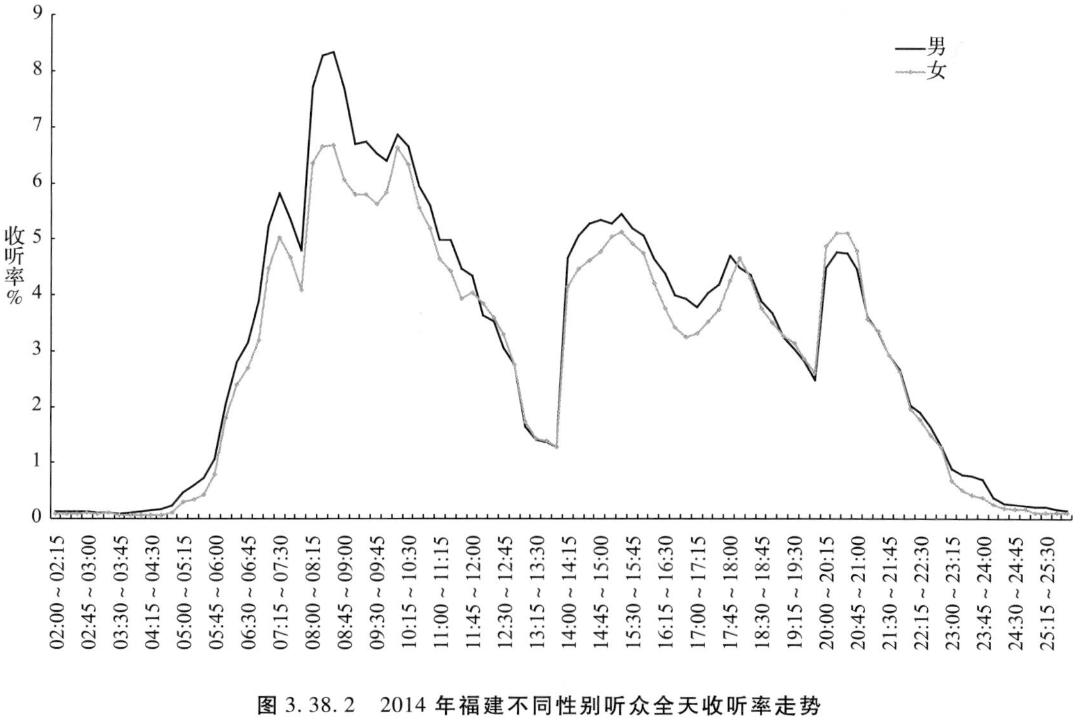


图 3. 38. 2 2014 年福建不同性别听众全天收听率走势

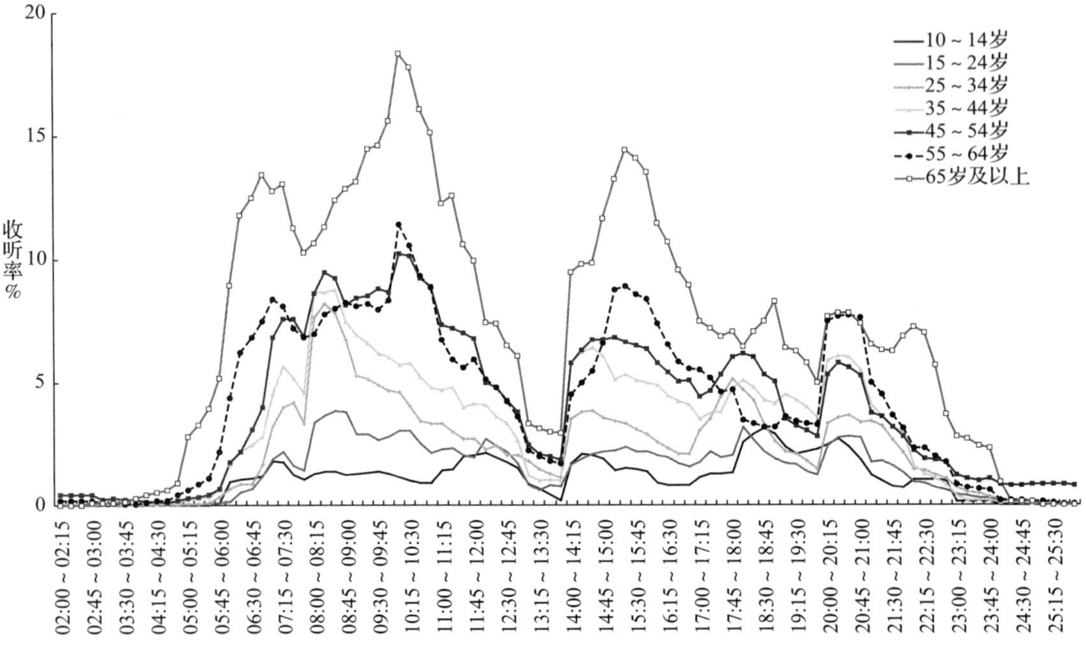


图 3.38.3　2014 年福建不同年龄听众全天收听率走势

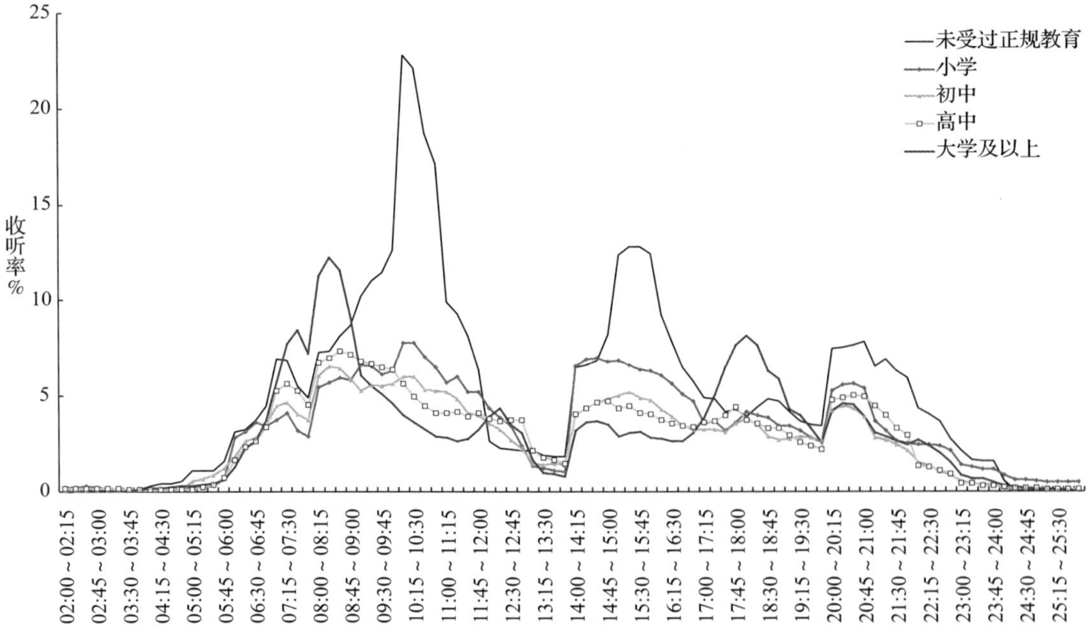


图 3.38.4　2014 年福建不同文化程度听众全天收听率走势

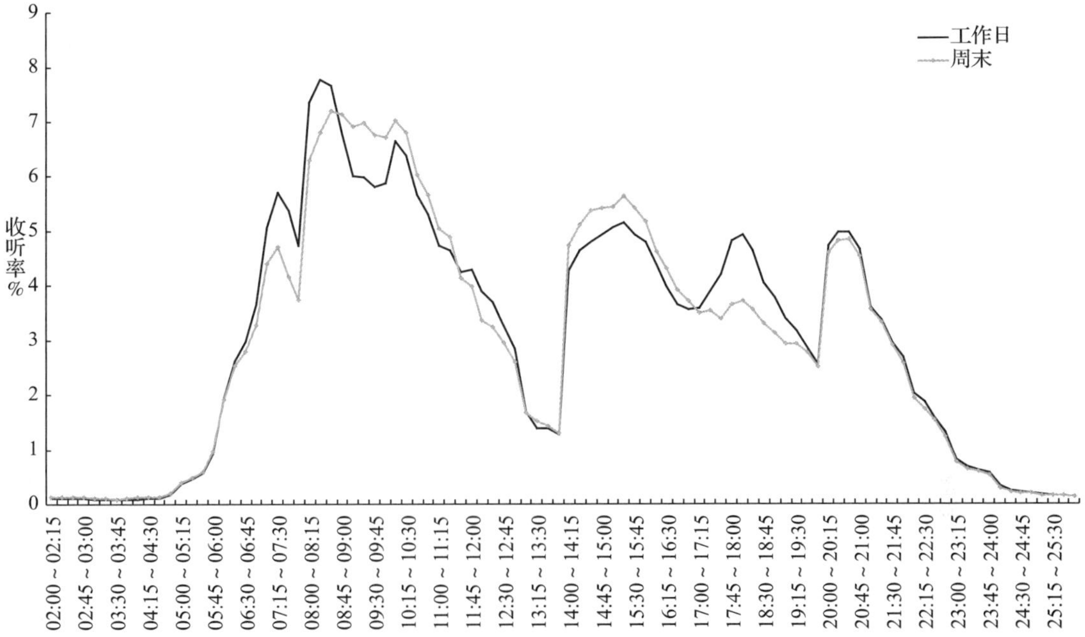


图 3.38.5　2014 年福建听众工作日与周末全天收听率走势

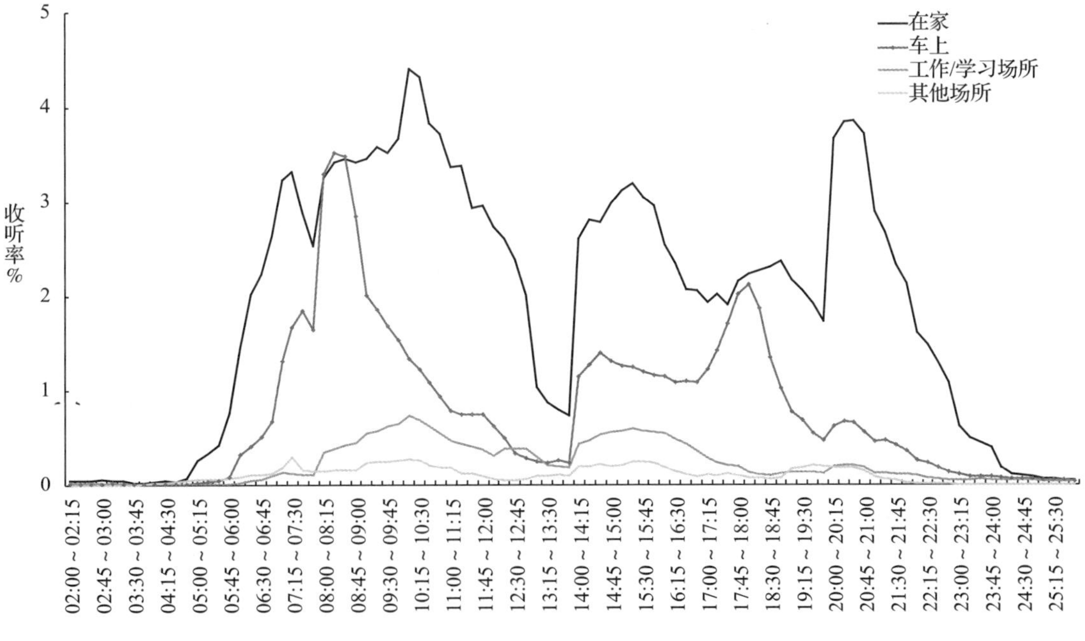


图 3.38.6　2014 年福建听众在不同收听地点全天收听率走势

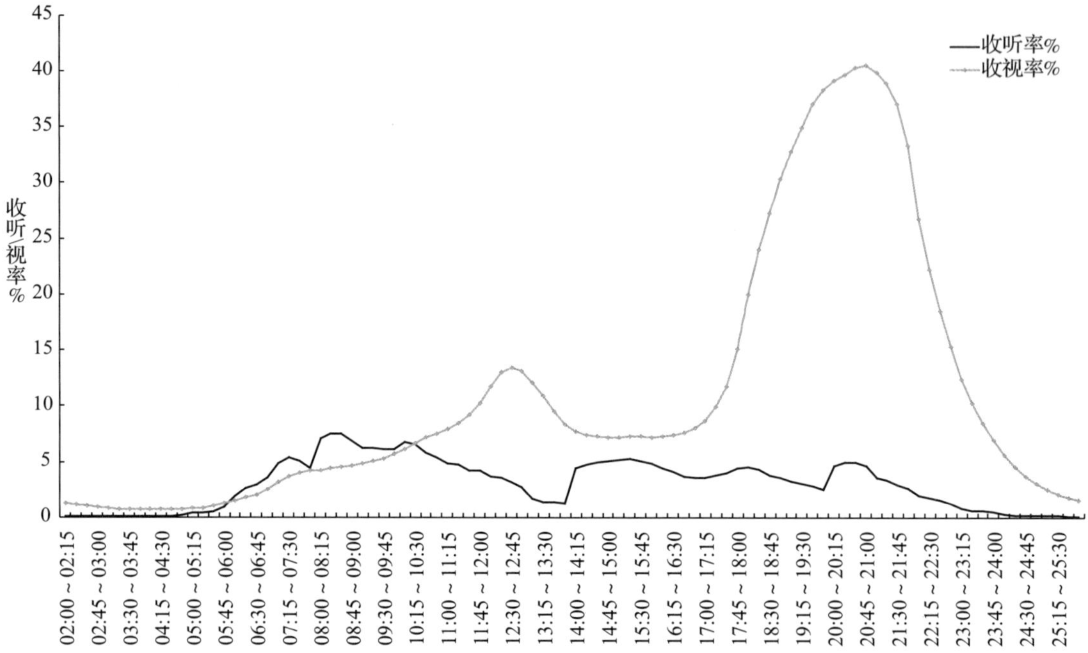


图 3. 38. 7　2014 年福建受众全天收听率、收视率走势比较（目标受众为 10 岁及以上）

表 3.38.3　2014 年福建市场听众构成(%)

| 目标听众 | | 听众构成(%) |
|---|---|---|
| 10 岁及以上所有人 | | 100.0 |
| 城乡 | 城市 | 51.0 |
| | 农村 | 49.0 |
| 性别 | 男 | 53.4 |
| | 女 | 46.6 |
| 年龄 | 10～14 岁 | 1.5 |
| | 15～24 岁 | 9.0 |
| | 25～34 岁 | 18.7 |
| | 35～44 岁 | 24.1 |
| | 45～54 岁 | 15.7 |
| | 55～64 岁 | 14.0 |
| | 65 岁及以上 | 17.0 |
| 文化程度 | 未受过正规教育 | 9.1 |
| | 小学 | 17.8 |
| | 初中 | 32.7 |
| | 高中 | 23.1 |
| | 大学及以上 | 17.2 |
| 职业类别 | 干部/管理人员 | 4.3 |
| | 初级公务员/雇员 | 18.9 |
| | 个体/私营企业人员 | 19.6 |
| | 工人 | 8.6 |
| | 农民/渔民/牧民 | 18.1 |
| | 学生 | 6.2 |
| | 无业(含退休人员) | 24.3 |
| | 其他 | * |
| 个人月收入 | 无收入 | 15.7 |
| | 1～500 元 | 5.1 |
| | 501～1000 元 | 6.7 |
| | 1001～1500 元 | 10.2 |
| | 1501～2000 元 | 13.0 |
| | 2001～2500 元 | 14.2 |
| | 2501～3000 元 | 10.1 |
| | 3001 元及以上 | 25.1 |

“*”表示该目标听众样本量不足,无法进行统计推断。

表 3.38.4　2012～2014 年福建市场各广播电台的市场份额(%)

| 广播电台 | 2012 年 | 2013 年 | 2014 年 | | | |
|---|---|---|---|---|---|---|
| | | | 第 1 波 | 第 2 波 | 第 3 波 | 第 4 波 |
| 中央人民广播电台 | 19.0 | 20.4 | 23.7 | 22.5 | 23.0 | 24.2 |
| 中国国际广播电台 | 0.6 | 0.5 | 0.7 | 0.7 | 0.8 | 0.6 |
| 福建广播影视集团 | 28.7 | 26.5 | 24.8 | 26.9 | 26.0 | 25.9 |
| 海峡之声广播电台 | 6.3 | 7.5 | 6.1 | 6.9 | 5.8 | 6.5 |
| 其他广播电台 | 45.5 | 45.1 | 44.7 | 43.0 | 44.4 | 42.8 |

表 3.38.5　2014 年福建市场各广播电台在不同目标听众中的市场份额(%)

| 目标听众 | | 中央人民广播电台 | 中国国际广播电台 | 福建广播影视集团 | 海峡之声广播电台 | 其他广播电台 |
|---|---|---|---|---|---|---|
| 10 岁及以上所有人 | | 19.0 | 0.6 | 28.7 | 6.3 | 45.4 |
| 城乡 | 城市 | 16.4 | 0.9 | 21.5 | 3.6 | 57.6 |
| | 农村 | 22.9 | 0.1 | 39.6 | 10.5 | 26.9 |
| 性别 | 男 | 18.9 | 0.6 | 30.1 | 5.7 | 44.7 |
| | 女 | 19.0 | 0.5 | 27.0 | 7.1 | 46.4 |
| 年龄 | 10～14 岁 | 19.5 | 1.0 | 26.9 | 4.8 | 47.8 |
| | 15～24 岁 | 22.6 | 1.5 | 28.1 | 7.3 | 40.5 |
| | 25～34 岁 | 13.7 | 1.0 | 34.8 | 4.3 | 46.2 |
| | 35～44 岁 | 15.9 | 0.3 | 32.1 | 5.0 | 46.7 |
| | 45～54 岁 | 16.7 | 0.2 | 31.2 | 7.7 | 44.2 |
| | 55～64 岁 | 30.7 | 0.2 | 21.2 | 6.4 | 41.5 |
| | 65 岁及以上 | 21.6 | 0.1 | 14.7 | 9.7 | 53.9 |
| 文化程度 | 未受过正规教育 | 12.6 | 0.0 | 9.6 | 19.8 | 58.0 |
| | 小学 | 16.9 | 0.2 | 19.9 | 8.2 | 54.8 |
| | 初中 | 18.4 | 0.2 | 34.5 | 5.3 | 41.6 |
| | 高中 | 22.7 | 0.4 | 32.0 | 4.2 | 40.7 |
| | 大学及以上 | 19.2 | 2.4 | 27.6 | 3.4 | 47.4 |
| 职业类别 | 干部/管理人员 | 23.5 | 3.1 | 22.6 | 5.2 | 45.6 |
| | 初级公务员/雇员 | 17.3 | 1.1 | 30.1 | 4.0 | 47.5 |
| | 个体/私营企业人员 | 14.0 | 0.1 | 37.9 | 5.1 | 42.9 |
| | 工人 | 11.5 | 1.0 | 33.4 | 3.5 | 50.6 |
| | 农民/渔民/牧民 | 17.3 | 0.0 | 18.4 | 17.6 | 46.7 |
| | 学生 | 19.6 | 1.2 | 26.0 | 7.0 | 46.2 |
| | 无业(含退休人员) | 28.8 | 0.1 | 25.7 | 3.7 | 41.7 |
| | 其他 | * | * | * | * | * |
| 个人月收入 | 无收入 | 22.3 | 0.5 | 27.7 | 6.5 | 43.0 |
| | 1～500 元 | 13.2 | 0.0 | 13.8 | 20.1 | 52.9 |
| | 501～1000 元 | 22.3 | 0.0 | 20.1 | 12.8 | 44.8 |
| | 1001～1500 元 | 21.0 | 1.4 | 30.1 | 6.4 | 41.1 |
| | 1501～2000 元 | 17.0 | 0.6 | 30.6 | 5.6 | 46.2 |
| | 2001～2500 元 | 14.9 | 1.1 | 24.2 | 6.3 | 53.5 |
| | 2501～3000 元 | 14.6 | 0.2 | 38.6 | 3.1 | 43.5 |
| | 3001 元及以上 | 20.6 | 0.4 | 30.6 | 2.8 | 45.6 |

“*”表示该目标听众样本量不足，无法进行统计推断。

表 3.38.6　2013 年福建市场份额排名前五位的频率

| 名　次 | 频率名称 | 市场份额(%) |
|---|---|---|
| 1 | 中央人民广播电台第一套节目中国之声 | 15.9 |
| 2 | 福建新闻广播 FM103.6/AM882 | 9.5 |
| 3 | 福建交通广播 FM100.7 | 9.1 |
| 4 | 海峡之声广播电台闽南话频道 AM783 | 4.7 |
| 5 | 福建经济电台财经 961 FM96.1/AM1404 | 3.6 |

# 三十九、辽宁收听数据

**表 3.39.1　2012～2014 年辽宁各目标听众人均收听时间(分钟)**

| 目标听众 | | 2012 年 | 2013 年 | 2014 年 |
|---|---|---|---|---|
| 10 岁及以上所有人 | | 61 | 60 | 57 |
| 城乡 | 城市 | 80 | 80 | 74 |
| | 农村 | 38 | 29 | 26 |
| 性别 | 男 | 65 | 60 | 58 |
| | 女 | 56 | 59 | 57 |
| 年龄 | 10～14 岁 | 14 | 22 | 24 |
| | 15～24 岁 | 29 | 30 | 26 |
| | 25～34 岁 | 38 | 42 | 48 |
| | 35～44 岁 | 50 | 56 | 53 |
| | 45～54 岁 | 70 | 68 | 73 |
| | 55～64 岁 | 92 | 89 | 80 |
| | 65 岁及以上 | 131 | 108 | 76 |
| 文化程度 | 未受过正规教育 | 76 | 60 | 30 |
| | 小学 | 62 | 57 | 52 |
| | 初中 | 58 | 53 | 54 |
| | 高中 | 59 | 67 | 70 |
| | 大学及以上 | 72 | 78 | 59 |
| 职业类别 | 干部/管理人员 | 53 | 83 | 68 |
| | 初级公务员/雇员 | 52 | 57 | 60 |
| | 个体/私营企业人员 | 50 | 54 | 64 |
| | 工人 | 54 | 58 | 50 |
| | 农民/渔民/牧民 | 65 | 51 | 53 |
| | 学生 | 19 | 24 | 23 |
| | 无业(含退休人员) | 92 | 83 | 74 |
| | 其他 | * | * | 53 |
| 个人月收入 | 无收入 | 31 | 32 | 34 |
| | 1～500 元 | 84 | 65 | 55 |
| | 501～1000 元 | 60 | 67 | 69 |
| | 1001～1500 元 | 74 | 73 | 58 |
| | 1501～2000 元 | 70 | 77 | 73 |
| | 2001～2500 元 | 72 | 61 | 55 |
| | 2501～3000 元 | 66 | 62 | 58 |
| | 3001 元及以上 | 58 | 59 | 67 |

注:辽宁省网为全年连续调查省网。“*”表示目标听众样本量不足,无法进行统计推断。

**表 3.39.2　2012～2014 年辽宁听众在不同地点的人均收听时间(分钟)**

| 地　　点 | 2012 年 | 2013 年 | 2014 年 |
|---|---|---|---|
| 在家 | 48 | 45 | 42 |
| 车上 | 8 | 10 | 9 |
| 工作/学习场所 | 3 | 4 | 4 |
| 其他场所 | 1 | 1 | 1 |

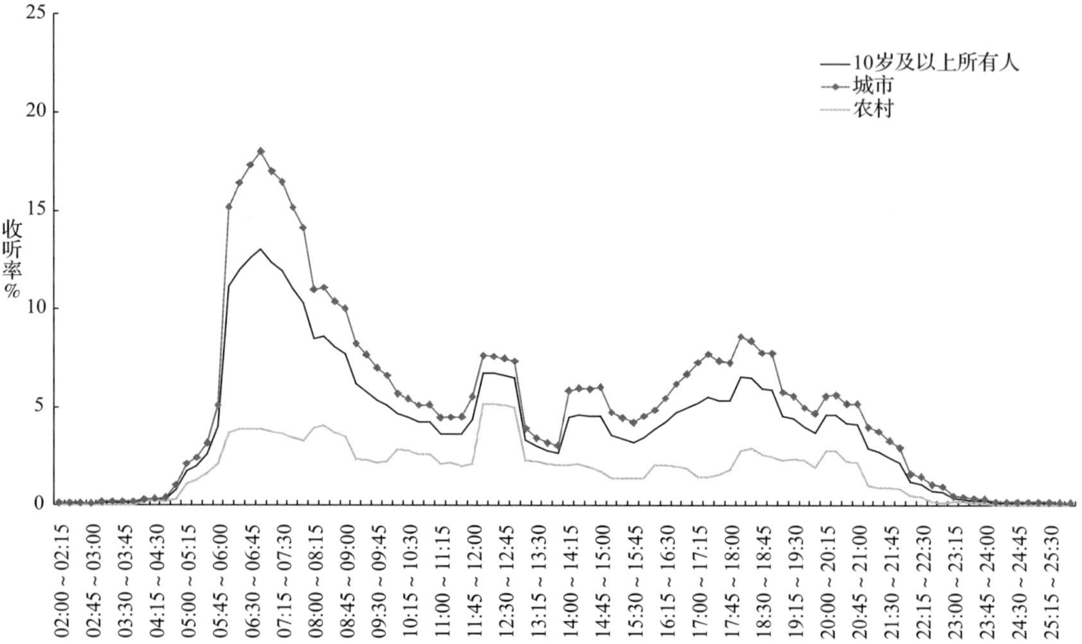


图 3.39.1　2014 年辽宁听众全体及分城乡全天收听率走势

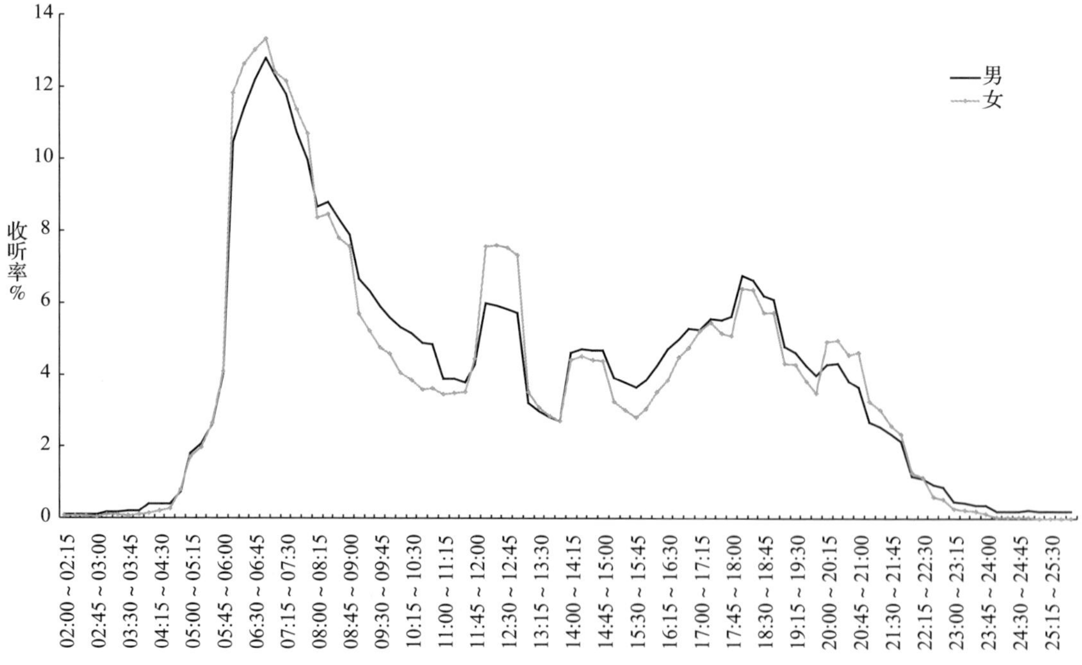


图 3.39.2　2014 年辽宁不同性别听众全天收听率走势

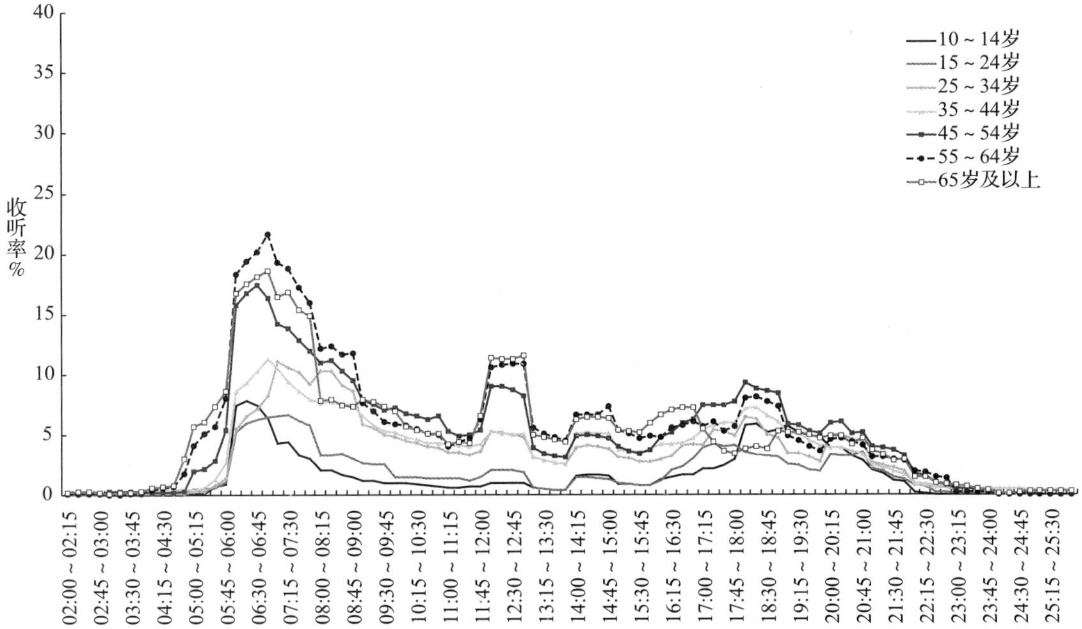


图 3.39.3 2014 年辽宁不同年龄听众全天收听率走势

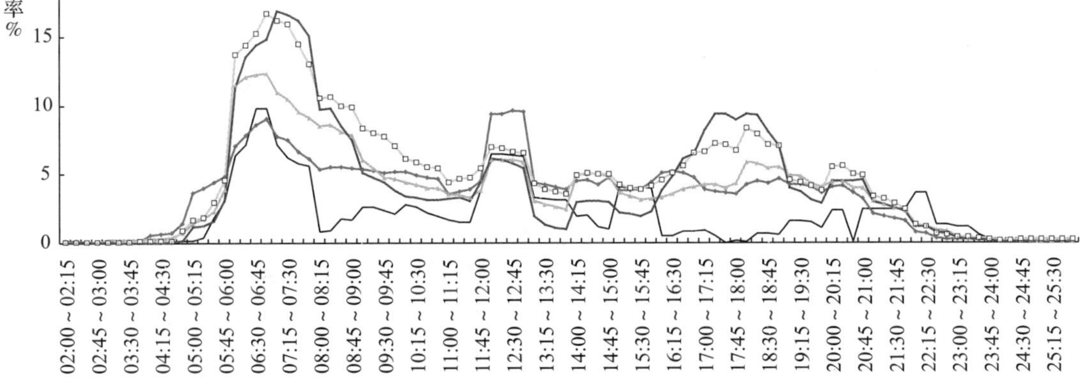


图 3.39.4 2014 年辽宁不同文化程度听众全天收听率走势

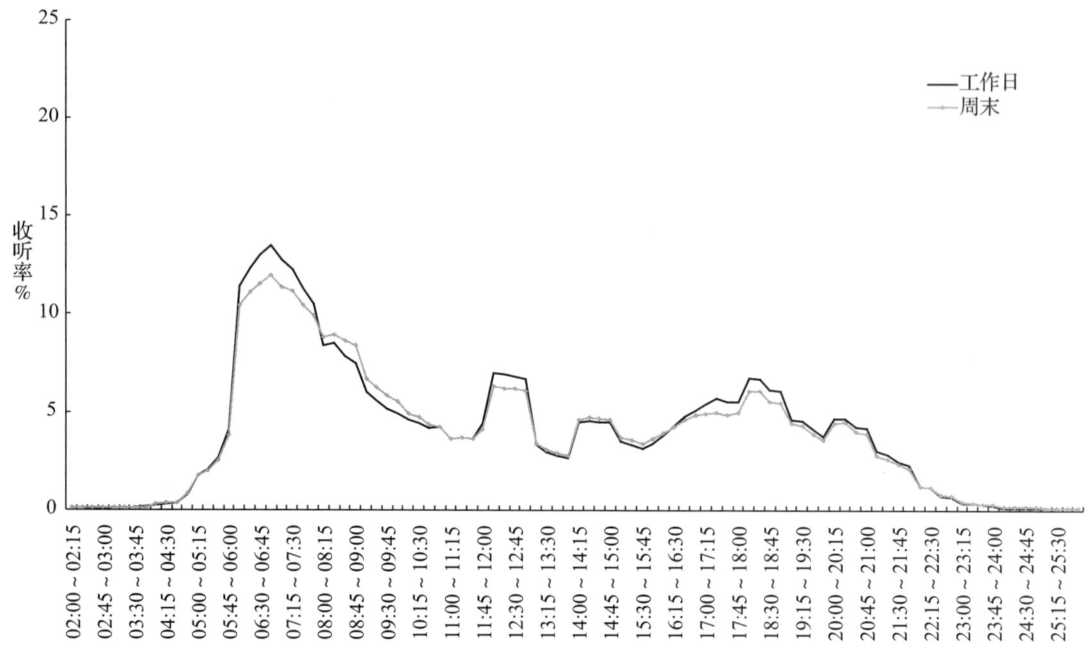


图 3.39.5　2014 年辽宁听众工作日与周末全天收听率走势

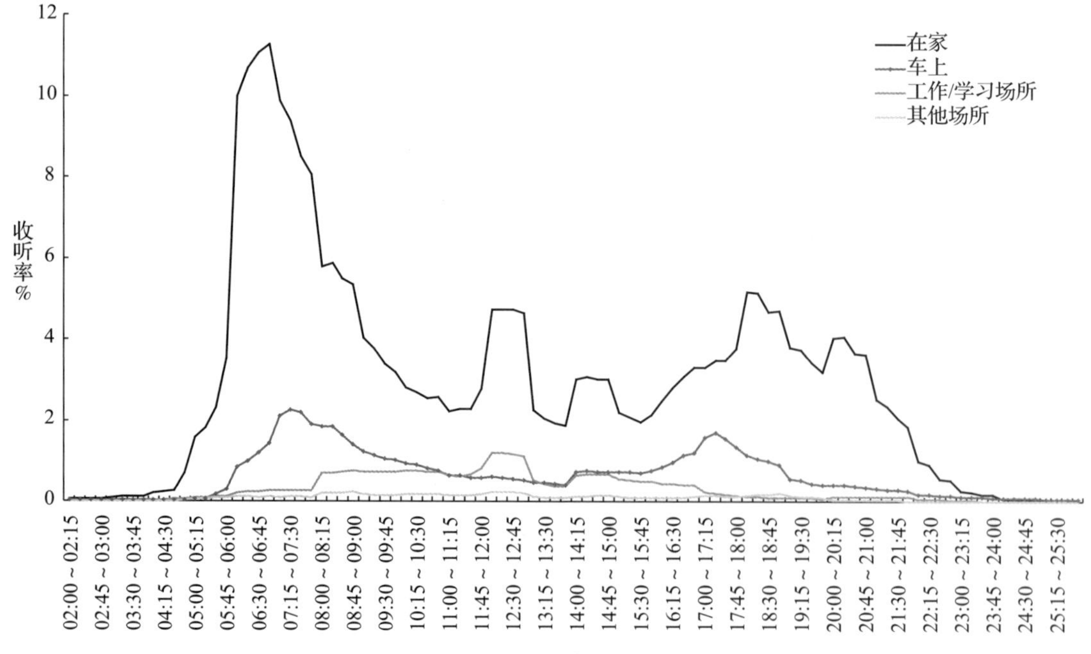


图 3.39.6　2014 年辽宁听众在不同收听地点全天收听率走势

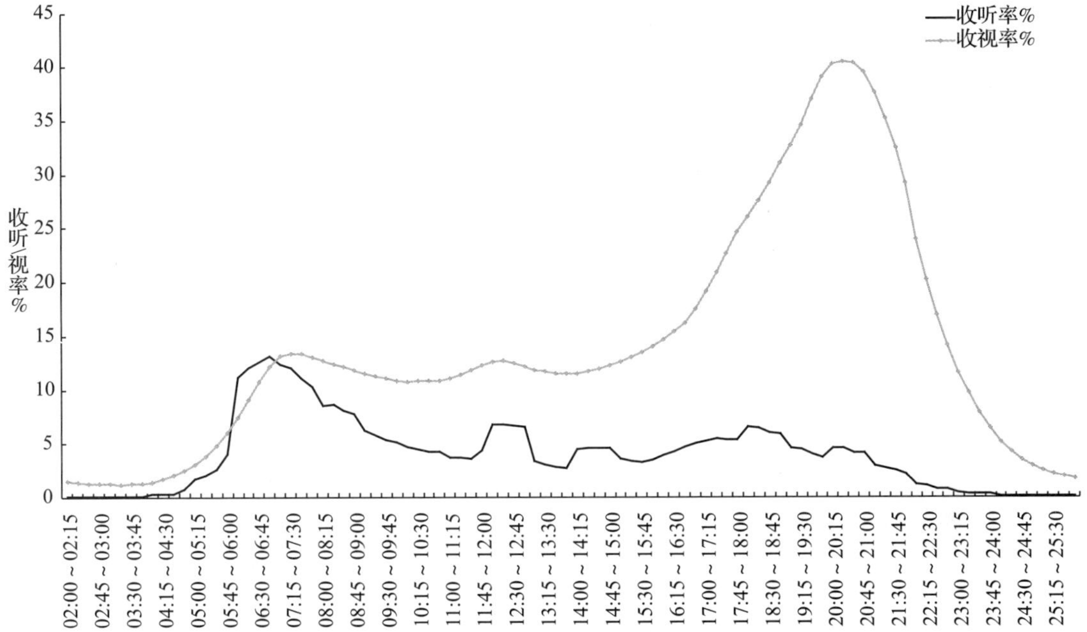


图 3.39.7　2014 年辽宁受众全天收听率、收视率走势比较（目标受众为 10 岁及以上）

表 3.39.3　2014 年辽宁市场听众构成(%)

| 目标听众 | | 听众构成(%) |
|---|---|---|
| 10 岁及以上所有人 | | 100.0 |
| 城乡 | 城市 | 84.0 |
| | 农村 | 16.0 |
| 性别 | 男 | 51.2 |
| | 女 | 48.8 |
| 年龄 | 10～14 岁 | 1.7 |
| | 15～24 岁 | 6.7 |
| | 25～34 岁 | 14.9 |
| | 35～44 岁 | 18.3 |
| | 45～54 岁 | 23.5 |
| | 55～64 岁 | 19.9 |
| | 65 岁及以上 | 15.0 |
| 文化程度 | 未受过正规教育 | 0.8 |
| | 小学 | 13.8 |
| | 初中 | 45.3 |
| | 高中 | 24.3 |
| | 大学及以上 | 15.8 |
| 职业类别 | 干部/管理人员 | 3.6 |
| | 初级公务员/雇员 | 10.8 |
| | 个体/私营企业人员 | 14.3 |
| | 工人 | 22.0 |
| | 农民/渔民/牧民 | 11.5 |
| | 学生 | 4.1 |
| | 无业(含退休人员) | 33.7 |
| | 其他 | * |
| 个人月收入 | 无收入 | 12.4 |
| | 1～500 元 | 3.8 |
| | 501～1000 元 | 5.4 |
| | 1001～1500 元 | 12.6 |
| | 1501～2000 元 | 21.7 |
| | 2001～2500 元 | 12.6 |
| | 2501～3000 元 | 10.7 |
| | 3001 元及以上 | 20.8 |

“*”表示目标听众样本量不足,无法进行统计推断。

表 3.39.4　2012～2014 年辽宁市场各广播电台的市场份额(%)

| 广播电台 | 2012 年 | 2013 年 | 2014 年 |
|---|---|---|---|
| 中央人民广播电台 | 14.4 | 12.7 | 15.8 |
| 中国国际广播电台 | 0.0 | 0.0 | 0.0 |
| 辽宁广播电视台 | 43.4 | 44.0 | 42.2 |
| 其他广播电台 | 42.2 | 43.3 | 42.0 |

表 3.39.5 2014 年辽宁市场各广播电台在不同目标听众中的市场份额(%)

| 目标听众 | | 中央人民广播电台 | 中国国际广播电台 | 辽宁广播电视台 | 其他广播电台 |
|---|---|---|---|---|---|
| 10 岁及以上所有人 | | 15.8 | 0.0 | 42.2 | 42.0 |
| 城乡 | 城市 | 14.9 | 0.0 | 44.7 | 40.4 |
| | 农村 | 20.5 | 0.0 | 28.8 | 50.7 |
| 性别 | 男 | 17.7 | 0.0 | 41.4 | 40.9 |
| | 女 | 13.7 | 0.0 | 43.0 | 43.3 |
| 年龄 | 10~14 岁 | 11.7 | 0.0 | 58.5 | 29.8 |
| | 15~24 岁 | 14.1 | 0.0 | 33.5 | 52.3 |
| | 25~34 岁 | 15.2 | 0.0 | 59.3 | 25.5 |
| | 35~44 岁 | 11.1 | 0.0 | 47.3 | 41.7 |
| | 45~54 岁 | 15.8 | 0.0 | 37.4 | 46.8 |
| | 55~64 岁 | 20.1 | 0.0 | 36.3 | 43.5 |
| | 65 岁及以上 | 17.4 | 0.0 | 36.3 | 46.3 |
| 文化程度 | 未受过正规教育 | 3.6 | 0.0 | 31.3 | 65.1 |
| | 小学 | 14.3 | 0.0 | 36.1 | 49.7 |
| | 初中 | 17.3 | 0.0 | 41.4 | 41.3 |
| | 高中 | 13.3 | 0.0 | 41.9 | 44.8 |
| | 大学及以上 | 17.2 | 0.0 | 50.2 | 32.6 |
| 职业类别 | 干部/管理人员 | 36.6 | 0.0 | 36.2 | 27.2 |
| | 初级公务员/雇员 | 14.0 | 0.0 | 47.3 | 38.7 |
| | 个体/私营企业人员 | 14.6 | 0.0 | 43.3 | 42.2 |
| | 工人 | 12.7 | 0.0 | 42.1 | 45.1 |
| | 农民/渔民/牧民 | 12.1 | 0.0 | 46.9 | 41.1 |
| | 学生 | 9.3 | 0.0 | 46.1 | 44.6 |
| | 无业(含退休人员) | 18.7 | 0.0 | 38.6 | 42.7 |
| | 其他 | 12.1 | 0.0 | 46.9 | 41.1 |
| 个人月收入 | 无收入 | 11.7 | 0.0 | 48.3 | 40.0 |
| | 1~500 元 | 15.3 | 0.0 | 28.4 | 56.3 |
| | 501~1000 元 | 12.7 | 0.0 | 52.6 | 34.7 |
| | 1001~1500 元 | 15.0 | 0.0 | 53.8 | 31.2 |
| | 1501~2000 元 | 15.5 | 0.0 | 42.8 | 41.7 |
| | 2001~2500 元 | 22.4 | 0.0 | 38.5 | 39.1 |
| | 2501~3000 元 | 15.2 | 0.0 | 48.0 | 36.8 |
| | 3001 元及以上 | 16.3 | 0.0 | 29.6 | 54.1 |

“*”表示目标听众样本量不足,无法进行统计推断。

表 3.39.6 2014 年辽宁市场份额排名前五位的频率

| 名　次 | 频率名称 | 市场份额(%) |
|---|---|---|
| 1 | 辽宁广播电视台交通广播 FM97.5 | 12.6 |
| 2 | 中央人民广播电台第一套节目中国之声 | 11.6 |
| 3 | 辽宁广播电视台都市广播 FM92.1/AM1341 | 6.0 |
| 4 | 辽宁广播电视台综合广播 AM1089/FM102.9 | 5.8 |
| 5 | 辽宁广播电视台文艺广播 FM95.9/FM101.8/AM1053 | 4.4 |

# 第四部分
# Part Four

## 附 录 Appendix

# 附　录

## CSM 各收听率调查网概况

表 4.1　2014 年各城市收听率调查网样本规模及推及人口

| 城　　市 | 固定样组规模(户) | 推及户数(千户) | 推及人口(千人) |
|---|---|---|---|
| 北京 | 300 | 3511 | 8445 |
| 长春 | 300 | 1030 | 2701 |
| 长沙 | 300 | 746 | 2009 |
| 常州 | 300 | 738 | 2163 |
| 成都 | 300 | 744 | 1919 |
| 重庆 | 300 | 560 | 1518 |
| 大连 | 300 | 1009 | 2504 |
| 佛山 | 300 | 962 | 2698 |
| 福州 | 300 | 521 | 1479 |
| 广州 | 300 | 1420 | 3954 |
| 邯郸 | 300 | 235 | 721 |
| 杭州 | 300 | 1920 | 4888 |
| 哈尔滨 | 300 | 1288 | 3226 |
| 合肥 | 300 | 740 | 1839 |
| 济南 | 300 | 1151 | 3147 |
| 南昌 | 300 | 358 | 1070 |
| 南京 | 300 | 1669 | 4636 |
| 南宁 | 300 | 603 | 1617 |
| 宁波 | 300 | 353 | 902 |
| 青岛 | 300 | 537 | 1355 |
| 清远 | 300 | 112 | 336 |
| 泉州 | 300 | 179 | 499 |
| 上海 | 300 | 3374 | 8486 |
| 汕头 | 300 | 397 | 1556 |
| 沈阳 | 300 | 1228 | 3109 |
| 深圳 | 300 | 2309 | 5383 |
| 石家庄 | 300 | 663 | 1876 |
| 苏州 | 300 | 605 | 1782 |
| 太原 | 300 | 885 | 2368 |
| 天津 | 300 | 2379 | 6048 |
| 乌鲁木齐 | 300 | 859 | 2063 |
| 武汉 | 300 | 1127 | 2962 |
| 无锡 | 300 | 478 | 1370 |
| 厦门 | 300 | 587 | 1600 |
| 西安 | 300 | 845 | 2236 |
| 郑州 | 300 | 1226 | 3129 |

表 4.2　2014 年各城市收听率调查网家庭规模结构(%)

| 城　　市 | 1 人户 | 2 人户 | 3 人户 | 4 人及以上户 |
|---|---|---|---|---|
| 北京 | 11.1 | 43.1 | 30.8 | 15.0 |
| 长春 | 7.5 | 34.9 | 39.6 | 18.0 |
| 长沙 | 6.1 | 33.9 | 39.5 | 20.5 |
| 常州 | 5.5 | 33.8 | 34.4 | 26.3 |
| 成都 | 7.7 | 36.1 | 33.4 | 22.8 |
| 重庆 | 9.2 | 37.6 | 31.4 | 21.8 |
| 大连 | 5.9 | 39.0 | 43.1 | 12.0 |
| 佛山 | 7.1 | 36.9 | 28.2 | 27.8 |
| 福州 | 8.8 | 31.2 | 33.1 | 26.9 |
| 广州 | 7.9 | 37.5 | 31.4 | 23.2 |
| 邯郸 | 3.4 | 23.1 | 39.0 | 34.5 |
| 杭州 | 10.2 | 42.0 | 26.6 | 21.2 |
| 哈尔滨 | 7.8 | 39.9 | 36.8 | 15.5 |
| 合肥 | 14.5 | 32.9 | 32.8 | 19.8 |
| 济南 | 5.3 | 34.5 | 37.9 | 22.3 |
| 南昌 | 3.0 | 31.4 | 33.3 | 32.3 |
| 南京 | 6.0 | 34.4 | 37.1 | 22.5 |
| 南宁 | 8.5 | 36.9 | 30.1 | 24.5 |
| 宁波 | 8.7 | 38.3 | 40.9 | 12.1 |
| 青岛 | 10.6 | 37.0 | 37.1 | 15.3 |
| 清远 | 5.2 | 30.8 | 22.8 | 41.2 |
| 泉州 | 11.4 | 31.5 | 31.1 | 26.0 |
| 上海 | 8.5 | 41.9 | 33.0 | 16.6 |
| 汕头 | 4.2 | 18.6 | 17.2 | 60.0 |
| 沈阳 | 9.5 | 36.7 | 38.1 | 15.7 |
| 深圳 | 9.1 | 45.5 | 25.0 | 20.4 |
| 石家庄 | 3.3 | 32.1 | 38.7 | 25.9 |
| 苏州 | 8.3 | 30.1 | 36.3 | 25.3 |
| 太原 | 5.2 | 35.0 | 38.6 | 21.2 |
| 天津 | 5.9 | 40.8 | 40.2 | 13.1 |
| 乌鲁木齐 | 9.7 | 43.2 | 30.8 | 16.3 |
| 武汉 | 13.2 | 33.4 | 34.7 | 18.7 |
| 无锡 | 4.0 | 38.4 | 30.1 | 27.5 |
| 厦门 | 6.5 | 45.8 | 29.2 | 18.5 |
| 西安 | 9.2 | 37.7 | 32.3 | 20.8 |
| 郑州 | 10.8 | 35.7 | 32.2 | 21.3 |

表 4.3 2014 年各城市收听率调查网性别与年龄结构(%)

| 城市 | 性别 | | 年龄 | | | | | | |
|---|---|---|---|---|---|---|---|---|---|
| | 男性 | 女性 | 10～14 岁 | 15～24 岁 | 25～34 岁 | 35～44 岁 | 45～54 岁 | 55～64 岁 | 65 岁及以上 |
| 北京 | 51.0 | 49.0 | 2.2 | 17.1 | 23.7 | 19.7 | 15.1 | 11.3 | 10.9 |
| 长春 | 49.8 | 50.2 | 3.4 | 21.7 | 19.3 | 19.2 | 17.1 | 11.3 | 8.0 |
| 长沙 | 49.4 | 50.6 | 3.1 | 24.8 | 20.4 | 20.9 | 13.3 | 10.4 | 7.1 |
| 常州 | 51.3 | 48.7 | 4.5 | 17.8 | 20.1 | 22.0 | 15.0 | 12.0 | 8.6 |
| 成都 | 51.1 | 48.9 | 4.3 | 16.5 | 21.3 | 25.3 | 16.3 | 9.1 | 7.2 |
| 重庆 | 51.0 | 49.0 | 4.3 | 21.5 | 19.8 | 18.6 | 15.8 | 11.7 | 8.3 |
| 大连 | 50.1 | 49.9 | 2.9 | 18.3 | 20.2 | 19.9 | 16.5 | 12.8 | 9.4 |
| 佛山 | 53.8 | 46.2 | 4.0 | 21.8 | 24.6 | 23.3 | 11.7 | 8.0 | 6.6 |
| 福州 | 50.0 | 50.0 | 4.5 | 20.9 | 22.6 | 20.9 | 14.0 | 9.6 | 7.5 |
| 广州 | 52.8 | 47.2 | 3.5 | 23.0 | 22.4 | 20.7 | 12.0 | 9.1 | 9.3 |
| 邯郸 | 51.5 | 48.5 | 5.2 | 19.4 | 16.1 | 21.8 | 17.3 | 11.1 | 9.1 |
| 杭州 | 51.3 | 48.7 | 3.5 | 21.7 | 20.5 | 19.4 | 15.4 | 10.5 | 9.0 |
| 哈尔滨 | 50.6 | 49.4 | 3.0 | 17.4 | 19.3 | 18.5 | 19.1 | 12.8 | 9.9 |
| 合肥 | 54.7 | 45.3 | 5.0 | 23.8 | 22.2 | 21.3 | 12.4 | 8.6 | 6.7 |
| 济南 | 51.1 | 48.9 | 3.7 | 22.7 | 20.0 | 17.9 | 16.5 | 10.8 | 8.4 |
| 南昌 | 50.9 | 49.1 | 4.9 | 23.5 | 19.6 | 18.1 | 14.5 | 10.7 | 8.7 |
| 南京 | 52.1 | 47.9 | 3.4 | 22.2 | 19.9 | 19.4 | 14.3 | 11.1 | 9.7 |
| 南宁 | 50.5 | 49.5 | 3.8 | 24.9 | 24.4 | 20.0 | 12.3 | 7.7 | 6.9 |
| 宁波 | 51.2 | 48.8 | 4.1 | 15.6 | 24.4 | 22.8 | 17.0 | 10.6 | 5.5 |
| 青岛 | 50.7 | 49.3 | 2.9 | 15.3 | 21.3 | 19.0 | 18.1 | 13.4 | 10.0 |
| 清远 | 51.9 | 48.1 | 4.0 | 21.4 | 20.2 | 19.9 | 13.7 | 10.5 | 10.3 |
| 泉州 | 53.0 | 47.0 | 4.3 | 24.3 | 25.6 | 23.1 | 11.5 | 6.8 | 4.4 |
| 上海 | 50.9 | 49.1 | 2.9 | 14.0 | 22.7 | 17.2 | 15.5 | 15.4 | 12.3 |
| 汕头 | 48.9 | 51.1 | 8.6 | 26.8 | 16.2 | 16.4 | 14.0 | 8.5 | 9.5 |
| 沈阳 | 50.2 | 49.8 | 2.5 | 16.3 | 19.5 | 16.7 | 21.0 | 14.0 | 10.0 |
| 深圳 | 54.0 | 46.0 | 3.0 | 25.0 | 33.3 | 23.8 | 8.4 | 4.1 | 2.4 |
| 石家庄 | 49.2 | 50.8 | 4.5 | 24.4 | 20.8 | 18.5 | 14.4 | 10.2 | 7.2 |
| 苏州 | 50.3 | 49.7 | 2.6 | 23.2 | 22.8 | 19.3 | 12.5 | 11.1 | 8.5 |
| 太原 | 50.7 | 49.3 | 4.4 | 25.1 | 18.6 | 19.3 | 16.0 | 9.2 | 7.4 |
| 天津 | 54.0 | 46.0 | 1.8 | 20.1 | 21.2 | 15.9 | 18.0 | 13.5 | 9.5 |
| 乌鲁木齐 | 51.9 | 48.1 | 4.9 | 19.9 | 19.1 | 26.2 | 14.1 | 7.2 | 8.6 |
| 武汉 | 51.0 | 49.0 | 3.3 | 22.5 | 19.7 | 16.7 | 17.7 | 10.8 | 9.3 |
| 无锡 | 52.2 | 47.8 | 3.7 | 16.7 | 20.8 | 22.7 | 14.3 | 12.4 | 9.4 |
| 厦门 | 51.8 | 48.2 | 3.7 | 26.9 | 28.5 | 20.7 | 10.0 | 6.3 | 3.9 |
| 西安 | 51.3 | 48.7 | 3.6 | 23.7 | 21.2 | 17.8 | 16.1 | 9.9 | 7.7 |
| 郑州 | 50.8 | 49.2 | 4.2 | 26.7 | 22.3 | 19.8 | 12.6 | 8.0 | 6.4 |

表 4.4　2014 年各城市收听率调查网人均月收入结构(%)

| 城市 | 无收入 | 1～500 元 | 501～1000 元 | 1001～1500 元 | 1501～2000 元 | 2001～2500 元 | 2501～3000 元 | 3001～4000 元 | 4001 元及以上 |
|---|---|---|---|---|---|---|---|---|---|
| 北京 | 21.5 | 0.0 | 0.0 | 1.2 | 2.2 | 8.2 | 6.0 | 20.5 | 40.4 |
| 长春 | 25.8 | 0.3 | 0.5 | 3.1 | 9.5 | 15.9 | 7.0 | 22.0 | 15.9 |
| 长沙 | 30.2 | 0.3 | 1.0 | 4.3 | 6.2 | 10.9 | 5.9 | 16.5 | 24.7 |
| 常州 | 26.3 | 3.7 | 2.7 | 2.9 | 3.5 | 8.9 | 9.4 | 21.1 | 21.5 |
| 成都 | 24.0 | 0.7 | 0.4 | 2.9 | 6.7 | 11.8 | 8.7 | 17.7 | 27.1 |
| 重庆 | 25.9 | 0.2 | 1.4 | 5.6 | 5.0 | 15.5 | 5.1 | 17.8 | 23.5 |
| 大连 | 26.3 | 0.7 | 0.7 | 2.6 | 4.8 | 20.1 | 10.1 | 17.1 | 17.6 |
| 佛山 | 26.3 | 2.0 | 1.0 | 4.5 | 5.9 | 12.6 | 11.6 | 15.6 | 20.5 |
| 福州 | 30.2 | 0.5 | 0.3 | 1.5 | 2.8 | 10.1 | 8.8 | 20.7 | 25.1 |
| 广州 | 29.2 | 0.5 | 2.5 | 2.3 | 4.8 | 10.0 | 10.1 | 24.5 | 16.1 |
| 邯郸 | 34.7 | 3.8 | 3.7 | 14.0 | 10.6 | 14.9 | 4.6 | 9.7 | 4.0 |
| 杭州 | 24.4 | 1.0 | 1.1 | 4.3 | 3.6 | 6.8 | 8.8 | 17.7 | 32.3 |
| 哈尔滨 | 24.0 | 0.5 | 0.3 | 6.2 | 15.8 | 18.3 | 7.2 | 15.5 | 12.2 |
| 合肥 | 31.4 | 1.1 | 1.0 | 3.1 | 7.2 | 15.1 | 6.4 | 17.7 | 17.0 |
| 济南 | 29.7 | 6.1 | 3.1 | 4.6 | 7.6 | 12.7 | 8.3 | 16.0 | 11.9 |
| 南昌 | 29.6 | 0.6 | 0.3 | 2.4 | 9.1 | 20.5 | 7.2 | 21.7 | 8.6 |
| 南京 | 27.6 | 1.7 | 1.1 | 2.5 | 3.3 | 13.6 | 11.1 | 17.0 | 22.1 |
| 南宁 | 25.3 | 4.4 | 3.4 | 9.3 | 10.6 | 15.9 | 7.7 | 12.9 | 10.5 |
| 宁波 | 24.1 | 0.2 | 1.3 | 2.1 | 1.5 | 5.4 | 11.8 | 26.8 | 26.8 |
| 青岛 | 23.0 | 0.2 | 0.4 | 3.0 | 4.8 | 18.3 | 8.9 | 22.0 | 19.4 |
| 清远 | 33.7 | 3.1 | 4.0 | 4.6 | 5.7 | 11.7 | 9.6 | 13.5 | 14.1 |
| 泉州 | 36.0 | 0.1 | 0.3 | 2.6 | 4.2 | 9.2 | 7.5 | 15.7 | 24.4 |
| 上海 | 17.4 | 0.1 | 0.5 | 1.5 | 2.4 | 5.7 | 14.1 | 22.4 | 35.9 |
| 汕头 | 46.9 | 1.1 | 5.5 | 8.1 | 9.2 | 7.7 | 4.2 | 8.1 | 9.2 |
| 沈阳 | 21.4 | 0.8 | 1.8 | 9.2 | 13.5 | 17.9 | 6.8 | 15.4 | 13.2 |
| 深圳 | 29.9 | 0.0 | 0.0 | 0.2 | 0.3 | 1.2 | 3.8 | 11.6 | 53.0 |
| 石家庄 | 28.3 | 0.9 | 1.1 | 7.3 | 8.2 | 21.3 | 7.7 | 15.0 | 10.2 |
| 苏州 | 27.9 | 0.4 | 2.2 | 3.7 | 3.2 | 6.6 | 7.2 | 12.7 | 36.1 |
| 太原 | 34.5 | 0.7 | 1.6 | 5.2 | 6.5 | 17.4 | 8.0 | 15.4 | 10.7 |
| 天津 | 23.6 | 0.2 | 0.8 | 3.0 | 7.4 | 24.9 | 5.4 | 19.3 | 15.4 |
| 乌鲁木齐 | 22.6 | 0.5 | 0.7 | 4.3 | 3.9 | 10.4 | 8.4 | 18.4 | 30.8 |
| 武汉 | 25.4 | 0.1 | 0.5 | 3.2 | 6.1 | 21.5 | 5.3 | 18.0 | 19.9 |
| 无锡 | 23.2 | 0.1 | 4.3 | 3.0 | 3.5 | 12.3 | 8.6 | 20.8 | 24.2 |
| 厦门 | 33.6 | 0.0 | 0.4 | 1.8 | 2.3 | 6.1 | 8.2 | 17.3 | 30.3 |
| 西安 | 28.5 | 0.9 | 0.9 | 4.3 | 6.2 | 19.8 | 13.1 | 16.6 | 9.7 |
| 郑州 | 38.2 | 0.7 | 0.3 | 2.9 | 7.3 | 13.1 | 5.7 | 14.8 | 17.0 |

表 4.5 2014 年各省级收听率调查网样本规模及推及人口

| 省 份 | 固定样组规模(户) | 推及户数(千户) | 推及人口(千人) |
|---|---|---|---|
| 安徽省 | 600 | 5592 | 15344 |
| 福建省 | 600 | 3817 | 12107 |
| 辽宁省 | 600 | 6488 | 17813 |

表 4.6 2014 年各省级收听率调查网家庭规模结构(%)

| 省 份 | 1 人户 | 2 人户 | 3 人户 | 4 人及以上户 |
|---|---|---|---|---|
| 安徽省 | 11.9 | 28.6 | 30.4 | 29.1 |
| 福建省 | 4.5 | 29.5 | 28.1 | 37.9 |
| 辽宁省 | 6.4 | 34.9 | 35.7 | 23.0 |

表 4.7 2014 年各省级收听率调查网性别与年龄结构(%)

| 省份 | 性别 | | 年 龄 | | | | | | |
|---|---|---|---|---|---|---|---|---|---|
| | 男性 | 女性 | 10~14 岁 | 15~24 岁 | 25~34 岁 | 35~44 岁 | 45~54 岁 | 55~64 岁 | 65 岁及以上 |
| 安徽省 | 54.4 | 45.6 | 4.8 | 20.6 | 18.2 | 24.9 | 14.7 | 8.8 | 8.0 |
| 福建省 | 51.2 | 48.8 | 5.1 | 20.3 | 22.6 | 19.1 | 15.3 | 10.3 | 7.3 |
| 辽宁省 | 51.1 | 48.9 | 3.8 | 15.9 | 18.0 | 20.0 | 19.0 | 13.2 | 10.1 |

表 4.8 2014 年各省级收听率调查网人均月收入结构(%)

| 省份 | 无收入 | 1~500 元 | 501~1000 元 | 1001~1500 元 | 1501~2000 元 | 2001~2500 元 | 2501~3000 元 | 3001~4000 元 | 4001 元及以上 |
|---|---|---|---|---|---|---|---|---|---|
| 安徽省 | 34.8 | 7.5 | 3.8 | 8.2 | 5.0 | 12.4 | 4.9 | 10.8 | 12.6 |
| 福建省 | 35.4 | 3.3 | 3.2 | 5.5 | 3.5 | 6.7 | 8.4 | 15.5 | 18.5 |
| 辽宁省 | 28.2 | 5.2 | 5.6 | 11.5 | 10.2 | 14.2 | 4.4 | 11.1 | 9.6 |

**图书在版编目（CIP）数据**

中国广播收听年鉴.2015 / 徐立军主编. —北京：中国传媒大学出版社，2015.11

ISBN 978-7-5657-1508-2

Ⅰ.①中… Ⅱ.①徐… Ⅲ.①广播工作-抽样调查统计-中国-2015-年鉴 Ⅳ.①G229.2-54

中国版本图书馆 CIP 数据核字（2015）第 230245 号

**中国广播收听年鉴 2015**

**主　　编**　徐立军
**责任编辑**　欣　雯
**责任印制**　阳金洲
**封面制作**　大鹏设计
**出 版 人**　王巧林

**出版发行**　中国传媒大学出版社
**地　　址**　北京市朝阳区定福庄东街 1 号　邮编 100024
　　　　　电话：86-10-65450532　65450528　传真：65779405
**网　　址**　http://www.cucp.com.cn
**经　　销**　全国新华书店

**印　　刷**　北京艺堂印刷有限公司
**开　　本**　787mm×1092mm　1/16
**印　　张**　31.5
**版　　次**　2015 年 11 月第 1 版　2015 年 11 月第 1 次印刷

**书　　号**　ISBN 978-7-5657-1508-2/G·1508　**定　价**　128.00 元